本书为著者主持的国家社科基金重大专项
"中国马克思主义学术通史研究"（23VLS004）的阶段性成果

中国现代学术概论

第三卷

吴汉全 著

人民出版社

目　　录

第 三 卷

第六章　政治学

　　政治学是近代西方学术体系中的重要组成部分,由英国的洛克、法国的卢梭及孟德斯鸠等创立的,重点传输资产阶级的"天赋人权"、"社会契约"、"自由、平等、博爱"等政治理念,服务于资产阶级的政治统治。就学科体系及研究对象来看,政治学作为社会科学体系中的独立学科,是研究社会政治现象的科学。狭义的政治学是研究国家的活动、形式和关系及其发展规律;广义的政治学是研究在一定经济基础之上的社会公共权力的活动、形式和关系及其发展规律。在甲午战争前后,孟德斯鸠的《论法的精神》、卢梭的《民约论》、约翰·穆勒的《论自由》、甄克思的《政治史》、伯伦知理的《国家学纲领》等著作被翻译成中文,中国学术界亦有专文介绍洛克、孟德斯鸠、卢梭、斯宾塞、约翰·穆勒等人的生平及学说①。中国现代政治学是在五四时期开创的,有着西方政治学引进的学术背景,同时也有着自身的学科发展历程,并且表征出重点地研究中国政治问题的显著特色。

一、中国现代政治学创立的条件

　　现代中国的政治学在起源方面可以追溯到辛亥革命前后。以孙中山的民权主义、五权宪法为核心的资产阶级政治学说,成为设计资产阶级共和国方案的理论依据。孙中山的政治学说对辛亥革命后国家的政治建设起了指导作用,对中国政治学说与国家政治实践相结合具有重要意义,这同时也是西方政治学说中国化的一次尝试。在政治学研究方面,中国最早开设政治学课程的是北京大学的前身京师大学堂(1903年)。辛亥革命后,国内各大学如北京大学、清华大学、

---

① 参见龚书铎主编:《中国近代文化概论》,中华书局1997年版,第178—179页。

复旦大学、南开大学等都相继成立了政治学系或政治学专业,讲授政治学课程。国内学者编著的政治学教材也相继问世。众多的政治学著述和译作,使中国政治学学科体系日臻齐备。

中国的政治学与晚清时期严复等留学生传播西学有着密切的关系。笔者在《留学生与近代中国社会变迁》一书中说,中国现代政治学作为一门学科的创建,也源于留学生对西方政治学著作的翻译及运用西方的政治学理论来研究中国的政治变革问题。卢梭的《民约论》是西方资产阶级政治学的经典著作,留日学生杨廷栋①在 1900 年底至 1901 年初据日译本将此书的一部分翻译出来,在《译书汇编》上连载;次年(1902 年),杨廷栋又将《民约论》的全文译出,取名为《路索民约论》,由上海文明书局印刷出版。孟德斯鸠的《论法的精神》是西方政治学、法律学的重要著作,严复根据英文本翻译的全本,取名为《法意》,由商务印书馆于 1909 年出版。约翰·穆勒的《论自由》是英国 19 世纪重要的政治学著作,最早的两个中译本都是由留学生翻译的。一是严复根据英译本翻译的,取名为《群己权界论》,1903 年由商务印书馆出版;二是马君武根据日译本翻译的,取名为《自由原理》,1903 年由译书汇编社出版。英国政治学家甄克斯的《政治史》,严复翻译为《社会通诠》,1904 年由商务印书馆出版。留学生不仅积极引进西方的政治学著作,而且还运用西方政治学理论来抨击中国封建政治,如严复根据卢梭"主权在民"思想认为人民是"天下之真主",王侯将相则是"通国之公仆隶"②。至于孙中山,更是依据西方的政治学思想提出民主共和国的主张,他的"五权分立"思想也是对西方"三权分立"思想的发展,并且指导民国的建立和民国政治秩序的构建。③

严复作为中国现代学术史上的重要开创者,对哲学、经济学、政治学、社会学、逻辑学等学科皆有开拓性贡献,而政治学乃是其一生中着力研治的重要学科。1905 年夏,严复应上海青年会邀请,就政治学问题演讲八次,系统地表达了严氏的政治学理念及对于政治学建设的意见,并成稿《政治讲义》一书。该著最早以演讲稿的形式在《政艺通报》上发表,并被《广益丛报》等数家报刊转载。1906 年 2 月,商务印书馆出版该著,同年 4 月又再版。该著承继西方政治学国家研究的学术传统,主张政治学着力于"国家权力"的研究,不仅就政治学本土

---

① 杨廷栋(1861—1950),江苏吴县人,清末留学日本早稻田大学。辛亥革命时参与苏州光复之役,民国初年当选为南京参议院议员、北京参议院议员,1914 年任北京政府农商部矿政司长。

② 《严复集》第 1 册,中华书局 1986 年版,第 36 页。

③ 吴汉全、王中平:《留学生与近代中国社会变迁》,吉林人民出版社 2012 年版,第 92—93 页。

化提出了学术分类、范畴研究、发明新知等具体要求,而且还阐发政治学研究方法的建设性意见,成为近代中国最早的政治学文本之一。严氏研治政治学,体现了经世致用、以西学为根基、历史政治学等特点,为推进西方政治学中国化作出了开创性的探索。① 可以说,《政治讲义》是严氏代表性政治学著作,对中国政治学有着开创性的贡献。

　　梁启超对于中国现代政治学的产生有着重要的贡献,在中国政治学发展史上居于启蒙者的地位。1902 年梁启超撰写了《政治学学理摭言》,阐释"君主无责任义"和"最大多数最大幸福义"两个问题,考察了英国的君主立宪制和穆勒的功利主义政治观。1902 年,梁启超还写作《政治学大家伯伦知理之学说》,就伯伦知理的国家有机体思想、国民与民族之差别及其关系、民主政治之本相及其价值、主权论、国家论等,作了较为详细的叙述和评价,其结论是:"若谓卢梭为十九世纪之母,则伯伦知理其亦二十世纪之母焉矣"。同年,梁启超又撰写《法理学大家孟德斯鸠之学说》,指出:"孟氏学说,最为政治学家所祖尚者,其政体论是也。政体种类之区别,起于亚里士多德,而孟氏剖之更详。"梁氏认为,孟氏创三权分立学说,其功业是"千古不朽"。也正是在 1902 年,梁启超还发表系列性的论述政治学特殊范畴的文章,如《论公德》(1902 年 3 月)、《论自由》(1902 年 5 月)、《论进步》(1902 年 6、7 月)、《论私德》(1902 年 10 月)、《论正统》(1902 年 7 月)、《论立法权》(1902 年 2 月)、《论政府与人民之权限》(1902 年 3 月)等。梁启超在 1910 年写作《宪政浅说》,以"国家"和"政治"两章论述宪政问题。梁启超对中国政治学的起源有着开创性的努力,其关于西方政治学家学术理论的介绍与宣传、对于政治学相关概念及基本原理的阐发,以及关于中国政治问题的切实研究,为中国政治学基础的奠定作出了重要贡献。②

　　"五四"以后中国政治学是在西方政治思想和政治学思想引领下产生和发展起来的,但本质上仍然是中国政治变革的产物,有着中国政治现象演变的主因,同时也是适合了学科发展的需要。按照政治学家陈启修的说法,研究政治学乃是有三个理由:其一是为了"补益政治生活",这乃是因为"人类在现在的社会中,不能脱离政治生活,因之必须懂得政治的组织系统,才不是盲目的、危险的,否则容易受统治者的欺骗与利用";其二是有助于"了解斗争方法与策略",这乃是由于"斗争并不是人类的最高美德,而应为大家共同厌弃的,但在现在的社会

制度之下,斗争是必然的,是不可免的事实,要减少斗争,非以斗争减少斗争不可";其三是能够"帮助其他社会科学之研究",这乃是因为"社会科学是研究与解决人类社会的现象与问题的科学","一切社会科学都带有阶级性的",而"政治学与社会科学有密切的关系,没有政治学的知识必不能了解社会科学",于此"要明白社会的真相(统治阶级的压制),首先应该研究统治者对于社会科学的态度,即应知道统治阶级与被统治阶级的关系",因而也就"非研究政治学不可"①。大致说来,马克思主义政治学在五四时期的兴起以及中国现代政治学的发展,主要基于以下几个重要因素:

一是近代以来的中外文化交流和西方政治观点的输入、特别是五四时期马克思主义在中国的传播,为政治学建设提供了指导思想。新文化运动的凯歌行进,以进化论为指导的西方民主、自由、平等、人权、博爱等观点的输入,解除了个人的精神束缚,推进全社会的思想解放。以李大钊为例,他在早期新文化运动期间就特别欣赏西方的自由观念,认为自由是人类文明进程的象征和体现,并且自由是民主政治的内在精神,因而必须通过人们自身的"解放"来达到的;李大钊还强调,思想自由和言论自由是最基本的自由,自由必须有法制和民主程序的保障才能走向完善。② 应该说,进化论在近代中国的输入为中国自由主义政治学提供了理论指导,并为以后马克思主义政治理论的传播创造了思想条件,尽管进化论与马克思主义阶级论是两种完全不同的理论体系;而马克思主义在五四时期的中国得以传播,为包括政治学在内的人文社会科学提供了先进理论,不仅促进了中国马克思主义政治学的产生,而且使马克思主义政治学在中国革命的实践中继续发展,并担负着从学理上论证中国政治变革合理性的使命。

二是政治学作为一门学科在近代中国确立起来,得益于中国学人汲取日本的政治学研究成果,而中国高校也相继开设了政治学专业或政治学的相关课程,这也为政治学研究的全面推进提供了学术条件。早在民国建立之前的1907年,中国学者郑篯翻译了日本学者小野冢喜平次郎的《政治学》,于1907年3月由上海的商务印书馆初版。该著分为两编,第一编为绪论,介绍政治学与其他学科的关系,广义政治学与狭义政治学的异同,政治学的范围、重要性等;第二编是本论,论述国家的性质、定义、分类、发生及消亡、存在的理由、政治及政策,以及国

---

① 陈启修:《革命的理论》,《中央副刊》第3号,1927年3月24日。
② 吴汉全:《李大钊早期自由观初探》,《社会科学》1991年第7期。

家机关、国民、政党、内政政策等。① 中国学者陈敬第在民国元年之前后，依据小野冢喜平次郎相关的政治学著作编写了《政治学》一书，共有三编。第一编为绪论，阐述政治学的含义、渊源、重要性及研究法；第二编为国家原论，说明国家的性质、分类、产生及消亡；第三编为政策原论，说明国家存在的理由、目的、政治及政策，内政、外交政策，以及国家机关、国民等。② 关于中国高校开设政治学专业及讲授政治学课程的情况，以北京大学为例，1902 年京师大学堂设立政治学门，分大学预科、大学专门分科和大学院三级。1903 年京师大学堂开设中国大学第一门政治学课程——政治科。1905 年京师大学堂政治学门改称法政科。1910 年 3 月，京师大学堂政治学门首次招收本科生。1919 年京师大学堂废科改门为系，正式定名为政治学系。

三是"五四"以来中国政治变革活动异常激烈，中国社会处于政治大变动之中，既需要学者为推进中国社会演进提供政治学的基本原理和基本知识，又需要学者将相关的政治实践经验上升到学理的高度，由此一些政治学研究者也主动以政治学知识服务社会的这种需要。以政治学家陈启修教授为例，1919 年他受聘北大法学院教授，兼政治系主任，担任了北大马克思学说研究会《资本论》导师，与李大钊一起讲授马克思主义课程，启发青年学子的政治意识，成为北京大学政治学研究的领军人物，同时亦是中国马克思主义政治学开创性的代表之一。1926 年 4 月，陈启修担任广东大学法学院院长，先后在中共主办的黄埔军校第四期、广州农民运动讲习所第六期任教。他在黄埔军校时，与恽代英、顾孟余、甘乃光、陈其瑗同为政治讲师，讲授政治学课程。1927 年 3 月，陈启修在中央军事政治学校就"革命的理论"进行讲演，对"政治革命"有这样的解读："何谓政治革命呢？即是被统治被压迫者因久处统治阶级压迫势力之下，不能生活，一旦觉悟，遂群起反抗，以自己的力量，将统治者的权力推翻，而建设自己的威权，以期享受自由和平。换言之：被统治被压迫者，为达到其目的，而用群众的力量，推翻统治压迫者，而代以自己的新的政治的努力，就是政治革命。"③不难看出，政治学研究在中国的兴起乃是中国社会政治变革的迫切需要。

四是政治学研究队伍形成，不仅有一支从事政治学教学与研究的队伍，而且学者们的政治学学科意识也非常强烈，具有变革现实的政治诉求和联系实际的

① 北京图书馆编：《民国时期总书目·政治》（上），书目文献出版社 1996 年版，第 3 页。
② 北京图书馆编：《民国时期总书目·政治》（上），书目文献出版社 1996 年版，第 3 页。
③ 陈启修：《革命的理论》，《中央副刊》第 3 号，1927 年 3 月 24 日。

学风。政治学学科的发展,政治学研究的学术共同体乃是重要条件。在五四时期,正是在十月革命的影响下,马克思主义政治学理论初步传入中国。在中国,以马克思主义为指导的政治学处于开启阶段,与以进化论为指导的政治学显出不同的演进方向,但两者由于皆在早期新文化运动的影响下,又处于十月革命影响的话语之中,故而承继不同指导思想的政治学研究者,在当时似乎还有合作的情形,相互间甚至还有某种学术研究的共同性。留学美国学习政治学的张奚若,在1919年回国时对于李大钊政治学方面的学问虽颇有微词,对于李大钊发表的《Bolshevism的胜利》文章不以为然,认为"李大钊好像是个新上台的",但亦认为李大钊所写《联治主义与世界组织》文章"尚不大谬",属于当时"新潮"的代表性文章,还说李大钊使用"联治"二字比"联邦"实在是"较佳万倍",在学术界思想界"可免许多无谓争执"①。张慰慈是五四时期留美归国的政治学博士,陈独秀不仅自己"偶然发点关于政治的议论",而且也曾劝说张慰慈"做关于政治的文章"②。张慰慈在思想上属于自由主义者,但在五四时期亦开始苏俄政治的研究,在《每周评论》上发表了《俄国的新宪法》、《俄国的土地法》、《俄国的婚姻制度》、《俄国遗产制度之废止》等文章,其结论是:"此次俄国的革命,完全是一种社会革命,他们的宗旨是想把现在社会上种种不公平、不道德的事完全废弃,重新改造一个新社会。"③可以说,张慰慈在介绍和研究十月革命后的俄国政治制度方面起了积极的引领作用。应该注意的是,政治学是来自西方的社会科学,中国政治学在五四时期的创建主要也是由留学生承担的。据有的学者考证,20世纪20年代初的北大法科之政治系,有教授6人,他们是:陈启修(兼系主任)、陶孟和、李大钊、高一涵、周鲠生、张慰慈④。这6人都曾留学国外,受到系统的现代学术的训练。陈启修、李大钊、高一涵3人早年都曾留学日本,系统地学习政治学(陈启修留学于东京帝国大学、李大钊留学于早稻田大学、高一涵留学于明治大学);周鲠生虽然早年也曾留学于日本早稻田大学,但后又于1913—1921年先后留学英国、法国,并获英国爱丁堡大学博士学位和法国巴黎大学博士学位;陶孟和早年也曾留学日本,后又留学英国伦敦经济学院;张慰慈早年留学美国,从事市政制度研究,并获得博士学位。北大的政治学教授群体是由留学日本

① 《张奚若文集》,清华大学出版社2019年版,第425—426页。
② 《谈政治》,《陈独秀著作选》第2卷,上海人民出版社1993年版,第154页。
③ 慰慈:《俄国遗产制度之废止》,《每周评论》第31期,1919年7月20日。
④ 陈明远:《20年代知识阶层经济状况——北京教育界和学者群体》,《社会科学论坛》2000年第5期。

和留学欧美的归国学人所组成的学术共同体,在介绍西方的政治理论和宣传社会主义思潮方面起了积极的作用,开创了现代中国的政治学的新局面。在北大的政治学教授中,虽然各人的政治思想和研究理念有所不同,但在"兼容并包,思想自由"的学术氛围中,各人的思想和学术都得到存在和发展①。

由于具备了以上的一些条件,同时也是由于中国社会政治变革的迫切需要,再加上一批政治学家的努力,作为一门学科的政治学也就在现代中国应运而生了。

二、中国现代政治学的三足鼎立

中国现代政治学随着中国现代政治变革而产生和发展,大体上出现了三种类型的政治学体系,即中国马克思主义政治学体系、中国自由主义政治学体系及为国民党政府服务的御用政治学体系,形成了现代中国的政治学三足鼎立局面。下面,试将这三种政治学体系作简要的介绍。

(一)中国马克思主义政治学

中国马克思主义政治学在现代中国得以产生和发展,不仅得益于马克思主义政治学思想在中国的传播,而且得益于中国共产党组织上的领导和政策上的支持,同时亦得益于中国共产党领导的新民主主义革命的伟大实践。在中国马克思主义政治学的阵营中,不少马克思主义学者就是共产党人,中共领导人毛泽东等亦直接参与政治学相关问题的研究,在推进马克思主义政治学中国化的进程中发挥了引领作用。可以说,中国马克思主义政治学的历程是与中国共产党的奋斗历程密切相联的,是随着中国共产党领导的新民主主义革命的发展而发展的,并在中国共产党的政治实践中而形成其学科体系、学术体系和话语体系。中国马克思主义政治学在民主革命时期有着产生与发展的过程,大致可以分为三个阶段,即中国马克思主义政治学产生阶段(1919—1927)、中国马克思主义政治学发展阶段(1927—1937)、中国马克思主义政治学初步成熟阶段(1937—1949),最终建构了以马克思主义为指导的、具有中国革命特色的新民主主义政治学体系。

① 参见吴汉全、王中平:《留学生与近代中国社会变迁》,吉林人民出版社2012年版,第283页。

1919—1927 年这一阶段,是中国马克思主义政治学的产生时期。中国马克思主义政治学是在 1919 年马克思主义在中国传播以后产生的,其标志是李大钊的《我的马克思主义观》发表。陈望道翻译的《共产党宣言》于 1920 年 8 月由上海的社会主义研究社出版(同年 9 月再版),广州的国光书社在 1925 年 4 月出了第 5 版后,又于 1926 年 4 月出了第 6 版,对中国马克思主义政治学的发展有着奠基性意义。以李大钊、陈独秀、李达等为代表的中国马克思主义者,不仅在政治上信仰马克思主义,而且对研究现实政治问题颇有兴趣,且具有中外学术文化的深厚功底。他们或身在大学讲坛精心研究马克思主义,或创办刊物向思想界、学术界宣传马克思主义的政治思想,或亲自投身革命斗争的实践而总结政治斗争的经验,成为中国马克思主义学派的领袖群体,其代表是李大钊、陈独秀、瞿秋白、李达、谭平山、恽代英等。中国早期的马克思主义者结合马克思主义理论的政治宣传工作,初步地研究中国的社会性质、阶级状况及中国政治发展的特点,宣传民众本位理念和政治大革命的主张,并且以马克思主义唯物史观为指导,对国家、阶级、政党等政治学的内容进行探讨,初步建立了中国马克思主义政治学体系。

以下,试就李大钊、陈独秀、瞿秋白、恽代英、李达等的政治学思想,作简要的介绍。

1. 李大钊的政治学思想

李大钊在中国最先比较系统地宣传马克思主义,并对共产主义运动进行研究,同时还对中国的政治问题给予阐发,从而为中国马克思主义政治学的发展奠定了研究的基础。因此,李大钊在中国马克思主义政治学史上是处于开创者的地位。

其一,宣传马克思主义的政治学理论。李大钊在中国宣传马克思主义的代表作《我的马克思主义观》,是中国第一篇马克思主义的政治学论文。在《我的马克思主义观》中,李大钊翻译了《哲学的贫困》、《共产党宣言》、《〈政治经济批判〉序言》中的部分内容,阐述了马克思主义唯物史观关于生产力与生产关系、经济基础与上层建筑关系的原理。这就科学地说明了"政治"作为上层建筑的一部分并受制于生产力这一"最高动因"的马克思主义政治观,为中国马克思主义政治学界定"政治"含义提供了认识基础。

李大钊充分说明马克思主义阶级斗争学说在考察社会变动尤其是政治变动中的重要意义。在马克思主义看来,不仅政治根源于经济,政治状况、政治现象及其性质归根到底受经济基础所决定,而且各阶级、各社会集团的根本经济利益,必然表现为一定的政治观点,并通过一定的政治斗争和一定的政治设施来保障和实行。因此,政治的实质是维护或者反对、限制一定社会阶级、社会集团的经济物质利益。社会中各种形式的政治活动、政治斗争,本身都不是目的,其根本目的是为实现一定阶级、社会集团的物质利益。李大钊运用马克思主义阶级斗争学说在说明社会政治变迁时,突出地说明唯物史观与阶级斗争学说的一致性以及阶级斗争手段对建立新的社会制度的极端必要性。在《阶级竞争与互助》中,李大钊说:"这个阶级竞争说,是 Karl Marx 倡的,和他那经济的历史观很有关系",并认为"我们为继续人类的历史,当然要起一个大变化。……这最后的阶级竞争,是阶级社会自灭的途辙,必须经过的,必不能避免的"①。由此可见,李大钊特别强调阶级斗争手段在社会政治变革中不可或缺的作用。李大钊当时限于自己的认识水平,虽然也认为马克思的唯物史观与阶级斗争学说之间的关系"终觉有些牵强矛盾的地方",但是李大钊明确表示:"这个明显的矛盾,在马氏学说中,也有自圆的说法。他说自从土地共有制崩坏以来,经济的构造都建立在阶级对立之上。生产力一有变动,这社会关系也跟着变动。可是社会关系的变动,就有赖于当时在经济上占不利地位的阶级的活动。这样看来,马氏实把阶级的活动归在经济行程自然的变化以内。"②李大钊充分肯定了阶级斗争手段在社会政治制度变革中的作用。

李大钊根据马克思主义唯物史观原理,还进一步阐述了阶级斗争学说在考察社会政治变革中的指导意义。他说:"历史的唯物论者,既把种种社会现象不同的原因,总约为经济的原因,更依社会学上竞争的法则,认许多组成历史明显的社会事实,只是那直接,间接,或多,或少,各殊异阶级间团体竞争所表现的结果。他们所以牵入这竞争的缘故,全由于他们自己特殊经济上的动机。"李大钊考察了十字军东侵、基督教的传布、法国大革命等政治变动的历史,认为"这类的政治变动,由马克思解释,其根本原因都在殊异经济阶级间的竞争";"就这阶级竞争的现象,我们可以晓得,这经济上有共同利害自觉的社会团体,都有毁损别的社会团体以增加自己团体利益的倾向"③。李大钊对政治的实质所作的解释,完全符合马克思主义经典作家的本义。李大钊还阐述了无产阶级与资产阶级之间的政治斗争的实质以及阶级斗争在社会政治变迁中表现的特点。他指

①　《阶级竞争与互助》,《李大钊全集》第 2 卷,人民出版社 2006 年版,第 355—356 页。
②　《我的马克思主义观》,《李大钊全集》第 3 卷,人民出版社 2006 年版,第 31 页。
③　《我的马克思主义观》,《李大钊全集》第 3 卷,人民出版社 2006 年版,第 28—29 页。

出:"马克思则谓阶级竞争之所由起,全因为土地共有制崩坏以后,经济的构造都建在阶级对立之上。马氏所说的阶级,就是经济上利害相反的阶级,就是有土地或资本等生产手段的有产阶级,与没有土地或资本等生产手段的无产阶级的区别:一方是压服他人,掠夺他人的,一方是受人压服,被人掠夺的。这两种阶级,在种种时代,以种种形式表现出来。……这资本家的生产方法,是社会的生产方法中采敌对形式的最后。阶级竞争也将与这资本家的生产方法同时告终。"①李大钊不仅表述了马克思主义关于政治的实质,而且阐述了政治的历史性和阶级性的特征,这为中国马克思主义政治学的奠基提供了思想指导。

李大钊赞成无产阶级专政并充分肯定无产阶级专政对于确立无产阶级政治的绝对必要性,认为无产阶级专政是马克思的"新发明"。他说:"无产阶级专政,并不是布尔扎维派的新发明。一八七五年马克思论 Gotha Programme 的信里说过:'在资本主义者的社会与共产主义者的社会间,有一个由此入彼的革命的过渡时代。适应乎此,亦有一个政治的过渡时期。当此时期的国家,就是无产阶级专政。'"②十月革命后俄国采取无产阶级专政手段,打击国内敌人的破坏与叛乱,稳定和巩固社会的秩序;反击协约国的联合进攻,捍卫新生的革命政权。李大钊对苏俄无产阶级专政的成功实践表示由衷的敬佩,他在 1921 年连续写出《俄罗斯革命之过去、现在及将来》、《俄罗斯革命的过去及现在》等文章,指出:"俄国的力量真是可怕,可敬。将来他的结果,虽然不能推敲出来,但是从一九一七年十一月以后,支持到现在,不知道经过多少艰难、困苦。"又说,俄国的办法"虽然不能认为终极的理想境界,但他是革命的组织,是改造必经的阶段,自由的花是经过革命的血染,才能发生的"③。1922 年 11 月 4 日李大钊在纪念十月革命的演讲中也指出,苏俄革命的历史为世界革命提供了新的经验:"(一)无产阶级专政。(二)剥夺压迫阶级的言论出版权。(三)红军。(四)恐怖主义。"④正是李大钊接受了马克思主义阶级斗争理论并受到俄国无产阶级专政经验的启示,所以李大钊认为无产阶级专政是建立新型的现代民主政治——无产阶级民主政治不可或缺的条件。

---

① 《我的马克思主义观》,《李大钊全集》第 3 卷,人民出版社 2006 年版,第 29—30 页。
② 《社会主义下的经济组织:在北京大学经济学会的演讲》,《李大钊全集》第 4 卷,人民出版社 2006 年版,第 135 页。
③ 《俄罗斯革命之过去、现在及将来》,《李大钊全集》第 3 卷,人民出版社 2006 年版,第 285 页。
④ 《在北京各团体发起的苏俄十月革命纪念会上的演讲(摘要)》,《李大钊全集》第 4 卷,人民出版社 2006 年版,第 101 页。

　　李大钊根据马克思主义理论,对政治学进行了定义。他指出:"从其最广义的解释,政治学就是国家学。国家学是专研究国家的学问,他的目的在专以究明政治的现象。……且政治学每置重于直接应用的方面,专在研究适应于现时社会状况的政治组织及其运用,特别注重发达进步的国家编制而详加考察。"①李大钊对政治学的这一定义,对中国学术界认识政治学的学科性质是有意义的。在李大钊的思想认识中,国家政权在政治现象中有着不可替代的地位,政治措施对解决社会问题有着极为重要的作用。他在《社会问题与政治》中指出,要想解决妇女参政和劳工这两个社会问题,"决非简单的平民团体所能办到;非组织强有力的政治团体去解决他不可! 有了强有力的政治团体,则能握到政权。先得到了政权,则可以徐图解决自身问题"②。在《社会主义下的经济组织》一文中,李大钊指出社会主义的实现必须经过三个阶段,第一阶段就是"政权的夺取"。"政权的夺取,有两种手段:一是平和的,一是革命的。采取平和的手段的……常归于失败。……革命的方法,就是无产阶级独揽政权。这种革命的运动,有失败的,有成功的。失败的如德奥是,成功的如苏俄是"③。

　　李大钊对马克思主义政治学理论的初步阐发,不仅为中国马克思主义政治学的建立提供了理论指导,而且为中国马克思主义政治学形成具有特色的内容和体系指明了方向。

　　其二,对共产主义运动及其理论的研究。李大钊的政治理论水平及政治学素养远远高出同时代的其他马克思主义者,共产主义运动及其理论乃是李大钊研究的重要内容。

　　李大钊对科学社会主义理论进行研究,他发表的《我的马克思主义观》、《社会主义与社会运动》、《平民政治与工人政治》、《平民主义》、《马克思的中国民族革命观》等文章,着重分析马克思主义的唯物史观对研究政治现象及其规律的指导作用,不仅就暴力斗争理论、无产阶级专政理论等对建立无产阶级政治统治的意义作了充分的说明,而且对未来的共产主义社会作了描述,阐述了人类社会发展的基本规律。李大钊研究科学社会主义理论,力图从学术上阐述科学社会主义理论发展的历史,因而很注意对空想社会主义历史进行梳理,认为"研究

---

　　①　《史学要论》,《李大钊全集》第4卷,人民出版社2006年版,第421页。
　　②　《社会问题与政治:在北京中国大学哲学读书会上的演讲》,《李大钊全集》第4卷,人民出版社2006年版,第112页。
　　③　《社会主义下的经济组织:在北京大学经济学会的演讲》,《李大钊全集》第4卷,人民出版社2006年版,第135页。

思想史,不能因新的与旧的相反,有所分别。尤不能信仰科学社会主义,遂将空想社会主义放弃不顾,要知空想者在科学上面亦有功绩"。李大钊通过对空想社会主义和科学社会主义的比较研究,指出两者的联系和区别:"空想社会主义是母,科学社会主义是子,故其关系颇切,此二种主义不同之点,即在历史观各有不同。如空想社会主义,以为社会之进步,由于理想。科学社会主义以为由于经济之条件,若无经济条件,无论有何种理想,决不能使社会进步。"①正是因为对社会主义的前史的研究,李大钊对科学社会主义的理论有较为深刻的把握,认为社会主义制度的突出表现:"(一)知的方面,社会主义是对于现存秩序的批评主义。(二)情的方面,社会主义是一种使我们能以较良的新秩序代替现存的秩序的情感;这新秩序,便是以对于资本制度的知的批评主义的结果,自显于意象中者。(三)意的方面,社会主义是在客观的事实界创造吾人在知的和情的意象中所已经认识的东西的努力,就是以工人的行政代替所有权统治的最后形体的资本主义的秩序的努力。"②李大钊是依据马克思主义科学社会理论来研究社会主义理论的,因而阐明了以无产阶级革命取代资产阶级统治的历史必然性,并主张依民主的精神实行"由平民政治到工人政治"的转变。

李大钊在发表的《马克思与第一国际》、《一八七一年的巴黎"康妙恩"》、《俄罗斯革命之过去、现在及将来》、《俄罗斯的过去及现在》等文章中,对社会主义运动及社会主义革命进行研究,阐明马克思主义暴力革命理论对实行社会政治变革的指导作用。他认为"俄罗斯大革命,是现代最足以惹世界全人类注意的一件重大事件,无论颂祷他的,咒骂他的,欢迎他的,恐怖他的,都不能不认识他的价值"③。李大钊对俄国革命的起源、指导思想、劳农政府的组织形式、主要革命人物作了比较全面的介绍,歌颂布尔什维克党的功业。他指出:"布尔色维克的力量一天比一天大,各资本国虽用种种方法去防备他,去破坏他,然而一点用处也没有。将来实在有可注意的价值。"④与对俄国革命的研究相联系,李大钊对国际共产主义运动的也进行了探索,对第一国际、第二国际及第三国际(共产国际)皆有所研究,尤其是对第三国际有着特别的研究兴趣。早在 1919 年初共产国际还未成立时,李大钊就预见新的国际组织即将成立的可能。他在《联

---

① 《社会主义与社会运动》,《李大钊全集》第 4 卷,人民出版社 2006 年版,第 206 页。
② 《平民政治与工人政治》,《李大钊全集》第 4 卷,人民出版社 2006 年版,第 88 页。
③ 《俄罗斯革命的过去及现在》,《李大全文集》第 3 卷,人民出版社 2006 年版,第 304 页。
④ 《俄罗斯革命之过去、现在及将来》,《李大钊全集》第 3 卷,人民出版社 2006 年版,第 284—285 页。

治主义与世界组织》中指出："中欧的社会革命一经发动,世界的社会组织都有改变的趋势,为应世界的生活的必要,这国际组织、世界组织,是刻不容缓了。"①共产国际成立后,李大钊又发表文章指出共产国际与第二国际的区别,他说:"一九一九年第三国际在莫斯科开会后……共产党称曰左翼,社会党称曰右翼(第二国际)。前者今已布全世界,后者则稍形散漫。以颜色代之,前者为赤色,后者为淡红色。前者代表劳动阶级,后者代表资产阶级或半资产阶级。社会党主张 creative evolution,而共产党主张 creative revolution。"②在《工人国际运动略史》中,李大钊指出:"第一国际和第二国际在历史上都曾尽过他们所负的使命而依次归于消灭,只有第三国际是现在工人国际运动的正统而为其势力的中心。"又指出:"第三国际乃与苏俄的革命同时崛起,执世界工人运动的牛耳。"③在中国早期的共产主义知识分子中,李大钊是最早注意共产国际动向的。共产国际成立后帮助中国建立共产党,也是通过李大钊来实现的。

　　李大钊还写有《"五一"May Day 运动史》、《五一纪念日于现在中国劳动界的意义》、《工人国际运动略史》、《劳动问题的祸源》、《各国的妇女参政运动》、《现代的女权运动》等文章,对劳工运动和妇女运动进行研究。他认为,"五一"劳动运动"是因为政府屡次扬言改善劳工条件而不实行起来的。民众知道,希望不诚实的政府是绝望的事,要想达到目的,非靠自己努力不可,乃决定排去一切向人请愿的行为,对于资本家取直接行动,以图收预定的效果。所以'五一'纪念日,是由民众势力集中的协同团体涌现出来的"④。李大钊根据马克思主义理论,阐明了工人阶级联合的必要性及工人运动所应采取的斗争策略,指出:"工人们——就是无产阶级——为对付中产阶级的联合,必须组织一个工人的国际联合。这种联合,不但于日常发生的产业界的争议和防止国外破坏罢工同盟的人很有效用,就在革命的时候,资本主义的国家的工人,亦能阻止他们的执政者对于革命成功的地方加以打击。……工人的国际运动的目的不在终止战争而在变更战争的范围,而在使战争不是国家的而是阶级的。"⑤李大钊还对世界各国的妇女参政运动进行研究,如他 1921 年 2 月至 3 月曾在北京大学政治学系

---

① 《联治主义与世界组织》,《李大钊全集》第 2 卷,人民出版社 2006 年版,第 286 页。
② 《社会主义与社会运动》,《李大钊全集》第 4 卷,人民出版社 2006 年版,第 194 页。
③ 《工人国际运动略史》,《李大钊全集》第 4 卷,人民出版社 2006 年版,第 172、176 页。
④ 《"五一"May Day 运动史》,《李大钊全集》第 3 卷,人民出版社 2006 年版,第 183 页。
⑤ 《工人国际运动略史》,《李大钊全集》第 4 卷,人民出版社 2006 年版,第 172 页。

专门以《各国的妇女参政运动》为题进行演讲,指出从亚里士多德开始就主张"妇人不应有公民权",于是"一直到文艺复兴时代,无论思想如何变迁,而亚氏这种见解,总不能打破","所以在文艺复兴以前,除却意大利罗马有极薄弱之女权运动外,其余各国,都很沉寂。文艺复兴以后,自由思潮勃兴,大规模的妇女运动,才从此发端"①。李大钊通过考察世界妇女运动发展的历程,认为"女权运动与劳动妇女底运动,并不含有敌对的意味,而且有互相辅助的必要",并要求"劳工妇女的运动亦不该与劳工男子的运动互相敌对,应该有一种阶级的自觉,与男子劳工团体打成一气,取一致的行动"②。

李大钊在对共产主义运动及其理论的研究中,对社会主义民主政治的研究和阐发极富有特色。李大钊认为,社会主义的民主政治是真正的民主政治,与资本主义民主政治相比具有极大的广泛性和优越性。在社会主义思想传入中国的过程中,有人误解社会主义是束缚个人自由的,担心"社会主义实行后,国家与社会权利逐渐增加,个人自由易受其干涉,遂致束缚"。对此,李大钊指出,这种认为社会主义束缚个人自由发展的论断是对社会主义的"误解",他说:"社会主义是保护自由、增加自由者,使农工等人均多得自由。"③李大钊还将无产阶级民主政治与资产阶级民主政治作了学理上的比较,指出社会主义实行的民主政治是保护全体人民的共同利益,是全体人民当家作主;未来的社会主义民主政治是"使人民全体,都是为社会国家作有益的工作的人,不须用政治机关以统治人身,政治机关只是为全体人民,属于全体人民,而由全体人民执行的事务管理的工具"④。而资产阶级的民主政治只是为少数阶级的利益服务,虽然他们也认为"平民政治是为人民,属于人民,由于人民的政治"(Democracy is the Government of the people,for the people,by the people),但是"此语是虚伪的","因为他们所用的'人民'这一语,很是暧昧,很是含混。他们正利用这暧昧与含混,把半数的妇女排出于人民以外,并把大多数的无产阶级的男子排出于人民以外,而却僭用'人民'的名义以欺人。普通所说的平民政治,不是真正的平民政治,乃是中产阶级的平民政治"⑤。李大钊指出社会主义民主政治与资本主义民主政治的区

① 《各国的妇女参政运动:在北京大学政治学系的演讲》,《李大钊全集》第3卷,人民出版社2006年版,第258页。

② 《现代的女权运动》,《李大钊全集》第4卷,人民出版社2006年版,第17页。

③ 《社会主义与社会运动》,《李大钊全集》第4卷,人民出版社2006年版,第196页。

④ 《平民主义》,《李大钊全集》第4卷,人民出版社2006年版,第132页。

⑤ 《平民政治与工人政治》,《李大钊全集》第4卷,人民出版社2006年版,第85—86页。

别,就在于引导人们为实现社会主义的民主政治而斗争,建立新型的无产阶级民主政治。

其三,对中国政治的深入研究。李大钊特别关心中国政治的状况,除了积极参与组织中国共产党、推动国共合作及领导北方革命的政治活动外,在学术上尤其重视对中国政治现象的研究,阐明中国政治发展的目标、途径及依靠力量。李大钊撰写的《要自由集合的国民大会》、《五一纪念日于现在中国劳动界的意义》、《社会问题与政治》、《普遍全国的国民党》、《上海的童工问题》、《大英帝国主义者侵略中国史》等文章,对中国政治的诸多问题作了分析和研究。

第一,揭露中国军阀政治的实质及中国政治与帝国主义侵略的关系。李大钊指出,军阀政治就是剥夺人民的自由权利,是“人治”的表现。各省的军阀更是割据称雄,所谓“鄂人治鄂”、“苏人治苏”等都没有离开“人治”的观念①。对于中国当时政治上的专制状况,1923 年 10 月李大钊在接受《报知新闻》记者古庄的采访时曾予以进一步的说明。李大钊说,在中国“思想的研究和宣传虽然是自由的,可是如果多少触犯到军阀,就是说写了或者说了对军阀不利的事,立即就会让你遭殃,到那时候就根本不讲什么道理了。但是我们主张要为最后推翻军阀斗争到底的,因此这不过是一种间接的、限于思想上的、难以想象那种程度的‘自由’而已,一旦具体涉及到曹锟如何,吴佩孚如何,对现实问题稍有指责,刊物就会马上遭到查禁的”②。李大钊还分析了中国政治的现状与西方列强侵略的关系,认为西方列强左右着中国的政治,“帝国主义者之侵略中国,盖完全采此手段——即利用反革命势力以压制革命”③。李大钊对军阀政治的揭露和批判,在于动员民众力量,为争取民主政治的实现而斗争。李大钊指出,“民众的势力,是现代社会上一切构造的惟一的基础”,军阀统治免不了政治上灭亡的命运,即使是军阀段祺瑞只要他“一至反抗民众,则纵有外国军阀的后援,亦终归于一败涂地”④。

第二,提出中国政治改革的基本要求。当时中国处在军阀统治之下,反帝反封建、追求政治民主是李大钊对中国政治变革的希望。他说:“吾人之运动口号

---

① 《人治与自治》,《李大钊全集》第 3 卷,人民出版社 2006 年版,第 214 页。

② 《就中国现状答记者问》,《李大钊全集》第 4 卷,人民出版社 2006 年版,第 347 页。

③ 《大英帝国主义侵略中国史:在河南开封第一师范的演讲》,《李大钊全集》第 5 卷,人民出版社 2006 年版,第 55 页。

④ 《要自由集合的国民大会》,《李大钊全集》第 3 卷,人民出版社 2006 年版,第 209 页。

为尊重民权,打倒军阀,打倒帝国主义三条。"①1922 年 5 月 1 日为纪念"五一"国际劳动节,李大钊撰写了《五一纪念日于现在中国劳动界的意义》中,对中国政治提出具体的要求:"(一)关于外交者:(1)反对国际的军阀、财阀的压迫;(2)要求与劳农俄国成立商约并即正式承认其政府。(二)关于内政者:(1)否认督军制及巡阅使制,一律改为国军,实行裁兵;(2)主张开国家大会,容纳各阶级的代表,制定国宪;(3)反对以人民为牺牲的内讧的战争。(三)关于改善工人境遇者:(1)八小时工作,额外工作加薪;(2)假期停工给薪;(3)男女同工同酬;(4)含有危险性的工作应该格外优待,如矿、路、电等;(5)取缔童工;(6)要求公家在工人集合的地方多设正当娱乐的场所及设备。"②李大钊提出的中国政治变革的目标贯彻了反帝反封建的精神,突出了反对帝国主义干涉、反对国内军阀专横、建立民主政治的基本内容。

第三,强调取得政权对变革中国政治的极端重要性。政治学以国家这种现象为主要研究对象,政权问题又是国家现象中的根本问题。李大钊并不反对人们对社会问题的解决,但他认为根本的途径还是要从政治上解决问题,因为即使是社会问题也都与政治有关的。李大钊举例说:"比如劳工问题、妇女问题、人力车夫问题、鸦片、缠足等等问题,都是社会问题。这些问题,所以不易解决者,大半因经济的关系,因为经济的不均与不安,许多问题,都从此发生。社会上小的问题,可以不说。至于大的问题,我们想解决他,非靠政治的力量不可!"③李大钊的结论是:"欲改良社会,非靠政治的力量不可;因为政治的力量,可以改革一切的社会问题。"④李大钊把社会变革的问题归结为政治问题,认为中国政治的前途就在于推翻军阀的统治,因此必须"与大多数人民一道,为推翻欺压人民的军阀和机会主义的政客,把政权夺回到人民手中,除此别无他途"⑤。

第四,主张组织无产阶级政党来担负起变革中国政治的责任。李大钊重视社会力量"联合"的意义,认为"现在所要求的社会组织是打破上下阶级为平等

① 《大英帝国主义者侵略中国史:在河南开封第一师范的演讲》,《李大钊全集》第 5 卷,人民出版社 2006 年版,第 56—57 页。
② 《五一纪念日于现在中国劳动界的意义》,《李大钊全集》第 4 卷,人民出版社 2006 年版,第 73—74 页。
③ 《社会问题与政治:在北京中国大学哲学读书会上的演讲》,《李大钊全集》第 4 卷,人民出版社 2006 年版,第 110—112 页。
④ 《社会问题与政治:在北京中国大学哲学读书会上的演讲》,《李大钊全集》第 4 卷,人民出版社 2006 年版,第 113 页。
⑤ 《就中国现状答记者问》,《李大钊全集》第 4 卷,人民出版社 2006 年版,第 347 页。

联合的组织",将建立"平等联合的组织"作为变革中国社会的根本手段。在李大钊看来,要认识到从前的政治"是以君纲臣,以官治民,以中央统驭地方,是纵的组织",故而现在要使"民众联合起来,为横的组织,以推翻君主官吏的势力,各地方联合起来,抗制中央集权"①。正是李大钊强调民众力量的联合,他认为中国必须创建代表民众利益的无产阶级政党,"这个团体不是政客组织的政党,也不是中产阶级的民主党,乃是平民的劳动家的政党,即是社会主义团体",并认为中国的"C 派的朋友若能成立一个强固精密的组织,并注意促进其分子之团体的训练,那么中国彻底的大改革,或者有所附托!"②在中国共产党成立之后,李大钊更重视政党联合的重要性,十分强调中国共产党与国民党的合作对推动中国政治变革的重大意义。他说,鉴于中国当时的阶级状况,中国社会的改造必须"以中国国民党作为中心","加上我们对它的不适当之处的改良,从而使该党形成为更加有力的团体",如此"才能开始进行实际改革的事业"③。李大钊把民众的联合和无产阶级政党的组织作为中国政治改革的基本途径,正是认识到中国政治问题解决的关键环节,这为中国共产党的创建发展和以民众为本位的人民革命运动的兴起做出了积极的探索。

　　李大钊在五四时期对马克思主义政治学理论的宣传、运用马克思主义对政治学相关问题的研究以及对中国政治现象的考察,乃是对马克思主义政治学中国化的积极努力,并开启了马克思主义政治学在中国发展的道路,为马克思主义与中国政治现状研究的结合作出了积极的探索。中国后继的马克思主义者承继李大钊的基本政治理念,一方面努力研究和宣传马克思主义的政治理论,另一方面又深入研究中国的政治现状及政治问题,积极探索中国新民主主义革命的道路,从而使马克思主义的政治理论真正成为中国政治变革的指导思想。李大钊是中国马克思主义政治学的开创者,在中国马克思主义政治学史上有着先驱者的地位。

　　2. 陈独秀的政治学思想

　　陈独秀是中国早期马克思主义者的重要代表,尽管在大革命后期犯了严重的错误,但在中国共产党的创立时期及其之后的一段时间,陈独秀无疑是当时中共最主要的领导者。陈独秀的政治学思想不仅是包括阶级论、政党论、革命论、

---

　　① 《由纵的组织向横的组织》,《李大钊全集》第 3 卷,人民出版社 2006 年版,第 166 页。

　　② 《团体的训练与革新的事业》,《李大钊全集》第 3 卷,人民出版社 2006 年版,第 271 页。

　　③ 《就中国实际改造的中心势力问题与〈北京周报〉记者的谈话》,《李大钊全集》第 4 卷,人民出版社 2006 年版,第 180 页。

国家论的体系,而且是具有很强的实践性的政治学,对中国马克思主义政治学的创建起了重要的作用。

其一,阶级论。陈独秀对马克思主义政治学的经典著作《共产党宣言》、《法兰西内战》等进行了较为系统的研究,指出马克思、恩格斯是"根据唯物史观来说明阶级争斗的",而且从马克思的阶级斗争学说中"我们实在找不出和唯物史观有矛盾的地方",在中国宣传了马克思主义的阶级及阶级斗争理论。

陈独秀从整个人类历史的演变过程看待阶级社会,认为阶级斗争是阶级社会不断演进中最为显著的特征,揭示了阶级斗争的政治性质及阶级斗争推动历史前进的事实。他指出:"人类社会因治生方法不断的进步,他们经济的及政治的组织遂随之不断的进步。在这不断的进步之过程中,保守者与改革者亦即压迫者与被压迫者两方面,自然免不了不断的争斗;每个争斗的结果,后者恒战胜前者,人类社会是依这样方式进步的。照前人依据历史的事实指示我们的:人类社会不断的进步即不断的争斗中,依治生方法之大变更扩大了他们的生活意识,他们利害相冲突的分子,遂自然形成两次最大的阶级争斗,第一次是资产阶级对于封建之争斗,第二次是无产阶级对于资产阶级之争斗。所以人类每一个重要的政治争斗,都有阶级争斗的意义含在里面。"①值得注意的是,陈独秀不仅认为阶级社会是人类社会的重要部分,而且他根据《共产党宣言》的要义之一是讲"一切过去社会底历史都是阶级争斗底历史",提请人们进一步注意阶级社会之中,阶级对立的普遍存在事实。陈独秀引用《共产党宣言》中的论述,解释道:"例如在古代有贵族与平民,自由民与奴隶;在中世纪有封建领主与农奴,行东与佣工;这些压制阶级与被压制阶级,自来都是站在反对的地位,不断的明争暗斗。封建废了,又发生了近代有产者与无产者这两个阶级新的对抗,新的争斗。"②陈独秀宣传了马克思主义的阶级理论,他关于阶级社会及阶级斗争的理解是准确的。

陈独秀认为阶级的地位与作用取决于阶级本身的性质,但也是依时代的不同而有所变化的。在他看来,由于时代的变化,一个阶级在社会进化中的作用就可能由革命的作用变为反革命的作用。"因为一个阶级一个党派的理想比较是静的,社会现象比较是动的,以静的阶级党派理想应付动的社会变化,便往往因前后对象不同,一个阶级一个党派在前是革命的,在后是反革命的。动的社会进

---

① 《对于现在中国政治问题的我见》(1922年8月),《陈独秀著作选》第2卷,第373页。
② 《马克思学说》(1922年7月),《陈独秀著作选》第2卷,第356页。

化日在新陈代谢之中,一个静的阶级党派,对于障碍他进化的旧阶级党派,他是新的革命的,同时对于比他更进化的阶级党派,他便变成旧的反革命的及新的阶级党派进化的障碍物了。"①陈独秀考察阶级的地位与作用,还注意阶级的先进性问题,认为无产阶级不仅与资产阶级相比、而且与农民及手工业者相比皆是先进阶级,因而"共产的社会革命"必须有"强大的无产阶级为主力军,才能够实现此种革命的争斗并拥护此种革命的势力建设此种革命的事业",其原因是"只有强大的无产阶级,才有大规模的共同生产共同生活之需要与可能"②。陈独秀还结合中国的阶级现状,从理论与事实两方面说明中国工人阶级是"最革命的阶级",在社会政治变革中处于领导地位。他指出:"半封建半资本制度的中国,他的社会势力,三种并存:第一是军阀的势力,因为他挟有全国的武装与政权;第二是资产阶级的势力,因为他挟有全国的经济权及组织宣传机关;第三是工人阶级的势力,因为他是新生力力的代表者,他是富于集合力及决战力者,他是天然的农民之同盟者。军阀不待说是被革命的阶级,资产阶级中包含着'反革命'、'非革命'、'倾向革命'三种分子,只有工人阶级是最革命的阶级。在全人类阶级根性上看起来,工人阶级是最富于革命性的;在中国社会现状上看起来,中国工人备受外国帝国主义者及国内军阀、资本家三层压迫,也只有革命是唯一的出路。"③陈独秀依据马克思主义的政治理论对阶级地位与作用的分析,不仅注意到阶级所处的时代,而且注意到阶级本身是否具有先进的性质,从而逻辑地揭示了无产阶级的历史地位。

陈独秀研究阶级斗争能够注意联系中国阶级斗争的实际,他对中国近代以来的阶级斗争进行了梳理,说明在当时开展资产阶级民主革命的极端重要性。关于近代中国的阶级斗争的历程,陈独秀这样予以描述:"这样的经济及政治状况,遂使中国的阶级争斗不得不分为两段路程:第一段是大的和小的资产阶级对于封建军阀之民主主义的争斗,第二段是新起的无产阶级对于资产阶级之社会主义的争斗。……资产阶级的政治争斗,已经由辛亥革命运动爱国运动及护法运动表示他们的意志了。所以第一段争斗,是中国人对于现在的政治问题上至急切要的工作,一切劳苦群众也都应该加入,因为这第一段民主主义的争斗,乃是对内完全倾覆封建军阀得着和平与自由,对外促成中国真正的独立;这种和

---

①　《革命与反革命》(1923年1月),《陈独秀著作选》第2卷,第403页。
②　《中国国民革命与社会各阶级》(1923年12月),《陈独秀著作选》第2卷,第563页。
③　《中国国民革命运动中工人的力量》(1925年2月),《陈独秀著作选》第2卷,第837页。

平、自由与独立,不但能给中国资产阶级以充分发展的机会,而且在产业不发达的国家,也只有这种和平、自由与独立,是解放无产阶级使他们由幼稚而到强壮的唯一道路。"①随着陈独秀思想的发展,他认识到在资产阶级领导的中国民主革命之后,不能立即进入社会主义革命的阶段,而必须有一个"国民革命"的阶段,继续进行资产阶级民主革命的工作。他指出:"现在中国若是资产阶级的政治,劳动阶级自然要打倒资产阶级,即行社会革命。但是半殖民地的中国,不象欧美……各国已达到资产阶级的政治,统治中国的是封建的军阀阶级,他们勾结外国帝国主义者为后援,资产阶级、劳动阶级都在他们压迫之下,所以中国劳动阶级和社会主义者的目前工作,首先要做打倒军阀打倒帝国主义的国民革命。"②陈独秀关于近代中国社会中阶级斗争的梳理,虽然有个别用语不尽准确,但总体上来说是符合实际的,揭示了近代中国社会中阶级斗争的历史进程,指明了中国无产阶级要完成资产阶级民主革命的任务。

陈独秀对中国资产阶级进行分析,将中国的资产阶级划分三个部分,在一定程度上发展了马克思主义关于阶级和阶层的思想。他在《资产阶级的革命与革命的资产阶级》中指出:"在产业幼稚资产阶级势力不集中的社会,尤其是在殖民地或半殖民地的社会,资产阶级每每有分为三部的现象:(一)是革命的资产阶级,他们因为封建军阀及国际帝国主义妨碍大规模的工商业发展而赞成革命,如中国海外侨商及长江新兴的工商业家之一部分;(二)是反革命的资产阶级,他们因为素来是依靠外人的恩惠及利用国家财政机关与军阀官僚势力,造成了畸形的商业资本,专以卖国行为增加他们货币的富,他们自然而然要依附军阀官僚及帝国主义的列强而反对革命,他们也可以叫做官僚的资产阶级,如中国新旧交通系之类,自盛宣怀以至张弧、王克敏,乃是他们代表的人物;(三)是非革命的资产阶级,他们因为所营的工商业规模极小,没有扩大的企图,没有在政治上直接的需要,所以对于民主革命恒取消极的中立态度,这种小工商业家,在小资产阶级的中国社会居最大多数。"③陈独秀关于资产阶级的分类虽然还有不尽准确的地方,但很显然的是对马克思主义阶级学说在中国运用中的发展。

陈独秀宣传马克思主义的阶级斗争学说,特别注重对各种错误的观点进行批驳。陈独秀指出,国际共产主义运动中的修正主义者"他们反对马格斯(马克

① 《对于现在中国政治问题的我见》(1922年8月),《陈独秀著作选》第2卷,第375页。
② 《关于社会主义问题——在广东高师的讲演》(1923年6月),《陈独秀著作选》第2卷,第477页。
③ 《资产阶级的革命与革命的资产阶级》(1923年4月),《陈独秀著作选》第2卷,第450页。

思)底阶级战争说很激烈,他们反对劳动专政,拿德谟克拉西来反对劳动阶级底特权。他们忘记了马格斯(马克思)曾说过:劳动者和资产阶级战斗的时候,迫于情势,自己不能不组成一个阶级,而且不能不用革命的手段去占领权力阶级的地位,用那权力去破坏旧的生产方法;但是同时阶级对抗的理由和一切阶级本身,也是应该扫除的;因此劳动阶级本身底权势也是要去掉的(见《共产党宣言》第二章之末)。"又说,修正派的社会主义者以"民主"为口号,但"他们只有眼睛看见劳动阶级底特权不合乎德谟克拉西,他们却没眼睛看见戴著德谟克拉西假面的资产阶级底特权是怎样。他们天天跪在资产阶级特权专政脚下歌功颂德,一听说劳动阶级专政,马上就抬出德谟克拉西来抵制,德谟克拉西到成了资产阶级底护身符了。我敢说:若不经过阶级战争,若不经过劳动阶级占领权力阶级地位底时代,德谟克拉西必然永远是资产阶级底专有物,也就是资产阶级永远把持政权抵制劳动阶级底利器。"[1]陈独秀在当时的思想论争中有力地捍卫了马克思主义的阶级斗争学说。

其二,革命论。陈独秀对革命的性质进行研究,并随着认识的发展而不断深化,认识到革命是社会制度变革的手段。1920 年陈独秀指出:"我们为什么要革命? 是因为现在社会底制度和分子不良,用和平的方法改革不了才取革命的手段。革命不过是手段不是目的,除旧布新才是目的。若是忘了目的,或是误以手段为目的,那便大错而特错。"[2]此后,陈独秀对"革命"的认识不断进步。如他在 1921 年认识到革命与社会制度变革的关系,指出:"革命不是别的,只是新旧制度交替底一种手段,倘革命后而没有新的制度出现,那只算是捣乱、争权利、土匪内乱,不配冒用革命这个神圣的名称。"[3]随着陈独秀马克思主义理论水平的提高,他认为革命是社会进化过程中的"顿变"现象,是与"内乱"、"反革命"完全不同的,"革命"是社会组织进化的战争,"反革命"则是社会组织退化的战争,而"内乱"则是野心家抢夺政权的战争。因而,在"每个进化阶段新旧顿变时,都免不了革命战争","革命便是这种顿变之代名词"。他指出:"革命既是社会组织进化过程中之顿变的现象,则革命必以不违反进化社会组织为条件,反革命必以违反进化为条件,内乱乃以社会组织之进化或退化两无主义为条件。"[4]陈独秀认为"革命"在社会组织进化中具有突出的地位,"他是表示人类社会组织进

---

① 《谈政治》(1920 年 9 月),《陈独秀著作选》第 2 卷,第 163 页。
② 《革命与作乱》(1920 年 12 月),《陈独秀著作选》第 2 卷,第 218 页。
③ 《革命与制度》(1921 年 7 月),《陈独秀著作选》第 2 卷,第 288 页。
④ 《革命与反革命》(1923 年 1 月),《陈独秀著作选》第 2 卷,第 402 页。

化之最显著的现象,他是推进人类社会组织进化之最有力的方法"①。陈独秀对革命的阐述,强调的是革命的历史必然性,体现的是社会运行的规律性,如他说:"社会主义要起来代替共和政治,也和当年共和政治起来代替封建制度一样,按诸新陈代谢底公例,都是不可逃的运命。"②陈独秀关于革命性质的论述,传播了马克思主义的革命思想,对于中国早期马克思主义者革命观的建立有积极的影响。

陈独秀对"革命"与"暴动"的关系进行分析,强调了暴动对于革命的重要性,主张通过"科学的暴动"来达到革命的目的,并批驳了非暴力论者不要武力的谬论。在陈独秀看来,政治之根本的改造只有"组织民众积极革命"八个大字为正确而又有效的方法,而不是暗杀;"暗杀只是一种个人浪漫的奇迹,不是科学的革命运动,科学的革命运动,必须是民众的阶级的社会的"。相比较而言,"暴动这个方法,比暗杀进步得多,但革命固然要采取暴动的手段,而暴动却不尽是革命;我们并不是从根本上反对暴动,我们所反对的是有些人误解迷信无组织无系统无计划一时冲动的暴动就是革命。……这种浪漫的暴动,决不能达到革命之目的,即使能得着一时的胜利,也决不能在实际上推倒旧统治阶级的势力。"陈独秀指出:"要达到革命之目的,只有有组织有系统有计划科学的暴动;这种科学的暴动,决不是一时的冲动,乃建设在长时间无数的有训练有纪律的民众运动上面,也只有在这些前前后后大大小小无数的民众运动中,才能使革命的新势力得到无数的新教育新经验新人才,才能去掉许多恶因,才能产生许多有用的好人,才能使革命的新势力有建设新秩序来代替旧秩序的可能;必须如此,才能使复杂的社会组织现出一度变更;这种暴动这种革命才是科学的,这些结果都不是浪漫的暴动所能够得到的。"③陈独秀还批驳那些不要"武力"的谬论,认为这些反对武力的人"不是糊涂蛋便是反革命者"。他指出:"任何国家任何性质的革命,都非有武力不成;因为被革命的统治阶级都有强大的武力,革命的被统治阶级如果没有武力,当然不会成功。"当然,陈独秀强调发展革命"武力"有一个重要的前提,即革命的武力必须与民众合作,得到人民的支持,亦即武力"必须受民众的和党的制裁,才能够免除形成军事独裁走到反民众利益那边去的危险。"④陈独秀对暴力的情形进行具体分析,对暗杀论及非暴力论等予以批判,主

---

① 《革命与反革命》(1923 年 1 月),《陈独秀著作选》第 2 卷,第 403 页。
② 《国庆纪念底价值》(1920 年 11 月),《陈独秀著作选》第 2 卷,第 179 页。
③ 《论暗杀暴动及不合作》(1923 年 1 月),《陈独秀著作选》第 2 卷,第 419—420 页。
④ 《革命与武力》(1926 年 11 月),《陈独秀著作选》第 2 卷,第 1142、1145 页。

张革命的暴力和"科学的暴动",是对马克思主义暴力革命理论的具体运用。

陈独秀认识到革命起源于阶级斗争,他特别强调无产阶级在革命的过程中建立无产阶级专政的极端重要性,并认为无产阶级政党对于建立无产阶级专政有极为重要的政治使命。在陈独秀向马克思主义者转变的过程中,他批评那些主张"不取革命的手段改造这工具(指政治、法律和国家,引者注),仍旧利用旧的工具来建设新的事业",鲜明地表示:"我承认用革命的手段建设劳动阶级(即生产阶级)的国家,创造那禁止对内对外一切掠夺的政治、法律,为现代社会第一需要。"①在陈独秀看来,无产阶级革命就必然要建立无产阶级专政,而"无产阶级专政就是不许有产阶级得到政权的意思,这种制度乃是由完成阶级战争消灭有产阶级做到废除一切阶级所必经的道路"②。所以,无产阶级要进行社会革命并建立无产阶级专政,都需要有共产党做"先锋队与指导者"才能得以实现。陈独秀还对无产阶级开展的革命程序进行了描述,这就是必须"立脚在阶级争斗的原则上面","集合无产阶级中最觉悟最革命的群众,组织为无产阶级做革命运动的共产党;无产阶级的革命成功,即应建设无产阶级专政的国家(此点与工团主义不同),利用无产阶级的国家这个武器,压制资产阶级的反动,加入世界的革命,扑灭全世界资本帝国主义的国家;然后渐渐灭绝资产阶级的私有制度及私有习惯与心理,建设无产阶级的工业与文化,最后达到废除一切阶级无国家的共产社会。这就是共产主义破坏与建设之大略程序。"③值得注意的是,陈独秀并不认为革命可以一蹴而就,无产阶级专政虽然是一个"过渡时期",但"这过渡时代决非很短的期间",他说:"从革命发生起,一直到私有财产实际归公,必然要经过长久的岁月;从私有财产在制度上消灭,一直到私有财产在人心上消灭,又必然要经过长久的岁月;在这长久的岁月间,无论何时都有发生阴谋使资本制度死灰复燃甚至于恢复帝制底可能,我们不可把社会改造看得太简单,太容易了。"④陈独秀关于无产阶级专政的论述,特别强调无产阶级政党领导的极端重要性,这是运用马克思主义的无产阶级专政理论研究中国政治现状的理论成果,为中国的社会革命和中国无产阶级的政治斗争指明了前进的方向。

陈独秀在研究中国民族民主革命历程的基础上,认为中国革命除了要有无产阶级政党领导外,还要具备其他一些具体的条件。在陈独秀看来,"权力集

---

① 《谈政治》(1920年9月),《陈独秀著作选》第2卷,第164页。
② 《社会主义批评》(1921年1月),《陈独秀著作选》第2卷,第254页。
③ 《关于社会主义问题》(1923年9月),《陈独秀著作选》第2卷,第470页。
④ 《答郑贤宗(国家、政治、法律)》(1920年11月),《陈独秀著作选》第2卷,第196页。

中"是进行革命的重要条件。他指出:"劳动团体底权力不集中,想和资本阶级对抗尚且不能,漫说是推倒资本阶级了;因为权力不集中各团体自由自治起来,不但势力散漫不雄厚,并且要中资本阶级离间利用和各个击破的毒计,我所以说:权力集中是革命的手段中必要条件。"①陈独秀还认为,"阶级的觉悟"亦即劳动者意识到自身的阶级地位,是革命的不可或缺的重要条件。关于"阶级的觉悟",陈独秀指出:"必须各行业各地方之劳动者都觉悟到:各行业的雇主资本家是一个阶级,各行业被雇的劳动是一个阶级,这两个阶级的利害是永不相同的。……因此可以知道非把各地各行业的劳动组织成一个阶级,决没有反抗组织强大的资本阶级的力量。没有反抗资本阶级的力量,决不能将资本家私有的生产工具夺归劳动界公有。生产工具不归劳动界公有,劳动的困苦决不能免除,这就叫作阶级的觉悟。"②陈独秀看到阶级觉悟对于革命的重要性,是因为他认为劳动者"免除困苦之唯一根本方法,只有各地各行的劳动都有了阶级觉悟,大家联合起来,用革命的手段去组织劳动阶级的国家政府"③。陈独秀还认为,人们对现行制度弊端的认识程度,也是进行革命的重要依据和前提条件。他指出:"社会底进步不单是空发高论可以收效的,必须有一部分人真能指出现社会制度底弊病,用力量把旧制度推翻,同时用力量把新制度建设起来,社会才有进步。力量用得最剧烈的就是革命。"④陈独秀关于革命条件的探讨,在当时对于阶级力量的组织和革命运动的发动是有积极的指导意义的。

其三,政党论。陈独秀认为政党是阶级的产物,同时又是阶级分化的反映,表达了政党是一定阶级意志的代表的观点;同时,他还对国民党产生的情形进行过具体研究,并对国民党的发展提出了积极的建议。如他从政党演进的历程来分析,认为"政党随着阶级分化而演进"的,因而"在阶级壮大而分化剧烈的国家,不但资产阶级的政党和无产阶级的政党截然分开,即资产阶级中,大资产阶级的政党和中产阶级、小资产阶级的政党还要分开,大资产阶级中,又分工业、商业、农业、银行资本等各派的政党";但是,"在殖民地半殖民地,最初往往都只发生象中国国民党这样多阶级的政党,这种特殊现象,正由社会阶级分化之背景使然,因为政党是社会阶级之反映,不是个人的理想可以造成的。"⑤这里,陈独秀

---

① 《三答区声白书》(1921年8月),《陈独秀著作选》第2卷,第306页。
② 《告劳动》(1921年6月),《陈独秀著作选》第2卷,第285—286页。
③ 《告劳动》(1921年6月),《陈独秀著作选》第2卷,第286页。
④ 《革命与制度》(1921年7月),《陈独秀著作选》第2卷,第288页。着重号为引者所加。
⑤ 《致戴季陶》(1925年8月),《陈独秀书信集》,新华出版社1987年版,第398页。

不仅认为"政党随着阶级分化而演进",而且认为"政党是社会阶级之反映",正是说明了政党与阶级分化的关系及政党所具有的阶级性质。值得注意的是,陈独秀针对中国国民党的现状,建议中国国民党应采取积极的发展方针,在注意内部整肃的前提下猛烈扩大群众基础,集合自己的真势力——国民势力,建立"国民的战线",并引导国民去做国民的运动,从而担负起领导国民革命的使命。陈独秀有这样的建议:"中国国民党应该一方面容纳革命的资产阶级,为他们打倒妨碍工商业发展的一切军阀,并且为他们排除援助军阀而又压迫中国工商业的国际帝国主义者,……一方面也应该提携中立的小资产阶级,引导他们上革命的路,增加革命的势力"①。又说:"国民党欲以革命手段达到政治清明的目的,必当重视全国革命分子,建设势力于倾向革命的民众之上,不得重视官僚分子,建设势力于蠹国乱政的官僚之上;……真心忠爱国民党的人们,应该一面消极的洗刷蠹国乱政的官僚,一面积极的造成拥有全国大群众的革命党,才不至于为亲者所痛仇者所快!"②陈独秀结合中国政党的实际研究政党的产生问题,通过对中国国民党的分析来揭示政党作为阶级的组织所具有的阶级的性质,主张政党拥有其广泛的群众基础,这是对中国国民党发展方向所提出的积极建议。

陈独秀也认识到无产阶级政治斗争的需要是推动无产阶级政党组织起来的重要因素,因而认为必须将阶级斗争与无产阶级政党的产生与发展联系起来分析。他认为:"实行无产阶级革命与专政,无产阶级非有强大的组织力和战斗力不可,要造成这样强大的组织力和战斗力,都非有一个强大的共产党做无产阶级底先锋队与指导者不可。"③陈独秀还认为"政党是人民干涉政治之最大工具",政党在解决社会政治问题上具有"扶危定乱的唯一方法"的作用,因而"主张解决现在的中国政治问题,只有集中全国民主主义的分子组织强大的政党,对内倾覆封建的军阀,建设民主政治的全国统一政府,对外反抗国际帝国主义,使中国成为真正的独立国家"④。陈独秀还针对中国社会中政党意识薄弱的特点,提出中国工人阶级要强化政党意识,他指出:"在工人心理幼稚的中国,不但对于政治组织(政党)和政治争斗不敢出头做,有许多便是对于经济组织(工会)和经济争斗还有点怕。在这种情况之下,指导劳动运动的人,不事急进,不作高论,暂时专力工会运动和日常生活的经济争斗,以养成由经济争斗到政治争斗的力量,这

①　《资产阶级的革命与革命的资产阶级》(1923年4月),《陈独秀著作选》第2卷,第450页。
②　《国民党与交通安福》(1923年5月),《陈独秀著作选》第2卷,第488页。
③　《答黄凌霜》(1922年),《陈独秀著作选》第2卷,第372页。
④　《对于现在中国政治问题的我见》(1922年),《陈独秀著作选》第2卷,第376页、378页。

样的方法,我们是不能反对的;若从根本上主张工人永远不问政治不要政党,说好点,这种主张是幼稚的左倾;说坏点,便是避去革命的行动,免得和现政治冲突。"①从总体来看,陈独秀主要是从阶级的进化和阶级斗争的需要来阐述政党产生的历史缘由,阐明了无产阶级政党建立的历史必然性,为共产党组织作用的发挥大造了舆论。

陈独秀对于政党制度与政党纲领也进行过研究。中国共产党是按照列宁的建党原则建立起来的马克思主义政党,又是共产国际的一个支部,执行着严格的组织纪律原则。因而,包括陈独秀在内的中国早期马克思主义者,对政党制度与政党纲领的研究,主要不是对共产党自身制度和纲领的研究,而是重点地对国民党的制度和纲领的研究。1922年陈独秀对国民党的党纲进行过分析和研究,他指出:"从中国国民党的党纲说起来,他起源于同盟会;同盟会的誓约中,有'驱除鞑虏,恢复中华,建立民国,平均地权。'这四句话,这就是从同盟会,一直到现在的中国国民党所始终主张的三民主义。第一、二句是民族主义,第三句是民权主义,第四句是民生主义,这三民主义,可以说是中国国民党党纲之骨干。我曾亲听过孙中山先生演讲三民主义,大意是说:满洲皇室虽然推倒了,而中华民族备受列强的压迫,民族主义仍有提倡的必要;民权是指选举权、复决权、罢官权、创制权等直接民权;民生主义,于平均地权以外,更加上土地国有,机器国有,少者归国家教育,老者归国家赡养等主张,这可以说是国民党民生主义最近的解释。"②当然,陈独秀对资产阶级的政党制度是表示不满的,但他认为资产阶级的政党制度比起军阀的政治是重大的进步,因而,随着中国民主革命的进行,就有必要用资产阶级政党制度来取代军阀政治,发挥资产阶级的政党制度在推进政治民主化进程中的作用。他说:"我们知道民主主义的争斗仅是第一段争斗,不是人类最后的争斗;我们更知道资产阶级民主主义之下的政党政治是必然包涵许多腐败与罪恶的。但是我们要知道在人类阶级争斗亦即社会进步的过程上看起来,在中国政治的及经济的现状上看起来,我们势不得不希望代替更腐败更罪恶的军阀政治之民主的政党政治能够成功。"③陈独秀认为国民党实行的是"以党治国"的制度,"就是以政党政治来代替军事专政",而北伐以后的国民党"乃是以军治国";因此,必须根据国民党的政党制度反对"以军治国"和"军事专

① 《无政府工团主义与黑暗势力》(1924年6月),《陈独秀著作选》第2卷,第711页。
② 《国民党是什么》(1922年9月),《陈独秀著作选》第2卷,第391页。
③ 《对于现在中国政治问题的我见》(1922年),《陈独秀著作选》第2卷,第377页。

政"，"凡是反对军事专政的人，便应该赞成以党治国；同时，主张以党治国的人，也不应该仍旧留恋军事专政！"①陈独秀对政党制度的研究虽然是以国民党作为考察的对象，但也反映了早期中国马克思主义者对政党建设的认识。

其四，国家论。陈独秀对于当时的无政府主义者提出的绝对地废除政治、废除国家的主张予以严肃的批评，阐述了他在国家问题上的基本立场。陈独秀的基本看法是，可以把国家看作是工具，因而国家只能是被改造而不能立即废除的；过去的国家是掠夺的国家，固然是应该废除；但未来的劳动阶级的国家，并不能断定没有进步的希望，因而不能予以否定。他指出："我们以为过去的现在的国家和政治，过去的现在的资本阶级的国家和政治，固然建筑在经济的掠夺上面；但是将来的国家和政治，将来的劳动阶级的国家和政治，何人能够断定他仍旧黑暗绝对没有进步的希望呢？反对国家的人，说他是掠夺机关；反对政治的人，说他是官僚底巢穴；反对法律的人，说他是资本家私有财产底护符。照他们这样说法，不过是反对过去及现在掠夺的国家，官僚的政治，保护资本家私有财产的法律，并没有指出可以使国家、政治、法律根本摇动的理由；因为他们所反对的，不曾将禁止掠夺的国家，排除官僚的政治，废止资本家财产私有的法律，包含在内。"②在陈独秀看来，国家同政治、法律一样只具有工具性质，因而可以将国家看作是"一种改良社会的工具，工具不好，只可改造他，不必将他抛弃不用"③，也不能立即废弃。鉴于这样的认识，陈独秀指出："我承认国家只能做工具不能做主义，古代以奴隶为财产的市民国家，中世纪以农奴为财产的封建诸侯国家，近代以劳动者为财产的资本家国家，都是所有者的国家，这种国家底政治法律，都是掠夺底工具，但我承认这工具有改造进化的可能性，不必根本废弃他，因为所有者的国家固必然造成罪恶，而所有者以外的国家却有成立的可能性。"④陈独秀承认国家在一定的历史条件下存在的正当性，肯定了国家在社会政治生活中的地位，"却不承认现存的资产阶级（即掠夺阶级）的国家、政治、法律"，主张"用革命的手段建设劳动阶级（即生产阶级）的国家"⑤。

陈独秀对国家与权力的关系进行分析，认为国家的性质是以其权力为中心而转移的，而国家也都建立在权力之上，不存在没有权力的国家。陈独秀指出：

---

① 《以党治国与军事专政》(1926 年)，《陈独秀著作选》第 2 卷，第 1119 页。
② 《谈政治》(1920 年 9 月)，《陈独秀著作选》第 2 卷，第 156—157 页。
③ 《谈政治》(1920 年 9 月)，《陈独秀著作选》第 2 卷，第 161 页。
④ 《谈政治》(1920 年 9 月)，《陈独秀著作选》第 2 卷，第 164 页。
⑤ 《谈政治》(1920 年 9 月)，《陈独秀著作选》第 2 卷，第 164 页。

"一切国家都必然建设在权力之上,封建的国家建设在军阀权力之上,民主的国家建设在人民权力之上,半封建半民主的国家建设在军阀和人民两种权力之上,殖民地的国家建设在母国权力之上,无权力则无国家无政治之可言,……所以我们应该明白若是人民的权力不能代替军阀的权力,军阀政治是不会倒的,民主政治是不会成功的。"①值得注意的是,陈独秀从法律的角度来诠释国家的权力问题,认识到法律是国家权力的化身,国家权力又通过法律来维护,从而说明国家的权力所具有的阶级性质。他指出:"国家、权力、法律,这三样本是异名同实。无论何时代的法律,都是一阶级一党派的权力造成国家的意志所表现,我们虽然应该承认他的权威,但未可把他看成神圣;因为他不是永远的真理,也不是全国民总意的表现,他的存废是自然跟着一阶级一党派能够造成国家的权力而变化的。"②陈独秀还根据国家与其权力的关系,剖析了德国社会民主党的国家观,揭示这种国家观的反动性。他指出,德国社会民主党"就是所谓的马格斯修正派","他们主张的国家社会主义,名为社会民主党,其实并不要求社会的民主主义,也不要求产业的民主化,只主张把生产工具集中在现存的国家——现存的资产阶级底军阀官僚盘踞为恶的国家——手里。……这种国家社会主义的国家里面,劳动阶级底奴隶状态不但不减轻而且更要加重;因为国家成了公的唯一的资本家,比私的多数的资本家更要垄断得多。这种国家里面,国家的权力过大了,过于集中了统一了,由消灭天才的创造力上论起来,恐怕比私产制度还要坏。这种国家里面,不但无政府党所诅咒的国家、政治、法律底罪恶不能铲除,而且更要加甚;因为资产阶级底军阀官僚从前只有政治的权力,现在又假国家社会主义的名义,把经济的权力集中在自己手里,这种专横而且腐败的阶级,权力加多罪恶便自然加甚了。"③陈独秀关于国家与权力关系的辨析,说明了国家所表现出的权力特征及权力在维护国家的阶级性质中所起的根本性作用,体现了马克思主义国家权力观的根本思想。

陈独秀站在无产阶级的政治立场,认为建设无产阶级的国家对于维护无产阶级利益的极端重要。在陈独秀看来,无产阶级长期以来之所以处于受剥削、受压迫的地位,重要的原因是没有自己的国家和政权,而是受资产阶级国家的统治。对此,陈独秀指出:"劳动者自来没有国家没有政权,正因为过去及现在的

---

① 《对于现在中国政治问题的我见》(1922 年 8 月),《陈独秀著作选》第 2 卷,第 376 页。
② 《对于时局的我见》(1920 年 9 月),《陈独秀著作选》第 2 卷,第 166 页。
③ 《谈政治》(1920 年 9 月),《陈独秀著作选》第 2 卷,第 162—163 页。

国家、政权,都在资产阶级底手里,所以他们才能够施行他们的生产和分配方法来压迫劳动阶级;若劳动阶级自己宣言永远不要国家、不要政权,资产阶级自然不胜感谢之至。"①陈独秀认为,无产阶级在此情形下要根本地改变自己的地位,只有从资产阶级手里夺得政权,建设自己的国家,并以国家的力量来镇压资产阶级的反抗。他指出:"从事实上说起来,第一我们要明白世界各国里面最不平等最痛苦的事,不是别的,就是少数游惰的消费的资产阶级,利用国家、政治、法律等机关,把多数极苦的生产的劳动阶级压在资本势力底下,当做牛马机器还不如。要扫除这种不平这种痛苦,只有被压迫的生产的劳动阶级自己造成新的强力,自己站在国家地位,利用政治、法律等机关,把那压迫的资产阶级完全征服,然后才可望将财产私有、工银劳动等制度废去,将过于不平等的经济状况除去。若是不主张用强力,不主张阶级战争,天天不要国家、政治、法律,天天空想自由组织的社会出现;那班资产阶级仍旧天天站在国家地位,天天利用政治、法律。如此梦想自由,便再过一万年,那被压迫的劳动阶级也没有翻身的机会。"②陈独秀极力主张打碎资产阶级的国家机器,建设无产阶级专政的国家,说明陈独秀已经建立起马克思主义的国家观。

陈独秀对国家在经济建设中所应担负的作用也有重要的探索,主张坚持马克思主义所指明的社会主义的方向,而在中国的历史条件下,就要在国民革命取得胜利的前提下,通过国家资本主义的形式逐步过渡到国家社会主义的办法来发展实业。在当时,有人主张"发展中国实业,只有国家社会主义与私人资本主义两个途径",而陈独秀明白表示主张"国家社会主义"的途径,而不赞成私人资本主义的办法。那么,陈独秀主张"国家社会主义"而反对"私人资本主义"的依据是什么呢? 对此,陈独秀给以这样的说明:"照中国社会的现状,要开发实业,只有私人资本主义或国家社会主义这两条道路。用私人资本主义开发实业,在理论上我们不能赞成,因为他在欧、美、日本所造成的罪恶已是不能掩饰的了;在事实上,以中国资产阶级幼稚的现状,断然不能在短期间发展到能够应付中国急于开发实业的需要,而且在国际帝国主义的侵略及国内军阀的扰乱未解除以前,中国的资产阶级很难得着发展的机会,到了国民革命能够解除国外的侵略和国内的扰乱以后,无产阶级所尽的力量所造成的地位,未必不大过资产阶级,以现在无产阶级的革命倾向大过资产阶级便可以推知,那时资产阶级决难独厚于自

---

① 《谈政治》(1920 年 9 月),《陈独秀著作选》第 2 卷,第 158 页。
② 《谈政治》(1920 年 9 月),《陈独秀著作选》第 2 卷,第 158 页。

己阶级的经济制度,所以我们敢说,采用国家社会主义来开发实业,是国民革命成功后不能免的境界。"①同时,陈独秀认为他所主张的这种"国家社会主义",也是有一个不断变化和进步的过程,"起初只是国家资本主义,再进一步才能到国家社会主义"。关于"国家社会主义"的情形,陈独秀指出:"鄙意所谓国家社会主义,决非建设在现状之上,亦非由国家包办一切大小工商业,马上就要禁绝一切私人企业。所谓国家经营的大工商业,亦不必全集在中央,省管及市管方法(都算是公有),亦可斟酌情形定之。"②又说:"用什么方法来创造经济?我们的答案是:采用国家社会主义,由中央或地方(省及市)政府创造大的工业、商业、农业,一直到私产自然消灭而后已。"③可见,陈独秀所主张的"国家社会主义"具有过渡性,是经由新民主主义国家的经济形态而发展为社会主义国家的经济形态,以社会主义为国家经济发展的方向。

总体来看,陈独秀的政治学思想坚持以马克思主义政治思想为指导,比较深入地剖析了各种政治现象,尤其是对与政治相关的政党、阶级、国家、革命等问题都有独到的阐释,并能够努力结合中国的政治实际及中国无产阶级领导政治斗争的现实需要,体现出实践的精神及为现实政治变革服务的特色。当然,陈独秀在大革命时期存在着忽视无产阶级领导权、对中国农民力量重视不够等毛病,并给中国革命带来了很大的损失。这说明,陈独秀在马克思主义政治学理论与中国政治实践相结合方面有着严重的不足。但从学术史角度来看,陈独秀仍然是中国马克思主义政治学的开创者之一,在中国马克思主义政治学史占有先驱者的地位。

3. 瞿秋白的政治学思想

瞿秋白是中国马克思主义政治学的重要开创者,他对于阶级、革命等政治现象都进行了马克思主义的阐释,体现了马克思主义政治学与中国政治现象研究相结合的理念。下面,试就瞿秋白的阶级论、革命论作简要的介绍:

第一,阶级论。瞿秋白依据马克思主义的唯物史观,认为分析阶级的实质就必须从经济基础上来考察。在瞿秋白看来,从经济基础的角度来分析,不仅阶级本身是由经济基础决定的,而且阶级的意志、思想等方面也是由社会的经济关系决定的。瞿秋白指出:"新阶级的群众对于某一问题,因其对于生产工具之关系

---

① 《造国论》(1922年9月),《陈独秀著作选》第2卷,第390页。
② 《答张东荪(联省自治与国家社会主义)》(1922年9月),《陈独秀著作选》第2卷,第386页。
③ 《造国论》(1922年9月),《陈独秀著作选》第2卷,第389—390页。

相同,大致有同一的态度;所以解决这一问题的趋向,亦就不相上下。然而阶级的观点永久与经济环境有关,所以各阶级及阶级内之各'层'的观点必不相同,解决这一问题的趋向也就各自相异。此种群众的动机在阶级内有共同的解决问题的趋向,本来亦是经济原因的必然结果;况且在各阶级之间又有各种趋向的斗争,互相牵掣而各不能达,于是又落于第二次的客观的必然结果。经济发展的'必然'如此愈演愈复,使各阶级的解决问题的趋向,所谓'意志',亦愈适应而愈精密,能渐近真正的解决。可是,某一阶级利于有此必然的结果,另一阶级则否。"①瞿秋白强调社会经济结构是阶级的基础,主张从社会的阶级结构来考察阶级的地位,正确了贯彻了马克思主义的唯物史观原理。

瞿秋白注重对社会各阶级的地位和作用进行考察,他一方面从理论上阐明无产阶级在革命中的领导地位,另一方面又联系中国社会的阶级状况,主张中国无产阶级担负着领导民主革命的重任,因而也就必须完成自己的历史使命。关于无产阶级的领导地位及其所具有的革命彻底性,瞿秋白以马克思主义阶级斗争理论为指导,通过无产阶级与资产阶级在现代社会中阶级地位的比较,从政治学的理论上予以阐明。他指出:"谁能改造社会? 社会之中,因现存的私有生产制度,自由发财制度,不断的造成贫富的阶级。此等阶级,因其对于生产制度的关系各不相同,而经济利益往往冲突。……无产阶级是生产力之一,只有无产阶级,——机器生产的工人,——方能负起改造社会的责任;其他一切劳动阶级,亦只有于此最有组织力,最反对现存制度的无产阶级携手,方能于复兴世界文化的伟大事业之中,尽他所能尽的力量。无产阶级的生产,就是生产力的生长;无产阶级的发展,正可以彻底冲倒现存的生产制度。所以独有无产阶级的组织力经济力政治力之增长,乃是新社会的基础,无产阶级于革命运动中的锻炼训育,乃其知识觉悟的增高,方是对抗旧社会,毁灭旧制度的实力之积累。—— 一时的成败进退攻守的局势不同,而最后的胜利,必在无产阶级。"②这里,瞿秋白娴熟地应用马克思主义的唯物史观原理,从无产阶级是新社会"生产力"的角度来论述无产阶级的阶级地位,并从社会进步的大势来描绘无产阶级成长前景,特别强调"独有无产阶级的组织力经济力政治力之增长,乃是新社会的基础",从而将无产阶级在社会经济结构中的地位与无产阶级所具有革命的彻底性及其所担负

---

① 《自由世界与必然世界》(1923 年 11 月),《瞿秋白文集》第 2 卷,人民出版社 1988 年版,第305 页。

② 《世界的社会改造与共产国际》(1923 年),《瞿秋白文集》第 1 卷,人民出版社 1987 年版,第 426 页。

的领导革命的责任联系起来分析,科学地阐述了无产阶级能够"负起改造社会的责任"的历史必然性,从而明确无产阶级在推翻现存社会中的领袖地位。正是对无产阶级阶级地位和历史作用的正确诠释,瞿秋白结合资产阶级民主革命的特点,又进一步明示出无产阶级进行社会革命的基本步骤。他指出:"无产阶级在生产中之作用,乃是被剥削的阶级。他的阶级斗争之内容便是力求消灭一切社会阶级。既得政权之后,他便向此进行。第一步,他就没收土地,消灭地主阶级;这是他完成伟大的资产阶级革命的事业。然而掌握政权的既是无产阶级,国有土地便成劳动者总体的财产。第二步,他更进而行普遍的'社会化'——没收一切资本主义式的企业、运输机关,并独占对外商业。即此与大资产阶级以致命的打击——社会革命的胜利的第一步骤。"①这里的"第一步"及"第二步"的含义,是指无产阶级领导的资产阶级民主革命(而非无产阶级的社会主义革命)过程中的两步,这是瞿秋白结合民主革命实际所得出的科学结论。考虑到瞿秋白在1923年就提出这样的主张,因而可视为中国共产党人关于民主革命分两步走思想的最早表述。由此,瞿秋白更进一步要求无产阶级在领导资产阶级民主革命的过程中,完成一系列的阶级斗争的具体任务,这就是"无产阶级应当引导最大多数的农民小商行民权革命到底,而以严厉手段镇服君主派或军阀的反动,并且遏制资产阶级的畏怯妥协。无产阶级应当引导大多数半无产阶级的份子,成就社会主义革命的事业,而以严厉手段镇服资产阶级的反动,并且遏制农民及小资产阶级的畏怯不前。"②值得注意的是,瞿秋白不仅从理论上论述无产阶级的地位和作用,指出无产阶级领导资产阶级民主革命的基本步骤,阐述无产阶级的具体任务,而且紧密结合中国民主革命的实际来分析中国的阶级状况。根据中国外受帝国主义的统治、内受军阀的剥削和压迫的社会实际,瞿秋白对中国社会各阶级的状况有这样的分析:"中国处于现时这种状况之下,资产阶级不能充分发展,因之无产阶级也不能充分发展,阶级分化不充分的全国人民,皆受制在资本主义及本国军阀之下,不能不要经济发展而行向国民革命,第一步且仅能行向国民革命,这种革命自属于资产阶级的性质。但是在这个革命中间,无产阶级却是一种现实的最彻底的有力部分,因为其余的阶级,多为列强的经济力所束缚,一时不易免除妥协的倾向,有些还囚在宗法社会的陷阱里。至于农民当占中

---

① 《国法学与劳农政府》(1923年),《瞿秋白文集》第2卷,人民出版社1988年版,第166页。

② 《自民权主义至社会主义》(1923年),《瞿秋白文集》第2卷,人民出版社1988年版,第208页。

国人口百分之七十以上,占非常重要的地位,国民革命不得农民参与,也很难成功。"①就以上瞿秋白的论述来看,从理论与实际相结合来阐述阶级的地位和作用,既强调马克思主义阶级斗争理论的指导地位,又注重以中国民主革命作为分析的重点,这应该说是瞿秋白分析阶级问题、研究阶级斗争状况的一个重要视角。

瞿秋白以马克思主义阶级及阶级斗争理论为指导,深刻地论述了无产阶级与资产阶级之间的斗争与合作的关系。针对当时有些革命者对无产阶级与资产阶级联合重要性缺乏认识,瞿秋白从阶级利益的角度以及革命取得胜利的基本条件出发,提出了无产阶级在民主革命中进行阶级合作具有极端重要性的主张,指出:"资产阶级的革命对于无产阶级也是很有利的。资产阶级革命愈彻底愈普遍,那无产阶级为社会主义而与资产阶级的奋斗也愈有保证愈易开展。只有那班根本不懂科学社会主义的人,才听着这一结论诧异呢。……所以资产阶级革命的实现,若愈无组织系统愈不集中愈不彻底,则对于资产阶级的利益愈大;他若愈有组织系统愈集中愈彻底,则对于无产阶级及农民阶级,愈能多保证他们在民权革命中的利益。"②瞿秋白认为,无产阶级在与资产阶级联合开展民主革命的过程中,要始终保持清醒的政治头脑,一方面固然要与资产阶级联合开展革命的斗争,反对封建势力和帝国主义的势力;但另一方面也要认识到无产阶级与资产阶级矛盾的客观存在。瞿秋白引用马克思的论述指出:"无产阶级赞助资产阶级革命是为无产阶级自身的利益。可是这种赞助必定不能永久的。马克思以为'在某种程度之内各阶级的联合常常是革命所必要的先决条件';然而等到革命开始进行,却亦就是阶级矛盾暴露的起点,革命进程愈速,阶级矛盾的爆发亦愈激厉。'共同的仇敌刚刚打倒,胜利的军营里,立刻就要分裂成几派,而重起相互的斗争。'(《德国之革命与反革命》)"③瞿秋白基于中国阶级的状况,从民主革命的角度来研究无产阶级与资产阶级的斗争与合作问题,并且将阶级斗争与阶级合作上升到无产阶级的根本利益上来,丰富了马克思主义关于阶级合作的思想,这有助于提升无产阶级的阶级意识、革命意识以及在革命斗争中的理论水平。

---

① 《中国共产党党纲草案》(1923 年),《瞿秋白文集》第 2 卷,人民出版社 1988 年版,第 116—117 页。
② 《自民权主义至社会主义》(1923 年),《瞿秋白文集》第 2 卷,人民出版社 1988 年版,第 202—203 页。
③ 《自民权主义至社会主义》(1923 年),《瞿秋白文集》第 2 卷,人民出版社 1988 年版,第 196—197 页。

　　瞿秋白对中国的阶级斗争形势进行了分析,阐明中国的内外情势决定了阶级斗争的必然性,及反对帝国主义、封建主义的必要性。瞿秋白指出:"帝国主义者利用军阀等剥削中国的工农阶级,即从这块肥美殖民地剥削所得去延长自己的寿命,去扑灭并阻止世界革命的发展。我们应该推翻帝国主义的统治。所以中国革命的问题,不外是阶级斗争的问题:对内是中国工人、农民、学生、商人等大多数民众联合向帝国主义和军阀等斗争,对外是全世界被压迫阶级和被压迫民族联合向全世界帝国主义的资产阶级的斗争。我们不象国家主义者,我们的国家不是一个空洞的抽象的国家,乃是大多数人民的国家;中国大多数人民的利益需要打倒帝国主义,需要与世界无产阶级势力联合起来,做到中国的独立,再进一步做到世界的大同。"①这里要指出的是,瞿秋白注重研究中国阶级斗争的现实急迫性,他在批判戴季陶主义的过程中指出:"其实,中国工人农民的觉悟,必然要实行阶级斗争,必然要现在就争自己生活的改善,不能等戴季陶诱发资本家地主的仁爱性能,不能等三民主义国家成立之后。中国的工人农民已经亲身受到中国资本家地主的压迫,假使中国的工人农民没有阶级觉悟和斗争,他们的团结如何可能? 退一步说,他们即使能团结,即使能帮助三民主义国家的成立,如何能保证那时的资本家地主便有'仁爱的性能'? 如何能保证民生主义的实现? 保证他们的需要能和资本家、地主有'均等的满足'? 这都是显而易见不可能的事。"②瞿秋白认为,在中国的阶级斗争形势下,随着中国无产阶级力量的发展,资产阶级对于社会主义有让步的可能,以便共同地反对帝国主义和封建军阀。因而,在中国资产阶级民主革命的过程中,无产阶级有可能并且亦有必要与资产阶级在某种程度上的"合作";但中国无产阶级在领导革命的过程中要担负领导的责任,不能相信资本家、地主的"仁爱之心",更要切实地解决民众的根本问题以取得民众的普遍支持。瞿秋白指出:"中国的工人阶级应当努力实行阶级斗争,不但要求经济生活(民生问题)的改善,不能希望事实上绝对不会有的资本家的仁爱心,而且要力争劳动民众的真正民权,其结果也只有剥夺地主大资本家的政权,才能实现。无产阶级的阶级斗争和独裁制的理论,才真是中国一般民众现时要求民权及民生政策的实际政纲的方针和指导。"③瞿秋白从中国需要

---

　　① 《对于阶级斗争的讨论》(1926年),《向导》第146期,1926年3月。

　　② 《中国国民革命与戴季陶主义》(1925年),《瞿秋白文集》第3卷,人民出版社1989年版,第323—324页。

　　③ 《中国国民革命与戴季陶主义》(1925年),《瞿秋白文集》第3卷,人民出版社1989年版,第325页。

开展民族民主革命的实际出发,阐发中国进行阶级斗争的重要性,一方面提出工人阶级与资产阶级民主派团结合作的必要性与可能性,另一方面又强调工人阶级在进行阶级斗争的过程中团结民众的重要意义,这是对马克思主义阶级斗争理论的正确运用。

瞿秋白的阶级论中尤为重视当时中国社会阶级格局的分析,阐明中国阶级结构的基本特点,为研究中国的阶级斗争奠定基础。关于民族资产阶级,瞿秋白认为中国的民族资产阶级受帝国主义和国内封建军阀的压迫,因而有革命的要求;但另一方面,由于中国资本主义发展的不充分,因而中国民族资产阶级的力量又比较弱小,不得不与革命力量合作。他指出:"因中国经济的落后,各省、各区、各地方往往自成其为半独立的经济区域,自有其商业手工业;受欧美技术文明的促进,较大的纯粹中国的工商业亦渐渐形成一经济势力——当然还远不能集中中国的经济。这两种才是真正的中国自己的资本主义,——大概可算作商人阶级。这种商人阶级不但暂时够不上勾结外国资本,而且天天受他挤轧,不但受不着军阀的庇护宠爱,而且天天受他的勒索压迫。"①又指出:"中国的资产阶级处半殖民地的地位,实际上不能不联络国际无产阶级以抵御'共同的敌人'帝国主义。"②关于中国无产阶级,瞿秋白从中国工人阶级的经济地位以及中国民族民主革命的历史进程来考察其在阶级斗争中的主导地位。瞿秋白指出:"中国的工人阶级处于军阀制度及帝国主义的两重压迫之下,他的斗争一开始便是革命的,一开始便是政治的;不但是一阶级的阶级斗争,而且是中国民族的民族斗争里的先锋。从一九二一年工人运动的发生以来,工会的组织运动、罢工运动,表面上看去似乎是工人阶级的经济斗争;实际上呢,这些运动紧跟着'五四'以来的排日民族运动而来。足见是当那商人、学生的斗争力疲弱下去的时候,独有工人阶级继续着革命的斗争,反对各帝国主义,反对军阀资本家;海员罢工、唐山罢工、京汉罢工先后继起,的确给国内国外的反动势力以重大的打击。这一时期,差不多可以说民族运动之中只有工人阶级的阶级斗争。因为工人阶级斗争的猛进,国内的民族革命运动便渐渐有兴起的势头,资产阶级也跟着抬起头来,军阀和帝国主义都不得不卖弄欺人的左倾政策,吴佩孚高唱甚么国是会议,各地的商会也有不少附和的。当时只有中国共产党主张召集一切民主派的联合会

① 《政治运动与智识阶级》(1923年),《瞿秋白文集》第2卷,人民出版社1988年版,第2—3页。
② 《中国国民革命与戴季陶主义》(1925年),《瞿秋白文集》第3卷,人民出版社1989年版,第329—330页。

议,建筑反帝国主义的联合战线;因为中国工人的职工运动发展,已经表示民主战线中有实力的主力军。然而资产阶级及其他政党不能重视这工人阶级的政治力量,不是想望吴佩孚行仁政,便是只靠军事的行动。工人阶级不顾势孤力薄,乃旧继续奋斗,京汉总工会成立的尝试,便是那最后的示威。"①正是鉴于中国无产阶级特殊的地位,瞿秋白希望不断提高中国无产阶级的阶级意识,尤其是强化本阶级的使命感,将中国的民族革命、民主革命推向前进。他指出:"中国工人阶级应当知道,只有工人阶级是民族革命运动里的最彻底的最勇猛的主力军,只有民族革命运动日益急进的过程里,工人阶级争得到日益扩大的自由权,以利于自己的继续斗争,只有勇猛不辍的阶级斗争,能督促民族革命运动的进行。中国工人阶级应当守卫民族革命运动,防止军阀阶级、士大夫阶级及大资产阶级的破坏式怠工,尤其是在现时的政局之中。"②瞿秋白对中国无产阶级、中国资产阶级的分析,揭示了中国社会主要阶级的特点,为正确认识中国社会各阶级的状况提供了新的思想。

第二,革命论。瞿秋白对中国马克思主义政治学的重要贡献之一,是比较科学地将马克思主义的革命理论与中国的政治革命相结合,对中国革命的指导思想、领导者、统一战线、武装斗争、革命前途诸问题作了深入的研究,形成了关于革命的理论体系,丰富了中国共产党新民主主义革命的基本思想,为马克思主义的革命论中国化作出了积极的努力,因而在中国马克思主义政治学史占有重要的地位。

瞿秋白结合中国国民革命的实际,尤其强调马克思主义对中国革命的指导地位。瞿秋白指出,马克思主义能够对于"发展世界革命中之中国运动"起指导作用。他通过从"五四"到"五卅"中国革命历程的考察,说明实践已经证明马克思主义能够解释中国革命发展的形势,能够指导"发展世界革命之中国运动",并指明中国革命的前途。他指出:"无产阶级的革命的马克思主义,不但能分析中国社会的发展规律,并且能运用这些客观的规律和力量,发展世界革命中之中国运动,——中国无产阶级的经济上政治上的斗争,能领导起中国大多数的农民和一般小资产阶级民众,能建立巩固的革命中枢,而实行打倒资本帝国主义。"③

---

① 《一九二三年之"二七"与一九二五年之"二七"》(1925年),《瞿秋白文集》第3卷,人民出版社1989年版,第1—2页。

② 《北京政变后的政局与工人阶级》(1925年),《瞿秋白文集》第3卷,人民出版社1989年版,第171页。

③ 瞿秋白:《中国革命之五月与马克思主义》,《向导》第15期,1926年5月。

这就科学地揭示了马克思主义对中国革命实际斗争的指导地位,为马克思主义与中国革命相结合进行了理论上的论证和学术上的说明。瞿秋白强调马克思主义与中国革命实践相结合的极端重要性,认为马克思主义只有与中国革命实际相结合,才能展示马克思主义的价值。他在论述列宁主义时指出:"革命的理论必须和革命的实践相密切联结起来,否则理论便成为空谈。"①又说:"革命的理论永不能和革命的实践相离。然而应用马克思主义于中国国情的工作,断不可一日或缓。"②瞿秋白强调马克思主义与中国革命实际的结合,反映了我们党的早期领导人在政治上、思想上已经初步注意到马克思主义与中国革命实际相结合的极端重要性。

瞿秋白在深入研究中国革命实际的过程中,鲜明地提出了无产阶级必须充当中国革命领导者的主张。在他看来,中国资产阶级不能领导革命,因为"资产阶级其势必半途而辍失节自卖",因而"中国的真革命,乃独有劳动阶级方能担负此等伟大使命"③。瞿秋白指出,中国无产阶级在中国革命的领导地位不是主观自封的,是由其在国民革命的斗争中形成的,因而中国无产阶级应该在实际的斗争中来锻炼自己的领导能力。他说:"中国无产阶级更当参加比种国民革命,以先锻炼集中其能力而取得政治争斗中的位置,方能于世界社会革命的过程中,联合世界的无产阶级和各殖民地的被压迫民族,协力缩短自政治革命到社会革命的过程,而达到共同的最高目的——建立无产阶级独裁制,创造世界的苏维埃共和国,以进于无产阶级的共产社会。"④瞿秋白认为,中国无产阶级在事实上已经具有充当革命领导者的阶级自觉,也就是说中国无产阶级"已经自觉的来参加民族革命,而且要做这革命中之领袖阶级"⑤。更为重要的是,中国无产阶级在革命斗争中已经充分显示了领导阶级的力量,其阶级的"先锋"作用得到有效的发挥。关于这一点,瞿秋白在总结国民会议运动、五卅运动时曾这样指出:"国民革命的联合战线里无产阶级的领袖地位和政治指导,不但实现于实际行动,而且在这次斗争里(指五卅运动,引者注),证实了无产阶级是能解放中国民

---

① 瞿秋白:《列宁主义概论》,《新青年》月刊第 1 号,1925 年 4 月。
② 《〈瞿秋白文集〉自序》,《瞿秋白选集》,人民出版社 1985 年版,第 310—311 页。
③ 《新青年新宣言》(1923 年 5 月),《瞿秋白文集》第 2 卷,人民出版社 1983 年版,第 7 页。
④ 《中国共产党党纲草案》(1923 年 6 月),《瞿秋白文集》第 2 卷,人民出版社 1988 年版,第 118 页。
⑤ 《五四纪念与民族革命运动》(1925 年 4 月),《瞿秋白文集》第 3 卷,人民出版社 1989 年版,第 158 页。

族的主要力量,……处处都是工人阶级当先锋,以最勇敢牺牲的革命精神,以实际的群众团结的力量,来争取平民的权利、争自己的利益和民族的解放。"①瞿秋白进一步指出,实现中国无产阶级在民主革命中的领袖地位,其关键是中国无产阶级必须在中国共产党的领导之下争取革命的领导权。在瞿秋白看来,中国共产党是中国革命的领导者,并且只有中国共产党的领导才能完成民主革命的任务。因为"只有坚持布尔塞维克的领导,才能组织无产阶级、农民和一般贫民对国内外的阶级敌人进行斗争,才能推翻豪绅资产阶级的统治,消灭封建式的剥削,没收地主阶级的土地,才能克服一切机会主义,彻底完成中国资产阶级民权革命的任务"②。瞿秋白认为,所谓无产阶级的领导权,就是坚持中国共产党对中国社会各革命阶级的领导,也就是必须坚持中国共产党对于"国民革命"的领导权。他指出:"无产阶级是共产党的基础,共产党是为无产阶级的先锋队,是无产阶级自己的政党,无产阶级要在党的领导之下,争取国民革命的领导权,无产阶级需要共产党之领导,所以实际上领导中国革命的应当是共产党。"③瞿秋白提出中国无产阶级是民主革命的领导者的主张,并就无产阶级领导权问题展开研究,强调领导权是在实际的革命斗争中取得并巩固,这是对中国革命的根本性问题所进行的最重要的探索成果,为中国共产党新民主主义革命理论的提出作出了重大的贡献。

瞿秋白结合中国民主革命开展的实际,认为开展国民革命就必须联合一切革命阶级,结成广泛的革命联合战线,同时必须以土地革命作为革命的中枢,这样才能最大可能地团结农民阶级。瞿秋白认为,由于帝国主义和军阀的统治,中国社会里的各革命阶级都具有革命的积极性,具有强烈的反帝反封建的政治意识。无产阶级因为受到列强蛮横卑鄙的政策和军阀强横残狠的手段,已经通过直接行动进行"民族斗争政治斗争";小资产阶级的破产异常之速且烈,因而"普遍的始终不满于现状";新生的"婴儿"资产阶级,"亦无不本能的反对外国"帝国主义,即使是新起的工业家"亦迟早必觉着抵制帝国主义的必要"。基于这样的分析,瞿秋白分析中国的民主革命是完全可以建立广泛的联合战线的。瞿秋白进而认为,中国无产阶级要结合成革命的联合战线,并使联合战线在民主革命中发挥作用,其关键之点是无产阶级必须团结农民来巩固自己在联合战线中的领

---

① 瞿秋白:《国民会议与五卅运动——中国革命史上的一九二五年》,《新青年》月刊第 3 号,1926 年 3 月。

② 瞿秋白:《发刊词》,《布尔塞维克》创刊号,1926 年 10 月。

③ 瞿秋白:《中国革命中之争论问题》,《向导》第 145 期,1926 年 2 月。

导地位。中国共产党在 1925 年曾作出《对于农民运动之决议案》,指出:"中国共产党与工人阶级要领导中国革命至于成功,必须尽可能地系统地鼓动并组织各地农民逐渐从事经济的和政治的争斗。没有这种努力,我们希望中国革命成功以及在民族运动中取得领导地位,都是不可能的。"①瞿秋白也高度重视农民在民主革命中的地位,认为"无产阶级革命没有农民的辅助,不能有尺寸功效"。因此,"中国国民革命的任务,并且必须工人阶级负起全副的责任,联合最彻底的民权革命的伟大力量——中国的农民,来实行。"②这就把国民革命与农民问题结合起来,阐明了团结农民对于完成国民革命、争取无产阶级在联合战线中领导权的极端重要性。那么,中国无产阶级如何真正地团结农民呢?瞿秋白认为,团结农民就必须给农民以真正的利益,这就需要将国民革命发展为"以土地革命为中枢"的国民革命。瞿秋白针对国民革命蓬勃发展的新形势,敏锐地指出:"中国革命必定要解决农民问题,解决了农民的一切苦痛才能说是国民革命的成功。"③所谓要解决农民的问题,其关键是解决农民的土地问题,因而土地问题也就成为国民革命的核心内容。这是由于"中国最大多数的人民是农民,都处在地主阶级的半封建半农奴制的剥削和压迫之下。农民的革命要求,如耕地农有,土地国有,农民政权,赋税统一,很明显的是民权主义的要求。"④在总结国民革命经验的基础上,瞿秋白把土地革命提到关系国民革命成败的地位,明确指出:"中国国民革命应以土地革命为中枢。中国没有土地革命,便决不能铲除帝国主义军阀之统治和剥削的根基。"⑤1926 年,瞿秋白就认识到开展土地革命的重要性,揭示土地革命在中国民主革命中的核心地位,足见瞿秋白对中国革命认识的深刻及其见解的非凡。

瞿秋白将马克思主义的暴力革命思想具体运用到中国革命的实际中,提出了武装斗争是中国革命胜利的主要条件的主张。在瞿秋白看来,军阀战争时哀求和平,其结果是为战胜的军阀所利用;革命战争时大呼和平,其实是替受革命平民攻击的军阀说项,起了保持反革命势力的作用。他指出:"我们对于革命战争的必要,应当尽力宣传,打破伪和平的幻想;我们对于革命战争的不可避免,应

① 中央档案馆编:《中共中央文件选集》第 1 册,中共中央党校出版社 1989 年版,第 358 页。

② 瞿秋白:《中国革命是什么样的革命?》,蔡尚思主编:《中国现代思想史资料简编》第 3 卷,浙江人民出版社 1982 年版,第 13 页。

③ 瞿秋白:《国民革命中之农民问题》,《我们的生活》第 4 期,1926 年 8 月。

④ 瞿秋白:《中国革命中之争论问题》,《向导》第 145 期,1926 年 2 月。

⑤ 瞿秋白:《农民政权与土地革命》,《向导》第 159 期,1926 年 5 月。

当因此而更加积极准备,以免政治上宣传上战略上的临时疏忽,弄得失败而延长中国革命的难产。"①瞿秋白进一步强调,中国革命离开了武装斗争就不能成功,因为"只有工农小商等革命势力巩固的团结,和世界无产阶级及被压迫民族联合作战在各地直接的组织武装势力,推翻军阀政府,才能使民族解放运动胜利"②。鉴于中国革命发展的新形势,瞿秋白认为武装斗争对中国革命而言不仅极端必要,而且事实上已提上了日程。如他指出:"现时革命运动的中心问题,已经是实行准备革命战争、求于最短期间推翻中国现时的统治——帝国主义在中国的政治统治——军阀制度。"③瞿秋白不仅高度重视武装斗争对中国革命的极端重要性,而且明确地肯定农民暴动在中国革命进程的特殊地位,指出:"农民的这种暴动,实在是中国历史上非常重大的事件——农民已经手里拿着武器要求农民问题解决,中国革命如果不解决农民问题,是永世也不能胜利的。"④瞿秋白要求党加强对农民斗争的领导,革命军队必须给予农民斗争以极大的支持,认为"中国民间的武装暴动,如果没有革命军队的援助和革命党的领导,始终难以战胜"⑤。1927年,瞿秋白更明确地指出:"中国革命除非不胜利,要胜利便是工人阶级领导农民武装暴动获得政权开辟社会主义道路的革命。"⑥瞿秋白关于武装斗争的论述特别是关于中国共产党领导农民暴动的理论阐述,揭示中国革命的一个重要特点,这是马克思主义暴力革命论与中国大革命实践相结合的积极成果,为中国马克思主义政治学提供了新的内容。

瞿秋白对中国革命与世界革命的关系进行了研究,并指明了中国革命的社会主义前途。早在1923年,瞿秋白在《中国共产党党纲草案》中就揭示了中国革命具有反对世界资本主义的性质,认为中国无产阶级领导的"国民革命"其意义"实在就是中国无产阶级反对世界资产阶级的阶级斗争"⑦。就是说,"中国

---

① 《瞿秋白选集》,人民出版社1985年版,第286—287页。

② 瞿秋白:《国民会议与五卅运动——中国革命史上的一九二五年》,《新青年》月刊第3号,1926年3月。

③ 瞿秋白:《中国革命之武装斗争问题》,《新青年》月刊第4号,1926年4月。

④ 瞿秋白:《世界的与中国的赤化与反赤化的斗争》,《新青年》月刊第5号,1926年7月。

⑤ 瞿秋白:《中国革命中之武装斗争问题——革命战争的意义和种种革命斗争的方式》,《新青年》月刊第4号,1926年5月。

⑥ 瞿秋白:《中国革命是什么样的革命?》,蔡尚思主编:《中国现代思想史资料简编》,浙江人民出版社1982年版,第14—15页。

⑦ 《中国共产党党纲草案》(1923年6月),《瞿秋白文集》第2卷,人民出版社1988年版,第117页。

无产阶级的阶级斗争领导着一般民众的民族解放运动,加入世界无产阶级国际革命的统一战线"①,因此,"中国革命是世界社会革命中的不可分离的一部分,是中国无产阶级革世界资产阶级的命"②。为什么说中国革命是世界无产阶级革命的一部分呢？瞿秋白认为,这其中的重要原因,就是"中国革命到五四运动之后,已经加入俄国的十月所开始的世界社会主义的革命"③。正是瞿秋白将中国的国民革命与世界无产阶级革命联系起来进行分析,因而他又进一步阐明中国进行社会革命的历史必然性。瞿秋白指出:"在中国实行国民革命,便是世界革命的一部分。因为争中国的民族解放,便是削弱国际帝国主义势力;争农工大多数民众的民权和'民生',便是这民族解放运动的骨干。这种中国国民革命的斗争,以无产阶级的斗争领导中国一切被压迫民众的解放运动,是最合于中国社会所需要的,同时也是合于世界社会所需要的革命政纲,就是行向共产主义的第一步。这是最现实的改造中国及世界社会的主义,这是解放中国的唯一的道路,也就是消灭世界的资本主义,消灭阶级及其斗争的唯一的道路。"④瞿秋白确认中国革命是世界无产阶级革命的一部分,指明了中国革命具有民主主义革命的性质,但革命的结果是非资本主义前途,而是必然走向社会主义方向。

瞿秋白的政治学思想立足于中国开展新民主主义革命的需要,阐发如何以马克思主义为指导来阐明中国的阶级状况及开展"国民革命"的问题,体现出较高的马克思主义政治理论水平,力图将马克思主义的政治学理论运用到中国政治现象的分析之中,推进马克思主义政治学理论与中国政治变革的有机结合。尽管瞿秋白的政治学思想也有不够成熟的一面,但仍然体现出"新民主主义政治学"的基本思想,并为以后以毛泽东为代表的中国共产党人的"新民主主义政治学体系"的构建作出了先驱者的贡献。

4. 恽代英的《政治学概论》(1926 年)

恽代英(1895—1931),江苏省武进人,生于武昌,遗著编为《恽代英文集》等。恽代英曾于 1926 年在中央军事政治学校、广州农民运动讲习所讲授《政治学概论》,其讲稿曾作为中央军事政治学校政治讲义丛刊第五种,由中央军事政治学校政治部于 1926 年 9 月印行。《政治学概论》共五讲,第一讲的内容是政

①　瞿秋白:《中国革命之五月与马克思主义》,《向导》第 15 期,1926 年 5 月。

②　瞿秋白:《中国革命中之争论问题》,《向导》第 145 期,1926 年 2 月。

③　瞿秋白:《中国革命中之争论问题》,《向导》第 145 期,1926 年 2 月。

④　《中国国民革命与戴季陶主义》(1925 年 8 月),《瞿秋白文集》第 3 卷,人民出版社 1989 年版,第 330—331 页。

治和国家,第二讲是国体及中央集权与地方分权,第三讲是政体及人民参政的方式,第四讲是人民的权利,第五讲是党。这是一部以马克思主义理论为指导的政治学读物。该书有这样几个特点:

一是对政治学的基本知识和基本原理予以科学的解释和说明。恽代英的这本《政治学概论》著作是讲稿,注重普及基本的政治学知识及一般的政治学原理,因而每一讲都将基本概念交代清楚。譬如,关于"政治学是什么"的问题,该书是从政治的阶级性及反映阶级压迫关系的角度,予以这样的说明:"自有历史(有阶级制度)以来,政治总是统治阶级(压迫阶级)之治术(治理被压迫阶级之术)。封建政治,是封建阶级(君主、贵族)统治其他阶级之术;资本主义政治,是资产阶级统治其他阶级之术;无产阶级专政的政治,是无产阶级统治其他阶级之术。到没有阶级的时代(自由社会),政治则成为全民治理自己事务之术——所谓全民政治。在这时候的政治,实际上仅等于现在经济事业(公司、工厂等)委员会中之事务。是以治事为目的,不是以治人(镇压反对派势力)为目的的。"①这里,对"政治"的解说是突出政治的阶级性,说明政治在阶级社会里总是"统治阶级之治术",强调政治所反映的是阶级之间的统治与被统治的关系。又譬如,关于国家的问题,该书交代了这样几个方面:一是关于"国家"的概念。说明国家是阶级统治的工具,具有阶级统治的实质。"国家是什么呢? 国家是统治阶级的工具——国家机关,都是适合于用来压迫被统治阶级的。在原始时代,没有阶级,便没有国家。中世纪的封建诸侯、军队,便是封建阶级压迫人民的工具;近世纪的三权鼎立与军队、警察,是资产阶级压迫平民的工具。俄国的苏维埃、红军,是无产阶级压迫资产阶级和反革命派的工具。"二是关于"目前中国的国家"性质。恽代英由国家阶级实质的揭示来说明当时的"中国的国家"问题,阐明这样一个道理,即:"目前中国的国家,是帝国主义者与其走狗宰制国内被压迫各阶级的工具,他们用不平等条约、法令,以及各种不平等的制度来束缚中国人民。"因此,在国共合作得以实现的情况下,要建设三民主义的国家,就要唤起中国社会中被压迫的各阶级,联合起来抵抗帝国主义,铲除反动势力,以完全实现三民主义。三是关于"国家是否永存"的问题。恽代英依据列宁以及孙中山关于国家的论述,说明国家是与"阶级时代"相联系的,并不是"永存"的东西,阶级消灭以后国家亦没有存在的必要。他指出:"国家是否永存的东西? 国家在有阶级时代是必要的。到没有阶级的时候,所谓大同世界,政治机关既以治事为

---

① 《政治学概论》(1926 年),《恽代英文集》下卷,人民出版社 1984 年版,第 857—858 页。

主,而国际间又有各种处理事务的组织,这种划分疆域统治人民的国家,当然便没有存在的必要。"恽代英还说明,国家既然在现阶段是存在的,因而就不能主张"无国家无政府",否则就使得"处在被压迫阶级的地位,则有安于受统治阶级的压迫而不知反抗之弊病;处在统治阶级的地位,则有放任反动派的叛乱而不知防制的弊病"。四是关于"国家的起源"问题。恽代英认为国家是一定历史阶段的产物,不是从来就有的,也不是一直存在下去的。对此,恽代英运用唯物史观和阶级斗争学说予以解释道:"国家不是固有的(以前游牧社会无国家),也非民众缔约结成的(历史上无此事实),更不是法律创造的,尤其不是神意的。国家是应于经济进化、阶级发生后,统治阶级的需要产生的。"①从以上引证不难看出,恽代英对政治学基本概念的解释是由概念到现实,紧密联系中国社会的实际,体现了层层递进的特点,将深奥的政治学概念叙述得非常清晰。需要说明的是,恽代英在该书的概念诠释、理论分析中,虽然很少出现"马克思主义"字样,但他确是将马克思主义政治学思想贯穿其中,又由于紧密联系政治现实特别是中国的现实,因而更容易为人们所理解和接受。

二是对影响较大的各种错误的政治思想予以猛烈批判。恽代英在《政治学概论》中,依据政治学的理论对各种错误的政治主张予以批判。譬如,书中联系"中国应为单一国或联邦国"的讨论,对"联邦论者"进行系统的批判,认为联邦论只能有助于军阀的割据。该书指出:"联邦论者(章士钊倡导最力,即所谓联省自治说)以为中国地域辽阔,中央不能顾及全国需要,宜分省为邦,使得自治。且现已成割据之局,欲以武力统一,徒滋祸乱,不如迳改联邦,各息争心,竞图内治。此等学说,本党绝对反对。因分省为邦,便不受中央节制,同时省仍不能顾及各县需要,所谓上不在天,下不在田,徒为军阀割据之口实。军阀割据,不知唤起民众以革命求统一,反为造割据之理由,以求苟安,结果军阀既多对峙存在,猜忌争竞之事仍不能免,徒滋祸乱而已。在内地十八省与东三省民众,绝无分国互相歧视之思想;所谓联省自治,完全为曲学阿世之说。"②又譬如,该书在论述政党问题时,对"不党说"予以严肃的批判,认为这种政治主张只能助长军阀政治的继续。恽代英指出:"中国人承袭孔子'君子群而不党'之旧说,每以为成群结党,非正人所应为。实际'不党'之说,乃封建君主借以自便,因只有民众完全如一盘散沙,他们才可以一人或少数人宰制鞭笞之。中国如汉、明党人,均一时贤

① 《政治学概论》(1926 年),《恽代英文集》下卷,人民出版社 1984 年版,第 858—859 页。
② 《政治学概论》(1926 年),《恽代英文集》下卷,人民出版社 1984 年版,第 861 页。

俊,但以政治上恶势力锄除之惟恐不力,故国家亦日趋危亡;乃封建阶级巧为说辞,认此辈党人负亡国之责任,以证明其不党之义。这真是荒谬之极的理论了。再就事实观察之,中国人虽主张君子群而不党,遂能因此禁止小人结党吗? 小人结党而君子不党,果为国家社会之幸事吗? 今日在朝如直系、奉系、安福系、研究系、交通系、外交系,在野如江苏教育会系、教会系、某大系、某高系、某学社系,无一非党,他们无一不具有相当之势力,能把持操纵中央或地方之政治。但他们却均无可以公开告人的政治主张,只以争权夺利排斥异己为能事。在他们之下,不党之君子决无力与之抗拒,其结果非同化即归于消极。故君子不党,则使此辈小人永久鸱张,政治永无清明之望。现在中国亟需有显明政治主张之人结为大党以与此辈小人之党奋斗。非此不能结合革命之势力,以建造新中国。"①在《政治学概论》中,恽代英还对无政府主义、国家主义、"贤人政治"主义、好人政府主义等进行了批判,这使得本书具有强烈的政治斗争的色彩。

三是积极宣传孙中山先生的新三民主义的政治主张。宣传孙中山的新三民主义思想,是恽代英的《政治学概论》这本书突出的政治目的。恽代英在该著的政治学基本知识的叙述之中,每讲一个基本概念都联系中国的实际来说明,同时对孙中山的政治主张的基本内容予以概述,这就使该著具有显明的政治宣传的色彩。譬如,该著在讲"人民的权利"时,首先对"国权论"与"民权论"进行比较和分析,说明"国权论只是帮助袁世凯与北洋军阀建设强有力的政府,压迫剥削民众的实际利益而已",而改组后的国民党所主张的"民权"则是"注重代表被压迫民众实际利益而奋斗"。为此,恽代英专门就"本党民权主义之特点"予以阐述。他指出:"本党民权主义与普通所说有不同之三点:(一)各资本主义国家所谓民权,每为资产阶级所专有,借以为压迫平民之工具。本党则主张由党治做到全民政治,民权为一切民众所共有非少数人所得私有。(二)'天职人权'论者以为人权由于天赋,故人人应平等自由,一切压迫皆是罪恶。本党则反对此迷信,不合现在中国革命需要之学说。以为民权乃大多数民众为自己兴利除害之工具,若与大多数民众为仇敌之反革命者,绝对须剥夺其民权。(三)普通主张民权平等,每希望一切人的生活与所受社会之待遇须平等(平头的平等),但在此社会系不可能的;勉强做到,亦多流弊。本党所主张民权平等,则只主张人民在受教育与工作等机会上平等(立足点平等)。换言之,即主张一切人在政治经济上其出发平等,至其造诣则不强其平等。因现在世界上最不平者,即在出发点不

①　《政治学概论》(1926年),《恽代英文集》下卷,人民出版社1984年版,第872—873页。

平等,故或贤智而地位低微,造就上用力多而成功尚不如庸愚,或径以贫寒之故无造就自己的机会。故本党必须为此种平等之理想奋斗。"①又譬如,恽代英在论述中国是采取集权制或分权制问题时,宣传孙中山先生提出的军政、训政、宪政时期的制度安排,指出:"本党之主张,在军政时期,完全应用集权制,集权于党治之政府,以扫荡一切反动势力。在训政时期仍应用党政府之集权训练地方(县、村)自治,以养成人民运用政权之能力。在宪政时期,则用均权制,即非集权亦非分权,但视事务之性质,应属中央则归中央,应属地方则归地方。但本党在均权时代,地方权力比现在要大得多。各地方税收至少须以一半以上归地方使用,地方土地税收,地价增益,水力矿产之利,山林川泽之息及其他公共收入,亦归地方使用。则地方事业一定比现在加倍发展。"②《政治学概论》是在国共合作的形势下而在广州革命政府的区域所进行的政治教育,因而特别注重对孙中山的三民主义思想着力进行宣传,这是由当时的革命形势所决定的。

四是注重介绍苏俄的政治制度及政治建设方面的成就。国共合作的联俄政策,为宣传苏俄的政治制度提供政治条件。恽代英利用讲授《政治学概论》的机会,积极宣传苏俄的政治制度,为人们认识苏俄政治建设情形提供基本的知识,助力推进"以俄为师"思想在中国思想界的演进。《政治学概论》在写作上有一个重要的特点,即在每一讲开讲时设计了"研究问题"的内容,开列具体问题,供学员研究。在这些"研究问题"中,涉及苏俄的政治问题很多。譬如在第三讲中,就设计了以下问题:"为甚么苏俄不能实行全民政治?""国会制与直接民权制有何不同? 与苏维埃制有何不同?""是否只有共产主义国家可以实行苏维埃制度?"《政治学概论》在关于人民参政方式的叙述中,不仅说明了"国会制"、"直接民权制",而且就"苏维埃制"作了介绍,认为"苏维埃制"是人民参政的重要方式,指出:"苏维埃制,即不用地方选区为选举单位,而用生产者的职业团体为选举单位,他们随时可选举或撤回代表,或命令代表提案,或请求复议,故亦有直接民权之妙用。"③恽代英关于苏维埃政治制度的阐述,有助于人们加强对苏俄的认识,更好地理解联俄政策的意义。

恽代英的《政治学概论》尽管就其内容而言比较浅显,但却是中国早期马克思主义者运用马克思主义政治学理论撰写的重要的政治学著作之一,不仅扩大

---

① 《政治学概论》(1926 年),《恽代英文集》下卷,人民出版社 1984 年版,第 869—870 页。
② 《政治学概论》(1926 年),《恽代英文集》下卷,人民出版社 1984 年版,第 862 页。
③ 《政治学概论》(1926 年),《恽代英文集》下卷,人民出版社 1984 年版,第 866 页。

了马克思主义政治学理论在中国的传播,而且对于政治学知识的普及、加深人们对于现实政治问题的认识起了积极的作用,因而在中国马克思主义政治学史上有重要的地位。

5. 李达《现代社会学》(1926年)中的政治学思想

李达曾在公立法政学校、湖南大学、湖南第一师范大学讲授唯物史观。后来,李达将这些学校中讲授的马克思主义学说内容编成《现代社会学》一书,于1926年7月由湖南现代丛书社出版。这本书至1933年,再版了14次①,在当时的学术界产生了极为广泛的影响。《现代社会学》是一本研究社会科学的著作,但该著亦涉及政治学诸多方面。下面,试概述该著中关于阶级、国家的内容。

其一,阶级论。李达在《现代社会学》中注重从社会生产力发展的角度来研究阶级的产生问题,将阶级的产生作为一个与生产力的进步相联系的历史过程来研究。在他看来,人类个体的差异是存在的,即使是社会主义社会亦不能从根本上消灭的;然而"此种差异,至于能分裂全社会人员为地位截然不同之两部分,使其互相对立,则生产力进步以后之社会现象也。方社会的生产力尚未能产生维持全体人员生活必需以上之产物时,则此种差异相去无几。……但生产力一旦增大,足以产生剩余生活资料时,则形势骤变。于是社会上特别的个人,或从事特殊职业之个人,能于社会的产物之中,取得多额之分量。……然生产物直接由生产手段而来,凡自由领有生产物之人,必系领有生产手段之人。故特殊阶级欲独占剩余生产物之时,必须独占生产手段。独占之形式不一,有归治者阶级所共有者,有归该阶级中一家族或一个人私有者。生产手段之独占,无论其采何种形式,而社会大多数人员与生产手段相隔离之时,剧变为奴隶,变为农奴,变为工银劳动者。于是生产手段共有共用之事实消灭,原始共产制因而崩溃,而阶级以生。"②李达从社会生产力的角度来研究阶级的产生,在注意到社会生产剩余物为谁占有的同时,还特别注意考察在生产力发展过程中生产手段与生产者分离这一事实及其对阶级产生的极大推动作用,这就使马克思主义的生产力观点解释阶级产生的问题更为具体化。

李达在《现代社会学》中不仅研究了阶级的产生,而且也从经济学的视野研究了阶级的灭亡问题。需要说明的是,李达以经济学的视野来研究阶级产生的

---

① 李达的这部《现代社会学》著作1926年由长沙现代丛书社初版,当年即再版。此著于1926年又由上海昆仑书店初版,当年再版,至1933年4月昆仑书店出了第14版。——参见国家图书馆编:《民国时期图书总目·社会科学总论》,国家图书馆出版社2019年版,第154页。

② 李达:《现代社会学》,昆仑书店1929年版,第197—198页。

这一政治学问题,源于他对唯物史观的深刻理解,同时也在于他对阶级概念的学术属性有一全新的理解,即:阶级既是政治概念同时又是经济概念,必须注意最终从经济上来说明;阶级作为政治概念,与国家这一政治组织的演变有密切的关联,因而必须注意到阶级自身演变的历史性的经济基础和国家这一政治组织的作用。如他所认识的那样:"阶级概念为经济概念,同时又为政治概念,欲于政治生活上理解政治生活方面之关系,必以阶级对立为前提。阶级实构成于经济方面而活动于政治方面者也。是故经济上占优势之阶级,即政治上之支配阶级也。初期国家为贵族阶级支配奴隶阶级之政治组织,封建国家为封建阶级支配工商农奴之政治组织,代议国家为有产阶级支配无产阶级之政治组织,劳农国家为无产阶级支配有产阶级之政治组织,此政治组织与阶级之历史关系也。"①也正是李达看到阶级产生的经济根源以及阶级演变的经济基础,他又从经济变动的角度论述了阶级的灭亡问题。他指出:"经济的剥削本为产出阶级之要素,然阶级由经济的剥削而生,亦随经济的剥削之撤废而消灭。故阶级之消灭,必在经济的剥削完全撤废之后。经济的剥削完全撤废,则阶级亦失其存在,而阶级的支配亦随而消灭。阶级的支配之通性,在藉权力以拥护其阶级利益。其对于经济的剥削,在代议国家则确认经济的剥削之形式,在劳农国家则为逐渐撤废经济的剥削之形式。换言之,资本阶级之支配,其目的在确认阶级关系;无产阶级之支配,其目的在逐渐废除阶级关系。"②这里,李达从经济的角度论述了阶级的灭亡问题,同时又注意到国家演变在阶级消亡中所起的作用,使经济分析与政治分析达到了很好的结合。

李达在《现代社会学》中娴熟地运用生产力与生产关系之间矛盾运动的原理来解释阶级关系,批评那种仅仅从权力角度来解释阶级关系的不正确的观点,认为阶级的产生是生产力发展的结果,而阶级关系实际上体现出"分配形式",在本质上是由生产力决定的。进而,李达又具体地分析了阶级的实质。关于阶级关系,李达指出:"然生产为分配之正面,分配关系与分配方法为生产关系与生产方法之反面,故分配由生产而决定。历史上之社会阶级所以常变易其形式者,实因生产历程之种类与货物分配之种类而异。普通社会学者,多有谓权力为决定阶级关系之枢纽,即谓权力为决定分配关系之枢纽者,而实则不然。例如就征服与革命而论,权力原足以决定阶级关系(分配形式)。然胜利者对于失败者

①　李达:《现代社会学》,昆仑书店 1929 年版,第 204 页。
②　李达:《现代社会学》,昆仑书店 1929 年版,第 205 页。

之财产及人员之处置,恒以生产状况所构成之范围为限,不能恣意妄为。胜利者对于失败者之土地,或肆行蹂躏,或夺为己有,或课征一定贡赋,对于被征服者之人民,或一律鏖杀,或作为奴隶,或作为佃农,此概由其生产方法能否促进生产利益之标准而定。故征服或革命以后,社会人员在生产历程中构成之社会的系统,产出一种新阶级关系。可知决定阶级关系——分配形式——者,仍为生产力也。"①接着,李达对各个阶级在社会上的种种差异进行分析,认为普通所说的差异都不足以说明其阶级的本质。他主张从阶级的本质来分析阶级的差异,由此他对阶级的本质进行正确的阐述。李达指出:"是故所得之差异,财产之差异,职业之差异,均不足以构成社会阶级之本质;同样,贫富之差异,劳动与偷闲之差异,精神劳动与腕力劳动之差异,亦均不足以构成社会阶级之本质。而成为阶级之本质者,乃私有生产手段者与除劳动力以外无长物者之对立,此实为阶级之根本差异耳。于此吾人可得一阶级之定义曰:阶级者,社会的生产历程之结果,由生产条件产生而出,因生产手段之分配,及社会人员被分配于生产历程中所构成之社会的系统而生者也。"②李达对阶级本质的论述,突出了阶级在生产力与生产关系矛盾运动中产生,使阶级的本质在社会变迁和社会系统中得到解释。

李达在《现代社会学》中由于注重对阶级本质问题的研究,使他更重视以经济地位来作为划分阶级成分的基本依据,并提出以其经济收入的来源是勤劳所得还是依靠剥削他人所得,来作为具体的划分标准。在这方面,他对资产阶级的界定就很有特色。关于资产阶级,李达指出:"资产阶级者,凡属利用其自身所有之资本,获得一定形式之利润以为生活根源之人总称也。故如医生律师等从事自由职业之人,不恃资本所得生活而恃勤劳所得为生活者,无论其生活如何奢侈,亦不能称为资产阶级。若夫贮蓄其勤劳所得,而成为股份公司之股东,或存款于银行藉以取得收入以充主要生活费者,则资本阶级也。盖股东所分受之红利,系剩余价值之一部分;银行之利息,亦属剩余价值之一种形式。自由职业者苟以其股东所得之利益,以其银行存款之利息为主要生活费,则彼等已成为资本所有者,而直接间接剥削劳动阶级矣,此种形式之自由职业者,应属于资本阶级之列。故资本阶级之分子亦可分为两部,专恃资本所营生者为基本的资本家;一方凭藉资本所得,他方凭藉勤劳所得以营生者,为第二等资本家。农村中之自耕农,即第二级资本家。要而言也,资本阶级者系以一定形式剥削劳动阶级之人,

---

① 李达:《现代社会学》,昆仑书店1929年版,第199页。
② 李达:《现代社会学》,昆仑书店1929年版,第199—200页。

所谓经济的剥削阶级是也。"①值得注意的是,李达对资产阶级的划分不仅以其生活来源为标准,而且在划分的过程中还注意到其内部的等级与区别,提出资本家有"第一级"与"第二级"的看法,这对具体地研究资本家的各个阶层,使阶级的划分更为细致化是有学术意义的。

关于各阶级的地位和作用,李达在《现代社会学》中也以大量的篇幅予以说明。他特别注重在社会阶级结构分析的基础上,具体地考察了无产阶级、资产阶级等的经济状况,从而对社会中各阶级的地位和作用作了较为全面的分析:

关于无产阶级,李达指出:"无产阶级之原语为 Proletariat,有时亦作为劳动阶级之意义用之。然无产阶级之人不皆为工银劳动者。无产者之中固亦有积存少许资本簿有所得者,然其所得不特不能维持生活,且其生活费之大部分,为劳动所得。当其为劳动者之时,仍须受他人所剥削,即不能不加入劳动阶级之别。农村中之自耕农兼佃户,一面被地主剥削其剩余价值,一面借自家土地以取得农作物,是亦无产者也。"②李达还指出:"无产阶级与资本阶级对立,凡属出售其劳动力于他人,为之创造剩余价值,借以取得工资维持生活之人总称也。无产阶级之中坚为工钱劳动者,彼等提供其劳动力于他人,换得一定之工银,以为唯一之生存手段。资本家由彼等购入劳动力,自由消费,借以造出剩余价值而占有之。资本制生产之目的,在获得剩余价值,以增殖资本。故资本阶级因剥削而存在。此种社会关系,与资本制生产同时成立,而被剥削者之分子,即无资本之无产阶级也,故无产阶级与劳动阶级,在今日意义相同。"③

关于资产阶级,李达指出:"资产阶级一语,原名为 Bourgeios,即都市之市民也。封建时代之阶级类别,以僧侣为第一阶级,以王公贵族诸侯为第二阶级,包含僧侣贵族之阶级,在当时为上流阶级。其次当时中等阶级,则指 Bourgeios 而言,称为第三阶级。最后第四阶级,则指贱民奴隶而言,称为 Proletariat。故 Bourgeios 之原义为中等阶级,用以表示单纯之市民团体也。然此种 Bourgeios 在产业革命以后,遂分裂为二,一部分经济势力膨胀,形成今日之有产阶级;一部分经济势力失堕,遂降入无产阶级之列焉。现代各文明国,更有所谓贵族阶级焉。此等贵族阶级,或与有产阶级结合,或与有产阶级同化,故就社会学的见地言之,不能成为独立的社会阶级,不过为有产阶级中稍具特色者而已。"④

---

① 李达:《现代社会学》,昆仑书店 1929 年版,第 207—208 页。
② 李达:《现代社会学》,昆仑书店 1929 年版,第 209—210 页。
③ 李达:《现代社会学》,昆仑书店 1929 年版,第 209 页。
④ 李达:《现代社会学》,昆仑书店 1929 年版,第 208—209 页。

关于中产阶级,李达指出:"经济的地位介于有产无产两阶级分界线之间者,则有所谓中等阶级焉。此中等阶级实际上由资本阶级中之低级分子与无产阶级中之高级分子构成,可分为小资产阶级及准无产阶级。所谓小资产阶级,皆有一定资本,然不能专恃其资本所得以继续其生活,必须自行运用之以经营一定企业,借以取得利润,始能独立生活,如手工业者,小工业者,小本商人,及自耕农民等是也。所谓准无产阶级,不问其有无资本,必须利用其所修养之知识与技能,从事精神劳动,始能生活,如医生,律师,官公吏教员等恃月俸为生活者是也。"①李达又指出:"现代社会阶级……可分为两大阶级,即有产阶级及无产阶级是也。两阶级之界限亦有难于分辨之点,盖似有一中等阶级介乎两大阶级之中也。此中等阶级之中,有占有生产手段而其自身必须从事工作者,有应用其知识技能从事劳动而其所得颇多者。前者谓之小资产阶级,后者谓之准无产阶级。"②

关于知识分子,李达在《现代社会学》中指出:"所谓知识阶级,其经济上之地位,游移无定,不能成为独立之社会阶级。盖此等知识分子,亦有有产者与无产者之别。即属无产知识分子,其生活亦无一定,方其专恃知识所得以谋生之时,固纯粹之无产阶级也,苟一旦遭逢时会,积蓄其所得,化成资本,且能凭借其资本利得以独立生活之时,则由无产阶级升入资本阶级矣。知识分子既如此游移不定,故其对于社会之见解亦无一定也。"③

李达在《现代社会学》中关于阶级的系统研究,其目的是推进中国无产阶级的阶级斗争,以取得中国无产阶级的政治统治地位。他说:"资本主义发达至于一定程度,无产者即能组织一阶级,推倒有产阶级之统治,掌握国家之政治权力。无产阶级掌握国家权力以后,则社会即由资本社会进至共产社会之过渡期,而过渡期遂以开幕。此时期最重要之工作,亦可分为政治的与经济的两项。其属于政治方面者,即由无产阶级升为治者阶级,变有产阶级统治之社会为无产阶级统治之社会,变有产阶级之民主主义为无产阶级之民主主义。于是无产阶级开始专政,社会始进于政治的过渡期。其属于经济方面者,即无产阶级掌握政权,进至政治的过渡期以后,无产阶级利用政治权力,对于有产阶级之所有权,对于旧社会组织所维持之资本家本位生产关系,实行专制的侵害,盖为收集一切生产手

---

① 李达:《现代社会学》,昆仑书店 1929 年版,第 210 页。
② 李达:《现代社会学》,昆仑书店 1929 年版,第 207 页。
③ 李达:《现代社会学》,昆仑书店 1929 年版,第 210 页。

段归国家公有计，除施行此种专制的侵害以外，别无更有效之方法也。此时经济上因革命的变更之故，生产力或呈减退之现象，然此系暂时的损失，不能避免，社会之秩序恢复以后，则此暂时的损失，亦必次第消灭，而生产力之总量即得以加速度充分增加。要而言之，过渡期之特征，从政治方面言，即无产阶级专政，从经济方面言，即将一切生产手段收归国有是也。"①

总体而言，李达在《现代社会学》中依据马克思主义的唯物史观，对于阶级的起源与发展、阶级的实质、各阶级的地位与作用等的研究，使他在五四时期关于阶级问题的研究进一步理论化和系统化，也使他对阶级斗争的宣传进到对阶级斗争理论的学理研究阶段，为中国马克思主义政治学的阶级论增添了丰富的成果，这是对中国马克思主义政治学由初创时期进至发展时期的一个重大努力。

其二，国家论。李达在《现代社会学》中依据马克思主义唯物史观的基本原理，认为国家是随着阶级的产生而产生，亦将随着阶级的消灭而消灭，具有其本身的历史命运。他说："国家之成立，基于阶级关系，阶级关系继续改编，则政治上之支配与被支配关系亦随而改编。古代国家建筑于奴隶制度之上，成为奴隶所有者支配奴隶之机关，封建国家建筑农奴制度之上，成为封建阶级支配农奴之机关，近代国家建筑于工银奴隶制度之上，成为资产阶级统治无产阶级之机关。国家随阶级对立以俱来，亦随阶级消灭以俱去。"②研究国家的起源问题，必然要就国家与"阶级对立"的关系作出说明，以阐明国家的政治性质及国家产生所具有的经济基础条件。对此，李达给予这样的解释："国家之基础，建立于社会阶级对立之上。方氏族组织发展至于种族互相联合或互相征服之阶段，而社会因劳动之分工及私产制之成立产出贫富阶级对抗时，或更因征服关系产出主奴阶级对抗时，则氏族制度解体而国家发生。盖国家之成立，以阶级之对抗为前提；而阶级之发生，又以经济的进化为前提。溯人类社会经济进化之程序，最初为穴居野处茹毛饮血之时代，其次为狩猎时代，其次为游牧时代，其次为农工商业时代。兹依此程序，说明阶级发生之由来，及国家成立之经济的前提。"③从历史演进的进程而言，国家是氏族组织瓦解之后社会发展的产物，两者固然有着历史的联系，但两者却有本质的差别。李达为了使人们明确国家与氏族组织之间的分别，在论述国家起源问题时特地就两者进行对比："国家与氏族组织不同之点有

---

① 李达：《现代社会学》（1926年），《李达文集》第1卷，人民出版社1980年版，第383—384页。
② 《现代社会学》（1926年），《李达文集》第1卷，人民出版社1980年版，第247页。
③ 《现代社会学》（1926年），《李达文集》第1卷，人民出版社1980年版，第330页。

四。第一,以领土区分人民,与氏族组织之以血统区分者异;第二,设定公共权力,如军队警察监狱及其他强制的设施,是与氏族社会中人民之武装的自治组织有别;第三,为维持公共权力,不能不强制国民贡献,而租税及其他徭役以起,此氏族组织所无者也;第四,为掌握公共权力及征税权,而官府遂成为社会之机关立于社会之上,此亦氏族组织所无者也。"①李达关于氏族组织与国家的比较,有助于学界正确认识国家在历史演进过程中的位置,也有助于人们认识"公共权力"在国家中的突出地位。如上可以看出,李达对国家起源的分析十分细致,运用唯物史观来剖析国家起源的动因,指出了国家的历史性特征及产生与发展的经济基础,阐述了国家的演变与阶级之间的关系,及国家担负"公共权力"职能的特色,这是符合马克思主义关于国家起源论述的。

那么,国家是如何走向灭亡的呢? 李达在《现代社会学》中认为,国家产生以后在资本主义时代已接近灭亡的命运,而经过无产阶级专政的历史阶段以后,则国家将最终归于灭亡。李达指出:"近代社会裂成劳资两大阶级,阶级冲突之剧烈,空前绝后,而统治此阶级冲突之国家,亦登峰造极。……故国家发达至于近代代议国家,可谓已达极点,不能更有进步矣。资本阶级对于劳动阶级之压迫或有更甚之时,职业的政治家与政治的朋党或有更腐败之时,劳资两阶级之对立或有更深刻之时,而国家之进步决不能超出近代代议国家以上。代议国家可谓为已完成之国家,殆近于消灭之境。国家随阶级之对立以俱生,亦将随阶级对立之消灭以俱死。经济的发展达于最高限度,则阶级不但无存在之必要,且亦自趋于消灭。阶级消灭,则以阶级为基础而组成之国家,亦归于消灭无疑也。……资本主义发达至于最后时期,则一切大规模之生产手段次第社会化。无产阶级终至于推翻资本阶级,掌握国家权力,将一切生产手段收归国有。此时之国家为大多数无产阶级之国家,为促成真正全民政治之国家,为社会主义国家,与历史上之国家,性质大异,要不外于统治形式中实现社会主义,而剥削的支配则已归于消灭矣。此时无产阶级亦失其所以为无产阶级。阶级及阶级对立既归消灭,则国家亦失其所以为国家。以前阶级对立之社会需要国家,阶级对立消灭,则国家亦归于无用,故国家自归于消灭。代之而起者惟有共同幸福之社会而已。"②李达在论述国家灭亡的历史命运时,一方面注意到阶级及阶级对立的消亡是国家趋于灭亡的政治基础,另一方面又注意到生产手段的社会化为国家的消亡准备

---

① 《现代社会学》(1926 年),《李达文集》第 1 卷,人民出版社 1980 年版,第 336 页。

② 《现代社会学》(1926 年),《李达文集》第 1 卷,人民出版社 1980 年版,第 341—342 页。

了物质条件,同时亦阐明了无产阶级专政在推进国家走向灭亡进程中的特殊作用,这样的分析是很有学术深度的。

李达在《现代社会学》中研究国家问题,特别注重揭示"氏族共同团体"与"国家共同团体"两者在实行"强制"作用上的联系与区别,从而在国家学说上彰显了"国家共同团体之强制"的本质。当时的政治学界已较为普遍地认识到国家具有政治上的"强制性"特征,但对于国家的"强制性"的性质、范围、大小、表现形式等,则鲜有具体的研究。李达对"国家共同团体之强制"进行了细致的研究,并在与"氏族共同团体之强制"的比较中来阐发。他指出:"欲谋社会秩序之维持,必须实行强制,欲实行强制必须行使权力,此氏族共同团体与国家共同团体之所同者也。惟强制实行之范围与权力行使之程度,则两者大异其趣。氏族共同团体之强制,系应社会之必要而发生之强制。任何社会人员,决无超过社会之必要以上而实行强制之事。其为实行强制为行使之权力,亦以维持社会秩序之必要的程度为限,决不至逸出社会人员所公认之范围以外而行使其权力。至于国家共同团体之强制,则为超出社会之必要而发生之强制,即一部分个人为维持自身利益而加诸其他一部分个人之强制。此种强制固亦有应社会之必要而实行者,而超出此必要之范围以外者实居大部分。其为实行强制而行使之权力,亦超过维持社会秩序之必要的程度以上,常逸出社会人员所公认之范围以外而滥用其权力。又氏族之强制,决无有一部分人剥削他一部分人之利益者;而国家之强制,则必有一部分人剥削他一部分人之利益。此种含有剥削的性质之强制,学者称之为支配;滥用权力以行其剥削之实者,则称为剥削的支配。……剥削的支配云者,即一部分人以其自己之意志左右他一部分人,利用之以夺取其目的物之意也。此种利用之目的物,即经济的物资及精神的文化内容是。其利用之方法,对于物资则为剥削,对于文化内容则为享乐之变形。"①由李达关于国家"强制"问题的研究来看,国家之"强制"具有三个显见的特点:一是强制所实施的范围广,亦即国家的强制"逸出社会人员所公认之范围以外而行使其权力",超过了维护社会公共秩序所许可的范围;二是强制的程度重,亦即国家的强制已经"超过维持社会秩序之必要的程度以上",体现出"一部分个人为维持自身利益"而使用权力的政治特征;三是强制含有剥削的性质,亦即国家之强制表现为"一部分人剥削他一部分人之利益",是一部分人对社会政治资源、经济资源、文化资源的占有。

---

① 《现代社会学》(1926 年),《李达文集》第 1 卷,人民出版社 1980 年版,第 325—326 页。

李达在《现代社会学》中还具体地考察了国家由"社会之机关"而演化为"阶级之机关"的历程，并运用马克思主义唯物史观关于生产力与生产关系、经济基础与上层建筑的矛盾运动原理予以解释和说明。李达指出："国家为社会历程之产物，当社会最初发生经济利害相反之阶级，因而陷于纷乱不可解决之矛盾状态时，则国家遂成为社会之机关而产生。盖社会内部经济利害互相冲突之阶级，苟不欲其自身永远从事无益之斗争，苟不欲社会之因阶级斗争而破灭，则为缓和此斗争以纳诸秩序之垆内，必需要一种超社会之强力以统治之。此强力即国家权力是。故国家为社会之机关，由社会产出而位于社会之上，又渐与社会脱离关系而独立者也。"①李达又指出："国家本为社会因对付内外攻击，防护共同利害而造出之机关，然发生不久，即对社会独立，而成为一定阶级之机关，随阶级的支配之实现而愈益独立。溯国家之成立，实以生产关系为基础，古代国家建筑于奴隶制度之上，由自由人与奴隶构成之；近代国家建筑于工银制度之上，由资本家与劳动者构成之。是故政治的支配与经济的基础，不容分离，古代国家内部之政治的争斗，殆无不与经济的基础有密切之关系者。自国家离社会独立以后，此政治的支配与经济的基础，似乎漠不相关，论国者则亦淡然忘之矣。政治的支配与经济的基础分离，国家乃永远成为支配阶级之国家而不能代表社会全体。"②正是李达对国家由"社会之机关"向"阶级之机关"转变的考察，他认为如果国家仍称为"社会之机关"那也只是一种特殊的"社会之机关"，由此只能这样理解："国家乃社会之机关，由特殊阶级，以经济的剥削之目的支配下层阶级，并为防止内部'革命'与外部攻击而造成者也。"③李达关于国家由"社会之机关"而演化为"阶级之机关"历程的研究，是对"国家为阶级的支配"的观点历史论证和学术梳理，从而使国家的阶级性质在历史变迁的进程中得到新的理解。

李达的《现代社会学》是一部马克思主义的哲学著作，但书中不仅有关于阶级的起源与发展、阶级的实质、各阶级的地位与作用等方面的研究，集中地体现了中国早期马克思主义者在阶级和阶级斗争问题上的研究成果；而且该著还有关于国家理论方面的相关研究，涉及国家的起源、本质与国家的历史命运、国家的基本类型等一系列基本问题，从学术的层面集中阐发了马克思主义政治学的基本观点，因而《现代社会学》也可视为政治学著作。李达的《现代社会学》对中

---

① 《现代社会学》(1926年)，《李达文集》第1卷，人民出版社1980年版，第328—329页。
② 《现代社会学》(1926年)，《李达文集》第1卷，人民出版社1980年版，第329—330页。
③ 《现代社会学》(1926年)，《李达文集》第1卷，人民出版社1980年版，第330页。

国马克思主义的政治学的形成作了开创性的贡献,在中国马克思主义政治学史上占有重要的历史地位,对 20 世纪 20 年代末和 30 年代初中国马克思主义政治的发展有着重要的贡献。

中国马克思主义政治学在 1927—1937 年进入新阶段,这是中国马克思主义政治学的发展时期。在这一阶段,中国马克思主义政治学在与各种错误的政治思想的斗争中,提出关于新民主主义革命道路的理论。这一时期的马克思主义学者撰写学术专著,在发展中国马克思主义政治学的学术体系方面有重大的贡献,代表性的有:邓初民的《国家论之基础知识》(1929 年)、《政治科学大纲》(1929 年)及《政治学》(1932 年),陈启修的《新政治学》(1929 年),秦明的《政治学概论》(南强书局 1929 年 11 月初版),高尔松以高希圣署名的《新政治学大纲》(1930 年)等系列性政治学著作①及以高振青署名的《新政治学大纲》(1931 年)②,傅宇芳的《马克思主义政治学教程》(长城书店 1932 年 5 月版)③,来逸民的《政党组织之理想与实际》(1935 年)④,吕振羽的《中国政治思想史》(1937)等。此外,李达的《民族问题》(1929 年)及《社会学大纲》(1937 年)等著作虽然

①　高希圣,即高尔松(1900—1986),字继郇,高希圣是其笔名,江苏青浦(今属上海市)练塘镇人。以高希圣笔名出版的政治学著作很多,代表性的有《新政治学大纲》(平凡书局 1930 年版)、《政治思想史》(世界书局 1930 年版)、《国际运动发达史》(上海光华书店 1930 年版)、《社会运动全史》(平凡书局 1930 年版)、《政治法律大辞典》(科学研究社 1934 年版)、《国际与中国》(与郭真合著,泰东图书局 1928 年版)、《社会运动家与社会思想家》(与郭真合著,平凡书局 1929 年版)等。

②　高振青署名的《新政治学大纲》(社会经济学会 1931 年 1 月初版,1932 年 10 月再版),与高希圣署名的《新政治学大纲》(平凡书局 1930 年 12 月初版)对照,内容完全一样。由此可断定,高振青是高尔松的笔名,两书皆为高尔松所著。又,高尔松、郭真合著《现代社会学大纲》(民意书店 1931 年 6 月版),共 13 章内容(绪论、社会论、文化论、唯物论、资本论、民族论、国家论、政党论、法律论、战争论、阶级论、宗教论、人口论),尽管以"社会学"为书名,但其中所论及的"国家论"、"政党论"、"法律论"、"战争论"、"阶级论"等,大体上也是属于政治学的内容。高尔松最早研究政治学的领域是"国际共产主义运动",其在 1926 年就出版了《国际社会运动小史》(光华书店 1926 年版,光华书店 1927 年 4 月再版),介绍国际共产主义运动及第一、第二、第三国际等的情况。其后,高尔松在 1930 年又出版了《国际运动发达史》(光华书店 1930 年 2 月版),以 8 章的篇幅论述国际共产主义运动的意义、马克思的理论及其发展,并介绍第一、第二、第三国际成立的背景、经过、会议、活动及其历史意义,同时亦介绍了国际反帝同盟的产生、活动、组织的情况。

③　傅宇芳的这部著作,分为 3 编:上编是政治科学概论,叙述政治科学的含义、方法和政治理论与实践问题;中编是国家论,阐发国家的性质、构成及社会发展规律等问题;下编是政治运动,说明政治运动的意义、路线、程序及方式等问题。值得注意的是,傅著以"马克思主义政治学"作为书名在上海出版,这在当时的出版界尚不多见。当时,阐述马克思主义政治学的大多以"新政治学"名之,但不是所有的"新政治学"皆是叙述马克思主义政治学的。

④　来逸民的《政党组织之理想与实际》,拔提书店 1935 年 10 月初版。此著与来逸民的《政党组织概论》(中央航空学校 1935 年 3 月初版)内容完全相同。

没有以政治或政治学命名，但其中对国家的起源、本质及国家的命运，对国家与民族的关系作了大量的论述，丰富了中国马克思主义政治学的基本内容。

值得注意的是，就20世纪20年代末和30年代初中国马克思主义政治学发展状况来说，中国马克思主义学者不仅坚持马克思主义政治学说的指导地位，而且在政治学研究内容上亦有重大的变化，这就是在承继政治学主要研究国家问题这一学术传统的同时，将"政党论"、"阶级论"等内容逐渐与"国家论"并列起来，使国家现象、政党现象、阶级现象、革命现象等归入"政治现象"体系之中，从而改变了传统政治学以国家论为中心的叙述模式。这方面，邓初民和高希圣是两位重要代表。譬如，在1929年，邓初民著《政治科学大纲》（昆仑书店1929年9月初版），在介绍政治学的性质、体系和研究方法的基础上，分别论述了阶级、政党、民族、宪法、国家等政治现象的历史发展过程[①]，从而使阶级、政党、国家等要素成为政治现象的主要方面。同样是在1929年，高尔松所著《现代政治学》（现代书局1929年版）共五章，取材于日本学者大山郁夫而以马克思主义观点写成的《政治学》，在架构上坚持以马克思主义为指导，并在阐述"政治学的发达"及"政治学进化的趋势"基础上，设置专章分别论述"国家论"、"政党论"、"阶级论"、"专政论"等问题[②]。可见，在1929年，邓初民的《政治科学大纲》和高尔松的《现代政治学》，皆将"国家论"、"政党论"、"阶级论"作为主要内容。又譬如，高尔松于1930年12月出版《新政治学大纲》（上、下），将民族、阶级、国家、政党、议会、法律、财政、帝国主义、战争、革命等作为主要政治现象进行考察，并认为"唯有在近世所产生的科学社会主义对于政治学的方面，也像对于其他社会科学的领域一样，完成了使他成为科学的实绩"[③]。而邓初民以田原笔名于1932年出版《政治学》（新时代出版社1932年10月初版），在介绍政治学的意义、方法以及政治学与其他社会科学关系的基础上，以专章篇幅来分别论述阶级、国家、政府、政党和革命等政治现象。比较中不难发现，高尔松的《新政治学大纲》与邓初民的《政治学》尽管初版相差两年（前者初版于1930年，后者初版于1932年），但这两部著作中都将"阶级"、"政党"、"国家"作为主要政治现象，同时亦将"革命"纳入政治现象中加以考察。至此，"阶级"、"政党"、"国家"、"革命"等政治现象成为政治学体系的基本内容，并在中国马克思主义政治学家

---

① 北京图书馆编：《民国时期总书目·政治》（上），书目文献出版社1996年版，第4页。

② 参见高希圣编：《现代政治学》，上海现代书局1929年版。

③ 高希圣：《新政治学大纲》上卷，上海平凡书局1930年12月初版，第4页。

中达成共识。以上,是就邓初民与高尔松政治学著作的相同方面作比较。其实,两人对政治现象所应包含的内容,在看法上也是有差异的。譬如,关于民族问题,邓初民在《政治科学大纲》(1929 年初版)中是将民族作为其中的主要部分之一,但在其《政治学》(1932 年初版)中放弃了。高尔松在《现代政治学》中没有研究民族问题,但高尔松在《新政治学大纲》(上、下,1930 年 12 月初版)中,是坚持将民族作为主要的政治现象之一。又譬如,关于宪法问题,邓初民在《政治科学大纲》(1929 年初版)中是将宪法作为其中的主要部分之一,但在《政治学》(1932 年初版)中放弃了。然而,高尔松在《新政治学大纲》(上、下,1930 年 12 月初版)中,对于宪法问题仍然是坚持的,则不过是从"法律"的广义角度给予研究的。

中国马克思主义政治学在 1927 年至 1937 年间的发展,与当时中国学术界对于社会主义思想及历史的研究是相联系的。社会主义研究方面的代表性著作很多,试举几例:马克思主义学者熊得山所著的《社会主义之基础知识》(新生命书局 1929 年 3 月初版),以十章篇幅阐发空想社会主义、基督教社会主义、无政府主义、政治社会主义、学科社会主义、社会民主主义与修正派、工团主义与 I.W.W、基尔特社会主义、多数派主义等内容;马克思主义学者吴黎平撰写的《社会主义史》(南强书局 1930 年 5 月出版、1933 年再版),从古代到 15 世纪、又从托马斯·摩尔到马克思来梳理社会主义思想史,同时对科学社会主义、帝国主义时代的马克思主义、现代世界中各种所谓"社会主义"思想,给以理论上学术上的述评;郭真的《社会主义概论》(励群书店 1928 年 12 月版),以 6 章的篇幅概述社会主义的意义、发生、史略、理论与实际及其未来前景;马克思主义学者李平心翻译的《社会主义辞典》(启智书局 1930 年 10 月初版)是一部研究社会主义的大型工具书,不仅包括社会主义的学说、历史、政党与纲领,而且还有社会主义名人录,同时还收录大量的社会主义文献。在中国,社会主义学说的研究是在20 世纪 20 年代初兴起的,在 1927 年至 1937 年间达到前所未有的高度。尽管此时反映西方研究社会主义的著作仍在继续,并呈现蓬勃发展的势头,但中国学者撰写的研究社会主义著作占有很大的分量。这对于中国马克思主义政治学的发展有着重要的学术意义。

1927 年至 1937 年间中国马克思主义政治学的发展,得益于中国共产党人以马克思主义为指导所进行的革命斗争的实践,不仅新民主主义理论在中国共产党人变革中国社会的实践中有了很大的发展,形成了以武装斗争、根据地建设、土地革命为内容的"工农武装割据"思想,而且工农共和国的思想亦在根据地得到系统实践,从而在理论与实践的结合中形成中国革命的新道路。

20世纪30年代开展的中国社会性质问题论战、中国社会史问题论战、中国农村社会性质论战以及唯物辩证法论战等,对现代中国的思想和学术影响很大。值得重视的是,在中国社会性质问题论战中,中共领导人李立三、张闻天(笔名刘梦云)、博古(笔名伯虎)等都参与其中,这对于中国马克思主义学者认识中国的国情、开展新民主主义革命、构建中国马克思主义政治学体系产生了重大的影响。中国马克思主义者以马克思主义辩证唯物主义和历史唯物主义为指导,认识到马克思主义的政治理论必须同中国的实际相结合,研究国家、阶级、政党、革命等问题必须以中国社会为中心,从而大大加快了中国马克思主义政治学体系构建的进程。因而,1927—1937年也就成为中国马克思主义政治学发展的重要阶段。

中国新民主主义政治学体系在1927—1937年这一阶段的发展进程中,毛泽东对马克思主义政治学中国化的贡献及邓初民创建中国化的马克思主义政治学体系的努力最为突出。对此,将在1937—1949年的中国马克思主义政治学中一并介绍。以下,先就这一阶段中,陈启修的《新政治学》(1929年)、吕振羽的《中国政治思想史》(1937年)、李达的《社会学大纲》中的政治学思想,略作介绍。

1. 陈启修的《新政治学》(1929年)

陈启修(1886—1960),又名陈豹隐,笔名勺水、惺农、罗江等,四川中江人,著有《经济现象的体系》、《新政治学》、《财政学总论》等。陈启修于1929年在上海的乐群书店出版了《新政治学》一书①,其上编共5章,主要研究"政治现象的体系";下编共4章,主要是对"政治现象的解剖"。该著以马克思主义为指导阐发国家问题,比较深入地阐述了马克思主义的政治学理论,成为20世纪20年代后期代表性的马克思主义政治学著作。

以马克思主义唯物史观为指导来阐发政治学现象,这是陈启修的《新政治学》中最为显见的特色。譬如,陈启修在《新政治学》中以经济形态的变动来划分政治形态,进而阐述了政治形态的基本类型。他指出:"从科学的眼光看来,政治形态的区分,只应该以经济形态为标准。为什么呢?因为政治的目的既然在经济利益的有秩序的取得,政治的发生又是靠着经济关系的发展而来的,所以经济的形态的变动当然可以使政治的内容发生变动,同时,不消说,政治的形态也就会随着经济的形态而发生变动了。如果拿经济形态为标准,去区分政治形

---

① 该著由上海的乐群书店1929年9月初版,1929年12月再版。

态,我们就可把政治形态在大体上分为奴隶政治,封建政治,资本政治或民主政治三种。"①陈启修正是从经济对政治的决定关系入手来分析政治现象,不仅阐述政治变动与经济变动的内在联系,而且揭示了政治形态与经济形态的依存关系及政治形态所表现的基本形式。又譬如,陈启修从经济的变动来阐述中央集权与地方分权的关系,很好地说明了由中央集权向地方分权转变的现实合理性及经济上的根本缘由。他指出:"在国民经济上需要经济统一的时候,治者阶级就会施行中央集权的政治,好把封建经济的遗物铲除干净。到了国民经济已经发达到相当程度,各地方的产业状况上已经起来分化的时候,充当着治者阶级的资产阶级,就会把中央集权制改为地方分权制,设立各级的地方自治团体,使各地方实行广大的各级的自治行政。"②陈启修在研究中突出马克思主义理论在政治学研究中的指导地位,这使得他的政治学理论框架建立在科学的基础上。

陈启修在《新政治学》中依据马克思主义的国家学说,对有关国家的问题进行学理上的分析,提出了与传统政治学不同的新思路,主张从科学的角度来研究政治学,而不能单从国家的视角来研究。他在《新政治学》中指出:"从来的政治学家惯把政治学看成关系国家活动的学问,所以他们的政治学的研究,也往往都从国家的构成要素入手,首先提出所谓国家三要素的问题,把土地,人民,权力,三种要素,逐一详加说明。先从领土,臣民,权力的解说,入手研究。这件事,从学术的眼光看来,虽然未尝不可,然而所谓国家三要素说,却是无意义的。为什么说无意义呢? 因为,一则土地和人口本是一切团体所必不可少的基础,决不能特别把他们看成国家的要素;二则国家这种强制团体和别的共同团体的区别,只在权力的有无,如果要主张国家要素说,也只有人权力为要素;至于土地和人口这两种东西,那只不过是国家存立的基础或条件罢了。……从纯粹的科学的立场说来,土地和人民两种东西,不应该视看成国家的要素,只应该被看成政治现象的基础(或条件)的一部分。"③应该说,陈启修主张从政治现象的本身来研究政治学,将土地与人民等作为政治现象的基础或条件,与那种传统的以国家为研究对象的政治学相比,是扩大了政治学研究的范围。

陈启修在对国体与政体的分析中,特别强调政治学家研究政体的极端重要性,认为只有这样才能弄清政治的实际情形。在他看来,研究政治学固然必须研

① 陈豹隐:《新政治学》,乐群书店1929年版,第53页。
② 陈豹隐:《新政治学》,乐群书店1929年版,第84页。
③ 陈豹隐:《新政治学》,乐群书店1929年版,第25—26页。

究"统治主体的情形",但"如果一个人要想知道实际政治的真相",除了研究统治主体的情形外,"更去研究统治的样式,即普通所谓政体;只有在他明白了一个特定统治集团的统治样式之后,他才可以真正懂得那个统治集团的真相。"那么,为什么了解实际政治的真相更要研究政体呢？陈启修根据马克思主义生产力与生产关系、经济基础与上层建筑关系的原理,从政治现象与社会经济变动关系的角度进行了学理上的阐发和说明:"理由是这样:统治权力的目的,本来是在经济利益的有秩序的取得,而经济现象和各阶级间的经济关系,却又是随着生产力的发展随时变动的,所以,哪怕统治主体没有实际上的变动,这些统治主体也得随时应付经济环境,变更他们的统治形式,才可以维持他们统治的权力(举例说,如像在封建经济刚刚崩坏,国民经济还很幼稚散漫,全国产业的分化尚不显著的时候,虽不能不行中央集权的政治,然而到国民经济发达的相当程度,全国各地在统一的经济组织的当中,发生了特殊的产业上的分化——如像工业地,商业地和农业地的分化——的时候,却不能不把中央集权制度为地方分权制,就是明例),达到他们的统治目的。何况,……法律上和事实上的统治主体又是常常移动变转的,如果不研究统治样式,怎么可以在复杂的变动的当中,认识那个统治团体的真相呢？"[1]认识政治现象就必须深刻地研究政体,陈启修对此从实际政治现象的比较中进一步予以解释。他举例说,同是同时代的君主国,英国、日本和意大利三者之间的统治情形的差异,却还大过君主国的英国和共和国的法国之间统治现象的差异;他又举例说,同是共和国,俄国共和国和美国共和国之间统治情形的差别,却远甚于君主国的日本和共和国的美国之间统治情形的差别[2]。陈启修强调研究政体的极端重要性,这对于进一步研究实际政治的具体情形,使正在建设中的中国马克思主义政治学不断面向社会实际、研究政治现象的具体层面,这对于增强政治学的可操作性和实际应用性,是有社会意义和学术意义的。

陈启修在《新政治学》中对"联邦国"以及联邦等问题有重要的考察,显现出他对政治实体的细致研究态度。对于"联邦国"的特征,陈启修是在将联邦国与单一国的比较中来说明的:"单一国和联邦国的主要区别,在他们的历史和名称,因为联邦国在历史上保有联邦国的名称,并且,构成联邦国的原有的各邦,也仍然保持着国家的名称。其实联邦国内的各邦和单一国内的各地方自治团体,

---

① 陈豹隐:《新政治学》,乐群书店 1929 年版,第 81—82 页。
② 参见陈豹隐:《新政治学》,乐群书店 1929 年版,第 82 页。

两种东西的差别,是很微小的:从大体上说来,只不过前者的权力范围,通常都较后者稍大一点,并且,通常都由联邦国宪法规定着,不像后者的权力范围,可以由联邦国的普通法律随时加以变更罢了。"①在政治学上,"联邦"与"联邦国"是两个既有联系又有重大区别的概念,陈启修对此进行了分析。他指出:"联邦是由几个独立国家联合起来组织而成的团体,这种团体虽然在约定的范围内具有统治权力,然而组织这个团体的各国,还依然保持着他的独立,并且好可以随时取消契约,退出团体。这是和前面说的联邦国大不相同的,并且,在事实上,这种联邦往往只是联邦国的组织的一个过渡的形态,换句话说,只是联邦国的组织的一个准备;如像北美合众国的成立前及旧德意志联邦国的成立前,就曾经有过这种过渡形态的团体。"②陈启修对联邦国与单一国、联邦与联邦国等关系的考察,既注重学理的分析,又注重现实中联邦国及联邦这些政治现象的梳理,体现出理论联系实际的良好学风。

陈启修在《新政治学》中对民族问题也有较为丰富的论述,并注意分析民族对国家的影响,丰富了政治学的研究内容。陈启修依据马克思主义的民族理论和民族存在的实际现状对民族的特征进行分析,揭示了民族的基本特征及其存在的依据,并实际地显现出民族与国家之间的联系。他指出:"如果据现今多数学者的主张,和实际的普通情形下一判断,我以为可以这样说:民族就是一些(一)具有同一的言语系统,(二)保有同一的历史传统,(三)抱(保)有同一或相近的一般性质(如感情,性格,嗜好等等),(四)享有共通的对外经济利害关系的人类所组织的团体。不消说,这种组织虽然是有意识的,却并不常常是很明白很具体的;他倒反常常是在表面上不大明显,没有固定的具体的机关的。为什么会这样呢?因为一个民族并不限于生活在一个国家之下(如像德意志民族分处在德,奥,法,俄,瑞士,丹麦几国下面),一个国家也不一定只包含一个民族(如像中国的五族共和,日本国内包含着日本民族,高丽民族,中国民族……),所以国家这种强制国体,除开特别于他有利的时候,都一面禁止民族自己的具体组织,一面用国家自己去代表民族的组织(如像帝国主义国家在举行对外侵略的战争时,都常常以民族利益的代表者并扩张者自任,就是明显的例子。)!"③关于民族对国家的具体影响,陈启修这样指出:"人民当中的民族的单纯和复杂,对于政

---

① 陈豹隐:《新政治学》,乐群书店 1929 年版,第 66 页。
② 陈豹隐:《新政治学》,乐群书店 1929 年版,第 67 页。
③ 陈豹隐:《新政治学》,乐群书店 1929 年版,第 34—35 页。

治,自然会发生不同的影响:在民族复杂的国家里面,一定会于阶级的政治斗争之外,发生很难解决的,民族的政治斗争;民族越复杂,这种政治斗争越多。在对外方面,国内的被压迫的异民族的外向运动和国外的被压迫的同民族的内向运动,两种运动,往往足以引起国际政治的纠纷和国际战争,更是历史所明示的事实(欧洲大战的导火线就是奥国和塞尔维亚国间的民族斗争!)。"[1]民族问题在当时已经初步引起学者的重视和研究,但在当时众多的政治学著作中,还很少重视从政治学的视野来直接考察民族问题。陈启修将民族列入政治学的考察范围,这是很有特色的。

陈启修的《新政治学》一书在 1929 年出版,在发展中国马克思主义政治学方面有重要的贡献,与同一时期邓初民的《政治科学大纲》(1929 年)及《政治学》(1932 年)、高尔松的《现代政治学》(1929 年)等一起构建了中国马克思主义政治学的学科体系,因而在中国马克思主义政治学史占有重要的学术地位。

2. 吕振羽的《中国政治思想史》(1937 年)

中国政治思想史的系统研究并形成较大规模学术专著的,是在 20 世纪的 30 年代[2],而吕振羽所著《中国政治思想史》则是其中的以马克思主义为指导的代表性专著。吕振羽(1900—1980),湖南武冈县(今属邵阳)人,著作有《史前期中国社会研究》、《殷周时代的中国社会》、《简明中国通史》、《中国民族简史》、《中国政治思想史》等。1936 年,吕振羽受中共北方局委托,在南京以进步教授和中间人士身份与国民党政府进行关于停止内战、合作抗日谈判时,写出了《中国政治思想史》一书的初稿。就中国现代学术史来看,吕振羽的这本书是马克思主义学者自 20 世纪 30 年代从生产方式的研究,转入政治思想方面研究的代表作。该书四十余万字,于 1937 年 6 月由上海的黎明书店出版,1940 年又由中国青年外交协会出版日文本,1945 年延安的新华书店出版了初版的修订本,

---

① 陈豹隐:《新政治学》,乐群书店 1929 年版,第 35 页。

② 20 世纪 30 年代兴起研究中国政治思想史的小高潮,与正在进行的中国社会史问题论战、中国社会性质问题论战紧密相连,实际上也是不同学派争夺中国思想演进的解释权的反映。就中国政治思想史的著述而言,当时有:陶希圣所著《中国政治思想史》(1—4 册),由新生命书局在 1932 年 5 月至 1936 年 5 月间相继出版;庄心在所著《中国政治思想与政治制度》,由卿云书局 1931 年 2 月初版;陈安仁编著的《中国政治思想史大纲》,商务印书馆 1932 年 12 月初版;杨幼炯所著《中国政治思想史》,由商务印书馆于 1937 年 5 月初版(1937 年 7 月再版)。但陶氏、庄氏、陈氏、杨氏的中国政治思想史研究,皆不是以马克思主义为指导的。在这样的背景中看吕振羽的《中国政治思想史》著作,更能看出其政治意义与学术价值。

以后多次修订再版①。

吕振羽撰写《中国政治思想史》有特定的背景。在 20 世纪 30 年代的关于中国社会历史问题的论战中，以陶希圣等为代表认为西周以后中国封建社会灭亡了，代之而起的是"特殊的商业资本主义社会"，并以此观点著成《中国政治思想史》，歪曲中国的历史。吕振羽在论战中萌发了要以马克思主义为指导写作《中国政治思想史》的念头。吕振羽在《中国政治思想史》初版序言中曾这样写道："关于中国社会思想史这一部门的研究，前此已有些断代或全部的著作，但马克思主义者对这方面研究的历史还很短，有些研究者虽企图运用马克思主义的观点、方法，而由于运用上的错误，没能作出正确的结论；资产阶级学者的著作，由于其立场和方法论的关系，都未能得出较正确的结论，像梁启超等人的作品，在当时曾有相当的进步意义，到今日却已成了落后的东西；那些由假马克思主义观点出发的托派汉奸作品，不独由于其方法论的错误，而且由于其别有用意的卑鄙阴谋，其作品便完全是反科学的有害的东西，不当作为学术研究来看的东西。所以到现在还没有一部能比较令人满意而符合时代需要的产品。然对于中国社会文化思想作一较正确的总估计，在工人阶级领导的民族现实的实践斗争上，在民族文化传统之批判的继承的要求上，又是一件不容缓的事情。"②正是为了批判陶希圣《中国政治思想史》中的反动学术观点，给中国几千年的政治思想作出马克思主义的解释，并给中国共产党政治活动提供学术上的证明，吕振羽精心著述了《中国政治思想史》这部名著。

吕振羽在《中国政治思想史》中，以马克思主义唯物史观研究政治思想，全书在唯物史观指导下自成一体。他在该书的自序中说，这本书是仿照马克思的《剩余价值学说史》的编著体裁写成的，其基本的研究思路是："首先把中国史全部过程划分为各个阶段，各个阶段又划分为其发展过程的各时期；从各个社会阶段和时期的阶级阶层的构成上以及其相互关系的变化上去论究政治思想的各流派，又把每个流派中各思想家的思想，作为其自己的一个体系去论究。"③由于注重历史发展的线索以及各个不同历史阶段的特殊性，该书在叙述政治思想方面显现出严密的逻辑系统和以社会史为基础研究思想史的治学路径。

①　主要有：生活书店（上海）1947 年 8 月初版，1949 年 8 月再版；东北书店（哈尔滨）1947 年 11 月初版。——参见北京图书馆编：《民国时期总书目·政治》上册，书目文献出版社 1996 年版，第 84 页。

②　吕振羽：《中国政治思想史》（上），人民出版社 2008 年版，第 2 页。

③　吕振羽：《中国政治思想史》（上），人民出版社 2008 年版，第 2 页。

吕振羽的《中国政治思想史》一书在结构安排上,有一个井然有序的学术系统。全书从殷代奴隶制社会的历史开始写起,按时间顺序和社会更替的历程来梳理中国几千年来的思想的演变过程,显现出政治思想发展的规律。该书共十编:第一编,导言;第二编,种族国家的奴隶制时代;第三编,初期封建领主集团的政治意识的变化;第四编,初期封建制度发育成熟时代之政治思想的各流派;第五编,初期封建制度矛盾发展时代之政治思想的各流派;第六编,专制的封建时代初期政治思想的各流派及其演变;第七编,复杂矛盾斗争中扩大期之各派政治思想;第八编,地主阶级经济复兴时代之各派政治思想;第九编,封建主义末期政治思想的各流派;第十编,专制的封建主义崩溃期之各派思想。这样,该书就将中国几千年的政治思想的演变理出一个清晰的线索。

吕振羽的《中国政治思想史》基于唯物史观的研究理念,在内容的表述和评价上独具特色:一是该书注重叙述每一时代和每一阶段占主流地位的思想,使政治思想演变中的主体部分得以凸显。譬如,该书在奴隶时代部分,分析了占统治地位的《易卦》的哲学思想和政治思想;在早期封建时代,分析了周代封建统治阶级的政治思想,认为后来的孔子是集初期封建时代政治思想之大成,并成为中国封建社会统治阶级的政治哲学。二是注意叙述那些虽然在当时不占统治地位,但对中国社会演变和政治思想发展产生过重大作用的政治思想,这使得该书内容宽广,真正体现出中国政治思想演变的全貌。譬如,佛家和道家思想在中国封建社会并不占统治地位,但该书不仅以一定的篇幅叙述佛家思想、道家思想,而且叙述佛家思想、道家思想与占统治地位的儒家思想之间相互调和及排斥的历史过程,以此来展示各派政治思想相互斗争的历程。三是以历史发展的要求作为评价的依据,对中国几千年的政治思想予以积极的评断,分析其在历史上起进步或保守的作用。譬如,书中对农民的革命思想予以积极的评价,认为农民阶级的政治意识虽然没有留下供人们研究的系统资料,但从陈胜、吴广起义以来的历次农民运动的思想信仰来看,确实是反映了农民的阶级意识,并且在相当程度上反映当时社会的要求,因而具有一定的历史进步性。四是以阶级分析的方法对政治思想的阶级属性进行分析,揭示政治思想与阶级利益的内在联系性,突出历史唯物主义在研究政治思想中的指导地位。譬如,吕振羽强调政治变迁对政治思想变迁具有直接的作用,认为政治思想在总体上受制于经济基础,但更直接的是受政治变迁的影响。他在分析西周和春秋时期政治思想的变迁时曾有这样的分析:"西周封建秩序确立之后,封建统治阶级为获得适合其自身的政治指导原理,相传又把奴隶主的政治哲学《洪范》加以演绎和修改,作为适合其自身时代要求的东西。同时随着封建国家的创设的完成,又把作为指导斗争的武器八卦哲学修整演绎而为《易传》。因此,《洪范》和《易传》便充当了统治阶级之初期的政治思想。"而"至春秋后期,初期封建经济发育成熟,产生了代表封建上层建筑的精神产品,其中'集大成'的孔子的封建统治阶级思想出现了。"在当时的学术背景下,吕振羽注重政治思想与政治关系的分析,厘清政治变迁在政治思想演变中的基础性作用,这是运用马克思主义阶级斗争学说所作出的正确解说。

吕振羽的《中国政治思想史》是现代中国学术界第一部有系统的用马克思主义观点写成的中国思想通史,"是其在中国政治思想史领域运用马克思主义方法论艰苦探索的首创性成果"①,在中国马克思主义学术史上有重要的地位。该书贯彻马克思主义历史唯物主义的基本原理,结构严整,规模巨大,分析精到,运用马克思主义观点分析文化与学术问题也更为娴熟,反映中国马克思主义学者在社会史问题论战以后学术研究工作的深入。该书是以学术讲政治的成功范例,既从学术上政治上来论证中国共产党领导新民主革命的合理忄,又在思想学术上有力地批判陶希圣的《中国政治思想史》的错误观点,是革命忄与学术性统一的经典之作。吕振羽的《中国政治思想史》是中国政治思想史研究的学术名著,在现代中国的学术界和思想界有很大的影响。

3. 李达《社会学大纲》中的政治学思想

李达于 1937 年出版的《社会学大纲》是马克思主义哲学著作,同时也是研究政治学的著作。该著继续将国家问题作为一个研究的重点,对国家的起源及其发展、国家的本质、近代国家、过渡期国家、国家命运以及国家职能等问题深入研究,阐述了马克思主义的国家观,为中国马克思主义国家学说增添了新的学术成果。

李达在《社会学大纲》中对资产阶级国家观给予学术上的清理,如他对资产阶级的国家观有这样的论述:"关于布尔乔亚的国家观的总批判,大约可分为以下三点:第一,这些国家观都是超阶级的,即是把国家看作是超出阶级之上的无偏无党的全民的国家。第二,这些国家观根本上不能辨别国家与社会的差异,把国家看做社会,并与社会同是万古长存的东西(黑格尔虽然指明市民社会与国家的区别,却仍然没有分别社会与国家的界限)。第三,这些国家观,都以观念论为基础,完全站在布尔乔亚利害的立场,在主观的假想上说明国家的构成,并

---

① 王邦佐、潘世伟主编:《二十世纪中国社会科学·政治学卷》,上海人民出版社 2005 年版,第 131 页。

没有客观的科学的根据。"①应该说,李达对资产阶级国家观的批判性总结,为建构中国化的马克思主义国家观作了重要的学术准备。

李达在《社会学大纲》中,对于国家如何取代氏族组织进行描述,认为国家的产生是阶级产生以后而形成阶级对立的必然产物。他认为,由于生产力的发展,土地公有制开始崩溃,"于是除了自由人与奴隶差别以来,又发生贫富的差别"。正是氏族组织处于逐步的瓦解之中,以致"各个人的地位悬殊,利益的冲突日益加大"。到这时"因为社会已经显然的分裂为自由人与奴隶,有产者与无产者互相对立的社会了。这种对立的倾向不但不能融合,反而是逐渐扩大的。象这样的社会,要想继续维持其存在,只有两个途径:即,只有任凭这些阶级互相继续着公然的斗争;否则就要有第三权力超出于斗争的阶级之上,镇压这公然的斗争,把阶级斗争固定于经济的领域,即所谓合法的形态。在这两个途径中,社会自己必然要拣择一个走。于是氏族组织消灭,国家代之而生。"②李达在著作中就氏族瓦解、私有制产生、阶级产生与对立等一系列问题进行研究,以社会生产力变迁为主线阐述了氏族组织过渡到国家的历史轨迹,其基本结论是:国家是在氏族社会崩溃以后才发生的,是人类社会史发展过程中的必然产物,并且是社会分裂为阶级以后阶级冲突不可调和的结果。

李达在《社会学大纲》中运用唯物史观进一步阐述国家得以形成的基础,认为是"敌对的经济构造"而形成了一个对"生产手段独占"的社会集团,为了形成安宁的社会秩序,就造出了"公共的强制权力"即国家,因而国家始终是统治阶级的政治工具。李达指出:"在敌对的各种经济构造中,一方面的社会集团独占着生产手段,另一方面的社会集团被剥夺了生产手段。前者利用生产手段的独占权,剥削后者的劳动而生活。于是这两种利害不同的社会集团,因为利害的冲突,就进到了互相对立,互相冲突的状态。因此,占有生产手段的社会集团,为谋维持社会上的安宁秩序,就创出了一种公共的强制权力,来镇压那丧失了生产手段的社会集团。这种公共的强制的权力,就是国家。国家的强力装置,是武力的种种组织以及种种强制他人意志服从权力的种种手段。于是占有生产手段的社会集团,通过国家这个机关,变成了支配者;同时丧失了生产手段的社会集团,变成了被支配者。所以国家是在敌对的经济构造之上建立起来的,是一个社会集团统治别个社会集团的工具。社会的各个发展阶段上的国家,依存于各个阶段

---

① 《社会学大纲》(1937年),《李达文集》第2卷,人民出版社1981年版,第504页。
② 《社会学大纲》(1937年),《李达文集》第2卷,人民出版社1981年版,第511页。

上的经济构造,如古代的、封建的、现代的国家,是依存于古代的、封建的、现代的经济构造的。"①以上,李达以"经济构造"的视角来考察国家问题,得出了三个重要结论。第一个结论是,国家的产生是因为有"敌对的经济构造"之存在,由"敌对的经济构造"必然产生阶级的对立,由此也就必然出现"一方面的社会集团独占着生产手段,另一方面的社会集团被剥夺了生产手段"的情形,亦即形成"两种利害不同的社会集团",这是说明国家的存在有其经济基础。第二个结论是,国家是适应统治阶级政治需要而产生的一种"公共的强制权力",是因为"占有生产手段的社会集团,为谋社会上的安宁秩序,就创造出一种公共的强制权力,来镇压那丧失了生产手段的社会集团,这种公共的强制权力就是国家",因此国家具有鲜明的维护统治阶级的阶级性,而不是一般的谋求社会安宁的"公共权力",这是就国家的阶级实质而言的。第三个结论是,国家一经产生就立即在政治生活中发挥政治统治的作用,国家也就成为"一个社会集团统治另一个社会集团的工具",其根本的缘由在于国家具有强制力的特征,"是武力的种种组织以及种种强制他人意志服从权力的种种手段",于是"占有生产手段的社会集团,通过国家这个机关,变成了支配者;同时丧失了生产手段的社会集团,变成了被支配者",这是就国家的作用而言的。通过对李达这段论述的诠释,可以看出李达对国家问题的研究确是达到很高的学术水平。

李达通过对国家与社会之间关系的政治诠释和历史说明,进一步分析国家的阶级实质。在李达看来,国家与社会之间有密切的关系,先有社会后有国家,国家是社会发展到一定阶段的产物,亦即"国家是社会分裂为阶级以后才发生的",社会上"阶级分裂是国家成立的根本条件"②,因而需要从社会演变的历史进程去把握国家问题;同时,国家又必须在社会的经济构造中进行说明,从生产力与生产关系、经济基础与上层建筑的矛盾运动来揭示国家的上层建筑属性,因而又必然要对国家与社会之间的关系进行政治上的分析。李达从社会演变的历史进程来分析,他指出:"由历史上看来,任何被支配阶级,为实现其经济利益以得到解放,总是爆发革命,推翻支配阶级的权势,握掌国家的权力,自己爬上支配阶级的地位,以建立与新生产关系相适应的新国家。随着社会的阶级关系的改编,而国家的支配者与被支配者的关系,也因而改编了。所以国家的或政治的变

① 《社会学大纲》(1937 年),《李达文集》第 2 卷,人民出版社 1981 年版,第 289—290 页。
② 《社会学大纲》(1937 年),《李达文集》第 2 卷,人民出版社 1981 年版,第 492 页。

革,只有依据社会的或经济的变革去说明。"①李达认为,国家是从社会本身产生出来的,但"国家"与"社会"还是有很大的不同,就"秩序"问题而言就有"国家秩序"与"社会秩序"的分别。李达指出:"国家秩序,是用权力把阶级社会的秩序铸入于国法的组织之中的东西。社会秩序比较国家秩序早已存在,并且是根本的东西。但是国家一旦发生以后,就逐渐离社会而独立,而自然的社会秩序就处于强制的秩序之下了。"②就是说,国家形成之后,使原先早已存在的自然秩序处于"国家秩序"的强制之下,这其中最主要的原因是"国家权力"的"独立化的过程"及其所表现出的强有力作用,于是就有这样的结果:"国家权力从社会发生,又超出于社会之上,由社会的仆婢而变为社会的主人。可是所谓社会的主人,却对于特殊的阶级服务,而与大众的利益是对立的。"③

李达依据唯物史观来分析国家作为上层建筑与经济基础的关系,使国家与社会的关系得到正确的说明。在李达看来,由社会演变的历史进程来看待国家问题,在唯物史观看来就必然要从社会生产方式来予以说明,申明国家的上层建筑的地位。李达指出:"成为社会发展的产物而出现的国家,是阶级社会之政治的上层建筑,国家的基础是社会的经济构造,即是生产关系的总体。这些生产关系在一定发展阶段上,是当作阶级的诸关系而存在的。所以国家的内容是阶级间的诸关系。这些阶级关系的性质,在于下述诸点。这些关系,第一是阶级颉颃的诸关系;第二是到达于阶级矛盾的非和解性的诸关系;第三是榨取的诸关系。所以特定的阶级,以榨取为目的,利用国家权力,镇压被榨取者的阶级。所以成为国家的基础的生产诸关系,即是不能和解的诸阶级间之政治的关系。"④李达认为,国家的内容是阶级的诸关系,因而需要阐明国家与阶级之间的关系。

李达还从国家的阶级性来进行分析,揭示国家与阶级斗争在社会生活中的关系,从而提出国家是"阶级统治机关"的论断。他指出:"在这些敌对的社会中,少数生产手段所有者为什么能够榨取多数直接生产者呢? 多数者为什么忍受少数者的榨取呢? 多数者为什么在其斗争中不能驱逐少数者呢? 这完全是由于少数生产手段所有者的有组织,有权力,由于他们集中了强力手段,而成为支配阶级的缘故。这种在支配阶级手中的强力手段,即是国家。所以阶级的社会是政治的社会,即是有国家的社会。国家是在社会分裂为阶级以后才出现的东

---

① 《社会学大纲》(1937年),《李达文集》第2卷,人民出版社1981年版,第494页。
② 《社会学大纲》(1937年),《李达文集》第2卷,人民出版社1981年版,第492页。
③ 《社会学大纲》(1937年),《李达文集》第2卷,人民出版社1981年版,第493页。
④ 《社会学大纲》(1937年),《李达文集》第2卷,人民出版社1981年版,第493—494页。

西,是在社会发展过程中,由社会本身发生出来的东西。"①李达又指出:"社会分裂为阶级的结果,阶级的轧轹,能使他们自身和社会陷入灭亡的危机。国家即是为着排除这种危机而造出的机关。这种事实,在另一方面看来,国家实是阶级冲突不可调和的结果,并不是阶级调和的机关。就历史上说来,防止社会灭亡的手段,不是阶级的互相调和,而是一阶级对于他阶级的镇压。过去社会的平和,是建筑在阶级的支配之上的。这种镇压,必要有特殊的镇压力。这种镇压力即是国家。国家是一阶级统治其他阶级的机关。"②以上,李达从历史的、政治的角度来研究国家与社会之间的关系,提出一系列关于国家问题的新观点。例如,国家是由"支配阶级手中的强力手段","阶级的社会是政治的社会,即是有国家的社会";又如,国家是社会之中生产关系的产物,而"成为国家基础的生产诸关系,即是不能和解的诸阶级间之政治的关系";再如,"国家实是阶级冲突不可调和的结果,并不是阶级调和的机关",国家"不是阶级的互相调和,而是一阶级对于他阶级的镇压"。

李达的《社会学大纲》总体上看是哲学著作,但该著中关于国家问题的论述,注重从社会历史的演变中对国家进行分析,阐发了马克思主义的国家学说的内容,对推进中国马克思主义政治学关于国家问题的深入研究有极为重要的学术价值。

1937—1949 年,中国共产党形成了中国化马克思主义政治学的重大成果——毛泽东思想。毛泽东对马克思主义政治学中国化有独特的贡献,他提出的农村包围城市道路理论、新民主主义革命论、党的建设理论、统一战线理论、人民民主专政理论等是一个比较完整的政治学理论体系——新民主主义政治学体系。此外,其他中共领导人如谢觉哉、刘少奇等,对马克思主义政治学中国化也有重要贡献。这一时期马克思主义政治学著作,如徐特立的《政党与政府》(1938 年),邓初民的《新政治学大纲》(1940 年),陈昌浩的《政党论》(1946年),王亚南的《中国官僚政治研究》(1948 年),沈志远的《新政治学底基本问题》(1949 年)等,在完善中国马克思主义政治学体系方面有重要贡献。其中,邓初民于 1940 年出版的《新政治学大纲》,为构建包括阶级论、革命论、国家论、政府论、政党论等在内的中国马克思主义政治学体系作出了重大贡献。③

中国共产党对于中国马克思主义政治学的发展起了积极的推进作用。在延

①　《社会学大纲》(1937 年),《李达文集》第 2 卷,人民出版社 1981 年版,第 491 页。
②　《社会学大纲》(1937 年),《李达文集》第 2 卷,人民出版社 1981 年版,第 496 页。
③　参见吴汉全:《邓初民〈新政治学大纲〉(1940 年)的学术贡献》,《政治学研究》2009 年第 3期;《邓初民及其〈新政治学大纲〉》,邓初民:《新政治学大纲》,商务印书馆 2011 年版,第 430—471 页。

安形成了马克思主义学术研究的中心,1938 年 5 月成立了中共中央马列学院,张闻天兼任院长,下设历史研究室、中国政治研究室、中国经济研究室、中国文化思想研究室、中国教育研究室、国际问题研究室等,集结了一大批学有专长的马克思主义学者,以马克思主义研究中国政治、经济等问题;中共中央还于 1941 年 8 月作出了《中央关于调查研究的决定》,要求全党加强国内外政治、军事、经济、文化及社会阶级关系各方面的调查和研究,并将调查研究与马克思列宁主义理论的学习联系起来。延安整风运动,在推进干部的马克思主义理论教育的同时,也极大地促进了马克思主义政治学的中国化,使中国马克思主义政治学有了前所未有的发展,中国马克思主义政治学也达到初步成熟。

在中国共产党的领导和组织下,马克思主义政治学经典著作及介绍马克思主义政治学的著作也得到翻译和出版。以《共产党宣言》这部马克思主义政治学的纲要为例,除了陈望道的中译本得以广泛流传外,这一时期还有华岗的译本、成仿吾与徐冰的合译本、博古的校译本、延安解放社译本,尤其是博古的校译本流传很广,有近 20 个版本①。需要指出的是,恩格斯的《社会主义从空想到科学的发展》在 20 世纪 30 年代后期及 40 年代有多个中译本问世,如新汉口出版社于 1938 年 4 月初版的译本《从空想的社会主义到科学的社会主义》;又如,吴黎平的译本《社会主义从空想到科学的发展》在 1938 年 6 月初版后,中国出版社、生活书店、冀东新华书店等又有初版、再版;再如博古的校译本《社会主义从空想到科学的发展》,在 1946 年 6 月出版后,有太行群众书店版、解放社版、冀鲁豫新华书店版、东北书店长春版、华北大学版等多个版本。这使得恩格斯的这部著作得以广泛流传。② 恩格斯的《家庭、私有制和国家的起源》,在 1929 年就有了李膺扬译本(新生命书局 1929 年 10 月初版)。在 1941 年,又有了张仲实的译本(学术出版社 1941 年 2 月初版),其后张仲实的译本还有生活书店(大连)1946 年 5 月版、生活书店(上海)1947 年 1 月版、新中国书局 1949 年 4 月版、新华书店(大连)1949 年 7 月版。③ 布哈林研究社会主义的专著亦得以翻译和出版,布哈林的《社会主义之路》有邝光沫与许平的中译本,新垦书店 1930 年 4 月初版、1933 年 5 月再版;布哈林的《社会主义大纲》,有高尔松、郭真的译本,平凡书局 1930 年 5 月初版、社会经济学会 1931 年 5 月再版。④ 此外,苏联学者尤金、

---

① 北京图书馆编:《民国时期总书目·政治》上册,书目文献出版社 1996 年版,第 12—14 页。
② 北京图书馆编:《民国时期总书目·政治》上册,书目文献出版社 1996 年版,第 14 页。
③ 北京图书馆编:《民国时期总书目·政治》上册,书目文献出版社 1996 年版,第 19—20 页。
④ 北京图书馆编:《民国时期总书目·政治》上册,书目文献出版社 1996 年版,第 15 页。

奥斯特洛强诺夫、安利科马赍特斯太等研究社会主义的著作亦翻译到中国来。马克思主义政治学经典著作和国外(主要是苏联)介绍马克思主义政治学思想的著作的翻译与出版,对中国马克思主义政治学走向成熟有着极其重要的学术意义。中国共产党对于中国马克思主义政治学的产生和发展居于领导者的地位,这不仅因为中国共产党领导的政治实践活动为中国马克思主义政治学提供了实践基础,中国共产党组织学术机构为马克思主义政治学研究提供组织保障,而且还因为中国共产党在思想、学术的层面予以顶层设计并采取有力措施推进马克思主义政治学的发展。在延安时期,毛泽东曾批判中共党内"教政治学的不引导学生研究中国革命的策略"的不良现象,提出"应确立以研究中国革命实际问题为中心,以马克思列宁主义基本原则为指导的方针"[1],其目的就在于推进马克思主义政治学理论的中国化,建立以中国政治现象为研究对象的中国马克思主义政治学。毛泽东本人也身体力行,他撰写的《新民主主义论》著作在对新民主主义革命和新民主主义社会的研究中,在革命论、阶级论、国家论、人民论等四个方面,构建了独具特色的新民主主义的政治学体系,创造性地发展了马克思主义政治学。[2]

中国马克思主义的政治学在1937—1949年处于初步成熟阶段,马克思主义与中国政治研究的结合达到新的高度,出现了不少代表性的马克思主义政治学著作,为马克思主义政治学中国化作出了重要贡献,并形成了"新民主主义政治学体系"。以下,试就代表性的中国马克思主义政治学著作,作简要的概述。

1. 陈昌浩的《政党论》(1946年)

20世纪30年代末和40年代初,中共中央及马克思主义学者重视从政党理论角度来研究中国共产党[3],陈昌浩的《政党论》尽管后出,但属于集大成的政党研究的著作。陈昌浩(1906—1967),湖北武汉人。参与《马恩全集》、《列宁全

---

① 《毛泽东选集》第二卷,人民出版社1991年版,第798页、第802页。

② 参见吴汉全:《〈新民主主义论〉对马克思主义政治学的贡献》,《政治学研究》2010年第1期。

③ 譬如,翟放著有《论政党》[中国出版社(汉口)1938年7月初版,1939年9月再版;中国出版社(桂林)1940年1月3版。其后,还有中国出版社1946年1月版],内分阶级与政党,什么是共产党,党的组织,党的生活,党的巩固,干部,党的领导等7章。又譬如,《新华日报》华北分馆编有《论共产党》(《新华日报》华北分馆1940年8月初版),共12章,包括工人阶级、共产党、党是科学共产主义理论与工人运动的结合、党的组织结构的基本原则、支部、党员、干部、铁的纪律、组织的领导、党与群众的关系等,并收录《共产党法规》等5篇。再譬如,延安解放社编有《论共产党》(解放社1940年版),共10章,包括工人阶级、共产党、党的组织结构的基本原则、支部、党员、干部、铁的纪律、组织的领导、党的宣传鼓动等。

集》、《斯大林全集》的编译,编译有《俄华词典》,著作有《政党论》等。陈昌浩的《政党论》,1946年新知书店出版,是一部运用马克思主义理论研究政党问题的重要政治学著作。

陈昌浩所著《政党论》①以马克思主义政治学理论为指导来重点考察政党问题,不仅论述了阶级与政党的关系,而且对政党性质、产生与发展过程、运作形式、最终目标及其政党的历史作用,作了较为深入的理论研究。该书的主要内容如下:

关于政党发展过程的研究,是陈昌浩所著《政党论》中的主要内容之一。陈昌浩在《政党论》中对政党发展的过程作了进一步的说明,肯定政党发展与阶级斗争的关系:"斗争发展到一定阶段就产生了政党。政党是阶级斗争的产物,它的本身带着严格的阶级性。也就是说,阶级斗争发展到比较显著而激烈的政治斗争阶段,一个阶级为了要战胜它的敌对阶级,为了要取得本阶级的最终胜利,变自己阶级为统治的阶级,一定要由本阶级的先进份子组成自己的战斗司令部,来组织本阶级的队伍,策划斗争的战略与战术,统一本阶级的行动,才能发挥自己的战斗力量,而易于战胜敌对阶级。这种阶级的首脑、先锋队、战斗司令部,就是这个阶级的政党。"②陈昌浩认为,就无产阶级政党产生的历程而言,无产阶级政党固然是在与资产阶级的阶级斗争中逐步发展的,但无产阶级自身的阶级意识的增长、初级斗争组织的进步,也是产生无产阶级政党的条件。陈昌浩指出:"无产阶级在与资产阶级斗争中建立了各种的组织。当无产阶级还没有充分的自觉而只是作经济斗争时,他们有储金互助会、职工会、合作社等组织,只有在无产阶级已经感觉到政治斗争之必要时,以及无产阶级斗争的科学形成并且灌输到工人运动中时,工人阶级中才发生了政治的组织——共产党。"③由于将政党的发展过程与阶级斗争的过程联系起来,这就比较科学地揭示了政党形成过程的政治实质。

关于政党的地位与作用,陈昌浩在《政党论》中作了多方面的研究。在陈昌浩看来,由于"共产党是代表全部无产阶级利益的政党。它的政纲、战略、行动,都是为着实现在每一革命步骤上无产阶级的总的利益的。它所领导的工人阶级

---

① 陈昌浩的《政党论》,最早的是新知书店1946年6月上海初版。书中有两个附录:一是《中国共产党党章草案》,二是《关于解散第三国际的共产国际执委会主席团决议》。该著出版之后,在解放前还有新知书店1947年9月东北版,新中国书局(哈尔滨)1949年2月版。

② 陈昌浩:《政党论》,新知书店1946年版,第8—9页。

③ 陈昌浩:《政党论》,新知书店1946年版,第11—12页。

的民族的、经济的、政治的、思想的斗争,都是服从于无产阶级的总的利益,即变无产阶级为统治阶级,以建设无阶级的共产主义社会。没有共产党,无产阶级的全部利益是不能实现的。"①陈昌浩强调无产阶级政党的组织性及发挥领导作用的重要性,他指出:"如果党的本身不能成为本阶级有组织的部队时,就不能去顺利的、真实的领导无产阶级斗争,就不能去完成本阶级的历史使命。……同时,党又是这些党的组织的统一的系统,是这些组织联合起来的一个整体,有上级和下级的领导机关,有少数服从多数的原则,有为全体党员所必须履行的决议。没有这些条件,党就不能成为有组织的整体,就不能有统一的党的行动,就不能对无产阶级实行有组织的领导。"②值得注意的是,陈昌浩在《政党论》中提出了"共产党是无产阶级斗争的工具"的思想,这个"工具论"思想在政党理论上是一个重要的创新。他指出:"共产党不仅是无产阶级联合之最高形式,而且同时是握在无产阶级手内的斗争工具。在资本主义国家中(如德、英、美等等),无产阶级未取得政权以前,便运用它来作为取得无产阶级专政的工具,在无产阶级已经取得政权的国家(如苏联),是用它来作为巩固无产阶级专政的工具。至于在落后的殖民地半殖民地或附属国家,在资产阶级性民主革命尚未完成的国家,共产党便是那些国家的无产阶级为彻底反对封建压迫及反对民族压迫,即是为资产阶级性民主主义革命的彻底胜利而斗争的工具。没有共产党作为无产阶级的斗争工具,在资产阶级性民主革命中反对封建、反对民族压迫的民主运动是不能彻底胜利的。所以说,党是无产阶级斗争的工具。"③

关于政党与群众的关系,陈昌浩依据马克思主义政治学理论作出自己的说明。全国抗战以后,中国共产党人特别注重政党与群众关系的研究,尤其注重中国共产党与群众关系的研究。陈昌浩认为,"共产党是无产阶级的阶级组织之最高形式",而无产阶级组织除了共产党这一组织以外还有很多组织,因此共产党这一无产阶级阶级组织的最高形式,就应该处理好同其他组织的关系,以积极地发挥无产阶级政党的领导和组织作用。他指出:"无产阶级的组织,除了共产党之外,还有职工会、合作社、互助会、青年联合会妇女联合会等等,在若干国家内,还有国会党团,在无产阶级胜利了的国家中还有苏维埃这个国家形式的组织。党只有依据这些工人阶级的群众组织来团结千百万群众在自己的周围,经

---

①　陈昌浩:《政党论》,新知书店 1946 年版,第 12 页。

②　陈昌浩:《政党论》,新知书店 1946 年版,第 14—15 页。

③　陈昌浩:《政党论》,新知书店 1946 年版,第 17 页。

过这些群众组织来锻炼无产阶级,来实现党对无产阶级的领导。共产党是这些无产阶级的群众组织的最高形式,因为共产党具有必要的经验,足以定出行动的总路线,具有足够的威信,足以推动这些组织来实现党的总路线。因为党是工人阶级优秀份子的集合地,这些份子与群众组织有直接的联系而且领导它们。因为党是工人阶级领袖的最好学校,这些领袖能够领导本阶级一切组织。因为党能够把本阶级的领导集中起来,把那些群众组织都变成党服务的机关,变成为党与阶级联系的轮带。"①陈昌浩从无产阶级政党——共产党本身的特质来看待其与无产阶级其他组织的关系,强调发挥党的领导地位与作用,这是很有见地的。

关于政党建设问题,陈昌浩在《政党论》中基于对共产党民主集中制的研究,将"意志的统一"与民主集中制及党的纪律联系起来进行考察,并且特别强调"意志的统一"在党的组织建设中的独特地位。他指出:"如果没有一个因为有团结性与铁的纪律而成为强有力的共产党,则无产阶级无论争取社会主义革命或资产阶级性民主主义革命的胜利,都是不可能的。这就是说,要有意志的统一,并且依民主集中的原则组织起来。……当然所谓意志统一并不是绝对排斥党内意见的争论,党内纪律亦不是盲目的,而是要有自觉与自愿的;但是到了意见争论已经完结,决议已经通过之后,则全体党员意志的统一与行动的统一就成为必要的条件了。在这时'就应当实行统一的无产阶级的纪律,这个纪律是为了一切党员——无论是首领也好,无论是普通党员也好——所同样务必通守的,因此在党内不应有什么不必服从纪律的上等人和务必服从纪律的平凡人之分'。"②陈昌浩从集中统一原则和党的组织纪律角度来阐发无产阶级的民主集中制,不仅彰显出无产阶级政党的组织优势,而且也表明了无产阶级政党的民主制的独特性。

陈昌浩的《政党论》是以马克思主义为指导来集中研究政党问题的专论性政治学著作。该著尽管部头不大,但在马克思主义指导下对政党产生、发展和消灭的历史过程,政党的地位与作用,政党与群众的关系,以及政党建设等问题,进行了比较全面的探讨和研究,是中国马克思主义政治学史上的一部重要的代表作。

2. 王亚南的《中国官僚政治研究》(1948 年)

王亚南《中国官僚政治研究》一书于 1948 年 10 月由上海时代文化出版社

---

① 陈昌浩:《政党论》,新知书店 1946 年版,第 15—16 页。

② 陈昌浩:《政党论》,新知书店 1946 年版,第 17—18 页。

初版。新中国成立后,该著于 1981 年由中国社会科学出版社再版,1987 年台北谷风出版社也出版该书的单行本,2010 年商务印书馆将该著列入"中华现代学术名著丛书"系列再版。这是一部以马克思主义为指导,从多学科视域创造性地研究官僚政治问题的政治学著作,成为中国马克思主义政治学史上的经典之作。

《中国官僚政治研究》一书运用历史分析与理论抽象相结合的方法概括出中国官僚政治的基本特征。王亚南认为,研究官僚政治这个问题并不在于一般地说明官僚政治这一社会中业已存在的现象,也不在于能够"就中国官僚体制与一般典型官僚体制的共同点立论",而应该把研究的重点放在"中国官僚政治"这个对象上,因而"我们所当特别重视的,毋宁是在它的特殊方面,即它对一般表示差别的方面"。换言之,《中国官僚政治》一书需要的是研究作为"一个历史现象"的中国官僚政治,阐发其"发生形态到形成为一个完整的体制,以致在现代的变形,其间经过了种种变化",并且在此研究的基础上,"我们要指出它的特点"[①]。正是基于立足中国实际的研究理念,作者在书中认为在研究的程序上"须得从中国古典官僚政治形态的诸特殊表象讲起"。作者认为,中国官僚政治的具有"三种性格":"(一)延续性——那是指着中国官僚政治延续期间的悠久。它几乎悠久到同中国文化史相始终。(二)包容性——那是指着中国官僚政治所包摄范围的广阔,即官僚政治的活动,同中国各种社会文化现象如伦理、宗教、法律、财产、艺术……等等方面,发生了异常密切而协调的关系。(三)贯彻性——那是指着中国官僚政治的支配的深入的影响;中国人的思想活动乃至他们的整个人生观,都拘囚锢蔽在官僚政治所设定的樊笼中。"[②]依据王亚南的看法,中国官僚政治所体现出的这种特性,固然与中国政治演变的历史有关,但根本上说是根源于中国社会,因而需要从社会史视角揭示其得以呈现的经济基础,这自然也就需要结合专制政治的历史来予以说明。

《中国官僚政治研究》一书探讨了中国官僚政治的起源,认为中国的官僚政治之先河是由秦代开启的,这与战国时期的各国间的战争有着密切的关系。关于中国官僚政治的历史起点,王亚南认为应该从中国专制制度的历史中探寻。在他看来,官僚政治作为一种社会体制而存在和发展,是与封建专制政治相伴生的,因而探究中国官僚政治的历史起点,也就需要认识中国专制政体发轫的朝

---

① 　王亚南:《中国官僚政治研究》,商务印书馆 2010 年版,第 28 页。
② 　王亚南:《中国官僚政治研究》,商务印书馆 2010 年版,第 29 页。

代;而按照新旧历史学家公认的看法——秦代是中国专制政体的开端,则秦代也就成为中国官僚政治的起点。他指出:"官僚政治是当作专制政体的一种配合物或补充物而产生的,专制政体不存在,当作一种社会体制看的官僚政治也无法存在。在这点上,中国官僚政治并非例外。……而由秦以后,直到现代化开始的清代,其间经历二千余年的长期岁月,除了极少的场合外,中国的政治形态并没有了不起的变更,换言之,即一直是受着专制政体——官僚政治的支配。"①问题是,官僚政治之中的"官僚"作为一个特殊的阶层,是如何形成呢? 是否也如同欧洲一样是从贵族转化而来的呢? 对此,王亚南系统地研究了中国历史的演变,并从社会史的视角予以解释和说明,认为战国时期各国间的相互战争促进了"封建官僚"的崛起,并引起了此时社会中阶级关系的新变化,从而使"封建官僚"上升到政治统治的地位,这又推动了封建专制政体的形成。在他看来,设官而治的事实虽然在中国早已存在,但仅此并不能说明就是官僚政治。因为在中国,最早所设之"官"(亦即政治支配者)是由贵族而非由"官僚"充任的,他们享有世禄的特殊地位,并具有政治上的支配权,但当中国的历史演进"到战国之世,一切改观了",表现为:在诸侯长期战争过程中,封建贵族的政治支配权,逐渐转移到封建官僚手中,这就是中国史籍有关"政逮于大夫"、"陪臣执国命"、"布衣为卿相"等的记载。关于历史演变中所发生的这样巨大的变动,王亚南给予了独特性的解析,指出:"我们从社会史的见地却应当说:战国诸侯为着争霸权、争统治而进行的战争,培养了封建官僚。封建官僚起初不过是封建贵族技术上的助手,帮助封建贵族剥削农奴式的农民,组织封建榨取农民血汗的机关,并使这机关巩固和成为合法的形式。但封建的混战,使各种'专门人材'成为急切的需要,而且直接动摇了整个社会制度,削弱了和抹杀了旧有的阶级划分,并在新的调子上来重新划分阶级。封建上层阶级社会地位之一般的不稳固,是愈来愈加厉害,常使封建诸侯依靠官僚。这培养起来的封建官僚,不但成了专制政体实行的准备条件,且还在某种程度,成了专制政体实现的推动力。"②在确认官僚是在战国时的兼并战争中产生的事实之后,王亚南进一步分析"官僚"这一特殊阶层的变化,认为秦代是中国官僚政治的起点,故而秦代之"官僚"与其后各朝代的官僚有很大的不同之点,这就是"秦代的官僚政客是在封建贵族政治崩溃

---

① 王亚南:《中国官僚政治研究》,商务印书馆 2010 年版,第 29—30 页。
② 王亚南:《中国官僚政治研究》,商务印书馆 2010 年版,第 30—31 页。

过程中养成的,而秦后各朝代的官僚政客,则都是在官僚政治局面下养成的"①。王亚南的论述说明,中国最初的官僚是在战国时期的各国兼并战争中产生的,而非欧洲那种由封建的贵族转化而来,这也使得中国的官僚政治一开始就表现出与西方不同的独特性。

　　王亚南在研究中国官僚政治的过程中提出了"官僚贵族化"的著名论断,深化了人们对于中国的官僚的认识。在王亚南看来,中国的官僚社会不同于欧洲的专制社会,故而最初的官僚并非由贵族转化而来,但中国的官僚政治体系一旦形成,官僚又有着贵族化的倾向,于是官僚之中逐步地显现出血统、家世、门第等方面的标识。王亚南指出:"一般的讲,在欧洲的专制官僚社会,官僚是贵族的转化物,贵族愈来愈官僚化,而在中国专制官僚社会,只因为它在本质上,不是由封建制向着资本制转化的过渡性质的东西,而根本就是又一形态的封建组织,故它的官僚、它的士族,愈来愈带有贵族的品质。"②为了说明中国官僚政治历史进程中所出现的"官僚贵族化"特征,王亚南考察了贵族与官僚两者的"形造条件"之不同,用"生成的"一词来说明"贵族"是依照血统传承而来,而用"做成的"一词说明"官僚"是依据后天的条件和社会的需求通过努力而成的,这既是为了明示两者的区别,也是为了进一步说明官僚政治体制形成之后所出现的"官僚贵族化"的轨迹。他指出:"贵族最基本的形造条件是世禄世官,就政治支配的关系来说,是'生成的'统治者;官僚立在政治支配地位,在最先,即以中国而论,在秦代乃至汉代前期,并不是'生成的',而是依'以学干禄'或'学而优则仕',或所谓'故大德必得其位,必得其禄,必得其名'做成的。'生成的'与'做成的'不同的分野,就是说后者不能靠血统、靠家世取得统治地位,而必须多少具备有当时官制所需求的某种学识、能力或治绩。而所谓官僚的贵族化,乃表明官僚取得统治地位,即使没有完全把当时官制要求的诸般条件丢开,却至少在某种限度,反而藉着其中的学识那一项条件的帮助,把'生成的'作用加大了;血统、家世、门第愈来愈变得重要了。"③结合对中国历史进程的分析,王亚南考察了"官僚贵族化"的演变轨迹,认为大约从汉末历魏晋南北朝以至唐代初叶,中国典型的专制官僚统治发生了种种变态,"官僚贵族化的色彩愈来愈加浓厚了",最为突出的表征就是门阀的出现。在王亚南看来,"门阀的地位是积极养成的",中国专

　　①　王亚南:《中国官僚政治研究》,商务印书馆2010年版,第31页。
　　②　王亚南:《中国官僚政治研究》,商务印书馆2010年版,第75页。
　　③　王亚南:《中国官僚政治研究》,商务印书馆2010年版,第75—76页。

制官僚制具有促成"官僚贵族化的可能条件或因素存在","一遇到其他更有利的情势,就会很自然的向着门阀的途径发展"。譬如,长期的大一统的局面就会使自帝王以至皇族及中上级的官僚们,"都无形会由生活习惯、累世从政经验,乃至相伴而生的资产积累等方面,产生与众不同的优越感和阶级意识,而他们藉以干禄经世的儒家学说,更无疑要大大助长那种优越阶级意识的养成";又如,与官僚贵族化相联系的是农民出现农奴化的趋势,"比如,在专制官僚社会被宣扬为德政的轻租税的措施,往往是更有利于官僚地主,而更不利于直接生产者农民的",这种情形又反过来有助于官僚的贵族化,故而"所谓贵族化的官僚或变相贵族的门阀,在社会的意义上,是从他们对于被其统治的农民大众所表现的特别优越关系显出来的。他们逐渐的贵族化,必然要与其对极的农民的农奴化相辅而行"①。王亚南揭示"官僚贵族化"的事实,是基于社会史研究的重要结论,为人们理解中国的专制主义政治提供了新的说明。

《中国官僚政治研究》一书基于官僚政治在中国封建社会中运行的情况,分析了官僚政治的重要影响及其所波及的具体层面。在王亚南看来,官僚政治是中国政治生活的特色,在中国封建社会中有着特殊的地位,对于封建统治者、被统治者都构成了极大的影响,而这种影响反过来又更有利于官僚政治的运行与封建秩序的稳固。关于官僚政治对于统治者的具体影响,王亚南指出:"长期的专制官僚统治,无疑大有造于那种政治的支配者,使他们有时间、有机会把社会一切可资利用的力量动员或收编起来;把一切'有碍治化'的因素逐渐设法排除出去。'道一风同'的局面一经造成,治化上显出的贯彻作用也就既深且大了。反过来讲,这些又是官僚统治得以长久维持的原因。"②在王亚南看来,官僚政治对于统治阶级集团影响至大,而这种影响之所以能传达于被统治者,使被统治阶级接受,这又有处于帮忙帮闲地位的官僚士大夫阶层的作用。他指出:"对专制主义、官僚主义中毒最深的,毕竟还是一般立在封建专制统治地位或为那种统治帮忙帮闲的官僚士大夫阶层。因为成见与利害关系结合起来,才能变成最强固、最不易改变。当中国农民大众不止一次的表示他们不能再忍受横暴压迫而奋起自救并引起全国骚动的时候,士大夫阶层往往总是利用机会,帮助野心家向民众提出许多诺言,收拾残局,重整山河;尽管新的专制王朝出现,新的官僚系统登

① 王亚南:《中国官僚政治研究》,商务印书馆 2010 年版,第 79—80 页。
② 王亚南:《中国官僚政治研究》,商务印书馆 2010 年版,第 37 页。

场,而旧的政治形态却又复活了。"①至于被统治者特别是一般的农民,由于他们没有受到什么教育,或者"受到统治者为他们编制配合好了的一套有利于统治的教育",故而"他们的政治期待就是沿着'贤人政治'或西人所谓'圣贤统治'的线索,希望出现'真命天子'、'太平宰相'、'青天太爷'"②。王亚南认为,官僚政治对于中国社会运行构成这样大的影响,在很大程度上就在于官僚政治本身最大限度地调动了社会上的一切资源特别是文化的资源,从而使社会形成了有利于官僚政治运行的环境,这又使生活于其中的统治者、被统治者自觉地或不自觉地接受这样的影响。他指出:"惟其中国专制的官僚的政治,自始就动员了或利用了各种社会文化的因素,以扩大其影响,故官僚政治的支配的、贯彻的作用,就逐渐把它自己造成为一种思想生活上的天罗地网,使全体生息在这种政治局面下的官吏与人民、支配者与被支配者,都不知不觉的把这种政治形态看为最自然、最合理的。在一般无知无识的人民固不必说,就是自认为穷则'寓治于教',达到'寓教于治'的士大夫阶层,历来就很少有人想到这种政治形态以外去。他们像从来没有什么政治理想,如其说有,那也不是属于本来的,而是属于过去的。"③王亚南不仅从社会的阶级结构来考察这种影响的层面,而且从中国封建社会运行的历史进程中来考量官僚政治的影响力度,认为官僚政治与封建的家族制度、社会风习、教育活动等之间存在着一种互动的关系,即封建社会的家族制度、社会风习及教育活动等等,在某种意义上可以说是官僚政治施行的结果,但这些因素一旦形成"却又成为官僚政治的推动力","它们不但从外部给予官僚政治以有利的影响,甚且变为官僚制度内部的一种机能、一种配合物"④。特别注意的是,王亚南还认识到在官僚政治运行之下所形成的社会心理,对于官僚政治也起了心理支持作用。他说,长期的"从古如斯"的政治场面使得统治者、被统治者把既成的"社会事象"视为当然。这就是说,"在专制官僚政治下,统治阶级的优越感和一般贫苦大众的低贱感,是分别由一大些社会条件在把它们支持着、强化着"⑤,这就有力地支持官僚政治的延续并使之对社会运行发生持久的影响。

《中国官僚政治研究》一书在对中国官僚政治予以分期研究的基础上,提出

---

① 王亚南:《中国官僚政治研究》,商务印书馆 2010 年版,第 36—37 页。
② 王亚南:《中国官僚政治研究》,商务印书馆 2010 年版,第 35—36 页。
③ 王亚南:《中国官僚政治研究》,商务印书馆 2010 年版,第 34 页。
④ 王亚南:《中国官僚政治研究》,商务印书馆 2010 年版,第 34 页。
⑤ 王亚南:《中国官僚政治研究》,商务印书馆 2010 年版,第 36 页。

了支持中国官僚政治高度发展的两大杠杆的主张。王亚南将中国官僚政治的历史予以分期研究,结果发现由唐代至清代中叶这一阶段,尽管各个朝代也曾在政治统治上"发生了极大的破绽和困厄","但从整个官僚社会立论,这一阶段的官僚政治,确已前后参差的把它的包容性、贯彻性,乃至对于经济可能发生的弹性,提高到了这种社会形态允许的极限",这表明中国的官僚政治已经处于"更高度发展的一个阶段"。接着,王亚南提出中国官僚社会统治是以隋唐作为"一个大分水岭"的学术论断,认为隋唐及其以后的中国专制政治统治出现了需要解决的诸多新课题。譬如,在此之后的"王朝的官僚政治里面,已经广泛渗入了特权阶级所具有的不少因素",故而"隋唐及其以后的官僚统治,须得以较大的努力,妥善处理或对付这一新的课题";又譬如,隋唐以后的中国社会"而由领土更大开拓与异族更多接触所形成的对外关系,也变得复杂了"。于是,隋唐以及以后的统治者面对"这些新历史课题","经过了不少的尝试努力",遂而有"在经济上提出了两税制,在思想训练与仕途控制上提出了科举制,而在对内对外的武力上提出了府兵制"的举措,也正是因为"赖有这几方面的创意的成就,中国官僚政治乃得在中古分立局面以后有着更高度的发展"①。基于"大分水岭"的认识,王亚南尤为重视唐代的科举制与赋税政策的作用,认为"唐征隋之弊,在更有组织的科举制上,在灵活运用的赋税政策上,分别收到了稳定统治并使官僚政治进一步发展的结果"②。那么,中国官僚政治何以能够达到这样的阶段呢?对此,王亚南基于"大分水岭"的论断而对唐代政治统治予以进一步的研究,提出了"两大杠杆"的理论,认为"两税制"是支持官僚政治高度发展的第一大杠杆,而"科举制"是支持官僚政治高度发展的第二大杠杆。

《中国官僚政治研究》一书对于中国官僚政治得以形成的经济基础,依据马克思主义唯物史观原理给予科学的说明,提出了地主经济是官僚政治的物质基础的观点。王亚南的看法是,中国初期的封建形态是完全建立在"自然经济形式上"的那种"非集中化的封建政治关系",但经过春秋战国时代以后"逐渐把那种非集中化的特点消除了,以致出现了秦代的一统",表现在政治上就是"把非集中的贵族统治的封建形态,转变为集中的专制官僚统治的封建形态",而在经济上就是把"领主经济封建形态"转变为"地主经济封建形态",因而"封建的形态是改变了,其本质还存在着",这"本质"就是"支配领土、领民的所谓支配阶级

---

① 王亚南:《中国官僚政治研究》,商务印书馆 2010 年版,第 88 页。
② 王亚南:《中国官僚政治研究》,商务印书馆 2010 年版,第 90 页。

究是寄生于那种形态的生产上面"。在这样分析的基础上,王亚南承认周代与秦代在"封建形态"上有所不同,但认为这不是本质的差别,所以他说:"周代对其领内可以榨取的农奴劳动剩余,直接让诸子功臣分别自己处理,而秦代及其以后王朝的帝王,则把那些形式上较自由的农奴或农民的劳动剩余,全部以赋税形式收归己有。然后再由俸给的形式,'以公赋税重赏赐之'。可见秦及其以后的官僚主义的专制机构,与周代的封建机构,同是寄生于农奴生产形态上面。"①这里涉及这样一个问题,即为什么"地主经济"就能够取代"领主经济",并且又能成为官僚政治的基础呢?对此,王亚南一方面以"生产力"的观点和社会演进的见地予以解释,指出:"比较有信史可征的春秋战国之世,特别是在战国,因为铁器的普遍应用,社会生产力一般的增加,包括商业活动与高利贷活动的交换经济的发达,以致旧来在某些地域、某种程度确实施行了的领主经济封建制,一般都无法继续维持。……在连续'兼弱攻昧,取乱侮亡'的战乱过程中,一切有固定性的制度都将相率解体,而成为领主封建制之基石的'世禄',在战国时代孟轲的口中,已表示由'暴君污吏漫其经界',而在小国寡民的藤国,亦不复能保持。"②另一方面,王亚南又以秦国崛起的历史及官僚政治建立的过程加以说明,认为"中国的专制官僚政体,是随中国的封建的地主经济的产生而出现的,他主要是建立在那种经济基础上的,而我们也是容易由秦代专制官僚政治实现的过程来明确予以证实的。"③具体而言,秦代商鞅变法的几项改革措施,"都在破坏世禄、世官、世业秩序","均在为私有土地的地主经济奠立根基",而"秦国的版图每有一度扩展,它显然会把这致富图强的方法,以地主经济代替领主经济,以官僚政治代替贵族政治的新社会秩序,一度予以推广"④。那么,作为官僚政治基础的"地主经济"到底有着怎样的基本内容呢?对此,王亚南给予了概括性的说明:"中国专制的官僚的政治形态是把地主经济作为它的物质基础。地主经济原是对领主经济而言的,它的大体内容,包括以次诸项:(一)土地为社会财富的最重要的生产手段;(二)在相当范围内的私人土地所有权的确认;(三)在相当范围内的土地自由买卖;(四)集约的小农经营;(五)土地剩余生产物的地租化与赋税化。"⑤王亚南通过研究所形成的基本结论是:"中国二千余年的专制官

①　王亚南:《中国官僚政治研究》,商务印书馆 2010 年版,第 45—46 页。
②　王亚南:《中国官僚政治研究》,商务印书馆 2010 年版,第 47 页。
③　王亚南:《中国官僚政治研究》,商务印书馆 2010 年版,第 46 页。
④　王亚南:《中国官僚政治研究》,商务印书馆 2010 年版,第 48—49 页。
⑤　王亚南:《中国官僚政治研究》,商务印书馆 2010 年版,第 143 页。

僚政治局面其所以是由秦国开其端绪,乃因中国二千余年的地主经济制度是由秦国立下基础。这种政治经济形态的配合,不但改变了中国封建性质,改变了中国官僚政治形态,且也改变了中国专制君主与官僚间,乃至官僚相互间的社会阶级利害关系。"①王亚南以马克思主义唯物史观为指导,认为秦朝所奠定的地主经济不仅促进了领主封建制到地主封建制的转换,而且奠定了中国二千余年官僚政治的基础,并规定了中国官僚政治所具有的内涵及基本特色,这是很有学术见识的。

王亚南所著《中国官僚政治研究》一书,是中国马克思主义政治学史上的重要经典文献,开创了中国学术界关于官僚政治研究之先河,集中反映了王亚南运用马克思主义观点研究中国政治演进的学术成就。王亚南是著名的马克思主义经济学家,但该著关于官僚政治的创造性研究及其学术成就,也足以使王亚南跻身于中国马克思主义政治学家的行列。

3. 沈志远的《新政治学底基本问题》(1949 年)

沈志远是现代中国在哲学、经济学、社会学等方面是推动马克思主义学术中国化的重要代表,他在 20 世纪 40 年代末出版了《新政治学底基本问题》(生活·读书·新知联合发行所 1949 年版)一书,在普及马克思主义政治学理论、推进马克思主义政治学中国化进程中是一个新的努力。

《新政治学底基本问题》对传统政治学所说"国家是领土、人民、主权三者底总合体"的国家观,及其所延伸的"国家是'在一定领土内掌握和行使主权的人群集团'这一解释",提出严重的批评,指出:"它的根本毛病是在他的抽象性、形式性,就是说,它只根据国家的外表形式上的标志去下国家底定义,而没有深入到国家底根本基础,深入到它的社会本质中去。这样的解说是抽象的,不具体的,因而它不但不完整,而且是错误的。"其错误的表现是:"第一,这种解说底错误是在它把国家永久化了。照这种解说,则原始氏族社会有国家,将来大同世界也有国家了。因为原始氏族有人,有一定的居住地,而且就其对别的氏族来说,又是有一定主权的。在将来大同世界里,当然也有由一定地域来划分的社会经济单位,在每一单位内当然也要行使某种形式的权力或主权(计划、指挥、计算、管理、保藏等)的。然而历史告诉我们,原始氏族共产时代不曾有过国家;科学的社会观又告诉我们,在未来的大同时代,是无需和不可能有国家的。第二,更重要的是那种解说根本抹煞了国家所由产生的社会阶级的根源。试问在一个国

①　王亚南:《中国官僚政治研究》,商务印书馆 2010 年版,第 50 页。

家内的人民,在经济、政治、社会的地位都是完全一样的吗? 国家的主权是真正属于每一个人民的吗? 事实上都不是的。"①沈志远在批判传统政治学国家观的基础上,依据马克思主义关于国家的论述,提出了自己的国家观:"国家是随着社会对立之发生而发生的,此其一。国家是阶级利害不可调和的产物,此其二。国家是统治阶级底镇压机关,一阶级镇压另一阶级的机关,此其三。"②沈志远关于国家理论的论述,为《新政治学底基本问题》一书奠定了研究的理论基础。

沈志远在《新政治学底基本问题》中,坚持马克思主义的国家观,但不照搬马克思主义国家学说的现成结论,而是根据现实的国家演变走向来分析国家的消亡问题,力求在学术研究上有所创新。当时,在一些马克思主义者中颇为流行着这样一种观点,即认为社会主义社会"既然阶级消灭,建立在阶级矛盾上的国家当然没有存在的可能和必要"。对此,沈志远提出自己的学术主张。在他看来,这种观点"从社会主义的一般原理上讲是对的",但如果联系到现实的社会主义国家发生的实际就未必对了。他指出:"可是当前的现实情形,却并不像一般理论上所设想的那么单纯。因为资本主义的经济和政治的发展,事实上是极不平衡的;这种不平衡性在帝国主义时代尤其厉害。所以社会主义的变革,苏维埃式的国家,决不可能在全世界每一只角落里同时发生。既不能同时发生,那么首先出现的那个社会主义国家,如今日的苏联,在资本主义世界底包围中生存着,那怕它国内已经消灭了阶级,为了防御外来资本主义反动势力底侵袭(这是最主要的任务),苏维埃国家不但不能任其消逝,而且还须大大地加强起来。只有到这个社会主义首先胜利的国家,不再被资本主义世界所包围而处于社会主义大同世界中的时候,国家才会自然而然地消逝。"③

值得注意的是,沈志远的《新政治学底基本问题》一书以国家的问题为研究重点,尤其注重对"第四种国家"——"新民主主义共和国"——详加研究,在新民主主义国家理论研究方面颇有建树,与毛泽东的新民主主义国家理论相比也有其显著的特点。沈志远的《新政治学底基本问题》一书现在很难见到,为了便于学术界进行将沈志远的新民主主义国家观与毛泽东新民主主义国家理论的比较研究,摘录沈志远关于"新民主主义国家"特点的论述,以及他就"欧洲型"与

---

① 沈志远:《新政治学底基本问题》,生活·读书·新知联合发行所 1949 年版,第 12—13 页。
② 沈志远:《新政治学底基本问题》,生活·读书·新知联合发行所 1949 年版,第 16 页。
③ 沈志远:《新政治学底基本问题》,生活·读书·新知联合发行所 1949 年版,第 22—23 页。

"中国型"新民主主义国家的比较所形成的学术观点。

关于新民主主义国家的特点,沈志远是这样论述的:"第四种国家制度,是第二次世界大战中所产生的一种崭新的国家形式——新民主主义共和国。这一国家类型,具有以下五个基本特点:第一,新民主主义国家有别于资产阶级的旧民主制国家,是因为后者是资产阶级底专政,大多数人民由于经济地位的低微,实际上享受不到民主的权利,而前者却是名副其实的大多数人民主宰的民主制度;所以新民主国家是实质的真正的民主国家,旧民主国家却是形式的虚伪的民主国家。第二,新民主主义国家,也有别于苏维埃共和国,因为后者是无产阶级专政的社会主义国家,前者却是反法西斯、反帝国主义、反大地主大资产阶级的各民主革命阶层联合执政的民主共和国。第三,就历史发展底阶段言,新民主主义国家虽容许资本主义的存在和发展,却已非旧式的资本主义国家;在另一方面它虽可能采取一些社会主义的步骤(如大企业、大银行国有),基本上却还不是社会主义的国家。这种国家是从资本主义到社会主义的过渡型的国家。它不容许再走资本主义的旧路,但亦尚未能立即实行社会主义,它是在人民的新民主政权下,逐渐完成民主主义的彻底改革,经过或长或短的新民主主义的现代化国家建设,逐渐过渡到社会主义的一种过渡的国家制度。第四,就社会基础言,这种国家是以工、农、小资产大众为骨干,以反对帝国主义、反对大资产阶级地主阶级及其政治代表为政治任务的国家制度。第五,这种国家底政府形式,必然是各民主阶级、各民主党派、各人民团体,及忠于民主,忠于人民的无党无派社会领袖所组合的联合政府,但在这一联合政府中,政治的领导权必须掌握在无产阶级手里。不然的话,新民主就随时有回到旧民主去的危险。"①

沈志远以上对于"新民主主义共和国"的阐述,说明了新民主主义共和国这样几个显著的内容:第一,新民主主义共和国实行的是真正的民主制度,大多数人民在实际上享受民主权利,与资产阶级国家有着本质的区别,因而新民主主义国家是真正的民主国家。第二,新民主主义国家不是无产阶级的社会主义国家,是各革命阶级联合执政的民主共和国,"但在这一联合政府中,政治的领导权必须掌握在无产阶级手里",因而克服了"回到旧民主去的危险"。第三,新民主主义国家在一定程度上"容许资本主义的存在和发展",但"不容许再走资本主义的旧路",因而"已非旧式的资本主义国家"。第四,新民主主义国家具有过渡性,是"从资本主义到社会主义的过渡型的国家",其前途是社会主义,因而"它

① 沈志远:《新政治学底基本问题》,生活·读书·新知联合发行所1949年版,第39—41页。

是在人民的新民主政权下,逐渐完成民主主义的彻底改革,经过或长或短的新民主主义的现代化国家建设,逐渐过渡到社会主义的一种过渡的国家制度"。第五,新民主主义国家采取特定的政府形式,也就是说由"各民主阶级、各民主党派、各人民团体,及忠于民主,忠于人民的无党无派社会领袖所组合的联合政府",但保持无产阶级在其中的领导地位。沈志远关于新民主主义共和国的理论阐述,与毛泽东的《新民主主义论》关于新民主主义国家的论述,在新民主主义国家的概念界定、内容阐发、特色提炼等方面是完全一致的,而且由于其文字的浅显及论述的条理化,也更易于为一般大众所理解,因而可以说是对毛泽东《新民主主义论》中关于新民主主义国家理论的大众化、通俗化的阐释。

关于"欧洲型"与"中国型"新民主主义国家在学理上的比较,是沈志远《新政治学底基本问题》中论述的一个重点。当时的东欧,经过第二次世界大战,诞生了一批民主国家;而在中国,中国共产党领导的人民革命,正在积极推进新民主主义国家的建立。于是,比较欧洲的新民主主义国家和中国即将产生的新民主主义国家,研究两者的异同,成为沈志远政治学研究的一个着力点。在沈志远看来,新民主主义国家具有一般的特点,"但是由于各国历史条件的不同,基本政治任务亦容有不同。于是新民主主义国家就可分为欧洲型的和中国型的两种。所谓欧洲型的,是指欧洲资本主义相当发达的国家;所谓中国型的是指半殖民地半封建国家所要求的新民主体制。"关于"欧洲型"与"中国型"新民主主义国家的比较,沈志远是这样分析的:"两者底区别就在:(一)中国的新民主主义政治,首先要求反帝,实现民族底完全独立,欧洲一些资本主义独立国家虽也主张反帝,但争取本民族独立的斗争,大体已经是过去了的事情;(二)中国的新民主政治,必须保证是鼓励民族资本主义之大量发展,必须经过一段相当长的私人资本主义底发展过程,以便提高国家生产力,加速工业化建设,因之,它的民主主义建设阶段是比较长的;反之,欧洲资本主义各国,如波兰、捷克之类,它们的新民主主义政治底首要任务,已经不是鼓励资本主义底发展,而是消除独占资本,使之转变为国有,堵塞私人资本底独占倾向,同时要集中力量发展国有事业,在生产和分配上履行经济民主底原则,保障国民生活水准底普遍提高;它们的民主主义阶段是比较短的,它们可以更快地和平过渡到社会主义;(三)中国的新民主政治,应以彻底消除大买办大官僚资产阶级与封建地主阶级为主要任务,而在欧洲的新民主各国则除扫除大地主特权实行土地改革外,反买办反官僚资产阶级的任务,大体上是不存在的。这些就是新民主政治在中国和欧洲资本主义各国的不同点。"①

沈志远以上关于新民主主义的"欧洲型"与"中国型"的比较,从学术研究的角度来看有这样几个显著的特色:一是注重在世界范围内来研究新民主主义国家问题,显示了开放的研究视角。诚如沈志远所认为的那样,"新民主主义"无论是"中国型"的还是"欧洲型"的都有其共性的一面,进行两者的比较有助于对"新民主主义国家"的整体性、共同性的认识,并且在比较中也有助于对"中国型"的新民主主义国家独特性的认识。因此,沈志远的研究视角不只是局限于中国,而是能够在开放的研究视野中,从比较的角度来研究问题,因而他对中国新民主主义国家的认识能够上升到新的高度。二是注重中国新民主主义国家特殊性的说明,表现了立足中国问题研究的路径。沈志远关于新民主主义的"欧洲型"与"中国型"的比较,在于揭示中国新民主主义国家的特殊性,因而他在比较过程中对于"历史条件"及"基本政治任务"格外地看重,由此更为重视对中国民族民主革命任务的解读,阐发中国民主革命中反帝反封建的目标、发展民族资本主义的内容在建设新民主主义国家中的地位,表现出立足中国社会实际、探索中国民主革命道路的现实研究取向。

沈志远的《新政治学底基本问题》,是中国马克思主义政治学初步成熟阶段的普及性政治学著作。该书的特点是现实意识强烈,语言大众化,通俗易懂,深入浅出,既坚持了经典马克思主义政治学理论的指导地位,又重视研究和阐发毛泽东《新民主主义论》等中国化的马克思主义政治学成果,在中国化马克思主义政治学成果的普及方面发挥了很大的作用。

4. 邓初民对马克思主义政治学中国化的突出贡献

邓初民在政治学领域的成就,是运用马克思主义理论阐释政治现象,研究中国的政治变迁及政治发展道路,探讨新民主主义革命的基本问题,创建了中国马克思主义政治学体系。邓初民的学术著作以政治学的著作居多,能够反映其政治学思想演进并最具有代表性的有 5 部著作,即《国家论之基础知识》(1929年)、《政治科学大纲》(1929 年)、《政治学》(1932 年)、《新政治学大纲》(1940年)、《中国政治问题讲话》(1949 年),并在学术上确立了包括阶级论、国家论、政府论、政党论、革命论等内容在内的马克思主义政治学体系②。从政治学发展历程来看,西方传统政治学皆以国家研究为中心,尽管在国家中亦涉及政权、政

① 沈志远:《新政治学底基本问题》,生活·读书·新知联合发行所 1949 年版,第 41—43 页。
② 吴汉全:《邓初民〈新政治学大纲〉的学术贡献》,《政治学研究》2009 年第 3 期。

府、政党、革命等政治现象,但认为"政治学的对象主要的就是国家,政治学就是研究国家的规律之学"。而在邓初民看来,这种传统政治学的看法在"过去社会关系、政治现象比较简单的时候,即在阶层矛盾所反映出来的上层建筑比较单纯的时候,或许也不算错",但"到了历史发展的现阶段,即到了阶层矛盾尖锐化的近代,上层建筑随着阶层矛盾的尖锐而繁复,由社会阶层矛盾所表现的政治现象也就不单是一个国家了",故而"政党、革命则决不能拿国家这一概念来包括";但又由于"国家、政党、革命"等皆有一个"共同点",即都是"以阶层矛盾为基本内容的政治现象",因而都可以将这些概括在"政治"这一根本范畴之内,亦即政治现象的研究包括"阶级论"、"国家论"、"政府论"、"政党论"、"革命论"这五个部分①。

其一,阶级论。邓初民认为,研究政治现象固然要重点地研究国家问题,但"要说明国家,却不能不从阶级的分析开始"②,因为所谓国家乃是阶级矛盾不可调和的产物,亦即国家根源于社会的阶级矛盾及阶级斗争,故而政治学研究政治现象时首先要确立阶级论,并将阶级论置于马克思主义唯物史观统领之中,从而为研究国家问题奠定基础。这也就是说,"为要分析阶级,又不能不说明社会的经济构造及其变革,藉以认识国家在社会的构造中所占的位置及政治与经济的关系"③。从邓初民政治学著作的著述历程来看,阶级论是邓初民依据马克思主义构建的政治学体系中的基本观点,这一基本观点贯彻在他的政治学研究的诸多著作之中,并在集大成性质的《新政治学大纲》中得到系统的阐发。在《新政治学大纲》中,邓初民依据马克思主义理论对阶级的起源过程进行了深入的探讨,确认生产力发展对阶级产生的绝对性意义,认为"阶级发生的物质前提是生产力的发展",指出:"随着生产力的发展,社会有了自己消费之外的、多余的生活资料;有了多余的生活资料,就需要有一部分人专门负保管之责(通常是氏族中的长者),久而久之,等到生产力再进一步向前发展,而保管财富变成一种世袭的、固定的职务时,阶级就告形成"④。在对阶级产生的历史进程进行分析的基础上,邓初民得出这样的结论:"阶级是历史的范畴,即它为特定的历史阶段所规定,而且随着历史一同变化。例如古代社会的基本阶级是奴隶和奴隶主人,封建社会的基本阶级是农奴和领主,资本社会的基本阶级,则是工资劳动者和资

①　邓初民:《新政治学大纲》,商务印书馆 2011 年版,第 9—10 页。
②　邓初民:《新政治学大纲》,商务印书馆 2011 年版,第 79 页。
③　邓初民:《新政治学大纲》,商务印书馆 2011 年版,第 79 页。
④　邓初民:《新政治学大纲》,商务印书馆 2011 年版,第 44 页。

本家。因为历史阶段的不同,即社会经济结构或生产关系的不同,便反映到阶级关系的不同,而阶级关系的不同又直接表现在剥削、收夺的方法之不同中。"①其后,邓初民在《中国政治问题讲话》(1949年)中,进一步就政治现象中的阶级和阶级斗争问题作出新的阐发。如邓初民在《中国政治问题讲话》中,对地主阶级有深刻的分析,揭示了地主阶级的阶级本质,认为在民主革命中应该将地主阶级作为革命的对象。邓初民指出:"地主阶级是什么东西呢? 它是封建残余的代表,是帝国主义统治中国的主要社会基础,它剥削农民,压迫农民,在政治上反对民主,在经济上反对土地改革,在文化上主张复古,处处都在阻止中国社会前进,所以说,它是一个反动的反革命的阶级。因此,地主阶级是革命的对象,而不是革命的动力。"②又如,邓初民在《中国政治问题讲话》中,对"官僚资产阶级"进行理论上和学术上的分析,认为"买办资产阶级和官僚资本相结合,成为一种垄断资本,这种资产阶级叫做官僚资产阶级,也即是中国的大资产阶级"。关于官僚资产阶级,邓初民有这样的论述:"官僚资产阶级就名词来看,它是利用政治上特权而发财的,他们(中国的官僚军阀)从人民头上剥削的财富,投资到各种企业中间,一方面凭借着他们反动的政权,一方面勾结帝国主义,垄断全国的经济命脉。"由以上的分析,邓初民的结论是:"在新民主主义革命中,这种官僚资产阶级也是应该被消灭的对象,而绝不是革命的动力。"③由邓初民对官僚资产阶级的阐述中可以看出,他注意到买办阶级如何演化到官僚资产阶级的过程,揭示官僚资产阶级的阶级本质,这使得他的分析很见学术深度。

其二,国家论。邓初民对于国家问题的研究也是高度重视的,他在《政治科学大纲》(1928年)、《国家论之基础知识》(1929年)、《政治学》(1932年)等著作中,皆以马克思主义为指导重点地阐发政治学的国家理论,至1940年出版《新政治学大纲》时也是将"国家论"作为政治学体系中的重要组成部分之一。邓初民早在《政治科学大纲》(1928年)中,就以马克思主义为指导来研究国家的产生和演进问题,借以说明:"政治科学是用什么方法处理各种政治现象,即如何说明国家的本质及其辩证法的过程。"④邓初民对国家的研究保持着持久的兴趣,在1932年以"田原"署名出版了《政治学》著作,有关"国家论"的研究有两个最为突出的方面:一是对于国家职能作出系统的分析,认为国家权力对于经济发

① 邓初民:《新政治学大纲》,商务印书馆2011年版,第50页。
② 邓初民:《中国政治问题讲话》,智源书局1949年版,第41页。
③ 邓初民:《中国政治问题讲话》,智源书局1949年版,第42—43页。
④ 邓初民:《政治科学大纲》,中国社会科学出版社1984年版,第17页。

展的反作用,大概可以分为四种情况:一是"国家权力能助长经济的发展";二是"国家权力能够阻止经济的发展";三是"国家权力能遮断经济的发展";四是"国家权力能引起经济资源的掠夺和破灭"①。二是对于国家的重要形态——"无产阶级专政"作了重点的阐发,认为"无产阶级专政的基本任务,就是下列几点:第一,压倒国内资产阶级分子的任何反抗,抵抗国外资产阶级的一切进攻。第二,与非无产阶级劳动群众结成联盟,领导他们,改造他们,来为社会主义奋斗;同时,在争斗中改造无产者本身。第三,建立社会主义经济,以实现一种比较资本主义更高的社会劳动组织,渐进于无产阶级的社会。"②这里,邓初民说明了无产阶级在建立自己国家的过程中,不仅要担负起政治治理的职能,而且要领导社会的经济事业,大力发展社会生产力。在1940年出版的《新政治学大纲》中,邓初民将"国家论"鲜明地列为政治学体系的重要组成部分,以马克思主义为指导阐明了"国家论"中的这样四个基本主张:第一,"国家是社会的上层建筑"。邓初民指出,依据马克思主义的唯物史观,"一定的生产关系的总和形成社会的真实基础,国家形态及法律是建立在这个基础上面的第一层上层建筑;一定的社会的意识形态是适应于这个基础的第二层上层建筑,生产力与生产关系是根本的东西,国家形态与法律制度以及一定的意识形态是依存于根本的东西而成立的东西",故而"国家是建立于经济之上的政治的秩序,即是社会的上层建筑。所以国家形态不是可以由国家自身去理解它,也不是可以由人类意识的一般的发展去理解它,而是要从经济生活的关系去探寻它的说明"③。

其三,政府论。在政治学的国家话语系统中必然会关涉政府问题,因为所谓政府即国家行政机关,这乃是国家政权机构的重要部门。邓初民在1940年出版的具有集大成性质的《新政治学大纲》中,创造性地将"政府"视为重要的政治现象和政治体系中的重要组成部分而加以研究。邓初民认为,依据马克思主义的政治理论,应该在政治学体系的角度来认识和理解政府与政治及国家的关系,确认"政府"这个概念是"不能外于政治与国家之基本的范畴来理解"的,因为"它是执行政治任务的,它是国家的机关或形式",而所谓"政治则以阶层矛盾为其主要内容而表现出来的一种活动及行为,国家即是支配者与被支配者之对立的统一体",故而所谓"政府不过是执行政治任务运用国家权力的一种机关罢

---

① 田原:《政治学》,新时代出版社1932年版,第96页。
② 田原:《政治学》,新时代出版社1932年版,第473—474页。
③ 邓初民:《新政治学大纲》,商务印书馆2011年版,第79—80页。

了"①。邓初民在《新政治学大纲》中,除了梳理政府的历史演变轨迹及阐发政府的具体类型外,还重点地就政府问题作出理论上的说明:第一,"政府组织完全是经济组织的一个反映"。邓初民认为,政府尽管在古代比较简单、到近代以后渐趋复杂,但"无论在那一个时期之政权或执行政权的政府,在表面上是个人或少数的,实际上总是集团的";而从历史演进来看,"由于古代、中世社会的经济组织、社会状况都比较简单缺陋之故,所以政府组织完全是经济组织的一个反映",而"近代由于国家权力之运用而发生出来的一系列的很完整的立法、行政、司法等的政治行为,自然也是近代社会经济结构的反映"②。第二,所谓"政府的职权"乃是指"国家所赋与于政府的一种职权"。在邓初民看来,所谓"政府的职权"只能在"国家的职权"中加以理解和认识,于是,政府的职权也就表现为"对内对外政治的、经济的、文化的、积极的、消极的种种",并且也就成为"无间于古代、中世、近代政府之一般的原则"③。自然,所谓"政府的职权",其职权"之大小与它所能达到的范围之广狭,则是要受各个特殊的历史内容限制的,归根到底,即是要受各种社会经济结构的限制"④。第三,各种不同的宪法产生出"近代政府之各种不同的姿态"。邓初民指出,政府的组织及其机构之完备程度虽"因时代而又不同",但政府"是有组织的则无所异","尤其到了近代这个时期,立法、行政、司法各种政府机关的组织如何,它们彼此的联系如何,中央政府与地方政府的组织如何,彼此的联系如何,以及各种职权的分配如何,总之,政府的组织、国权的范围以及人民的权利、义务等都需要有一种严密的规定。这种规定它们的东西是什么呢? 这便是所谓宪法。"⑤正是基于宪法对于政府的规制作用及宪法对于研究"政府论"的极端重要性,邓初民运用比较方法研究了布尔乔尔国家的宪法(即"资产阶级宪法")与苏联的新宪法的不同之点,认为"由两种宪法形式与实质的不同,便产生了近代政府之各种不同的姿态。"⑥在政治学体系中研究政府并确立政府在政治体系中的地位,揭示政府的阶级本质及其掌管公权力的特征,这是邓初民构建中国马克思主义政治学体系的一个显著特色。

---

① 邓初民:《新政治学大纲》,商务印书馆 2011 年版,第 146—147 页。
② 邓初民:《新政治学大纲》,商务印书馆 2011 年版,第 148 页。
③ 邓初民:《新政治学大纲》,商务印书馆 2011 年版,第 149 页。
④ 邓初民:《新政治学大纲》,商务印书馆 2011 年版,第 149 页。
⑤ 邓初民:《新政治学大纲》,商务印书馆 2011 年版,第 151 页。
⑥ 邓初民:《新政治学大纲》,商务印书馆 2011 年版,第 151—153 页。

　　其四,政党论。邓初民依据马克思主义的政党理论来考察政党这种政治现象,并将"政党论"作为马克思主义政治学体系的重要组成部分,这在 1940 年出版的《新政治学大纲》著作的体系架构中最为突出。《新政治学大纲》揭示了政党代表阶级利益、进行政治斗争的实质。在邓初民看来,政党是近代社会发展、阶级斗争的产物,"政党便是社会阶层对立尖锐化到了近代社会所产生出来的东西。因为一切社会斗争,都是政治斗争,而政治斗争之最完成、最统一的形态,便是政党的斗争。"①邓初民基于马克思主义阶级及阶级斗争的理论,突出地说明政党是所代表的阶级中"有阶级觉悟、最能团结"的"先进分子"所组成的观点,指出:"所谓政党,是一定阶级之一部分,且是全阶级中最有阶级觉悟、最能团结又最勇于为本阶级利益奋斗之一部分。概括言之,它便是由全阶级中之结集而成之指导社会斗争的组织。"②邓初民在对政党概念的阐述中,强调的是政党在阶级之中的先进性和中枢地位,因而政党也就成为所代表的阶级从事阶级斗争的领导者。《新政治学大纲》重点分析政党在"近代社会"中产生的历史条件,指出:"政治斗争而取着政党的形式,必然要在什么时候才能见到呢? 这必然是要在近代社会,因为在近代资本主义社会,它的基础——经济构造,才能容受较完整的各种上层建筑,例如政治、法制、意识形态等等,政党必需在某一阶级感觉到政治斗争之必要,而且有了斗争,指导的科学以及政纲、政策、策略、战术,才能有政治的组织,即政党的组织。"③又指出:"等到被压迫阶级,亦即代表新生产力的阶级,在斗争的过程中,由'自在的阶级'进到'自为的阶级',同时它必然要造成自己斗争的组织,即领导本阶级全体群众的那种战斗组织。这一组织便是近代意义的政党。这一组织正是用来与压迫阶级之国家组织相对抗的。"④以上,邓初民在对政党产生条件的分析中,不仅基于社会历史条件说明政党形成的历史必然性,而且凸显了政党与政治斗争的紧密关系以及政党在推进政治斗争中的特殊领导作用。《新政治学大纲》系统地阐发政党的基本要素和基本特征,认为政党的构成必须有"党员"、"主义及政纲"及"组织"这三个基本要素,而且这三者缺一不可,否则就不能成为政党,更不可能发挥政党在政治生活中的领导作用。邓初民指出:"构成政党的第一个要素当然便是党员。如是某一阶级的政党,必然就是某一阶级的群众占党员成分之多数。不过因为阶级具有不同性,

　　①　邓初民:《新政治学大纲》,商务印书馆 2011 年版,第 207 页。
　　②　邓初民:《新政治学大纲》,商务印书馆 2011 年版,第 209 页。
　　③　邓初民:《新政治学大纲》,商务印书馆 2011 年版,第 211 页。
　　④　邓初民:《新政治学大纲》,商务印书馆 2011 年版,第 212 页。

所以决不是全阶级的群众都是党员的,而且有时某一阶级政党的党员,并不限于某一阶级本身。……构成政党的第二个要素便是主义和政纲。什么叫做主义呢? 凡属一个政党,必然有一种共同的意识形态(Ideologie),即一定的经济的、政治的、哲学的见解。所以每一个政党也就是一种意识形态的结晶体,或是一种特殊的、一定的经济思想、哲学思想、政治思想的复合体之代表者。这一切思想的复合体之集中的表现,便是政党的主义。……现在要说到构成政党的第三个要素了,这便是政党的组织。政党是指导作战的机关,它要在指挥统一的机关之下行使及运用它全部的职权,所以组织是特别重要的东西。"①邓初民在揭示政党构成要素的基础上还说明了政党的基本特征,认为政党乃是"阶级的先锋队"、"阶级有组织的队伍"、"阶级的最高形式"、"阶级专政的工具",并且"政党的意志是统一的",通过肃清"党内机会主义分子"而"巩固起来"②。邓初民对政党特征的阐述,注意到政党的阶级性、先进性、组织性、工具性、战斗性等基本内容,其结论具有新颖性。

其五,革命论。邓初民恪守马克思主义唯物史观,坚持马克思主义的阶级和阶级斗争理论,对于革命在推进社会变革中的作用予以高度重视,并在政治现象的探索中最终将"革命论"作为政治学体系中"五论"之一。在《国家论之基础知识》中,邓初民业已将"革命"融入国家演进的过程中予以考察,认为作为上层建筑的国家是在"革命"中得以变迁的:"国家这种东西,当要求革命的阶级要起来推翻现存秩序的时候,反对革命的阶级,即以保持现存秩序为有利的阶级,往往能利用国家政权阻止革命,保持现存秩序以永续自己的支配权。反之革命的阶级的根本任务,也就是在破坏现存秩序而建立自己的新秩序,即破坏支配者的国家机关而建立自己的新国家机关。总而言之,就在夺取政权。革命的阶级,一旦夺取了政权以后,国家在革命阶级的手里,也就要发生很大的作用。"③在《政治学》中,邓初民将"革命论"作为该著中独立的一编,对于"社会革命"在"国家"演进中的作用作出新的探索,认为国家有一个产生、发展和灭亡的过程,但这个过程是随着社会革命的行进而紧密联系在一起的。邓初民指出:"有人把国家的死灭用'衰亡'两个字来表示,这是很有意义的,衰亡即是逐渐凋残之意。因社会革命的结果,社会阶级的分裂归于消灭,那国家以及政权的性质就要开始转

---

① 邓初民:《新政治学大纲》,商务印书馆 2011 年版,第 220—221 页。
② 邓初民:《新政治学大纲》,商务印书馆 2011 年版,第 224—229 页。
③ 邓初民:《国家论之基础知识》,新生命书局 1929 年版,第 60 页。

变，从政治的到单纯管理的，即政权就要失掉它的政治性而变成与社会利益有关的单纯的管理职权了。'政治的国家'，便要变成'非政治的国家'了。这便是国家'衰亡'或'死灭'之过程。"①至1940年出版《新政治学大纲》时，"革命论"成为政治学体系中的"五论"之一。在该著中，特别强调"社会阶层矛盾"不仅产生了国家、政府、政党等政治现象，而且最终导致革命现象的发生。邓初民指出："社会阶层矛盾正如一根红线似的，把全部政治范畴的各种政治形态贯穿起来，而结集到决定政治变革乃至社会变革的'革命'这一范畴，这是社会阶层矛盾的顶点，这也是政治科学的总结穴。"②值得注意的是，邓初民在强调"社会革命"具有根本性的前提下，对于"政治革命"的作用给予了分析，认为"政治革命"乃是"为实现社会革命之最主要的力量"，"例如社会上的被压迫必须改造这个社会组织才能得解放，而社会上的压迫阶级必须维持这个社会组织才能保持它的政权，但要改造社会组织与维持社会组织的两方都非握有政治上的全部机构——政权，便不能达到目的，所以夺取政权便成为革命的一个主要的任务"，此可见"社会革命是以政治革命为手段的，政治革命是社会革命之一个有力的契机"③。

邓初民基于马克思主义政治学理论与中国政治变革的实践相结合的视域，构建的包括阶级论、国家论、政府论、政党论、革命论在内的政治学体系，乃是马克思主义政治学中国化的代表性成果。对于"五论"中的内在联系及逻辑系统，邓初民在《新政治学大纲》中有这样的说明："本书不像一般的政治学，把单纯的国家作为它的全部对象，而是把全部政治范畴作为它的对象。而在全部政治范畴中，与其说是加强国家这一政治范畴的阐发，毋宁说把'政党'与'革命'较之国家的阐发更看得重要，因为政党在政治上的任务目前显然成了一种基本的指导力量。革命在政治上的任务目前显然是被压迫阶层与被压迫民族以群众的力量取得政权、奠定千百万人民生命过程的一种运动。"④可以说，"五论"既是对马克思主义加以科学理解并增进其学理认知的过程，同时也是在唯物史观视域中对政治现象的本质及变化规律加以分析、抽绎的过程，突破了既往政治学以"国家"为中心的叙述路数，重点地突出了"政党"及"革命"等政治现象在政治体系演进中的地位，因而也是马克思主义与政治现象研究相结合而开创崭新政

①　田原：《政治学》，新时代出版社1932年版，第152—153页。
②　邓初民：《新政治学大纲》，商务印书馆2011年版，第315页。
③　邓初民：《新政治学大纲》，商务印书馆2011年版，第316—317页。
④　邓初民：《新政治学大纲》，商务印书馆2011年版，第402页。

治学研究体系的学术探索过程①,在中国马克思主义政治学史上有着重要的地位。

5.毛泽东创建中国新民主主义政治学体系

毛泽东著作中的政治学思想极为丰富。以毛泽东的《新民主主义论》著作为例,其中对阶级、国家、革命、人民等范畴皆依据中国的实际作了马克思主义的诠释,创造性地发展了马克思主义政治学。② 就总体来看,毛泽东在民主革命时期的生涯中,坚持以马克思主义的政治理论分析和研究中国的实际问题,在马克思主义理论与中国共产党变革中国社会实践相结合的视域中,对阶级、政党、革命、国家、统一战线、战略与策略等政治学的重大问题作了创新性的研究,创建了"新民主主义政治学理论"体系。这一理论体系,不仅呈现出"阶级论—革命论—政党论—国家论"的叙述结构,而且促进了以"新民主主义革命"为研究对象的"革命话语"体系的形成。

——阶级论。毛泽东认为中国社会状况的特殊性,决定了中国社会阶级状况的特殊性及其复杂性。在中国半殖民地半封建社会之中,不是如西方资本主义社会那种阶级的单一性,也不是表现为无产阶级与资产阶级的对立。他指出:"现阶段的中国社会里,有些什么阶级呢? 有地主阶级,有资产阶级;地主阶级和资产阶级的上层部分都是中国社会的统治阶级。又有无产阶级,有农民阶级,有农民以外的各种类型的小资产阶级;这三个阶级,在今天中国的最广大的领土上,还是被统治阶级。"③从社会经济变动——社会性质变动——阶级结构变动进行分析,这是毛泽东研究近代中国社会中阶级状况的基本思路。对此,毛泽东在《新民主主义论》中曾有这样总结性的说明:"中国自从发生了资本主义经济以来,中国社会就逐步改变了性质,它不是完全的封建社会了,变成了半封建社会,虽然封建经济还是占优势。这种资本主义经济,对于封建经济说来,它是新经济。同这种资本主义新经济同时发生和发展着的新政治力量,就是资产阶级、小资产阶级和无产阶级的政治力量。"④毛泽东结合近代中国社会经济的变动,依据近代中国社会性质的变化来分析近代中国社会阶级构成的变化,这是历史唯物主义的基本原理在阶级分析中的具体运用。

---

① 吴汉全、刘宏伟:《邓初民与马克思主义政治学中国化:基于邓初民民主革命时期重要著作的考察》,《党史研究与教学》2021年第6期。

② 吴汉全:《〈新民主主义论〉对马克思主义政治学的贡献》,《政治学研究》2010年第1期。

③ 《毛泽东选集》第二卷,人民出版社1991年版,第638页。

④ 《毛泽东选集》第二卷,人民出版社1991年版,第695页。

——革命论。毛泽东的新民主主义政治学体系中的革命论,有着极为丰富的内容:(1)革命性质论。毛泽东指出:"现阶段的中国革命究竟是一种什么性质的革命呢? 资产阶级民主主义的革命,还是无产阶级社会主义的革命呢? 显然地,不是后者,而是前者。"其理由是,近代中国社会还是一个殖民地、半殖民地、半封建的社会,中国革命的敌人主要还是帝国主义和封建势力,中国革命的任务是为了推翻这两个主要的敌人的民族革命和民主革命,"而推翻这两个敌人的革命,有时还有资产阶级参加,即使大资产阶级背叛革命而成了革命的敌人,革命的锋芒也不是向着一般的资本主义和资本主义的私有财产,而是向着帝国主义和封建主义,既然如此,所以,现阶段中国革命的性质,不是无产阶级社会主义的,而是资产阶级民主主义的。"①(2)革命道路论。毛泽东认为,中国革命必须走武装斗争的革命道路。这是因为,半殖民地半封建的中国,对外没有民族独立,对内没有民主自由,没有合法的议会可以利用,而且由于革命的敌人——帝国主义、封建主义——异常强大,反动派凭借武装力量对人民实行独裁、残酷的统治,因此中国革命只能以长期的武装斗争为主要形式。由此也就决定,"在中国,离开了武装斗争,就没有无产阶级的地位,就没有人民的地位,就没有共产党的地位,就没有革命的胜利"②。(3)革命对象论。革命的对象,就是指革命的敌人。毛泽东依据对中国半殖民地半封建社会性质的分析,指出中国革命的对象"不是别的,就是帝国主义和封建主义,就是帝国主义国家的资产阶级和本国的地主阶级。因为,在现阶段的中国社会中,压迫和阻止中国社会向前发展的主要东西,不是别的,正是它们二者。二者互相勾结以压迫中国人民,而以帝国主义的民族压迫为最大的压迫,因而帝国主义是中国人民的第一个和最凶恶的敌人。"③(4)革命任务论。毛泽东根据中国革命对象的研究,不仅指出了中国革命的民族和民主革命的任务,而且分析这两大任务之间的关系,反对那种把民族革命和民主革命分成截然不同的两个阶段的观点。毛泽东指出:"既然现阶段上中国革命的敌人主要是帝国主义和封建地主阶级,那末,现阶段上中国革命的任务是什么呢? 毫无疑义,主要地就是打击这两个敌人,就是对外推翻帝国主义压迫的民族革命和对内推翻封建地主压迫的民主革命,而最主要的任务是推翻帝国主义的民族革命。中国革命的两大任务,是互相关联的。……民族革命

---

① 《毛泽东选集》第二卷,人民出版社 1991 年版,第 646—647 页。
② 《毛泽东选集》第二卷,人民出版社 1991 年版,第 610 页。
③ 《毛泽东选集》第二卷,人民出版社 1991 年版,第 633 页。

和民主革命这样两个基本任务,是互相区别,又是互相统一的。"①(5)革命领导论。毛泽东认为,中国的新民主主义革命是由资产阶级领导还是由无产阶级领导,"这个中国革命领导责任的问题,乃是革命成败的关键"②。毛泽东指出,无产阶级的领导是通过它的先锋队——共产党而实现的,"没有一个全国范围的、广大群众性的、思想上政治上组织上完全巩固的、布尔什维克化的中国共产党,这样的任务是不能完成的。"③。(6)革命动力论。所谓"革命动力",是指无产阶级在领导中国革命的过程中,能够动员的充当反对帝国主义和封建主义的主要力量。毛泽东认为,新民主主义革命的动力是以工农为主体,同时又有其他广大的社会阶层。民族资产阶级具有两面性,他们在一定时期和一定程度上能够参加革命,因而可以成为革命的一种力量;农民以外的小资产阶级包括广大的知识分子、小商人、手工业者、自由职业者等,"这些小资产阶级是革命的动力之一,是无产阶级的可靠的同盟者";农民有富农、中农、贫农之分,"富农一般地在农民群众反对帝国主义的斗争中可能参加一分力量,在反对地主的土地革命斗争中也可能保持中立","全部中农都可以成为无产阶级的可靠同盟者,是重要的革命动力的一部分",而"贫农是没有土地或土地不足的广大的农民群众,是农村中的半无产阶级,是中国革命的最广大的动力,是无产阶级的天然的和最可靠的同盟者"④。(7)革命阶段论。关于中国革命的阶段,毛泽东曾形象地称为文章的"上篇"与"下篇",并认为做好"上篇"是做好"下篇"的前提。毛泽东认为中国革命有两个阶段,第一阶段是新民主主义革命,第二阶段是社会主义革命,这是两个不同但又相联系的阶段。毛泽东指出:"中国革命的历史进程,必须分为两步,其第一步是民主主义的革命,其第二步是社会主义的革命,这是性质不同的两个革命过程。而所谓民主主义,现在已不是旧范畴的民主主义,已不是旧民主主义,而是新范畴的民主主义,而是新民主主义。"⑤中国革命之所以有这样两个阶段,是由中国半殖民地半封建社会性质所决定的。(8)革命统战论。毛泽东指出:"中国无产阶级应该懂得:他们自己虽然是一个最有觉悟性和最有组织性的阶级,但是如果单凭自己一个阶级的力量,是不能胜利的。而要胜利,他们就必须在各种不同的情形下团结一切可能的革命的阶级和阶层,组织革命

① 《毛泽东选集》第二卷,人民出版社1991年版,第636—637页。
② 《毛泽东选集》第一卷,人民出版社1991年版,第262页。
③ 《毛泽东选集》第二卷,人民出版社1991年版,第652页。
④ 《毛泽东选集》第二卷,人民出版社1991年版,第638—643页。
⑤ 《毛泽东选集》第二卷,人民出版社1991年版,第665页。

的统一战线。在中国社会的各阶级中,农民是工人阶级的坚固的同盟军,城市小资产阶级也是可靠的同盟军,民族资产阶级则是在一定时期中和一定程度上的同盟军,这是现代中国革命的历史所已经证明了的根本规律之一。"①毛泽东强调革命统一战线的领导权,并把无产阶级是否取得统一战线的领导权提到无产阶级能否取得新民主主义革命胜利的高度来加以认识。他指出:"中国新民主主义的革命要胜利,没有一个包括全民族绝大多数人口的最广泛的统一战线,是不可能的。不但如此,这个统一战线还必须是在中国共产党的坚强的领导之下。没有中国共产党的坚强的领导,任何革命统一战线也是不能胜利的。"②毛泽东的"新民主主义政治学理论"体系中的"革命论",乃是"革命性质论—革命道路论—革命对象论—革命任务论—革命领导论—革命动力论—革命阶段论—革命统战论"所形成的内在结构系统。

　　——政党论。毛泽东高度重视政党问题的研究,提出评价政党活动的生产力标准。他指出:"中国一切政党的政策及其实践在中国人民中所表现的作用的好坏、大小,归根到底,看它对于中国人民的生产力的发展是否有帮助及其帮助之大小,看它是束缚生产力的,还是解放生产力的。"③在毛泽东的政党思想中,关于中国共产党建设的思想是主体部分。(1)关于中国共产党的领导地位。中国共产党是中国无产阶级的先锋队,中国革命的艰巨任务决定了只有中国共产党才能担负起领导的重任。毛泽东总结了中国革命的历史经验,指出:"领导中国民主主义革命和中国社会主义革命这样两个伟大的革命到达彻底的完成,除了中国共产党之外,是没有任何一个别的政党(不论是资产阶级的政党或小资产阶级的政党)能够担负的。"④(2)关于中国共产党历史的鲜明特点。毛泽东认为,从中国共产党历史发展的过程来看,中国共产党有两个鲜明的特点:一个是中国共产党的发展道路是在"同中国资产阶级的复杂关联中走过的","这是一个历史的特点,殖民地半殖民地的革命过程中的特点,而为任何资本主义国家的革命史中所没有的";另一个是中国共产党的发展道路始终是在武装斗争之中的,因而"我们党的历史,可以说就是武装斗争的历史","这一特点,这一半殖民地的中国的特点,也是各个资本主义国家的共产党领导的革命史中所没有

---

①　《毛泽东选集》第二卷,人民出版社1991年版,第645页。
②　《毛泽东选集》第四卷,人民出版社1991年版,第1257页。
③　《毛泽东选集》第三卷,人民出版社1991年版,第1079页。
④　《毛泽东选集》第二卷,人民出版社1991年版,第652页。

的,或是同那些国家不相同的"①。(3)关于加强党的建设问题。毛泽东指出,"我们党的建设过程"就是"我们党的布尔什维克的过程","当我们党的政治路线是正确地处理同资产阶级建立统一战线或被迫着分裂统一战线的问题时,我们党的发展、巩固和布尔什维克化就前进一步;而如果是不正确地处理同资产阶级的关系时,我们党的发展、巩固和布尔什维克化就会要后退一步。同样,当我们党正确地处理革命武装斗争问题时,我们党的发展、巩固和布尔什维克化就前进一步;而如果是不正确地处理这个问题时,那末,我们党的发展、巩固和布尔什维克化也就会要后退一步。"②毛泽东还就政治建设、思想建设、组织建设、作风建设等作了全面的研究,形成了党的建设的思想体系。

——国家论。毛泽东创建的新民主主义共和国的国体理论和政体理论,是毛泽东结合中国的新民主主义革命实践所建立的新型国家理论,回答了在半殖民地半封建社会的历史条件下,如何通过新民主主义革命而建立一个符合国情并代表人民根本利益的国家,并准备向社会主义国家过渡这样一个重大的实际问题。(1)关于国体问题。在毛泽东看来,国体即国家制度,实质上就是指社会各阶级在国家中处于什么样的地位。毛泽东指出:"这个国体问题,从前清末年起,闹了几十年还没有闹清楚。其实,它只是指的一个问题,就是社会各阶级在国家中的地位。"③毛泽东将全世界多种多样的国家体制进行比较研究,认为按其政权的阶级性质来划分,基本上不外乎三种形式,即资产阶级专政的共和国、无产阶级专政的共和国以及几个革命阶级联合专政的共和国。毛泽东指出,这第三种形式,是殖民地半殖民地国家的革命所采取的过渡的国家形式,而"只要是殖民地半殖民地的革命,其国家构成和政权构成,基本上必然相同,即几个反对帝国主义的阶级联合起来共同专政的新民主主义的国家。"④(2)关于政体问题。在毛泽东看来,政体即政权的组织形式,也是国家政权构成的形式,指的是一定社会阶级采取什么样的组织形式来反对敌人、保护自己的政权机关。毛泽东结合中国新民主主义国家的性质来说明国体的实质,明确说明"民主集中制"是新民主主义国家的政体,并认为由民主集中制选出的政府是最民主的政府,为新民主主义政权的建设指明了前进的方向。他指出:"所谓'国体'问题,那是指的政权构成的形式问题,指的一定的社会阶级取何种形式去组织那反对敌人保

---

① 《毛泽东选集》第二卷,人民出版社1991年版,第604页。
② 《毛泽东选集》第二卷,人民出版社1991年版,第605页。
③ 《毛泽东选集》第二卷,人民出版社1991年版,第676页。
④ 《毛泽东选集》第二卷,人民出版社1991年版,第676页。

护自己的政权机关。没有适当形式的政权机关，就不能代表国家。中国现在可以采取全国人民代表大会、省人民代表大会、县人民代表大会、区人民代表大会直到乡人民代表大会的系统，并由各级代表大会选举政府。……这种制度即是民主集中制。只有民主集中制的政府，才能充分地发挥一切革命人民的意志，也才能最有力量地去反对革命的敌人。"①（3）关于国体与政体的关系。关于国体与政体的关系，毛泽东认为国体必须以适当的政体来体现，而政体又必须与国体相适应，他指出："国体——各革命阶级联合专政。政体——民主集中制。这就是新民主主义的政治，这就是新民主主义的共和国。"②毛泽东提出的新民主主义国家理论以建立人民民主专政为基本目标，乃是建立在近代中国社会变迁的历史逻辑、马克思主义国家学说的理论逻辑和中国共产党人领导新民主主义革命的实践逻辑相统一的基础上，是对马克思主义国家学说的重大贡献。

毛泽东基于马克思主义政治学理论与中国新民主主义革命实际相结合的理念，创建的"新民主主义政治学理论"构建了包括"阶级论"、"革命论"、"政党论"、"国家论"等部分在内的学术体系，并且坚持以马克思主义阶级斗争理论为指导、以中国新民主主义革命的政治实践为基础、以中国共产党的建设为重点、以建立新民主主义国家为目标的科学体系，服务于民族复兴、人民解放、国家独立的伟大事业，因而有力地推进了中国社会"人民革命"的政治变革进程，开创了马克思主义政治学在中国发展的新时代③。

（二）中国自由主义政治学

自由主义是近代以来西方思想界中一种具有较大影响的政治思想，以此为指导的政治学研究，可以名之曰"自由主义政治学"。中国自由主义政治学的基本特征，在于以西方近代的天赋人权、契约论、自由平等等资产阶级思想为理念追求，在政治学形态上表现为集中介绍和阐发三权分立与制衡理论，政党制度与政党学说，代议制与宪政理论，政体与国体理论，以及关于国家与人民、国家与社会关系的理论。早在19世纪末和20世纪初，梁启超曾着力于引进西方的政治学说。他介绍西学不是纯粹的翻译西方政治学著作，而是在介绍西方政治学著作时不断地阐发自己的看法，并与中国政治变革的实际密切联系起来，强调学理

---

① 《毛泽东选集》第二卷，人民出版社1991年版，第677页。

② 《毛泽东选集》第二卷，人民出版社1991年版，第677页。

③ 吴汉全、王娟娟：《毛泽东新民主主义政治学体系的基本结构》，《湘潭大学学报》（哲学社会科学版）2018年第5期。

引进与现实运用相结合,表现出强烈的学术本土化的倾向,并有着经世致用的鲜明特色。在1899年至1902年间,梁启超发表了《论中国与欧洲国体异同》(1899年)、《卢梭学案》(1901年)、《立宪法议》(1901年)、《十九世纪之欧洲与二十世纪之中国》、《法理学大家孟德斯鸠之学说》(1902年)、《亚里斯多德之政治学说》(1902年)、《政治学大家伯伦知理之学说》(1902年)等文章,此外还有《泰西学术思想变迁之大势》、《论民族竞争之大势》、《论政府与人民之权限》、《新民说》等与政治学相关的文章,把西方的近代思潮、政治学说和价值观念一并介绍过来。大致在1902年以后,梁启超在上海广智书局出版了文言体的《政治学新论》,收录了他此前撰写的《古议院考》、《论君政民政相嬗之理》、《中国与欧洲国体异同》、《立宪法议》、《论国家思想》、《国家思想变迁异同论》等12篇政治学论文①。此后,梁启超又不断加大介绍西方政治学思想的力度,并且力图实现西方政治学的本土化,在研究中国政治而撰写政治学著作方面很下功夫,出版了一系列具有代表性的政治学著作,如《开明专制论》(1905年)、《中国国会制度私议》(1910年)、《新中国建设问题》(1911年)、《中国立国大方针》(1912年)等,为政治学这一现代学科在中国的创立作出了开拓性贡献。可以说,在近代中国的西方政治学理论本土化的进程中,梁启超是重要的先驱者②。

现代中国自由主义政治学的发展,是与西方政治学说在中国的引进相关的。"五四"以后一段时间,俄国克鲁泡特金的国家学说在中国比较盛行③。20世纪30年代起,英国的政治学在中国得到传播。譬如,英国学者麦克斐(R. M. Maclver)的 *The Modern State*,在中国有两个译本:一是陈启天的译本《政治学》,上海中华书局1936年5月版(1947年7月出第3版);二是胡道维译本《现代的国家》,上海商务印书馆1937年1月初版(1937年3月再版)。又譬如,英国学者蒲徕斯(J.Bryce)的《现代民治政体》,由张慰慈等学者翻译,在学术界产生很

---

① 北京图书馆编:《民国时期总书目·政治(1911—1949)》,书目文献出版社1996年版,第13页。

② 吴汉全:《梁启超与中国政治学的起源》,《学术界》2023年第1期。

③ 徐苏中翻译克鲁泡特金的《国家论》,于1923年1月由民钟社初版。这是克鲁泡特金1896年在巴黎的演讲词,其内容是关于国家的起源、性质等问题。旅东等翻译克鲁泡特金的《国家论及其他》,上海克氏全集刊行社1927年11月初版(1928年2月再版),内收《告少年》、《无政府党的道德》、《国家论》、《国家之瓦解》、《市政》、《参政权》、《法律与强权》、《革命政府》等20篇。——参见北京图书馆编:《民国时期总书目·政治》上册,书目文献出版社1996年版,第18—19页。

大的影响①。再譬如，英国学者季尔克立斯（R. N. Gilchrist）的《政治学原理》（*Principles of Political Science*），由吴友三、缪元新、王元照翻译，商务印书馆1932年初版。该著共27章，论述国家的性质、起源、主权，以及自由、法律、国民、宪法、政体、国家机关等，并具体介绍英、印、法、美、德、日等六国政府组织机构②。应该指出的是，英国学者拉斯基（H. J. Laski, 1893—1950）的国家学著作，在20世纪30年代的中国得到全面引进，是一个比较突出的现象。见下表③：

书名	译者	版本
政治典范	张士林	上海，商务印书馆1930年10月出版。此后，有上海的商务印书馆1931年9月初版，1933年4月国难后1版，1937年3月国难后2版。成都的商务印书馆1944年5月1版
政治	邱辛白	上海，新月书店1931年12月初版
现代国家自由论	何子恒	上海，商务印书馆1932年12月版
国家往何处去	张虹君	天津，新民学会营业部1935年7月初版
国家的理论与实际	王造时	上海，商务印书馆1937年3月出版；上海，商务印书馆1937年7月初版
民主政治在危机中	王造时	长沙，商务印书馆1940年初版

　　"五四"以后，中国自由主义政治学的代表性人物有：张慰慈、高一涵、萧公权、王世杰、杭立武等。重要的政治学著作有，张慰慈的《政治学大纲》（商务印书馆1923年版）、《政治学大纲》（商务印书馆1928年版）、《市政制度》（东亚图书馆1928年版）等，刘文岛的《政党政治论》（商务印书馆1923年版），王恒的《现代中国政治》（革新评论社1928年版）及《中国政治思想纲领》（革新评论社1928年版），高一涵的《中国御史制度的沿革》（商务印书馆1926年版）、《政治学纲要》（神州国光社1930年版），罗隆基的《政治论文》（新月书店1932年版），

① 蒲徕斯的《现代民治政体》，在中国最早有杨永泰据日本读书协会节译本的重译本（参议院公报科（北京）1923年11月初版，上海泰东图书局1924年10月再版），取名为《现代民主政治》，但在学术界影响似乎不大。其后，张慰慈等的译本分别以《现代民治政体》（第1编）、《现代民治政体》（第2编上）、《现代民治政体》（第2编中）、《现代民治政体》（第2编下），自1923年6月至1931年7月相继由商务印书馆出版，在政治学界发生很大的影响。——参见北京图书馆编：《民国时期总书目·政治》上册，书目文献出版社1996年版，第23页。

② 北京图书馆编：《民国时期总书目·政治》上册，书目文献出版社1996年版，第5页。

③ 北京图书馆编：《民国时期总书目·政治》上册，书目文献出版社1996年版，第20、10页。

桂崇基的《政治学原理》(商务印书馆 1934 年版),陈占甲的《政治人才论丛》(人文书社 1934 年版),张忠绂的《欧洲外交史》(世界书局 1934 年版),钱端升的《德国的政府》(商务印书馆 1934 年版),杨幼炯的《中国政治思想史》(商务印书馆 1937 年版),罗家伦的《外交与国际政治》(独立出版社 1939 年版),陈之迈的《政治学》(正中书局 1941 年版),王赣愚的《中国的政治改进》(商务印书馆 1941 年版),萧公权的《中国政治思想史(第一册)》(重庆商务印书馆 1944 年版,1946 年出版第二册),吴恩裕的《政治学问题研究》(商务印书馆 1948 年版),萨孟武的《政治学新论》(大东书局 1948 年版)等。以下,试就现代中国比较著名的政治学著作,作简要的介绍。

1. 张慰慈的《政治学大纲》(1923 年)

张慰慈①是现代中国著名的政治学家,不仅写出《政治学大纲》等政治学理论著作,而且对十月革命后苏俄政治制度予以探索,同时对国际政治、市政学、宪法学、西方现代政治制度等进行创造性研究,其突出的表现有二:"一是建构具有中国色彩的政治学理论体系,这方面以他所著的《政治学大纲》为代表,在学术界有重要的影响;二是在中国开创了政治学的一些重要的分支学科,在市政学、国际政治、宪法学、西方政治制度史等方面皆有重要的开拓,为建构现代中国政治学体系作出了重要贡献。"②张慰慈不仅在政治学研究理论上承继了西方近现代的政治学研究传统,而且在中国的学术条件下加以发扬光大,推进了西方政治学理论在中国的本土化进程,在中国现代学术史上有着重要的学术地位。

张慰慈于 1923 年在商务印书馆出版的《政治学大纲》,是一部专门研究现代政治学理论的学术专著,全书分为 24 章,阐述政治学的性质、研究方法,与其他社会科学的关系,国家的性质、起源、进化、基础、主权,并论及国体、政体、宪法、立法、司法、行政等问题。该著在 20 世纪的中国政治学界很有影响,1925 年1 月商务印书馆出第 3 版,1927 年商务印书馆出第 6 版,1930 年出版了第 8 版,

---

① 张慰慈(1893—1976),字祖训,江苏吴江人。早年留学美国,获博士学位。曾任北京大学、法政大学、上海东吴大学法律学院、中国公学政治学教授,安徽大学图书馆长等职,后任南京中国政治学会干事。主要著作:《英国选举制度史》(商务印书馆 1923 年)、《市政制度》(东亚图书馆 1925年)、《政治学大纲》(商务印书馆 1930 年)、《政治制度说》(神州国光社 1930 年)、《政治概论》(商务印书馆 1924 年)、《政治学》(同上 1932 年)、《宪法》(同上 1933 年)等。译著有《现代民治政体》(同上 1931 年)、《妇女论》(神州国光社 1930 年)等。

② 参见李宗楼、吴汉全等:《中国现在政治学史上的张慰慈》,安徽师范大学出版社 2018 年版,第 377 页。

1932 年 11 月出国难后 1 版①,在建构中国现代政治学研究的基本框架,推进中国政治学的科学化、体系化等方面具有重要的贡献。对此,有的学者评价道:"1920 年代初中国政治学界最有影响的一部政治学著作可能就是张慰慈的《政治学大纲》"②。张慰慈的《政治学大纲》有多个版本,1928 年的版本是比较成熟的版本。

张慰慈在《政治学大纲》中对政治学有这样的定义:"政治学是研究国家如何发生,如何进化,找出因果变迁的公例(历史的政治学);并观察现在国家的性质及组织,和所处的环境,所发生的变端(叙述的政治学);更从这性质、组织、环境、变端之中,找出根本观念和具体的原理原则(纯理的政治学);拿来做怎样应付现在政治环境,解决现在政治问题,创造新政治局势的工具(实用的政治学)。这就是政治学的涵义。"③张慰慈以科学概念来认定政治学是具有科学性的学科,亦即政治学是科学。在他看来,科学有三种性质:第一,科学是假定的真理;第二,科学是进步的东西;第三,科学是现在用的工具。而且科学家求科学律例,至少要用三层功夫:第一层在搜集事实,搜集的方法为观察与试验;第二层在暂定假设;第三层在实地试验,检验与证明假设的真理。所以,他认为:"政治学当然是包括在科学的范围之内,政治学的原理原则是人造的假说,拿来解说政治社会中万事万物现象的,这些原理原则都是应付环境的一种工具。"应该指出的是,张慰慈关于政治学以国家为研究对象,主要采自美国政治学家韦罗贝(W.W. Willoughby)的观点。就内容来看,张慰慈的这部《政治学大纲》有这样几个显著特点:

一是对知识分子在社会政治变革中的作用予以高度的重视,认为知识阶层虽具有一定的中立性,但如果知识分子对被压迫阶级予以支持的话,将对于革命的发生有积极的推动作用。他指出:"社会上的阶级大概可分为压迫阶级与被压迫阶级,中间还有一种中立的知识阶级。假如知识阶级与被压迫的人民站在一条战线上,那末,革命是一定要发生的。知识阶级能在消极方面使被压迫阶级把他们的攻击集中在几点,提出几个很显明的标题,如辛亥革命是驱逐满清政府,十六年的国民革命是打倒军阀,打倒帝国主义。再在积极方面又提出几个目

---

① 参见北京图书馆编:《民国时期总书目(1911—1949)政治学》,书目文献出版社 1996 年版,第 3 页。

② 孙宏云:《中国现代政治学的展开:清华政治学系的早期发展(1926—1937)》,生活·读书·新知三联书店 2005 年版,第 365 页。

③ 张慰慈:《政治学大纲》,商务印书馆 1928 年版,第 8—9 页。

标,使革命的人民都向这条路上跑,如法国革命时候的'自由、平等与博爱',国民革命的'民族、民权与民生'这类的目标都是理想的观念,革命以后能否达到目的是另一个问题,可是在革命发生时候及革命时期确有极神秘的势力,能激动人民的革命精神。"①

二是在政治学史上提出国家四要素的主张。政治学的研究自然离不开对国家问题的研究,政治学在有些情况下也被称为国家学。张慰慈认为,从国家的角度来研究政治学是必要的,但国家的要素不只是"土地、人民、权力"三方面,还应有"组织"这一要素。他说:"如果分析起来,国家的要素就有四种:(一)有为公共目的而活动的一群人民,(二)占定地球上的一定的土地,(三)有表示和执行公共意志的机关,(四)只受一个最高统治权的支配。简单说起来,就是土地,人民,组织和主权。"他的理由是:"如果没有一定的土地,虽然有许多人民存在,象犹太人一样,散在各国,自己没有一定的组织,一定的国土,便不能算一个国家。至于无人民的一块空地不能成为国家,那就更不用说了。如果有人民又有土地,却没有表示和执行公共意志的机关,如一群无结合的人民,散在荒岛中间,却是自然世界,不能算做国家。不过单有人民,有土地,有政府,没有最高的统治权,听受别国权力的支配,只可算得别国的属地,或变成一国的地方政府,也不能算做国家。所以凡是国家都有这四种必不可少的要素。"②张慰慈将"组织"列为国家的要素,这是对传统的国家学说的发展,在政治学史上有重要的学术意义。

三是在继承西方政治学传统的同时而有所发展,对于国家的目的和国家的职能进行新的解释,提出使国家统治的目的和国家的职能由政治领域进到社会领域的主张。关于国家的目的,张慰慈指出:"国家的初步目的在维持个人的和平秩序安全及正义。这就是建设一种保障民权和划定民权范围的法律,在这个范围之内,无论是私人是团体是国家都不能够侵犯。第二步的目的在超过个人的需要,注意到社会的更大的群集的需要,——人群的幸福。因为公共幸福必定要得国力的帮助,不是单独的个人所能做得到的。要想达到这个希望,便不得不发展国力,便不得不完成国家的生活。最后的目的,在鼓励人类的文明。这就是德国学者浩遵道夫,斯特恩,瓦格那,伯伦智理等'文明使命的学说'。综结起来,国家有三个目的:(一)是增进个人的幸福,(二)是鼓励社会的幸福,(三)是

① 张慰慈:《政治学大纲》,商务印书馆1928年版,第214页。
② 张慰慈:《政治学大纲》,商务印书馆1928年版,第36—37页。

提倡世界的文明进步。"①关于国家职能,张慰慈认为国家要担负起经济管理的责任,他指出:"国家的职务不但在秉公裁判,不但在保障生命财产,并且要做社会的进步和经济进步的工具。因为个人如果受了社会的压迫,或受经济的压迫,不但不能自由发展个人的才性,并且连生命都不能保了。所以古代柏拉图的共产主义,把经济的势力排除在政治的范围之外,现代的社会主义却把经济的势力放在政治的范围之中。以为要想免掉政治上的不自由,必先排除经济上的不自由;要想免掉政治上的不平等,必先排除经济上的不平等。"②张慰慈关于国家目的和国家职能的论述,不仅在政治学理论上深化了国家问题的认识,而且又很鲜明地吸收了西方社会主义者关于国家的学说,表明了张慰慈政治学思想进步性色彩。

四是对于"民族"及由此而产生的"民族国家"问题进行研究,使"民族国家"在政治学上成为一个重要的学术概念。张慰慈认为,研究国家则不可避免地要关注到民族问题,他认为民族有三种重要的要素,即:"(一)种族的关系——由一个血统或一个人种传下来的。(二)地理的关系——在一个山脉,河流,丛林地方之中居住,为地势气候所隔,不容易和他族往来。(三)文化的关系——有同一言语,同一文学,同一历史,同一风俗、习惯,和同一道德观念。"在他看来,具备这样三个要素就标志着某一民族的形成,于是"自然可以发生一种共同的感情,组织一种统一的政治团体";"但是有时候虽然在同一的政治组织之下,民族的区别依然存在",甚至因为"历史的界限还在,所以他们就难免年年互相冲突"③。张慰慈在对"民族"有所研究的基础上对民族国家问题进行探讨,认为"民族国家"的出现有着现实的因素,有其政治的与历史的必然性。他指出:"民族国家之所以发生的原因,是因为团体国家和世界帝国有种种的缺点,不能适用于近代社会上的状况。团体国家的缺点是:(一)内部的争斗,(二)不能有广大的政治组织。世界帝国的缺点是:(一)各部分因有特别的利害关系,所以往往不能相容,(二)世界统一后,进化力势必至于停顿。民族国家就是调和上述两种国家的性质而发生的,其特质有二:(一)注重天然的地理上之界限,(二)注重同一民族的人民。"④鉴于这样的研究,张慰慈认为"民族国家"符合现代政治发展的方向,因为"现今政治发展的趋向,很注重民族统一和地理统

---

① 张慰慈:《政治学大纲》,商务印书馆 1928 年版,第 225—226 页。
② 张慰慈:《政治学大纲》,商务印书馆 1928 年版,第 228 页。
③ 张慰慈:《政治学大纲》,商务印书馆 1928 年版,第 41—42 页。
④ 张慰慈:《政治学大纲》,商务印书馆 1928 年版,第 131 页。

一。所以国家最大的职务就是对土地一方面,把在同一地理单位的地方,合并起来;对于人民一方面,把属于同一民族的人,联合起来"①。张慰慈将政治学的国家问题研究推进到关于"民族国家"的研究,这与当时世界范围内的民族主义的兴起也是有密切的联系的,如他就说:"现在的民族主义,就想把同一民族的人民组织在一个国家之下,让他有平等的发展机会,不致酿成许多待遇不平的无谓的纷争。"②张慰慈注重研究"民族国家"问题,对扩大和深化政治学的研究领域是很有学术价值的,对于引起人们更加注重民族问题的研究也是有启示意义的。

五是对社会主义国家开展了重要的研究,从学术的视角论证了社会主义国家学说的现实合理性。张慰慈认为,社会主义国家学说反映国家发展的趋势,他指出:"就在不共产的国家之下,政府一方面应该有管理或监督那些容易被人垄断的实业行为;一方面又应该为社会的利益起见,把几种与全体人民有关系的营业收为国家的营业。国家对于实业固然要让社会去自由竞争,但是因为放任的结果,发生竞争不能自由的情形,国家便应该出来阻止私人垄断的害处。从经验上看来,放任主义在情形复杂的今日社会之中,既不能使人得到自由竞争的好处,又不能使人得到经济平等的机会,因此便不得不有社会主义的国家职权说出来代替个人主义的国家职权说了。"③关于社会主义国家的情形,张慰慈在国家历史与发展的趋势中进行推测,认为社会主义国家体现出"治事"的职能,与历史上的国家的"治人"职能有根本的不同。他指出:"在社会主义之下的国家中,性质上并不是治人的国家,只是治事的国家。在治人的国家之中,国家以主权者的资格做事,所以办理警察和军政,便是国家最重要的职务。在治事的国家之中,国家以事务员的资格做事,所以经济的管理乃是国家最重要的职务。因为最近的国家注重经济的职务,所以发生两大趋向:(一)国家所用的生产工人增多,(二)国家所收的营业余利增多。……我们看见在私产制度之下的国家营业这样增多,就可以推想到将来国家的职务一定要朝着经济事务方面走。由此可见从前的国家职务,专重在治人,现在的国家职务,专重在治事。"④由张慰慈对社会主义国家问题的研究来看,他的政治学思想显然是受到当时社会主义思潮的影响,并在追寻最新政治潮流中表现出进步的色彩。

张慰慈的《政治学大纲》在中国政治学史上有重要的学术地位,对推动中国

---

① 张慰慈:《政治学大纲》,商务印书馆1928年版,第76—77页。
② 张慰慈:《政治学大纲》,商务印书馆1928年版,第42页。
③ 张慰慈:《政治学大纲》,商务印书馆1928年版,第229—230页。
④ 张慰慈:《政治学大纲》,商务印书馆1928年版,第230页。

政治学的发展是有积极贡献的。据有的学者研究,张慰慈的《政治学大纲》是20世纪20—30年代国内的主要大学政治学系"政治学概论"这门课程使用的主要教材之一①。20世纪20年代末的《京报副刊》曾进行了一个"青年必读书十部"应征书目活动,要求社会各界向青年推荐十部重要的参考书,有一个名为"韩介生"的人,在他所开列的"中学以上的学生及服务社会的青年智识阶级必读的十部书"中,就有张慰慈的《政治学大纲》②,可见这部书在当时社会上的影响。张慰慈除了《政治学大纲》这部政治学名著外,还有《市政制度》、《政治制度浅说》等政治学著作,对于国际政治、市政学、西方现代政治制度研究等方面亦有重要的贡献③。大约在20世纪30年代初期,张慰慈弃学从政而离开政治学研究领域,但他在五四时期及20世纪20年代对政治学的研究是有重大贡献的,在中国政治学史上应该记上一笔。④

2. 高一涵的《政治学纲要》(1930年)

高一涵⑤是现代中国著名的政治学家,自五四时期在北大即开始政治学的学术研究。大致在五四运动以后的一段时间,也就是高一涵在北大从事政治学教学和研究期间,撰写了不少政治学专著,开始由政论家向政治学家的方向转变。高一涵在向政治学家身份转变的过程中,政治学的研究成果大致集中在三个方面:一是政治学理论的研究,代表性专著有《政治学纲要》(神州国光社1930

①　孙宏云:《中国现代政治学的展开:清华政治学系的早期发展(1926—1937)》,生活·读书·新知三联书店2005年版,第146—147页。

②　王世家辑录《〈京报副刊〉"青年爱读书十部"、"青年必读书十部"资料汇编》,《鲁迅研究月刊》2002年第9期。

③　参见吴汉全:《五四时期重要的思想家和杰出的政治学家》,李宗楼、吴汉全等:《中国现代政治学史上的张慰慈》,安徽师范大学出版社2018年版,第8—87页。

④　张慰慈弃学从政后,仍然关注中国政治学的发展,而且他本人在中国政治学界继续享有重要的地位。如1932年9月,杭立武、高一涵等45人在南京发起成立中国政治学会,张慰慈即为发起人之一;张慰慈同时也是政治学会成立会(1931年9月)、第一届年会(1935年6月)、第二届年会(1936年7月)所选举的第一届、第二届和第三届干事会的11名理事之一(参见孙宏云:《中国现代政治学的展开:清华政治学系的早期发展》,生活·读书·新知三联书店2005年版,第286—295页中关于"中国政治学会"的论述)。由此也可见张慰慈在政治学界的地位。

⑤　高一涵(1885—1968),原名永浩,别名涵庐、梦弼、笔名一涵,安徽六安人。早年留学日本明治大学攻读政法。新文化运动的重要领导者,现代中国著名政治学家。先后担任北京大学、武昌中山大学教授,1931年至1949年间任国民政府监察院委员、两湖监察使、甘宁青监察使。新中国成立后,历任南京大学教授、政治系主任、法学院院长、南京市监察委员、江苏省司法厅厅长、江苏省政协副主席等职,任民盟江苏省副主任、民盟中央委员、全国政协委员等职。著作有《政治学纲要》、《欧洲政治思想史》、《中国御史制度的沿革》、《中国内阁制度的沿革》等;翻译有《杜威的实用主义》《杜威哲学》等,另有诗集《金城集》。

年版、1931 年版)等;二是西方政治思想史的研究,代表性著作有《欧洲政治思想史》(中华书局 1925 年版)等;三是中国政治制度史的研究,代表性专著有《中国内阁制度的沿革》(最早载北京大学《社会科学季刊》第 3 卷第 4 号,1926 年 2月;其后,商务印书馆 1928 年版)、《中国御史制度的沿革》(商务印书馆 1926 年版、1929 年再版)等①。

高一涵所著《政治学纲要》于 1930 年由神州国光社出版②,是现代中国学术界具有严密体系和学术架构的一部开拓性政治学研究著作,为政治学这门学科的建立作出了重要的贡献。该著除"弁言"外,共十三章。第一章,导言;第二章,政治学的方法;第三章,国家;第四章,主权论;第五章,国家的范围;第六章,人民的权利;第七章,政府职能的分配;第八章,议会制度;第九章,比例代表制与职业代表制;第十章,公民团体;第十一章,行政机关;第十二章,司法机关;第十三章,监察机关。从该著的框架及其内容来看,该著主要阐发政治学的基本原理和相关理论,并介绍现代政治运行的基本情况以及现代政治学研究的各家思想流派。

高一涵在《政治学纲要》中对政治学概念提出自己的看法,高度重视唯物史观对于政治学成为科学的意义,认为唯物史观是科学的研究方法,并主张运用马克思主义的唯物史观从事政治学研究。什么是政治学?高一涵的回答是:"所谓政治学,就是用科学的方法,研究出来关于管理众人的事的原理原则,造成一种精密的有系统的理论,和能够实地应用的政策。"③高一涵的这个政治学的定义,一方面汲取了儒家关于"政者正也"、治者"理也"的理念,同时又是对于孙中山提出的"政治就是众人的事,治就是管理;管理众人的事,便是政治"主张的通俗解释。这里,高一涵强调政治学既是一种理论,又是一种科学,必须运用科学的方法,对管理众人的事的原理原则进行研究,而在形成理论之后还要应用于实践。在高一涵看来,政治学作为一种社会科学产生于社会的实践,受社会环境的影响很大,必须用科学的方法进行研究,才能产生配称为科学的政治学;而所谓科学方法,尽管有其他具体的方法,但主要的是马克思的唯物史观方法。高一涵

---

① 商务印书馆于 2021 年将高一涵的《中国御史制度的沿革》、《中国内阁制度的沿革》两部著作,汇合在一起,以《中国御史制度的沿革 中国内阁制度的沿革》书名再版,笔者撰写了《中国政治制度史研究的学术名著:写在高一涵两部政治制度史著作新版之际》,载入该著之后,可参阅。

② 高一涵此著又由上海的神州国光社 1930 年 2 月初版,1930 年 3 月再版,1931 年 8 月出第 6版,1932 年 6 月出第 7 版。除商务印书馆外,上海的言行社于 1941 年 10 月出了该著的第 3 版。

③ 《政治学纲要》,《高一涵文选》,天马出版有限公司 2013 年版,第 5 页。

指出:"凡是读过马克思唯物史观的人,大概至少可以相信人类的思想,多少总受物质环境的限制,多少总要相信他(指马克思)那经济的物造是建筑法律政治制度的真正根基的格言。所以真正配称为科学的政治学说,绝对不是凭空结撰的。一定要受到社会环境的影响。……我们根据上述的理由,便不能不承认政治学是科学。既然承认政治学是科学,那么,研究政治学的方法也当然要科学化了。"①高一涵在比较各种政治学的研究方法后,高度重视唯物史观对于政治学研究的指导作用,认为唯物史观是最好的研究方法。他在《政治学纲要》中对马克思主义的唯物史观有这样的介绍:"近代说明唯物史观的马克思(Karl Marx)把社会的经济构造看作是法律和政治等的基础。以为经济构造是地基,法律政治是在这个地基上的上层建筑。物质生活的生产方法可以决定社会的,政治的,精神的生活过程之普通性质。所以说:人类的意识不能决定人类的生活,人类的社会生活,却反能决定人类的意识。凡制度的变革,必定要在社会组织与生产力发生冲突的时候,才能完成。如果社会的旧组织,妨碍生产力的发展,便必然有缓缓的或激烈的社会革命的事实发生。如果一切生产力在旧社会中,尚有发展的余地,那么,非等候发展到再无可发展的时候,决不致颠覆。自马克思看来,政治进化的动机决不单在人类的意识,乃在物质的生产力。因此便断定政治设施,离不开经济的底盘。人类是要受物质环境的束缚和支配的,社会的变革是要随着社会生活的变革而进行的。所以说社会组织进化的原动力,不在心,而在物。"②高一涵在介绍唯物史观后又指出:"唯物论到了现在,受过科学方法的洗礼,有了许多具体的证明,当然不能看作是一部分学者的偏见了。故这个方法的确可算作社会科学中一个最好的方法。"③这里,高一涵阐发了唯物史观研究方法的普适性,实际上是主张在政治学研究中必须科学地运用唯物史观的研究方法。

高一涵认为政治学的关于国家的学问,因而就必须以国家作为研究的中心问题。在《政治学纲要》中,高一涵回顾了政治学史上关于国家的各种定义,认为近代的国家研究者大致可以分为两大派别:一是从国家的组织方面观察;二是从国家的活动方面观察。于是,从国家静的方面观察,着眼于国家的形体;而从国家的动的方面观察,着眼于国家的职能。高一涵重点介绍了近代以来西方学

---

① 《政治学纲要》,《高一涵文选》,天马出版有限公司2013年版,第6页。
② 《政治学纲要》,《高一涵文选》,天马出版有限公司2013年版,第18—19页。
③ 《政治学纲要》,《高一涵文选》,天马出版有限公司2013年版,第19页。

术界最为流行的四种国家观,即:(1)以德国的康德、黑格尔及英国的鲍桑奎等为代表的"玄理的国家观";(2)以英国的穆勒、斯宾塞等为代表的"股份公司的国家观";(3)以德国的马克思、恩格斯及俄国的列宁等为代表的"压迫工具的国家观";(4)以英国的马克阿发(MacIver)、柯尔(G.D.H.Cole)等为代表的"职能的国家观"。值得注意的是,高一涵对于马克思主义的国家观有这样的介绍:

> 这一派的国家观,大概多认定国家是暂时存在的组织,不是永远存在的组织。他们以为国家是社会中阶级分裂的必然的结果,因贫富玄隔而分阶级,有阶级便有斗争,斗争的结果,在经济上占优势的阶级便成为支配阶级,因而形成国家这种制度。因此,便说国家是这阶级对于那阶级行使压迫支配的组织。恩格斯说:"国家是制止阶级斗争的欲望的结果。但是一旦从斗争之中长成了,便成为最占优势的经济阶级的国家。就是以经济的优胜势力,造成政治的支配阶级,作为支配那被榨取阶级的新工具。"(见《家族私产及国家的原起》)因此,便认定国家是优胜的经济阶级支配被榨取阶级的工具。阶级分裂的结果,便产生国家的制度,阶级消灭,国家也同时消灭。将来在生产者自由平等的基础上建设的团体,乃是自由的社会,不是压迫的国家。由此看来,国家既不是保障自由的制度,又不是道德的团体,更不是全体社会,只是优胜的经济阶级压迫别阶级的一种方法。——这是压迫工具的国家观的特点。①

在高一涵的政治学著述中,"主权在民"乃是其整个学术体系中最核心的理念之一。他在《政治学纲要》中以英国议会为例,说明人民主权对于发展民主政治的重要意义。他说:"例如英国主权在议会,英国议会是英国的最高机关,在法律上要制定什么样的法律,没有一个英国人根据法律可以起来反对的。但是英国议会在事实上万不能为所欲为,要什么法律,就制定什么法律。也须时时观察人民的需要,及社会上各种事实的趋向,然后制定相当的法律,来适应当时社会的需要。法律的实行,并不单在国家的强制力,全在全体人民的意见的赞成。全体人民又各属于各别的团体,所以各种团体的意见也能影响于一国法律的效力。例如英国议会如果要制定一种法律,禁止人民信天主教,这种法律当然不能实行。所以主权的正确意义,并不在国家有强制的权力,却在人民的共同承诺。人民承认国家有最高的权力,也许因为他们自己的意志表示在这个公共意志之内;也许因为他们知道这种权力是为普通人民谋公共幸福,为政治社会所必不可

---

① 《政治学纲要》,《高一涵文选》,天马出版有限公司 2013 年版,第 24 页。

少的要素。"①正是基于这一理念,高一涵对于现代共和国家的立国之主、立国之因、立国之本、立国之道的阐述,以及他对国家与人民的关系,个人与国家的关系,自由与自治的关系,自利利他主义的论述,不仅有其独到的见解而堪称经典,而且构建了以"主权在民"为基本理念的政治学研究体系。

高一涵在《政治学纲要》中,以相当的篇幅介绍俄国的政治制度。譬如,该著认为"现行制度中,完全采用职业代表的要算俄国",并作了这样的介绍:"俄国的中央最高机关'全俄苏维埃大会'的代表,是由各城市的苏维埃及各省的苏维埃选举而来的。省苏维埃虽然不是直接的职业代表机关,但是总可以算作间接的职业代表机关。因为选举省苏维埃代表的,是城市及其他下级地方团体的苏维埃,这些苏维埃都是直接或间接由从事各种职业选举而来的。至于城市苏维埃便可以正正当当的叫做职业代表机关,因为他的代表都是直接的由各种职业团体选举而来的。"②又譬如,该著对于俄国的"人民委员会"予以高度的重视,并作了这样的介绍:"一九一八年的俄国的宪法上,也把行政权托付在'人民委员会',这个人民委员会负指挥共和国全部事物的责任。人民委员会凡十八人,分任各部事务,至关于全体事务却由该会议决执行。一九二三年社会主义苏维埃共和国大联合的宪法上,关于行政组织也采用合议制的委员制,由大联合的'人民委员会'做中央执行委员会的行政和管理机关。这是近几年来新发生的行政部的组织,根本原理很和瑞士相近。"③高一涵认为,苏俄的人民委员会有这样几个特点:"(一)有时各委员的权力事实上不必一律平等;(二)委员会可以决定政策,甚至于可以处决关于国家根本问题的事项;(三)委员会在法律上是承受上级各会的意旨的;(四)委员会的委员均为共产党一党所独占,接受共产党的政见。这是苏俄人民委员会在法律上或习惯上的特点。"④高一涵在《政治学纲要》中,不仅是将苏联政治制度作为现代政治发展的趋向,而且也是把苏俄的政治制度作为现代政治的重要组成部分而加以介绍的。

高一涵在《政治学纲要》中,一方面积极颂扬社会主义的政治制度,另一方面对于近代资本主义政治制度采取批评与否定的态度。高一涵认为,"在社会主义之下的国家,性质上并不是治人的国家,只是治事的国家",而"在治事的国

① 《政治学纲要》,《高一涵文选》,天马出版有限公司2013年版,第42页。
② 《政治学纲要》,《高一涵文选》,天马出版有限公司2013年版,第107页。
③ 《政治学纲要》,《高一涵文选》,天马出版有限公司2013年版,第131页。
④ 《政治学纲要》,《高一涵文选》,天马出版有限公司2013年版,第147页。

家之中,国家以事务员的资格做事,所以经济的管理乃是国家最重要的职务"①。
由此,社会主义主张与个人主义相反:"个人主义家主张缩小政府的权利,社会
主义家却主张扩张政府或团体的权利;个人主义家不信任国家,把国家看作不好
的东西,所以极力要缩小他的权利范围;社会主义家却信任社会和国家,把社会
和国家看作积极的好东西,所以极力要扩张他的权利和范围。"接着,高一涵介
绍了社会主义在国权问题上的基本主张:"社会主义主张扩张国家权利范围,主
张一切实业——包括土地资本和生产及运输的工具——都归公有公管,把私人
管理的实业,交由国家管理,把私人的财产权变成公有。这样一来,便把国家的
权利扩张的非常之大,凡是生产的工具都受政府的支配。在这种制度之下,国家
便是一国财物的物主,个人并没有什么私有财产权。现在极端的社会党多主张
由国家没收一切生产的工具,借钱给工人不收利息,为他们预备下工具,替他们
建筑房屋,给他们耕地,替他们设备下娱乐。简单说起来,就是供给经济的社会
的知识的一切的需要。"②高一涵还分析了社会主义主张获得社会上支持的原
因,认为是资本主义制度所造成的社会不平等,劳动阶级处于社会的底层。他指
出:"现在的普通思想所以赞成社会主义的原因很多。大概在现行的经济组织
之下,劳动阶级不能完全收回劳动的结果,劳动的结果大部分都被资本家和监督
人管理人或中介人横领去了,真正的生产者仅仅分得一小部分。简单说起来,现
在的一切制度都是为有钱的人谋利益而设的,使富人的财产越发增加,使穷人得
到财产的机会越发减少,生产的机关都被少数人占去,多数人的辛苦钱都被他们
没收。如果没有国家根据正义来实行干涉,结果便要发生社会不安的现象。"③
高一涵对于三权分立的制度和理论给予了严肃的批评,认为"三权分立说是十
八世纪君主政体之下的产物",并指出三权分立学说有"三个大缺点":"(一)那
时议会还没有发展到监督行政的地步,所以孟德斯鸠仅仅把议会看作制定法律
的机关,不承认议会在制定法律之外还有许多监督行政的作用。(二)那时选举
团体除掉投票选举之外,还没有多大的参与政治的权力。自从民治政体发展,政
权的来源便从君主移到人民的手中,故人民不得不组织起来,行使他们的职权。
近来选举团体确实成政治制度中的特别部分,并且有一种特别的和确实的职务。
三权分立说不承认选举团体的职务,也是他的一大缺点。(三)三权分立说没有

---

① 《政治学纲要》,《高一涵文选》,天马出版有限公司 2013 年版,第 61 页。

② 《政治学纲要》,《高一涵文选》,天马出版有限公司 2013 年版,第 58—59 页。

③ 《政治学纲要》,《高一涵文选》,天马出版有限公司 2013 年版,第 59 页。

把行政与执行分开。行政是代表政府全部,及监督政府各部是否依照法律做事;执行是实行法律上所规定条文。行政是政治的事业,目的在决定大政方针;执行是实行的事业,目的在用专门的或科学的方法,把已经决定的政策实现起来。最近的政治情形,似乎大有注重执行方面的趋势,三权分立说派没有见到一点,也是他们的缺点。"①高一涵认为议会制度有着明显的缺点,因而"无论学者们怎样赞扬行使代表制的议会制度,而议会制度的根本原理上的缺点,终久不可掩饰"。其缺点有这样四个方面:一是"议会制度是建立在横断主义之上的制度",表现为"以一部分人的意志为全体民众的意志",这是因为其"所谓选举,便是一锅大杂烩,把智愚贤不肖杂合在一起",结果由"这样糊里糊涂选出一个人,便又糊里糊涂代表一切人","这就是横断主义的议会制度的理论";二是"议会制度是服从多数的制度",而在这种"多数决的制度"中,并不能保证少数人的自由,"所谓人人自由的国家,结果仍只有多数人的自由,没有少数人的自由","不但少数人不能自由,并且还要自己认错,承认与我相反的意志是正当的意志";三是"议会制度是属地主义的制度",这是因为各国选举代议士采取分区投票制,"分区明明是采取属地主义的",这种"属地主义的分区选举制,偏以居住的土地为条件,强不同的利害以为同",所选出的代议士"只有在理论上抽象的说代表全国,而在事实上却只是一个都不代表,单代表他自己一个人了";四是"议会制度是属人主义的制度",表现为"现在议会制度的代表制,乃是代表毫无组织的个人的本身,不是代表有组织的一群个人中间公共的某种特定的利益",这是因为"选民一经投票之后,便没有长存的团体,因此便不能监督代表的政治活动"②。以上,仅就高一涵关于社会主义国家观及对三权分立学说、议会制度的态度,也就不难看出高一涵所著《政治学纲要》的政治倾向了。

高一涵是新文化运动重要的领导者之一,同时又是五四时期著名的政治思想家③。他不仅是《新青年》创办时的主要作者之一,而且在《每周评论》及《努力周报》上亦发表相当多的政治评论文章,在倡导西方民主政治、抨击国内军阀专制、反对帝国主义侵略、探求中国政治改革路径等方面有着重要的思想建树④;

①　《政治学纲要》,《高一涵文选》,天马出版有限公司 2013 年版,第 80 页。
②　《政治学纲要》,《高一涵文选》,天马出版有限公司 2013 年版,第 85—88 页。
③　关于高一涵政治思想及生平活动的研究,可参见吴汉全的《高一涵五四时期的政治思想研究》(吉林人民出版社 2012 年版)、吴汉全与高大同合著的《高一涵评传》(人民出版社 2019 年版)。
④　参见吴汉全:《〈每周评论〉时期高一涵政治思想研究》,《安徽史学》2005 年第 3 期;吴汉全:《〈努力周报〉时期高一涵的政治思想研究》,《安徽史学》2003 年第 2 期。

而其所著《政治学纲要》著作中既有马克思主义的因素又有自由主义的思想,研究主要在国家的政治制度、行政执行机关等政治学的诸多领域,表现出厚重的政治学理论素养。此外,高一涵在相关的文章中,还针对中国的国情,对五权宪法、联邦制、委员制、军治、党治,特别对监察机关的职权范围、法规建设方面,都有深入的研究和精辟的见解,在现代中国的政治学建设上有着突出的贡献。

3. 杨公达的《政党概论》(1932 年版)

杨公达①于 1932 年 4 月在上海神州国光社出版《政党概论》一书,主要论述政党原理、政党政治,并介绍英、美、法、德等四国政党概况。

杨公达在《政党概论》中,对于政党组织的原因进行比较详细的分析,认为政党得以组织起来,大致有三种情况:一是以宗教的利益结合为政党;二是以国家民族为出发点而组织的政党;三是以"经济阶级为出发点的政党"。杨公达认为,以宗教利益结合的政党,这派组织是以宗教利益为纽带而形成的,但因为社会上亦有反对宗教利益的,故而"有以宗教利益而结合的政党,亦有以反宗教利益而结合的政党",尽管"宗教的政党"在某一时期有较大的力量,但"自政治与宗教分离之说盛行后,宗教的政党,渐渐减色"。杨公达认为,"以国家民族为出发点的政党","这一类的政党,或是承认国家,或是否认国家,或是拥护国家,或是打倒国家。各国里面的国家主义派、民主党、共和党等属于前一派,无政府党则属于后一派。"杨公达认为,"以经济阶级为出发点的政党"是现代社会政党组织的主要类型,"旧式的政党大都为经济环境良好的人所组织,为有产阶级的政党。有产阶级的政党,代表有产阶级的利益,其理想为资本主义。无产阶级的人,不满于社会的经济现状,谋推翻之,俾建设新的经济社会,以求各人得适当安定的生活。无产阶级的政党代表无产阶级的利益,其根据为社会主义。"②杨公达关于政党形成情况的分析,突出了"经济阶级"在现代政党组织中的突出地位。

杨公达的《政党概论》一书中不仅对政党的一般特征进行探讨,而且还具体地分析"革命党"的特征,以求得对于政党规律的认识。杨公达以"结合"来看待

① 杨公达(1907—1972),四川长寿人。早年毕业于北平高等师范学校,后赴法国留学,入法国政治学院、巴黎大学。1937 年后,任中国国民党中央党部秘书,国际联盟中国同志会理事、总干事,并主编《国际政治》,旋任中国国民党中央组织部秘书,国民政府重庆特别市党部主任委员。1946 年 11 月任制宪国民大会代表。1949 年赴台湾。著有《最新国际公法》、《西洋外交史》、《政治科学概论》、《政党概论》、《国际形势》等。

② 杨公达:《政党概论》,神州国光社 1932 年版,第 45—47 页。

政党的形成,并以"结合"对于政党的特征予以梳理,他指出:"政党有几种特征:其一,政党是任何的结合。政党的组织与否,其权操于公民,公民有绝对自由,其加入政党或退出,亦有绝对自由。盖合则留,不合则去,纯以政见主义为标准,其决定系自动的,同意的,不是被动的,强迫的。其二,政党是永续的结合。忽聚忽散,朝生暮死,是乌合之众的团体,不得称为政党。政党是有恒的组织,可以继续存在,不特为现在而存在,还须为未来而存在。虽然政党的内部份子及其政见,可以新陈代谢,然政党的本身自若不变,虽然政党不免盛衰消长,成败利钝,然其永续性依然不泯。其三,政党是定见的结合。政党组织的先决条件,为有一定的固定的具体的政见,政见立而宗旨明,始可以资号召,继可藉做凭借。治标治本之道,政党须于事前有所预为规定的。"①杨公达在对于政党总的特征予以梳理的基础上,还具体地探讨了"革命党"与"普通政党"的不同问题。在他看来,无论是革命党还是普通政党,"皆在取得政权,以实现其本党的政见",故而就政党的广义而言,革命党与普通政党并没有什么区别;但是,就政党的狭义而言,革命党是不同于普通政党的,其特征也至为突出:"以言政党的产生,革命党是来自旧制度恶势力的压迫和摧残,人民不堪蹂躏的时候,革命党人即投袂而起,以图解放,谋自新的路。至普通政党,随时可以发生,毫无一定时势的限制。以言党的份子,革命党的党员多是极端派,而普通政党的党员,则较为温和派。以言党的政见,革命党的主张,远于现状,是离心力的,而普通政党的主张,近于现状,是向心力的。以言党的手段,革命党的策略,是激烈的,杀人流血,以武力作前驱在所不顾,而普通政党的策略,则较为通常,大概全以议会做活动中心。"②杨公达在分析革命党特征时,提请人们不能以政党的"在野"、"在朝"来区分革命党和普通政党,他说:"我们不能以为凡是在野的党,反政府党,就可算是革命党。我们亦不能以为凡是在朝的党,政府党,就是反革命。至于革命党与政党,亦有交替的时候,有时在野为革命党,而在朝则变为政党,反之,有时在朝为政党,至在野则变为革命党,这都是说不一定的。"③杨公达关于"革命党"特征的研究,目的在于推进政党特征研究的深化。

杨公达在《政党概论》中通过对西方政党历史的考察,认为政党的产生与发展是需要一定历史条件的,"政党为立宪政治的产物",在专制政体之下不可能

---

① 杨公达:《政党概论》,神州国光社 1932 年版,第 5—6 页。
② 杨公达:《政党概论》,神州国光社 1932 年版,第 6—7 页。
③ 杨公达:《政党概论》,神州国光社 1932 年版,第 7 页。

有政党的产生,只有民主政治的实行才能需要政党,故而"立宪政治"则是政党产生的政治基础。他指出:"在专制政体下面,不容许有政党的存在,而且政党亦无从存在。因为人民对于帝王政府须绝对服从。顺我者生,逆我者死。人民既无意见自由,尤无结社自由。故政党为立宪政治的产物,为民权的结晶;有了宪政,有了民权,才有政党。否则皮之不存,毛将焉附呢? ……宪政既开,人民有了组织政党的自由,所以凡是国家的公民,皆可加入政党,就是国家的元首,亦得本其公民的资格,加入政党。如美国前总统威尔逊……属于民主党,而柯立芝……和胡佛……乃共和党的领袖。然这不过就民主立宪而言。至君主立宪下面,君主是无加入政党的权的,如英王乔治第五……意王耶玛留第三……皆无任何党籍。因为政党为公民的结合,而非君主的结合。"①杨公达依据对西方现代政治演进的认识,基于其"英雄造政党"的史观,对于政党产生的过程有如下的具体分析:

其一,先民治主义而发生者。在专制政治时代,政党粗具影子,其来源的背景,纯然和现在的政党不同。当时做政治团结的人,不识民治为何物,只蕴藏着一种部落思想,墨守着一种排斥主义,所以党的结合是以宗教关系为基础,造成崇拜偶像与虚无的宗教党。如在英法德比意诸国的最初的政党皆是。……

其二,随民治主义而发生者。民主制度确定后,组织政党可以公开的昭示国人,其活动自较容易,其发动的渊源也就不同。或因伟大人物的出现能结合一部分人,得他们的信仰崇拜,统率他们在政治上活动;如不然,一遇此类伟大人物扬名于世,一般人为其伟大所吸引,自然而然的趋之若鹜,共同举为政治领袖。伟大人物的组织政党,不是自动的,便是被动的,要而言之"为英雄造政党",有孙中山先生始有中国国民党的产生,有孟梭里尼,才有意大利法西斯帝党的成立,这都是伟人手创政党的表现。……

其三,后民治主义而发生者。民主政治的时代,国家里面的政党,除开了极少数的无声无臭的反民主政党而外,大都系以民主主义民权主义为归宿的政党。②

杨公达在《政党概论》一书中,以"政党政治"的视域研究了政党纲领问题,一方面是对于"政党政治与议会内阁的关系"作出分析,另一方面则是申明了

① 杨公达:《政党概论》,神州国光社1932年版,第5页。

② 杨公达:《政党概论》,神州国光社1932年版,第9—11页。

"一党专政"与"政党政治"的不相容性。杨公达高度重视政党纲领对于政党存立及其开展政治活动的重要性，认为政党的"主义"乃是"政党纲领"的根据，而政纲又是"吸收党员的原动力"。他指出："由主义而生政纲，由政纲而立政策，由政策而行政治。主义是因，政纲是果。政党的政纲，是政党行动的表现，也是他的是非的表现。政党在政纲里面，将他的主张和盘托出，以鲜明的旗帜，昭示社会，期得社会人们的信仰。社会的人们对其政纲，必周详审察是否适应政治的要求，能否福利民众国家，始对其政纲加以赞成或否认，即是对其党加以赞成或否认。"又指出："政党成立的初时，足以资号召者，除主义而外，当推政纲。政纲为吸收党员的原动力，盖政党本属人们欲实行共同的一定政见的结合。故若政党的政纲正大，有时非难其主义者，亦同情其政纲，反之，即拥护其主义者，亦必斥其政纲的。"①杨公达基于"政党政治"的理念，认为"政党政治与议会内阁的关系"主要表现为："在议会内阁里，党员（指阁员而言）的地位和内阁的存续，全视议会的信任与否为定，议会不信任，则内阁便失其存在根据。惟元首可不以议会为然，而解散议会，重新使人民选举新议员，组织新议会，然若新议会中的反政府党仍占多数，则内阁是无论如何再不能恋栈，必定更迭的，此时元首再不能解散议会，元首没有重复解散议会的权。"②杨公达认为，在政党政治之下，政党与议会结成特殊的关系，"议会内阁对议员负责，亦是对政党负责，所以又称为责任内阁"，故而也就出现了同质内阁、异质内阁、联立内阁、应急内阁这四种形式。对于这四种内阁的情况，杨公达解释道："议会内阁的组织，有四种不同的形式：一个政党在议会占大多数议席时，国家的元首即当任命该党的领袖组织内阁，而成一党同质内阁。内阁议会里没有占大多数议席的政党时，元首则择比较占多数议席的政党的领袖组阁，此时受命组阁的政党必与他党联合，造成在议会内大多数议席，共同组阁而成混合内阁、异质内阁。在议会内有各不占大多数的政党，为了特定事项，联合起来，组织内阁，而成联立内阁。遇国家有大难，须神圣同盟，统一前敌的时候，在议会的政党，暂弃旧嫌，携手组阁，而成立应急内阁。"③正是因为杨公达坚持"政党政治"的理念，他强调政党纲领的重要性，重视政党在议会内阁中的地位，故而他对于"一党政治"表示极大的不满，并给予了猛烈的抨击。他指出："一党专政是一国只有一党，党外无党，不容他党的存

---

① 杨公达：《政党概论》，神州国光社 1932 年版，第 21 页。
② 杨公达：《政党概论》，神州国光社 1932 年版，第 60 页。
③ 杨公达：《政党概论》，神州国光社 1932 年版，第 61 页。

在。国家的一切政权,操之于一党,党外的人不得染指。党即国家,党即政府,党人即国人。……一党专政是政党政治的反面,一党专政的特性是独占,政党政治的特性是共鸣;一党专政有死板性,政党政治有伸缩性。举凡真正立宪真正民治的国家,其政治必为政党政治。"①杨公达在《政党概论》中关于政党政纲问题、政党与议会内阁关系的研究,以及对于"一党专政"的抨击,坚持了其所主张的"政党政治"的理念,这也使得这部《政党概论》能够跻身自由主义政治学体系之中。

杨公达在政党建设上提出了诸多的主张,但最主要有两个方面的主张:一是提升政党的"主义"在政党中的地位,以"主义"为指导加强党的理论建设,使"主义"成为政党的"理论的渊源"。他指出:"主义是一种思想,一种信仰,一种力量。他的发生虽然是一二人所创设,但并非为此一二人而创设,乃因多数人的共同需要而创设,惟其因多数人的共同需要而创设,故能领导多数人,而成为政党的抽象的政见。政党必定要有此抽象的立场才有具体的决定。要有主义为根据,才有策略的产生。……政党的存在,须具备物质的各种条件,而政党内部的团结,尤赖精神以为中柱。以全党的精神,去保持发展党的理论,党的主义。反而言之,理论是全党精神的结晶,主义是一切理论的渊源。因其如是,故政党对其主义,应始终遵守,绝不携贰,否则贞操丧失,党无寄托了。"②二是严格党员的入党手续及其思想的考察,不能只是注重党员数量上的增加,而应该加强党员质量的建设。他指出:"党员是构成政党的单位,政党之于党员,是用渐进的方式,集少而成多,多多益善。爰以政党得多数人的参加,即是得多数人的信仰,党员增加,便是政党发展的表现。但此也不可一概论之:政党于党员,虽然要注意到量的问题,却也不可忽略了质的问题。收纳党员倘不加选择,来者不拒,则害群之马,定不可以免除。"③杨公达提出的关于政党建设的主张,应该说还是很有学术见地的。

杨公达在《政党概论》中对于政党关系进行多方面的研究,不仅考察了现代政党争斗存在的情况,提出"第三方"言论予以监督的主张,而且具体地分析了政府成为政党斗争对象的几种情形,并就政党争斗中的联盟条件作出具体的考察。在杨公达看来,政党之间的争斗势所必然,因为政党的政见不同,故而党争乃是政党发展的常态,但党争需要有第三者"团体或个人"的言论予以监督。他说:"有党必有争,此事有必至,理有固然。因为政党的目的在握得政权以实行

---

① 杨公达:《政党概论》,神州国光社 1932 年版,第 51—52 页。
② 杨公达:《政党概论》,神州国光社 1932 年版,第 19—20 页。
③ 杨公达:《政党概论》,神州国光社 1932 年版,第 23 页。

己见,而政党常有政见不同的政党对峙,故政党又在兢兢防止政党政见的实行。因防止而互相反对,互相攻击,互相争斗。……政党不特和敌党争斗,有时因利害冲突,和友党亦不免纠纷,而使友党变为敌党。政党的争斗,或明白相争,或暗中轧轹,然明争多而暗斗少。盖政党的争斗,其主体当然是政党对政党,然尚须使客体——第三者——团体或个人,有优游参加意见的余地,旁观批评,孰是孰非,以定争斗的价值和结果。设若政党的争斗,没有第三者的公正言论去监视,则政党无所忌惮,可不顾一切,任意乱争乱斗,社会的秩序,国家的安宁,何能堪设想呢?"①在政党关系问题上,学术界皆主张政党之间的斗争(党争),并且还提出了"争政见不争意见"等要求,但很少提出"第三方"言论的监督问题。这可见,杨公达提出党争中的"第三方"监督的主张,有独到之处。问题是,政党斗争的对象常见于政见不同的政党,但在特殊的情况下亦会指向政府,亦即政府成为政党斗争的对象。那么,在何种情况下,会造成政府成为政党斗争的对象呢?对此,杨公达的看法是,此种情形一般出现在绝对专制和相对专制(开明专制)的条件下,但在议会政治的情形下,有时也会有在野政党反对政府党("内阁")的情况。他指出:"政党争斗的对象,为政见不同的政治团体,此政治团体,或是政府,或是政党。政府为政党争斗的对象与否,则视国家的政治组织如何而定。若国家的政治是绝对专制,人民无结社的自由,真正政党无从发生,一切政治团体,纯是秘密结社,而此秘密结社所欲倾覆者,当然是政府,政府便是他们争斗的对象。若国家的政治是相对专制,是开明专制,人民隐然有组织政党的自由,然苦于没有议会,于是争斗的焦点,在促成议会的设立,倘政府不为之图,则争斗的对象又是政府。洎乎议会告成,政党有了活动的中心,遂亟亟于扶植其势力,一党如是,各党皆然。争斗以起,此时政党争斗的对象由政府而为他党了。"②又指出:"国家的政治组织,若采议会内阁制度,其内阁必是政党内阁,内阁从属于政党,政府的反对党,必向政府党施以攻击,因为内阁不过是实行政府党政见的机关,政府党势力被打倒或减少,内阁自然瓦解。但若国家的政治组织,系采非议会内阁制,则内阁普通为超然内阁,是无属而立于政党的上面。惟名义上虽曰超然,实际上亦不得不顾虑政党的势力。如能不分轩轾,平等待遇一切政党,则内阁能超出政党争斗范围以外。反之,鲜有不为众矢之的的。"③杨公达对于政党

---

① 杨公达:《政党概论》,神州国光社 1932 年版,第 39 页。
② 杨公达:《政党概论》,神州国光社 1932 年版,第 40 页。
③ 杨公达:《政党概论》,神州国光社 1932 年版,第 41 页。

争斗中结成联盟的问题也进行了探讨,认为"政党的争斗在策略上有联合他党的必要,犹之国家在国际上有攻守同盟的可能",但如果"一个国家里面,只有两个政党的对立,则政党决无联盟的道理"。因此,只有国家之中有三个以上政党的时候,才会发生政党联盟的问题。此时,"政党常与他党联盟,借联盟的力量,以对敌党"。政党联盟也并非随时出现,往往是在特定的情形之下:"政党的联盟争斗,多在选举及表决议案时期,过此时期,联盟或虽不至瓦解,然精神涣散而没有共患难时候的团结坚固"。基于以上的认识,杨公达对于政党联盟的条件有这样的分析:"政党的联盟,并非没有条件的,欲联盟成立,必政党对于特定事项有共同利益而后可。此共同利益,有积极消极两方面。积极的利益,即是共同政见的实行;消极的利益,即是共同妨(防)止敌党政见的实行。因积极的利益而联盟,政党的主义和政见,最低的限度,必要有共通之点。如共产党和法西斯帝党决定不会因积极利益而联盟的,因为他两党的主义和政见是绝对相反的。……反之,政党可因消极的利益而联盟,盖其惟一目标在摧残敌人,不管他们的主义和主张是怎样。"①这里,杨公达以"共同利益"来分析政党联盟的基础,又将"共同利益"分为"积极的利益"和"消极的利益"来进行分析,这深化了政党联盟问题的认识。

杨公达的《政党概论》一书,是他作为一位纯粹的学者所写的著作。杨公达后来以学者身份从政,有着"亦学亦政"的人生经历,而从政后所写的著作,"官方思维"也就较为显著,有着论证国民党统治具有政治合法性的目的。但这部《政党概论》乃是杨公达未从政前书写的著作,那时他的学术思想与现实政治还没有什么特别的联系,故而能够比较客观地对政党理论的相关问题进行学理的探索,其所提出的主张相对来说还较为平实、客观的,因而该著在中国现代学术史上还是有一定的学术地位的。

4. 陈之迈的《政治学》(1940 年)

陈之迈②在《政治学》③中对于国家的职能进行探讨,认为现代国家的主要

---

① 杨公达:《政党概论》,神州国光社 1932 年版,第 42—43 页。

② 陈之迈(1908—1978),广东番禺人。毕业于清华大学、美国俄亥俄州立大学,获哥伦比亚大学哲学博士。先后任教于清华大学、北京大学、南开大学、西南联大及中央政治学校。曾与蒋廷黻等人创办《独立评论》和《新经济》半月刊。著作有《政治学》、《中国政府》、《中国政制建设的理论》、《天主教流传中国史》等,主要论文收入《陈之迈文集》(清华大学出版社 2021 年版)。

③ 该著最早有浙江金华的正中书局 1940 年 12 月初版,其后有重庆正中书局 1941 年 4 月初版,至 1945 年 4 月出 16 版,这之后还有 1946 年沪 1 版及 1947 年 3 月沪 8 版。该著共 16 章,分述国家的性质、要素及现代国家的沿革,自由主义、共产主义、法西斯主义、三民主义等类国家的概况,民族政治的三种类型,现代政治的特征,以及地方制度与地方自治等。——参见北京图书馆编:《民国时期总书目·政治》上册,书目文献出版社 1996 年版,第 7 页。

职能"就是为人民谋幸福",而"保障国土的完整(国防外交),维持国内的秩序(警察保安),发展交通,增加生产,普及教育等等,不过是其最低限度的功能",但国家增进人民福利的功能是逐步地表现的,这是 20 世纪与 19 世纪相比的一个不同的地方。他指出:"自民主政治成立之后,国家的目的不外保护人民安全,促进社会文化,保障人民生活三者而已。但是教育由国家经营,学术由国家倡导,经济由国家统制,交通由国家创办,国家的目的不是消极的保护人民的生命财产和自由的安全,而是积极的给予人民以各种肉体上和精神上的福利,于是十九世纪的法治国思想,在制限政府活动之时,固然适当,一旦政府管理到经济问题文化问题,而需要专门知识者,又感觉其不合时宜了。十九世纪的思想只注意人民既得的权利如何保护,二十世纪的思想又注意人民未得的福利如何使其获得,并注意人民获得福利之时应尽哪一种义务。"①这里,陈之迈将增进人民福利视为国家的新职能,并将人民享受福利与享受福利的义务作为一件事情的两个方面。

自然,陈之迈在《政治学》中将国家作为政治学研究的对象,但也注意到国家与民族的关系,并认为"民族的国家"乃是一个重要的发展趋势。在当时,虽然有许多国家包含着若干民族,但也有不少的民族并没有能组成国家。对于这种情形,陈之迈说:"现世界中,民族与国家脱节的情形,仍然到处均是,直接地造成了近世民族主义潮流澎湃的原因。"②他又指出:"近代民族主义的根本观念就在使人为的国家与天然力造成的民族彼此切合,构成一个总体——民族的国家。"③陈之迈认为,尽管创建民族的国家面临着许多困难,但民族主义发展以及民族国家的建立将是一个重要的趋势。

陈之迈在《政治学》中对于国家权力的分配进行研究,认为政治权力的分配决定着国家的类型,而政治权力分配的界限又决定着国家的性质。他说:"国家是政府与人民在一定地域上组织而成的。政治权力可以假定为有其一定的限量,各种主义在政治经济上有其特殊的理想,自不待言,但在国家这一端上,问题就在如何将这有一定限量的政治权力分配于政府与人民之间。这个分配的界限何在,就规定了这个国家的性质;而分配时的准则,便是这个国家立国的精神。如果一个国家的政治权力尽属于政府,便无须分配,这是一种典型;如果权力属

---

① 陈之迈:《政治学》,正中书局 1947 年版,第 64 页。
② 陈之迈:《政治学》,正中书局 1947 年版,第 20 页。
③ 陈之迈:《政治学》,正中书局 1947 年版,第 23 页。

于人民,如何分配便成了问题。规定这个分配的界限的就是通常所谓宪法。所以专制国家——一切权力尽属于政府的国家——用不着宪法;实行无政府主义的国家——一切权力尽属于人民的国家——也用不着宪法。惟有一部分权力属于政府,一部分权力属于人民的国家,才需要宪法。因为规定权力在政府人民间分配程度的法律是规定国家性质的法律,亦即表现国家立国精神最重要的法律,故称之曰宪法。"①以政治权力作为政治学研究的对象,将权力的分配作为宪法及其法律的主要功能,这与一般研究者只是指出国家类型的研究思路有所不同。陈之迈着重于从政治权力分配的角度来探讨国家的类型,阐发国家类型与政治权力分配的关系,这样的研究思路应该说是有其独特之处的。

陈之迈在《政治学》中注重研究中央与地方的关系,对于地方分权的联邦与邦联进行分析和比较,力图说明邦联有着向联邦演进的趋势。当时,世界上只有苏联是唯一的邦联,而联邦有许多实例,美国和瑞士则是著名的例证。在陈之迈看来,在中央与地方的关系中,地方分权一般有两种形式,比较松懈的一种是所谓"邦联",比较紧凑的一种是所谓"联邦"。然而,"邦联"之中各邦的关系虽说是比较松懈,但在实际上也是比较紧凑的。他以苏联举例说:"邦联现在最重要的是苏联。它的组成分子是十一个苏维埃社会主义共和国,其中苏俄的面积最大,人口最多。每个共和国在法律上都享有相当高度的自治权,其中最重要的一权是可以自决退出邦联。但它们在法律上虽有此权利,在事实上是不可能的。它们都是社会主义共和国,当政者必定是共产党员,一定受共产党中央党部的指挥。故在表面上苏联好像是组织松懈,事实上却是非常紧凑的。"关于联邦,陈之迈以美国为例,说明联邦与各邦的关系主要在权限的划分上。他指出:"美国共有 48 邦,每一邦均有其宪法,有其政府。在各邦的宪法之外还有联邦的宪法,我们在研究美国政府政制时的对象就是联邦的政制,不是各邦的政制。如何划分联邦与各邦的权限不是一件容易的事情,各国也并不相同。照美国联邦宪法的例,联邦宪法规定了联邦政府的权力,一一枚举;凡是联邦宪法所不曾明文规定的权力一概属于各邦政府。也有的联邦宪法不是如此的:例如加拿大的宪法便与此恰恰相反,凡是宪法不规定的属于各邦的即一概属于中央。普通说联邦比邦联紧凑,理由是在联邦中各邦不能自由退出联邦的。在公元十九世纪的中叶,美国南部若干邦抗拒联邦政府、不执行其法律,声明脱离联邦,这件事情酿成了五年大流血的内战,联邦政府战胜才把这个问题根本解决。这次战事的结果

---

①　陈之迈:《政治学》,正中书局 1947 年版,第 27—28 页。

决定了美国不是邦联而是联邦。"①陈之迈关于联邦与邦联的研究,在于说明地方分权尽管是存在着的事实,但邦联亦有联邦化的演进趋势。

　　陈之迈在研究中央与地方关系时,特别重视地方自治问题对于民主政治的基础性作用。陈之迈总结西方民主政治的经验,认为英美法等民主国家的民主政治之所以能畅通无阻,运用自如,最大的原因就在于有了几百年的地方自治的实际经验,因而地方自治乃是推进民主政治的基础和条件。他说:"一个健全的国家的一个先决条件是具有能运用权利担负义务的公民。西谚有云:'有什么样的人民就有什么样的政府。'人民必须能自治然后民主政治才能成功,而自治的能力尤须有充分的练习的机会。地方自治的制度是使得人民能有机会直接的参加政治,练习自治的能力;他们有了控制直接环境能力之后便能够控制整个国家,也就是有了实行民主政治的基本条件。所以地方自治实在是一种公民教育,授予人民以各种的机会取得担负公民义务的训练。"②当时,中国学术界正在讨论民主与独裁的问题,研究的重点是:为什么民主政治在有些国家能够实行,为什么有些国家的民主政治却被独裁政治所推翻。这场讨论形成了两种意见:一种意见认为民主的国家是工商业发达的国家,独裁国家则是农业的国家;另一种意见认为,实行民主政治必定要有政治的经验,没有政治的经验则难以有效地推进民主政治。陈之迈基于"地方自治的完成为实行宪政的条件"的认识,以调和的态度来对待这两种观点:"其实这两种理论是一致的,因为所谓政治的经验固然是指地方自治的经验而言,而照过去的历史,地方自治的畅行是在工商业发达的都市之中。因此民主宪政的成功是必须以地方自治为其根本的。"③陈之迈在《政治学》一书中,高度强调地方自治对于民主政治的意义,这不仅与他对当时国民党的独裁制度的不满有着联系,而且也是与当时政治学的论争存在着紧密的关系。

　　关于邦联和联邦建立的条件、联邦制的精神,以及地方分权与中央集权这两者的关系,陈之迈从学理上给予了说明。在政治学界,一个比较普遍的看法是,邦联或联邦这种制度的形成有一个先决的条件,这就是各邦具有一定的独立性,并且这种国家的面积是相当辽阔的,而且各部分的民情风俗有着相当大的差异。陈之迈不同意这种观点。他认为,联邦制中,固然有着国家面积较大的例证,如

①　陈之迈:《政治学》,正中书局 1947 年版,第 137—138 页。
②　陈之迈:《政治学》,正中书局 1947 年版,第 141 页。
③　陈之迈:《政治学》,正中书局 1947 年版,第 142 页。

英属北美 13 个殖民地宣布独立后建立联邦制,"这是一个面积极辽阔的许多个体相联合而成联邦的实例"。"但是在世界历史上,也尽有实例说明面积极小的国家也是引用联邦制度的。其实在美国成为联邦以前所有的联邦国家都是极小的国家,近代初年的荷兰是面积极小的,今日之瑞士亦然";而且,从近代以来国家的情形来看,"联邦也不是一定先有各邦的;中央集权的国家也有分化为联邦的可能与实例。俄帝国之成为邦联,墨西哥之联邦,是比较著名的例子。……组成联邦的各邦也更不一定是相当相等的。"①陈之迈还对联邦制的所谓"法治主义"进行分析,强调宪法在联邦制国家中的突出地位。他指出:"联邦国家最根本的精神是宪法之治。联邦政府与各邦政府权限之划分一定要载明在宪法之中,由联邦政府与各邦政府严格遵守。在这种情形下法治的精神是必须十分注重的,一点一滴的破坏便影响到整个国家的体制,所以政治学家认为'联邦主义就是法治主义'。在联邦中的各邦也必须有宪法规定其本邦的政府组织、人民权利等等。……从前研究政治的人喜欢说联邦制度的一个优点是容许许多政制的实验。美国、瑞士等联邦的各邦政府的确也有许多的新花样:比如选举制度、创制复决制度、一院的议院制度、全民直接参政制度等等。然而一般的仍然不能脱离一个轮廓、逃不出一个类型,所谓实验也不过尔尔。"②这里,陈之迈基于联邦宪法的分析,说明联邦国家是"宪法之治",联邦制下的地方的自治也是在宪法框架下的有条件的自治,因而也就有一定的限度,在根本上是必须符合联邦宪法的精神。陈之迈在对联邦制考察的同时,还就中央集权制国家的情形予以分析,阐述了中央集权制在中央与地方关系上的特色。在他看来,就历史来看,中央集权制是比较通行的制度,在中央集权制下亦有地方的行政区划,并执行着中央政府的法令。他说:"中央集权的制度是比较上通行的制度。在中央集权制的国家中,地方也是分成若干的行政区域为执行政务的便利,但是这种区域本身并无宪法,没有独立享有的权力,是听从中央政府的指挥的。它们的人员是由中央任命的,它们所执行的是中央制定的法律。这种国家的组织有如中国的宝塔式、古代埃及的金字塔,广大的基础层级的聚集于一个顶尖。行政区域自然是因历史、地理、政治、经济、文化等条件来划定的,但是中央对于这种区划可以随时变更。在行政区域之下也可以有别的区划,小的区划下更可以有更小的区划,究

① 陈之迈:《政治学》,正中书局 1947 年版,第 138—139 页。
② 陈之迈:《政治学》,正中书局 1947 年版,第 139—140 页。

竟有多少层级各国并不相同,最终的决定权也是由中央决定的。"①陈之迈尽管主张政治学要更多地进行学理的研究,但另一方面又特别强调按照现代国家形成的实际进行研究的重要性,这在关于联邦制或邦联制的条件、中央集权制国家的地方区划的探讨中,有着突出的体现。

陈之迈的精英意识在政治学研究中是有突出表现的,他甚至将少数政治家视为实现民主政治的领导者,没有看到也不可能看到广大民众在民主政治进程中的地位与作用。他明确地主张,民主政治的推行、法治精神的培植在于少数的政治精英,认为民主政治是由少数政治人物领导人民来监督政府的。他说:"民主政治及宪政实施的困难也就在法治精神这一点上。军队武力以及其他一切足以破坏国家体制的工具都在政府手中,政府而没有遵守宪法的精神,宪法的生命是异常脆弱的。有的宪政国家成功,有的宪政国家失败,其关键往往就在宪政开始实施之时,这个法治的精神能不能培养成功,使得它成为一种稳定的势力。这一桩保存国家根本体制的责任,就过去的事实经验看来,是寄托在少数对于政治感觉兴趣而积极参加政治活动者的身上,他们是政治社会的领导者,他们领导着人民监督着政府,共同遵守着国家的大法,维持着国本的安全。"②陈之迈是中国自由主义的政治学家,其政治上的自由主义理念自然也就会反映在对政治的设计中。他将少数政治精英视为"政治社会的领导者",并希望由"他们领导着人民监督着政府",这在实际上不可能为民主政治找到现实而又可行的出路。

总的来看,陈之迈所著《政治学》一书传承英美政治学中的自由主义精神,遵循着西方政治学研究的基本规范,将国家权力研究放在政治学研究的核心地位,就国家职能、国家权力、中央与地方关系及地方自治、联邦制等进行探索,以推进民主政治作为政治学体系的基本目标,可谓当时中国的自由主义政治学体系的主要代表。

5. 王赣愚的《中国的政治改进》(1941 年)

王赣愚③所著《中国的政治改进》一书,运用西方民主政治理论,专门就中国如何走出人治困境、实行民主政治进行了学术上的研究,阐发了作者关于中国政

①　陈之迈:《政治学》,正中书局 1947 年版,第 140 页。

②　陈之迈:《政治学》,正中书局 1947 年版,第 80—81 页。

③　王赣愚(1906—1997),福建福州人。1929 年被选派到美国哈佛大学留学,获政治学硕士和博士学位。1935 年起任教南开大学,1949 年任南开大学财经学院院长,1952 年院系调整后任经济系教授,1985 年后任国际经济系教授。主要著作有《中国政治改进》、《中国地方政府》、《新政治观》、《民治新论》、《民主独裁和战争》、《政治经济学史》等。

治方向与目标的基本看法。该著高扬政治治理中的法治精神,提出法治精神是现代国家的根本条件,倡导法治至上的主张。王赣愚指出:"'法'之为物,不问有无公私之别,其最大功用即在维护社会正义与秩序,所以法治是现代统一国家的根本要件。以法治为基础,推动国家政治,政府与人民皆有常轨可资遵循。依我个人看来,这就是所谓'政治的制度化'。"①自然,王赣愚的《中国的政治改进》一书,不是一般地倡导法治理念,而是专就中国的现实政治立论,强调法治精神对于中国政治改进的极端重要性。他说:"在今日的中国,法治的反面,不是人治,却是不治,是扰乱。人治与法治之争辩,闹了二千余年,至今说起来是一套老话。须知二者是相辅的,而不是相对的。任何一种政治,非但要有治人,并且要有法治。有法治然后有治人,惟治人始能用法治。明瞭了这一点,我们对于人治法治孰优孰劣的论战,从此似可掩旗息鼓了。"②由此,该著正是以法治作为改进中国政治的基本方法,阐明法治精神如何在中国得以贯彻与落实。

王赣愚具体地辨析了法治与人治、独裁与民治等关系,并通过对"法治"与其他相关概念关系的分析,就"法治"的内涵作出自己的解读,提出了"政治制度化"的主张。他说:"我们不是说独裁必反法治,却是说独裁必重人治,政随人走,法以人定,中枢失掉维系,统一便毫无保障了。我们又不是说民治必反人治,却是说民治必重法治,事决于民,争不逾轨,在行政上纵然要牺牲若干效率,但政治统一的完成,大致以此为进阶。各国历史上,固不乏赖人治而促进统一的实例;不过要维持统一于久远,仍靠着政治的制度化。国家以法律所造成的'政治秩序',便是政治统一的表现;而这种'政治秩序'之持久,在各国也往往依靠开明领袖的力量。以此以观,在建立制度的过程中,纯粹人治固非需要,而纯粹法治亦不宜行。"③王赣愚将"法治"解读为"政治的制度化",并认为这是国家统一及"统一于久远"的条件。那么,如何才能遵守"法治主义"呢?王赣愚认为,关键在于推行宪政,树立法律的权威,发挥法制在政治生活中的作用,推进"政治的制度化"。他说:"宪政本身就是共同遵守法律的政治,是法治主义的实施。我们不要把法治看成高远玄妙的理想,法治在政治生活当中的效用,就如运动竞赛的规则一样。除非政府与人民共同守法,宪政便难于持久。中国此时如能从速树立宪政规模,则政府各机关,在组织上,在职权上,与夫在其交互关系上,有

---

① 王赣愚:《中国的政治改进》,商务印书馆 1941 年版,第 15 页。
② 王赣愚:《中国的政治改进》,商务印书馆 1941 年版,第 16 页。
③ 王赣愚:《中国的政治改进》,商务印书馆 1941 年版,第 17 页。

了系统,易求调节;有了联系,不相摩擦;有了定轨,又能运用得当。这就是所谓政治的制度化。"①王赣愚将"法治"解读为"政治的制度化",主张将法治具体地落实到政治制度的设计上,这实际上是要求建立一个具有法治精神的政治秩序。

在王赣愚的政治学视域中,既然法治在基本内涵上就是"政治的制度化",那么,又如何推进"政治的制度化"呢? 按照王赣愚的看法,主要是在两个方面着力:

一是必须有法。王赣愚认为,一个国家是否具有法律是推进"政治的制度化"的基础和前提,这就必须制定出相应的法律,但这种法律必须通过集中民意来产生,否则"不如无法"。他说:"法治必先有法,法贵乎出自民意。开明专制纵然可以产生良法,但事易境迁,也往往使良法无用。所以一国民意机关的功用,即在容易制定全国共同遵守的法律。如果有法不受人遵守,则离法治甚远,不如无法。所来我国法律窒滞难行,其症结大致是在民意机关之未设立。……现代较开明的国家莫不以民意为基础,其施政亦莫不以民意为后盾。从经验上说,人民倘没有发挥意见的正当途径,对政府便会渐由隔阂而生猜疑,知法而不能守,守法而无诚意;到了恣行盲动之时,纵临之一刑,禁之以势,亦是无补大局。"②王赣愚强调制定法律必须基于民意,认为这是法治精神的基础。

二是必须守法。王赣愚认为,守法是法治的基本要求。从法的功用来看,"法是政治的工具,其自身不能生效力,宪法亦不是例外。倘执法者丝毫不苟,守法者亦具热诚,如此,以法范围人心,功效即可立见了。"③但守法是对所有人的,不仅仅是对待人民的,政府自然也在其中,而政府尤其需要作出守法的表率。他说:"要养成守法精神,端赖在上者能以身作则,树立模范。人民要守法,政府更要守法。政府不能超出法律,是法治的真义;官吏越权违法,应与人民同受制裁,又是'法律平等'的精神。"④又说:"法治的要求,并非专以法约束人民,却是政府与人民共同守法。……一国既行宪政,则从政者须先守法。从政者要作民众的楷模,就必躬行实践,守法不因职位而有轩轾,执法不因人而欠公允。'我喜可抑,我忿可窒,我法不可离也'。以此为民表率,以此训迪社会,法治精神乃易于养成。立一根本大法,使政府不得逾越权限,使官吏不得侵犯自由,这是任何国家立宪的目的。违背这个目的的政府,其所行的是乱政,是暴治,自身倾覆

终不可逃。我相信真正稳定的政权,只能操于守法不渝的政府手里。"①王赣愚既以平等精神又以立宪宗旨来阐发守法问题,强调政府首先作出守法的表率作用,并认为这对于整个社会养成守法习惯的意义。

王赣愚认为,在政治秩序建设中,无论是有法还是守法,皆以破除人治为基本前提。他说:"中国政治的症结,即在重人轻法,执政者常以一时人事之方便,不惜对法一再破坏,故意忽略。法律自法律,施政自施政,此非纯粹人治而何?这种状态若无法改进,虽有典丽丰皇的宪法,亦无以取信于民。守法固应为上下一致之习惯,而当权在位者尤应力行倡导,这是从人治到法治的最大关键。"②王赣愚要求以法治精神构建政治秩序,将破除人治视为推进民主建设的关键环节。

王赣愚还以法治精神看待用人问题,视人事问题为政治的重要内容,强调制度设计上对用人予以规范,使人才的选择、录取和任用置于法治框架之中。他说:"人事问题的核心,就是如何用人。国家用人,'公'是第一要件。能'公'不仅是当权在位者之德行,尤其应该视为官吏制度化的结果。吏治制度化了,使人欲徇私而不能。从经验上说,有用人之权者,常滥其用人之权,倘无制度作范畴,又无正轨可遵循,在一方'公'既难于表现,他方更以'公'济'私'。"③为此,王赣愚提出"为事择人,因才设事"的主张,要求政府通过考试录用人才,并注重从新式教育中使用人才。他说:

> 为事择人,因才设事,其目的都在事的一点上着眼。要这样做去,国家登用人才,便理应破除情面,以考试定其取舍。且录取标准,亦不可不切合实际。以我个人的见解,今后应就分发任用为对象,重新厘定标准,使录取人员一经登用,即能胜任愉快。但在现制下的困难,却在于录取人员,未能尽先分发任用,即使勉强分发任用,亦未必能各称其职。试想旧员不能淘汰,新进何从插入?我们向来过重资格,而在此用人无定轨的国家,所谓资格云云,实在不过是工作的年份久暂,并非学历才具的比较。以资格作升迁的标准,自然有其长处;不过其坏处是经过一个时期,一般不能称职或能力不足的官吏,反要得到位置的保障的口实。现在时代变了,老朽顽固的官吏,恶习成性,又缺乏应变的能力,已经不是时代的需要了。大体说来,这个转变的时代所急需的,乃是有智能而进步的专才;而专才在我国现状中,只

---

① 王赣愚:《中国的政治改进》,商务印书馆1941年版,第35页。
② 王赣愚:《中国的政治改进》,商务印书馆1941年版,第36—37页。
③ 王赣愚:《中国的政治改进》,商务印书馆1941年版,第158页。

有从受新式教育的青年中求得。所以今后我们为扶植人才计,不得不破格用人,吸引有为的青年人,以替代旧式的官吏。由于新的血液之注入,促成人事相宜的行政。①

王赣愚基于"贪污政治是侵蚀国力的政治"②的认识,就如何治理腐败、推进"廉洁政治"等问题提出自己的看法。在王赣愚看来,在治理腐败的过程中,不仅要惩治贪官污吏,而且要对廉洁官吏采取奖励的政策,建立官员的赏罚机制,树立公平正义的社会风气,否则就难于达到"廉洁政治"的目标。他说:"贪污政治的反面,是廉洁政治。国中常听到廉洁政治的呼吁,政府亦每以此为口号。但在树立廉洁政治的过程中,对廉吏不能不无奖励,奖励得宜,使他们有所勤勉,而不至同流合污。政府官员毕竟是人,自能辨是非,识大体,其肯否黾勉从公,廉隅自矢,仍要看着国中赏罚之能否严明。我国官界所欠的是公平,是正义观念,徇情干私,远贤亲佞,贪廉无定评,优劣欠标准,滥赏妄罚,是明哲所诟病。贪官污吏的劣根性,决非与生以俱来。人当初入仕途,未始不存心养廉,但一见良莠不分,赏罚欠允,好像遇到一盆冷水,热气全消,积久便把抱负丢开,渐愿与侩等为伍。"③王赣愚还提出健全的舆论在反腐中的作用,认为舆论必须纠正"不劳而获"这种变态心理,使社会形成廉政的风气。他说:"舆论制裁是防止贪污的一种有效的方法。国中固不能缺惩治贪污的机关,但每以幅员之辽阔,人情之复杂,致若耳目难周,所以必须在机关以外,培植一种普遍的监督势力。健全的舆论,大致对政治能作比较公平的判断,倘若自由发挥起来,必与民意相结合,其力量自有不可轻侮者。"④自然,王赣愚在这里主要还是强调制度反腐的极端重要性,力图通过建立一套制度及其监督机制,来抑制腐败现象的发生。他说:"贪污的反面是廉洁。所谓廉洁,不应仅视为个人的操守,而应使之成为制度化的效果。一切制度化了,使人虽可贪污而不屑为,且虽欲贪污而不可能,这才是廉洁政治的真义。例如实施文官制度,可以使官吏安于职守,不愿舞弊营私;再如厉行预算审计制度,可以防止浮支滥报,使理财者无从中饱;又如改善监察制度,对于贪官污吏,一面可施以检举而予惩戒,一面又可以从事监督,以防失政,位固能勤,轨定知辱,此乃制度使然,未必即由于人的进步。"⑤王赣愚将建设廉洁政治

---

① 王赣愚:《中国的政治改进》,商务印书馆1941年版,第165—166页。
② 王赣愚:《中国的政治改进》,商务印书馆1941年版,第116页。
③ 王赣愚:《中国的政治改进》,商务印书馆1941年版,第113—114页。
④ 王赣愚:《中国的政治改进》,商务印书馆1941年版,第114页。
⑤ 王赣愚:《中国的政治改进》,商务印书馆1941年版,第115页。

作为"改进政治"的重要途径,针对的正是当时国民党政府贪污成风的现实。

王赣愚的《中国的政治改进》以西方民主政治的法治精神作为全书一以贯之的线索,集中地阐明了自己的"政治的制度化"主张。该著基于"政治的制度化"理念,在法治框架下辨析法治与人治、独裁与民治的对立,强调"有法"与"守法"在民主政治建设中的极端重要性;同时,还基于对国民党政府日益腐败、积重难返的认识,提出通过法治精神彰显、政治制度设计及监督机制建设等办法,借以达到治理腐败、建设"廉洁政治"的目标。该著的特点是,以中国的政治改进为目标,紧密联系国民党政府运行的状况,试图通过"政治改进"的相关方法使其走向现代民主政治,实现由人治到法治、由独裁到民治的转型。这自然只是一种政治愿望,在事实上也是办不到的。但从学术研究的角度来看,王赣愚的《中国的政治改进》一书是聚焦国民党政治、探求中国"政治改进"办法的政治学著作,学理阐发与致用目标相结合,既抨击国民党政府专制独裁的本质,又彰显民主政治的法治精神,在当时的中国学术界有着重要的影响。

6. 张治中的《中国政治建设》(1946 年)

张治中①是著名的政治活动家、爱国民主人士,其所著《中国政治建设》一书,于 1946 年由青年军出版社出版。该著是一部论述中国政治建设的专著,比较系统地表达了作者关于政治建设的主张。该著指出:"政治亦即为'国家之生活'。现在国家为一发展至极度之有机体,其生活现象,乃不断的新陈代谢,不停的发展滋长,故欲建设现代化之政治,现代化之国家,亦必须不断除旧布新,洗刷过去一切不良思想、风气、习惯、制度等等,依据新思想——革命主义,厘定新方案,造成新风气;以推进一切新事业。然所谓除旧布新,并非举凡一切旧者,均予摧毁,而是去其劣者。其良善者,仍当保存,且须继续发扬光大。同时宇宙间一切事物,无过去即无现在,无现在即无将来,故政治上之设施,又当根据现实情况,以创造将来事业,于不断除旧布新之中,更当注重因势利导。"②不难看出,张治中撰写《中国政治建设》一书的目的,就在于使中国"建设现代化之政治,现代化之国家";而建设现代化国家的手段,就在于"除旧布新",并在政治的设施上"根据现实情况","于不断除旧布新之中,更当注重因势利导"。

张治中在《中国政治建设》一书中,对于国家的政治体制的设计,既不满意

---

① 张治中(1890—1969),原名本尧,字警魄,后改名治中,字文白,安徽巢县(今安徽巢湖)人。著名爱国主义人士。著有《中国政治建设》、《张治中回忆录》等。

② 张治中:《中国政治建设》,青年军出版社 1946 年版,第 189—190 页。

于集权制,同时也不同意分权制的办法,而是主张依据孙中山先生提出的由训政到宪政的建设方向。他指出:"纵观过去史实,无论集权分权,皆无善果。趋重集权,则不引起内部之反动,即遭受外患之侵凌;趋重分权,则又多成割据局面。是以中央与地方之关系,究应如何规划,实为我国政治上之重要课题。夫以我国疆域之广,各省民情风尚,互有殊异,财政、经济、文化各方面亦参差特甚,若不顾及各个地方特殊情形,而欲以中央权力控制全国,断难收因地制宜之效,且亦有鞭长莫及之感。同时又因国内交通不便,人民自治能力薄弱,未能监督政府行政,骤行分权,则又恐封建把握,使整个国家建设不能推进。"正是对集权制和分权制有这样的看法,张治中主张依据孙中山先生提出的"均权"办法:"一面规定训政时期加紧训练人民四权之使用,一面规定宪政时期中央与地方采用均权制度。凡事务有全国一致性质者,划归中央;有因地制宜之性质者,规划地方;不偏于中央集权或地方分权。中央政府既须依界地方政府执行中央之法律,同时地方政府又须代表人民推行地方自治;当地方政府执行中央之任务时,则受中央之监督与指挥;但执行地方事务时,则尽可自主,中央不能加以越法之干涉。此种制度,实可以济现代集权分权畸重畸轻之弊,而为最适合我国国情之需要也。"①张治中主张依据孙中山先生的"均权"主张来规划中央与地方关系,力图在集权与分权的体制之中找到折中的方法。

张治中在《中国政治建设》一书中,不仅强调制度设计的极端重要性,而且认为制度的遵守乃是政治建设中的关键环节。他指出:"国家之范围广泛,政治上之事业繁多,而人心不同,人事无定,贤愚异等,才智各别,故为政治国,如不先确立合理之规模制度纪纲法律,则政治无所准据,驯至人人将各行其是,各逞其私,政治必败,国家必乱。现代之政治与现代之国家,均以法纪制度为要件。但仅有良好之法纪制度,而国民不能遵守,亦属枉然。……故各级干部能注意明德修身,则不患无治人;能守法重纪,则自然有治法;法良制美,而又官贤吏能,则现代化之新政治与国家,当即可建立矣。"②张治中高度重视法制精神培育的意义,将彰显法制精神、推进法制教育视为政治建设的前提。他指出:"欲求我国政治之成功,除须采用适合之制度外,更须培养国人遵守法制之精神。法制精神之培养,除前述整饬国家纲纪,对于贪污弄权枉法捣乱之行为,依法严惩,并由教育方法启迪民智,发扬民德,及实施国民精神外,更当于日常生活中施以团结互助合

---

① 张治中:《中国政治建设》,青年军出版社 1946 年版,第 252—253 页。
② 张治中:《中国政治建设》,青年军出版社 1946 年版,第 192—193 页。

作等政治训练,以发扬国人之民治精神与政治道德。"①张治中不仅重视制度体制建设的极端重要性,而且将政治建设落实在具体的行动上,并强调"整饬国家纲纪"与国人的法制精神培养相结合的治理路径,这对于政治建设由理想到现实的推进应该说还是有启迪意义的。

张治中的《中国政治建设》一书恪守政治即"国家之生活"的理念,强调国家在政治体制设计上的极端重要性,并在坚持孙中山先生政治主张的前提下,对于国家的政治建设目标、路径及方向做出了理论上的探讨,深化了政治建设问题的研究。该著的特色:一是聚焦现实政治的问题,揭露了国民党统治下纲纪不正、专制独裁、"贪污弄权枉法捣乱"的严峻现实,提出了"中国政治建设"的极端必要性;二是主张在民主政治框架中重视制度的设计,认为无论是集权还是分权"皆无善果",因而需要根据政治现状及发展的目标进行重新设计,亦即需要先行"确立合理之规模制度纪纲法律";三是在政治建设的路径上,强调法制精神彰显与政治实践结合的重要性,主张在采用适合的制度的同时"更须培养国人遵守法制之精神"。该著尽管不为当今学术界所重视,但在现代中国的学术史上,尤其是在中国现代政治学史上有着重要的地位。

7. 陈伯骥的《中国民主政治的原理》(1946 年)

陈伯骥②所著《中国民主政治的原理》,于 1946 年由商务印书馆出版。该著是一部专论中国民主政治建设的学术著作,主张通过法治建设和民众政治能力的培养,使中国政治向着民主政治的方向前进。

陈伯骥的《中国民主政治的原理》一书在中央与地方的关系上,主张在采用孙中山先生的"均权制"基础上,扩大地方的权限,改变长期以来中央集权的传统。他指出:"从历史的角度上观察,我国中央与地方的关系,数千年来,不是偏重集权,便是偏重分权,前者以统一为护符,误专制就是中央集权,结果流为个人专制;……后者以争权势为目的,遂成了割据的局面。远者姑不详论,但就民国以来'省宪派'与'反省宪派'的斗争,其祸国殃民,便是犯了上述的毛病。采用均权制,便是接受历史的惨痛教训,以树立适宜政制,谋国家的长治久安。"③又指出:"政府的'做工'权过于集中,则事务丛集于中央,我国地大人多,交通不

---

①　张治中:《中国政治建设》,青年军出版社 1946 年版,第 313 页。

②　陈伯骥(1912—1978),广东肇庆潭布镇文头莨村人。先后就读于上海复旦大学、暨南大学,后留学于英国伦敦大学获得博士学位。先后任军事学院政治教官、上海商业学院教授、中山大学教授,1949 年定居澳洲。著有《中国之政治》、《论三民主义》、《中国民主政治的原理》等。

③　陈伯骥:《中国民主政治的原理》,商务印书馆 1946 年版,第 124 页。

便,处理必感困难;又因地方自治为建国础石,工作艰巨,自治推行,宜以县为单位,使县与县联,以成一国。这样,各项事务,皆由地方分担,自可避免政治机器运用不灵的危险。同时,万能政府替人民做的事太繁杂,若不将中央和地方权责划分清楚,更不足应付复杂的社会生活,这可见我国的均权主义,不仅适合国情,亦与近代政府趋向于分权分职的精神相一致。"①可见,陈伯骥尽管主张"均权制",但更多的是重视地方的职能和地方权力的使用,这在当时的"均权制"主张中是有特色的。

　　陈伯骥的《中国民主政治的原理》一书,依据民主政治的法治精神及政治设计,将法治秩序的建构和民众权力的行使作为民主政治建设的关键。该著高度重视法治在民主政治建设中的地位,确认法治乃是民主政治建设的基本原则。该著指出:"法治,是民主政治的基本原则,也是管理众人之事的方法和规律。社会秩序的维持,人民权利的保障,政府管理无法滥权徇私,莫不赖于法治的推行。有了法治,就有公平和进步的社会制度,有了法治,政治才能上轨道。……站在政治观点来看法治,它可把政府与人民的行为纳入正轨,彼此守法,不能逾越,可以说是民主政治的真髓所在;人民的'权'和政府的'能',循着法治以行,亦可确立彼此的关系。"②该著在法治的视域之中,特别强调民众权力行使在民主政治建设中的地位,主张人民通过罢免权的行使,养成民众行使"直接民权"的能力,从而推进政治建设的民主化。该著指出:"行使罢免权的理由,主要论点有二:(一)为要实现民主政治,保障人民福利,对于违法失职的官吏或代表,应以民意为依归,实行罢免,矫正选举制度的流弊;(二)行使罢免权,就是民意的表现,使代表或官吏知有人民的监督,减少舞弊作恶的机会,它可辨别是非,可进贤才,退腐化。……可见罢免权的优点实多于缺点,它是澄清吏治的利器,为行直接民权所不可缺。"③陈伯骥关于法治精神和人民权力的观点,使该著在政治建设问题上有着积极而又进步的意义。

　　陈伯骥的《中国民主政治的原理》是以自由主义的理念来研究民主政治建设问题的,在中央集权和地方分权的辨析中倡导以"均权制"来处理中央与地方的关系,是20世纪40年代政治设计上主张采取"均权制"的重要代表。该著聚焦中国政治建设的问题及民主政治建设的需要,努力为中国的民主政治提出建

设性看法,不仅宣传了民主政治的观点和法治精神的理念,而且主张通过行使人民的罢免权而养成"直接民权"的能力,力图将政治建设沿着孙中山所设计的方向推进下去,在学理上为中国政治建设作出了重要探索。陈伯骥的《中国民主政治的原理》在中国现代学术史上有着重要的地位。

此外,在中国自由主义政治学发展的进程中,还有一些比较重要的政治学著作,也是需要提及的:

——刘文岛①的《政党政治论》(1923年)。该著1923年1月商务印书馆初版,至1931年5月出第5版。该著分为两编,第一编"政党",论述政党产生的必要、定义、活动等;第二编"政党政治",论述政党政治与立宪、寡头政治、选举、舆论的关系等问题。该著将在"政治社会"中维护其优势地位、进行"共同之活动"、实现其"共同目的"作为政党的要素。该著指出:"有人人焉,同欲于得一优势地位而继续维护之,于是任意结合,本其基于公共利害的一定之意见,为共同之活动,以期达其共同目的者,是乃政党之定义也。"②刘文岛的《政党政治论》虽然在内容上还比较浅显,但却是中国较早的一部关于政党政治研究的著作,在中国现代政治学史上有着重要的学术地位。

——王恒的《现代中国政治》(1928年)。该著认为,现代政治的发展方向是民主政治,而民主政治是与法治紧密联系在一起的,在本质上是与人治背道而驰的,故而中国政治应在法治精神的导引下培育起来。该著指出:"转入现代中国,政治原则,即开一民主之新生面,同时遂不得不由人治而易为法治。盖民国主权在人民全体,不以法为单位,将无由立其中心;非以法为基础,将无由树立政治组织之单位也。……吾人于此,宜首先注意者,即民主法治之范围,与君主专制时代之所谓法治者不同。君主专制时代所行之法治,君主及若干贵族,往往立于法之外,为其制裁力之所不及。民主则不然,乃举全国之人,皆立于法律之中,即宪法之一部,规定人民之权利义务,他一部规定政治活动之原则,无论何人,不得任意违反之也。"③正是基于对法治精神的重视,王恒强调"法治之精意"是"与民主之原理不谋而合"的。他指出:"盖打消英雄政治,而实现平民政

① 刘文岛(1893—1967),字尘苏,湖北广济人。日本早稻田大学政治经济学部毕业,后赴法国巴黎大学留学,获法学博士学位。1925年夏回国后,任长沙省长公署顾问、武昌中华大学教授。1931年起先后任驻法国、奥地利、意大利公使。1949年赴台湾。著有《政党政治论》(商务印书馆1923年1月初版)、《组合与近代思潮》(商务印书馆(重庆)1943年12月初版)等。

② 刘文岛:《政党政治论》,商务印书馆1923年版,第6页。

③ 王恒:《现代中国政治》,革新评论社1928年版,第217—218页。

治,以法治为惟一利器也。即民主政治之精意,首在夺取国民特别的分子,因民众的社会活动而取得之成绩,同时即以法治之手段,而使之民众化,不使之累积于一血统一阶段,而惹起社会革命之危险。故法治要义,即在没入特优分子权利之一部,而促进人民之平等;取消少数人特殊之自由,使众愚权位之总量,常立于智能阶级权位之上,而实现德谟克拉西。"①王恒在政治上坚持社会改良的主张,倡导资产阶级时代的民主主义,其所要求的民主政治建设也有着防止"社会革命之危险"的目的,但他认为现代民主政治在本质上是法治体系下的民主政治,民主政治建设不仅需要以法治为基础,而且应该置于法治体系之中,这应该说是对民主政治建设的积极探索。该著对于政策问题的探讨尤为深刻,不仅阐明了政策的本质、要素等问题,而且对于政策的精义所在亦作出分析,可谓该著一个突出的亮点。该著对于政策的本质有这样的论述:"政策之本质,如数学之依勾股而求弦,如名学之依大小前提而求结论,如大陆百派奔流而赴于海,如名将用兵,阴阳反正,协力合作,以达其最后胜利之目的。故运用政策,而无先后一贯之精神,非政治家;有一贯之精神,而不能随时变化其手段者,非政治家;手段变化,而不能执简单驭烦,乃至自相矛盾者,犹不足以当政治家之目。"②这里,王恒强调政策的目的性、连续性、变动性及操作性。他还研究了政策的构成问题,在民主政治视域中看待政策的要素问题,将"社会精神"与"时代精神"视为政策的基本要素,其论述亦颇有深刻之处。③ 该著认为,政策的精义就在于"中庸",并以民众本位的立场和主权在民的观点,进行了如下的解释:"所谓政策之精义,亦不过中庸之道而已。与时相适之谓中,合乎民众之为庸。故无论何种政策,必兼顾过去未来,而重视现在。定一政策而随时可行者,不通之政策也。故求政策的真义,与其著书以传后,不如择继任之人,而委以划策之权。盖'中'非死物,惟有以自强不息之精神,继续维持之,乃能常保其中而不偏也。……又无论何种政策,除数字专门的部分之外,必求群众之易于了解,即'庸'之谓也。……故治国平天下之道,其根本在乎正心诚意也。故曰心诚求之,虽不中,不远矣。诚当局者为人民求,决不如人民自求之为当。故反乎人民所要求而决定政策者,谓之不诚。'不诚未有能动者也'。故持一策而不能动者,当先自反省其策之是否出于至诚,亦庸之真义也。"④《现代中国政治》以民众本位的立场诠释政策的精义所

---

① 王恒:《现代中国政治》,革新评论社 1928 年版,第 220—221 页。
② 王恒:《现代中国政治》,革新评论社 1928 年版,第 227 页。
③ 王恒:《现代中国政治》,革新评论社 1928 年版,第 227—229 页。
④ 王恒:《现代中国政治》,革新评论社 1928 年版,第 230—231 页。

在,有力地提升了该著的政治水平和学术价值。

——杨幼炯①的《政治学纲要》(1935 年)②。该著分绪论、民族、国家、国权与主权、民主政治、国民权利等 6 章,强调政治建设必须坚持民众本位的立场,在民主政治之中,人民必须具有罢免权。该著指出:"所谓民主政治国家的主权本是存于全体人民,而人民实为国家的主权者。一切行政官吏所行使的,都不是固有的权力;他们的一切措施,虽是以主权者的名义行之,但是他们对于主权者,当负责任,这是很明显的。所以人民对于行政官吏不负责任时,得随时随地实行其罢免官吏之权。……由此可知,人民有了罢免权,便可以用来监督政府和国会,这样,行政的官吏于议会就不敢倒行逆施,与人民立于反对的地位,这是保障民权主义最好的方法。因为人民得罢免官吏,便可以限制行政官或议员的权力极端的扩充,同时并可以限制他们专制行为,所以人民要求保障他们的权力,必须有罢免权。"③该著能够在把握西方政治学发展状况基础上,阐发民主政治演进的趋势。

——萧公权④的《中国政治思想史》(脱稿于 1940 年夏)。该著是萧公权的重要代表作。全书从先秦至民国初年,按政治思想的历史演进来进行叙述,共分三部分:(1)封建天下之政治思想,(2)专制天下之政治思想,(3)近代国家之政治思想。在该著"凡例"中,萧公权介绍了自己研究中国政治思想史的方法:"一、本书采政治学之观点,用历史之方法,略叙晚周以来二千五百年间政治思想之大概,……二、本书体例以时代为经,以思想派别为纬,其取材以前人著作之具有理论价值者为主。影响较大之政论亦酌量述及,专对一时一地实际问题之政论则一概从略。三、本书叙述各家思想,力守客观之态度。偶有评论,亦意在辨明其历史上之地位,非敢任意抑扬,臆断得失。"该著依据政治学的观点梳理

---

① 杨幼炯(1902—1973),字熙清,号复斋,湖南常德清江人。早年留学日本,后入上海复旦大学政治系毕业。曾任中央大学、上海法政大学、中国公学、暨南大学教授,后去台湾。著有《政治学纲要》、《政治建设论》、《现代社会主义述评》、《权能划分及均权政制》、《近世民主宪政之新动向》、《中国政党史》、《近代中国立法史》等。

② 中华书局 1935 年初版,至 1941 年 2 月出第 4 版。

③ 杨幼炯:《政治学纲要》,中华书局 1935 年版,第 135—136 页。

④ 萧公权(1997—1981),原名笃平,自号迹园,笔名君衡,江西泰和人。1920 年自清华毕业,后赴美留学,就读于密苏里大学新闻专业和康奈尔大学哲学系。1926 年取得康奈尔大学博士学位后回国,先后在南开大学、东北大学、燕京大学、清华大学等校任教。全国抗战爆发后,任教于四川大学、成都燕京大学、光华大学,抗战胜利后继续在光华大学及四川大学任教。1948 年,当选为中华民国第一届中央研究院院士。1949 年底赴美出任西雅图华盛顿大学教授。著有《政治多元论》、《中国政治思想史》等。

政治思想的历程及其所关涉的主要问题,注重对历史资料的整理与解读,评价上力求坚持公正客观的历史主义的态度,成为当时一部系统性较强的中国政治思想史著作。萧公权在书中表达了自己对待政治思想的态度:"政治思想虽不能离环境以产生,而在同一历史环境中,所有思想之内容不必皆出一辙。个人之品性,家庭之生活,师友之影响,凡此一切均可使个人对于同一环境发生不同之反应而促成其思想之分歧。"有学者据此给予高度的评价:"萧公权研究中国政治思想史的态度和著述方式,最显著的特点是强调客观和运用历史的方法,注重思想发生的根源及其转变的背景";萧公权的研究方法可称之为"历史主义"的方法,"这种方法在其早年著《政治多元论》时似乎并不明显,但在其著《中国政治思想史》时则成为根本原则。他论述先秦政治思想的发展,特别注意先秦学说产生的大体相近的历史环境,以及诸子各家各派思想的交互影响,他也以历史背景的转变来解释秦汉以下思想史的发展,可见他极为重视思想史发展的历史背景"①。

——傅瑞华②的《中国政治之建设问题》(1943年)。该著对政治建设中的人才问题进行集中研究,指出:"要造成好的干部,必须细心的考察干部,正确地提拔干部,热情地爱护干部,培养干部,诚恳的看待干部。不仅对党内同志如此,即对党外的人材与干部,也要好好地团集他们到自己党的周围,把他们的力量,组织到抗战建国的伟大事业中来。"③又指出,"考试是为谋用人得其公的一个方法",在"民主政治实现后,对于某些事务人员或技术人员,也是要考试的",但是,"考试的方式,不能太狭",并且"考试的方法,不能专注重'笔墨取士'"④。该著将考试视为人才选拔、任用的重要环节,借此在造就干部的基础上推进"中国政治之建设"。

——许崇灏⑤的《中国政制概要》(1943年)。该著主张政治学研究中必须将国家与政府分别开来,提出人民对于政府人员具有监督的权利,指出:"国家是包含全体人民,政府仅包含行使政权的某一部分人员,而非国家人民全体,并

① 孙宏云:《中国现代政治学的展开:清华政治学系的早期发展(1926—1937)》,生活·读书·新知三联书店2005年版,第167—168页。
② 傅瑞华(1909—1978),湖北沔阳人,曾任南京中央军校政治教官、国民革命军陆军大学少将政治教官。
③ 傅瑞华:《中国政治之建设问题》,东方书社1943年版,第16—17页。
④ 傅瑞华:《中国政治之建设问题》,东方书社1943年版,第54—55页。
⑤ 许崇灏(1882—1959),字晴江,号公武,广东番禺(今广州)人。许崇智之兄。

且这些政府人员,就是国家的公仆,他们的行为,足以影响社会全体的幸福,所以人民应当要加以审慎的监察。"①可见,该著在学理上主张将国家与政府分开的目的,一方面在于强化人民对于政府的监督,凸显公民在国家政治生活中的主体地位,另一方面就在于强调政府人员必须保持"国家的公仆"的意识,以便能在监督之中致力于"社会全体的幸福"。

——张申府②的《独立与民主》(1945年)。该著提出,中国政治发展必须发挥各党派的作用,"应即由各党派,包括国共在内,以及其他社会有力人士,开诚协商,订立共同纲领,组织国民联盟,成立全国一致的统一政府,以增加抗战力量,以促进政治进步。由此统一政府切实保障人民言论出版集会结社等自由。……国共谈判应即恢复,站在国家民族的立场,并由其它党派参加,迅速使一切党派上的悬案都得到适当的解决。谈判进行情形随时尽可能地公开于社会。"③该著产生于现代中国的政治环境中,力图联系中国政治变革的实际,故而有着较强的现实意识和时代意识。

——吴之椿④(1894—1971)的《法治与民治》(1946年)。该著是专门讨论法治与民治关系的政治学专著。该著认为,一方面,真正的民治是完善的法治,因而没有健全的法治也就没有真正的民治;另一方面,"民治是法治之基础",真正的法治是民主的法治,故而应该在民治上多尽一分力量,从而使法治多一分基础。故而,在法治的框架之中,一切政治势力、一切政治组织(也包括政府),皆必须承担法律上的责任,皆必须以民治的理念为根基。该著指出:"若依法而治而言,首先的政治上的各种势力,皆已获得共同遵守的法度,而共同信守不渝。"⑤又指出:"在法治的完全含义中,一个政府的合法,必须尽到两种责任。其一应做依法所应做的事,其二不做依法所不可做的事。如果这两方面皆有缺陷,

---

① 许崇灏:《中国政制概要》,商务印书馆1943年版,第7页。
② 张申府(1893—1986),名崧年,张岱年之兄,河北献县人,北京大学、清华大学教授,哲学家,数学家。有《张申府文集》行世。
③ 张申府:《独立与民主》,文献出版社1945年版,第50—51页。
④ 吴之椿(1894—1971),湖北省江陵(其乡今属沙市)人。民初毕业于武昌文华书院,1917年官费赴美国入伊利诺伊大学,1920年获文学士学位。又入哈佛大学,次年获硕士学位。嗣后在伦敦政治研究院和法国巴黎大学深造。1922年夏归国后,历任中州大学、武昌国立商科大学、中山大学教授。历任武汉大学、清华大学、青岛山东大学、武汉大学、国立西南联合大学、北京大学教授。新中国成立后,继任北大教授,后改任北京政法学院教授,1961年被聘任为中央文史研究馆馆员。著有《青年的修养》、《法治与民治》、《自由与组织》等著作。
⑤ 吴之椿:《法治与民治》,生活书店1946年版,第25—26页。

政府皆为失职,应负法律上的责任,亦皆为违法。"①这里,吴之椿强调法治的理念,要求政府皆应在法治之下承担责任,认为不能承担责任的政府就"应负法律上的责任"。吴之椿认定中国政治民主化、法治化的建设方向,并提出了三点要求:"其一,我们对法治不讳言失败,但失败后更须加紧努力,更须本自己失败之经验,不断的改正努力的方向。对法治的信念必须坚定,对法治的方向必须正确,而对法治的努力更必须持之以恒,其成功方可期。其二,促进法治必须在事实上争取,而不重在口头上宣传,每一成功的特殊事例,皆是以壮正义之气慑奸人之胆,而对社会培植法治的习惯,厚增其力量。积多数与长期的成功事例,才能使法治在社会上成为普遍深厚的习惯,也才能使法治成功。这件事,政府与民间皆宜有所尽力。其三,民治是法治之基础,……中国人民能在民治上多尽一分力量,则法治多一分基础。舍民治而言法治,即非粉饰太平,亦只是舍本逐末,其结果必终归于失败。"②值得注意的是,吴之椿强调的民治是法治下的民治、法治是以民治为基础的法治,故而对于官吏阶层提出了特别的要求。这就是,官吏不仅要具有"近代化"的法治理念,而且要时刻处于社会的监督之中,亦即必须"纳官吏于法治"体系之中。他指出:"在这近代化的程序中,所涉及的条件不止一端。有效的技术,与有效的人事行政与组织,固属决不可少,但官吏必须具备近代的头脑与近代的社会责任心,尤属必要。更重要的,是纳官吏于法治,要他们都守法,并在违法的时候使他们负有效的责任。要求官吏守法,人民同具此心;但实际上要做到这一点,是一件极不容易的事。仅仅对官吏通过一些整顿官常的条文,或颁布一些肃清吏治的文告,去奖励和叮嘱他们守法,其效力是等于零。必须使法律的程序,能以有效的对他们实施,更必须社会对于官吏亦永恒不断的监督,才能够产生有效的近代官吏。官吏犯法,应当逮捕审讯或处刑的,不应当比一般人民更为困难,更受政府与特殊势力的荫庇。"③吴之椿在《法治与民治》一书中关于法治与民治关系的论述,坚持民治法治化、法治民治化的政治理念,其目的在于使中国政治向着民主政治的方向前进,从而使中国建设成为真正的民治国家。吴之椿在《法治与民治》是一部追求民主的政治学专著,在中国现代政治学史上有着重要的地位。

中国自由主义政治学家大都留学过欧美,较为系统地接受了西方自由主义

---

① 吴之椿:《法治与民治》,生活书店 1946 年版,第 23—24 页。
② 吴之椿:《法治与民治》,生活书店 1946 年版,第 47—48 页。
③ 吴之椿:《法治与民治》,生活书店 1946 年版,第 17—18 页。

的政治理论。撰写《政党政治论》的刘文岛(1893—1967),湖北广济人,1913年曾留学日本早稻田大学,研习政治经济,后来又于1919—1925年赴法国留学获博士学位。著有《政治多元论》、《中国政治思想史》、《中国乡村》、《宪政与民主》等著作的萧公权(1997—1981),江西省泰和人,曾留学美国的密苏里大学、康乃尔大学,最后获得博士学位。著有《民主政治的基础》、《论洛克的政治思想》、《政治学问题研究》的吴恩裕(1909—1979),辽宁沈阳人,早年在清华大学就读,1936年公费留学英国,入伦敦政治经济学院研究政治思想史,师从国际社会党理论鼻祖、"人权理论"提出者 H.J.拉斯基教授,在拉斯基教授指导下完成博士论文《马克思的哲学、伦理和政治思想》①。有学者对抗战前中国各大学政治学系教员构成及其留学背景予以统计和分析,其结论是:政治学教员以英美归国留学生为多,其中"又以留美者居多,留英归国政治学者主要集中在武汉大学,而且多为伦敦政治经济院(LSE)毕业生"。统计的结果还表明:"1930年中国各大学政治学系主任基本上都是留美政治学者,如清华的浦薛凤、北大的邱昌渭、张忠绂、南开的张纯明、中央大学的杭立武和张汇文、武汉大学的刘迺诚、燕京大学的徐淑希、复旦大学的孙寒冰、沪江大学的余日宣。"②由于政治学作为现代学科是西来的,又由于美国在当时处于世界的领先地位,再加上中国有着"庚款留美"这样的背景,因而中国政治学学者大都来自归国留美学生,也就很自然了。

此外,中国自由主义政治学者之间的学术合作意识较强。譬如,《制度与人才》(北斗书店1944年版)是自由主义学人的集体之作。该著由宋特立编辑,收入杨玉清的《制度与人才》、郑彦棻的《解决人事问题的途径》、徐熙的《纪纲与人才》、张溥生的《才与用才》、邓启农的《论用人才与人才自用》、李宗义的《怎样做一个现代公务员》、谢华清的《论才难》等文章,就制度设计与用人之道作了多方面的论述,表征了中国自由主义学者在政治学研究方面的努力。

(三) 国民党官方政治学

政治学是具有很强的意识形态性的学问,历来就有官方与非官方之别。官

---

① 笔者未能见到吴恩裕博士论文的内容,但他所著《马克思的政治思想》一书在学术界有很大的影响。该著由商务印书馆1945年1月渝初版,1945年12月沪初版,1946年10月沪再版,1948年1月沪3版。——参见北京图书馆编:《民国时期总书目·政治》上册,书目文献出版社1996年版,第12页。

② 孙宏云:《中国现代政治学的展开:清华政治学系的早期发展(1926—1937)》,生活·读书·新知三联书店2005年版,第403页。

方政治学与非官方的政治学在研究理念、治学路径、研究目标、服务对象等方面皆有很大的不同,但皆与既有的政治制度及政治秩序有着这样和那样的关联,只不过官方政治学对既有政治制度、政治秩序采取极力维护的态度,而学术界中的非官方政治学对现行政治制度、政治秩序则采取批判的态度。在现代中国,存在着为国民党政府服务的御用政治学。这是国民党官方的政治学,其目的在维护国民党政府的现行政治统治秩序,并通过阐释国民党官方的主流意识形态,为国民党的反动统治出谋划策。国民党的官方政治学最有代表性的是"中国式法西斯主义",其次还有所谓"国家主义政治学",这又分为两支:一支是戴季陶以"三民主义"为核心的戴季陶主义,另一支是以"民族主义"为核心的醒狮派国家主义①。以下,试作简要的介绍:

(1)戴季陶的"三民主义"。戴季陶是国民党内的新右派,政治上以反对国共合作为显著特征,在国民党官方中有很大的影响。戴季陶主义产生于大革命时期,是一种国民党官方的政治意识形态。1925 年的六七月间,戴季陶相继写成《孙文主义之哲学基础》《国民革命与中国国民党》两本小册子,构成一套反对马克思主义、反对阶级斗争、反对国共合作的反动理论,通称"戴季陶主义"。"戴季陶主义"是挂着孙文主义招牌的理论,全面阉割了孙中山三民主义进步性的一面,其特点是发挥了孙中山思想中某些消极成分,极力抹杀孙中山学说中革命性的内容,成为蒋介石国民党政府的官方意识形态。戴季陶以儒家的"道统"论来解释"孙文主义",以"仁爱"说和阶级调和论反对马克思主义的阶级斗争理论,用民族斗争排斥阶级斗争,以所谓的团体"排拒性"的观点反对国共两党的党内合作。他提出孙中山的思想"完全是中国的正统思想,就是继承了尧舜以至孔孟而中绝的仁义道德的思想"。还说孙中山三民主义的"思想基础"是"民生哲学",而"仁爱"又是"民生哲学之基础"。对于中国"革命"问题,戴季陶认为所谓"革命"则"是从仁爱的道德产生出来,并不是从阶级的道德产生出来的";因而,"拥护工农群众的利益,不需要取阶级斗争的形式,……可以仁爱之心感动资本家,使之尊重工农群众的利益"。他声称:"我的心目中,只有一个中国国家和民族的需要",而共产党是"争得一个唯物史观,打破了一个国民革命"。他认为组织之间具有排他性,国共之间没有"共信","共信不立,互信不生;互信不生,团结不固;团结不固,不能生存"。他号召所谓的"真实的三民主

---

① 王邦佐、潘世伟主编:《二十世纪中国社会科学·政治学卷》,上海人民出版社 2005 年版,第 107 页。

义信徒",发挥国民党的"独占性、排他性、统一性、支配性",谋求国民党的生存及其统治地位。戴季陶主义为蒋介石为代表的新右派反共篡权奠定了理论基础,并成为维护蒋介石政治统治的政治理论。

(2)国家主义派。这派以曾琦、李璜、陈启天、余家菊等为代表。他们原来都是五四时期著名团体少年中国学会的成员,是当时学会中的右翼势力。"五四"以后,他们走上信奉国家主义、反对马克思主义的道路。1923年12月,曾琦等人在法国巴黎成立中国青年党,进行宣传活动。但在1929年公开党名之前,一直以"中国国家主义青年团"的名义进行对外活动。1924年秋,活动中心移至国内,标榜国家主义,被人们称为国家主义派。他们出版《醒狮》周报,鼓吹其"国家主义"理论,因而又被人们称为"醒狮派"。大革命时期,国家主义派的活动十分猖獗,各地国家主义团体达30多个,出版报刊几十种,并于1925年12月成立了"全国国家主义团体联合会"。其政治主张:(1)鼓吹资产阶级的民族主义、法西斯主义,用生存竞争、弱肉强食的观点来看待和解释一切国家关系。(2)以国家高于一切作号召,鼓吹"全民革命"、"全民政治"、"全民福利",否认中国社会存在着阶级的对立,反对阶级斗争,反对人民革命,反对共产主义。(3)以"内除国贼,外抗强权"为号召,反对孙中山联俄联共政策,将苏联说成是"强权",将中国共产党说成是"国贼",鼓吹反苏反共的论调。由于他们借用五四时期的"内除国贼、外抗强权"口号,故在当时颇能迷惑人。他们撰写的著作,以阐释和发挥其"国家主义"为目的,代表性著作有陈启天的《建国政策发端》、余家菊的《国家主义概论》、陈启天和常燕生的《国家主义运动史》等,并出版有《国家主义论文集》(一、二集)及《国家主义讲演集》。其后,陈启天出版有《民主宪政论》(商务印书馆1945年版)。应该指出的是,醒狮派国家主义作为现代中国的"国家主义政治学"中的一个流派,"这一派政治学在学术界尚显得微不足道,但是,暗地里却是国民党政治的意识形态"①。

(3)中国式的法西斯主义。中国的法西斯主义作为一种治理国家的思想并形成一种社会政治思潮,是在蒋介石集团建立政权之后。蒋介石在1931年5月5日的"国民会议"开幕词中,公开鼓吹法西斯理论。他说:世界上有三种政治理论:"第一,法西斯蒂之政治理论";"第二,共产主义之政治理论";"第三,自由民治主义之政治理论"。他认为,共产主义理论"不适于中国产业落后的情形,及

---

① 王邦佐、潘世伟主编:《二十世纪中国社会科学·政治学卷》,上海人民出版社2005年版,第107页。

中国固有的道德",而民治主义也不过是"各据席位"、"群疑满腹",因而也不能实行;唯有法西斯主义理论能够保证国民党"为有效能的统治权之行施",而且"合于大同原则"。蒋介石提出实行法西斯主义以后,国民党报刊大肆鼓吹法西斯主义理论。中国法西斯主义的中心内容:一个主义(三民主义)、一个领袖(蒋介石)、一个政党(国民党,党内无党,以党代政)。借口实行"三民主义",反对共产主义和资产阶级民主主义;借口"以党治国",实行国民党一党专政,反对共产党和一切其他民主党派;借口"一个统帅",实行蒋介石的个人独裁。蒋介石以"训政"为名,打起复兴国家和民族的幌子,实际上是对外妥协投降,对内实行法西斯独裁和特务统治,执行"攘外必先安内"的反动纲领。中国法西斯主义的思想基础是"力行哲学"(亦为所谓"诚的哲学"),推行方法是新生活运动、新生活促进会。其基本特征是:以三民主义为外壳,体现出"儒学+法西斯"及"官僚资本+特务制度"特征。

在国民党统治时期,为国民党统治服务的政治学著作不少,代表性的还有桂崇基的《政治学原理》(商务印书馆 1934 年版)、陈占甲的《政治人才论丛》(人文书社 1934 年版)、萨孟武的《政治学新论》(1948 年版)等。

现代中国的政治学在现代中国政治变革的历程中有着不同的命运:国民党官方政治学是极力维护国民党反动统治的,谈不上有多少学理性及学术价值,故而为现代中国的大多数学人所不齿;中国的自由主义政治学有着西方政治学的理论基础,并且在国统区的大学教育中也占有重要的地位,但由于自由主义本身理论上的缺陷,特别是不能解决中国急迫的现实政治问题,故而在人民革命的历史洪流中逐步衰落下去;只有中国马克思主义政治学因为有科学理论的指导,并且切合中国政治变革的迫切需要,再加上得到中国共产党人领导的政治实践活动的有力支撑,故而中国马克思主义政治学在创建中得到壮大和发展,并在与中国革命斗争的实践结合中显示出蓬勃生机,从而构建了革命意识鲜明、中国特色显著的中国马克思主义政治学的学科体系、学术体系和话语体系。

三、政治学会的创立与政治学教育的开展

中国政治学在现代中国的发展过程中形成了自己的刊物与组织,高校的政治学教育也取得突出的进展。

（一）政治学刊物

就刊物而言，主要有：

（1）《太平洋》。1917 年 3 月周鲠生、李剑农、杨端六等在上海创办《太平洋》这一政论性刊物，泰东图书局发行。初为月刊，从第二卷起改为双月刊，由商务印书馆发行。李大钊、胡适、李剑农、高一涵、吴稚晖等曾在该刊上发表过重要论文。《太平洋》杂志于 1925 年 6 月停刊，共出 4 卷 42 期。

（2）《努力周报》。《努力周报》是胡适主编的政治与文艺综合性刊物，1922年 5 月 7 日创刊于北京，1923 年 10 月 31 日终刊，共出版 75 期，其政治主张以及关于制宪问题、玄学与科学问题的讨论在当时的中国思想界产生重大的影响。胡适、高一涵、丁文江、陶孟和等北京大学的自由主义者，都曾在该刊发表论文。

（3）《现代评论》。1924 年 12 月，综合性刊物《现代评论》周刊在北京创刊，它由一部分曾经留学欧美的大学教授创办的同仁刊物，内容包括政治、经济、法律、哲学、科学、教育、文艺诸方面，以政治评论文章为主，主要撰稿人有王世杰、高一涵、胡适等。该刊在北京出版期间具有较为浓厚的自由主义色彩，在 1925年的五卅运动、北京女师大血潮即 1926 年三一八惨案期间，曾发表一定数量反帝、反军阀的文章。《现代评论》于 1927 年 7 月 23 日出版第 6 卷第 137 期后，迁往上海。1928 年 12 月 29 日出至第 9 卷第 209 期停刊。

（4）《独立评论》。胡适任主编，1932 年 5 月 22 日创刊于北平，周刊，是一份政论杂志。主要编辑人有丁文江、傅斯年、翁文灏等 10 余人。该刊标榜“独立”精神，宣称不倚傍任何党派，不迷信任何所见，用“负责的言论”发表各人思考的结果。以刊登政治时事评论为主要内容，对于日本的侵略活动主张妥协退让，支持南京政府“攘外必先安内”的政策。该刊具有自由主义倾向，提供西方民主政治理论，反对独裁专制和文化复古主义。最高发行数达 1.3 万份。1936 年底因著论反对日本策划“华北政权特殊化”，一度被迫停刊。1937 年 4 月复刊，同年7 月 18 日终刊，共出 244 期。

（5）《观察》。储安平主编，1946 年 9 月 1 日创刊，到第 5 卷第 18 期时（1948年 12 月 25 日）被国民党政府查封。在共产党帮助下，于 1949 年 11 月 1 日复刊，其言论大为转变，作者群亦有相当的变化。《观察》在当时将思想批评的矛头指向当权的国民党政府，集中批评国民党现行政策的失误；努力阐发其自由主义理念，对中国政治民主化、法制建设、经济发展道路等提出了设想；关注当时中国政治的发展，尤其是对学潮以及其他民主运动予以同情和支持，对美苏争霸及中国的外交政策亦提出自己的判断。因而,《观察》也就成为当时中国自由主义者的大本营,在当时的思想舆论界产生了重要的影响。

(二) 中国政治学会创建

现代中国具有代表性的政治学组织,是 1932 年 9 月 1 日在南京中央大学成立的中国政治学会。成立大会推举杭立武①为主席,主席遂宣布该会的宗旨:(一)促进政治科学之发展;(二)谋贡献于现实政治;(三)帮助后学示以研究方法。会议通过如下议案:(一)会章;(二)组织干事会,并推高一涵、周鲠生、王世杰、钱昌照、卢锡荣、陶希圣、萧公权等 22 人为候补当选人,待下月再由发起人用通讯方法复选 11 名正式理事,组成学会的"干事会";(三)组织国际政治研究委员会;(四)发行有关政治之各种刊物②。关于政治学会成立的情况,杭立武的一段回忆颇能说明问题:"中国政治学会之发起,始于去夏。……惟以同志散居各地,召集非易,当与高一涵君等先拟会章草案,即以通讯方法,征求各同志同意,并请推选筹备委员,共策进行。以东北事起,继以沪案发生,迟滞数月,至本年三月底,选举始告竣事。当选定周鲠生、高一涵、张奚若、梅思平、萧公权、刘师舜诸君及愚等七人,继续进行。遂于七月十三日在京举行第一次筹备会议,决议于九月一日召集全体发起人,开成立大会于南京,此本会筹备成立之经过也。"③

中国政治学会成立后,于 1935 年 6 月 23 日在南京召开第一届年会,中心议题有三:即外交策略、改进吏治、大学政治学课程标准等。1936 年 7 月 3 日召开第二届年会,议题有四:即宪法草案、地方行政、外交策略、非常时期国民的政治教育。1942 年 11 月 6 日在重庆召开了第三届年会,主要议题两个:即战后重建世界和平问题及政治建设机构问题,并推举出 11 位理事和 3 位监事,公推王世杰为理事长、杭立武为总干事④。中国政治学会的成立及其活动,网罗了当时中

---

① 杭立武(1904—1991),安徽滁县(今滁州)人。1923 年毕业于金陵大学,1929 年获英国伦敦大学博士学位。归国后受聘为中央大学(现南京大学的前身)政治系教授兼系主任。1931 年转任中英庚款董事会总干事达十数年。其间并创立中国政治学会及中英文协会。抗战期间任国民参政会参议员、美国联合援华会会长。1944 年任教育部常务次长。两年后调任政务次长。1949 年任国民党政府的教育部部长。1949 年后到台湾。著有《政治典范要义》《访英简笔》等。

② 孙宏云:《中国现代政治学的展开:清华政治学系的早期发展(1926—1937)》,生活・读书・新知三联书店 2005 年版,第 288 页。

③ 杭立武:《中国政治学会成立刍言》,《时代公论》第 23 号,1932 年 9 月 2 日。

④ 王邦佐、潘世伟:《二十世纪中国社会科学・政治学卷》,上海人民出版社 2005 年版,第 108 页。

国政治学界的学术精英从事于政治学研究,对于加强政治科学的建设和中国政治问题的研究产生了积极的作用。

(三) 政治学教育的开展

中国高校的政治学教育尽管取法于西方,但一开始就有联系实际、注重现实政治研究的传统。从 1920 年 10 月起,北京大学政治学系由政治学家李大钊、陈启修、陶孟和、张慰慈等四人共同承担《现代政治讲座》,系统讲授政治学理论和现代政治问题。北大政治学系为什么增设现代政治讲座呢?据北大政治学系教授陈启修说,这个讲座的目的就是"打算帮助大家一同研究"政治,"因为现代的政治问题日趋复杂,如劳农政府、巴黎和会、国际联盟等等亟待研究的很多。加以现在的社会,无论如何,总还脱离不开政治,所以实在不能不研究。这个讲座已定由陶孟和先生、李守常先生、张慰慈先生及兄弟四人担任,打算帮助大家一同研究"①。四人的讲题如下:《劳农政府》(陶孟和)、《中国劳工现况与现代各国劳工组织之比较观》和《现代各国之社会党》(陈启修)、《现代普选运动》(李大钊)、《平和会议与平和会条约》(张慰慈)②。这反映了北京大学对现代政治问题研究的极端重视。北京大学政治学系还自 1920 年秋季"添设演习一门",其目的是使"以后关于政治原理,教员和学生可以经常有共同研究的机会"③。据北京大学的 1920 年 10 月 6 日的《政治教授会启事》:"本年演习之科目决定二年级为宪法,由陈启修及燕树棠担任。四年级为政治学,由陶履恭及张祖训担任。"④这些说明,当时的北大政治学系具有研究现实政治的传统,政治学教育中通过导师制,开展师生互动,以培养学生研究现实政治的兴趣⑤。

另据有关资料统计,至 1949 年,旧中国设有政治学系的学校有 34 所,北京大学、复旦大学、燕京大学、金陵大学等有政治学教师 193 人,政治学专业的在校学生 1552 人。⑥ 以清华大学为例,早在 1932 年,清华大学的政治学系就有较为

---

① 《陈启修先生演说词》,《北京大学日刊》1920 年 9 月 17 日。

② 《李大钊史事综录》,北京大学出版社 1989 年版,第 202 页。

③ 《陈启修先生演说词》,《北京大学日刊》1920 年 9 月 17 日。

④ 《政治教授会启事》,《北京大学日刊》1920 年 10 月 7 日。

⑤ 吴汉全、王中平:《留学生与近代中国社会变迁》,吉林人民出版社 2012 年版,第 283—284 页。

⑥ 王邦佐、潘世伟主编:《二十世纪中国社会科学·政治学卷》,上海人民出版社 2005 年版,第 111 页。

完备的师资队伍,浦逖生讲授政治学、政治思想,张奚若①讲授西洋政治思想史,钱端升讲授各国政府,王化成讲授国际公法、国际政治,萧公权讲授当代西洋政治思想、中国政治思想,后来陈之迈加盟讲授中国政府。② 这说明,旧中国的政治学在学科教育方面形成了一定的基础。

四、中国现代政治学的主要特点

政治学是以政治现象为研究对象的学科,与社会政治变革的实践有着密切的关联。中国现代政治学在 1919—1949 年的发展过程中,形成了以下的若干特点:

一是通论性的政治学著作占多数,关于政治学知识介绍性的著作和普及性的读物还占有很大的比重,而关于政治学重大的学理性问题的专门探讨则有所不足,说明中国的政治学研究尚未进入政治哲学的高度,同时也反映政治学这门学科尚未进入完全成熟的阶段。

二是政治学研究与社会上意识形态的联系比较紧密,政治学研究者以其所遵循的"主义"而分野,并在研究理念、治学方法、研究目标上形成不同的学术阵营。研究者积极地应对中国政治变革中实际问题,力图为推进中国政治进程提供方案,因而研究成果总体上看是应用性、对策性较强,但学术性、学理性方面则有所不足。

三是政治学方面的论争不断并与现代中国政治变迁有着密切的关联,各派的门户意识较强,阶级意识浓厚,各学派之间的斗争也比较激烈,思想上的论战与学术上的争论往往混杂在一起,反映了各方对中国政治发展话语权的争夺。

四是学术研究中受西方政治学的影响虽然还很大,但政治学的本土化进程日益加快,以中国政治现象为研究对象的意识有显著的增长,建立本土化政治学

---

① 张奚若(1889—1973),字熙若,陕西朝邑人。早年求学上海,加入同盟会,辛亥革命期间回西安策动起义。1913 年赴美留学,修习政治学,1919 年获硕士学位。解放前,先后执教中央大学政治系、清华大学政治系及西南联大。1949 年后,历任中央人民政府委员、政务院政治法律委员会副主任、中国人民外交学会会长、教育部部长等职务。著有《主权论沿革》、《社约论考》、《自然法观念之演进》、《法国人权宣言的来源问题》等。

② 王邦佐、潘世伟主编:《二十世纪中国社会科学·政治学卷》,上海人民出版社 2005 年版,第 105 页。

的努力一直持续着。最为突出的,是中国马克思主义政治学在马克思主义政治学理论与中国共产党政治实践结合的基础上,创建了具有中国特色的新民主主义政治学体系,并在现代中国的政治学发展进程中起引领作用。

中国现代政治学是在探索中国政治发展道路的过程中成长起来的,一方面接受了西方政治学思想的影响,另一方面又与国内的思想潮流相结合,呈现出马克思主义政治学、自由主义政治学、国民党官方政治学的三足鼎立之势。然而,现代中国的政治学尽管总体上看呈现三足鼎立之势,但实际上是以马克思主义政治学与自由主义政治学为主的,而马克思主义政治学在与自由主义政治学在竞争中又显示出突出的优势。故而,随着中国共产党领导的新民主主义革命实践的成功推进,中国马克思主义政治学形成了新民主主义政治学体系,并迅速地成为中国现代政治学体系中的主流。大体而言,国民党官方政治学虽然得到国民党官方的支持,并为官方提供主流意识形态和统治策略,但为一般学人所不齿;国统区大学里所广泛传播的主要是自由主义政治学,自由主义学者也主要集中在国统区的大学中;马克思主义政治学是指导革命斗争实践的政治学,主要存在于解放区并在解放区具有唯一的合法性,而在国统区则处于不合法状态。总的来看,现代中国的政治学研究已经有了一定的规模,业已成为中国现代学术体系中极为重要的组成部分,并在中国现代学术史上占有重要的地位。

第七章　经济学

经济学是现代学科体系中的一个独立学科,是研究社会中经济现象并探索经济发展规律的科学。从1776年亚当·斯密的《国富论》开始奠基,现代经济学经历了200多年的发展,已经有宏观经济学、微观经济学、政治经济学等众多专业方向,并应用于各垂直领域,指导人类财富的积累与创造。在19世纪末20世纪初,西方资产阶级经济学传入中国,主要是以亚当·斯密、大卫·李嘉图等为代表的英国古典学派的经济学和以弗里德里希·李斯特等德国学者为代表的庸俗经济学。严复和梁启超是引进西方经济学的先驱。严复深受亚当·斯密经济思想的影响,其翻译的《原富》乃是亚当·斯密的经典著作《国富论》,为《原富》所写约6万字的"按语"也主要是承继亚当·斯密、大卫·李嘉图的主张,但亦程度不等地汲取了庸俗经济学的看法;而梁启超则撰写有《生计学说沿革小史》、《论生利分利》等文章,主要承继德国经济学家李斯特等人的经济学思想,不仅从理论上探讨了中国"增殖国富"的问题,提出了"生利"、"分利"主张,其思想体系主要受到西方庸俗经济学的影响①。严复、梁启超主张承继西方经济学来发展资本主义,是近代中国研究经济学的先驱,但对于如何解决封建土地所有制问题却采取了回避的态度。孙中山亦是学习西方资本主义经济学的先驱,一方面提出"平均地权"主张,并将"平均地权"与发展工商业联系起来;另一方面又力图克服资本主义发展中所带来的弊端。现代中国的经济学是在西方经济学的影响下开创出来的,而随着马克思主义的政治经济学在中国的传播,则形成中国马克思主义经济学和中国资产阶级经济学两大派别。

---

① 参见龚书铎主编:《中国近代文化概论》,中华书局1997年版,第186页。

一、中国马克思主义经济学的创建和发展

五四时期马克思主义在中国的传播,彻底改变了中国现代学术发展的格局,中国马克思主义经济学亦应运而生。在现代中国的学术界,对中国马克思主义经济学的创建和发展作出重要贡献的,大致是两类人:一类是中国早期马克思主义者和马克思主义经济学家,如李大钊、陈独秀、李达、王学文、薛暮桥、王亚南、沈志远、许涤新、孙冶方等,在引进马克思主义经济学理论、探索中国经济发展道路上作出了开创性的努力;另一类是具有深厚的马克思主义理论修养的中共领导人,如毛泽东、周恩来、朱德、刘少奇、陈云等中共领导人,在新民主主义革命时期制定的各项经济政策及提出的许多经济主张,对马克思主义经济学理论与中国革命实践相结合进行了开拓性的探索,并直接指导和推进了根据地经济活动的开展。尤其是毛泽东集中全党的智慧,在把握中国经济状况和新民主主义经济发展需要的基础上,基于中国共产党人领导新民主主义经济建设的伟大实践,创造性地实现了马克思主义经济学与中国经济状况的结合,建构了具有鲜明民族特色、时代特色的新民主主义经济学体系。

(一) 中国马克思主义经济学的发展历程

中国马克思主义经济学的创建和发展,是与马克思主义理论在中国的传播、运用紧密联系在一起的。在现代中国,马克思主义经济学著作被大量译介到中国,其数量达到 200 多种。主要的有:马克思的《雇佣劳动与资本》全译文刊登在《晨报·副刊》上;李季译马克思的《价值价格及利润》(商务印书馆 1924 年版),陈寿增译卢森堡的《新经济学》(中国新文社 1927 年版)①,陈豹隐(陈启修)译河上肇的《经济学大纲》(乐群书店 1929 年版及新中国书局 1929 年版),高希圣(高尔松)译高山洋吉的《世界经济论》(平凡书局 1929 年版)及山川均的《资本主义批判》(商务印书馆 1940 年版),郭沫若译马克思的《政治经济学批判》(神州国光社 1932 年),吴理屏(吴黎平)译恩格斯的《反杜林

---

① 陈寿增的这部译著,此后还有民智书局的 1928 年版。

论》(笔耕堂书店 1932 年版)①，施存统译波格达诺夫的《经济科学大纲》(大江书铺 1929 年版)②，潘怀素译布哈林的《转型期经济学》(1933 年)，吴清友译列宁的《帝国主义论》(新知书店 1937 年版及 1939 年版)，高希圣等译列宁的《经济学教程》(1934 年)③，郭大力、王亚南译马克思的《资本论》(全译本，读书出版社 1938 年版)，张仲实译列昂捷也夫的《政治经济学讲话》(生活书店 1938 年版)，郭大力译马克思的《剩余价值学说史》(生活·读书·新知三联书店 1948 年版)，等等。从以上情形来看，马克思主义代表性的经典著作如《社会主义从空想到科学的发展》《雇佣劳动与资本》《共产党宣言》《资本论》《政治经济学批判》等都有中译本，而陈启修、沈志远、陈望道、王亚南、郭大力、李达、王思华等学者为此做出了巨大贡献。

这里要说明的是，中国马克思主义经济学家持续地对于马克思的《资本论》进行研究，最有成就的当属王思华④。王思华在 20 世纪 30 年代与侯外庐合作翻译《资本论》，完成了我国首次出版的《资本论》第一卷中译本。20 世纪 30 年代，王思华在北平大学及中法大学讲授政治经济学，积极宣讲《资本论》的学术思想，并致力于《资本论》的通俗化工作，其在大学的讲稿一部分整理为《大众资本论》由生活书店出版。其后，王思华将《大众资本论》加以修改，于 1948 年以《〈资本论〉解说》的书名出版。在《〈资本论〉解说》的"序言"中，王思华强调

---

① 吴理屏，即吴亮平(1908—1986)，曾用名吴黎平，笔名吴理屏，浙江奉化人。吴亮平的这部恩格斯《反杜林论》的译著，后来又有生活书店的 1938 年、1939 年及 1947 年的译本。

② 此译著最早的是大江书铺的 1929 年版，其后又有大江书铺的 1930 年版、1931 年版、1932 年版及 1933 年版。这之后，还有新青年社的 1938 年版，开明书店的 1947 年版及 1949 年版。

③ 神州国光社于 1934 年 7 月出版的《经济学教程》，标示"乌利亚诺夫著，高希圣、郭真合译"。此著，辑录列宁关于经济学研究的著作，分为"马克思主义的本质"、"资本主义以前的经营形式和达到资本主义之过渡的经营形式"、"工业上资本主义的发展"、"市场论"、"地租论"、"帝国主义"、"从资本主义到社会主义的过渡时代"等 7 个部分。神州国光社又于 1946 年 11 月出版《经济学教程》"第 1 版"，标示"列宁原著，高希圣、郭真合译"，并于 1949 年 3 月出了该著的"第 3 版"。除神州国光社外，言行出版社于 1940 年亦出版《经济学教程》，标示"列宁原著，高希圣、郭真合译"。

④ 王思华(1904—1978)，又名王慎铭，直隶(河北)乐亭人。中国马克思主义经济学家。早年就读于南开大学、北京大学。1926 年在法国里昂大学、英国伦敦大学政治经济学院留学。1930 年回国后，在北京大学、中法大学任教授。曾与侯外庐一起翻译《资本论》第一卷。1937 年赴延安，次年加入中国共产党。历任中共中央党校、马列学院教员，中国经济研究社社长，中央军委总政治部研究室主任，西北财办计委副主任。1943 年调陕甘宁边区政府物资局做调查研究工作。抗日战争胜利后到东北，先后任辽西行署、辽北行署黑龙江省政府秘书长，东北财委常委兼东北人民政府统计局局长。1949 年后，任国家统计局副局长、局长、党组书记等。曾当选为第三届全国人大代表、第五届全国政协委员。著有《〈资本论〉解说》《政治经济学教程》《王思华统计论文选》等著作。

《资本论》是马克思主义经济学的经典著作,研究《资本论》就要看到它的战斗性,就"应该把科学的理论与革命的实践统一起来",故而也就需要"掌握它的思想理论体系,它的革命内容,它的方法,把马克思的学说和中国革命的具体实践结合起来"。王思华的这部著作在宣传马克思主义经济学思想方面有重要的特点,这就是不仅阐发《资本论》的学术思想,而且尤为突出的是强调《资本论》对于变革社会现实的指导意义及其所内含的变革社会的革命精神。延安时期王思华开展了《资本论》的通俗化工作,于1941年完成了《怎样研究〈资本论〉》的写作。该书分五个部分来谈如何研究《资本论》的问题:(1)从哪里开始来读《资本论》;(2)在读《资本论》以前应该先读什么书;(3)《资本论》的中心内容;(4)《资本论》的方法;(5)读《资本论》时应注意的几个具体问题。《怎样研究〈资本论〉》是研究《资本论》的通俗读物,使《资本论》走向社会生活的实际,因而在推进《资本论》学术思想在中国的传播方面起到了积极的作用。王思华是中国20世纪30和40年代研究马克思的《资本论》的重要代表,他在《资本论》的宣传和研究方面,将学术研究与理论宣传、学理探索与大众化有机地统一起来,推动了马克思主义经济学理论在中国的传播、运用和发展,并有力地推进了马克思主义经济学著作的大众化和通俗化工作。

值得注意的是,李大钊在五四时期宣传马克思主义经济学理论的过程中,从学术史的角度研究了经济学的历史,尤其是对"个人主义经济学"的研究很见学术功力。在李大钊看来,从经济思想史的角度来观察经济学的派别可分为三大系,即个人主义经济学、社会主义经济学、人道主义经济学,而马克思则是"社会主义经济学的鼻祖"。他说:"马氏以前也很有些有名的社会主义者,不过他们的主张,不是偏于感情,就是涉于空想,未能造成一个科学的理论与系统。至于马氏才用科学的论式,把社会主义的经济组织的可能性与必然性,证明与从来的个人主义经济学截然分立,而别树一帜,社会主义经济学才成一个独立的系统,故社会主义经济学的鼻祖不能不推马克思。"①李大钊认为西方经济学有三大系,但个人主义经济学的历史最久,且在西方学术界处于正统地位。对于个人主义经济学的发展历程及主要观点,李大钊介绍道:"个人主义经济学,也可以叫作资本主义经济学。三系中以此为最古。著《原富》的亚当·斯密(Adam Smith)是这一系的鼻祖。亚当·斯密以下,若马查士(Malthus)、李嘉图(Ricardo)、杰慕士·穆勒(James Mill)等,都属于这一系。把这一系的经济学发挥光大,就成了

---

① 《我的马克思主义观》,《李大钊全集》第3卷,人民出版社2006年版,第18页。

正系的经济学,普通称为正统学派。因为这个学派是在模范的资本家国的英国成立的,所以英国以外的学者也称他为英国学派。这个学派的根本思想是承认现在的经济组织为是,并且承认在此经济组织内,各个人利己的活动为是。他们以为现在的经济组织,就是个人营利主义的组织,是最巧最妙、最经济不过的组织。"①李大钊还从生产和消费两方面对个人主义经济学进行分析,指出个人主义经济学主张:"各人为自己的利益,自由以营经济的活动,自然努力以致自己的利益于最大的程度。其结果:社会全体的利益不期增而自增。……依今日的经济组织,都是各人把物卖钱,各人拿钱买货。各人按着自己最方便的法子去活动,比较着旁人为自己代谋代办,亲切的多,方便的多,经济的多。"李大钊称个人主义经济学是"以资本为本位,以资本家为本位的经济学",并根据自己的分析将个人主义经济学的观点概括为两个"要点","其一是承认现在的经济组织为是;其二是承认在这经济组织内,各个人利己的活动为是"②。关于个人主义经济学的前景,李大钊从社会发展已经出现"世界改造的机运"亦即俄国、德国社会革命所带来的"曙光"来进行分析,认为个人主义经济学的正统地位将要被社会主义经济学所取代,"从前的经济学的正统,是在个人主义",而"以后的经济学,要以劳动为本位,以劳动者为本位了"③。李大钊对个人主义经济学前景的预测是很有见地的,揭示了个人主义经济学即将被马克思主义经济学所取代的必然趋势,这对确立中国经济学研究的马克思主义方向是很有启示意义的。

应该说,与李大钊重视西方经济学史的研究相比,陈独秀更重视经济学学科性质的探讨。陈独秀认为,经济学是用自然科学的方法来进行研究的学问,因而也就具有科学的性质,并且经济学也就成为社会科学体系中的重要组成部分。在陈独秀看来,科学可以分为自然科学与社会科学两类,而所谓社会科学则是用自然科学方法研究"社会人事的学问";经济学因为也是研究"社会人事"的方面,所以经济学也就自然地成为社会科学中的重要部分。他指出:"社会科学是拿研究自然科学的方法,用在一切社会人事的学问上,象社会学、伦理学、历史学、法律学、经济学等,凡用自然科学方法来研究、说明的都算是科学"④。又说:

① 《我的马克思主义观》,《李大钊全集》第3卷,人民出版社2006年版,第16页。
② 《我的马克思主义观》,《李大钊全集》第3卷,人民出版社2006年版,第17页。
③ 《我的马克思主义观》,《李大钊全集》第3卷,人民出版社2006年版,第18页。
④ 《新文化运动是什么?》(1920年4月),《陈独秀著作选》第2卷,上海人民出版社1993年版,第123页。

"社会科学中最主要的是经济学、社会学、历史学、心理学、哲学"①。陈独秀主张经济学属于科学的范畴,认为经济学要注重"归纳法"的应用,才能具有科学的研究方法。在他看来,所谓"归纳法"实际上"就是拿许多事实归纳起来证明一个原理",归纳法与演绎法应该是"互为应用",但经济学研究要走上科学的轨道更要注重归纳法的应用,这是由于"科学发明之后,用归纳法之处为多,因为一个原理成立,必须搜集许多事实之证明,才能成立一个较确实的原理";而且,马克思作为经济学家就是"应用自然科学归纳法研究社会科学"的,故而"马克思所说的经济学或社会学,都是以这种科学归纳法作根据,所以都可相信的,都有根据的"②。可见,陈独秀认为经济学是社会科学,在学科性质上属于科学的范畴,必须要用科学的方法来研究和整理经济方面的事实,进而探究经济演变的规律。

从中国马克思主义经济学发展的历程来看,陈独秀、李大钊等中国早期马克思主义者所开启的经济学的研究方向,更多地引起后来的中国马克思主义经济学家的高度关注。王学文认为,马克思主义政治经济学是"狭义的经济学",其本身就是既研究生产关系又研究生产力的"科学",中国的经济学研究应该从"狭义的经济学"出发。他指出:"狭义的经济学是阐明近代资本家的社会经济的构造之生成变化法则的科学,或者说是阐明其发生、成立、发展、灭亡和向高级社会形态推移的诸种法则的科学。社会经济的构造的生成变化法则,即是社会之经济的运动法则;再换言之,在商品生产社会里,即社会的生产方式和这相适应的生产关系及交换关系生成、变化的法则。阐明近代资本家的社会经济的构成、变化法则,或其经济的运动法则,是狭义的经济学的最后目的,……所以我们想理解资本家的社会,非先研究资本家的生产关系不可,研究资本家的生产关系,同时非研究资本家的生产不可,所以在这里资本家的生产要先成为我们考察的对象。"③这里,王学文主张从马克思主义这种"狭义的经济学"(即政治经济学)出发,在经济学研究中既要研究生产关系又要研究生产力。其后,王学文更进一步指出,马克思主义经济学就其学科研究对象而言,"他研究的对象是生产方式,即生产关系与生产力的统一。这生产方式是具有历史性的,是社会历史上

① 《〈科学与人生观〉序》(1923 年 12 月),《陈独秀著作选》第 2 卷,上海人民出版社 1993 年版,第 548 页。

② 《马克思的两大精神》(1922 年 5 月),《陈独秀著作选》第 2 卷,上海人民出版社 1993 年版,第 364 页。

③ 《经济学》(1930 年),《王学文经济学文选》,经济科学出版社 1986 年版,第 199—200 页。

一定的生产方式。历史上人类社会不断地变化发展,每一个时代有一个时代的生产方式,占支配的领导的地位的生产方式。这支配的生产方式不单是与站在被支配地位的生产方式有所区别,同时也是在经济上划分时代的标帜。"①李达在《经济学大纲》(1935年)中,极力主张取法马克思主义的经济学理论,但要走"广义经济学"的研究路径。在他看来,研究广义经济学不仅具有认识社会的理论价值,并且具有实践上的指导意义。他指出:"我的研究所以要采取广义经济学的立场,不仅是具有纯理论的意义,并且还具有实践的意义。因为广义经济学,并不仅是为了求得经济学的知识才去研究一切经济构造,而实在是为了求得社会的实践的指导原理才去研究它们。即是说,我们不是为理论而理论,为科学而科学,而是为了经济上的实践才研究经济学。"②李达倡导研究"广义经济学"就是要使经济学突破"个人主义的经济学"仅仅局限于资本主义社会的范围,研究的目的也不是论证"资本主义法则"的永恒性。从王学文所主张的从"狭义经济学"出发而到李达所主张的走"广义经济学"的路径,正是力求推进马克思主义政治学理论中国化,故而在中国既要重点地承继马克思主义的政治经济学研究路数,同时又要依据社会实践的需要,借以"求得社会的实践的指导原理",其目标就在于建立反映我国经济特点的经济学体系。

而至20世纪40年代初,王亚南所进行的经济学研究及其成果,可以说是中国马克思主义经济学家在经济学学科问题研究上的集大成者:

其一,王亚南阐述了经济学的学科性质、研究对象及经济学在学术体系中的基础性地位。在他看来,经济学是一门科学,不是一般地描述社会的经济现象,而重在研究社会经济演变的规律,亦即经济学是以"法则"为研究对象。因此,经济学之所以成为科学,是因为它与其他科学一样在于探讨"事物因果法则"。王亚南指出:"经济学正如其他科学一样,它所研究的对象,是事物因果法则;而研究诸现象间因果和法则,自一方面而言,正需要一个具有最复杂的关系和现象的环境;反之,正因日常生活的关系和现象,愈益复杂化,也就逾益导向事物因果法则研究的要求与兴趣。"③关于经济学的学科地位,王亚南认为其处于学术研究体系中的基础性地位。他指出:"经济学是社会科学中最基本的科学,它既在上述的这种环境下,发展完成其体系,完整的将现实社会的发展转化的法则性,指

① 《政治经济学方法》(1939年),《王学文经济学文选》,经济科学出版社1986年版,第273页。
② 《经济学大纲·绪论》(1935年),《李达文集》第3卷,人民出版社1984年版,第15页。
③ 《经济学与哲学》(1942年),《王亚南文集》第1卷,福建教育出版社1987年版,第67页。

示出来，则其他的社会科学，也必然以经济学的成果，而渐次完成其体系。反过来讲，诸社会科学体系的完成，同时也就完成了统一的完整的科学的哲学世界观。"①

其二，王亚南揭示了经济学所具有的实践性的特点，认为经济学是一门实践性很强的科学。在王亚南看来，经济学是一门以社会的经济现象及其规律为研究对象的科学，关注现实的社会经济生活及其演进态势，因而具有很强的社会实践性的特点。他指出："经济科学是一门实践的科学；是在实践的应用的过程上形成的科学，是要在实践的应用的意义和要求上才能正确有效地去研究去理解的科学。"②又指出："在经济学是一种实践科学的限内，离开应用，根本就无从理解。离开现实的'纯理论'研究，那比向着竹子作格物致知功夫，还要渺茫，还要没有结果。"③值得注意的是，王亚南为了说明经济学的实践性的特点，还从经济学这一学科的形成过程来分析其"实践性"的变动情形，认为资产阶级经济学不能始终如一地坚持这门学科的实践性。王亚南指出："经济学是适应资本主义经济要求，照应资本主义经济现实，而产生的一门科学。在其发生的意义上讲，它的实践性是非常明白的。但当它大体具有科学的内容，而成为一门科学的研究之后，大约因为下面这种事实，它的实践性，就渐渐不大明朗了。那事实就是，资本主义经济本身，既由它的向上发展阶段，转到向下发展阶段了，它的光明面就渐渐被其阴暗面所笼罩，它不需要正视现实，暴露现实，或经济之科学的研究，却反而需要掩视现实，脱离现实，或经济之玄学的研究。"④这里，王亚南阐明资产阶级经济学不能坚持"实践性"而表现为"脱离现实"的局限，正是说明坚持经济学实践性的极端重要性。王亚南在考察经济学实践性特点的基础上，对经济学的研究提出新的要求。在他看来，由于经济学本身具有这种实践性的特点，因而在经济学的研究过程中必须要特别注重"社会现实"，把握"社会性质"。他指出："经济科学既然是实践的，既然是连续通过历史实践过程而形成的。我们对于这门科学的研究，就显然不能象研究数学或物理学一样，忽视它的社会性质。事实上，我们如其不能把握其现实的社会性质，就无法研究，而且也用不着研究了。一般社会科学的理论，都不能离开它所体现的社会现实而得到理解。"⑤王亚南不仅

---

① 《经济学与哲学》(1942 年)，《王亚南文集》第 1 卷，福建教育出版社 1987 年版，第 72 页。
② 《经济科学论》(1942 年)，《王亚南文集》第 1 卷，福建教育出版社 1987 年版，第 3 页。
③ 《政治经济学及其应用》(1942 年)，《王亚南文集》第 1 卷，福建教育出版社 1987 年版，第74 页。
④ 《经济科学论》(1942 年)，《王亚南文集》第 1 卷，福建教育出版社 1987 年版，第 4 页。
⑤ 《经济科学论》(1942 年)，《王亚南文集》第 1 卷，福建教育出版社 1987 年版，第 7 页。

提出了经济学具有实践性的特点,而且还从经济学的这一特点出发提出了开展经济学研究的基本要求,这为经济学的发展指明了把握社会性质问题研究的方向。

其三,王亚南认为经济学还具有政治性的特点,表现为经济学总是为一定的民族或国家服务。在王亚南看来,经济学自产生以来就一直与社会政治生活联系在一起,服务于特定的阶级利益集团。他指出:"经济学由它产生以至发展,不是表现为特定社会利益集团争取利益、维护生存的斗争武器,就是表现为特定民族国家从事侵略或力图解放的斗争武器,在这种限度内,经济学就是实践的科学,由不绝应用而形成的科学,就更加显得分明了。"①又指出:"从应用上讲,从特定实践要求上讲,经济学在它是一种现代科学的限内,在它是从各特定国家的经济体制中,取得其依据的限内,它显然具有异常深厚的国民的或国家的性质,虽然我们同时也确认一切民族或国家,还有一个共同的社会性质,作为一般经济法则所由构成的张本。"②在王亚南的认识视野中,经济学作为一门学问是属于社会的上层建筑领域,建立在一定的社会经济基础之上,因而与同为上层建筑的政治有着不可分离的关系。因而,王亚南在这里揭示经济学的政治性的特征,强调的是经济学与政治的联系,并不是否认经济学作为一门独立的学问其本身所应有的科学性。

其四,王亚南认为经济学具有鲜明的"现实性"的特点,与现实的经济运动情形和政治现实有着密切的相联。王亚南对于经济学在社会的政治现象中的表现有深刻的认识,如他说:"经济理论在民族生存斗争上的应用,是采取两个形态:其一是侵略的意识形态,其一是求解放的意识形态。大体上,当一个国家或一个民族,对外处于劣势的时候,求解放的经济理论便被强调着。"③在王亚南看来,经济学是现实性非常强的科学,离开现实社会的特点和需求来研究经济是不可想象的,当然也就不可能取得成效。他指出:"经济学是一种最有现实性的科学,对于它的一般法则和规律性的把握,诚然需要我们运用抽象力,舍弃一切足以妨碍其认识的特定社会现实的要求,有如'物理学必得在自然过程表现得最充实,且最不受他物影响的地方,视察自然过程'一样。但这种研究方法的采

---

① 《政治经济学及其应用》(1942年),《王亚南文集》第1卷,福建教育出版社1987年版,第93页。

② 《政治经济学及其应用》(1942年),《王亚南文集》第1卷,福建教育出版社1987年版,第79页。

③ 《政治经济学及其应用》(1942年),《王亚南文集》第1卷,福建教育出版社1987年版,第89页。

取,却显然不是为了把理论与现实隔离,恰好相反,那正是为了敞开乱人视听观感的,惟有最严密的经济科学,始能显出现实经济的本质,最能体现出现实经济运动的秩序,规律性及其必然归趋的法则。不理解现实,根本无法分辨这些法则的正确性,反过来说,这些法则的正确性,又是要通过现实,运用到现实上,才能得到证验的。"①这里,王亚南认为经济学的现实性,不仅表现为经济学直接为现实社会服务,而且表现为经济学研究的成果需要通过现实来验证,并要求从事经济学研究的学者在密切联系现实中来开展研究工作,在与现实结合的过程中把握经济规律,这是很有学术眼光的。

王亚南正是基于对经济学学科问题的深入研究,在1942年前后相继发表了《关于中国经济学建立之可能与必要的问题》、《关于中国经济学之研究对象与研究方法的问题》等文章,鲜明地提出了建立"中国经济学"的任务。对此,王亚南曾这样表述其心迹:"我们要由政治经济学的研究,逐渐努力创建一种专为中国人攻读的政治经济学。……自然,像我在这里所规定的供中国人研究的政治经济的内容,实际无非就是一个比较更切实用的政治经济学读本,但我们要把这方面的努力,作为中国政治经济学研究者的一个鹄的,就是认为创立一种特别具有改造中国社会经济,解除中国思想束缚的性质与内容的政治经济学,是颇不同于依据现成材料来编述一个政治经济学的读本。那颇需要我们研究政治经济学人,在有关世界经济及中国经济之正确理论体系上,分别来一些阐发准备的工夫。"②在王亚南看来,经济学是从欧美和日本引进的外来学科,进入中国之后就应该以中国经济问题的研究为中心来积极地推进经济学的本土化,根据中国社会的实况来从事经济学的研究工作,而不能走欧美学者或日本学者的老路。他指出:"我们研究政治经济学,应随时莫忘记:我们是以中国人的资格来研究。中国人从事这种研考的出发点和要求是与欧美大部分经济学者乃至日本经济学者不同的,他们依据各自社会实况与要求,所得出的结论,或者所矫造的结论,不但不能应用到我们的现实经济上,甚至是妨碍我们理解世界经济乃至中国经济之特质的障碍。"③"以中国人的资格"来研究经济学,这是王亚南在经济学研究

---

① 《政治经济学及其应用》(1942年),《王亚南文集》第1卷,福建教育出版社1987年版,第74—75页。

② 《政治经济学在中国》(1942年),《王亚南文集》第1卷,福建教育出版社1987年版,第125页。

③ 《政治经济学在中国》(1942年),《王亚南文集》第1卷,福建教育出版社1987年版,第120页。

上提出的独特的见解，其目的实际上是要立足于中国经济现象的研究并建立经济学研究的中国学派。

李大钊、陈独秀、王学文等马克思主义者，依据马克思主义政治经济学原理，对资本主义作了正确的认识。李大钊根据马克思《资本论》认为，随着资本主义的发展，中小企业不断破产，在资本愈益集中的同时，小资本家和小企业主不断地加入"无产阶级行列中"，其结果是无产阶级队伍的不断壮大，这又为资本主义的最终灭亡创造了条件。李大钊指出："资本主义是这样发长的，也是这样灭亡的。他的脚下伏下了很多的敌兵，有加无已，就是那无产阶级。这无产阶级本来是资本主义下的产物，到后来灭资本主义的也就是他。现今各国经济的形势，大概都向这一方面走。大规模的产业组织的扩张，就是大规模的无产阶级的制造。"由于无产阶级力量的壮大和无产阶级与资产阶级斗争的开展，"把这集中的资本收归公有，又是很简单的事情"；其结果"资本主义的破坏，就是私有财产制的破坏"，"只能把生产工具由资本家的手中夺来，仍以还给工人。但是集合的，不是个人的，使直接从事生产的人得和他劳工相等的份就是了。到了那时，余工余值都随着资本主义自然消灭了"①。李大钊还接受了列宁思想的影响，对帝国主义的经济特征进行了论述，指出："帝国主义是什么？就是资本主义发展之结果。因为他要向海外找殖民地作他自己的贸易场和原料地，因为又要保护，便要武装起来，所以武装之资本主义就是帝国主义。英国是资本主义，即工业革命的发源地，亦即帝国主义之发源地，至今英国仍是世界之大资本主义，所以仍是大帝国主义者。"②李大钊认为，帝国主义又不仅是资本主义发展的结果，而且是资本主义发展的"最后的阶段"，帝国主义的本性决定了其必然对外发动战争。因此，只要帝国主义存在，战争就是不可避免的，世界性的战争危机始终存在。李大钊说："资本主义存在一日，决不能有真正的平和，资本主义的社会里常常有战争的危险潜伏着。尤其在资本主义已经达到他最后的阶段帝国主义时代的今日，战争的危险更是一天一天的逼紧。"③陈独秀认为，"资本主义生产制一面固然增加富力，一面却也增加贫乏"④。他依据马克思主义的论述，对资本主义社会所造成的生产力有这样的客观评价："有产阶级得势以后，造成了极雄

①　《我的马克思主义观》，《李大钊全集》第3卷，人民出版社2006年版，第50—51页。
②　《大英帝国主义者侵略中国史》，《李大钊全集》第5卷，人民出版社2006年版，第51页。
③　《新帝国主义战争的酝酿》，《李大钊全集》第5卷，人民出版社2006年版，第91页。
④　《关于社会主义的讨论》（1920年12月），《陈独秀著作选》第2卷，上海人民出版社1993年版，第208页。

大惊人的生产力(象工业、农业、轮船、铁道、电报、运河等),惹起这般大规模生产及交换的社会,将人口、财产及生产机关都集中了,建设了许多都市,将乡村人口移到都市,使乡村屈服在都市支配之下,使多数人民脱离了朴素的乡村生活,使野蛮和未开化国屈服于文明国,农业国屈服于工业国,东洋屈服于西洋。但是到了有产阶级底生产力发展到了与有产阶级社会底制度不适合的时候,社会制度就成了社会生产障碍物,有产阶级及有产阶级社会底制度也是必然要崩坏的。"①陈独秀说明的是,资本主义虽然造成了社会的巨大生产力,但生产力与生产关系的矛盾却决定了资本主义社会不具有永恒性,因而资本主义不值得一味地效仿。王学文认为,资本主义生产的进行是以阶级的对立为前提的,资本主义社会的生产有着鲜明的阶级压迫的特色。他指出:"近代有产者的社会者,有产者与无产者二大集团直接对立之社会也。有产者独占生产手段,无产者除其劳动力外几无所有。有产者为经营生产获得剩余价值计,有雇佣无产者运转其生产手段之必要。无产者为维持其生活计,有售其劳动力,获得工资之必要。为此必要所迫,遂使二者互相结合。犹不止此,资本家的再生产,再生产商品同时再生产资本关系。有产者之所以为有产者,因有对立他一极无产者之存在,而同时无产者之所以为无产者,亦因有对立他一极有产者之存在。无产者与有产者之相对立两极形成近代有产者的社会之统一体。故无产者与有产者不惟一方有需他方之必要,同时有一方不可无他方之必然。二者为此必要与必然所驱,遂结成一定之社会关系。"②王学文对资本主义的生产过程进行分析:"资本主义的生产过程,就其继续反复而言,则成为资本主义的再生产过程,不惟再生产商品与剩余价值,同时再生产资本关系;即再生产资本家与工资劳动者。换言之,即资本主义的再生产,一面再生产其(狭义之)生产关系,同时再生产其分配关系。生产关系与分配关系等等构成经济关系(即广义之生产关系)。经济关系为法律的政治的上层建筑之基础。故进而言之,谓资本主义的再生产,再生产资本主义的社会亦可。"③王学文通过对资本主义社会中阶级对立关系的剖析,揭示了资本主义社会中生产的前提和特点,其目的是进一步说明资本主义生产与资本主

① 《马克思学说》(1922年7月),《陈独秀著作选》第2卷,上海人民出版社1993年版,第357页。

② 《社会问题概论·资本主义之发展(二)》(1927年7月),《王学文经济学文选》,经济科学出版社1986年版,第48页。

③ 《社会问题概论·资本主义之发展(二)》(1927年7月),《王学文经济学文选》,经济科学出版社1986年版,第48页。

义生产关系之间的内在联系及其所表现出的矛盾,从而为人们认识资本主义生产关系提供一个新的视角。

李大钊、陈独秀等早期马克思主义者对社会主义进行研究和广泛的宣传,指明中国经济发展的社会主义方向。李大钊坚决主张中国走社会主义道路,用社会主义的方式来发展实业,指出:"今日在中国想发展实业,非由纯粹生产者组织政府,以铲除国内的掠夺阶级,抵抗此世界的资本主义,依社会主义的组织经营实业不可。"①李大钊认为中国经济的厄运已至,确有振兴实业之必要,"但谓振兴实业而必适用资本主义,其谬已极";"中国不欲振兴实业则已,如欲振兴实业,非先实行社会主义不可"②。陈独秀依据马克思主义的经济学理论对社会主义经济制度也进行过积极的探索,指明了社会经济发展的社会主义方向。在陈独秀看来,社会主义经济制度的主要特征在两个方面,即"(一)资本集中,(二)财产公有",所以社会主义并不反对"资本集中",反对的只是"财产私有"制度,但由于社会主义主张财产公有,因而在生产方式和分配方式上与资本主义有根本的不同。关于社会主义经济制度的优越性,陈独秀指出:"在财产公有制度即社会主义制度之下,在生产上,没有少数人占有生产工具的弊端,有了社会需要的统计,不至陷于无政府状态,所有生产品是为了社会需要而生产,非为资本家利润而生产,是为用而生产,非为卖而生产;在分配上,免了剩余劳动的掠夺,没有保持生产力和消费力均衡的必要,没有争夺殖民地、半殖民地销纳剩余生产的帝国主义即侵略主义之战争"③。陈独秀等中国早期马克思主义者对社会主义经济制度的探讨虽然还是比较初步的,但却为后来的中国共产党人对社会主义经济的探讨打下了基础并提供了基本的思路。

陈独秀、李大钊等中国早期马克思主义者,对于中国新民主主义经济开始了探索,开启了马克思主义经济学中国化的道路,为"新民主主义经济学体系"的建构作出了先驱者的努力。在他们看来,近代以来的中国是半殖民地半封建社会,不能立即建立社会主义社会,必须通过民主革命这个必要的步骤,故而也就需要有适应这个特殊阶段的经济制度。陈独秀对新民主主义革命阶段的国家资本主义经济形式有比较深刻的认识,他指出:"国民革命成功后,我国的经济制

① 《中国的社会主义与世界的资本主义》,《李大钊全集》第3卷,人民出版社2006年版,第277—278页。

② 《社会主义下之实业》,《李大钊全集》第3卷,人民出版社2006年版,第272页。

③ 《关于社会主义问题》(1923年5月),《陈独秀著作选》第2卷,上海人民出版社1993年版,第465—466页。

度,自然是家庭的手工业与农业、小生产制、私人资本主义的大生产制、国家资本主义等,四种并行。我们所谓采用何种经济制度,并不是说只采用那一种而禁绝其余一切,乃是说采用某一种为全社会中主要的生产制度。我们以为中国国民革命成功后的经济建设,在主观上客观上,都不必采用私人资本主义为全社会主要的生产制度,而可以采用国家资本主义以过渡到非资本主义的国家工业,即是行向社会主义的社会。不过所谓国家资本主义,其在经济上的性质如何,乃依政治上的构造如何而定,即是依所谓国家资本主义之国家的构造如何而定。譬如在封建军阀的国家而采用国家资本主义,则不仅只是官僚营业,而且更便于官僚卖国,外资独占,而更易消灭本国的工业;在资产阶级的国家而采用国家资本主义,则不过是私人资本更集中高度发展之一种形式;只有在工农及其他被压迫剥削阶级革命的国家而采用国家资本主义,才能够由此过渡到非资本主义的社会主义的经济建设。"①这里,陈独秀不仅认识到新民主主义经济将是多种经济成份并存的状况,而且认为新民主主义社会要有"全社会中主要的生产制度",这表达的是各种经济成分之中必须有一主导性经济成分的思想。李大钊认为,在"国民革命"凯歌猛进的情况下,鉴于中国农村经济严重衰退、农民日益破产的严峻形势,国民政府必须把"怎样能耕地农有致之实行"以及"每一农夫或含有一定人口的农户应有多少土地"等作为"极需讨论的问题"提出来加以研究②,以切实的措施来实行"耕地农有"政策。他说:"国民革命政府成立后,苟能按耕地农有的方针,建立一种新土地政策,使耕地尽归农民,使小农场渐相联结而为大农场,使经营方法渐由粗放的以向集约的,则耕地自敷而效率益增,历史上久久待决的农民问题,当能谋一解决。"③李大钊提出的在"耕地农有"政策的前提下,将农民小规模生产转变为大规模的农场,经营方式由粗放经营向集约经营转变的主张,是民主革命时期推进农业现代化的理论探索,对中国共产党人解决农民土地问题和恢复农村经济具有重要的意义。

这里要特别指出的是,20世纪30年代关于中国社会性质问题论战及农村社会性质问题的论战,为马克思主义经济学理论中国化及构建中国马克思主义经济学体系作出了重大贡献,其关键的方面就是在揭示帝国主义与近代中国社会经济关系、中国资本主义经济发展程度、封建势力在中国农村经济中主导性的

---

① 《答沈滨祈、朱近赤》(1927年4月),《陈独秀著作选》第2卷,上海人民出版社1993年版,第1238页。

② 《土地与农民》,《李大钊全集》第5卷,人民出版社2006年版,第82页。

③ 《土地与农民》,《李大钊全集》第5卷,人民出版社2006年版,第83页。

基础上,进一步从学理上明确了中国社会的性质和中国农村社会的性质。正是在论战中,马克思主义学者明确指出当时中国社会经济性质是半封建半殖民地的,决不是什么"封建的经济与资本主义经济二者的杂然错综",更不是已经达到了所谓"资本主义经济"水平。因为"事实上,中国资本主义经济并没有占得大的区域,在中国经济中并没有压倒的势力,并不是代表中国经济的主要特征"。更为重要的是,"中国资本主义经济虽然有数十年间长期发展的历史,而终停顿于一定状态之下,在中国整个经济依然不得不居于次要的地位,不能形成主要的支配的经济形态"①。而就中国农村来说,中国"农村中主要的关系,还是佃农半佃农受半封建式的严酷剥削和军阀系统的搜括;⋯⋯资本主义在乡村中有影响,但是现在农业危机,农民破产的情形,主要的不是资本主义在乡村发展的结果"②。故而,"现在中国农村租佃制度下的剥削关系,是封建式的剥削关系"③,"封建势力不但在都市占着支配的优势,在农村也是这样"④。因此,其结论必然是:"资本主义经济在全国经济生活中尚没有占着统治的地位;而前资本主义的经济成分,也还正在崩溃的过程中。整个经济的发展,正在由前资本主义过渡到资本主义的阶段上。其具体形态,就是半殖民地的半封建经济。这也就是中国经济底特质!"⑤确立中国社会性质是"半殖民地半封建社会",这是中国社会性质问题论战及中国农村社会性质问题论战的重要成果,成为中国马克思主义者研究近代中国社会的基本共识,对马克思主义经济学中国化及中国马克思主义经济学的发展产生了深远的影响。

中国的新民主主义经济学说就是在 20 世纪 30 年代中国社会性质问题论战及中国农村社会性质问题论战的基础上,在中国共产党人创建根据地的实践及经济建设中,推进马克思主义经济学理论与中国实际相结合的具有独创性的学术成果,是中国化马克思主义经济学的集中体现,反映了中国新民主主义经济发

---

① 王昂:《中国资本主义在中国经济中的地位其发展及其前途》(1930 年 4 月),高军编:《中国社会性质问题论战》上册,人民出版社 1984 年版,第 192 页。

② 伯虎:《中国经济的性质》,高军编:《中国社会性质问题论战》(资料选辑)下册,人民出版社 1984 年版,第 495 页。

③ 吴黎平:《中国土地问题》,高军编:《中国社会性质问题论战》(资料选辑)上册,人民出版社 1984 年版,第 245 页。

④ 杜鲁人:《中国经济读本(节录)》,高军编:《中国社会性质问题论战》(资料选辑)下册,人民出版社 1984 年版,第 849 页。

⑤ 苏华:《中国资本主义经济的发展》,高军编:《中国社会性质问题论战》(资料选辑)下册,人民出版社 1984 年版,第 778—779 页。

展的要求。在新民主主义经济学说的产生与发展进程中,中国共产党对于经济学研究的高度重视和有效领导,也是不可忽视的重要因素。

在延安时期,中国共产党加强了对于经济学研究的领导和组织。毛泽东亲自过问《资本论》等马列主义经典著作的编译和出版工作,他带头研读《资本论》、《共产党宣言》等经典著作,并把《资本论》及有关经典著作指定为各级干部、各类学校的教材和必读书籍。他在1942年9月致何凯丰的信中指出:"整风完后,中央须设一个大的编译部,把军委编译局并入,有二三十人工作,大批翻译马、恩、列、斯及苏联书籍,如再有力,则翻译英、法、德古典书籍。"①中共的出版机构——解放社,从1938年起出版了一套"马恩丛书",列入该丛书的有《政治经济学论丛》、《法兰西阶级斗争》、《马恩通信集》等10种,为系统研究马克思主义经济学奠定了基础。据统计,在抗日战争时期,延安翻译马克思、恩格斯的著作达32种之多②。在马克思诞辰120周年的时候,即1938年5月5日,延安创办了第一所专门研究马克思主义理论的学校——马列学院。马列学院开设政治经济学的课程。1941年7月,马列学院改组为马列研究院。同年8月1日,又改组为中央研究院,设置了9个研究室③,其中就有中国经济研究室,以王思华为主任。毛泽东在《整顿党的作风》中强调研究中国的重要性,要求经济学研究以中国经济为研究中心,并形成自己的理论。他指出:"我们还没有把丰富的实际提高到应有的理论程度。我们还没有对革命实践的一切问题,或重大问题,加以考察,使之上升到理论的阶段。你们看,中国的经济、政治、军事、文化,我们究有多少人创造了可以称为理论的理论,算得科学形态的、周密的而不是粗枝大叶的理论呢? 特别是在经济理论方面,中国资本主义的发展,从鸦片战争到现在,已经一百年了,但是还没有产生一本合乎中国经济发展的实际的、真正科学的理论书。像在中国经济问题方面,能不能说理论水平已经高了呢? 能不能说我党已经有了像样的经济理论家呢? 实在不能说。"④毛泽东批评在学校的教育中,在职干部的教育中,存在着"教经济学的不引导学生研究中国经济的特点"的现象,批评那种"经济学教授不能解释边币和法币"的现象⑤,提出在经济学研究中

① 《毛泽东文集》第二卷,人民出版社1993年版,第441页。
② 中共中央马恩列斯著作编译局马恩室编:《马克思恩格斯著作在中国的传播》,人民出版社1983年版,第308页。
③ 吴汉全:《试论中共根据地时期的学术建设》,《湖南师范大学学报》2019年第5期。
④ 《毛泽东选集》第三卷,人民出版社1991年版,第813—814页。
⑤ 《毛泽东选集》第三卷,人民出版社1991年版,第798页。

要理论联系实际,要以中国经济为研究的中心。党中央要求党员干部切实研究和解决经济问题,毛泽东指出:"对于经济工作,尤其是工业,我们还不大懂,可是这一门又是决定一切的,是决定军事、政治、文化、思想、道德、宗教这一切东西的,是决定社会变化的。因此,所有的共产党员都应该学习经济工作,其中许多人应该学习工业技术。"①由于中国共产党的高度重视和切实领导,延安的高级干部十分注重经济学和经济问题的研究。中共中央一贯重视包括政治经济学在内的马克思主义理论教育。1942 年 2 月 28 日中央政治局通过《中共中央关于在职干部教育的决定》,要求干部除学习政治科学等外,还要学习经济科学,并规定"经济科学以马克思主义的政治经济学为理论材料,以近百年中国的经济发展史为实际材料"②。解放前为干部必读书之一的政治经济学读本,就是列昂节夫的《政治经济学》。该书的特点是深入浅出,通俗易懂,基本上依据马克思的《资本论》和列宁的《帝国主是资本主义的最高阶段》为依据,其内容包括前资本主义的社会形态,但主要是论述资本主义经济制度的。列昂节夫的这本著作,是一本比较好的马克思主义政治经济学普及读物,在开展马克思主义理论教育中发挥了很好的教育作用。

(二) 中国马克思主义经济学的主要代表

在 20 世纪 30 年代后期至 40 年代,随着马克思主义与中国经济研究的结合及马克思主义经济学中国化进程的推进,中国的新民主主义经济学体系处于构建之中。马克思主义经济学家薛暮桥、王思华、许涤新等及中共领袖毛泽东等,都对新民主主义经济学体系的形成和发展作出了重要贡献,而尤以毛泽东的贡献最大。

1. 薛暮桥对新民主主义经济学研究的贡献

薛暮桥③在 1937 年全面抗战以后至新中国成立前夕,担负抗日根据地和解

① 《毛泽东文集》第三卷,人民出版社 1996 年版,第 147 页。

② 《中共党史参考资料》(五),人民出版社 1979 年版,第 31 页。

③ 薛暮桥(1904—2005),江苏省无锡人。中国马克思主义经济学家。1926 年投身铁路工人运动,1927 年 3 月加入中国共产党,四一二政变后被捕入狱。在狱中,学习了大量政治经济学、哲学、历史学著作,为日后研究经济学打下了基础。1931 年以后从事中国农村经济调查,1934 年主编《中国农村》,1938 年 10 月任新四军教导总队训练处副处长,后任抗大五分校训练部长。1943 年主持山东抗日根据地对敌货币斗争,先后任中共中央山东分局政策研究室主任、省工商局局长、省政府秘书长兼实业厅厅长等职。1948 年任中央财经部秘书长,直接协助周恩来同志领导经济工作。新中国成立后,先后担任中央和政务院财经委员会秘书长、国家计委副主任、国家统计局局长、国家经委副主任、中央财经小组成员、全国物价委员会主任,被选为中国科学院哲学社会科学学部委员。重要著作收入《薛暮桥学术精华录》。

放区经济方面的领导工作,为根据地经济发展作出了积极的贡献;与此同时,他还结合根据地经济建设的需要,对根据地经济发展模式、新民主主义合作社、根据地土地改革问题等进行了学术上的探索,在马克思主义与根据地经济建设的结合上迈出了重要的一步,其经济主张对根据地经济建设发挥了重大的指导作用。

其一,对根据地经济发展模式的探索。薛暮桥在山东根据地从事经济工作的过程中,认为根据地的经济工作应该在立足于发展手工业的基础上向现代机器工业阶段过渡。在薛暮桥看来,由手工业向机器工业的发展是一个重要的趋势,但应立足于根据地的经济实际,将经济的重心放在发展手工业上,努力创造条件向机器工业的方向发展。他指出:"今天究以手工业生产抑以机器生产为主,我们的答复是仍当以手工业生产为主,亦勿放弃有利条件下的机器生产。今天我们的纺织生产还是手工生产,尽管机器纺织效率数百倍于手工业纺纱,但是我们仍不应抛弃手工纺纱而去等待机器纺纱,我们发展机器生产不但缺乏机器,而且缺乏技术人员。在今天战争形势下发展机器生产更加困难。今后若干年内我们仍必须依靠手工生产克服困难,争取重要工业品的自给自足,在这基础上来逐渐建设小型工厂,发展机器生产。"[①]鉴于这样的认识,薛暮桥主张根据地在经济政策上应对手工业生产采取保护的措施。薛暮桥提出:"保护手工业生产的主要方法有三:第一个是实行保护关税政策,一切洋货进口如果摧残手工生产,就应征收重征税甚至禁止进口,我们并不反对一切洋货,亦(不得)不限制地任其侵夺国货土货市场。第二个是提倡土货,一切爱国人士均应乐于使用土货,并以使用土货为荣,公营商店不应当成为洋货的推销者,而应当成为土货的推销者,并在解放区之间互相推销土货土产。最后也是最重要的,提倡土货首先就要发展和改进各种土货的生产,已有各种工业生产必须提高,增加产量(达到完全自给),减轻成本,否则仍不能与洋货竞争。同时亦应发展各种小型工业,争取各种重要工业品的自给自足。"[②]薛暮桥针对根据地经济不发达的实际,主张重点发展手工业,并提出今后的向机器工业发展的努力方向,这是符合实际的积极主张。

薛暮桥对根据地商业发展予以高度的重视,提出要按照经济规律来开展解

① 薛暮桥:《现阶段的经济政策》(1946年秋),《抗日战争时期和解放战争时期山东解放区的经济工作》(增订本),山东人民出版社1984年版,第302页。
② 薛暮桥:《现阶段的经济政策》(1946年秋),《抗日战争时期和解放战争时期山东解放区的经济工作》(增订本),山东人民出版社1984年版,第303页。

放区的商业活动,积极推进根据地商业的发展。在发展根据地商业问题上,薛暮桥提出以下主张:

一是高度重视物价问题。在薛暮桥看来,根据地的商品在生产与销售过程中,一定要注意物价的涨落问题,调整好生产与销售的关系,注意到各方的利益。他指出:"在各种商品的生产和运销中,价格的涨落会发生巨大的影响。在生产中,我们应当照顾到原料和成本价格(如棉价与线价,线价与布价)能否保证生产者所应得利益。一般来讲,物价上涨能刺激生产,而物价下落则对生产不利。但在物价上涨时,如果原料涨得比成品更快,同样会妨碍生产;反之,在物价下落时如果原料落得比成品更快,对于生产发展仍有帮助。在货币斗争顺利开展,币值上涨,物价下落时候,更应注意这些问题。"①又说:"调剂日用品价格,还要照顾到一般消费者的利益。生产者的利益与消费者的利益往往互相矛盾,生产者希望价格高,消费者希望价格低,这个矛盾亦须适当解决。如粮食在秋冬应当勿使粮价过于跌落,在春荒时期则勿使粮价过于高涨,布匹在夏季勿使布价过于跌落,在秋冬之交则勿使布价过于高涨。这样生产者与消费者的利益,均能获得适当照顾。"②薛暮桥高度重视物价问题对根据地经济的意义,并认为应根据物价的变化来安排生产和贸易问题,这对当时根据地经济工作是有指导意义的。

二是要求充分发挥合作社在贸易中的作用。薛暮桥认为,根据地发展商业应该充分发挥合作社的作用,应该鼓励合作社的发展,但也不能以合作社来排挤私人贸易。他指出:"对于合作社更应奖励扶助,如贷款、减税,给以购买运销的优先权等,使它日益发展,能在市场交易中占更重要的地位。政府贷款首先应以合作社为对象,其次是小贩和小商人(仅就贸易贷款而言)。过去某些地区把巨款贷给少数大商人,甚至给以某些重要物资的专卖权利,造成他们的特殊地位。这种政策是完全要不得的。但由合作社(实际上多数是机关部队所经营的商号)来垄断市场,排挤私人贸易,在一般情况下也是要不得的办法。"③薛暮桥提出重视合作社在根据地贸易中的作用,但也要重视私人贸易的发展,不能从一个极端走到另一个极端。

三是主张对商人采取正确的政策。薛暮桥提请从事经济工作的人注意,

① 薛暮桥:《我们的贸易政策》,《山东民主导报》第4期,1944年5月。
② 薛暮桥:《山东工商管理工作的方针和政策——工商管理工作会议上的总结报告》(1945年5月),《抗日战争时期和解放战争时期山东解放区的经济工作》,山东人民出版社1984年版,第244页。
③ 薛暮桥:《我们的贸易政策》,《山东民主导报》第4期,1944年5月。

"应当承认商业和商人在今天也是发展国民经济之所必需,只要商品生产存在,商业和商人也就不会消灭,而且不应消灭,不应动辄反对。"①薛暮桥对于根据地在对待商人问题上的错误政策提出了严肃的批评。根据地当时对商人往往采取两种错误的政策:一种是无原则地团结商人,任其操纵市场,剥削人民。如有些贸易局把公家资金贷给少数投机商人,给以专买专卖权利,任其假借政府名义实行操纵和垄断。还有许多专为公家采购军需品的特殊商人,往往抬高物价,一本数利,浪费公家资金,加重人民负担。另一种错误政策,是无原则地打击商人,如公营商店垄断一切有利的事业,致使私营商店几乎无法立足。又如在管理进出口贸易时,任意提高价格、压低价格,不能适当地照顾商人所应得的利益,表现为嫉妒商人赚钱、害怕商人发展的心理。甚至把通过正当贸易而赚了钱的商人,当作封建恶霸一样来斗争。薛暮桥针对这种情况,提出"对商人要一面团结,一面斗争,奖励其一切有利于抗战和人民利益的活动,限制其一切不利于抗战和人民利益的活动"的正确主张②。在薛暮桥看来,对商人要有正确的态度,同时也要有正确的政策,不能看到人家赚钱就红眼,更不能动辄就称商人为"奸商",这当然"亦不是完全采取放任态度"。薛暮桥指出:"商人唯利是图,他们的活动有时有利于我,有时又有利于敌。于我有利处应扶助,于我不利处应限制,违法行动应受法律制裁。对于分散的,流动的小商人应加强组织,加强政治领导(此种政治领导不应违反他们自身利益)。利用他们的分散性、流动性来进行对敌斗争。对于大商人也应好好争取团结,来与我们合作,帮助我们调剂供求,进行对敌经济斗争。"③薛暮桥提出对商人既团结又斗争以及注重商人利益的主张,对根据地商业活动的开展是有指导意义的。

四是主张有条件地发展私人资本。当时根据地在执行党的经济政策时,少部分同志不明白私人资本的意义,在行动上排挤私人资本。薛暮桥从经济活动的要求说明私人资本的意义,他指出:"市场交易主要依靠私人资本;公营商店是为加强对敌斗争,防止投机垄断,而非与民争利。它应负责保护物资,调剂供求,平衡物价;不应排挤私人资本,不应垄断市场。对于私人资本,应当保护它,扶植它,引导它们向着富国利民的方向发展,但亦不能容许它们垄断市场,操纵

---

① 薛暮桥:《我们的贸易政策》,《山东民主导报》第 4 期,1944 年 5 月。

② 薛暮桥:《山东工商管理工作的方针和政策——工商管理工作会议上的总结报告》(1945 年 5 月),《抗日战争时期和解放战争时期山东解放区的经济工作》,山东人民出版社 1984 年版,第 252 页。

③ 薛暮桥:《我们的贸易政策》,《山东民主导报》第 4 期,1944 年 5 月。

物价,阻碍生产发展和广大人民的利益。"①薛暮桥还从党的新民主主义经济政策的高度,说明重视私人资本对发展新民主主义经济的特殊意义,要求注意到私人资本的历史进步性。他指出:"应当明确,新民主主义经济并不反对私营经济,而是公营、私营和合作社经营的共同发展。我们今天需要削弱封建经济(因为它会阻碍社会经济发展),但不削弱资本主义经济,承认资本主义经济在中国今天还是较进步的生产方式。商业资本是资本主义经济之一必要构成部分,如果商品经济继续发展,商业必然也就跟着发展。无原则的反对商业资本,反对私营企业,或把商人赢利与地主封建剥削同样看待,都是不正确的。"②薛暮桥提出的有条件地发展私人资本的主张,贯彻了党的新民主主义经济方针。

薛暮桥关于根据地手工业、商业的研究是建立在促进根据地生产发展的基础上,并紧密联系根据地经济不发达的实际,因而是对根据地经济发展模式的积极探索。根据地的经济基本上是农业性的经济,所谓工业也基本上是手工业。在此情形下,加快根据地手工业的发展,并积极地向机器工业的方向发展,对于支持战争有着极为重要的意义。但根据地手工业的发展又离不开商业的发展,因而也就必须重视商业,并需要采取积极的政策。薛暮桥正是基于这种实际情况,将根据地的手工业及商业作为重要的抓手并进行重点的研究,这对于根据地新民主主义经济的发展有着极为重要的意义。

其二,对新民主主义合作社的研究。薛暮桥对新民主主义合作社进行了创新性的研究,阐发了合作社的基本理论及发展合作社的方针、政策,分析了合作社经济在新民主主义经济中的地位,为中国共产党的新民主主义经济方针提供了学术上的论证。

薛暮桥在20世纪30年代就对合作社问题进行过研究,认识到合作组织"并不是一种特别的社会制度,也不一定代表或排斥某种生产方式",指出:"合作组织可以存在于资本主义或社会主义社会中间,也可以存在于半封建的半殖民地社会中间;而且随着它所处的社会环境各异,它所尽的任务也便大不相同。"③当时,薛暮桥就对改良主义的乡村合作运动提出过严肃的批评,揭示其反动的实

---

① 薛暮桥:《我们的贸易政策》,《山东民主导报》第4期,1944年5月。

② 薛暮桥:《山东工商管理工作的方针和政策——工商管理工作会议上的总结报告》(1945年5月),《抗日战争时期和解放战争时期山东解放区的经济工作》,山东人民出版社1984年版,第253页。

③ 薛暮桥:《中国农村合作运动的特质》(1937年1月),《旧中国的农村经济》,农业出版社1980年版,第104页。

质。他曾这样说:"在中国这样半封建的农村中间,合作运动非但不能创造社会主义的集体农场,甚至不能发展资本主义的农业生产。在中国,合作运动的发展,并不曾使贫苦农民解除帝国主义者的经济束缚,也不曾使他们有力量来对抗乡村中的地主豪绅;它的主要作用只使买办性银行资本深入农村,加强他们对于农民们的控制力量。"①薛暮桥对合作社的分析,紧密联系当时社会的经济状况,注意分析合作社的性质、背景和作用,说明他对合作社问题有比较深刻的思考。

薛暮桥曾专门就合作社问题进行探讨,研究和宣传新民主主义合作社的基本理论和发展合作社的方针、政策。薛暮桥对根据地合作社的经济功能予以分析,突出合作社为群众服务的目的以及在发展生产中的地位。他指出:"合作社是为群众服务的经济组织,这是合作社的最主要特点。合作社与资本主义工厂商店的区别是在:后者的唯一目的是要赚钱,而前者则以'为群众服务'为其最主要的目的。过去有些合作社把赚钱分红当作主要的甚至唯一的,这个方针是完全错误的,这样它就与一般工厂商店无质上的区别。当然,合作社也要赚钱;尤其是在开始发展时候,能够赚钱往往成为合作社的成功与失败之一重要关键。但我们主观上应认识:赚钱不是合作社的主要目的,它的主要目的应当是为群众服务,是为群众解决生产上和生活上的困难。如果合作社真正能为群众服务,它就一定受到群众的拥护,就是少赚钱也不至于妨碍合作社的发展。"②薛暮桥研究根据地的合作社,不仅注意到合作社与资本主义工厂商店的比较,而且注意到党和政府的方针、政策与合作社发展的关系,突出了合作社为生产服务的经济功能以及对政府经济政策的重要影响,这标志着中国马克思主义者关于合作社的理论研究进到一个新的阶段。

薛暮桥在1949年4月还写了《新民主主义的合作社》文章,送请刘少奇审阅。在该文中,关于合作社经济在新民主主义经济中的地位及党的发展合作社的方针,薛暮桥这样指出:"新民主主义的合作社,是新民主主义国家扶助农民,手工业者以及广大消费者,并进而改造小农业和小手工业的主要工具。中国还是一个农业国家,分散的、落后的小农业和手工业,仍在国民经济中占绝大的比重;农民和手工业者(主要是农民)约占全国人口的百分之八十至九十;因此合作社经济的发展,在新民主主义的经济建设中占有极重要的地位。新民主主义

---

① 薛暮桥:《中国农村合作运动的特质》(1937年1月),《旧中国的农村经济》,农业出版社1980年版,第105页。

② 薛暮桥:《怎样办合作社》(1946年),《抗日战争时期和解放战争时期山东解放区的经济工作》,山东人民出版社1984年版,第138页。

国家在经济建设中,首先必须发展国营经济;巩固国营经济在整个国民经济中的领导地位。这种新民主主义国家领导下的国营经济,可以说是新民主主义经济中的社会主义成分。其次是要发展合作社经济,通过合作社来扶助广大的农民和手工业者;并使他们的个体经济逐渐地集体化,在国营经济的领导下,一步步地朝着社会主义的方向前进。最后是要保护有利于国计民生的私营资本主义经济;并限制某些私营资本主义经济的投机破坏行为,引导它们转向有利于国计民生的正当营业。"[1]薛暮桥认为,理解新民主主义合作社的方针,一定要从经济目的、经济任务等方面将其与资本主义经济区别开来,这样才能在实际工作中积极推进合作社的发展。他指出:"明确掌握新民主主义合作社的方针,把新民主主义合作经济与资本主义经济明确区别开来。资本主义经济是以盈利为目的的,为着盈利,他们就要投机,操纵,剥削劳动人民。新民主主义的合作经济是为群众(特别是为劳动人民)服务的,它的任务是扶助群众生产,改善人民生活,在国营经济的领导下与私营资本主义经济的投机破坏行为作斗争。"[2]薛暮桥关于新民主主义合作社经济的论述,阐述了合作社经济与国营经济、私营经济等的关系,不仅宣传了中国共产党的新民主主义经济方针,而且推进了合作社经济的学术研究,这对于新民主主义经济学理论的发展有着重要的意义。

其三,对中国土地改革问题的研究。薛暮桥在抗战时期和解放战争时期着眼于变革农村中封建生产关系的需要,对中国农村中的土地问题也进行过深入的探讨,积极宣传中国共产党的土地政策,强调解决土地问题对于建立新民主主义经济形态的极端重要性。

抗战开始后,薛暮桥认为中国的土地问题与民族斗争相比虽然是处于次要的地位,但土地问题的解决与争取抗战的胜利依然有着密切的关系,因而应该引起高度重视。关于土地问题与民族解放战争的关系,薛暮桥指出:"土地问题是中国问题中间极重要的一环,但在今天,它同民族问题比较起来已经处于次要地位。当然,土地问题与民族问题是不能机械地对立着的,民族解放战争的胜利,是解决土地问题的最重要的保证。反之,土地问题的适当处理,也是保障抗战胜利之一极重要的条件。"[3]薛暮桥主张,抗战时期应该坚守抗日民族统一战线这

---

① 《新民主主义的合作社》(1949年4月),《薛暮桥学术精华录》,北京师范学院出版社1988年版,第160页。

② 《新民主主义的合作社》(1949年4月),《薛暮桥学术精华录》,北京师范学院出版社1988年版,第167页。

③ 薛暮桥:《现阶段的土地问题和土地政策》,《中国农村》第6卷第1期,1939年8月。

一"最高国策",在此前提下应"规定一个适合于抗战需要的新的土地政策",这对于持久抗战以及争取抗战的胜利有重大的意义。

薛暮桥在解放战争时期,对土地问题仍然十分重视,并进行了创造性的研究。当时有些学者因为中国土地可以买卖,因而就断定"资本主义的土地所有制度已占优势"。薛暮桥认为"这样的估计是不妥当的",他的理由是:"土地自由卖买并不等于资本主义土地所有制度,这正如商品经济并不等于资本主义经济一样明白。"薛暮桥的观点是:"今天中国的土地关系,一般说来还是半封建的土地所有制度占着优势。"①接着,薛暮桥分析了中国半封建土地制度的特征:一是"地主阶级几乎占有了全国土地的半数,而且他们所占有的大多是较肥沃的土地";二是"地主把大部分的土地,分割开来租给贫苦农民耕种";三是"地主出租土地以后,向农民征收封建的苛重地租"②。薛暮桥从当时中国农村中土地占有的实际情况出发,认定当时中国土地制度的性质依然是"半封建土地所有制度占优势"的观点是正确的,他对中国半封建土地关系特征的分析也是很有眼光的。值得注意的是,薛暮桥在研究中国土地制度时积极宣传中国共产党的土地政策,阐明了中国共产党土地政策的基本内容及所要达到的目标。他指出:"今天我们党的土地政策是:第一,必须改善农民生活,这样来提高农民抗日和生产的积极性;但同时又要保护地主阶级的基本利益,保护他们的地权和财权。所以我们今天不是取消封建剥削,而是减轻封建剥削;不是消灭封建经济,而是削弱封建经济。我们停止土地革命,实行减租减息,这是我们对于地主资产阶级(中国民族资产阶级同样反对土地革命)的让步;这一让步的目的,是为着争取地主资产阶级,团结全民族的力量来打倒日本帝国主义,这是求得抗战胜利,民族解放,也是进一步去求得工农解放的唯一正确的道路。所以这一让步,不但有利于地主资产阶级,同样也有利于工人农民。第二,必须发展生产,支援长期抗战。我们要依靠乡村来战胜城市,便非发展生产不可。政治动员(号召人民慷慨捐助)只能解决暂时的困难,不能支持长期的抗战。减轻剥削不增加生产,在今天敌后的生产条件下,只能够部分的改善工农的生活,并不能使工农生活彻底改善。如果我们的土地政策不注意到发展生产,相反的削弱了地主富农以至一般农民生产的积极性,则其前途不堪设想。一切奖励生产,扶助农民向上发展的

---

① 《中国土地问题和土地政策研究》(1943年),《薛暮桥学术精华录》,北京师范学院出版社1988年版,第129页。

② 《中国土地问题和土地政策研究》(1943年),《薛暮桥学术精华录》,北京师范学院出版社1988年版,第129—131页。

政策,同样也是今天我党土地政策之一,重要构成部分。"①薛暮桥积极解释中共抗战时期的土地政策,阐明了中共土地政策的基本内容,对于使社会各界正确理解中共土地政策起到了重要的舆论宣传作用。

薛暮桥作为中国杰出的马克思主义经济学家,他在解放前的经济学思想是随着中国共产党人领导下的经济活动的开展及新民主主义经济建设事业的发展而形成和发展起来的,并具有鲜明的特色。第一,薛暮桥经济学思想具有密切关注现实的特点,特别是注重中国现实的经济状况的具体研究。他在 20 世纪 30 年代初就十分注重中国农村状况的研究,抗战爆发以后则加强了对根据地经济状况的研究,积极阐发新民主主义的经济形态。抗战胜利之时,他对中国当时的经济状况也有总的考察和分析,力图说明当时中国中社会经济问题的症结所在。譬如,1946 年薛暮桥指出:"抗战胜利后,中国国民经济和民族工业不但没有蓬勃发展,且有江河日下之势。促成中国经济愈益衰落的主要原因有三:第一个是国民党反动派破坏和平,疯狂发动全国性内战。由此交通无法恢复,货物无法流通,许多重要生产事业继续遭受摧残。第二个是官僚资本的垄断掠夺,他们不但垄断金融市场,交通运输,重要矿产,而且利用接受敌产和联合国的救济,掌握各种轻重工业,使私营企业几无存在余地。第三个是美国剩余物资的倾销。……中国民族工业在这三重打击下,其前途是暗淡的。"②第二,薛暮桥具有较高的马克思主义理论水平,注重马克思主义经济学理论的研究。他不仅积极地宣传马克思主义的经济学原理,而且善于将马克思主义经济学与中国的经济状况结合起来,阐述中国经济的半殖民地半封建社会性质,并进而研究新民主主义经济形态及根据地中合作社经济、土地改革运动、商业活动、手工业发展等问题,从而形成了既具有马克思主义理论特色又具有中国根据地经济发展特点的经济学理论体系。第三,薛暮桥的经济学理论具有实践性强的特点,能够不断地提取中国共产党领导的新民主主义经济建设中相关经验。他立足于中国经济的基本状况的分析和研究,坚持马克思主义理论同革命实践的结合,经济的研究工作也在于解决重大的现实问题,为新民主主义经济建设服务。譬如,他对新民主主义经济的研究,不仅具有从事根据地经济工作的实践经验的基础,而且也是直接地服务于新民主主义经济建设事业,体现了中国马克思主义经济学家面向现实、求真务实

---

① 《中国土地问题和土地政策研究》(1943 年),《薛暮桥学术精华录》,北京师范学院出版社 1988 年版,第 140 页。

② 薛暮桥:《现阶段的经济政策》(1946 年秋),《抗日战争时期和解放战争时期山东解放区的经济工作》(增订本),山东人民出版社 1984 年版,第 299 页。

的学术品格。

薛暮桥是著名的中国马克思主义经济学家,学术上坚持以马克思主义为指导,并积极地与中国经济研究相结合,成为 20 世纪马克思主义经济学在中国发展的主要代表之一。薛暮桥为中国化的马克思主义经济学体系的构建作出了突出的贡献,有力地推进了以马克思主义为指导的新民主主义经济学体系的建设,在中国现代学术史上占有重要的地位。

2. 王思华对新民主主义经济学研究的贡献

王思华是著名的马克思主义经济学家,其经济研究的不断推进及经济学思想的发展,得益于中国共产党领导的新民主主义经济建设的实践。适应于新民主主义经济建设的需要,王思华在对《资本论》进行理论研究的同时,也对新民主主义经济进行卓有成效的研究,积极诠释和宣传新民主主义经济的五种经济成分理论,阐述了建设新民主主义经济的基本思路。他指出:"中国的经济,在彻底消灭封建主义、官僚资本主义及取消帝国主义在中国经济特权以后,基本上是由以下五种经济成份所构成,这就是国营经济、合作社经济、国家资本主义经济、私人资本主义经济及农民和手工业者的个体经济。"[1]正是基于对新民主主义经济五种成分的认识,王思华对国营经济、合作社经济、国家资本主义经济、私人资本主义经济及个体经济作了分别的研究。

关于国营经济。王思华认为,铁路、矿山、邮电以及大的企业等,都是有关国家经济命脉和足以操纵国计民生的事业,这些企业都应由国家统一经营,都是人民的公共财产,因而也就是属于"国营经济"。国营经济"它在新民主主义经济中,是居于领导地位。它是工人阶级领导下的新民主主义国家所经营的经济,因此,它是社会主义性质的经济。它是工人阶级在经济战线上和资本主义斗争的最有力的武器。"在国营经济中,应特别注重发展重工业,"我们应该把它放在最主要的地位,因为没有重工业,就不能发展工业,就不能工业化"[2]。王思华认为有关国家经济命脉的都是国营经济的组成部分,国营经济处于领导地位,必须充分发展国营经济尤其是国营经济的重工业部分,这为国营经济的发展指明了方向。

关于合作社经济。在王思华看来,合作社经济在当时的中国农村主要是劳动互助与供销合作社,在城市主要是手工业合作社与供销合作社。在当时生产

---

① 《王思华经济论文选辑》,东南大学出版社 1989 年版,第 193 页。

② 《王思华经济论文选辑》,东南大学出版社 1989 年版,第 193 页。

力的条件下,"广大的小生产者必须经过合作社,组织起来,中国整个社会经济才能在国家经济领导之下加以组织,才能成为有计划的经济"。就发展新民主主义经济而言,"我们可以利用合作社反对投机倒把,取消中间剥削,调剂物资等等"。但要注意,"办合作社的原则是自愿有利","要办新民主主义的合作社,要办为社员服务的合作社",因此,"我们必须进行两条战线斗争:一方面要反对赔本主义,把合作社看做救济机关;另一方面也要反对营利观点,专门剥削农民。"关于合作社经济的性质、地位及发展方向,王思华有这样的论述:"合作社经济在工人阶级领导的新民主主义国家制度之下,是半社会主义性质的经济。它是国营经济的最可靠的助手。国营经济只有与合作经济结合起来,并领导合作社经济,它才能把千千万万的小生产者吸引到自己一方面,去和各种私人的投机操纵的行为作斗争,同无政府的经济破坏活动作斗争;它才能使新民主主义的计划经济取得优势,才能使他们不走资本主义道路,而是经过新民主主义的道路走上社会主义。"①

关于国家资本主义经济。王思华对国家资本主义经济的组成及国家资本主义经济的形式进行了分析,认为国家资本主义"就是国家资本与私人资本合作的经济"。譬如,为国家企业加工,原料属于国家,机器、资本属于私人,私人与国家合作,国家给予一定的利润,这就是国家资本主义经济的一种形式。因此,"私人资本与国家合作,或用租借形式经营国家的企业,开发国家的富源等,都属于国家资本主义经济"。关于国家资本主义经济的特点及新民主主义国家所应采取的政策,王思华指出:"国家资本主义经济的特点,是由国家领导,订有合同,私人经营,与国家发生一定经济关系。这里的私人资本是在国家的领导与管理之下,进行一种对国家有利的生产。这是私人资本发展的方向。国家资本主义形式,使私人资本服从国家领导与监督,是私人资本主义经济中最有利于新民主主义经济发展的一种形式,值得我们提倡与组织。"②

关于私人资本主义经济。王思华认为,私人资本主义之所以是新民主主义经济的组成部分之一,是因为新民主主义的国营经济的力量还有限,合作社经济还不够发展,人民各方面还有需要,再加上自由贸易的发展,因而"私人资本主义经济的发展是必然的,在一定限度内,也是必要的"。关于新民主主义国家如何对待私人资本主义经济的问题,王思华提出了两点建议:一是对私人资本主义

① 《王思华经济论文选辑》,东南大学出版社 1989 年版,第 194 页。
② 《王思华经济论文选辑》,东南大学出版社 1989 年版,第 195 页。

经济进行"引导",使其服务于国计民生。他指出:"我们对于资本主义经济的方针,就是引导它到有利于国计民生的方向,帮助它克服由战时经济到平时经济的转变中所遇到的困难,改正对私营工商业自流态度与某些不适当的限制,扶助它正当发展,一面保障工人必须的生活与福利,一面使资方有利可图。"二是对私人资本主义要采取"分别对待与管理"的措施,使其消极性的一面得以克服。王思华指出:"我们对于私人资本主义要分别对待与管理,有利于国计民生的要奖励,要发挥私人资本在恢复与发展工农业生产以及沟通城乡物资交流中的积极作用,在工业政策、贸易政策、税收政策、劳动政策等各个方面引导与节制私人资本主义,同时对于投机倒把的奸商以及一切从经济上捣乱国家建设的行为,则应采取有效办法,予以取缔。"①

关于个体经济。王思华认为,个体经济主要是指农民和手工业者的个体经济。个体经济之所以在新民主主义经济体系中存在,是由中国当时的经济状况决定的,因而新民主主义国家对个体经济要采取积极的引导政策。他指出:"农民手工业者的个体经济在目前中国整个经济生活中,在数量上是占优势的,我们对农民和手工业的个体经济的方针是组织合作社,经过合作社,引导到社会主义。"②

王思华认为在建设新民主主义经济的过程中,必须处理好五种经济成分之间的关系。他指出:"我们建设新民主主义经济,就是要改善与发展国营经济,扶助合作社与国家资本主义,领导私人资本及农民和手工业者的个体经济,反对投机倒把、操纵居奇以及一切对生产建设的破坏行为。新民主主义经济由于国营经济与合作社经济在整个国民经济比重上的逐步提高,成为推进到社会主义去的过渡阶段。"③王思华认为,国营经济在五种经济形态中处于领导地位,因而应该大力发展,如此才能为向社会主义过渡创造经济的基础。王思华关于新民主主义经济五种成分的分析,不仅论述全面,而且见解独到,尤其是就国家资本主义经济的论述在当时颇具有创见性。观于当时马克思主义经济学家和中共政治家关于国家资本主义经济的论述,不难得出这一结论。

王思华是一位有着实际的经济工作经验的马克思主义经济学家,他的经济学研究与他所担负的经济管理工作及相关研究工作是分不开的,并且是与中国

---

① 《王思华经济论文选辑》,东南大学出版社1989年版,第195页。
② 《王思华经济论文选辑》,东南大学出版社1989年版,第195—196页。
③ 《王思华经济论文选辑》,东南大学出版社1989年版,第196页。

共产党领导的新民主主义经济建设的实践活动紧密联系的。他在抗战时期担任中国经济研究社社长的职务,运用马克思主义经济原理开展经济学的研究工作,并主持了陕甘宁边区政府物资局的调查研究工作,为根据地经济的发展作出了贡献。王思华积极从事经济学的学术研究工作,研究和宣传《资本论》的学术思想,积极推进马克思主义经济学理论的中国化,重点研究抗战时期需要解决的重大经济问题,加强对新民主主义经济问题的探讨,对中国马克思主义经济学的发展及新民主主义经济学体系的构建作出了贡献,在中国马克思主义学术史上有着重要的地位。

3. 许涤新对新民主主义经济学研究的贡献

许涤新[1]是现代中国著名的马克思主义经济学家,其撰写的《新民主主义经济论》是一部专门阐述新民主主义经济理论的经济学著作,在结合中国新民主主义经济发展状况的基础上,对新民主主义经济问题作出了成功的探索。该书于 1938 年初版,以后又多次印行,在学术界产生了重要影响。

《新民主主义经济论》对旧中国农业经济的性质和特点进行了研究,揭示了旧中国农村封建的和半封建的生产关系的事实。在该著中,许涤新通过对旧中国农村经济状况的研究,特别是对农村生产资料(土地是最重要的生产资料)、生产手段、生活资料占有状况的分析,认为旧中国的农村仍然处于封建和半封建的生产关系之中,并未能进到农业资本主义形态。他指出:"在殖民地半殖民地及一些经济比较落后的国家中,封建和半封建的生产关系,在农村中占着很大的优势。这就是说,占人口极端少数的地主和富农,占了绝大部分的耕地和其他的生产手段与生活资料,反之,占人口极端多数的雇农、贫农和中农,却占了很少很少的耕地,而其中,雇农是什么东西都没有的,贫农则只有很少的土地或者完全没有土地。其他生产手段和生活资料,亦是完全没有或缺乏不足的,中国的情形

---

① 许涤新(1906—1988),广东揭阳人。马克思主义经济学家。1926 年后,先后在中山大学、厦门大学、上海劳动大学学习。1933 年加入中国共产党。曾任中国社会科学家联盟党组书记、中共上海局文化委员会委员。抗日战争时期,任武汉、重庆《新华日报》编辑、社论委员会委员,《群众》杂志主编。解放战争时期,在香港任《群众》周刊编委并创办《经济导报》。新中国成立后,历任中共上海市委委员,统战部长,华东财委和上海市财委副主任、市工商局局长,中共中央统战部副部长,国家行政管理局局长,中国社会科学院副院长、经济研究所所长,汕头大学校长,中国统一战线理论研究会副会长等职,还曾任中国大百科全书总编辑委员会委员和《中国大百科全书·经济学》编辑委员会主任。是第一、三届全国人大代表,第五、六届全国人大常委。主要著作有:《中国经济的道路》(1946 年)、《官僚资本论》(1946 年)、《生态经济学探索》(1985 年)。

最可作为代表。"①又指出:"以农业经营而言,中国原来农场的面积是以细小出名的。在封建地主的土地所有制之下,土地尽管集中,可是,它不但没有产生大规模的农业经营,反而零细地把他们的田地割成许多小块去租给贫苦的小农。中国的农场面积,早就是鸡零狗碎的了。"②许涤新以马克思主义理论为指导,对旧中国农村中地主、富农以及贫农、中农经济地位的分析,说明了旧中国农村是地主阶级土地所有制,封建及半封建的生产关系占有优势地位,中国半殖民地半封建社会的经济形态并未改变。

《新民主主义经济论》尤其注重对中国共产党土地政策的研究和宣传,将经济学研究的学术性和政治性结合起来。许涤新对中国共产党"平分土地"的政策予以积极的宣传和说明,阐明平分土地的必要性和可行性,扩大了中国共产党土地政策的政治影响。针对中国农村中土地占有极端不均的状况,许涤新认为"平分土地"是中国共产党在民主革命时期解决农民土地问题的重要政策,但"平分土地"不是"平均主义"。许涤新指出:"平分土地是适合农村中基本群众要求的办法。首先是雇农贫农群众的要求;其次,是某些中农的要求。贫雇农占中国农村人口70%,中农占人口20%,满足中农的某些要求,就可巩固贫雇农与中农的团结,因此,必须容许一部分中农保有比较一般贫农所得土地的平均水准为高的数量。故提倡绝对平均主义是错误的,平均土地并不是提倡绝对平均主义。"③根据中国共产党的土地政策,许涤新认为"平分土地"政策落实到具体的工作中就是"按人口平均分地"。那么,"按人口平均分地"有哪些具体的优越性呢?对此,许涤新从废除封建剥削关系、维护农民利益、解放农村生产力的角度解释:"只有按人口平均分地,才是最合理,最能走得通,最能获得广大农民的拥护的。为什么呢?因为:第一,按人口平均分配土地是消灭封建制度的最彻底的方法。在这样方法之下,一切封建特权和超经济的剥削,都失去存在的可能了。第二,按人口平均分配土地是完全适合农村中的基本群众。"④许涤新进一步指出:"按人口平均分配土地是一种最公平的办法,这种办法,没有厚待任何人,亦没有歧视任何人。……这种办法,不但照顾了敌方人员的家庭,而且防止了解放军家属,人民政府与人民团体中不正确的干部私分好田和多分财产的毛病。这

---

① 许涤新:《新民主主义经济论》(1938 年 6 月),南海出版社 1948 年版,第 23 页。
② 许涤新:《新民主主义经济论》(1938 年 6 月),南海出版社 1948 年版,第 31 页。
③ 许涤新:《新民主主义经济论》(1938 年 6 月),南海出版社 1948 年版,第 30 页。
④ 许涤新:《新民主主义经济论》(1938 年 6 月),南海出版社 1948 年版,第 29 页。

种是一视同仁,大公无私的办法。"①值得注意的是,许涤新对于"按人口平均分配土地"有深刻的理解,即他不是把这一政策看作权宜之计,而是从变革农村封建生产关系、推进农业集体化、发展农村生产力的高度来加以认识的。如他说:"平均分地,在表面上虽然分得很碎,但实际上,这是农业集体化的大前提,而且,取消了封建剥削以后,农民的负担可以减轻到最低的程度,农民的生产能力与情绪可以提高到最高的程度。"②许涤新关于农村土地分配的论述,强调"平分土地"乃是最合理最公平的办法并且是消灭封建制度的办法,积极宣传了中国共产党的土地政策,有力地配合当时解放区土改斗争的进行。

《新民主主义经济论》在研究中国共产党土地政策的基础上,就中国共产党的土地改革运动进行了理论的分析,回答了社会上的诸多疑问。许涤新在该著中联系当时农村土改运动的实际,对中国共产党土地改革运动的性质进行分析,指出中国共产党所领导的土地改革属于资产阶级民主主义性质,"平均分配土地"属于"资本主义范畴",而不是社会主义。中国共产党领导土地改革运动是一场深刻的农村大革命,其目的是废除中国农村的封建生产关系,解放农村生产力,为发展农村经济奠定基础。但当时社会上有些人,不明白中国共产党土地改革的对象所在,甚至有些人认为土地改革是反对资产阶级的;也有人误认为在土改运动中实行的"平分土地"政策是社会主义性质,是废除农民的私有财产。对此,许涤新指出:"土地改革的锋芒是对准封建关系的,在这里,成为革命的对象的是封建的地主阶级,是封建的土地制度和生产关系,而不是一切资本主义与资本主义的私有财产。故在性质上来说,土地改革是资产阶级民主主义性的。"③许涤新还对那种误解中共土地政策是社会主义性质的观点,进行了耐心的解释和说服工作,消除了社会上主要是中间人士的误解和疑惑。

许涤新在《新民主主义经济论》中还从发展农村合作经济的角度,阐发土地改革对于变革农村生产关系的重大意义,认为土地改革有助于发展农村生产力。他认为,土地改革使处于封建剥削之下的农民解放出来,农民因为通过土改得到了土地,获得了生产所必需的生产手段,"他们都成为独立的自耕的个体农民",而农民的这种"个体经济"在当时是有助于发展"农业的合作经济"的。许涤新这样指出:

---

① 许涤新:《新民主主义经济论》(1938年6月),南海出版社1948年版,第30页。
② 许涤新:《新民主主义经济论》(1938年6月),南海出版社1948年版,第31页。
③ 许涤新:《新民主主义经济论》(1938年6月),南海出版社1948年版,第24页。

这种分散的个体经济，就是发展农业合作社的物质条件。因为在封建制度和半封建制度之下，土地握在地主阶级手里，那其间，备受超经济剥削的贫苦农民是没条件谈到农业合作社的。当中国沉浸在半殖民地半封建社会的时候，当中国还在国民党的反动统治之下挣扎的时候，亦曾经有所谓农村合作的活动。但是，信用合作在土豪劣绅的把持之下变成一种大规模的高利贷了，地主豪绅利用政治力量，利用"政府"的名义按时前往收款，但农民之借款不是用之生产，而是用之于还债纳税的，当然没法按时交出，因之，便大批大批被军警拘捕进去了。同样，在商业资本和地主阶级的榨取打击之下，消费合作亦是无法进行的。农民太穷了，穷到连组织消费合作的能力和兴趣都没有。消费合作和信用合作既无从谈起，生产合作或产销合作更无从谈起了。主要的生产手段都是属于地主富农的，广大的农民，没有土地，没有耕具，没有资金和肥料，这样能谈什么生产合作呢？生产合作的最重要的条件，是参加这一组织的人，必须是具有一定生产手段的独立生产者，这只有在彻底土地改革之后，才有这个前提。经过了土地改革，广大的农民都成为有土地有耕具有资金有种子肥料的独立的个体经济了，特别是经过了彻底的平均分配土地，广大的农村都具备了走向集体化的条件。农业的合作经济是以彻底的平均分配土地为大前提的，没有彻底的实行土地改革，就谈不到农业的合作经济。①

在这里，许涤新是从"农业的合作经济"的角度来剖析土地改革的经济意义。他将"农业的合作经济"的主要内容分成三个部分，即"信用合作"、"消费合作"、"生产合作或产销合作"，说明土地改革特别是平均分配土地对促进农民成为独立的个体经济而为"农业的经济合作"创造条件，并最终促进农民走向集体化。这里的关键是，农民只有在土改之后才真正具备了个体经济条件，亦即农民经过了土地改革"都成为有土地有耕具有资金有种子肥料的独立的个体经济了"，才有走向合作经济的基础和条件；而中心环节是必须"彻底的平均分配土地"，如此农民才能摆脱封建生产关系的束缚而具备了独立的个体经济的资格，广大的农村也才"具备了走向集体化的条件"。故而，许涤新有这样的判断："经过土地改革，经过平分土地，从封建制度解放出来的个体农民经济。这种经济，虽然在一个较长的时间内，在基本上，仍然是分散的，但在将来，可以逐步地走向

———————————

① 许涤新：《新民主主义经济论》（1938年6月），南海出版社1948年版，第40—41页。

合作社组织。故从长期趋势看来,新中国的农业经济将是合作经营,那是无可置疑的。"①许涤新从"合作经济"的角度来论述土地改革的必要性及其重要意义,不仅研究视角是很新鲜的,而且从经济上揭示了土地改革的历史必然性及土改在变革农村生产关系、推动农村生产力发展中的重要意义。

许涤新对新民主主义土地政策的研究一直没有间断,在解放战争时期也是如此。在解放战争的隆隆炮火声中,许涤新撰写了《新民主主义与中国经济》一书(该书于1948年由新潮社出版),对中共的土地政策进行新的研究和宣传。在解放战争时期,中国共产党及时调整土地政策,1947年9月召开的全国土地会议制定了《中国土地法大纲》。刘少奇在全国土地会议上所作的报告中,阐明了中国共产党"彻底平分土地一定要团结中农"的政策,指出"如果有的中农坚决反对平分土地,甚至与地主富农搞在一起,那自然要进行必要的斗争,但斗争还是为了团结中农"②。许涤新积极宣传中国共产党的土地政策,提出土改中要适当地照顾中农的利益,并对"平均分配土地"政策予以解释。他指出:"中国共产党今天的土地改革运动中总方针是彻底废除一切地主的所有权,是彻底平均分配土地。……在当前,中共实现耕者有其田的原则,是按人口平均分配土地。"③针对有些人误解中共土改性质是社会主义的观点,许涤新指出:"一直到现在,仍有一些人是误解平均分配土地实现耕者有其田的意义的。他们把平均分配土地当作废除私有财产,当作实现共产主义。这种看法是不对的。平均分配土地并不是社会主义的范畴而是属于资本主义的范畴。……废除封建的土地制度,废除一切地主的土地所有权,并不是一般地废除私有财产。把地主的私产变为农民的私产,这怎能说是一般废除私产制度呢? 土地法大纲第十一条规定'分配给人民的土地,由政府发给土地所有证,并承认其自由经营,买卖及在特定条件下出租土地的权力'。这不是保证农民的私有财产是什么呢?"④应该说,许涤新所著的《新民主主义与中国经济》,在当时对中共的新民主主义经济政策尤其是土地政策起到了积极的宣传作用。

许涤新所著《新民主主义经济论》一书专门研究新民主主义经济问题,阐明了中共的土地改革政策与新民主主义经济的关系,形成了以马克思主义为指导的"新民主主义经济论"的研究体系,使马克思主义的经济学理论更好地结合中

---

① 许涤新:《新民主主义经济论》(1938年6月),南海出版社1948年版,第13页。

② 《刘少奇选集》上卷,人民出版社1981年版,第388页。

③ 许涤新:《新民主主义与中国经济》(1948年),新潮社1948年版,第19—20页。

④ 许涤新:《新民主主义与中国经济》(1948年),新潮社1948年版,第15页。

国新民主主义革命的实践,因而也更符合中国经济变革的实际。该著为推进马克思主义经济学的中国化作出了创新性的探索,为中国马克思主义经济学形成"新民主主义经济论"的研究体系作出了突出的贡献。

4.毛泽东对新民主主义经济学研究的集大成贡献

毛泽东在新民主主义革命的伟大实践中,积极推进马克思主义经济学中国化的进程,其对新民主主义经济学的论述不仅最为完善和系统,而且对重大问题的分析也最为深刻。虽然毛泽东的新民主主义经济学思想萌芽于大革命时期,但形成和发展于1927—1949年的革命根据地和解放区的经济实践之中。毛泽东自觉地把马列主义的经济原理同中国社会实际相结合,对新民主主义的经济问题进行了卓有成效的探索,形成了具有中国特色的马克思主义经济学理论体系。毛泽东的经济思想不仅对中国新民主主义革命时期的经济建设起了直接的指导作用,而且对中国马克思主义经济学体系的构建产生了重大的学术影响。

其一,提出革命是解放和发展生产力的思想。毛泽东在革命战争年代研究经济问题,突出了革命与解放和发展生产力的辩证关系,将科学社会主义理论与唯物史观原理高度统一起来,从而使经济问题的论述上升到革命目标的高度,为中国的新民主主义革命指明了前进的方向。

毛泽东在土地革命战争时期从革命战争需要的角度强调了经济工作的极端重要性。譬如,毛泽东在1933年8月的《必须注意经济工作》的文章中指出:"革命战争的激烈发展,要求我们动员群众,立即开展经济战线上的运动,进行各种必要和可能的经济建设事业。为什么?现在我们的一切工作,都应当为着革命战争的胜利,首先是粉碎敌人第五次'围剿'的战争的彻底胜利;为着争取物质上的条件去保障红军的给养和供给;为着改善人民群众的生活,由此更加激发人民群众参加革命战争的积极性;为着在经济战线上把广大人民群众组织起来,并且教育他们,使战争得着新的群众力量;为着从经济建设去巩固工人和农民的联盟,去巩固工农民主专政,去加强无产阶级的领导。为着这一切,就需要进行经济工作的建设工作。这是每个革命工作人员必须认识清楚的。"①在《我们的经济政策》中,毛泽东又从中国经济极度落后的状况和革命战争要达到战胜"帝国主义和国民党"目的的高度,进一步来阐述经济工作的重要性。他指出:"在全中国卷入经济浩劫,数万万民众陷入饥寒交迫的困难地位的时候,我

---

① 《毛泽东选集》第一卷,人民出版社1991年版,第119页。

们人民的政府却不顾一切困难,为了革命战争,为了民族利益,认真地进行经济建设工作。事情是非常明白的,只有我们战胜了帝国主义和国民党,只有我们实行了有计划的有组织的经济建设工作,才能挽救全国人民出于空前的浩劫。"①在当时特殊的战争环境下,毛泽东为根据地确定的经济政策的原则,是进行一切可能的和必须的经济方面的建设,集中经济力量供给战争,同时极力改良民众的生活,巩固工农在经济方面的联合,保证无产阶级对于农民的领导,争取国营经济对私人经济的领导,造成将来发展到社会主义的前提;经济政策的中心,是发展农业生产,发展工业生产,发展对外贸易和发展合作社。由于当时处于农村的艰苦环境之中,解决群众的生活问题就成为经济工作的重要任务。毛泽东指出:"我们要胜利,一定还要做很多的工作。领导农民的土地斗争,分土地给农民;提高农民的劳动热情,增加农业生产;保证工人的利益;建立合作社;发展对外贸易;解决群众穿衣问题,吃饭问题,住房问题,柴米油盐问题,疾病问题,婚姻问题。总之,一切群众生活问题,都是我们应当注意的问题。假如我们对这些问题注意了,解决了,满足了群众的需要,我们就真正成了群众生活的组织者,群众就会真正围绕在我们的周围,热烈地拥护我们。同志们,那时候,我们号召群众参加革命战争,能够不能够呢? 能够的,完全能够的。"②毛泽东在民主革命的实践中,充分注意到经济工作的极端重要性,这使他的经济思想能够随着斗争的发展而不断提升,将革命与生产力发展、经济的振兴结合起来。

　　需要指出的是,毛泽东在第二次国内革命战争时期的经济理论,主要还是以服务于革命战争的经济理论。如他在《中国的红色政权为什么能够存在?》中在讲到"经济问题"时说:"边界党如不能对经济问题有一个适当的办法,在敌人势力的稳定还有一个比较长的期间的条件下,割据将要遇到很大的困难。这个经济问题的相当解决,是在值得每个党员注意。"③又如,毛泽东在《必须注意经济工作》中,也是以经济工作服务于战争,他说:"如果不进行经济建设,革命战争的物质条件就不能有保障,人民在长期的战争中就会感到疲惫。……工农群众如果对于他们的生活发生不满意,这不是要影响到我们的扩大红军、动员群众参加革命战争的工作吗?"④因此,这一时期毛泽东关于提高人民生活的论述、关于工农经济联合的思想、关于经济建设不能与战争分开的论述等等,都是为了动员

①　《毛泽东选集》第一卷,人民出版社1991年版,第134页。
②　《毛泽东选集》第一卷,人民出版社1991年版,第136—137页。
③　《毛泽东选集》第一卷,人民出版社1991年版,第53页。
④　《毛泽东选集》第一卷,人民出版社1991年版,第119—120页。

群众参加革命战争、为战争提供物质基础的需要。所以,毛泽东有这样的说明:"在现在的阶段上,经济建设必须是环绕着革命战争这个中心任务的。革命战争是当前的中心任务,经济建设事业是为着它的,是环绕着它的,是服从于它的。那种以为经济建设已经是当前一切任务的中心,而忽视革命战争,离开革命战争去进行经济建设,同样是错误的观点。只有在国内战争完结之后,才说的上也才应该说以经济建设为一切任务的中心。"①在当时处于激烈战争的条件下,在中国共产党、红军和苏维埃政府处于被围困的境况下,毛泽东的这种经济思想无疑是适时而有针对性的。

革命斗争的实践使毛泽东从革命是解放生产力并为发展生产力提供条件的角度来看待民主革命,阐述革命对于经济发展的意义。如他明确指出:"民主革命的中心目的就是从侵略者、地主、买办手下解放农民,建立近代工业社会。"②又指出:"我们搞政治,搞政府,搞军队,为的是什么?就是要破坏妨碍生产力发展的旧政治、旧政府、旧军队。日本帝国主义占了我们的地方,我们还有什么生产力可以发展?这是妨碍生产力发展的。妨碍生产力发展的旧政治、旧军事力量不取消,生产力就不能解放,经济就不能发展。因此,第一个任务就是打倒妨碍生产力发展的旧政治、旧军事,而我们搞政治、军事仅仅是为了解放生产力。……我们搞了多少年政治和军事就是为了这件事。"③中国共产党是革命性的政党,也是具有强烈时代精神和民族意识的现代化政党,对革命与解放生产力的关系有深刻的认识。毛泽东曾提出以是否促进生产力发展作为考察中国政党最重要的依据。毛泽东指出:"中国一切政党的政策及其实践在中国人民中所表现的作用的好坏、大小,归根到底,看它对于中国人民的生产力的发展是否有帮助及其帮助之大小,看它是束缚生产力的,还是解放生产力的。消灭日本侵略者,实行土地改革,解放农民,发展现代工业,建立独立、自由、民主、统一和富强的新中国,只有这一切,才能使中国社会生产力获得解放,才是中国人民所欢迎的。"④在近现代中国的历史条件下,强调革命的目标是解放和发展生产力,就是强调要通过革命的途径来发展现代工业,建立独立、自由、民主、统一和富强的新中国。

革命是解放和发展生产力的思想,是毛泽东从唯物史观原理出发并结合中

---

① 《毛泽东选集》第一卷,人民出版社1991年版,第123页。
② 《毛泽东文集》第三卷,人民出版社1996年版,第206页。
③ 《毛泽东文集》第三卷,人民出版社1996年版,第108—109页。
④ 《毛泽东选集》第三卷,人民出版社1991年版,第1079页。

国革命的实际来阐述社会革命与社会经济发展的关系,这也是毛泽东构建新民主主义经济理论的学术理论基础。因为,毛泽东的新民主主义经济理论是在其新民主主义革命理论、新民主主义社会理论中来说明的,这之中始终离不开革命与生产力的关系。因此,在分析毛泽东的经济学思想特别是新民主主义经济理论时,必须说明毛泽东提出的革命是解放和发展生产力的思想。

其二,阐发新民主主义经济纲领与经济构成。在民主革命时期,毛泽东在经济理论方面的探索成果集中体现在他为中国共产党提出的新民主主义三大经济纲领中。其主要内容是:第一,没收封建地主阶级的土地归农民所有,按照"耕者有其田"的政策扫除农村中的封建关系;第二,没收垄断资本如大银行、大工业、大商业等归新民主主义国家所有,建立无产阶级领导下的新民主主义国家经济,并使国营经济成为整个国民经济的领导力量;第三,保护民族工商业,并不禁止"不能操纵国计民生"的资本主义生产的发展。1947 年 12 月 25 日中共中央在陕北米脂县杨家沟召开会议,毛泽东在报告中首次将新民主主义三大经济纲领进行了完整表述:"没收封建阶级的土地归农民所有,没收蒋介石、宋子文、孔祥熙、陈立夫为首的垄断资本归新民主主义的国家所有,保护民族工商业。这就是新民主主义革命的三大经济纲领。"①

(1)进行土地改革,彻底解决农民的土地问题。在毛泽东看来,解决农民的土地问题才能更好地动员农民的力量,才能更好地发展生产。他指出:"只有在我们把土地分配给农民,对农民的生产加以提倡奖励以后,农民群众的劳动热情才爆发了起来,伟大的生产胜利才能得到。"②毛泽东高度重视解决农民土地问题的极端重要性,主张在进行土地改革的过程中开展好查田运动。他指出:"只有深入查田运动,才能彻底地消灭封建半封建的土地所有制,发展农民的生产积极性,使广大农民迅速地走入经济建设的战线上来。"③在毛泽东看来,开展土地改革,重要的一环是对农村的阶级状况进行分析,以弄清农村各个阶级对于土地等生产资料的占有状况,这样才可以纠正土地改革中的错误倾向。毛泽东于1933 年 10 月写了《怎样分析农村阶级》等文章,依据对土地的占有状况和是否存在剥削等标准,将农村的阶级构成分为地主、富农、中农、贫农和工人五个部分,创造性地将马克思主义关于划分阶级的原理和中国的阶级状况的实际结合

---

① 《毛泽东选集》第四卷,人民出版社 1991 年版,第 1253 页。
② 《毛泽东选集》第一卷,人民出版社 1991 年版,第 131 页。
③ 《毛泽东选集》第一卷,人民出版社 1991 年版,第 125 页。

起来,解决了在中国农村划分阶级成分的问题。在中央苏区斗争时期,我党实行平分土地的政策;而随着抗战的到来,我党为了团结社会各阶层抗日的积极性,实行了"减租减息"政策。毛泽东在《论联合政府》中总结道:"抗日期间,中国共产党让了一大步,将'耕者有其田'的政策,改为减租减息的政策。这个让步是正确的,推动了国民党参加抗日,又使解放区的地主减少其对于我们发动农民抗日的阻力。这个政策,如果没有特殊阻碍,我们准备在战后继续实行下去,首先在全国范围内实现减租减息,然后采取适当方法,有步骤地达到'耕者有其田'。"①随着新民主主义革命的成功实践,毛泽东强调了土地改革在新民主主义革命中的中心位置,概括了中国共产党土地改革的总路线。毛泽东指出:"土地制度的改革,是中国新民主主义革命的主要内容。土地改革的总路线,是依靠贫农,团结中农,有步骤地、有分别地消灭封建剥削制度,发展农业生产。"②毛泽东关于土地改革的思想,直接指导了当时根据地的土地改革运动,在理论上也是对马克思主义经济学说的重要发展。

(2)没收官僚资本,发展社会主义国营经济。没收官僚资本为新民主主义国家所有,是新民主主义革命的一项基本的经济任务。毛泽东指出,官僚资本控制在帝国主义者及其走狗中国官僚资产阶级手里,"没收这些资本归无产阶级领导的人民共和国所有,就使人民共和国掌握了国家的经济命脉,使国营经济成为整个国民经济的领导成份。"③毛泽东指出,没收官僚资本建立起来的国营经济,是社会主义性质的经济,而不是资本主义性质的经济。

(3)保护民族工商业。毛泽东指出,民族资本主义经济在生产力落后的中国还有发展的必要,因而"还需要尽可能地利用城乡私人资本主义的积极性,以利于国民经济的发展","一切不是于国民经济有害而是于国民经济有力的城乡资本主义成分,都应当容许其存在和发展"④。实行保护民族工商业的政策,主要是保护民族资本主义经济,包括保护地主、富农经营的工商业。当时的解放区农村流行着一种破坏农村工商业绝对平均主义的倾向,对地主富农经营的工商业采取打击的措施。对此,毛泽东认为这种破坏工商业的行为是"反动的、落后的、倒退的",中国共产党的政策是"不能侵犯民族资产阶级,也不要侵犯地主富

---

① 《毛泽东选集》第三卷,人民出版社 1991 年版,第 1076 页。
② 《毛泽东选集》第四卷,人民出版社 1991 年版,第 1313—1314 页。
③ 《毛泽东选集》第四卷,人民出版社 1991 年版,第 1431 页。
④ 《毛泽东选集》第四卷,人民出版社 1991 年版,第 1431 页。

农所经营的工商业"①。中国共产党保护民族工商业的政策,促进了民族资本主义工商业的发展,也使民族资产阶级在政治上更加拥护中国共产党的领导。

毛泽东在论述新民主主义经济政策时,还对新民主主义的经济成分进行了研究。新民主主义经济从 1927 年革命根据地产生和发展以来,由公营经济、合作经济和私人经济三方面组成。以后,根据地的新民主主义经济亦有很大的变化和发展。1947 年,毛泽东曾这样说明:"总起来说,新中国的经济构成是:(1)国营经济,这是领导的成份;(2)由个体逐步地向着集体方向发展的农业经济;(3)独立小手工业者的经济和小的、中等的私人资本经济。这些,就是新民主主义的全部国民经济。而新民主主义国民经济的指导方针,必须紧紧追随着发展生产、繁荣经济、公私兼顾、劳资两利这个总目标。一切离开这个总目标的方针、政策、办法,都是错误的。"②到 1949 年,全国范围内的新民主主义经济,其经济成分发生了很大的变化,变成了五种经济成分共存的情况。在 1949 年 1 月 6 日的中央政治局会议上,毛泽东明确指出新民主主义"经济成分包括国营、合作社、国家资本主义(公私合营、租借)、私人资本、个体"这五个方面③。1949 年 3 月,毛泽东又这样总结:"国营经济是社会主义性质的,合作经济是半社会主义性质的,加上私人资本主义,加上个体经济,加上国家和私人合作的国家资本主义经济,这就是人民共和国的几种主要的经济成分,这些就构成新民主主义的经济形态。"④那么,这五种经济成分在新民主主义经济结构中各自处于什么样的地位呢?

(1)国营经济是社会主义性质的全民所有制经济,是整个新民主主义社会国民经济的领导力量,也是人民民主专政的主要经济基础。在新民主主义经济结构中,国营经济是领导力量,掌握新民主主义国家的经济命脉。随着经济的发展,国营经济必然会与生产资料私有制发生矛盾,因而国营经济代替非社会主义性质的经济成分是一个总的趋势,但其条件是国营经济要经过一定时期的发展,并且无产阶级认为有必要的时候才成为现实。毛泽东关于国营经济的论述,指明了国营经济的社会主义性质,阐述了国营经济的地位及其发展方向。

(2)个体经济是一种从属性的经济形态,在新民主主义社会的经济中具有广泛性。毛泽东认为,个体经济是将地主阶级私有财产制度变为农民私有财产

①　《毛泽东选集》第四卷,人民出版社 1991 年版,第 1314 页。
②　《毛泽东选集》第四卷,人民出版社 1991 年版,第 1255—1256 页。
③　《毛泽东文集》第五卷,人民出版社 1996 年版,第 236 页。
④　《毛泽东选集》第四卷,人民出版社 1991 年版,第 1433 页。

制度,有助于使农民摆脱封建生产关系的束缚,解放社会生产力。他指出,在农村实现"耕者有其田"政策,"是把土地从封建剥削者手里转移到农民手里,把封建地主的私有财产变为农民的私有财产,使农民从封建的土地关系中获得解放,从而造成将农业国转变为工业国的可能性"①。毛泽东不仅肯定个体经济对于破除封建剥削关系、发展农业生产中的意义,同时也看到个体经济在中国广泛存在的现实。毛泽东指出,中国当时有90%左右的分散的个体农民和手工业经济,经过新民主主义革命为我们的农业和手工业向着现代化的发展提供了可能性。"但是,在今天,在今后一个相当长的时期内,还是和还将是分散的和个体的"②,全党同志不可忽视这一点。因此,新民主主义国家对于分散的个体的农业经济和手工业经济不能"任其自流",是可能而且必须"谨慎地、逐步地而又积极地引导它们向着现代化和集体化的方向发展",使其一步一步地向社会主义方向前进。毛泽东关于个体经济向合作社经济的发展有这样的一段论述:"在农民群众方面,几千年来都是个体经济,一家一户就是一个生产单位,这种分散的个体经济,就是封建统治的经济基础,而使农民自己陷于永远的穷苦。克服这种状况的唯一办法,就是逐渐地集体化;而达到集体化的唯一道路,依据列宁所说,就是经过合作社。在边区,我们现在已经组织了许多的农民合作社,不过这些在目前还是一种初级形式的合作社,还要经过若干发展阶段,才会在将来发展为苏联式的被称为集体农庄的那种合作社。我们的经济是新民主主义的,我们的合作社目前还是建立在个体经济基础上(私有财产基础上)的集体劳动组织。"③毛泽东承认个体经济在新民主主义经济中存在的必然性,但主张通过合作社的道路来逐步改造个体经济,从而促进生产的发展。

(3)积极发展"半社会主义性质的"合作经济,引导个体农民经济和手工业经济走上互助合作的道路。毛泽东对农民的农业合作社予以高度的重视,认为这是个体经济向集体经济转变的一个重要环节,有助于发展社会生产力,因而值得提倡。毛泽东指出:"边区束缚生产力发展的是过去的封建剥削关系,这种封建剥削关系,在有一半的地方经过土地革命已经完全破坏,另一半的地方经过减租减息也受到打击。这就是土地革命,是第一个革命。但是,如果不进行从个体劳动转到集体劳动的第二个生产关系即生产方式的改革,则生产力还不能进一

---

① 《毛泽东选集》第三卷,人民出版社1991年版,第1074页。
② 《毛泽东选集》第四卷,人民出版社1991年版,第1430页。
③ 《毛泽东选集》第三卷,人民出版社1991年版,第931页。

步发展。将个体经济为基础的劳动互助组织即农民的农业生产合作社加以发展,生产就可以大大提高,增加一倍或一倍以上。如果全边区的劳动力都组织在集体互助的劳动组织之中,全边区一千四百万亩耕地的收获就会增加一倍以上。这种方法将来可推行到全国,在中国的经济史上也要大书特书的。这样的改革,生产工具根本没有变化,但人与人之间的生产关系变化了。从土地改革到发展劳动互助组织两次变化,这是生产制度上的革命。"①毛泽东研究中国经济的现状,认为中国占90%的分散的个体的农业经济和手工业经济必须通过合作社的道路,才能向社会主义方向前进,因而新民主主义国家"必须组织生产的、消费的和信用的合作社,和中央、省、市、县、区的合作社的领导机关。这种合作社是以私有制为基础的在无产阶级领导的国家政权管理之下的劳动人民群众的集体经济组织。"由于"这种合作社是以私有制经济为基础的",但同时又由于是"在无产阶级领导的国家政权管理之下的",因而"合作社经济是半社会主义性质的"。这就决定,新民主主义国家"可以组织,必须组织,必须推广和发展"合作社经济。因为"单有国营经济而没有合作社经济,我们就不可能领导劳动人民的个体经济逐步地走向集体化,就不可能由新民主主义社会发展到将来的社会主义社会,就不可能巩固无产阶级在国家政权中的领导权。"②毛泽东指出了合作社经济的半社会主义性质,并认为合作社经济是劳动群众的集体经济组织,主张新民主主义国家加强对合作社经济的组织和领导,为发展合作社经济指明了方向。

(4)一定条件地发展私人资本主义经济,以利于国民经济的发展。毛泽东在《目前形势和我们的任务》中告诫全党:"新民主主义革命所要消灭的对象,只是封建主义和垄断资本主义,只是地主阶级和官僚资产阶级(大资产阶级),而不是一般地消灭资本主义,不是消灭上层小资产阶级和中等资产阶级。由于中国经济的落后性,广大的上层小资产阶级和中等资产阶级所代表的资本主义经济,即使革命在全国胜利以后,在一个长时期内,还是必须允许它们存在;并且按照国民经济的分工,还需要它们中一切有益于国民经济的部分有一个发展;它们在整个国民经济中,还是不可缺少的一个部分。……革命在全国胜利以后,由于新民主主义国家手里有着从官僚资产阶级接受过来的控制全国经济命脉的巨大的国家企业,又有从封建制度解放出来、虽则在一个颇长时期内在基本上仍然是

---

① 《毛泽东文集》第三卷,人民出版社1996年版,第70—71页。
② 《毛泽东选集》第四卷,人民出版社1991年版,第1432—1433页。

分散的个体的、但是在将来可以逐步引向合作社方向发展的农业经济,在这些条件下,这种小的和中等的资本主义成分,其存在和发展,并没有什么危险。"①毛泽东的观点是,在新民主主义经济建设过程中,允许私人资本主义和国家资本主义一定程度发展"不但是不可避免的,而且是经济上必要的",这是由于中国的民族资产阶级及其代表人物在人民的革命斗争中长期采取参加或保持中立的立场,由于中国的私人资本主义工业在现代工业中占了第二位,由于中国现代经济还处于落后的状态,因而"还需尽可能地利用城乡私人资本主义的积极性,以利于国民经济的发展"。毛泽东同时又指出:"但是中国资本主义的存在和发展,不是如同资本主义国家那样不受限制任其泛滥的。它将从几个方面被限制——在活动范围方面,在税收政策方面,在市场价格方面,在劳动条件方面。我们要从各方面,按照各地、各业各个时期的具体情况,对于资本主义采取恰如其分的有伸缩性的限制政策。……但是为了整个国民经济的利益,为了工人阶级和劳动人民现在和将来的利益,决不可以对私人资本主义经济限制得太大太死,必须容许它们在人民共和国的经济政策和经济计划的轨道内有存在和发展的余地。"②

(5)允许国家资本主义经济在国营经济的领导下,在一定程度上的发展,并发挥其在发展生产和改造私人资本主义中的作用。在新中国成立前,毛泽东对国家资本主义的论述不是很多,但他承认国家资本主义的这种形式的存在和发展。在中共七届二中全会的报告中,毛泽东认为国家资本主义是"国家和私人合作的资本主义",在发挥国营经济的领导地位同时,也要发挥资本家在生产方面的积极性。在经过毛泽东修改的《中国人民政治协商会议共同纲领》中指出:"国家资本和私人资本合作的经济为国家资本主义性质的经济。在必要和可能的条件下,应鼓励私人资本向国家资本主义发展。"从以上的论述可以看出,毛泽东一方面承认国家资本主义中具有"国家经济"的内容,在性质上是"国家和私人合作的资本主义";另一方面是把国家资本主义作为限制和改造私人资本主义的形式,因而是"鼓励私人资本向国家资本主义发展",其目的是使私人资本主义逐步失去独立存在的形式。

其三,构划新民主主义经济发展的蓝图。毛泽东关于新民主主义的论述是一个丰富的理论体系,包含了新民主主义革命和新民主主义社会的思想内容;而

---

① 《毛泽东选集》第四卷,人民出版社 1991 年版,第 1254—1255 页。

② 《毛泽东选集》第四卷,人民出版社 1991 年版,第 1431—1432 页。

在新民主主义革命论和新民主主义社会论中,又都体现了经济的基础地位,包含着"新民主主义经济"这样一个特定的概念。"新民主主义经济"这个概念在毛泽东的《新民主主义论》等著作中具有特定的内涵,表示着经济构成及各种经济的地位,与"新资本主义"不可同日而语。毛泽东曾对"新资本主义"与"新民主主义经济"这两个概念进行辨析,主张用"新民主主义经济"这种提法。他指出:"我们的社会经济呢? 有人说是'新资本主义'。我看这个名词是不妥当的,因为它没有说明在我们社会经济中起决定作用的东西是国营经济、公营经济,这个国家是无产阶级领导的,所以这些经济都是社会主义性质的。农村个体经济加上城市私人经济在数量上是大的,但是不起决定作用。我们国营经济、公营经济,在数量上较小,但它是起决定作用的。我们的社会经济的名字还是叫'新民主主义经济'好。"①毛泽东关于新民主主义经济的蓝图,在实质上是关于新民主主义国家在经济现代化方面的远景设计。

毛泽东规划的新民主主义经济发展的蓝图,其目的是要建立新民主主义国家内部合理的经济关系。在《新民主主义论》著作中,毛泽东对于新民主主义国家的政治、经济、文化作经典的阐述,结合新民主主义革命的实践,依据经济是政治的基础、政治是经济的集中体现的观点,描绘了新民主主义国家内部应有的合理经济关系,这是毛泽东新民主主义社会论的重要内容。关于新民主主义经济关系,毛泽东这样指出:

在中国建立这样的共和国,它在政治上必须是新民主主义的,在经济上也必须是新民主主义的。

大银行、大工业、大商业,归这个共和国的国家所有。"凡本国人及外国人之企业,或有独占的性质,或规模过大为私人之力所不能办者,如银行、铁道、航路之属,由国家经营管理之,使私有资本制度不能操纵国民之生计,此则节制资本之要旨也。"这也是国共合作的国民党第一次全国代表大会宣言中的庄严的声明,这就是新民主主义共和国的经济构成的正确的方针。在无产阶级领导下的新民主主义共和国的国营经济是社会主义的性质,是整个国民经济的领导力量。但这个共和国并不没收其他资本主义的私有财产,并不禁止"不能操纵国民生计"的资本主义生产的发展,这是因为中国经济还十分落后的缘故。

这个共和国将采取某种必要的方法,没收地主的土地,分配给无地和少

① 《毛泽东文集》第五卷,人民出版社 1996 年版,第 139 页。

地的农民,实行孙中山先生"耕者有其田"的口号,扫除农村中的封建关系,把土地变为农民的私产。农村的富农经济,也是允许其存在的。这就是"平均地权"的方针。这个方针的正确的口号,就是"耕者有其田"。在这个阶段上,一般地还不是建立社会主义的农业,但在"耕者有其田"的基础上所发展起来的各种合作经济,也具有社会主义的因素。

中国的经济,一定要走"节制资本"和"平均地权"的路,决不能是"少数人所得而私",决不能让少数资本家少数地主"操纵国民生计",决不能建立欧美式的资本主义社会,也决不能还是旧的半封建社会。谁要是敢于违反这个方向,他就一定达不到目的,他就自己要碰破头的。这就是革命的中国、抗日的中国应该建立和必然要建立的内部经济关系。①

毛泽东在《新民主主义论》中的这段论述,以简洁的语言构划出新民主主义社会的经济蓝图。如毛泽东所说,他关于新民主主义主要阐述的是新民主主义社会"应该建立和必然要建立的内部经济关系",因而这是关于新民主主义社会经济生活的蓝图。这一蓝图中很重要的方面,是提示出新民主主义国家经济成分的内容及所处的地位,并指明其发展的方向,展示了新民主主义经济发展的前景。从毛泽东对新民主主义经济的论述还可以看出,新民主主义经济形态始终遵循孙中山先生的"新三民主义"的要旨,体现出中国共产党人对孙中山革命思想的继承和发展。对此,毛泽东自己曾说:"我们主张的新民主主义经济,也是符合孙中山先生的原则的,在土地问题上,孙先生主张'耕者有其田'。在工业问题上,孙先生在上述宣言里这样说:'凡本国人及外国人之企业,或有独占的性质,或规模过大为私人之力所不能办者,如银行、铁道、航路之属,由国家经营管理之,使私有资本制度不能操纵国民之生计,此则节制资本之要旨也。'在现阶段上,对于经济问题,我们完全同意孙先生的这些主张。"②又说:"按照孙中山先生的原则和中国革命的经验,在现阶段上,中国的经济,必须是由国家经营、私人经营和合作社经营三者组成的。而这个国家经营的所谓国家,一定要不是'少数人所得而私'的国家,一定要是在无产阶级领导下而'为一般平民所共有'的新民主主义的国家。"③毛泽东的新民主主义经济蓝图,为中国新民主主义建设指明了前进的方向。

---

① 《毛泽东选集》第二卷,人民出版社1991年版,第678—679页。
② 《毛泽东选集》第三卷,人民出版社1991年版,第1057页。
③ 《毛泽东选集》第三卷,人民出版社1991年版,第1058页。

　　毛泽东的新民主主义经济发展的蓝图,还在于要建立强大的新民主主义工业,使中国由农业国向工业国转变。新民主主义经济蓝图的核心内容之一是要促进社会生产力的提高,通过各种经济成分的合作建立强大的新民主主义国家的经济基础。毛泽东要求全党同志都要认识中国工业落后的现状和发展工业的紧迫性,并认为这是革命时期和革命胜利后制定政策的出发点。他指出:"中国的工业和农业在国民经济中的比重,就全国范围来说,在抗日战争以前,大约是现代性的工业占百分之十左右,农业和手工业占百分之九十左右。这是帝国主义制度和封建主义制度压迫中国的结果,这是旧中国半殖民地和半封建社会性质在经济上的表现,这也是在中国革命的时期内和在革命胜利以后一个相当长的时期内以前问题的基本出发点。从这一点出发,产生了我党一系列的战略上、策略上和政策上的问题。"①毛泽东从总结历史的经验和分析经济在新民主主义社会中地位入手,强调建立强大的新民主主义工业的重要意义。毛泽东在《论联合政府》中指出:"没有工业,便没有巩固的国防,便没有人民的福利,便没有国家的富强。一八四〇年鸦片战争以来的一百零五年的历史,特别的国民党当政以来的十八年的历史,清楚地把这个要点告诉了中国人民。一个不是贫弱的而是富强的中国,是和一个不是殖民地半殖民地的而是独立的,不是半封建的而是自由的、民主的,不是分裂的而是统一的中国,相连结的。在一个半殖民地、半封建的、分裂的中国里,要想发展工业,建设国防,福利人民,求得国家的富强,多少年来多少人做过这种梦,但是一概破灭了。……在新民主主义的政治条件获得之后,中国人民及其政府必须采取切实的步骤,在若干年内逐步地建立重工业和轻工业,使中国由农业国变为工业国。新民主主义的国家,如无巩固的经济做它的基础,如无进步的比较现时发达得多的农业,如无大规模的在全国经济比重上占极大优势的工业以及与此相适应的交通、贸易、金融等事业做它的基础,是不能巩固的。"②毛泽东非常注重发展工业对于支援解放战争的意义,要求党员和干部要抓好城市经济工作,要注意大力发展城市工业。1945 年他曾指出:"我们已得到了一些大城市和许多中等城市。掌握这些城市的经济,发展工业、商业和金融业,成了我党的重要任务。为此目的,利用一切可用的社会现成人材,说服党员同他们合作,向他们学习技术和管理的方法,非常必要。"③在人民解放军

① 《毛泽东选集》第四卷,人民出版社 1991 年版,第 1430 页。
② 《毛泽东选集》第三卷,人民出版社 1991 年版,第 1080—1081 页。
③ 《毛泽东选集》第四卷,人民出版社 1991 年版,第 1173 页。

占领大城市的过程中,毛泽东及时要求全党同志努力学会城市管理工作,"开始着我们的建设事业",要"一步一步地学会管理城市,恢复和发展城市中的生产事业。关于恢复和发展生产问题,必须确定:第一是国营工业的生产,第二是私营工业的生产,第三是手工业生产。从我们接管城市的第一天起,我们的眼睛就要向着这个城市的生产事业的恢复和发展。"①毛泽东强调发展新民主主义的工业,就是要通过新民主主义工业的发展,使中国由农业国向工业国转变奠定基础。

新民主主义经济蓝图的发展方向是社会主义。毛泽东认为,由于中国社会生产力的落后和帝国主义、封建主义、官僚资本主义的统治,中国社会的发展要从半殖民地半封建社会完成向社会主义社会的过渡,这之中就必须经过新民主主义社会这样一个特定的历史阶段,但由新民主主义社会向社会主义社会的转变乃是必然的趋势,就是说,"中国革命的终极的前途,不是资本主义的,而是社会主义和共产主义的"。对此,毛泽东这样指出:"没有问题,现阶段的中国革命既然是为了变更现在的殖民地、半殖民地、半封建社会的地位,即为了完成一个新民主主义革命而奋斗,那末,在革命胜利之后,因为肃清了资本主义发展道路上的障碍物,资本主义经济在中国社会中会有一个相当程度的发展,是可以想象得到的,也是不足为怪的。资本主义会有一个相当程度的发展,这是经济落后的中国在民主革命胜利之后不可避免的结果。但这只是中国革命的一方面的结果,不是它的全部结果。中国革命的全部结果是:一方面有资本主义因素的发展,又一方面有社会主义因素的发展。这种社会主义因素是什么呢?就是无产阶级和共产党在全国政治势力中的比重的增长,就是农民、知识分子和城市小资产阶级或者已经或者可能承认无产阶级和共产党的领导权,就是民主共和国的国营经济和劳动人民的合作经济。所有这一切,都是社会主义的因素。加以国际环境的有利,便使中国资产阶级民主革命的最后结果,避免资本主义的前途,实现社会主义的前途,不能不具有极大的可能性了。"②这段是毛泽东1939年12月在《中国革命和中国共产党》中的论述。毛泽东鉴于当时新民主主义经济的实际力量还处于劣势,认为新民主主义经济发展的社会主义前途"不能不具有极大的可能性"。到1948年,革命战争的形势已非常明朗,新民主主义经济的实力和前进的社会主义方向展示出来。毛泽东在1948年9月的中共中央政治局

---

① 《毛泽东选集》第四卷,人民出版社1991年版,第1428页。
② 《毛泽东选集》第二卷,人民出版社1991年版,第650页。

会议上的报告,对新民主主义经济的社会主义方向作了明确而具体的表述:"大工业、大银行、大商业,不管是不是官僚资本,全国胜利后一定时期内都是要没收的,这是新民主主义经济的原则。而只要一没收,它们就属于社会主义部分。我们国家银行的资本,是社会主义性质的。农民在土地革命后搞合作社,要看在谁的领导之下:在资产阶级领导之下,就是资本主义的;在无产阶级领导之下,就是社会主义的。当然,今天我们农村的合作社,是个体农民在私有财产基础上组织的合作社,不完全是社会主义的,但它带有社会主义性质,是走向社会主义的。合作社和国营企业不同,国营企业是完全社会主义性质的,它不带有资本主义性。机关生产组织的合作社比民营合作社的社会主义性质更多一些。……社会主义性质这种话应该讲,但整个国民经济还是新民主主义经济,即社会主义经济领导之下的经济体系。"①在毛泽东看来,新民主主义社会中有社会主义的因素,在政治、经济、文化各方面都是这样,并且社会主义是领导的因素,而总的说来是新民主主义的,由此"我们要努力发展经济,由发展新民主主义经济过渡到社会主义。这些观点是可以宣传的。"②在 1949 年 1 月 6 日的政治局会议上,毛泽东提请其他中央领导同志注意:"一方面,决不可以认为新民主主义经济不是计划的和向社会主义发展的,而完全是资本主义世界。……另一方面,我们必须谨慎,不要急于追求社会主义化。……如果希望搞社会主义,太快了,会翻筋斗。"③毛泽东关于新民主主义经济发展的社会主义前途的论述,指明了新民主主义经济的前进方向。

从经济学的角度来分析毛泽东的新民主主义经济理论,具有如下几个重要的特点:

第一,新民主主义经济理论不是以批判一切资本主义经济制度为前提,而是以批判的矛头指向半殖民地半封建社会的经济形态,亦即以反对帝国主义经济侵略和封建主义剥削为目标。因此,新民主主义经济理论不是着力于解决生产的社会化与资本主义私人占有之间的矛盾,而是重点解决帝国主义、封建主义以及官僚资本主义阻碍中国社会生产力的问题,故而新民主主义经济理论还要求不能操纵国计民生的资本主义有一定程度的发展,允许资本主义在社会生产力的发展中起积极的作用。

---

① 《毛泽东文集》第五卷,人民出版社 1996 年版,第 140—141 页。
② 《毛泽东文集》第五卷,人民出版社 1996 年版,第 146 页。
③ 《毛泽东文集》第五卷,人民出版社 1996 年版,第 236 页。

第二,新民主主义经济理论所设计的生产方式是为了适应中国不同的社会生产力的具体情况。由于中国生产力发展不平衡,既有先进的社会生产力,也有而且是大量地存在着个体的、分散的农民小生产方式及手工业生产(现代工业只占10%左右,手工劳动却占90%左右),因而必须通过新民主主义经济形态来向工业化阶段过渡。可见,新民主主义经济理论是注重中国生产力的实际水平和存在着多种层次的情形的。

第三,新民主主义经济理论"不是单一公有制的经济学,而是以社会主义国营经济居领导地位,多种经济成分并存、多种公有制与多种私有制并存的经济学"①。由于新民主主义经济是多种经济成分并存,因此就必须划清领导与被领导的关系,必须确立各自在经济结构中所起的作用,就必须在经济的运行中具有计划调节与市场调节的手段和机制,当然也就会在分配上具有多种分配形式并存的情形。因而,毛泽东的新民主主义经济理论是一种崭新的经济学理论,不仅是对马克思主义经济学理论重大贡献,而且也是对人类经济学理论的突出贡献。

分析毛泽东的新民主主义经济学思想,可以得出这样几个结论:一是毛泽东的经济学思想产生于革命斗争的实践中,是马克思主义经济学思想与中国革命斗争的实践相结合的产物,建构了以马克思主义为指导的"新民主主义经济学体系"。毛泽东努力学习和研究马克思主义的经济学理论,但他更善于将理论与革命斗争的实践结合起来,因而他的新民主主义经济学理论更突出地表现中国的特色。二是毛泽东的经济学思想是毛泽东的新民主主义革命理论的重要组成部分,其关于新民主主义经济的论述,与他的关于新民主主义政治、新民主主义文化的理论是紧密联系在一起,亦即是从建设新社会——新民主主义社会的总体角度来展开论述的,因而他的新民主主义经济学理论只有在其整体的新民主主义理论体系中才能得以理解。三是毛泽东的经济学理论集中了全党的智慧,形成了完整而又系统的关于中国新民主主义的经济纲领、经济结构、性质和发展前途的理论,创造性地丰富和发展了马克思主义经济学的基本原理,不仅对当时的新民主主义经济建设产生了巨大的指导作用,而且对中国马克思主义学者的研究工作具有指导意义,延安时期的马克思主义学者的经济学理论研究都受到积极的影响。毛泽东的新民主主义经济学思想是一个完整的体系,成为中国马克思主义经济学史上的宝贵财富,在中国马克思主义学术史及中国现代学术史上有着重要的学术地位。

---

① 杨蒲林、赵德馨主编:《毛泽东的经济思想》,湖北人民出版社1993年版,第97页。

二、以孙中山为代表的民生主义经济学

孙中山在其《建国方略》中阐释了"民生主义"的经济学说,它以平均地权和节制资本作为纲领,希望在中国发展生产、繁荣经济,建立中国的资本主义经济形态,使国家在解决民生问题的过程中而走向富强。在孙中山看来,民生主义不但是要解决生产问题,同时也注意解决分配问题。"所以,民生主义和资本主义根本上不同的地方,就是资本主义是以赚钱为目的,民生主义是以养民为目的。有了这种以养民为目的的好主义,从前不好的资本制度便可打破。"①故而,"民生主义"的经济学说,可以说是孙中山经济主张的重要内容。孙中山的经济学思想相当丰富,并有一批忠实于孙中山的政治家、学者如廖仲恺、朱执信等,不断地加以宣传和研究,因而在当时的经济学界有较大的影响。对此,夏炎德在《中国近百年经济思想》一书中有这样的评价:"朱执信与廖仲恺对于经济学都有修养与心得,其著作大部分在发扬民生主义,前者的币制改革理论与后者的统一财政计划,尤其值得注意。"②以下,试就孙中山、朱执信、廖仲恺的经济学思想予以介绍。

(一) 孙中山的经济学思想

孙中山的经济学思想是以进化论为根基的,认为人们之间的经济利益相合才有了社会的进化,而经济利益之所以能够相合,就在于人类有着生存的需要,故而也就需要就人类的利益相调和。他说:"社会之所以有进化,是由于社会上大多数的经济利益相调和,不是由于社会上大多数的经济利益有冲突。社会上大多数的经济利益相调和,就是为大多数谋利益。……所以社会进化的定律,是人类求生存,才是社会进化的原因。"③孙中山以进化的观点研究经济问题,尽管也有着理想性的成分,但总体上说还是力图研究"社会的情状"并基于社会的"事实",因而也就有着务实的态度。

孙中山的经济学思想之中有着社会主义的不少因素,对于社会主义的主张

---

① 《三民主义·民生主义》(1924 年),《孙中山选集》,人民出版社 1981 年版,第 860—861 页。
② 夏炎德:《过去经济思想的评价》(1948 年),《中国近百年经济思想》,商务印书馆 1948 年版,第 151 页。
③ 《三民主义·民生主义》(1924 年),《孙中山选集》,人民出版社 1981 年版,第 816—817 页。

并不排斥,相反还给予很高的评价,如他说:"社会主义之主张,实欲使世界人类同立于平等之地位,富则同富,乐则同乐,不宜与贫富苦乐之不同,而陷社会于竞争悲苦之境。"①又说:"我国提倡社会主义,人皆斥责为无病之呻吟,此未知社会主义之作用也。处今日中国而言社会主义,即预防大资本家发生可矣。此非无病之呻吟,正未病之防卫也。"②关于社会主义的经济主张,孙中山着重说明其是"从社会经济方面着想"并"欲从经济学之根本解决"人类的生计问题,因而不仅具有经济学的性质与内涵,而且对于改造现实社会、解决社会中的不平等问题亦具有重要的作用。孙中山认为中国需要"一面图国家富强,一面当防资本家垄断之流弊",而"防弊之政策,无非社会主义"③。可见,孙中山是从防止资本主义弊端的角度,来赞同社会主义的经济主张。

孙中山的经济学思想中有着强烈的反帝意识,希望谋求中国在经济上、政治上的独立。孙中山提请国人注意,帝国主义不仅在政治上压迫中国,而且在经济上压迫中国,并且经济压迫比政治的压迫更为厉害。他指出:"政治力的压迫,是容易看得见的。……但是受经济力的压迫,普通人都不容易生感觉,像中国已经受过了列强几十年经济力的压迫,大家至今还不大觉得痛痒。弄到中国各地都变成了列强的殖民地,全国人民至今还只知道是列强的半殖民地。这半殖民地的名词,是自己安慰自己,其实中国所受过了列强经济力的压迫,不只是半殖民地,比较全殖民地还要厉害。"④孙中山认为,中国要解除帝国主义的经济压迫,一方面固然要发展工业和农业,增强经济实力;但在另一方面,也是更重要的方面,就是在政治上反对帝国主义的侵略。因而,振兴中国经济不只是一个经济问题,而主要的是一个政治问题,必须以政治的途径加以解决。他指出:"外国压迫中国,不但是专用经济力。经济力是一种天然力量,就是中国所说的'王道'。到了经济力有时而穷,不能达到目的的时候,便用政治来压迫。这种政治力,就是中国所说的'霸道'。当从前中国用手工业和外国用机器竞争的时代,中国的工业归于失败,那还是纯粹经济问题;到了欧战以后,中国所开纱厂布厂也学外国用机器去和他们竞争,弄到结果是中国失败,这便不是经济问题,是政治问题。"⑤孙中山强调经济问题的政治性内涵,不仅看到政治因素在帝国主义

---

① 《社会主义之派别与方法》(1912年),《孙中山全集》第2卷,中华书局1981年版,第517页。
② 《社会主义之派别与方法》(1912年),《孙中山全集》第2卷,中华书局1981年版,第520页。
③ 《民生主义与社会革命》(1912年),《孙中山选集》,人民出版社1981年版,第88页。
④ 《三民主义·民族主义》(1924年),《孙中山选集》,人民出版社1981年版,第634—635页。
⑤ 《三民主义·民生主义》(1924年),《孙中山选集》,人民出版社1981年版,第871—872页。

经济侵略中的作用,而且主张中国在政治上反对帝国主义,在政治视域中谋求中国经济发展的道路,这是很有政治见地的。

孙中山在《建国方略》中有专门的"实业计划",将工商业作为经济发展的重要方面,努力探寻出一条经济上不同于西方国家的富强之路。在孙中山看来,中国发展工商业需要走不同于西方的"旧路",但也需要利用国际经济发展的条件,尤其是需要利用好"国际协助"这个因素。他说:"自美国工商发达以来,世界已大受其益。此四万万人之中国一旦发达工商,以经济的眼光视之,何啻新辟一世界?而参与开发之役者,亦必获超越寻常之利益,可无疑也。且此种国际协助,可使人类博爱之情益加巩固,而国际同盟亦得藉此以巩固其基础,此又予所确信者也。"①循着"国际协助"的思路,孙中山针对中国经济落后的状况及国际经济先行并已取得显著成就的现实,提出了中国工业需要"外力扶助"的主张,强调利用外资、输入机器、引进技术的极端重要性,这就突出地表征出经济发展的开放视域。自然,孙中山的这种思想并不是依赖外力,相反正是要通过国家力量发展经济,而达到收回利权、抵御外国经济侵略的目的。他说:"要发达资本,究竟是从那一条路走?⋯⋯全国所用的货物,都是靠外国制造运输而来,所以利权总是外溢。我们要挽回这种利权,便要赶快用国家的力量来振兴工业。"②孙中山在实业计划中对于商业问题也予以高度的重视,设想通过建立国有的大公司这一经济组织,以消除"商业战争"的问题。在他看来,商业战争越演越烈,损害了经济组织,不利于国家经济的发展,因此需要组织国有的大公司来消弭商业战争。他说:"故在吾之国际发展实业计划,拟将一概工业组成一极大公司,归诸中国人民公有,但须得国际资本家为共同经济利益之协助。若依此办法,商业战争之在于世界市场中者,自可消灭于无形矣。"③

孙中山的经济学思想是以"民生主义"为其主要内容的,并且经历了一个发展和提升的过程,到了1924年形成了新三民主义的"民生主义"。孙中山对于此时的"民生主义",作过系统的解释:

第一,对于"民生的需要"的内涵作出新的诠释,说明民生主义就是为了解

---

①　《建国方略之二·物质建设》(1917—1919),《孙中山选集》,人民出版社1981年版,第216—217页。

②　《民生主义(第二讲)》(1924年),《孙中山选集》下卷,人民出版社1956年版,第191页。

③　《建国方略之二·物质建设》(1917—1919),《孙中山选集》,人民出版社1981年版,第368页。

决衣食住行这四种需要。孙中山从"需要"角度来解读"民生",认为所谓民生就是要满足民众的需要,从而建立民生与社会生活的关系。他说:"人类生活的程度,在文明进化之中可以分作三级。第一级是需要,人生不得需要,固然不能生活,就是所得的需要不满足,也是不能充分生活,可说是半死半活。所以第一级的需要,是人类的生活不可少的。人类得了第一级需要生活之外,更进一步便是第二级,这一级叫做安适。人类在这一级的生活,不是为求生活的需要,是于需要之外更求安乐,更求舒服。所以在这一级的生活程度,可以说是安适。得了充分安适之后,再更进一步,便想奢侈。……我们现在要解决民生问题,并不是要解决安适问题,也不是要解决奢侈问题,只要解决需要问题。就是要全国四万万人都可以得到衣食的需要,要四万万人都是丰衣足食。"①基于对"需要"的解读,孙中山进一步指出:"民生的需要,从前经济学家都是说衣、食、住三种;照我的研究,应该有四种,于衣食住之外,还有一种就是行。行也是一种很重要的需要;行就是走路。我们要解决民生问题,不但是要把这四种需要弄到很便宜,并且要全国的人民都能够享受。所以我们要实行三民主义来造成一个新世界,就要大家对于这四种需要都不可短少,一定要国家来担负这种责任。如果国家把这四种需要供给不足,无论何人都可以来向国家要求。国家对于人民的需要固然是要负责任,至于人民对于国家又是怎么样呢? 人民对于国家应该要尽一定的义务,像做农的要生产粮食,做工的要制器具,做商的要通有无,做士的要尽才智。大家都能各尽各的义务,大家自然可以得衣食住行的四种需要。我们研究民生主义,就是要解决这四种需要的问题。"②就是说,民生主义是面向社会经济问题的,重点是要解决衣食住行这四种需要。

第二,民生主义不仅要解决生产问题,同时也要解决分配问题,并且还要解决消费问题。孙中山研究经济问题,一直重视社会的生产问题,同时也将分配问题作为研究的重点之一。孙中山说:"我们要完全解决民生问题,不但是要解决生产的问题,就是分配的问题也是要同时注重的。分配公平方法,在私人资本制度之下是不能够实行的。因为在私人资本制度之下,种种生产的方法都是向着一个目标来进行,这种目标是什么呢? 就是赚钱。……所以,民生主义和资本主义根本上不同的地方,就是资本主义是以赚钱为目的,民生主义是以养民为目

---

① 《三民主义·民生主义》(1924 年),《孙中山选集》,人民出版社 1981 年版,第 864—865 页。
② 《三民主义·民生主义》(1924 年),《孙中山选集》,人民出版社 1981 年版,第 862 页。

的。有了这种以养民为目的的好主义，从前不好的资本制度便可以打破。"①孙中山将分配问题的解决纳入民生主义的实行之中，就在于打破资本垄断的制度，这也是民生主义不同于资本主义的一个重要方面。值得注意的是，孙中山认为民生主义在生产、分配问题之外还要解决消费问题，并认为消费问题在实质上就是民生问题。他在研究实业问题时说："实业的中心是在什么地方呢？就是在消费的社会，不是专靠生产的资本。……因为实业的中心要靠消费的社会，所以近来世界上的大工业，都是照消费者的需要来制造物品。近来有知识的工人，也是帮助消费者。消费是甚么问题呢？就是解决众人的生存的问题，也就是民生问题。所以工业实在是要靠民生。民生就是政治的中心，就是经济的中心和种种历史活动的中心，好像天空以内的重心一样。"②不难看出，孙中山新三民主义中的民生主义，一方面承继了旧民生主义中生产、分配等的思想，另一方面又在新的条件下将消费问题纳入到民生主义体系之中，强调消费本身是解决"众人的生存的问题"因而也就是"民生问题"。

第三，民生主义以共产主义为理想，"民生主义是共产的实行"。孙中山对于民生主义与社会主义、共产主义的关系进行研究，力图将民生主义纳入到社会主义的理论体系之中。他对于民生主义与社会主义的关系，有这样的论述："今天我所讲的民生主义，究竟和社会主义有没有分别呢？社会主义中的最大问题，就是社会经济问题。这种问题，就是一般人的生活问题。因为机器发明以后，大部分人的工作都是被机器夺去了，一般工人不能够生存，便发生社会问题。所以社会问题之发生，原来是要解决人民的生活问题。故专就这一部分的道理讲，社会问题便是民生问题，所以民生主义便可说是社会主义的本题。……马克思对于社会问题，好像卢骚对于民权问题一样……好像中国崇拜孔子一样；现在研究社会问题的人，也没有那一个不是崇拜马克思做社会主义中的圣人。"③关于民生主义与共产主义的关系，孙中山也说："所以共产主义就是最高的理想，来解决社会问题的。我们国民党所提倡的民生主义，不但是最高的理想，并且是社会的原动力，是一切历史活动的重心。民生主义能够实行，社会问题才可以解决；社会问题能够解决，人类才可以享很大的幸福。我今天来分别共产主义和民生主义，可以说共产是民生主义的理想，民生是共产主义的实行；所以两种主义没

---

① 《三民主义·民生主义》(1924 年)，《孙中山选集》，人民出版社 1981 年版，第 860—861 页。
② 《三民主义·民生主义》(1924 年)，《孙中山选集》，人民出版社 1981 年版，第 825 页。
③ 《三民主义·民生主义》(1924 年)，《孙中山选集》，人民出版社 1981 年版，第 807 页。

有什么分别,要分别的还是在方法。"①又说:"我们要解决中国的社会问题,和外国是有相同的目标。这个目标,就是要全国人民都可以得安乐,都不致受财产分配不均的痛苦。要不受这种痛苦的意思,就是要共产。所以我们不能说共产主义与民生主义不同。"②在孙中山的思想逻辑之中,"社会问题"这个主题的解决成为通向社会主义、共产主义的桥梁,也就成为认识民生主义与社会主义、共产主义关系的关键。故而,他说:"什么叫做民生主义呢?'民生'两个字是中国向来用惯了的一个名词。我们常说甚么'国计民生',不过我们所用的这句话,恐怕多是信口而出,不求其解,未见得含有几多意义的。但是今日科学大明,在科学范围之内拿这个名词来用于社会经济上,就觉得是意义无穷了。我今天就拿这个名词来下个定义,可说民生就是人民的生活社会的生存、国民的生计、群众的生命。我现在就是用民生这两个字,来讲外国近百十年来所发生的一个最大问题,这个问题就是社会问题。故民生主义就是社会主义,又名共产主义,即是大同主义。"③正是基于对"社会问题"的严重性和民生的极端重要性,孙中山要求民生主义者加强研究社会主义、共产主义的学说。他指出:"社会的文明发达、经济组织的改良和道德进步,都是以什么为重心呢? 就是以民生为重心。民生就是社会一切活动中的原动力。因为民生不遂,所以社会的文明不能发达,经济的组织不能改良,和道德退步,以及发生种种不平的事情。像阶级战争和工人痛苦,那种种压迫,都是由于民生不遂的问题没有解决。所以社会中的各种变态都是果,民生问题才是因。照这样判断,民生主义究竟是什么东西呢? 民生主义就是共产主义,就是社会主义。所以我们对于共产主义,不但不能说是和民生主义相冲突,并且是一个好朋友,主张民生主义的人应该要细心去研究的。"④

第四,提出了实行民生主义的具体途径。为什么要实行民生主义呢? 孙中山从世界历史的高度看待民生问题的重要性,认为民生问题是世界性问题,需要用民生主义的方法来解决。孙中山提出了这样几个方法:一是要确立以民生为中心的研究理念。在孙中山看来,民生是社会生活的中心,是解决社会问题的关键,那就要在基于社会生活情形的基础上,首先确立民生为中心的理念。他说:"我们现在要解除社会问题中的纷乱,便要改正这种错误,再不可说物质问题是

① 《三民主义·民生主义》(1924年),《孙中山选集》,人民出版社1981年版,第830页。
② 《三民主义·民生主义》(1924年),《孙中山选集》,人民出版社1981年版,第843页。
③ 《三民主义·民生主义》(1924年),《孙中山选集》,人民出版社1981年版,第802页。
④ 《三民主义·民生主义》(1924年),《孙中山选集》,人民出版社1981年版,第835—836页。

历史中的中心,要把历史上的政治和社会经济种种中心都归之于民生问题,以民生为社会历史的中心。先把中心的民生问题研究清楚了,然后对于社会问题才有解决的办法。"①孙中山的看法是,只有将民生视为社会问题的中心,才能切实地解决民生问题,并使得其他社会问题得以彻底的解决。二是在节制资本的同时要发达国家资本。孙中山认为,解决民生问题需要采取节制资本的办法,"凡本国人及外国人之企业,或有独占的性质,或规模过大为私人之力所不能办者,如银行、铁道、航路之属,由国家经营管理之,使私有资本制度不能操纵国民之生计,此则节制资本之要旨也"②;但不能以节制资本为限,还需要积极地发达国家资本,这是中国与外国在解决民生问题上所不同的地方。他说:"我们在中国要解决民生问题,想求一劳永逸,单靠解决节制资本的办法是不足的。现在外国所行的所得税,就是节制资本之一法。但是他们的民生问题究竟解决了没有呢?中国不能和外国比,单行节制资本是不足的。因为外国富,中国贫,外国生产过剩,中国生产不足。所以中国不单是节制私人资本,还是要发达国家资本。"③三是发挥国家的政治力量在解决民生问题中的强制作用。孙中山说:"我们要解决民生问题,保护本国工业不为外国侵夺,便先要有政治力量,自己能够来保护工业。中国现在受条约的束缚,失了政治的主权,不但是不能保护本国工业,反要保护外国工业。这是由于外国资本发达,机器进步,经济方面已经占了优胜;在经济力量之外,背后还有政治力量来做后援。"④为了强调政治因素在解决民生问题中的极端重要性,孙中山结合中国遭受侵略的实际,要求人们在对待民生问题时不能专从经济范围着手。他说:"现在欧美列强都是把中国当做殖民地的市场,中国的主权和金融都是在他们掌握之中。我们要解决民生问题,如果专从经济范围来着手,一定是解决不通的。要民生问题能够解决得通,便要先从政治上来着手,打破一切不平等的条约,收回外人管理的海关,我们才可以自由加税,实行保护政策。能够实行保护政策,外国货物不能侵入,本国的工业自然可以发达。"⑤这可见,孙中山的民生主义是以政治力量的运用为前提的。

---

① 《三民主义·民生主义》(1924年),《孙中山选集》,人民出版社1981年版,第825页。
② 《中国国民党第一次全国代表大会宣言》(1924年),《孙中山选集》,人民出版社1981年版,第526页。
③ 《三民主义·民生主义》(1924年),《孙中山选集》,人民出版社1981年版,第840页。
④ 《三民主义·民生主义》(1924年),《孙中山选集》,人民出版社1981年版,第875页。
⑤ 《三民主义·民生主义》(1924年),《孙中山选集》,人民出版社1981年版,第876页。

孙中山的经济学思想十分丰富,有着西方思想的渊源,同时也吸收了近代中国旧民主主义革命的成果,并在国共合作的历史条件上得到提升,因而经历了一个与时俱进、不断发展的历程。孙中山的经济学思想以民生主义为主要内容,在变革社会经济的过程中曾发挥了指导性的作用,是中国现代经济学史上的宝贵财富,在中国现代学术史上有着重要的地位。

(二) 廖仲恺的经济学思想

廖仲恺(1877—1925)是孙中山先生民生主义的忠实执行者和倡导者,其经济学思想具有鲜明反对外来侵略、维护民族独立的爱国主义特征。

廖仲恺高度重视政治问题解决的先导性地位,认为中国经济问题的解决是以政治问题的解决为前提的,而所谓政治上的解决首先就是要反对帝国主义的侵略,谋求中华民族的独立与解放,亦即经济问题"非先从政治上求生路不可"。他指出:"因为政治上的问题不能解决,则经济上的问题,也无从解决。倘若长此不能独立,怎能够生存呢? 怎能够干大事呢? 所以非先从政治上求生路不可。现在德国,尚可以称为产业落后的国;而我国今日,实在不堪言产业落后,直可说他无产可落。在国际上说来,可以称他为无产阶级。这是完全因为政治上的问题不能解决,所以有这样的情状。……我们则仍受政治上种种束缚。所以对于通商,只见受害,不见有利,以致国民的膏血,尽被外人所吸收,遂使中国贫弱不堪,变为列强的殖民地。所以为今日计,应该合全体国民的力,共谋政治的改革,以至能够自由发展我国的实业而后可。否则,只知用洋货,专事消费,不能生产,受外人的束缚。"①廖仲恺从政治的角度看待经济问题,强调政治问题解决的优先地位。廖仲恺对于我国经济问题进行了历史的梳理,从供给和需要方面分析中国近代以来所发生的重大变化,说明海禁以后中国在政治上受外来势力控制,而造成了经济问题的严重性。他指出:"中国的产业的状况,需要和供给方面是很适合的。在海禁未开以前,外国的经济,是自给自足的,独立生存的,生存和消费,适成正比例。例如有几多人食,即有几多人造米。有几多人衣,则有几多人养蚕种桑。其他百业,皆是这么样子。若无天灾水旱的祸,则在这样自然经济状况之下,其需要和供给是自然适合的。但海禁开后,这样情况,为之一变,供给不因自然的需要,以致供需不能自然适合。这是为什么缘故呢? 因为有许多政治的、经济

① 《中国实业的现状及产业落后的原因》(1924 年 12 月),《廖仲恺集》(增订本),中华书局 1983 年版,第 228 页。

的原因,交参妨害,必使我国的经济不能独立。中国的现状是生产不足的。从社会看来,供给直接消费的很多,为生产而消费的很少。所以饮食馆、杂货店、洋货店等,十之八九是供直接消费需用,而非供生产的消费需用。这是现在的实业最不良的情状。然这种情况,果从何而起呢? 乃在海禁开后,和外人通商愈弄愈坏,以至于这个田地。"①廖仲恺基于历史的分析,不仅研究了中国自然经济状况下的需要与供给方面的关系,而且揭露了西方列强侵略中国给中国需要与供给关系所引起的巨大变化,从而说明了政治上反对帝国主义以谋求经济自主权的极端重要性。

廖仲恺规划中国经济发展的前景,认为中国有着"地利"和"富源"这样很好的"旧国家的底子",因而可以据此而建设成为一个"新国家"。这样的"新国家"就是"把从前闷死了的无穷的产物,要它活活泼泼的输出;从前压死了的民生商业,要它热腾腾的发达",因而就必须把"人民"和"领土"这两种组织的国家要素,"能够发挥他最大的用处"②。廖仲恺认为,中国经济的问题主要是要解决"民穷财尽"的问题,这就必须研究造成"民穷财尽"的原因,并努力加以解决。他说:"人满的患,在中国是不成问题的。成问题的,倒是'民穷财尽'这四个字。这四个字的根源,固然是在政治上,现在无论谁也看得很明白。无论那一方面当局的,也逃不了这个罪恶。也有在财产制度上的,现在研究近代社会问题的人,留心东欧政变经过的人,也很有点觉悟。这毛病要是不想个法儿,将来是规定有的,不过现实还不很显。却是中国这一个民穷财尽的原因,——妨害国家社会经济发达的原因——是混在其他许多原因里面的。这就是人民没有移动的自由;生产没有调剂的方便;思想没有传播的效力。我们要从建设上弄个实在的国利民福,自然要把这三大毛病除了才行的。"③这里,廖仲恺主张着力于消除"人民没有移动的自由"、"生产没有调剂的方便"及"思想没有传播的效力"这三个毛病,在经济建设上造成"国利民福"的局面。

廖仲恺将生产问题视为经济发展的基本任务,阐明了生产对于经济问题解决的极端重要性。当时,有学者认为中国的经济问题在于币制问题。而在廖仲恺看来,中国经济中"急于燃眉"之问题很多,"钱币问题不过其中之一种",此时

---

①　《中国实业的现状及产业落后的原因》(1924 年 12 月),《廖仲恺集》(增订本),中华书局1983 年版,第 221 页。

②　《中国人民和领土在新国家建设上之关系》(1919 年 8、9 月),《廖仲恺集》(增订本),中华书局 1983 年版,第 17—18 页。

③　《中国人民和领土在新国家建设上之关系》(1919 年 8、9 月),《廖仲恺集》(增订本),中华书局 1983 年版,第 26 页。

如果"重要之一般经济问题"不能解决，单单是就"钱币施若干改良，于全局无甚之大益"。因此，研究经济问题必须就全局着眼，其原因就在于："凡夫改制创始之事，与其分途而屡试，不如兼行而竟功；与其枝节而失时，不如一劳而永逸；因陋就简，挂一漏万，皆非至当之道也。"基于这样的见地，廖仲恺提出研究生产问题的极端重要性。他指出："夫中国国民经济枯竭之状，瞩目皆是，饿殍载道，乞丐如云。以地大物博之中国，而贫民反较他国为多者，盖以人欲求生，而无可以为生之机会，故逼而至此，非有所好而然也。欲图救济，非从生产上着手不可。……夫中国生产之所以萎缩：第一，由于交通之不便……第二，由于资本缺乏……中国生产，惟恃手工，所出不多，则赢不大。游食者众，则社会日贫……继此十年，中国经济上之地位，纵不能与英美抗衡，然而自存自立之资格具备，断不至为资本国之牺牲，竭国民之脂膏，肥外之囊橐矣。"[①]在廖仲恺看来，发展经济事业，那就必须认真地研究生产问题，采取因地制宜的办法，从而体现出各地的不同与特色。廖仲恺关于生产问题的研究具有世界性的视域，他是将生产问题放在经济发展的进程中加以考察的，并且强调生产与消费之间的关系。他指出："一国的生产，当和该国人口及消费力有密切的关系。只在消费力中求经济的独立，则当为其消费上设想，先满足该国人享乐的需要，然后分配于别国。这是经济独立的真正解决方法。……所以生产，不特以满足一国人民的需求和享乐为足愿，又当广寻销路，售之异地，以世界为其市场。一方面可以免了供过于求的弊病，俾得以维持其物价。一方面生产虽过多，可免过剩的损害。"[②]

廖仲恺主张通过"钱币革命"的办法，建立通用的纸币制度，取代市场的金银流通。在他看来，要促进商品的流通就不能在流通中使用金银，因而也就必须建立统一的货币制度，这就需要发行纸币。廖仲恺专门写有《钱币革命与建设》、《再论钱币革命》等文章，系统地阐述了自己的"钱币革命"的思想。这里所说的"钱币革命"，是全盘性的改革，并且是与经济革命、产业革命、交通革命相联系的，如廖仲恺所说："故中国钱币革命，当并经济革命——产业革命、交通革命——一举而完成之，然后钱币革命能大有所造于中国。"[③]廖仲恺运用现代货

---

① 《钱币革命与建设》(1919年10、11月)，《廖仲恺集》(增订本)，中华书局1983年版，第56—57页。

② 《中国实业的现状及产业落后的原因》(1924年12月)，《廖仲恺集》(增订本)，中华书局1983年版，第219页。

③ 《钱币革命与建设》(1919年10月、11月)，《廖仲恺集》(增订本)，中华书局1983年版，第56页。

币学的理论阐释货币的功能,说明货币一般地都具有交换媒介、价格尺度、贮藏等基本职能,而货币一旦成为国际通用货币"巴达"也就具有世界货币的职能;当然,并不是任何物品都可以充当货币的,现代社会中只有那些"有定值、便取携、能耐久、易分割者"才能充当货币。

廖仲恺的经济学思想是以孙中山的新三民主义为指导的学术思想体系,并且也是与广州国民政府的经济措施与财政举措相联系的,有着鲜明的现实性、实践性的特色。廖仲恺的经济学思想不仅内容广泛,涉及生产问题、财政问题、经济问题、币制问题、人口问题、土地问题等方面,而且高度重视国家的政治力量对于经济问题解决的极端重要性,提出了反对帝国主义经济侵略的命题,具有强烈的反帝爱国的色彩。廖仲恺的经济学思想是国民革命时期具有代表性的经济学思想,为推进孙中山经济思想的应用与发展作出了重要贡献,并在国民革命中发挥了积极的作用,在中国现代学术史上有着重要的地位。

（三）朱执信的经济学思想

朱执信(1885—1920)是孙中山的得力助手和忠诚的支持者,将平均地权视为社会主义的重要一步,极力主张实行孙中山先生提出的平均地权主张,同时还认为在实施实业计划之时,要先行地制定"土地国有计划",以防止"土地投机之盛行"。在朱执信看来,土地是农民最为重要的生产资料,实行民生主义就必须"平均地权"。他说,平均地权绝不是一种理想,"平均地权,是社会主义实行之第一步","我们主张的平均地权,是人人都可以应他能力,来用土地,决不能拿土地占起来不用。用土地的结果,是社会共有的。用人功的结果,是做工的人得的(按着当时的秩序)。用地的权,是人人有的。占地位的权,是人人没有的。这个事情,决不是容易做的,但是一定可以做的。"①朱执信在研究实业计划时,还具有先见地提出"土地国有计划"的主张。他在《直隶湾筑港之计划》中,指出:"今以此新港言,假其仍循向来之覆辙,以土地委之私人之手,则今日之发起诸人,买地占田,扰攘不定,已足倾覆此计划有余。……最要者,乃在铁路逐渐发展,商港日渐扩大之时,此时商埠之内,固见土地投机之盛行,其沿市街之空地,价亦必随之俱涨。以此之故,一切都市发展应须之设备,皆以地主跋扈而受窒碍,至无一事可以如意进行。就使以公用征收之法行之,其评价亦必至贵。故经营之费积而愈多,则发展因之而迟,内地之农业亦随之而受沮害。夫以数千万元

---

① 《恢复秩序与创造秩序》(1920年),《朱执信集》下卷,中华书局1979年版,第871—872页。

可经营者,经地主侵蚀,则变而盈万万矣。……此其损失在全国民经济言之,实不可胜计也。……以数千万之经费可成功之计划,一变而为逾万万,则渐减可以收回其所费资本之望。结局为投资者之畏缩,工程之中止,已设者归于荒废,……故为北方大港作计,……先定土地国有计划,实为尤切要之图。"①朱执信不仅强调平均地权的极端重要性,而且还预见到"土地投机之盛行"的问题,并进一步提出"土地国有计划"。这充分体现了朱执信经济思想有着激进化的发展态势。

朱执信高度关注农业生产问题,并提出了改良农业生产的主张。朱执信曾就"米的生产及消费"问题做过专门的研究,写出《中国米的生产及消费》等文章,认为米的生产与消费是必须留心的重要问题。他指出:"中国人大半是吃米的人,所以中国地方,大半也是产米的地方。黄河流域一带的人都是吃麦,生产也多是麦子,不用去讲他了。长江流域和西江流域,多是吃米,可以说这两大流域,都是米的消费地。但是西江流域一带,米的生产不敷消费,所以他们吃的米,许多都是靠外来的。……单说长江一带,是中国产米的主要地,也是米消费的主要地。米既然是我们生活必需的东西,这米的生产消费,我们也就不能不留心了。"②朱执信具体地考察了长江流域产米的七省(江苏、浙江、安徽、江西、湖北、湖南及四川)情况,主张建设"农事试验场",以开展米种的改良、耕种方法的改进、农业知识的普及。

朱执信对于"发展实业"的主张持谨慎的态度,认为在提倡实业时应该考虑到"分配"的问题,而在发展实业中应该开发大西北。朱执信认为,必须发展实业,但发展实业必须"能够令得工做的人比较失业的人更多",但如果实业发展了,却"令失业的人比新得工做的多",那"就应该反对"③。在发展实业的方向,朱执信主张不仅要发展海上交通,同时也要发展陆上交通,尤其是要发展大西北的交通,使中国的实业能够通过大西北的交通线延伸到国外。他指出:"盖依中国实业发展所要求,将来决不能但以海上交通为满足。而依吾人所主张,发展西北方,开辟蒙古、新疆之处女地,以为农园之计划。将来此新开发地方之交通,必要求一能与中亚细亚、小亚细亚脉络贯通之铁路。此吾人所以预期将来中国西北铁路系统完成以后,仍须与此伯达铁路接轨也。从来顽固者,对于铁路,深闭

①　《直隶湾筑港之计划》(1920 年),《朱执信集》下卷,中华书局 1979 年版,第 710—711 页。
②　《中国米的生产及消费》(1919 年 9 月),《朱执信集》上卷,中华书局 1979 年版,第 413 页。
③　《实业是不是这样提倡》(1920 年),《朱执信集》下卷,中华书局 1979 年版,第 700—701 页。

固拒,非无丝毫理由,要不免因噎废食。对于国中铁路建筑之恐怖,此二十年间,略已消灭。而对于国外,国人尚多未释然者。实则苟使中国能获适度之发展,不受一国之羁轭,完成西北建设之大业,则决不患此伯达铁路之将来,能与中国以恶果也。"①朱执信将发展大西北的交通作为开发大西北的重要抓手,通过大西北的铁路建设而将中国的大西北与中亚细亚、小亚细亚连接起来,这是他的发展实业思想中很有特色的方面。

朱执信对于帝国主义的经济侵略予以研究,揭露了帝国主义经济侵略的严重危害。在他看来,资本主义进到帝国主义阶段的侵略方式发生了重要变化,中国对这种侵略方式的变化应该有所知晓并加以提防。关于资本主义对落后国家经济侵略方式的变化,朱执信指出:"从前欧洲之取殖民地,无异蜂之取蜜。所志者在吸其精华,以益本国,决不存一联为一体之念。故其所谓殖民地者,单以能使本国得益若干为算计之基础;以经济之利害,决经营之方针。然在二十世纪,此种中古之政策,不适于用,自不待言。张伯伦之帝国主义,乃由提倡。彼以殖民地与母国,当视为一体,痛痒相关;母国之工业,即借殖民地以为市场,而农产则由殖民地供给。"②鉴于帝国主义殖民侵略方式的变化,朱执信提请国人注意:"抑犹有不可不知者,中国今为世界所同享利乐之市场,未尝于一国有所偏袒。故从经济上言,即不占领中国,未尝不可以享中国之大利。开放门户而领土可以保全者,以其开放之结果,所以利各国者不亚于占领也。"③朱执信对于帝国主义的经济侵略问题给予高度的重视,因而他的经济思想有着谋求民族独立的政治追求。

朱执信的经济学思想是对于孙中山民生主义思想的有力发挥,积极主张平均地权,推动国内生产关系的变革,同时又提出了"土地国有计划",这突出地反映出社会主义的一些色彩。朱执信的经济学思想为宣传孙中山的思想作出了重要贡献,在五四时期的学术界有着重要的地位。

以孙中山为代表的民生主义经济学,在孙中山去世之后亦引起学术界的高度重视,不少学者开始研究和阐发孙中山的经济思想。1926 年至 1927 年,岭南大学经济学会出版了具有论文集性质的两部《中山经济思想研究集》,对孙中山的经济思想进行了多方位的考察和较为系统的阐发,并形成了研究孙中山经济

---

① 《伯达铁路之过去及将来》(1919 年 11 月),《朱执信集》下卷,中华书局 1979 年版,第 577 页。

② 《中国存亡问题》(1917 年),《朱执信集》上卷,中华书局 1979 年版,第 284 页。

③ 《中国存亡问题》(1917 年),《朱执信集》上卷,中华书局 1979 年版,第 309 页。

思想的学术共同体。其后,中正书局在1935年出版了赵可任的《孙中山先生经济学说》,这是现代中国学术界第一部系统地研究孙中山经济思想的学术专著。该著共八章,分别为"绪论"、"价值"、"货币"、"资本积累"、"生产方法的改变"、"分配"、"金融资本"、"恐慌"等。该著最大的特点,是依据现代经济学理论来梳理孙中山经济思想的各个方面,并阐发其思想内涵和学术价值。该著学术影响和社会影响皆较大,自1935年至1942年即已五次再版[①]。此外,宋庆龄、杨杏佛、陈嘉庚等著名政治活动家也是承继孙中山的民生主义经济学思想的,尽管发表的经济言论不是很多,但在当时社会上也有较大的影响,因而也是应该引起现今研究者重视的。

需要说明的是,蒋介石建立南京国民政府之后,孙中山的经济学思想受到曲解。此时,以李权时、徐青甫、赵兰坪等[②]为代表的经济学研究者,他们的著作充满国民党的意识形态,为国民党的经济政策辩护,在学术理论上颇有较多的混乱和矛盾之处。

三、资产阶级学者的经济学研究

学者对于经济学的研究,与政治家对于经济学的研究,还是有很大的不同。在现代中国的经济学界有一批资产阶级学者,对经济学研究作出巨大的贡献,其领域涉及经济学理论、中外经济思想史、中外经济史、世界经济及发展经济学等方面,不仅凸显出"中国中心"的研究理念,体现出经济学研究本土化的鲜明特征,而且也有力地推进了现代中国经济学体系的架构及其中的分支学科的发展。正是在经济学研究的持续性推进之中,形成了以马寅初、夏炎德、张培刚等为代表的杰出学者,他们的经济学理论虽带有偏颇之处,对中国经济状况的分析也有许多不切实际的地方,并且与马克思主义经济学观点有很大的距离,但这些学者在经济学的学养方面及关于经济问题所提出的一些见解上,亦有值得充分注意的地方。

---

① 施岳群、袁恩桢、程恩富主编:《二十世纪中国社会科学·理论经济学卷》,上海人民出版社2005年版,第160页。

② 李权时(1895—1979)著有《李权时经济财政论文集》(1930年),徐青甫(1879—1961)著有《经济革命救国论》(1936年),赵兰坪(1892—1967)著有《中国当前之通货外汇与物价》(1948年)等著作。

（一）马寅初的经济学研究

马寅初（1882—1982）是现代中国著名的经济学家，早年是"合作主义"倡导者的主要代表。他从自然现象和社会现象两者之间的不同出发，来阐发自己关于"合作政策"的看法。他说："夫天然之压迫，可以自然科学为之解除，已如上述。若夫人为之压迫，则将如之何以解除之乎？曰是须应用社会科学。盖农人经济上所受之痛苦，仍须用经济上之方法解除之也。方法维何？曰设立合作公社是也。此种合作公社，系中小资产者所共组之协社，以防为大资产者所操纵者也。由此即合作公社之互助精神，亦即合作公社之特色。惟社员所出之资，必须定一最高限度，务求平允，庶不致为大资产者所垄断。公社之种类甚多，约略言之，则有四种：曰生产合作，曰购买合作（消费合作包含在内），曰贩卖合作，曰信用合作。"①那么，当时的中国为什么就需要"合作主义"呢？马寅初给出的答案是，当时中国所出现的严重的经济问题，大多源于各方面的不能合作，故而需要以"合作主义"来发达生产事业。这集中地反映了马寅初经济上的改良思想。

马寅初并不把分配问题作为经济学研究的主要问题，而仅仅希望从生产上着手解决经济的发展问题。他说："现今中国之急务是在求生产之发达，不在分配之均匀，但切不可再蹈美国之覆辙，造成贫富两种阶级，国家大权被少数资本家支配。亦不可再如英德二国资本主义之激成大战。故余以为中国须采取欧美之科学以发展我国之生产，一方面须采用均富政策，以防止资本主义之横行于我国。此为我国最需注意之点。"②当然，马寅初研究经济问题也有着"国民经济"的眼光，将发展工商业作为国民经济的重要方向。如他说："今日我国国民经济，不专持土地问题之解决为已足。今日世界各国咸以工商业之发展是务。我国工商落后，洋货充斥，苟不急起直追，振兴工业，挽回利权，土地纵极平均分配，得相当解决，国富未必遽然增进几许。故于他种问题，如利用外资，改革币制等，三致意焉。"③但总体来看，在马寅初的认识视野中，分配问题只是生产发展之后

---

① 《中国经济上之根本问题》（1925年12月），《马寅初演讲集》，商务印书馆1929年5月再版，第198页。

② 《马克思主义在中国有实行可能性否？》（1927年5月），《马寅初演讲集》（四），商务印书馆1929年5月再版，第138页。

③ 马寅初：《个人主义与全体主义》（1934年），《中国经济改造》，商务印书馆1935年10月初版，第27页。

的问题,亦即只有在生产发达之后才可以考虑"均富"的问题。

马寅初在发展生产的问题上,积极主张走工业化的道路,认为当时的中国不仅需要发展大工业,而且尤其需要发展小工业以为农业之辅助。在马寅初看来,中国是必须走工业化道路的,但根据中国的资本和技术情况,必须首先提倡轻工业。他在1935年的一篇文章中说:"现在我讲的工业化,是要先提倡轻工业,因为各种重工业需要资本很大,并须有很精良的专门技术,如果样样都要举办,以中国的力量,实一时不易办到,所以我主张,除了关于国防需要的重工业必须举办外,要从轻工业先行办起"[①]。抗战期间及以后,马寅初加强了对工业化问题的研究,提出了诸多的主张。譬如,他提出工业化是以农民生活的提高为前提条件,就是说"提高农民生活水准,为中国工业化必不可缺的条件"[②]。又譬如,他提出工业化须以自己的生产为根基、大家有工作做。他说:"我们自己要工业化,要自己生产才行。既是要自己生产,那末国营和民营就应该合作,这办法就是把接收来的敌伪工厂,便宜卖给老百姓。让他们去生产,钞票就有了出路,钞票有了去路就不会老发钞票;百姓能生产,物资也就不会缺乏,这样物价也就不会又涨。"[③]再譬如,他提出中国的工业化有四个阶段:"第一个阶段是进口货多;第二个阶段出口货多,出超之后就投资外国;第三个阶段是以在国外所得利润买外货进来,于是进口货又多起来;第四个阶段生产增多,出口又形增多。"[④]又再譬如,他认为中国的工业化只有"工农并重才有办法"[⑤],要求立足于中国是一个农业大国的实际来推进工业化进程。

马寅初强调经济在社会中的"血脉"地位,并以天然、资本、劳力及企业这四要素来解读经济,认为中国应该确立"以经济为本位"的战略。在马寅初看来,经济是以天然、资本、劳力及企业这四者为其要素的,而中国能够专其一要素者极少,相反却是"一人而兼二三资格,且甚有此四资格",故而中国的产业处于不

---

① 马寅初:《中国要早日实行工业化》(1935年7月29日在青岛市民众教育馆讲演),《铁道公报》第1236期,1935年8月。

② 马寅初:《中国工业化与民主是不可分割的》(1944年12月22日在重庆星五聚餐会讲演),《民主与科学》1945年第1卷第1号。

③ 马寅初:《欲挽救经济危机,非打倒官僚资本不可》(1946年4月9日在中国中小工厂联合会、中国经济事业协会、重庆钱业公会三团体会上讲演),《商务日报》1946年4月10日。

④ 马寅初:《论外汇政策》(1946年3月13日在中国中小工厂联合会、中国经济事业协进会、重庆钱业公会三团体会上讲演),《文萃》第22期,1946年3月21日。

⑤ 马寅初:《中国战后之经济建设》(1946年3月在重庆求精商专讲演),《商务日报》1946年3月30日。

发达之中①。那么,中国如何才能够发展经济呢? 马寅初的看法是,确立"以经济为本位"的战略,以民主国家为榜样,以政治来扶持和推动经济的发展。他指出:"民主国家的经济与法西斯国家的经济又不同,民主国家以经济为本位,政治则扶助经济之发展,法西斯国家则以政治为本位,借经济以支持其政治,固不惜亡灭人国,以求其本国经济之自给自足。"②又指出:"故世界各国紧密如锁链,不可有一环脱节。惟有各国皆以经济为本位,扶助世界政治之发展,世界和平乃能永保,但欲达到这个目的,非民主不可,故今日中国之最大事业要先走上民主的路而后方可解决经济问题。若反其道而行走,解决货币问题而置政治问题于不顾,是舍本逐末。"③这里,马寅初看到了政治与经济的关系,主张以实行民主政治为前提,实施政治扶助经济发展的战略,走出一条"以经济为本位"的发展道路。

　　马寅初主张积极地引进外资和技术,将外资和技术视为中国经济发展的重要条件。他认为,在中国资本不足的情况下,更要强调资本的价值。他说:"中国的资本决不能充足。那是中国的人工决不能收到完善的效果,得充分的工资,则人民仍是一个贫苦的人民,国家仍是一个贫苦的国家。讲到取自国内的,便是建立银行,逐渐储蓄起来,这是大家知道的,也不用我说得,所以我说,'劳动是神圣,资本也是神圣'。"④正是由于对资本的高度重视,马寅初遂而提出了引进外资的主张。他说:"中国欲图富强,端正发展经济,欲图经济发展,必须利用外资,不但在中国如此,外国亦然。美国今日富甲全球,推原其故,未始非利用外资之功也。故孙中山先生建国方略中,关于物质建设一项,极力提倡利用外资。国民党党纲,亦无不以利用外资为发展经济之要图。"⑤马寅初认为,引进和利用外资是具有主动性的行为,与外人在中国直接投资并不是一回事。需要指出的是,马寅初在重视引进资本的同时,还高度重视技术的作用,主张积极地引进技术。他说:"资本与技术,在今日经济界,其重要程度,有等量齐观之概。有技术,无资本,固难成事;有资本,无技术,亦难成事。况今日经济事业,规模宏大,非得专

　　①　《中国之经济组织》(1927年11月),《马寅初演讲集》(四),商务印书馆1929年版,第21页。

　　②　《黄金政策所表现之经济政策》(1945年9月),《马寅初经济论文选集》上册,北京大学出版社1981年版,第273页。

　　③　《黄金政策所表现之经济政策》(1945年9月),《马寅初经济论文选集》上册,北京大学出版社1981年版,第274页。

　　④　《吾国信托公司前途之推测》(1921年7月),《马寅初演讲集》(一),商务印书馆1929年第5版,第156页。

　　⑤　马寅初:《利用外资与外人直接投资》(1934年),《中国经济改造》,商务印书馆1935年1月初版,第386页。

门技术之助为功。"①又说:"欲谋中国之独立与生存,必先使之工业化。欲使之工业化,必先利用外资与技术……况提高农民生活水准,为中国工业化必不可缺的条件。"②这里,马寅初是从经济发展的大规模程度以及中国工业化的迫切要求,强调了利用外资和技术的极端重要性。

马寅初高度重视土地政策与国民经济的关系,将土地改革视为推进农业的机械化的重要内容,不仅阐述了土地政策对于农业复兴的关键性意义,以及农业对于整个的工业化进程的基础性地位,而且特别赞赏孙中山先生的平均地权主张,并从发展生产力、提高农民生产积极性的角度论证了"耕者有其田"政策的合理性。在马寅初看来,"农业问题,为我国经济问题之中心"③,农业如不能复兴就没有实业振兴、经济发展之可能。"农业不复兴,实业亦决无发展之可能。如等于人口百分之八十的农民无购买力,试问实业界所制造出来的商品,谁愿光顾购买? 贫困的农民徒有欲望,苟无购买能力则欲望不能成为有效的需求。有供而无求,是经济恐慌之所由来。"④在农业之中,土地政策又关系到整个的国民经济,不仅工业国是这样,农业国更是这样。他指出:"土地政策与国民经济关系,至为密切,农业国家无论矣,即号称工业国家,亦未尝不对土地政策,三致意焉。盖吾人所衣所食,直接间接,皆出于土地。一国对于土地政策,行之而当,衣食之源,可以发荣滋长,进于无疆。行之而不当,虽有广土众民,只见荒烟蔓草,流亡载道,衣食问题,决无解决之希望也。而于农业国为尤然。我国土地几为历代兴亡之关键所在。"⑤正是鉴于农业的极端重要性以及土地政策与农业发展的紧密关系,马寅初认为必须以土地改革为关键点,实行"目的在增加农产"之土地政策,这对于中国的"工业革命"(亦即工业化)有着决定性的意义。马寅初还专门写有《平均地权》文章,从发展生产力等角度,论证了孙中山提出的耕者有其田政策的合理性,认为"欲求生产之多,必须耕者有其地,要使耕者有其地,必

---

① 马寅初:《利用外资与矿业》(1934年),《中国经济改造》,商务印书馆1935年1月初版,第384页。

② 《中国工业化欲民主是不可分割的》(1945年),《马寅初经济论文选集》上册,北京大学出版社1981年第1版,第270页。

③ 马寅初:《国民党之土地整理办法》(1934年),《中国经济改造》,商务印书馆1935年1月初版,第649页。

④ 《农业工业与国防工业之连锁》(1946年6月),《马寅初经济论文选集》上册,北京大学出版社1981年版,第311页。

⑤ 马寅初:《共产党之土地政策》(1934年),《中国经济改造》,商务印书馆1935年1月初版,第628—629页。

须平均地权"①。

马寅初在中国当时经济学界的影响是多方面的,他在货币学研究方面也是最负盛名的。他在《通货新论》中认为,欧洲战前是竞相采用金本位,但在战后则竞相放弃金本位,故而中国应该依据世界金融形势的变化,放弃金本位,以纸本位代之。马寅初说:"金本位既有内在弱点,不得不放弃,纸本位既取而代之。纸币则可伸缩自由,不受金准备之牵掣。市场需要资金多时多发,少时少发,供需无时不可适合,则利率亦无忽涨忽跌之必要。惟其重要关键,须有健全之金融控制机关,务使通货之伸缩确能适合市场之需要。换言之,必须有适当之管理,方能有利无弊。故纸本位制亦称管理通货制。管理之最要机关为中央银行。中央银行管理通货之手段有二:1. 贴现率之运用;2. 公开市场之运用。"②当然,进行币制改革加强中央银行的管理效能外,还必须建立其基本的信用制度,"在普通信用制度之下,必须有准备,如对钞票则有法定标准率,对存款大都均有习惯上之安全准备率"③。马寅初关于货币问题的研究,与当时中国币制改革的状况紧密联系,在现代中国的学术界有着重要的影响。

马寅初是现代中国著名的经济学家,为现代中国经济学体系的建立做出了重要贡献。他的经济学思想注重于现代中国社会经济状况的研究,力图推进现代经济学理论与中国经济状况的结合,尤以工业化道路的理论影响最大,对当时的自由主义经济学的研究有着引领性的作用。马寅初治学领域广泛,举凡经济学的重要领域皆有涉猎,学术性著述也多,在经济学界有着广泛的影响。马寅初在中国现代学术史上有着重要的地位。

(二) 夏炎德的《中国近百年经济思想》(1946 年)

夏炎德④对近代中国的经济状况给予了较为如实的描述和公正的评价,其

---

① 《平均地权》(1927 年 10 月),《马寅初演讲集》(四),商务印书馆 1929 年 5 月再版,第 224—225 页。

② 《通货新论》(1945 年 9 月),《马寅初经济论文选集》上册,北京大学出版社 1981 年 6 月版,第 57 页。

③ 《通货新论》(1945 年 9 月),《马寅初经济论文选集》上册,北京大学出版社 1981 年 6 月版,第 51 页。

④ 夏炎德(1911—1991),上海南汇人。复旦大学经济系教授,民建中央委员。20 世纪 30 年代后期考入暨南大学西洋文学系,后转入经济系学习。1935 年秋天,考入伦敦大学政治经济学院并攻读经济史硕士研究生。1937 年回国,曾任四川大学经济系教授、中央研究院秘书、中央大学教授、复旦大学教授兼经济研究所导师。1945 年后,一直在复旦大学任教。主要著作:《中国近百年经济思想》、《欧美经济史》、《经济学之数量研究论》、《理论福利经济》等。

经济思想与经济理论有着较大的进步性。夏炎德于1946年所著《中国近百年经济思想》一书,是当时中国经济学界一部很有特色的著作。就该著的学术思想来看,有这样几个较为鲜明的特点:

一是提出撰写此书的动机及研究近百年中国经济思想的价值。夏炎德曾经留学于英国,比较系统地接受了西方经济学的理论体系,但他对于中国的经济状况予以高度的重视和研究,努力推进西方经济学的中国化,因而将中国近百年经济思想的演变作为自己的研究对象。关于此书的撰写动机及研究工作的现实追求,该书在"自序"中有这样的坦言:"英游以还,在各大学担任讲席,极思对中国经济作进一步之研究,以觅取解决的途径。从事此项工作,必须从新的角度,一方面看清世界经济的思潮与趋势,一方面参酌本国的环境,并针对人民的需要。同时对近百年来本国经济思想的演变,亦拟加以检讨,评论得失,以供日后建设的参考。"①又说:"经济思想是经济环境的产物,而又足以支配当时及以后经济的趋向。在今日我们要确定今后中国的经济制度与政策,最要紧的固须看清当前本国与世界的经济情势,但对于过去的经济思想也不能轻易忽视。尤其是过去一百年——从十九世纪的四十年代到二十世纪的四十年代——是中国整部历史的转变期。这时期中各派经济思想的起伏及其得失,于目前国民经济情况有深切的关系,应当细加检视。"②这就是说,夏炎德研究近百年中国经济思想的发展历程,就在于有助于中国经济问题"觅取解决的途径",因而寄希望其研究成果能够为中国"日后建设的参考",其历史连续性的理念及中国本位意识是十分突出的。

二是对于中国近百年来的经济思想演变给予较为客观的描述。夏炎德对于近代中国经济思想之演变,有这样一段概述:"中国原无经济之学,片断之经济思想与政策,散见于历代各家集部,概乏整然之体系,且立场多半拘于伦理,鲜有从经济观点出发者。海禁既开,商品与科学同时输入,国人憬悟往日故步自封之非计,急起追步于后,经济为立国大本,尤为朝野所重视。清室重臣如曾国藩、左宗棠、李鸿章与张之洞等,均先后从事洋务运动,积极推进国际经济政策。郭嵩焘、薛福成与马建忠等,更上书著论,密商辟地、筑路、制炮与造舰诸大端,皆仿西洋先进国之规模,欲使中国进于近代化之道路。康有为所著之《大同书》,主张

---

① 夏炎德:《中国近百年经济思想·自序》(1946年),商务印书馆1948年8月版,第1页。

② 夏炎德:《中国的传统经济观念》(1946年),《中国近百年经济思想》,商务印书馆1948年8月版,第1页。

废除家庭国家,实行共产、公妻,并儿童公育,陈义之高远,虽无政府共产主义亦不是过;惜其纯凭空想,了无科学上之价值。梁启超盛唱'新民'之说,下笔恣肆,所论遍及政治、经济、社会与伦理各方,而于经济思想方面无何种特殊之见解;至于对财政币制之各项条陈拟议,可当别论。他如清末民初盛宣怀之铁路国有办法,与张謇之棉铁政策,皆为实际之经济政策,与经济学理无关宏旨。"①这里,夏炎德认为近代中国在西方打压之下,中国在应对之中出现了重要的经济思想,但大多数属于实际的经济政策的内容,并未能为经济学的学理方面提供重要的资源。在《中国近百年经济思想》一书中,夏炎德详于经济思想演变历程的研究,但更注重于对中国近百年经济思想的评价,尤其注意那些代表性人物经济思想的分析,以求得对今后中国经济发展提供有益的启示。这可以说是该书的一个显著特色。

三是本着经世致用的学术理念,倡导研究者所应担负的学术使命。夏炎德在研究中国近百年经济思想的过程中,坚持面向现实的经济状况来考量历史上的经济思想,有着强烈的经世致用的学术理念,强调经济学的研究要与本国的国情结合起来,应该具有本土化的研究立场。譬如,该著说:"建立一种社会经济学的时候,必须适合国情。我们对于一般经济原则与世界经济趋势,固然要有充分的认识,但实地应用起来,非针对本国环境不可。试遍涉西洋各国经济文献,几乎没有一种不注重其本国环境,且以本国立场立论。"②在夏炎德看来,正确的经济观念源于对国情的把握,同时也源于对世界经济情形的认识,这对于国家的经济发展有着重要的意义。他结合中国的历史演进,说明了这样的看法:"其实在十八世纪末叶,英国的工业革命已经发动,且已著有相当成绩……。不过那时英国工业革命尚未全部完成,资本主义势力尚不十分雄厚,如果能够立时憧悟,改变观念,取彼之长,迎头赶上,说不上以后一切辱国丧权的事可以不至发生。可惜当时的政府对于世界大势缺乏真正的认识,一味做着自尊自大的好梦,悠悠忽忽,终于错过了及时振作的大好机会。"③由此,夏炎德在《中国近百年经济思想》一书中,提出了经济学的研究者所应具有的三点学术理念:"第一完成产业革命,以发展生产技术。工业机械化以至产业全部工业化的过程,在英、法、德、

---

① 夏炎德:《中国近三十年来经济学之进步》(1946 年),《中国近百年经济思想》,商务印书馆1948 年 8 月版,第 165—166 页。

② 夏炎德:《今后经济理论之建设》(1946 年),《中国近百年经济思想》,商务印书馆1948 年 8 月版,第 152 页。

③ 夏炎德:《中国的传统经济观念》(1946 年),《中国近百年经济思想》,商务印书馆1948 年 8 月版,第 8—9 页。

日、美、俄各国都已先后完成,而中国迟迟没有实行,过去李鸿章、张之洞等的建设还够不上说是产业革命。今后要建立近代式的国家,消除封建残余,充实国防工程,提高国民生活程度,造成独立国家的经济,物质建设是最重要的基本工作。第二实行计划经济,以确立产业组织。中国是一个落后国家,受外国资本家的侵略,本国产业基础薄弱,人民知识能力低微,要作大规模的经济建设以及调整生产与消费间的关系,必须依靠国家的力量,由政府通盘筹划,合理支配,才能收到效果。第三从事社会改革,以平均财富分配。中国在开始建设经济时,对于西洋经济所发生的弊害宜竭力免除,生产的财富须为大多数劳动民众享受,地产与资产须有合理的处理,奖励劳心劳力的所得,使社会经济既增生产效率,又能公平分配。将来的经济思想与政策,在详细与具体之点虽不免有很多差异;但要是看清中国的现状与需要,敢信终不至违背这几个基本的原则。"①

四是重视理论经济学的学科建设,提出了研究理论经济学的任务。该著在认为中国经济学有了近三十年进步的基础上,认为应该高度重视理论经济学的地位与作用。如该著指出:"近年来中国经济学界有一种显著的进步,就是对于世界复杂的经济学说尽管兼收并蓄,但自己能加以消化,在应用时能加以选择,活用其中原理,以适应本国环境的需要。同时对于中国固有的经济思想也能加以整理,给予新的估价。显然,中国的经济学发展已从翻译的时代进于创造的时代。一般新近有识的经济学者对于至今流行的经济学说不能引为满足,他们企图针对着新环境与新需要,创造一种经济学的新体系。这种努力在不久的将来可望成熟,以贡献于世界,为经济学界放一异彩。"②夏炎德主张经济学研究要遵循科学精神,并使这种研究能够与中国社会的需要特别是国计民生问题联系起来,尤其需要加强经济制度的研究,认为"当此世界文明激变之际,各种经济制度之优劣得失,与夫我国经济制度应采取何种路线,实大有研究之必要"③。

夏炎德作为少数的留学英国而又有成就的经济学家,坚持研究经济学要与中国国情结合起来,致力于西方经济学中国化的努力。他鉴于"经济思想是经济环境的产物,而又足以支配当时及以后经济的趋向"的考虑,将近百年来中国

---

① 夏炎德:《今后经济理论之建设》(1946年),《中国近百年经济思想》,商务印书馆1948年8月版,第153—154页。

② 夏炎德:《中国经济思想之轮廓》(1946年),《中国近百年经济思想》,商务印书馆1948年8月版,第163—164页。

③ 夏炎德:《中国抗战期间经济研究之成绩》(1946年),《中国近百年经济思想》,商务印书馆1948年8月版,第191页。

经济思想的演变作为自己的研究领域,在当时撰写了具有鲜明特色的近百年中国经济思想史的著作,因而在中国现代学术史上占有重要的学术地位。

(三) 张培刚的发展经济学研究

张培刚[①]对中国的发展经济学学科的开创有着重要的贡献,是世界上公认的发展经济学的创始人。早在 1935 年,22 岁的张培刚即发表《第三条路走得通吗?》文章,认为在提出"复兴农村"论、"开发工业"论这两条路之后,又提出的"以开办农村工业为中国经济的出路"的这种"第三条路",实际上也是走不通的。在张培刚看来,国民经济的发展以都市工业的发展为主要表征,但中国的都市工业在帝国主义压迫之下不能发展,故而中国的乡村工业在帝国主义的侵略之下亦不能发展。他指出:"在帝国主义经济的压力不能免除之时,发展都市工业固然不容易,建立农村工业也是一样的困难。"[②]该文的结论是,乡村工业不能造就都市工业所需的条件,将乡村工业视为中国经济发展的道路没有任何的可能性,其原因就在于工业化乃是世界性的历史潮流,由农业经济转变为工业经济乃是经济发展的必然趋势。

张培刚在 1945 年的博士学位论文《农业与工业化》中,是一部开创性的经济学研究成果。该著全面探讨了工业化的定义、工业发展与农业的关系,以及由农业国向工业国转变所关涉的重大问题。该著最大的特点是在发展经济学的视域之中,聚焦中国工业化所面临的困境与诸多矛盾,比较系统地研究和阐发中国经济的发展问题,并鲜明地提出农业国工业化的命题,认为农业在工业化进程中有着特殊的作用,一是"在工业化达到使人民获得一个合理的生活水准时,农业的地位将不免要略形下降";二是"在中国的工业化过程中,农业将只扮演一个重要而又有些被动的角色";三是"农业可以通过输出农产品,帮助发动工业化"[③]。《农业与工业化》还提出了诸多的新观点,如认为农村的"劳动力转移则

---

①　张培刚(1913—2011),湖北黄安(今红安)人,1934 年 6 月毕业于武汉大学经济系,获学士学位。1941—1945 年在美国哈佛大学工商管理学院研究生部学习,后在该校文理学院研究生部经济系学习,获硕士、博士学位。1945 年在哈佛大学完成的博士学位论文《农业与工业化》,后列为《哈佛经济丛书》出版,被公认是发展经济学的开山之作。该著直到近 40 年以后,才在国内翻译出版。解放后,任华中科技大学经济学院名誉院长兼经济发展研究中心主任、中华外国经济学会名誉会长、中美经济合作学术委员会中方主席、中华外国经济学会名誉会长、华中科技大学经济学院名誉院长兼经济发展研究中心主任。

②　张培刚:《第三条路走得通吗?》,《独立评论》第 138 号,1935 年 2 月 17 日。

③　张培刚:《农业与工业化》,华中工学院出版社 1984 年版,第 233 页。

形成了工业化过程中最具有重要意义的一个方面"，指出："我们可以肯定的是，当工业化进行到充分发展的阶段时，劳动力从农业到其他行业的转移将极为引人注目。但是关于这一问题，有几个因素必须认识清楚，以防过分乐观。首先，这种移动在工业化初期不会太大。……再者，当农业进行机械化时，农业劳动本身也会出现剩余劳动力。其情形如何，将看工业吸收这种剩余劳动力的速度与农业机械化进行的速率而定。"①应该说，张培刚在当时就注意到中国的农业国工业化问题，并率先研究中国在工业化进程中农业所处的地位及应采取的对策，这在当时的中国经济学界还是极为领先的。张培刚是中国发展经济学的开拓者，为发展经济学在中国的发展作出了重要贡献。

以上，主要介绍了马寅初、夏炎德、张培刚等的经济学研究。值得注意的是，朱斯煌②主编的《民国经济史》（1948 年由银行学会编印）是一部反映国统区社会经济发展状况的专著，在学术界有很大影响。该著汇聚了当时我国经济学界的著名学者如刘仲廉、张锡昌、孙晓村、蔡无忌、骆清华、邬志陶等，以专题研究的形式叙述当时的经济状况，对工业、农业、商业等方面的情况作了较为全面的概述，呈现了民国经济演进的图景。

需要指出的是，现代中国的经济学与西方资产阶级经济学理论在中国的传播有着直接的影响。特别是在严复、梁启超之后，中国人介绍西方经济学著作的兴趣不断增强，西方经济学著作的翻译进入了新的阶段并具有相当的规模，译著不限于英国，美国、法国、日本的经济学著作也翻译到中国。西方资产阶级经济学的"四分主义"（即生产、分配、交换、消费）和"三位一体"（即资本、劳动、土地）的理论，在现代中国得到广泛的传播，许多学者对其加以崇拜并给予了大力的传播。然而，现代中国的经济学虽然是在西方经济学的传入下发展起来的，但与中国当时经济改造的现实却是密切相联的。故而，中国经济学界在传播西方经济学时，亦开始了西方经济学的本土化历程，而中国学者自著自编的著作越来越多，则是经济学本土化进程中的突出表征。

下表至少能够说明两点：其一，现代中国的经济学是与西方经济学的输入和借鉴紧密联系的，对西方经济学的宣传和研究乃是现代中国经济学的重要内容，

①　张培刚：《农业与工业化》，华中工学院出版社 1984 年版，第 236 页。

②　朱斯煌（1907—1985），字苙征，浙江余姚人。1928 年毕业于复旦大学，1930 年获美国哥伦比亚大学经济学硕士学位，1931 年 9 月任复旦大学银行学系教授、系主任，1934 年 1 月任上海银行学会秘书长。中国金融学家、信托学者，中国信托研究的开拓者。主要著作有《信托总论》、《银行经营论》、《我国信托事业之现在与将来》等，主编有《民国经济史》等。

这表明现代中国的经济学是在西方经济学引领下而建立起来的,在学术上有着西方的渊源;其二,现代中国的自著自编著作在数量上是翻译的西方经济学著作的两倍多,实现了由翻译西方著作到自著自编经济学著作的转变,这说明现代中国的经济学研究者在传播西方经济学的过程中,经济学研究的水平和学术研究能力在不断提升,西方经济学的本土化进程亦显著地加快。事实也是,现代中国的经济学在"五四"以后,已经从借鉴西方经济学理论向创建中国自己的经济学理论方向前进,聚焦并重点地研究中国经济问题,坚持经济学研究的"中国本位"立场,这在经济学研究的马克思主义学者和进步的学者中皆有显著的表现。中国现代学术史业已说明,"凡是在学术上有重要成就的中国经济学家,几乎全是研究中国经济问题的经济学家",他们"既精通中外经济理论和方法,同时又都怀着强烈的救国救民意识,努力用经济学的理论和方法研究、解决当时的中国本土经济问题,并取得了丰硕的研究成果"①。

1919 年至 1949 年间中国经济学书籍出版情况②　　　　　单位:

年份	总数	自编	翻译
1919—1920	16	11	5
1921—1922	22	15	7
1923—1924	24	12	12
1925—1926	71	56	15
1927—1928	95	64	31
1929—1930	282	184	98
1931—1932	174	118	56
1933—1934	247	179	68
1935—1936	252	161	91
1937—1938	161	110	51
1939—1940	106	75	31
1941—1942	59	45	14
1943—1944	77	68	9
1945—1946	101	87	14

---

① 施岳群、袁恩桢、程恩富主编:《二十世纪中国社会科学·理论经济学卷》,上海人民出版社 2005 年版,第 11 页。

② 胡寄窗:《西方经济学说史》,立信会计出版社 1991 年版,第 386 页。

续表

年份	总数	自编	翻译
1947—1948	181	148	33
1949	56	29	27
合计	1924	1362	562

四、经济学相关分支学科的发展

经济学分支学科的产生和发展,是经济学这门学科走向完善并建立学科体系的重要表征。在现代中国的学科体系中,经济学是发展最为迅速、成就最为突出的学科之一,其由总论性研究而向专门化方向发展,在现代中国经济学界乃是一个突出的趋势。由此,重要的分支学科如财政学、金融学、产业经济学等得以成长起来,并取得了极为显著的成绩。

（一）财政学学科的发展

财政学作为一门学问在 20 世纪 20 年代及 30 年代引起经济学学者的极大兴趣,一些著名刊物如《东方杂志》等,就曾大量地发表有关财政学及财政问题的文章①,这在当时的中国学术界产生了很大的影响。现代中国的财政学研究取得重要的成绩,出现了一些代表性的财政学专著,最著名的有:胡己任的《中国财政整理策》(北京民国大学 1926 年版)、杨汝梅的《民国财政论》(商务印书馆 1927 年版)、金国珍的《中国财政论》(商务印书馆 1931 年版)、贾士毅的《民国续财政史》(商务印书馆 1932 年版)、罗介夫的《中国财政问题》(太平洋书店

---

① 如贾士毅:《整理外债问题》,《东方杂志》第 19 卷第 5 号,1922 年 3 月 10 日;李权时:《划分中央与地方财政问题》,《东方杂志》第 20 卷第 15 号,1923 年 7 月 10 日;周佛海:《租税应据之原则》,《东方杂志》第 20 卷第 24 号,1923 年 12 月 10 日;尹文敬:《我国财政困难之原因及其整理之方法》,《东方杂志》第 21 卷第 17 号,1924 年 8 月;资耀华:《中国关税制度之影响》,《东方杂志》第 21 卷第 21 号,1924 年 11 月;陈灿:《陆宣公之财政学说》,《东方杂志》第 23 卷第 16 号,1926 年 8 月 25 日;赵文锐:《中国财政紊乱之原因》,《东方杂志》第 24 卷第 6 号,1927 年 12 月 25 日;严双:《中国财政问题之考察》,《东方杂志》第 28 卷第 13 号,1931 年 7 月 10 日;千家驹:《最近两年度的中国财政》,《东方杂志》第 30 卷第 3 号,1933 年 2 月 16 日;千家驹:《中国当前的财政问题》,《东方杂志》第 32 卷第 13 号,1935 年 7 月 1 日。

1933 年版)、陈启修的《财政学总论》(商务印书馆 1934 年版)、尹文敬的《财政学》(上册,商务印书馆 1934 年版)、童蒙正的《关税论》(商务印书馆 1934 年版)、卫挺生的《中国今日之财政》(世界书局 1934 年版)、胡善恒的《公债论》(商务印书馆 1936 年版)及《赋税论》(商务印书馆 1934 年版)、朱契的《中国租税问题》(商务印书馆 1936 年版)、贾怀德的《民国财政简史(上册)》(1941 年版)、李超英的《比较财政制度》(商务印书馆 1943 年版)、周伯棣的《租税论》(文化供应社 1944 年版)、财政学论文集《田赋问题研究》(上海汗血书店 1936 年版)等。现就主要的财政学著作,略作介绍:

1. 贾士毅的《民国续财政史》(1932 年 11 月由商务印书馆初版)

贾士毅①是现代中国著名的财政学学者,专长于我国近代财政史和财政理论的研究,所著《民国续财政史》是一部多卷本的学术著作,1932 年 11 月由商务印书馆初版。

贾士毅的这部《民国续财政史》之所以称为"续财政史",是因为他于 1917 年曾在商务印书馆出版了《民国财政史》。贾士毅的这部《民国续财政史》著作,是一部梳理民国财政发展进程并表达自己学术见解的学术专著,该著有以下比较突出的地方:

一是提出比较进步的财政经济观。贾士毅在政治上虽然是维护国民党政权的,主张召集全国的经济、财政两会议,"于财政上确立统一财政,支配平均两大原则"②,但在财政思想上亦有较为进步的主张。譬如,贾士毅积极主张财政上的开放主义,认为必须破除各种经济发展的阻碍。该著指出:"发展国民经济,间接关系教育,直接关系农工商。凡行政上应施以保护,提倡各种政策,固不待言。惟因财力之制限,势不能在最近期内为积极之进行,必须随行政经费收入上之增加,循序渐进,期与财政能力之程度相符,然无论历史上之沿袭与夫事实上之关系,凡为阻碍经济发达之事,必须先持一开放主义根本破除而后,各项行政始有着手之余地。"③又譬如,贾士毅主张裁撤军费,扩充政费,要求政府在财政

---

① 贾士毅(1887—1965),字果伯,号荆斋,江苏宜兴人,著名民国财政史学者。1907 年入上海法政讲习所。1908 年留学日本,初入东京法政大学政治科,后转入明知大学法政科。1911 年从明治大学法政科毕业,获政学士。从 1927 年起,任上海银行公会书记长,同时兼任中央大学和中央政治学校经济系教授。后去台湾。著作有《民国财政史》《民国续财政史》《民国财政经济问题今昔观》《国税与国权》《国债与银行》等。

② 贾士毅:《民国续财政史》第 3 册,商务印书馆 1933 年 11 月初版,第 287 页。

③ 贾士毅:《民国续财政史》第 1 册,商务印书馆 1932 年 11 月初版,第 177 页。

上重视社会事业,而政费的使用上也要以民意为准。该著说:"主张以裁抑军费,为今日制用之先务,而政费内民政费,无当预定范围使之增进,盖国家负担经费所出,无非取于人民,与其用之而偏重国家经济,为少数阶级资保障,毋宁用之而有裨社会经济,为多数民众策安全。况我国改革伊始,社会痛苦,喘息抚绥,责任在政府,更不可不加意民众,厚其实施之财力以慰群众之望也。"①再譬如,贾士毅主张依据国家政务方针,适当地增加地方财政的范围,发挥地方财政的积极性,从而形成中央财政与地方财政"相为表里"的良性机制。该著指出:"地方财政之范围,常视国家政务之方针而定,如采中央集权之制,则国家财政范围广,而地方财政范围狭;反之,若采地方分权之制,则地方财政范围广,而国家财政范围狭。抑或不然,采取中央地方均权之制,则国家与地方财政之范围,介夫中央集权地方分权之间,而凡百政务,咸得均平发展之机,是地方财政固与国家财政相为表里也。"②又指出:"国体为最高最强之公共团体,负有处理领土内一切职务之权。然文化发达,职务蓁繁,如欲事无巨细,集中治理,势有所难。故分其一部分之职务,使地方行之,是为地方行政之肇端。然当时之地方行政,大率依赖私人之捐募及国库之补助,尚无独立之财源。迨后地方事务,日趋繁赜,国家始于相当范围与以独立之权,凡关财经之支配,赋税之征,本其自主之权,以营独立之经济,是为地方财政之滥觞。"③又再譬如,贾士毅对于近代以来形成的税则状况表示不满,主张改变税则混乱的局面,废除各种有碍于经济发展的苛捐杂税。他说:"税则不良,足为经济发展之阻碍。我国首当废除者,实为厘金。考厘金一项,导源于咸丰年间,当时金陵失陷,饷源枯竭,经过货物抽收百分之一,以助军糈。原拟事平即废,乃数十年来,厘卡日增,鳞次栉比,需索留难,妨害物产流通,商民久受其害。惟遵照四国商约,与欧美各国提议加税免厘,将来加税实行,同时裁撤厘金,以符原约,即或加税所增之款,不足抵补裁厘所亏之数。然加税免厘以后,国民经济日益舒展,得失相较,已属胜算也。次当废除者,莫如赌捐。赌之为害最烈,故国家悬为例禁。遒乃各省间有因历史之沿袭,财政之困难,抽收赌饷,以资挹注。此种奖恶政策,有裨于国计者甚小,贻害于社会者实深。现拟革除赌饷,以端风化而维政体。其他烦苛各税或系重复征收,或系零星课派,积时既久,为害益甚。惟有就现行诸税,择其中最烦苛厉民者,分别裁汰,而以他种

---

① 贾士毅:《民国续财政史》第1册,商务印书馆1932年11月初版,第8—9页。
② 贾士毅:《民国续财政史》第7册,商务印书馆1934年版,第3页。
③ 贾士毅:《民国续财政史》第7册,商务印书馆1934年版,第1页。

之良税代之,藉纾民困。"①何谓"良税"? 贾士毅就"所得税"一项,提出了"便民"的原则,发表了自己关于"良税"的看法:"所得税之号称良税,其精意所在,即税源纯取诸资本阶级及享有收益之纯利者,调节贫富,酌剂盈虚,可由此将纷摄之复税制渐改为纯一之单税制,且他税征之于事前,而所得税则于事后征收,便民者一。他税不问货物畅销与否,获利与否,概须纳税;而所得税必俟获有盈余,方按率征收,便民者二。富商大贾,资本充裕,收入丰亨,则税率遂增,细民设肆贸利,其资本不及二万元者,虽获利亦不课税,便民者三。"②仅就以上的言论来看,贾士毅的财政主张不仅有着学术性的内涵,而且在当时也是有一定的积极意义的。

二是在财政收入与财政支出上,主张适应世界的潮流,增加"私有经济收入"的比重。关于财政收入问题,该著指出:"考岁入范围之广狭,须随政治之推迁为转移。曩时国家岁入,注重公经济收入,专恃以主权所征之税。而私经济收入,如国有营业、国有地产等项,凡以私人资格所得之入款,恒忽视焉。近自列邦厉行社会政策以来,凡铁路、邮政、造币、矿业、森林、电器基本事业及其他专卖事业,多已次第收回国有。依劳动党、社会党之主张,此种事业,应据集产社会主义,酌用劳动者企业管理之方法,改为国有经营,藉以调和劳资之冲突。其所主张,与旧时仅按营业损益及政治单纯之理由以经理之者,迥不相同。故吾国近年岁入亦将适应世界之潮流,举凡国有营业与国有地产,咸呈逐渐扩张之状,而私有经济收入,遂占主要之位置焉。"③为了提高财政收入,贾士毅主张以发展生产作为解决民生问题的办法,将孙中山先生的民生主张予以具体落实。他说:"建国之首要在民生,已为孙总理建国大纲所明白诏示。况值此世界经济潮流澎湃之时,中国因生产不发达,而受极大之影响,银行低落,失业众多,尤为具体之象征,固非谋民生问题之解决,实无以解除民众之苦痛也。故欲谋民生问题之解决,自以发展经济事业为最要。……依照建国大纲之规定,凡事务有全国一致之性质者,划归中央;有因地方制宜之性质者,划归地方。中央与地方之权限,既经划分,则凡地方应办之实业,自应尽量发展,如农业之谋增进,矿业之谋开采,工业商业之努力推行,此实业费之增加,与前不同之点一也;各地兴筑道路,修治河道,同时并举,以图交通之发展,此建设交通两费之增加与前不同之点二也;各项

① 贾士毅:《民国续财政史》第1册,商务印书馆1932年11月初版,第182页。
② 贾士毅:《民国续财政史》第2册,商务印书馆1932年11月初版,第612页。
③ 贾士毅:《民国续财政史》第2册,商务印书馆1932年11月初版,第1页。

生产事业,均与国民经济有直接之关系。生产事业发达愈盛,即国民经济增益愈大,故欲发展国民经济,非先筹集经费,从事于物质建设不可。"①贾士毅在对财政收入和财政支出的研究中,强调要依据地方自治的需要对"地方经费"问题加以学术的研究。他说:

> 地方经费发出之盈缩,恒视地方事业之发达与否为衡,地方事业愈扩张,即其经费之数量愈增加,二者固有相联之关系。而地方经费用途之趋势,尤为一定之阶级,即地方自治最发达者,其经费多用于公共企业,例如英国是也;地方自治稍稍发达之国,其经费多用于交通机关及道路,例如德法二国是也;初建地方自治之国,其经费多用于教育,例如日本及中国是也。盖以公共团体初起之时,其目的仅在抵抗外敌、维持秩序、施行法律,三者渐进,始有增进文化之目的。而欲办教育,再进始有振兴实业之目的,而有公经济的行政,更进始有自己经营公共企业之目的,而始有私经济的行政。故地方经费之重要用途,往往由教育而交通,由交通而公共企业,此为必经之过程也。……在中国今日之国民经济状态,惟有实行紧缩政策,方足以发达生产。亦惟有提倡节约运动,方足以救贫扶亡。不知国民经济以从事于产业之开发为原则,与其为消极之节流,不如为积极之开源,果能将征收之地方税,悉用之于发展交通整开水利,以及开发农矿与各种基本工业之事项,而绝对不以之流用于他途,机关费力求缩减,事业费力求扩张,取之于地方者,仍用之于地方,则费额虽巨,国民亦罔不乐于负担也?地方费支出之多寡,不足以判财政之当否,全视与国民经济之是否有利为前提。善用之,能使国民经济日益发达,不善用之,即使国民经济日益困穷。当此地方自治积极推行之时,地方支出有日益增加之趋势,自宜有远大精密之图,不宜限制地方收入,盖助长地方自治之发达,而所以增进国民经济之富足也。②

三是在赋税问题上主张减轻赋税种类,积极地谋求赋税在发展公共利益上的功能。贾士毅从赋税的历史,来说明赋税对于调剂个人收入及促进社会经济发展的极端重要性。他指出:"吾国赋税制度,经数千年历史递嬗而成。究其内容,赋税分配之方不按国民纳税力之大小而定,往往富民纳税较少,贫民纳税反重,大足妨碍社会经济之发展。现在私有财产制度之下,国家收入端资赋税,果使整理得宜,既可维持个人自产业管理权,以奖其勤勉及自由,复得巨额之岁入,

---

① 贾士毅:《民国续财政史》第7册,商务印书馆1936年2月版,第178—179页。
② 贾士毅:《民国续财政史》第7册,商务印书馆1936年2月初版,第165—166页。

以供给一切国费,并能奉社会上不平不均之剩余资金,依课税方法而公平调剂之,其余国家财政社会经济均有裨益可断言也。"①那么,赋税的功能何在呢? 贾士毅认为,赋税的真正目的就在于谋求公共利益、助进社会事业,因而必须使纳税者和征税者两方面明白赋税的目的所在。他指出:"赋税目的在谋公共利益,即非政府对于人民财产之强取苟求,亦非官吏私囊所饱。然欲使人民了解此项赋税观念,必须以公款专用于公共事业。⋯⋯而不可用于内战及对公众无甚关系之事务或冗员之俸给。在纳税者方面逐渐了解之正当意义,征税者方面矣能逐渐认识此观念之效果,而逐渐养成行政上之效力程序与标准。此种进展虽非一朝一夕所能致,但如果采行一种适合中国特殊状况之赋税计划,必能促其成功。"②贾士毅认为,重视赋税的功能并不是说赋税可以无原则地随便征收,这就要遵循"税收之适当"的原则。"税收之适当为赋税之第一原则,亦即税人制度之第一要件。无如掌财政者,因支出之急迫,为补苴弥缝起见,而忽于一国税收之正当发展问题甚,且持有偏见,殊不见税收之适当与否,全恃税收制度之方式及其运用方法。为政府谋收入,应先衡量纳税者之负担,决不宜以过重之负担加诸国内之实业,否则,徒使国家之财源枯竭,无异饮鸩以止渴。"③在贾士毅看来,为了使"税收之适当"原则在赋税方面能够真正体现出来,那就必须减少赋税的种类,改变赋税种类繁多的现象。他指出:"减少赋税种类,在收入方面不必有不利之影响。赋税种类减少后,对于某种物品认为仍须征税者,虽不得不增高税率,但可择特种物品能负担较高税率者征收之。一方面免其缴纳他种之税,则此种改革固易实行也,且赋税种类之减少,亦足以增加纯收入,因赋税简单,自能节省行政费用也。"④需要说明的是,贾士毅提出的"税收之适当"的原则,而是要求落实在能够负担税收的群体身上,亦即以"固定财产"作为征收的依据,如他认为农村的税收就应该加在占有土地的地主身上,以田赋的形式予以征收。他指出:"地方税之性质,宜课固定财产,而以田赋为最宜。所以然者,则以土地对于地方之利害,最有直接之关系,为地主者,即受直接之利益,则宜负担直接之义务。抑地方税之性质,非徒为义务之负担,亦含有报酬之意义,而地方政治改良,则受其益者,实先在地主。盖普通财产,大部含有可以变动迁移之性质,而田赋则附着于地,固定而不可动。故对于地方之政治,其享受利益,最直接而最稳当,

---

① 贾士毅:《民国续财政史》第 2 册,商务印书馆 1932 年 11 月初版,第 1—2 页。
② 贾士毅:《民国续财政史》第 2 册,商务印书馆 1932 年 11 月初版,第 643 页。
③ 贾士毅:《民国续财政史》第 2 册,商务印书馆 1932 年 11 月初版,第 643 页。
④ 贾士毅:《民国续财政史》第 2 册,商务印书馆 1932 年 11 月初版,第 644—645 页。

即享其权利,必负其义务,故田赋为地方税,实合于报偿之原则。"①贾士毅提出的赋税主张,不仅强调了赋税的公共利益性质,而且将"减少赋税种类"作为遵循"税收之适当"原则的保证,这对于赋税改革的研究是有积极意义的。

四是极力主张关税自主,同时也认为中国在当时的状况下,尚不具备废止出口税的条件。在贾士毅看来,关税对于国家的经济影响甚大,"关税以赋课之目的为标准,可分二种,一为财政关税,二为保护关税"②。对于中国的关税问题,贾士毅认为不平等条约是关税自主的最大障碍。他说:"吾国关税向受不平等条约之束缚,而成列邦高筑关税壁垒,调节对外贸易,以致我国农工商业受其压迫,缺乏发展之机会,故关税旧制无一不与世界趋势背道而驰。"③关于出口税问题,贾士毅说:"出口税一项,先进各国早已废止。我国出口税之减免,在事实上早有自主之权。其先进各国免征出口关税,以期奖励输出贸易,固不失为一种富国裕民之要策。然按诸中国现状,以种种原因尚难强为效颦,盖国家财政夙极艰困,海关税收与内外债务息息相关,而出口税一项,收数尚巨,若率予废除,抵补无方,此财政上暂难遽废之理由一。吾国产业尚属幼稚,极待设法保护,而出口货品十之八九为工业原料,设不征税,外人得以廉价收买,将使本国工业资源日益枯竭,宁不可虑,此在产业政策上暂应保存出口税之理由二。食以民天,古有明训,其他如国故名实图书载籍之类,或与社会之安宁秩序有碍,或为历史文化所关,在社会政策上,亦应以重税严加限制,至其中有重大关系者,并应随时以行政命令禁止出口,此保存出口税之理由三也。"④贾士毅提出关税问题的相关主张,自然有其政治立场的问题,但从学理上看,其主张应该说也是有值得肯定的地方。

贾士毅的《民国续财政史》一书,就总体来说虽不是站在民众的立场上,但对于民众的利益还是有所注重的,这可以说是该著的一个比较显著的特色。譬如,他在论述公债问题时说:"公债者,债权属于人民,亦即人民之财产也。苟集中于少数富者之手,财足以影响富之分配,而贫富益加悬隔,这为资产阶级者助其食利,妨害社会而已。故近世各国多以公债平均分配为原则,使下级社会亦易得公债之利益,简言之,即普及民众之公债政策也。"⑤贾士毅主张公债使下层民

① 贾士毅:《民国续财政史》第 7 册,商务印书馆 1934 年版,第 27 页。
② 贾士毅:《民国续财政史》第 2 册,商务印书馆 1932 年 11 月初版,第 124 页。
③ 贾士毅:《民国续财政史》第 2 册,商务印书馆 1932 年 11 月初版,第 7 页。
④ 贾士毅:《民国续财政史》第 2 册,商务印书馆 1932 年 11 月初版,第 124 页。
⑤ 贾士毅:《民国续财政史》第 1 册,商务印书馆 1932 年 11 月初版,第 10 页。

众收益,这在当时固然难以变成现实,但有此见解也是应该值得称道的。贾士毅早年留学日本,回国后成为亦政亦学的学者,不仅有着多年的财政工作的经验,而且也有着在大学讲坛上讲授财政学等课程的经历,因而这部《民国续财政史》既有学理的特征,同时也比较贴近当时中国财政的状况。故而,该著具有较高的学术水平,并在当时的经济学界有着重要的影响。

2. 金国珍的《中国财政论》(商务印书馆 1931 年 11 月初版)

金国珍于 1931 年所著《中国财政论》有着较高的学术价值,在中国现代经济学史上有着重要的学术地位。

金国珍的《中国财政论》一书对国家理财方法进行研究和总结,认为国家的理财方法主要在预算、赋税、募债、征收方法、监察机关、决算这六个方面。该著说:"国家理财方法。第一预算。国家财政量出为入,非若个人之量入为出也。国家组织复杂,规模宏大,苟不分门别类,参酌缓急,统筹全局,预定出入,则何以立财政之秩序,此预算之所以首先编制也。第二赋税。租税为国家应付支出之源泉,预算一经编定,则将收入项下各种赋税,从事征收。第三募债。国家行政往往有特别事故发生,致所编制预算,收支不能相抵,于是举办公债。第四征收方法。约分为二,一为命令机关,一为收受机关。命令机关只有发征收命令之权,至于收受机关,则实行收纳款项之机关也。第五监督机关。国会、审计院为监督国家财政之最高机关,前者系取事前监督,后者多取事后监督。第六决算。预算本为国家收支之预测,难免有不符实在之处,故即有预算不能无决算,否则一国实在之收支无从明悉。"[1]金国珍关于财政方法的研究,强调要对财政予以多方面的统筹与管理,揭示了财政在国家经济与政治生活中的地位。

金国珍在《中国财政论》中,一方面将税收作为国民分担负担及承担应尽义务的重要手段,另一方面也将税收作为国家收入及调剂社会财富的措施。他说:"各国市街宅地,多与国亩一律纳税,良以征收此项租税,不仅可增加国家之收入,且可剂负担之公平。吾国近年筹办此税,虽未能即日见诸实行,然欲求税制之更新,非将此税克期举办,必难收公平之效果。"[2]基于"负担公平"这样的认识,金国珍极力主张征收所得税,他对于国家征收所得税的理由作了这样的说明:"举办所得税之理由,约有四端。盖国民纳税之力,随贫富而异。若各种赋税咸采比例法征收,则富者负担较轻,而贫者负担反重,则富者益富,贫者益贫,

---

① 金国珍:《中国财政论》,商务印书馆 1931 年 11 月初版,第 40—41 页。
② 金国珍:《中国财政论》,商务印书馆 1931 年 11 月初版,第 185 页。

贫富悬殊,决非社会之福。今此税采累进税制,以重富者之义务,而补诸税之缺点,是为合于税法平均之原则,此其一。各税仅局于一部,而不能普及。田赋仅课地主,房税仅课住户,牙当各税仅课牙当两商,而所得税则除不及纳税标准者外,凡一般国民,随所得全额之大小,咸有纳税之义务,是为合于赋税普及之原则,此其二。善良之赋税,尤以有伸缩力为要,国民之纳所得税者,咸仰中流社会以上,衣食既足,礼仪自知,当承平之时,轻其税率,增进富力,一遇有事之际,欲增税率,轻易举办,是为合于赋税伸缩之原则,此其三。而且所得税既普及于全体,复用累进法以赋课之,则其收入之额,必较他税为巨。……是为合于赋税能得多额之原则,此其四。"①金国珍提出税收应该具有"负担公平"的原则,主张对国家征收的所得税加以整理,这集中地体现了他的财政思想所关注的重点问题。

金国珍在直接税与间接税关系的问题上,认为在直接税无法向一般民众征收的情况下,包括厘金在内的间接税是无法废止的。他的这一关于保持厘金的主张,与当时社会上持续高涨的废止厘金的呼声,适成鲜明的对照。所谓厘金在税法上主要是指货物税,如金国珍所说:"货物税,一名百货税,对于货物之出产销场或通过厘卡,而课以租税之谓也。各省货物税之名目,至为不同,大别为厘金、统捐、产销税、落地捐以及认捐、包销等,其实皆厘金也。"②金国珍认为厘金作为一项间接税是废止不了,他说:"间接税中最大者,以关税、盐税、厘金、烟酒四项为大宗。若夫所得税、营业税、遗产税、盈余税等直接税,均非程度较低之中国人民所肯负担,今于直接税不能施行之时,而欲遽将大宗之间接税厘金裁去,此其所难也。"③又说:"夫厘金既无益中国,有损商人,且外人亦要求裁去,故为终于难裁去哉,其总因乃在于不容易实行裁厘加税。"④那么,为什么厘金不能裁去而要保留呢? 金国珍的依据有二:一是就厘金的性质及其中所包括的各种部分而言,不能轻易地裁去。他说:"厘金有广狭二义。广义包括所包括之一切国税,如生产税、销场税、落地税等均属焉。狭义则为通过税之意。若将广义之厘金全裁去,则将无其他大宗岁入可收,故所谓裁厘者,乃指狭义之厘金而言,此种不良课税之发生,盖与人民生活有莫大关系。"⑤二是就税制变革的历史而言,厘

① 金国珍:《中国财政论》,商务印书馆 1931 年 11 月初版,第 186 页。
② 金国珍:《中国财政论》,商务印书馆 1931 年 11 月初版,第 332 页。
③ 金国珍:《中国财政论》,商务印书馆 1931 年 11 月初版,第 324 页。
④ 金国珍:《中国财政论》,商务印书馆 1931 年 11 月初版,第 346 页。
⑤ 金国珍:《中国财政论》,商务印书馆 1931 年 11 月初版,第 341—342 页。

金也不易废止。他说:"旧税不易裁去,盖因其有历史关系。厘金即为一种旧税制,行之有年,已成为一种组织,且其税额,年有定数。……若骤然裁去,改征新税,则变动太骤,须一步一步作去可也。"①金国珍关于厘金不能废止的言论,有着为政府继续征收厘金说项的嫌疑,无助于国内工商业的发展,因而是不合时宜的主张。

金国珍还就盐税等问题进行专门的研究,主张进行盐税的改革,实行就场征收的办法。在他看来,盐税的征收在中国有久远的历史,当今的盐税改革也需要借鉴税制的历史。他说:"我国在二千年前春秋时代,齐有鱼盐之利,故齐为最富。自秦始皇并吞六国之后,幅图远达过于齐,而利亦超过二十倍。汉唐以降,其利益宏,此种税收,迄今仍通行无间。税制无论如何变更,盐税仍然赓续存在,政府对于已收税之盐,视为正当,否则视为私卖,甚至查出者即加以枪毙,立法最严,防范綦切。所有课税之事,政府并不直接向食盐者按户征收,但向贩运者征收,使之转嫁于各销岸之食户。"②当时,国内关于盐税的征收问题,有主张就场征税者,有主张专卖者,"前者即各国所行之制造额课税法,其目的在化枭为私,化私为官";"后者即各国所行之政府独占法,谓盐税为国民所共同负担,非少数商人所应垄断,收归国有,整理得宜,收入自倍"③。金国珍主张采取就场征收的办法来征收盐税,他说:"吾国幅员甚广,产盐区域甚多,坚持一说或不免有扞格之处,然整理之法,一方为维持财政,固应以保全税款为前提;一方为改良盐法,亦应以平均税率为要义。至于根本方法,虽不能即将各区之制度、习惯同时变更,然就场征税,实为初步要着。迟之若干年,俟关税自主,以及其他直接间接新税举办,国家岁入增加之后,即当依照英比等国办法,依然废止盐税,以谋产业之发达,而图税制之革新,此乃吾人所最希望者也。"④金国珍关于盐税问题的研究,集中说明了盐税在国家财政中的地位,揭示了盐税按场征收的重要性。

此外,金国珍对于公债与外债问题也予以研究,阐明了自己的主张。关于公债问题,他说:"首当按公债性质及吾国是否曾经受其实利,而定其应否整理之标准,固不分乎内外也。例如,利率公平,手续完备,用途正当之交通实事筹公债,不问其为外国或内国,均应设法清偿,其含有侵略政策,利率特高,手续不完备,用途不当之政治借款,亦不问其为外债或内债,均应搁置不理,至于各国赔

---

① 金国珍:《中国财政论》,商务印书馆 1931 年 11 月初版,第 345 页。
② 金国珍:《中国财政论》,商务印书馆 1931 年 11 月初版,第 206 页。
③ 金国珍:《中国财政论》,商务印书馆 1931 年 11 月初版,第 257 页。
④ 金国珍:《中国财政论》,商务印书馆 1931 年 11 月初版,第 258 页。

款,则尤无整理之必要。"①关于中国外债的特色,他说:"吾国外债之特色:(一)担保品。欧美各国彼此借款均无担保品,虽欧战后,间有用抵押者,然不多见。而中国向欧美各国借款,必须有抵押品。(二)无公私之分。欧美各国间互相借款,须经外交上手续,若永远不还,或者用武力解决,政府与他国私人借款,直接向私人交涉,不经外交手续,若将来不还,只可向法庭起诉,以法律解决,乃中国无论向欧美政府或私人借款,一律均用外交手续。(三)以银行为代表。各国对中国借款,在财政上之利益,均以银行为代表。(四)借款国之优先权。上次向某国借款,下次关于此项借款,必须先向该国接洽,若该国不借,或无款可借,然后方向其它国家借款。(五)势力范围。(六)管理权。凡以某项财产或税源作借款抵押者,关于某项收入均由外人管理……所有收入均存入外国银行,故管理权操于外人之手也。(七)债赔各项均存入外国银行。(八)各种特权。(九)政治作用。外国借款于中国均有政治野心。"②金国珍关于外债的研究,认识到中国的外债的政治性质及其被外国所操纵的现实。

金国珍在《中国财政论》一书中,还集中表达了借鉴西方财政制度进行财政改革的思想,其中的有些主张亦有较为开明的地方。譬如,在遗产税的问题上,金国珍就主张效法欧美社会来征收遗产税。他说:"据各国法制上关于私有财产之规定,凡一事件起于一个人之身时,其他个人别无何种行为,常能因其事件增加财产,而享所生之利得。遗产税者,即以此利得税源之租税也,故此税既可使负担者不觉其痛苦,亦不必加变化于现时社会组织既资本状态,而收入自增,然此种遭遇事故之个人,与享受利得之个人,决非毫无关系者。其间关系,因国之家族制度而异。……盖遗产一事,以个人言,虽为增富,然以一家言,则富者仍富其富,固无从得增也。欧美各国,虽行个人主义之家族制,然遭遇事件之个人,与享受利得之个人间之亲等关系之疏密,亦未尝不认定之,故其遗产课税方法上,多有依遗产价格,及亲等关系之有无疏密,而设累进差等的税率者。在一家主义之家族制,亦当因关系之亲疏如何,而异其课税方法,且理论上对于亲等关系愈益密切,与一家经济上之组织愈有关系者,尤以不采增富税主义之方法为当也。各国遗产税,多采用累进课税法。盖欲依此阻止财富之日益集中于一人之手也。吾国朝野上下,向不知遗产税为何物。自民国成立以后,近人参考外邦之

---

① 金国珍:《中国财政论》,商务印书馆 1931 年 11 月初版,第 647 页。

② 金国珍:《中国财政论》,商务印书馆 1931 年 11 月初版,第 612—614 页。

法制,鉴于吾国财政之奇绌,始逐渐议及此税以谋补。"①又说:"要而言之,遗产税已为世界公认之良税,东西各国,畅行无阻,吾国当然可以放行。况吾国系以三民主义为建国治国之最高原则,而民生主义,除平均地权外,即为节制资本,而欲图资本之节制,当然须从事于资本集中之防止,欲防止资本之集中,除将大企业收归国有外,当以征收所得税与遗产税为不二法门也。故为实现民生主义计,尤有施行遗产税之必要也。"②又譬如,在营业税的问题上,金国珍主张营业税划归地方征收,一方面有助于保护地方的利益,另一方面也有利于地方事业的发展。他说:"营业税划归地方之理由:营业税系以营利收益为税源之租税,而地方盛衰,一般于自治事业之举办与否。自治事业举,则地方繁荣,而营业发达,否则地方衰落,而营业不振,故衡以利益主义之法,则营业税应划归地方也,此其一。同属一种营业,因其所在地方不同,则利有厚薄,若采为国税,依外标课税法,课以同一之标准,则负担难得其平,若依纯益课税法,则以各地之生活程度不同,免税点苟为同一,其结果亦难得其平,故营业税宜归地方,此其二。征收方法,以纯益课税法为佳,而采用此种方法,则熟悉情形之地方自治团体,较诸情形不悉之中央政府,尤为有益无损也,此其三。又地税家屋税在理应归为地方税,而欲保持均衡,以达公平之旨,则营业税宜归地方也,此其四。此各国所以多将营业税划归地方也。"③再譬如,在通行税的问题上,金国珍主张改革运输税,并对政府的行为提出严肃的批评。他说:"按通行税简便易行,可得巨大之收入,洵属新税中之良税,历来各省铁路,大抵设有厘金,留难需索,商民疾首。倘能改变运输税,切实整理,不仅可以增加国家收入,且可减除商民痛苦,政府何惮而不为耶。然于此有宜注意者,即举办此税之始,不可仅限于本国之轮船、火车,同时对于外人经营之轮船、火车,一应一律课税是也。否则如按照原拟通行税法草案理由办理,俟本国自办之车船实行征税后,再图推广于外人所办之车船,则其结果,必等于为丛驱雀,为渊驱鱼,于财政路政,有损无益。其次举办通行税时,必先将厘金货物税取消,否则又犯层层剥削之弊矣。"④从以上金国珍的言论来看,金国珍的《中国财政论》一书不只是维护当时政府的财政制度,也有着效法西方、积极改革的主张。

金国珍的《中国财政论》在当时是一部重要的学术著作,集中阐述了中国财

① 金国珍:《中国财政论》,商务印书馆 1931 年 11 月初版,第 497 页。
② 金国珍:《中国财政论》,商务印书馆 1931 年 11 月初版,第 505 页。
③ 金国珍:《中国财政论》,商务印书馆 1931 年 11 月初版,第 537 页。
④ 金国珍:《中国财政论》,商务印书馆 1931 年 11 月初版,第 510 页。

政的主要问题,并有着借鉴西方财政制度的开放理念,在中国现代财政学史上有着重要的学术地位。

3. 杨汝梅的《民国财政论》(商务印书馆1927年版)

杨汝梅①是现代中国重要的财政学者,其所著《民国财政论》在中国现代财政学史上有着重要的地位。

杨汝梅在《民国财政论》中提出了新的"人民经济"的财政理念,并主张以此作为"财政之方针"。他指出:"曩时财政学说,其目的在维持公共政府之生存,自人民征求收入,以支付公共政府之经费而已。此种财政乃离开人民经济,办理所谓国家法人之特种经济行为也。施行此种财政之方针,偏重国防费及财产保护费(即资本保护费),其结果不免拥护少数特权者,并助长独立投机事业,实有偏颇不公之弊,常足压迫多数人之生计。……据最新财政学说,财政实包括人民经济而言,即总合一般经济之事务而统制之,而整理之,所谓共同经济行为是也。人民经济之生产及分配,如何统制社会各阶级之所得不平均,如何调剂而整理之,如何能将私有者独占的剩余价值,变为公共均可利用之必要价值,凡此皆将为国家财政上之责任。推是道也,国家遂为共同经济之事务所,实为共同经济之消费,此消费须能造出社会必要之价值。质言之,国家支出须能造出公共平和、公共生产、公共幸福、公共文化及各价值,始合财政原则也。"②基于"人民经济"的理念,杨汝梅主张财政负担须以"国民之经济能力"为限度。他说:"盖国家筹集经费,虽根据于其行政计划,以为范围,实不能置国民之经济能力于不顾,国民富力所能负担之程度,自有一定限制,超过其程度而征收之,则后此之财源枯竭,同与民交受其病矣。"③也正是基于"人民经济"的理念,杨汝梅主张中国的财政支出结构应该进行"根本改革"。他说:"引吾国政局,变化莫测,举凡中央与各省之权限,官治与民治之范围,概属无法确定,实无所据以为支出之标准。握有各部分之政权者,多欲扩充其一部分之权限,而不顾及全局,无以军事费之把持为最甚,所求不遂,往往以破坏政治秩序为要挟,全国执行者几欲节缩一切政费,专以应付军费,而仍苦不足。是故从财政学理上评论吾国现在支出款目,除根本改革外,殊鲜补救之法。"④杨汝梅以"人民经济"作为财政研究的基点,这使得

---

① 杨汝梅(1879—1966),字予戒、玉阶,湖北均川赵家冲人。著有《民国财政论》、《民生主义经济学》、《近代各国审计制度》、《近代商业簿记》等。

② 杨汝梅:《民国财政论·绪论》,商务印书馆1927年版,第1页。

③ 杨汝梅:《民国财政论·绪论》,商务印书馆1927年版,第7页。

④ 杨汝梅:《民国财政论·绪论》,商务印书馆1927年版,第7页。

他的《民国财政论》具有进步性的特征。

杨汝梅的《民国财政论》对于财政的相关问题进行研究,并提出了自己的看法。譬如,对于盐税问题,他不主张提高盐税,并提出这样的主张:"盐为人生必需之物,盐税增加,则平民之负担益重,现时盐价大涨,已足增高平民之生计,何能更议增税?第因我国各区盐税收入,未能遵照盐税条理所定之画一税率施行,(原定盐每斤课税二元五角,嗣经修正为三元)。诚查各区收税现情,其税率重者,每盐百斤,收至三元以上,税率轻者,每百斤不及一元,实与课税公平之原则大相违背。现因财政困窘,一时不能核减重税,暂将轻税酌量增加,俾归公允,亦属两有裨益。"[1]又譬如,杨汝梅对于当时政府举借公债十分不满,提出了严肃的批评。他指出:"吾国公债,论其数目,本不多于他国。论其维持信用之富力,则地大物博,较他国为优;论其募债所受之损失,则全世界无与比拟,此无他故,实由公债办法之错误耳。盖他国募债,或为筹集事业基金,或为应付非常事变,募债有一定限制,偿还有确定计划,以之为短期之调剂,不以作长期之依赖,纵令道于事实,无力维持信用,人犹予以谅解。若吾国今日之财政则不然,苟且补苴,以借债为维持日常生活之术,但使有债可募,以应暂时之销,即将以后数年或数十年之财源,尽数抵押,亦所不恤,至将来能否偿还,与夫国家所受之亏折如何,均不暇顾矣。"[2]不难看出,杨汝梅对于当时政府的现行财政政策,采取的是抨击的态度。

杨汝梅尽管长期在国民政府任职,属于亦政亦学的学者,但作为一位研究财政问题的学者,他的《民国财政论》一书坚持"人民经济"的财政理念,敢于对于政府的财政政策提出某些批评意见。因而,该著总体来看是一部比较进步的学术著作,在中国现代财政学史上有着重要的地位。

4. 陈启修的《财政学总论》(商务印书馆 1934 年版)

陈启修是现代中国著名的马克思主义经济学家,其所著《财政学总论》一书主要是对财政问题进行研究,探讨财政的基本规律,成为我国最早的马克思主义财政学专著之一。该书分为绪论、财务行政秩序论、公共经费论、公共收入论、收支适合论、地方财政论等几大部分。陈启修的《财政学总论》在学术体系上具有典型性,对此后财政学的学科体系的构架有重要的影响。"可以看出,从陈启修开始,当时不同学者编译的财政学都或多或少地涉及三大内容:一是收支适合

---

① 杨汝梅:《民国财政论》,商务印书馆 1927 年版,第 142 页。

② 杨汝梅:《民国财政论·绪论》,商务印书馆 1927 年版,第 8 页。

论,即财政平衡问题及其相关的公债问题;二是地方财政论,即地方财政支出、收入和公债以及中央与地方的财政关系问题;三是财务行政论,即财政管理和政府预算问题。"①

在陈启修看来,财政是国家的财政,与国家的政治活动和经济行为有着密切的关系。因此,研究财政问题,则必然要注意到国家这一"强制团体"的性质及其"共同需要"。鉴于这样的认识,陈启修给"财政"下了这样的一个定义:"财政者,公共团体之经济或经济经理也。易词言之,即国家及其他国家强制团体,当其欲满足其共同需要时,关于所需经济的财货之取得管理及使用等各种行为之总称也。"②陈启修关于"财政"的定义有这样几个特点,一是突出财政的主体——国家——的地位,其目的是使人们明白财政本身具有的政治性质,因而财政不是一般的公共利益性质;二是说明了财政的行为性的特征,即财政是国家的经济行为,是国家"关于所需经济的财货之取得管理及使用等各种行为之总称"。由这两点来看,财政是具有政治性与经济性的双重性质,是政治意志与经济行为的统一。

陈启修对公债问题进行学术的研究,从经济学的角度对公债缘由、国家证券、爱国公债等进行细致的分析,拓宽了人们对公债的认识视野。

第一,陈启修对公债的债务本质进行分析,说明公债与公共收入的区别。陈启修指出:"公债者,公共团体依其债务行为对于经济社会所负之债务也。公债为一种债务,而凡债务必须偿还。故依公债而获之公共收入,其性质与其他公共收入不同,他种公共收入于收得之后,更无偿还之必要;而公债则在理论上,或本或利,或连本带利,必须偿还。故由公债而来之收入,从长时间观之,收入与偿还,终必相杀而遗,实不可谓为真正的收入。特从短期间观之,在财政上实能资一时间弥补,充种种支出之用,故公债为一种特别收入,亦无不可也。"③依照陈启修的研究,公债至多只能说是一种"特别收入",因为发行的公债最终是要由国家来偿还的。

第二,陈启修对"国库证券"进行分析,剖析了国库证券发行的具体缘由。在陈启修看来,发行的国库证券是一种有价值的"流动公债",服务于国家财政上的需要。关于国库证券发行的原因,陈启修曾这样分析:"因财政上之必要而

① 谈敏、厉无畏主编:《二十世纪中国社会科学·应用经济学卷》,上海人民出版社2005年版,第89页。

② 陈启修:《财政学总论》,商务印书馆1934年版,第1页。

③ 陈启修:《收支适合论》,《财政学总论》第4编,商务印书馆1934年版,第2页。

发行之流动公债,今日流行最广者,莫如国库证券。考从来之惯例,此券发行之原因,不外三种,即:(1)国库收入一时不足,而其后实有收入超过之望,当此之时,为谋收支之均衡而发行者,亦谓租税公债。(2)因财政之事变,致临时费增加时,为一时应急手段而发行者。(3)当时金融状态利率极高,而其后有利率下落之希望,故于此时(发行)短期国库证券,待后日发行低利长时公债,以徐图借换者是也。此三种中,惟以第二之目的发行者,不可不慎。盖因其发行之初,即缺乏偿还之资也。"①陈启修关于国库证券发行三种情形的分析是正确的,特别是他提出国家为应急财政上需要而发行的国库证券要取谨慎态度,是很有政治眼光和经济学见地的。

第三,陈启修对"爱国公债"进行研究,认为爱国公债"不能持为财政上之政策",提出"爱国公债"的发行应该有一定的限度的主张。陈启修指出:"爱国公债之名甚美,国家有事之秋,未尝不可利用之。以对外国表示之巩固,惟以之为财政上之政策,则无充分债值。盖爱国心难足以支配人类行为,而一时的冲动不能维持于永久。征之普法战争后,法兰西第二次爱国公债之失败,即可知其故。要之,利用爱国心,只能使公债易于募集,而不可以之为主要条件也。爱国公债既不能持为财政上之政策,故今日各国皆依赖人民之利益心以募集之,普通世人所谓公债者,概指此类而言。故国家应注意以如何之条件,始能适应人民之利益心,而达募集之目的。"②陈启修关于公债问题的研究,不仅从经济学的学理来宏观地分析公债的性质,而且注重探讨国库证券、爱国公债等各种形式的公债,并且善于着眼于国家经济的运行态势而从国家财政的角度进行剖析,从而提出国家在公债发行的问题要采取积极谨慎态度的主张。从陈启修关于公债问题的研究来看,颇见其深厚的学术功力。

值得注意的是,陈启修以发展国内生产的视角来研究关税问题,对财政关税以及保护关税的政策发表了看法。在他看来,"财政关税"既有关税的性质又有消费税的性质,而消费税的性质则更为突出,在税收的类别上应该是消费税之一种,因而适用于消费税的一般原则。他指出:"财政关税者,以财政上之收入为主要目的之关税之谓,亦称为租税的关税,即普通作为消费税之一种,以达国库收入上之目的者也。故其赋课及税额,但适用消费税上之原则足矣。其异于一

①　陈启修:《收支适合论》,《财政学总论》第4编,商务印书馆1934年版,第9页。
②　陈启修:《收支适合论》,《财政学总论》第4编,商务印书馆1934年版,第7页。

般消费税者,惟其征收限于国境一事,其作用在补充消费税之不足。"①关于关税保护问题,陈启修主张采取积极的关税保护政策,并要求将关税保护与国内的消费税联系起来,这样不仅对国家财政收入不会产生大的损失,而且可以促进国内生产的发展。陈启修指出:"保护关税所谓经济政策上之目的者,盖在抑制外国产物之输入,腾贵内国市场上同种货物之价格,以助长本国之产业。苟如此行之,纵令内国市场有需外国品之输入,然内国生产人因一般的价贵之故,有可赢得利益。若内国品已给全部之需要,不更需要外国输入品,则因保护关税之故,可全然拒绝外国品。而独者见内国品之日盛,惟于前时关税收入当增加,于后之时其收入当减少,然若与外国输入品同种之内国产品,亦有内国消费税,则关税收入之所失,可于内国消费税收入偿之,如此则国库收入不受巨大之影响,而国内产业之助长,可以期矣。"②当时,国内学界一般都赞同关税保护政策,但很少将关税政策与国内的消费税联系起来。比较起来,陈启修关于保护关税的见解是很有学术见地的。

陈启修在 20 世纪 30 年代和 40 年代,就已经成为中国杰出的马克思主义经济学家。抗战爆发以后以及在解放战争期间,陈启修虽然担负一些非学术研究的工作,但他仍然关注经济问题的研究。譬如陈启修于 1948 年曾对"民生主义经济学"进行研究,指出:"民生主义经济之基本概念为九点:(一)民生史观,(二)以养民为目的,(三)从经济法则出发的计划经济,(四)合理的统制经济,(五)和平的一次产业革命,(六)彻底的钱币制度,(七)各取所值的社会政策,(八)永久的经济繁荣,(九)民生之国际之合一。"③陈启修是现代中国著名的马克思主义学者,在中国马克思主义经济学发展的历史进程中起了积极推动作用。

5. 李超英的《比较财政制度》(商务印书馆 1943 年版)

李超英④是一位亦学亦政的学者,在学术上以财政制度的研究而闻名,其1943 年出版的《比较财政制度》一书,以财政制度为研究对象,在中国现代财政学史上有着重要的地位。

---

① 陈启修:《公共收入论》,《财政学总论》第 3 编,商务印书馆 1934 年版,第 123 页。
② 陈启修:《公共收入论》,《财政学总论》第 3 编,商务印书馆 1934 年版,第 124—125 页。
③ 陈豹隐:《民生主义经济学之特质与体系》(1948 年),转引夏炎德:《中国近百年经济思想》,商务印书馆 1948 年 8 月版,第 194 页。
④ 李超英(1897—1982),又名德吉,曾用名李俊,浙江永嘉港头(今属岩头镇)人,留学英国获经济学博士学位。主要著作有《中国财政制度》(伦敦出版)、《比较财政制度》、《比较财政学》、《财政学》、《战时经济学》、《财政学要论》、《财政学概要》等。

　　李超英高度重视财政在社会经济、政治生活中的地位与作用,并认为财政制度不仅有着因时而化的特点,而且也有着"合乎时代、适于国情"的要求。他指出:"财政为国家命脉,政治关键,经济枢纽,凡百政务之设施,国民经济之发展,悉于财政是赖。故国家之盛衰,民生之苦乐,端视乎财政之良否,恒赖其制度之优劣为转移。然一切制度,非一成不变之物,因时代而演进,环境而改易。盖情形变迁,新法应运而生,智识增进,经验增加,文化发展,社会发达,皆可使旧日所称良善之制度,成为明日黄花。故合乎时代,适于国情,斯为美制。"①鉴于财政的重要性,李超英申明了财政政策的宗旨就在于保护"国民经济"的目的,如他说:"政府之财政政策,以国民经济利益为宗旨,不顾财政上之损失,毅然将各种常关税、复进口税、内地子口税,概行裁撤,诚大有益于工商业也。然有转口税起而代之,为害亦复不浅。盖转口税全课土货而不及洋货,大有妨害于本国沿岸贸易也。"②在李超英看来,财政政策只有在良好的体制之下并有所监督才能发挥其作用,否则就会成为独裁者的工具。他说:"财政政策乃财政施行之方针,在独裁政治之下,以一党专政,财政政策由党魁一人决定,而立法机关不与焉。所以在独裁政治之下,行政机关操财政之全权,而无监督财政之立法机关。即有之,亦不过成为顾问之机关,并无权力可言。"③李超英将政治制度及其体制视为财政政策的关键,突出了政治制度及其体制在财政中的支配性地位。

　　李超英将"收支适合、预算平衡"作为理财的基本要求。他说"理财者,必求收支适合、预算平衡,方能纳财政于正轨。故当编制预算之处,如遇支出超过收入,时或提高原有税率,扩充原有征税范围,增加新税,甚或发行公债等办法,以期收入增加而适合于支出,藉达预算上收支两方之平衡。立法机关审议预算时,亦欲保持预算之平衡。"④又说:"国家之理财者,计算收入,应付支出,其道与私人之主家政相同。国家预算次年度之支出,同时筹划财源,估计收入以应付之,斟酌现有各税之增减,或建议新税以补充之。"⑤在李超英看来,实现"收支适合"的财政目标,不仅要把握住预算这一关,而且要在支付问题上严格到位。在预算上,李超英主张政府必须在"政策"上有明确之规定,以政策来导引和规范预算工作。他说:"国家经费之紧缩与增大,随政策而转移;故政府须先定政策,

①　李超英:《比较财政制度》,商务印书馆 1943 年 3 月版,第 1 页。
②　李超英:《比较财政制度》,商务印书馆 1943 年 3 月版,第 98 页。
③　李超英:《比较财政制度》,商务印书馆 1943 年 3 月版,第 6 页。
④　李超英:《比较财政制度》,商务印书馆 1943 年 3 月版,第 123 页。
⑤　李超英:《比较财政制度》,商务印书馆 1943 年 3 月版,第 85 页。

而后编预算,盖预算根据此政策而编造也。若政策决定,设立新机关,或将原有机关扩充或缩小其范围,举办社会救济及改良事业,增设国防等事业,对于编制支出之概算,关系至巨,但行政费之概算,关系于政策者,远不如海陆空军经费之概算也。"①在收支问题上,李超英主张统一"支付制度",这主要是财政部要发挥其职能。他说:"统一支付制度,各机关支付之经费均集中于财政部之专设支付之总机关掌管之。财政部发放各机关之款,按期发交专管支付之总机关,但款项仍存于代理国库之银行,各机关每日决定支付款项于受款人,遂通知支付总机关,请予给付,并给予受款人以付款凭单,受款人持向支付总机关领款,支付总机关接到该项凭单后,加以稽核,始予发给。"②李超英同时还认为,"支付制度"能够具体地落实,其他各政府的部门都有监督的责任,尤其是对于国家的支付给予全方位的监督,亦即国家支出的经费必须实施多方的监督。他指出:"国家支出之经费,不仅免除贪污浪费而已也,尤须经济其用途,注重增加生产,分配公平,故民主国家对于经费支出,须经立法、行政、司法之监督。立法监督者,凡各种经费非经法律规定,不得支出之谓也。行政监督者,经费虽经立法机关通过,然执行预算,须经行政长官之核准,方可支出之谓也。司法监督有事前事后之分,事前监督即各机关之经费,领自国库时,须先经财务司法机关之核准,英美之审计总监及中国之审计部长,有此种监督职权。但法之审计法庭无此职权,仅有事后监督之权。事后监督者,即司法机关有审核各机关决算之权。决算经其审核,报告于立法机关,经其核准后,各支用机关始解除其责任,英美即循斯制而行。但中国之司法机关,有最后核准决算之权,无须报告于立法机关也。"③不难看出,李超英是力图就国家支出经费问题而建立一个监督体系,从而为统一的"支付制度"的有效实施奠定基础。

李超英的《比较财政制度》有着比较性的研究视域,其论述中国的财政制度时亦十分重视借鉴西方的经验,并将财政制度置于国家的政治制度体系的框架之中。《比较财政制度》一书提出了财政"合乎时代、适于国情"的要求,而所提出的"收支适合、预算平衡"的原则,就在于构建一个制度化的财政体系,推进财政政策及实施的规范化、制度化。该著是当时有影响的一部财政学专著,为现代中国财政学的发展作出了重要贡献。

---

① 李超英:《比较财政制度》,商务印书馆 1943 年 3 月版,第 71 页。
② 李超英:《比较财政制度》,商务印书馆 1943 年 3 月版,第 115 页。
③ 李超英:《比较财政制度》,商务印书馆 1943 年 3 月版,第 114—115 页。

6. 胡善恒的《公债论》(商务印书馆 1936 年版)

胡善恒①是现代中国著名的研究财政学的专家,其所著《赋税论》、《公债论》等著作,在当时的学术界有着重要的影响。

胡善恒的《公债论》一书以"公债"为研究对象,是研究公债问题的财政学专著。但该著并不以公债作为解决财政问题上主要途径,而是主张以发展生产作为财政的基础。该著说:"一国欲开发产业,并树立对外之经济基础,当本国人民努力生产,努力节约,以赴之以增殖本国之金融资本,方能成功。在经济发达之先进国家,莫不经过此刻苦忍耐之阶段,全国人民乃能养成坚忍蓄积之风。若是一时代国民不愿刻苦牺牲,惟恐后代人有所负担,则今后世国民所受物质上、精神上之痛苦,永无解脱之期。立国于大地,当由本国人民努力,自行解决一切问题,不当依赖外力,方为伟大。而依赖外资者,不是望梅止渴,便不免于饮鸩止渴也。"②自然,胡善恒强调"努力生产"对于财政工作的极端重要性,但也不忽视理财工作的必要性,他提出了这样的理财理念:"财政困难,乃时时而有之事,若欲财政无困难,除非收入常多于支出,然在财政充裕之中,即不免层层之浪费,过与不及,为害相同。是以理财之道,首在整齐财政之秩序,次在随时补救各方面之缺点,化大事为小事,化小事为无事。"③胡善恒在财政上既强调"努力生产"的基础性地位,又突出"整齐财政"的重要性,这体现胡善恒积极的财政理念。正是基于上述的理念,胡善恒以赋税收入与国民的偿债能力作为国家偿债的原则,反对"借债还债"的做法。他说:"国家之偿债费,当出于赋税及国营事业等收入,若是借债还债,适所以增加负债,乃财政上极大之失策,务须避免,前已说明。是以国家欲偿债几何,必须力谋赋税收入之增加,使够此数。在国民的纳税能力甚强,国家之赋税收入有伸缩力者,当可依此原则遵行。"④不难看出,胡善恒的财政思想有着关注民生、注重实际的学术理念。

胡善恒在《公债论》一书中,对于相关的概念注意辨析。譬如,该著对于"公债"的含义予以辨析,认为"公债"有"国债"与"地方债"之别。他说:"公债为国家财政之信用收入,从人民或他国借来,将来仍须计息偿还,发生支出,故为国家之债务。国家所发行者,是为国债,地方政府所发行者,是为地方债,通名之曰公

---

① 胡善恒(1897—1964),字铁崖,湖南常德人,留学日本、英国。著作有《赋税论》、《公债论》、《财政行政论》等。
② 胡善恒:《公债论》,商务印书馆 1936 年 8 月初版,第 99—100 页。
③ 胡善恒:《公债论》,商务印书馆 1936 年 8 月初版,第 117 页。
④ 胡善恒:《公债论》,商务印书馆 1936 年 8 月初版,第 364 页。

债。我国以每半年或每季抽签还本者,称曰公债,每日还本付息者称曰库券,是仅为国债之类别,为国家债务并无不同。又国家发行之纸币,将来必须收回,有收入,亦有支出,揆其性质,实与国债无异。"①又譬如,该著对"公债"之中的"财政公债"、"自由公债"、"强制公债"给予分析,说明其差异:"财政公债为国家谋财政收支之适合,无他项收入可以供用,或国家临时发生非常变故,需用巨额经费,因而发行,使一年度收支或出纳不均衡者,得以抵补。"②"自由公债,为应募人考虑公债之条件,自由决定应募与否。强制公债,为国家利用其强制权能,按照一定计划,依人民之财产与所得之情形,强制摊派。故其性质,与赋税相近似,所不同者,国家承认将来仍照数偿还。至于利息,大都较低,或为无利,否则国家无用乎强制也。"③胡善恒在《公债论》一书中,对于有关公债的其他概念,也一一加以辨析和说明,这是该著的一个特别显著的方面。

胡善恒对于公债发行的原因进行探讨,认为战争常为发行公债的动因,故而并不是在任何条件下都可以发行公债,亦即发行公债有其"限界"。他指出:"公债为财政困难之产物,财政困难都原于军事。每逢军事行动发生,国家之经常收入不足,乃诉之举债,待和平恢复,方有余力,整理财政,徐谋清偿。观于各国国债之增长,莫不如此。若是军事行动延长,债额必然累加大,政治若不安定,则国债不便处理,是国债继增续长,又为政治不安定之必然结果也。"④胡善恒还以"战时"情形,来说明公债发行的条件:"战时费用至巨,国家有从各方面获取财源之必要,然各项财源之获取,各有其限界存在,遇此即不免于弊端之丛生,反使战时财政无法维持,其影响于战争者,关系至大。故各国每遇战事发生,即一方面停止与战争无关之支出,留此经费供战争之用,他方面设为各种方法以开源,初则动用国家之非常准备金,次则增加银行之信用借款,随即发行短期公债,再则增加税收而后化短期国债为长期(亦有乘开战初期,利息较低,先行发行公债者)。"⑤胡善恒的论述说明,公债的发行是有条件的,并不是随时随地都可以发行的。

胡善恒对于发行国债的"信用"及相关问题作出研究,认为国家健全的信用是国债推行的要件。他说:"大凡政府发行国债,能按期偿还本息,严守信用者,

① 胡善恒:《公债论》,商务印书馆1936年8月初版,第1页。
② 胡善恒:《公债论》,商务印书馆1936年8月初版,第10页。
③ 胡善恒:《公债论》,商务印书馆1936年8月初版,第12页。
④ 胡善恒:《公债论》,商务印书馆1936年8月初版,第279页。
⑤ 胡善恒:《公债论》,商务印书馆1936年8月初版,第198页。

无须提出特定担保品,人民亦乐于应募;反视国债之信用,优于私债之信用。若是政府不守信用,即或有确实之担保品……人民亦惟恐政府滥用国家权力,动用基金,虽有担保,亦视为不可靠,虽诱之以有利之条件,仍怀疑惧之心。有健全信用者,国家遇有财政困难,即可藉以发债以救急,并可以低利发行,以谋国民全体福利之增进。无信用者,即或以高利发行,而人民不必乐于承受。由是言之,信用为国家至可宝贵之具,理财者不仅应当对于现在负责,尤应对于过去与将来负责,不容任意舍弃。若是一番违误,将来即难恢复,而国家蒙受之损失,将不可胜计矣。"①自然,胡善恒认为信用是发行国债前提,但在其他方面尤其是社会经济方面,亦须有所准备。他说:"公债之能发行,除须国家具备健全信用之表示与证明而外,尚有待于社会经济者二事:第一,金融市场之存在。公债之能发行,与金融市场有关系。而最有关系者,则为银行与交易所两机关。……第二,国民资金之充裕。"②胡善恒将国家信用作为发行公债的前提,实际上是要求国家要建立其财政信用体系。

　　胡善恒对于公债的功能进行说明,肯定了公债在国家财政上的特殊地位。在他看来,公债用之得当,其发行不仅可以解决国家财政问题,而且能够解决民众负担不公平的问题,从而增进民众的切身利益。他指出:"国家财政有非依赖公债不可者。临时紧急事故发生,如战争灾难之类,非发行公债,几无他法,可以获得巨额收入。平时国家扩张国营产业,以谋人民生活之便利,亦唯利用公债,故公债可用为增进人民幸福设备之手段,不必为增重人民之负担也。"③又指出:"举行公债,可以延缓课税之时期。国家在财政紧急时,突然加重赋税,既不免负担分配之不公平,又不免损害人民之生产。改用公债方法,政府可以募集巨款,人民仍可利用公债获得营业所需之流通资金。以公债代替赋税,是使财政之重大负担,不由现在人民负担全部,而且在此延长至期间内,国家厘订税制,可以使此项负担作公平之分配。"④胡善恒从财政学的原理上说明了公债的功能,这就是公债不仅可以解决政府在危急之时的财政困难,而且因为公债具有"代替赋税"的功能,因而能够"延缓课税之时期",从而使民众的负担作"公平之分配"。

　　胡善恒在《公债论》中对于"国债负担"问题进行细致的研究,将国债与货

---

① 胡善恒:《公债论》,商务印书馆1936年8月初版,第4页。
② 胡善恒:《公债论》,商务印书馆1936年8月初版,第4—5页。
③ 胡善恒:《公债论》,商务印书馆1936年8月初版,第8页。
④ 胡善恒:《公债论》,商务印书馆1936年8月初版,第8页。

币、物价、赋税等经济要素联系起来分析,提出了几个重要的学术观点:

其一,国债负担亦即货币负担。该著说:"国债负担,通常以货币计算,如国债有十万万元,是即为十万万元之国债货币负担。在国债存在之日,货币负担,亦即存在。自社会全体观之,本年度需要经费之数,来自举债,不从课税,在十年后偿还,是即在十年后课税,在此十年之期间,国民纳税之数,得以纾少。则是以举债代替课税之作用,只于延缓课税之期,于还本之日。但其负担并不因迟课税而延缓,实与债额之存在而同存在。"①这里,胡善恒将国债负担与货币负担联系起来,阐明国债负担与货币负担的一致性,体现了在金融视域中研究国债的理念。

其二,国债负担随物价而波动。该著说:"国债之真实负担,随物价之涨跌而有变动。若偿债时之物价低于起价时之物价,在国家于依照预算规定数偿付国债本息而外,同时,复可因他方面支出之节省,得以多有剩余,以充减债之用,是减债之速度,得以加快。在持券人,其领受债权本息之货币数,无所变更,但货币购买力加大,是可以独得特殊之利益。至在纳税人之关系,若物价之低落,由于生产方法改良,成本低减,其所得并未减少,则负担不为增重。若是物价之低落,由于社会消费力萎缩,经济衰落之原因者,一般纳税人之所得,皆不免于减少。此辈所得减少,购买力弱减,而债权人之所得数不变,其购买力加大,因之纳税人之负担,乃依物价之低落而增重。又在物价低落之时,一般利益减少,而公债之利率不变,则公债之市价必涨高,持券人又可获得特殊利益。反之,若是物价在偿债时涨高,一般纳税人之所得,有所增加,而持券人之利益数不变,则纳税人之负担,得以轻减。"②物价问题本属商业问题,关涉到商业的运行状况。胡善恒将国债负担与物价问题联系起来分析,说明了国债所具有的价格变动特征,这是一个很好的研究思路。

其三,国债延期偿还,其负担大于赋税负担。该著指出:"公债延至将来偿还,其负担必大于赋税之负担,而且穷民所负担者加重,故宜以赋税代替公债。凡负有债务之国,当及早课税,以谋清偿,而后债权人所受之特殊利益,与纳税人所受之特殊损失,始得化除。国家积欠债务,苟非用何特殊方法,加以取消,则仍须国民纳税偿还。在课税偿还时,纳税人固感受痛苦,然无论迟还早还,终是无可避免。负担既无可避免,则长痛何如短痛之为愈?有人以为短痛太剧,非所能

---

① 胡善恒:《公债论》,商务印书馆 1936 年 8 月初版,第 46 页。

② 胡善恒:《公债论》,商务印书馆 1936 年 8 月初版,第 68 页。

受,不如延至将来,分期引受之为愈。然延至将来,期间愈长,债额之累积加巨,痛苦亦深,终必成为莫可振拔者矣。即以财政实情而论,国家遇有几种情形,有非运用公债不可者,倘不及早偿清,则每年须以一部分收入,供偿债之用,安有余力,以开发国内之产业? 年年财政受此逼迫,国势将从何发展乎? 夫国债之偿还,本为各时代人民间之清算,其真实负担,又已在经费之支出时决定,无可翻改,纵在课税偿债之时,有若干人民生活,受重大打击,然在清偿之后,负担解除,生产能力,即可尽量发展,较之长久为公债负担所压迫,时时都受穷苦者,当不可以道理计矣。"①赋税与国债有着显著的不同,但在胡善恒看来,两者亦处于相互的联系之中,故而他关于国债与赋税关系的研究,正是为了揭示国债与赋税之间的关系。

其四,国债负担有现时负担与将来负担之别。该著指出:"现时与将来真实负担之分,常不能截然区别,而国债之真实负担,终必赋诸将来之生产力矣,但此问题,同时须从支出之用途观察,方能判别。国家征收国民之资源,究投于何所?国家经费,有转移经费与真实(消耗)经费之别,例如国债偿还费,救济事业用费之类,纳税人固失其资源,而领受此经费者,仍为国民,此项资源,仍在国内,只为国民互相间之移转,是为移转经费。至于政府耗用,及偿付外国之勤劳与实物,国民于缴纳之后,不获收回者,是为真实经费。从经费方面看来,国债负担赋诸将来者,亦须视收入果投于何者。如系投于移转经费之用,只成为国民相互间之移转,而一国所有之资源,除因移转所发生之行政耗费而外,并不减少,亦不致影响于将来。若是国家以公债收入举办建设事业,在政府虽属消耗经费,而在国民全体看来,是增加国家之新生产力,有此等公共设备之后,国民之生产力,亦直接间接感受利益而增进。此等公共设备常有非私人能力所能经营者,其利益既普及于全体,有赋留于将来,国民财富因此而加大。则国民虽蒙受负担,亦当以之与事业利益相权衡。"②国债不是即时地偿还,其偿有着特定的时间限制。胡善恒由此分析了国债负担中的"现时负担"与"将来负担",这实际上是将国债负担作为一个历史进程来梳理,从而寻找国债负担与时间延续上的关系。

胡善恒在公债性质的研究中提出了公债乃是"赋税之预垫"的学术主张,这在财政学上是一个重要的创新。就学理上言,公债与赋税作为财政学上两个重要的概念,在内涵上有着很大的不同,但胡善恒看到了两者的联系,遂而以赋税

---

① 胡善恒:《公债论》,商务印书馆 1936 年 8 月初版,第 58—59 页。

② 胡善恒:《公债论》,商务印书馆 1936 年 8 月初版,第 50 页。

来释读公债。他说:"内债在财政上洵有利用之必要,然将来必须偿还,仍为财政之负担。故利用之时,无论为维持出纳之不够,或为维持收支之适合,只当视作赋税之预垫。发行之时,即当有偿债之计划,或以本年度税收偿还,或以最近数年度之收入偿还。若是只顾发行之易,不计将来偿还之难,则现时国家从公债所获之利益,不足以弥补国家将来之损失,此种利害关系,理财家不可不深思熟虑也。"①正是基于公债是"赋税之预垫"的主张,胡善恒就公债的性质作出学术上的分析,并提出了减轻贫民负担的主张:

> 国家举债,究其性质,为赋税之预垫,假使国家赋税制度不变更,各个国民之富力,亦无所消长,各人每年所纳税额,为一不变之定率……国民所负国债之负担,等于赋税之负担(除债务行政费外)。但国家课税,有从消费、财产、收益所得各方面征收之别,即或税制不变更,而各人被税之机会,常各不同。而况国家因偿债费之加巨,税制年必有变更,则是每年各个人纳税之数额,不免因之歧异。凡负税之数额,比从前加多者,其所受国债之负担,乃加重;反之,比从前减少,或系加多,而比他人所加之数为少者,则其所负国债之负担,乃为减轻。……惟我国公债利益甚高,持券人之利益甚大,债期延长,其所有财富,必累进增加,即或直接对于持券人课税,而税额所增加者,必不若其所有财富累进增加之速。欲恃税制以减轻国民之国债负担,除非课累进税,使赋税之累进速度,高于持券人所得增加之速度。至今各国税制,都无如此累进之增重,持券人利益之加大,必大于税额加大之数。因之国债之真实负担,就国民全体看来,只是加重,不会减轻。国民全体所受国债之负担,既大于赋税之负担,故不如以赋税代替国债,较可以减轻贫民之负担也。②

胡善恒在《公债论》一书中对外债作出比较客观的评价,提出了慎重地使用外资的主张。国家间的借款何以出现?对此,胡善恒给予这样的说明:"以政治力量而论,借款条件之如何规定,与之有重要的关系。贷方国之肯投资,必须借方国之政治情形极稳定,又必须贷方国有求于本国。所谓有求于本国者,或为国际间之互相提携,或为谋取某种权益。"③胡善恒进而对于外债的性质予以分析:"外债,或名曰政治借款,或名经济借款,此仅名称之不同。历来外债之成立,无不含有政治意味。从前强国之肯贷款与弱国,原欲攫取财务行政权,由是进而实

---

① 胡善恒:《公债论》,商务印书馆 1936 年 8 月初版,第 91 页。
② 胡善恒:《公债论》,商务印书馆 1936 年 8 月初版,第 52 页。
③ 胡善恒:《公债论》,商务印书馆 1936 年 8 月初版,第 75 页。

现其他政治上经济上之目的。"①尽管如此,胡善恒并不一概地反对利用外资,相反,他认为在特定的条件下还是应该利用外资的。在他看来,利用外资对于国家的财政是必要的,尤其是国家处于危急状况下更是这样,关键是在确保主权的前提下,接纳外资并正确地加以使用。他指出:"暂时借款,使全国资金,无时无地不可以活用,在财政与金融,为最良而且必要之制。若一国设有特别基金者,尤为必要。此等特别基金,皆为国家所有,徒以欲维持其独立性,故与国库分开,然在此有余存,彼遇匮乏之际,仍当许其挹注,庶国家财政,不致蒙受过大之损失。"②胡善恒主张根据具体情形和需要而利用外资,并且也看到利用外资利弊所在:"总之借用外资,有利有弊。国家遇有对外偿付之事,而无力偿付,势非借用外资不行。然利息之偿付,构成本国经济之纯损失,深为可虑。一国欲发展产业,必须有良好之金融制度,以策动本国之人力与物力,无须借助外国资本。若不得已而借用外资,亦当早日清偿,以免本国资源之继续外流。在偿还之时,国民之负担,固因而增重,然至清偿之后,负担轻减,国民经济能力,得以舒展,国民生活,亦得充裕,非经此困苦难关,实无从解脱也。"③由此,胡善恒提出了利用外资的条件,认为只有了具备了利用外资的力量才能利用外资,否则就会被外资所利用。他指出:"一国欲开发产业而缺乏资本,势非设法利用外资不可。欲利用外资,则须一国在政治经济双方,有利用外资之确实力量,否则将为外资所利用。"④胡善恒以开放的视域看待外资问题,主张在维护国家主权并具有利用外资力量的条件下利用外资,这是很有见地的。

胡善恒曾留学国外,接受了现代财政学的系统教育,具有现代财政学的良好根柢。所著《公债论》坚持民族主义的治学理念,主张立足于中国实际来对待公债问题,并有着宽阔的学术视域和财政学中国化的学术追求。该著注重公债问题相关概念的厘定,探讨了公债的条件及其功能,分析了"公债负担"内在含义,提出了公债乃是"赋税之预垫"等诸多的学术主张。胡善恒的《公债论》的解放前一部研究公债问题的学术名著,被商务印书馆列为"大学丛书"出版,代表了当时学术界研究公债的水平,在当时的学术界有着很高的声誉,在中国现代学术史上有着重要的地位。

---

① 胡善恒:《公债论》,商务印书馆 1936 年 8 月初版,第 74 页。
② 胡善恒:《公债论》,商务印书馆 1936 年 8 月初版,第 21 页。
③ 胡善恒:《公债论》,商务印书馆 1936 年 8 月初版,第 78—79 页。
④ 胡善恒:《公债论》,商务印书馆 1936 年 8 月初版,第 75 页。

7. 尹文敬的《战时财政论》等著述

尹文敬[1]是现代中国著名的财政学家,其《战时财政论》等著作在学术界有重要的影响。

尹文敬早在 20 世纪 20 年代即关注中国的财政问题。如他在 1924 年就发表《我国财政困难之原因及其整理之方法》的文章,指出:"盖我国财政之紊乱,其远因近因,甚为复杂,不得不次第清理之。故先裁兵减政以节流,此则清理债务以减少国家之负担。二者既行,则目前之困,可以少舒。然后划分中央税与地方税,以清理界限;改良税制,以增税收;而最终则整理财政之监督机关,使财政无舞弊之事,循是以行,则我国财政,必渐就良好之境。"[2]该文针对赋税不公的现象,还提出赋税公平的原则,要求丈量土地,并根据土地的实际占有状况给予课税。该文说:"吾国以农立国,田赋为历代国家大宗税收,惟其负担颇不公平,大地主地连阡陌,未必尽照数纳税,而中小农人,耕田数亩者,反无法隐匿,推其原因,由于未能实行丈量耳。民国三年,国会设立全国经界局,筹办清丈事宜,时京兆及东三省均已着手清丈,嗣因帝制之变,中止进行,殊为可惜。今仍当继续办理,以竟全功,不独于税收有关,抑宜于人民有益也。"[3]此文探求中国财政困难之原因,可视为尹文敬研究财政问题之始。留学回国后,尹文敬即出版了《财政学》著作,该著较为系统地阐述财政学的基本原理,对于财政上各种问题予以研究。譬如,该著对于预算问题有这样的看法:"故一国之支出预算,即不啻一公共心里(理)之表现,良以公共收入之用途,孰轻孰重,孰多孰寡,不独可觇其社会状况,兼可明了国家政策之趋向焉。然按需要以定支出之多寡,系各行政机关之事。而支出之允许,又系立法机关之事。况支出之多寡,恒视政务之繁简,与环境的经济状况而定。"[4]可以说,坚持从社会实际状况来研究财政问题,是尹文敬治学的显著特色。

尹文敬的《战时财政论》一书出版于 1940 年,该著视域比较广阔,纵论中国

---

[1]　尹文敬(1902—?),号伯瑞,号莘氓,四川乐山人,留学法国于 1929 年获巴黎大学经济学博士学位。历任四川大学、北平大学等校教授,曾与千家驹等组织中国财政学会。新中国成立后,任圣约翰大学、大同大学、上海财经学院教授,后任上海社会科学院教授。著有《中国财政制度》、《财政学》、《非常时期财政论》、《国家财政学》等。

[2]　尹文敬:《我国财政困难之原因及其整理之方法》,《东方杂志》第 21 卷第 17 号第 35 页,1924 年 8 月。

[3]　尹文敬:《我国财政困难之原因及其整理之方法》,《东方杂志》第 21 卷第 17 号第 32 页,1924 年 8 月。

[4]　尹文敬:《财政学》上册,商务印书馆 1934 年版,第 47 页。

战时财政方面的各种问题,是研究中国抗日战争时期财政问题的专著。譬如,该著对于战时的公债不能够用在国民身上的现象,曾说明了自己这样的看法:"公债的去路与国民经济也有密切关系。假如公债的用途完全用在国民身上,那么从人民募来的钱,依然回到民间去,在国民方面不过是货币资本的转移,在整个的国民资本上是无增减的。政府如利用公债金额来作生产建设,或于国民经济直接有利事业,不独于民有利,同时在国库方面,也可发生直接的或间接的收入,尤其在经济恐慌、失业众多及国内剩余资本过多时,国家发行公债,吸收游资一方面开发实业,容纳工人,这是于国库于国民,都是两有裨益的。反之如公债的用途,不用在国民身上,而投到国境以外去,或虽用在国内,而仅为少数人所利用,那就是国民经济全部的损失。"①又譬如,该著对于战时的通货膨胀问题表示极大的忧虑,指出:"国家施行通货膨胀,如其程度轻,货币的跌落较少,经济上自然有些轻微的良好影响,财政上亦不致感受危险。但采行这种政策,往往不知制止,反复地施行,结果货币价值的低落率远在通货膨胀率之上,财政上经费的支出,必大见增加,国家税收又必因之大减。至此财政遂陷于不可收拾的地步矣。"②《战时财政论》具有紧密联系当时中国战时财政实际的特点,并对于国民政府在财政问题上的不良现象予以批评,因而有着切中时弊的特色。

8. 罗介夫的《中国财政问题》(太平洋书店 1933 年版)

罗介夫③尽管长期从政,但非常关注财政问题,其 1933 年出版的《中国财政问题》在财政学界有重要的影响。

《中国财政问题》是一部论文集,收入罗介夫撰写的财政学的文章。该书在"自序"中写道:"财政为国家的血液、政治的基础,不惟凡百政务,非财莫举,就是一般国民的经济生活,都与财政有密切连带的关系。故国家的盛衰,人民的苦乐,恒视乎财政的能够整理与否。"④该著以中国财政问题为研究对象,重点分析和说明了战国财政贫乏的结果是"社会经济破坏无余"、人民"死于战争,死于灾荒"而"十室九空","而财政贫乏的原因,总括起来,大概有二:一为帝国主义者的经济侵略,二为军阀政治的剥削。今欲整理财政,根本上惟在打倒帝国主义与军阀政治,但必须军阀政治先行消减,使全国经费大部分用于经济建设,国内实

---

① 尹文敬:《战时财政论》,中央政治学校印刷所 1940 年 1 月初版,第 50 页。

② 尹文敬:《战时财政论》,中央政治学校印刷所 1940 年 1 月初版,第 34 页。

③ 罗介夫(1880—1938),名良干,湖南浏阳县古港㳇江村人,早年留学日本。著有《中国财政问题》等著作。

④ 罗介夫:《中国财政问题·自序》,太平洋书店 1933 年版,第 1 页。

力渐次充足,而后帝国主义者的打倒,始有可能。"①该著研究中国财政贫乏的结果与原因,揭露了帝国主义和军阀势力对中国财政所造成的恶劣影响。

罗介夫在《中国财政问题》一书中,认为财政收支必须符合这样的几个要求:"公共团体的岁出岁入,必须确实与不浮滥,且常有伸缩的余地,然后财政基础才能稳固。经常收支与临时收支,必须划分清楚。经常费不以借债的临时手段填补,临时费不以经常的租税充当,然后财政秩序才不至于紊乱。租税征收,必须以负担者的能力为标准,一切收入都是吸收社会上的游金,不至侵蚀税本,而款项支出必须为直接间接的生产费,使社会经济尽量发展,国民所得日益加增,然后财政源泉才能够丰富充足,而适应经费膨胀的要求,这是国家岁出岁入的几个根本原则。"②应该说,罗介夫提出的这几个原则还是正确的。

罗介夫在《中国财政问题》中研究了晚清及民国初年政府的田赋问题,认为随着社会经济的发展,田赋的征收亦应有所变化。在他看来,征收田赋必须以清丈为前提,然后也就必须统一税法。他说:"田赋虽已划归地方收入,惟为划一方法免致分歧起见,自当积极实行清丈,以期厘定全国地价,制定划一地价,完成全国土地整理计划。至清丈经费之筹集,则可就各地情形,斟量仿照江苏实山昆山办法,以举行田亩注册,为着手整理之第一步。又我国旧制,重于耕田,而轻于宅田,亦与赋税分配平均之原则不符,为矫正计,宣先就都会实行宅地税,此亦为改革天赋中之要著。"③但在他看来,田赋的征收应该随着社会经济的发展而变动。故而,田赋在经济发达之后,特别是在工商业发展之后,田赋的地位有所下降。他指出:"我国田赋,即各国所谓地租,为一种农业收益税。无论哪一国,当其在经济幼稚时代,地租都是占收入的大部分;其后政府经费,渐次膨胀,社会经济日益发达,而地租因其税源与课税标准不同一,其收纳额一定,毫无伸缩的余地,不能应于财政上的缓急,而增加税率,又富有资产的人民,多在商工阶级,故地租遂失其重要地位。"④从罗介夫关于田赋的论述来看,他是主张赋税的征收应该随着社会经济的发展而有所变动。

罗介夫在《中国财政问题》一书中,对于盐税、厘金及国债等也发表了看法。

---

① 罗介夫:《中国财政穷乏的原因及其结果》,《中国财政问题》,太平洋书店 1933 年版,第 36 页。

② 罗介夫:《岁出入》,《中国财政问题》,太平洋书店 1933 年版,第 67 页。

③ 罗介夫:《前清末年及北平政府的财政整理计划与国民政府的财政整理大纲》,《中国财政问题》,太平洋书店 1933 年版,第 547 页。

④ 罗介夫:《田赋》,《中国财政问题》,太平洋书店 1933 年版,第 151 页。

在罗介夫看来,盐税是恶税,本不应该征收,即使在不易废止的情况下,也应该改革盐税的征收办法,实行"就场征税"。他说:"盐税本为恶税,英美诸国,早已废止,惟为我国国家重要收入之一。一时未易遽废。为改良整理计,必须就场征税,以裕国课而利民生。"①关于厘金,罗介夫的态度十分明确,要求立即废止。他说:"厘金制度,本属前清筹饷的临时税捐,为值百抽一的税率,设立关卡,亦甚稀少。创立未久,各省继续仿行,乃变本加厉,遂至名实不符,弊害百出,不特税率有增无已,且节节设卡,物物抽税,商品不胜苛扰。"②关于国债,罗介夫原则上并不反对,但他认为发行国债须有一定的限制。他说:"国家财政,间有枯竭,不得不举行国债,苟能维持信用,则征集甚易,而周转有资。我国外债,向极紊乱,应遵国民党政纲,偿还并保证外债。以中国所借外债,在政治上、实业上不受损失之范围者为断,并召集各职业团体、社会团体、组织会议,筹备偿还外债方法。至于内债,其有确实抵押者,宜力予维持原案;无确实抵押品者,亦应设法整理,藉维信用。"③罗介夫关于盐税、厘金、国债等的看法,应该说还是有一定的积极意义。

罗介夫本人虽然不是以学术研究为终身职业,但其所著《中国财政问题》一书亦有一定的学术价值。该著有现代财政学的知识基础,试图分析国统区财政问题的原因,在一定程度上也能紧密联系当时的财政状况,因而在当时又是一部具有进步意义的学术著作。该著在中国现代经济学史上有着重要的地位。

9.《田赋问题研究》(1936)的学术思想

汗血书店于1936年出版的《田赋问题研究》(上、下)著作,是一部重要的讨论田赋问题的学术论文集,收入了当时许多学者研究田赋问题的文章。

该著分为上、下两卷,上卷收录了刘百川的《整理田赋问题之不容再缓》、朱良穆的《从社会政策上论田赋之整理》、吴一鸣的《整理中国田赋之道何在》、阎白痴的《改革田赋征收刍议》、曲兴域的《田赋问题中之税制研究》等文章,下卷收录光和的《陕西田赋现状及其整理》、韩玉书的《山西田赋之现状及整理之方案》、莫寒竹的《江宁兰溪两实验县整理田赋的经过》等文章,就整理田赋问题提出了不少的建议。

---

① 罗介夫:《前清末年及北平政府的财政整理计划与国民政府的财政整理大纲》,《中国财政问题》,太平洋书店1933年版,第547页。

② 罗介夫:《厘金废止与抵补税》,《中国财政问题》,太平洋书店1933年版,第214页。

③ 罗介夫:《前清末年及北平政府的财政整理计划与国民政府的财政整理大纲》,《中国财政问题》,太平洋书店1933年版,第548页。

　　该著提出了田赋整理是财政整理中最为重要的内容,要求对田赋整理工作引起高度的重视,特别是需要建立好的田赋制度。譬如,莫寒竹在文章中说:"在整理财政的全盘工作里,又以整理田赋为最重要。……为什么呢?第一,田赋与农民的生活发生直接关系。田赋制度的好坏,会影响农民的生活,如果田赋制度好,则农民经济可因之发展;如果田赋制度坏,则农民经济必因之阻滞。第二,田赋占地方税入总额的大部分,占极重要位置。"①又譬如,韩玉书说:"田赋是农业国之命脉,其制度好坏,影响至巨。以政府言:田亩制度不良,足以断绝其财源;以农民言:田亩制度之最大弊端,在于名目驳杂,币制不一,负担不均,行政紊乱,而吏役中饱,人民呼冤,政府贫穷,人民破产,均由此而获。整理之道,惟有合并税则,统一币制,新定税率,改善田赋上之行政组织,严密田赋上之行政事项等等,才可收效。"②也有学者认为,田赋的整理是以税制改革为前提,否则就很难取得实质性的效果。曲兴域在文章中指出:"我国农村经济之日就崩溃,人民生活日趋穷困,田赋之紊乱与税制之失平,实不能辞其咎。政府只有对此紊乱失平之税制,加以彻底整理与改进,方可平人民之负担,树地方财政之规范,开农村经济复兴之门,又只有税制改进之成功,田赋整理工作始克完成。地籍之整理,不过为整理田赋之初步,而税制之改进,实为整理田赋之重心。"③阎白痴在文章中也认为征收制度是田赋整理的中心,应该把征收制度的改进作为重点:"整理田赋之中心问题,尤为征收制度之改进焉。平心言之,目前我国田赋之征收,实尚不能称为有何制度,盖依实情觇之,一般田赋之征收,因地因时因人而异,大有所别,毫无一定之准据,纵极恶劣之制度,亦必不若是也。故与其谓之为'改革'征收制度,莫如直谓为'树立'征收制度之较妥切而符实际也。"④

　　该著中的不少文章也提出了田赋整理的办法,例如,莫寒竹提出的办法是:"第一,应改粮银两数为法币。因为粮银两数,全是沿袭几百数十年传留下来的旧数目,其银两数与地亩数是否符合,姑且不论,而现在征收时是一律收纳现币,

　　① 莫寒竹:《江宁兰溪两实验县整理田赋的经过》,《田赋问题研究》(下),汗血书店 1936 年 8 月 1 日版,第 272—273 页。
　　② 韩玉书:《山西天赋之现状及整理之方案》,《田赋问题研究》(下),汗血书店 1936 年 8 月 1 日版,第 244 页。
　　③ 曲兴域:《田赋问题中之税制研究》,《田赋问题研究》(上),汗血书店 1936 年 8 月 1 日版,第 169 页。
　　④ 阎白痴:《改革田赋征收刍议》,《田赋问题研究》(上),汗血书店 1936 年 8 月 1 日版,第 232—233 页。

徒给经征人员一种左折右舍,上卷下就,坐收中饱之特种权利,如改银两为法币数,既省手续上折合之麻烦,复有使乡民一目了然之利益。第二,应整理田赋册籍。因为田赋册籍,亦系千百年前旧有的东西,所载田赋数目,与现在地亩实数,准确与否,自不无疑问,应采取有效方法(清丈地亩)使其真正符合,详造田赋清册,使为田赋整理工作之基础。第三,应改按亩征税为按价抽税。田赋旧制,纯系以田亩开科为原则,其科则相沿至今多有不适于实在情形者。有极肥沃土地,而科则为最低下者;有最跷瘠之田亩,而科则反为极高。如能将按亩征税旧制,取消科则,改为按地价抽税,以田价买卖之高低为标准,则绝无事实不相符合之弊端。第四,应增加正赋,取消附加税。欲使正赋增加,除去举办土地陈报,现在还是没有什么较好的办法。……只要不违反中央饬办土地陈报,将增收税项,首以之减轻民众负担之规定,以之抵补附加税捐,民众既实受其益,且境内亦可无逃赋之地。"①又如,朱良穆提出好的赋税制度的标准问题,认为政府"当考虑国民经济全体的利益,非但不可侵蚀国民的生活费,尚须培养国民的担税力",故而政府"须估量贫富阶级不同的担税力,从人民的纯利润中提取部分的所得,使富有者不觉担负之重,而贫乏者受政府服务之惠"②;亦即政府应该"站在社会政策的立场上,不独要普遍地减轻一般的田赋,同时酌盈补虚,调剂民富的差异,平衡地主与佃农的担税力,平衡城市与农村的责任",故而政府必须遵循这样几个原则:"(一)担税力高的多出赋税;(二)不劳利得多出赋税;(三)城市的宅地与农村的耕地分别课税;(四)就地问粮;(五)不可课及最低生活费。在这种原则下,吾则从两方面来改革:(A)制度的改革;(B)征收方法的改革。"③再如,吴一鸣提出整理田赋问题的"标本兼治"之策,认为"治标"与"治本"之策只有"同时兼顾,方可不致顾此失彼之弊",故而在"清丈为治本之正本清源方法"的同时,"改良征收制度,土地之调查陈报,土地税之推行,均须兼程并进"④。

　　《田赋问题研究》(上、下)是一部专论田赋问题的学术论文集,反映了一

---

　　① 莫寒竹:《江宁兰溪两实验县整理田赋的经过》,《田赋问题研究》(下),汗血书店 1936 年 8 月 1 日版,第 299—300 页。

　　② 朱良穆:《从社会政策上论田赋之整理》,《田赋问题研究》(上),汗血书店 1936 年 8 月 1 日版,第 90 页。

　　③ 朱良穆:《从社会政策上论田赋之整理》,《田赋问题研究》(上),汗血书店 1936 年 8 月 1 日版,第 94 页。

　　④ 吴一鸣:《整理中国田赋之道何在》,《田赋问题研究》(上),汗血书店 1936 年 8 月 1 日版,第 136 页。

些代表性学者对于田赋问题的关注。该著对于当时严重的田赋问题提出整理的建议,尽管不能从根本上解决田赋问题,但在当时的经济学界还是有一定影响的。

(二) 金融学学科的发展

金融学在现代中国成为一门比较成熟的学科,是有许多前驱者为之奠定基础的,梁启超等人的努力可谓功不可没①。民国初年,孙中山对金融问题亦有所关注②。现代中国的金融学研究取得了重要的进展,出现了一批具有代表性的学术专著。主要有:王效文、孔涤庵的《保险学》(商务印书馆 1926 年版),王志莘的《中国之储蓄银行史》(新华信托储蓄银行 1934 年版),王乘志的《中国金融资本论》(光明书局 1936 年版),李达的《货币学概论》(1937 年完稿),杨荫溥的《杨著中国金融论》(黎明书局 1937 年版),章乃器等的《中国货币金融问题》(生活书店 1937 年版),朱斯煌的《银行经营论》(商务印书馆 1940 年版),沈雷春主编《中国金融年鉴》(文海出版社 1939 年版),马寅初的《通货新论》(1945 年),彭迪先的《新货币学讲话》(生活书店 1947 年版)、林良桐的《社会保险》(正中书局 1947 年版)等。以下试就几部代表性著作,作简要的介绍:

1. 王效文、孔涤庵的《保险学》(商务印书馆 1926 年版)

王效文③等所编《保险学》为中国第一部保险学教科书,马寅初及吕岳泉为之作序。马寅初在序言中说:"吾国向无所谓保险学,有之,自本书始。"吕岳泉在序中强调了保险的意义,指出:"保险,备之尤备者也;于物,则有水、火、兵戈;于人则有人寿、婚嫁、教育、立业。营物者,遇意外而不患丧亡其代价;养生者,遭不测而无虞瞻顾其身后。是故保险制度既行,而后人事万殊,皆有归纳。归纳者,有所备耳。人尽有备,而社会以之安宁。社会安宁,国家焉得不强。欧洲各

---

① 梁启超在 1914 年曾写有《银行制度之建设》的文章,专门探讨银行制度问题。参见《饮冰室合集》"文集"之 32 卷,第 12 册,中华书局 1932 年版。

② 参见《复中华实业银行代表函》(1913 年)(《孙中山全集》第 3 卷,中华书局 1982 年版,第 77 页)及《在广州中央银行成立典礼的言说》(1924 年)(《孙中山全集》第 10 卷,中华书局 1986 年版,第 542—543 页)等文章。

③ 王效文(1893—?),原名王显谟,浙江黄岩人。毕业于北京大学法科经济系。解放前,曾任教于吉林法政学院、浙江法政专门学校、河南中山大学(现河南大学)。新中国成立初期,先后在中央政法干部学校、中央财政干部学校任教,同时兼任中国人民保险公司专门委员。主要著作有《保险学》、《中国保险法论》、《保险法释义》、《火灾保险》等。

国,雄视寰宇,概括言之,即谓保险事业之大效,亦不为过。还顾我国,下上交梦,进行之迹,瞠乎人后。迩以感受环境之逼迫,空气之鼓汤,遂亦勉策驽钝,追随进取。外人乘机,以远大之目光,谋发展其东亚政策,以其先进之具,捆载来华;而盛行世界之保险事业,遂逐步注之吾国人之心理,乃有一部分人投资于保险公司,然其感应,仅侧及于有产阶级,中人以下,仍漠然无所觉也。"全书共分四编,为寿险、水险、火险、法律。该著出版后在保险界引起很大反响,作为新学制高级商业学校教科书。1932年10月第一次修订出版,1934年10月第二次修订出版。修订本将原书第四编的法律部分,分散于各编之中,另增"总论"一编于书首,起提纲挈领作用,故仍为四编。

王效文等在《保险学》中,对于保险学的各方面内容作了较为全面的说明。譬如,该著阐发保险的强制性质,认为这是保险与储蓄相比的一大特点,同时也是胜于储蓄的地方。该著指出:"保险之胜于储蓄者,盖储蓄不能强迫,即有志储蓄,而亦难免有始无终。或则中途死亡,或则猝遭急需,所储挪移他用,惟保险制度平日按期缴费,非期满不能提取保金,无形中实含有一种强制性质,其足以养成国民勤俭之美风自尤较宏大。"[1]又譬如,王效文等在该著中,对于保险制度在经济上的意义给予说明:"保险制度,就经济上言之,危险非因保险而全灭,亦非因保险而减少保险以后与保险以前,其危险之程度犹是,所不同者,因危险所生之损失,平均于多数人之间而有轻减其痛苦之效耳。是则此制度之裨益人群也至巨。"[2]再譬如,该著还从消极与积极两方面说明保险对于投保者以及社会生活的巨大影响,认为保险事业实际上有助于确立社会的信用制度。该著说:"保险制度,从消极方面言之,固足使投保者心神安堵,无踌躇彷徨之虞,而从积极方面言之,更能增高个人对于社会之信用。"[3]作者的看法,"唯有保险之制,危险发生后,赔款即可恃为替代之财产",故而保险在欧美乃是"极寻常之事"。在这个意义上,保险乃是"社会之一种信用制度"。

王效文等的《保险学》虽是教科书,但同时也是一部开创性的学术著作。该著对保险的性质、保险制度在经济上的意义及对社会生活的影响等作了较为全面的解读,对于人们全面地认识保险及保险制度有着重要的意义。

---

[1]　王效文、孔涤菴:《保险学》,商务印书馆1926年版,第25页。
[2]　王效文、孔涤菴:《保险学》,商务印书馆1926年版,第23页。
[3]　王效文、孔涤菴:《保险学》,商务印书馆1926年版,第25—26页。

2.王志莘的《中国之储蓄银行史》（新华信托储蓄银行1934年版）

王志莘[1]是现代中国的金融家,中国证券市场建设的先行者,其所著《中国之储蓄银行史》专著,曾由多位银行家或社会名流作序。这些序文高度评价储蓄在社会生活中的地位,同时亦反映了作序者的银行经营理念。唐寿民在"序"中说:"人无远虑,必有近忧。储蓄者,远虑之所致也。盖人孰不欲裕生事,利后嗣,其勤劳所得,遂不得不节有余以防不足,或利用余资以扩大其效用,又或此蓄彼用,周转融通,各尽所能而共享其利。社会经济遂亦日即于演进。此殆自然趋势,古今中外皆然也。若夫经济状况,类皆变动不居,所以储积而利用之者,亦不得不随时势而变迁。"[2]宋汉章在"序"中说:"文明人之目光远,思虑周,能审未来之趋势,能作事前之准备。储蓄事业即其一端。故储蓄银行者,人民之金库,社会之会计师也。其任务不但注意人类生产的经济行为,尤当注意人类消费的经济行为。"又说:"储蓄事业,社会事业也。社会事业之发达,必其关系此事业之相对两方平均发达而后可。譬诸航海,苟无帆船,无轮船,虽有乘风破浪之壮志,何得而伸,于以知储户有待于银行。譬诸铁路,苟无旅客,无运客,虽有风驰电掣之汽机何所于用,于以知银行有待于储户。有储户以雄厚银行之能力,有银行以运用储户之资本。欲发展社会,两者不分轻重。"[3]张公权在序中说:"储蓄银行非恃主持得人,处理事变,有过人之才识;对于投资,有精密之研究;具朝乾夕惕之毅力;怀归深履薄之戒心,必至捉襟见肘,败象立见。抑尤有进者:储蓄银行吸收多数平民之资金,代表一部民众之实力;则其投资在安全及有利条件外,更应负开拓社会事业之使命,以谋平民福利为目标;而后储蓄之效能始著,固不仅按期还本给息,即可谓已尽裨益社会能事也。"[4]陈光甫在序中说:"储蓄事业,为社会事业之一种,其经营之方法,在集合社会之零星之游资,而运用于生产及

① 王志莘(1896—1957),原名允令,上海人。现代中国的金融家、教育家。早年就读于南洋公学,后就读于国立东南大学(1949年更名南京大学)。后赴美国留学,于1925年获哥伦比亚大学银行学硕士。同年回国,执教于上海商科大学;并参与中华职业教育社,担任《生活》主编,兼教于中华职业学校。新中国成立前,曾任江苏省农民银行总经理、新华信托储蓄银行总经理,并创办中国国货公司、中国国货联营公司、中国棉麻公司等企业,1946年发起成立上海证券交易所,出任首任总经理。解放后,曾任上海市金融业同业公会副主任、中国银行常务董事及财经出版社副社长等职。著有《中国之储蓄银行史》等著作。

② 唐寿民:《唐寿民先生序》,王志莘:《中国之储蓄银行史》,新华信托储蓄银行1934年版,第17页。

③ 宋汉章:《中国之储蓄银行史·序》,新华信托储蓄银行1934年版,第1—2页。

④ 张公权:《中国之储蓄银行史·序》,新华信托储蓄银行1934年版,第14页。

建设之途径。故其功效,足以提高社会之道德,增进国民之福利,促成经济之繁荣,鼓励文化之进步,于国家于人群,举有莫大之贡献。以视一般以营利为目的之企业,固不可同日而语,即以商业银行而言,其社会之意义,亦远不足与储蓄银行相比肩也。"①又说:"如何而推广内地之储蓄? 如何而增加储蓄之总额? 如何而减低存款之利率? 如何而改进资金之运用? 如何推进储蓄之教育? 凡此种种,均为今后储蓄机关之所应努力以从事者。而原其本末,求其先务,则鄙见以为尤在各储蓄银行之切实团结,通力合作,而后成效乃有可观。诚以储蓄事业,系一个之社会事业,欲完成此项事业,决非一二储蓄机关所能为力,而要在集合全体之力量,而推动之,促进之,始克有济。若由各个储蓄机关,单独进行,则力量分散,所补殊微。甚或以从事于无谓之竞争,其相互之力量,且相消相杀,而卒归于无。故鄙见以为我国之从事于储蓄业者,诚欲使此项社会事业,日趋于发扬光大,必须首谋团结合作,而后可以事半而功倍。"②陈健庵在序中说:"尝推其所以不能之由,盖有二端:曰,习惯自培养,未得其法,及资金之运用未尽其利也。但顾吸收存款,而不择吸收之手段,不得谓为培养得法。但图运用资金,而不问用途之当否,不得谓为用尽其利。二者互为因果,存款之吸收不得其法,则资金之运用必入歧途。反之,资金之运用不得其当,则存款之吸收必愈趋险境。"③上述各序有着共同点,这就是都强调储蓄事业乃是一项社会事业,故而其经营及其功能不同于一般银行,不能纯粹地以获取利润为目的,要尽可能地发挥其社会功能,以增进国民的福利。

王志莘的《中国之储蓄银行史》在梳理"储蓄银行"发展历程的过程中,高度重视储蓄事业在增进社会道德水平中的作用。该著说:"是以储蓄事业实为提高社会道德,扶植社会安宁之利器也。矧财货之为物,分散则失其用,积聚则广其利,储蓄事业吸收社会锱铢之资,聚而充扶助实业,福利社会之用,裨益于国民经济者甚大。从此可见,储蓄事业洵为极重要之社会事业。百余年来各国积极推行,至今日成为经济组织中之重要部分者,职是故也。"④该著在当时的银行史研究中有一定的影响。

3. 王乘志的《中国金融资本论》(光明书局 1936 年版)

王乘志的生平不详。王乘志在《中国金融资本论》一书中提出从整个的中

---

① 陈光甫:《中国之储蓄银行史·序》,新华信托储蓄银行 1934 年版,第 5 页。
② 陈光甫:《中国之储蓄银行史·序》,新华信托储蓄银行 1934 年版,第 6—7 页。
③ 陈健庵:《中国之储蓄银行史·序》,新华信托储蓄银行 1934 年版,第 19 页。
④ 王志莘:《中国之储蓄银行史》,新华信托储蓄银行 1934 年版,第 397 页。

国社会经济的角度研究中国金融的思路,认为不能就金融而研究金融。该著指出:"对于中国金融业的研究,倘使只为了了解它的业务,这意义显然是很微小的。中国金融业不过是构成中国社会经济的一份子,一个小的部门,它和整个社会经济是有极密切的关系的。中国社会经济的特质可以反映在金融业里面,而研究中国金融业的最大欲求,也正是为了从这一方面去更深刻的认识中国社会经济的全体。"①正是基于社会经济视域研究金融的理念,王乘志强调金融制度的完善、金融组织的健全及货币制度的发达,根本上取决于中国的国民经济基础。他就货币制度建设问题,提出了这样的看法:"要使货币制度健全,金融组织严密,必须先使国内产业发达,国民经济基础巩固。中国货币制度之不健全,金融组织之不严密,是因为产业衰落,农村经济破产,以及中国政治、经济、文化等都处在次殖民地地位之故。倘使中国农村经济恢复,农村出产原料能供国内消费之用;倘使工商业发达,金融繁荣,则中国经济丰富,因而对外信用健全,自然可以增加本国经济统制力量,减少外人的操纵。因之国内存款和现银可以集中本国银行,而不致大量流入外商银行,倘使金融变动时,本国银行自可左右一切,把本国经济引导到有利的阶段,而不会任外人之支配,无法阻止;即遇此次现银出口之特殊情形,倘欲获利,则售银所生之利可归自有,倘欲禁止,只消一令,便可了事,而前述防止现银流出之方案,皆能生其实效。"②王乘志有着强烈的爱国主义思想,对于外商银行在中国的恶劣影响进行了深刻的揭露,指出:"外商银行因为资本的雄厚和在中国的悠久的历史,实际上统制着中国新兴金融机关的银行和旧式金融机关的钱庄,它们一手抓住在中国穿西装的金融资本家,一手抓住穿长袍马褂的金融资本家,利用这二位服装整齐、彬彬有礼的富翁,来支配全中国的金融界,间接的吸收中国大众的血液。"③在中国金融资本投资的方向上,王乘志主张金融资本应投资到生产事业上,发展社会生产力,积极地服务于社会经济事业,并希望中国金融资本能够建立其自己的组织,摆脱外来资本的束缚。他说:"目前,中国金融资本应该尽可能的少投资于非生产事业上面,如公债、地产、军事建设——而应多向产业及农业方面发展,这就是说,银行应该拿他的资本最大限度的去发展生产力,作一番改善生产关系的预备工作。换句话说,就是发展资本主义的生产要素,同时改变资本主义的生产关系。但是,希望中国

---

① 王乘志:《中国金融资本论》,光明书局 1936 年版,第 2 页。
② 王乘志:《中国金融资本论》,光明书局 1936 年版,第 218 页。
③ 王乘志:《中国金融资本论》,光明书局 1936 年版,第 64 页。

金融资本担当根本改革中国经济机构的大任,是痴愚的设想。我们只能说,只有先改变中国金融资本的现存形态,才能于新中国经济建设有利。同时,中国金融资本,不要依赖外资扶助,而应该从国际金融资本的支配中解放出来,树立'自主'的金融组织,发展生产事业,这样,才是中国金融资本的出路。"①王乘志主张中国的金融资本"从国际金融资本的支配中解放出来",并要在改变生产关系方面发挥作用,这是具有创造性的学术主张。

4. 李达的《货币学概论》(1937 年)

李达在 20 世纪 30 年代写作了《货币学概论》一书,是中国马克思主义经济学史上最早系统地阐述马克思主义货币理论的一部专著,标志着中国学者以马克思主义为指导的货币理论研究进入一个新的阶段,同时也是中国马克思主义经济学走向深入的一个重要里程碑。

李达的《货币学概论》一书写作于 1934 年,至 1937 年基本完成书稿。1949 年 7 月,上海三联书店将《货币学概论》作为"新中国大学丛书"之一出版。于是,这本重要的马克思主义经济学著作从完稿到出版历时 12 年,才得以与广大读者见面。

《货币学概论》具有严谨的结构体系,贯穿着马克思主义货币理论,并结合资本主义经济危机所带来的金融恐慌、通货膨胀和金本位体制崩溃的现实进行了发挥。该书共九章,依次为"货币的本质"、"货币的机能"、"各派货币学说"、"信用与信用货币"、"资本主义的货币体制"、"金融恐慌与货币流通"、"世界货币的运动与汇价"、"通货膨胀"、"金本位的崩溃"等。从该书的体系来看,写作的目的是明确的,即"发扬《资本论》中的经济和货币理论"②,因而该书以马克思主义经济学理论为指导,依据马克思的《资本论》和列宁的《帝国主义是资本主义的最高阶段》以及斯大林关于资本主义经济危机的论述来进行设计。从该书的学术指导思想及该书的结构体系来看,该书是中国学者运用马克思主义的经济学理论特别关于货币的理论,构建的比较成功的货币学理论体系。

李达的《货币学概论》一书坚持马克思主义的矛盾统一性的原理,从事物相互间的联系入手,运用抽象的思维能力由货币的现象透入货币的本质,将货币的分析与商品运动的分析紧紧联系在一起,揭示了货币与商品运动的内在联系。

---

① 王乘志:《中国金融资本论》,光明书局 1936 年版,第 50 页。
② 尹进:《李达〈货币学概论〉的写作前后及出版的伟大意义》,《经济学评论》1991 年第 5 期。

在李达看来,货币现象是极其复杂的,其本质并不是直接浮现在表面,因而不能用感性的认识去把捉它,所以"为了要把捉他的本质,就要运用抽象的思维能力,在货币的诸现象之中,把捉其一般的、统一的东西,必然的联系"。李达指出:"货币诸现象中的一般的、主要的、统一的东西,必然的联系,就是商品与货币或货币与商品的联系。在这一点,我们可以说,货币的现象,就是商品与货币及货币与商品之联系的运动形态或运动的联系形态。货币的本质、自己运动的源泉,就存在于商品与货币及货币与商品的运动的联系之中。⋯⋯我们从商品与货币间的这类联系的运动,再深入的考察起来,就可以看出货币是商品与商品相交换的媒介,而货币的运动,通过商品的运动而实现,成为商品运动的结果。所以就商品——货币——商品的联系的运动,在其全面的统一的联系上考察起来,结局归着于商品——商品的联系的运动。⋯⋯而商品与商品,是互相矛盾,互相对立的。商品间的这种矛盾或对立,通过货币而形成为统一,而暂时得到解决。所以货币的运动,由于商品的运动而发生,而成为商品的矛盾的运动形态。因此,货币的本质,它的内的矛盾、自己运动的源泉,必须在商品之中去探求。即是说,要探求货币的本质,必先分析商品开始。"[1]李达从商品本身入手来分析货币的本质,这是因为他看到现代社会之中,商品是现代社会的细胞,商品已经成为现代社会所固有的、最单纯的、最普遍的、不断重复的现象。在李达看来,就现代经济学与货币学的学科关系来看,由于商品已经成为现代社会的细胞,因而也就成为研究现代社会发展法则的经济学的"始点";而货币学是现代经济学的重要组成部分,在于表现现代社会的发展法则,"所以货币学的研究,也必然的从商品的分析开始,去探求货币的本质、内的根据,追寻由于商品的运动而形成的货币的运动及其法则,借以表现出现代社会经济的发展法则。"[2]李达从货币的现象到本质的推移、从货币学与经济学的关系等方面,说明了商品是现代社会的细胞,货币学必须从商品开始,货币的本质必须在商品运动中来寻找,这是完全符合马克思主义经济学的根本要求的。

李达的《货币学概论》有许多新颖的观点。譬如,李达强调货币具有阶级性,认为货币在历史上的各种阶级生产关系中扮演着特殊的作用,这实际上也"说明货币在各种社会中的阶级的作用"。李达指出,货币在古代就具有阶级性,"当社会的生产物至少有一部分转变为商品,而货币随着商品交易的发达而

① 《货币学概论》(1937年),《李达文集》第3卷,人民出版社1984年版,第517页。
② 《货币学概论》(1937年),《李达文集》第3卷,人民出版社1984年版,第518页。

发展其种种的机能时,高利贷资本、商业资本就能够存在,此外不须有其他的条件";而高利贷资本"它寄生于各种生产方法之中,使生产方法穷乏化。它不使生产方法发展,反而使它麻痹。它使各时代的小生产者或直接生产者俯伏于它的权力之下,听它宰割。这是货币的阶级的作用之表现形式。"在封建时代,"货币的作用,能使一方没落,使他方富裕,这是货币的阶级性。……货币原是由商品经济所组织了的社会的劳动的生产物。这样的货币,在货币经济中,变为特殊阶级征服其他阶级的重要武器。"突出的是,"货币的阶级性,在现代资本主义社会中,表现得异常明显","占世界人口最大多数的勤劳大众,都被资本家手中所有的货币征服着";而"货币这东西,在社会主义国家中,现时也还存在着。不过社会主义国家中的货币与资本主义国家中的货币,其性质全不相同,并且货币之阶级的作用,又具有另一种意义。"①李达关于货币阶级性的论述是非常有见地的。

　　李达在《货币学概论》中具有独到的研究方法。譬如,对货币形态的萌芽问题,李达是从"价值形态的发展与货币的发生"的问题探讨介入的,显现出独特的研究思路。李达分析了价值的现象形态、相对价值形态与等价形态,然后分析"价值形态之发展与货币之关系",说明了"单纯的价值形态"、"扩大的价值形态"、"一般的价值形态"等问题,从而为分析"货币形态"奠定了牢固的经济学基础。李达认为,"单纯的价值形态就是货币形态的萌芽",他的依据是:"从单纯的价值形态到扩大的价值形态,从扩大的价值形态到一般的价值形态时,都显现了本质上的变化。但货币的价值形态,除了金代替羊采取了一般的等价形态一点外,它与一般的价值形态并无差异。……金曾经当作商品,与其他诸商品相对立,所以现在当作货币而与一切商品相对立了。金也曾经和其他一切商品一样,发生过作用,后来渐渐的在或小或大的领域中,去尽一般的等价的机能了。金在商品界的价值表现上一旦独占这种地位时,就变为货币商品;在它成为货币商品的瞬间,货币形态才与一般价值形态发生区别,而一般的价值形态就推移于货币形态了。"②这种从价值形态来研究货币形态的思路,是很有学术见地的。再譬如,李达在研究货币机能时,一方面注意到货币各种机能(职能)的内在联系,另一方面又紧紧地扣住其与"商品生产关系"。他在分析了货币的各种职能后指出:"货币的这些机能,虽然互相区别,同时却又互相关联,互相制约,一方的机

---

① 《货币学概论》(1937年),《李达文集》第3卷,人民出版社1984年版,第608—614页。
② 《货币学概论》(1937年),《李达文集》第3卷,人民出版社1984年版,第538页。

能,基于他方的机能而成长而发展。这一切机能,都以商品及其内在矛盾的发展为基础而发展。货币的各种机能的关联与相互作用,表现出商品生产关系的各方面的关联与相互作用。流通手段的机能,以价值尺度的机能为前提(因为商品之现实的交换,包含着价值的测定),储藏手段的机能,直接从流通手段的机能发生;另一方面,储藏货币是流通的贮水池。但货币的储藏又是价值的体化物的储藏,所以储藏货币又是以价值尺度的机能为前提。至于支付手段的机能,又以其他一切机能——商品评价时的价值尺度、债务移转时的流通手段、债务支付准备的储藏货币——为前提。所以货币的诸机能的互相关联,表现出商品生产关系的各方面的互相关联。"①李达从货币的演进历程、货币在社会中与商品生产的内在关系上来分析,在研究方法上体现了历史唯物主义的根本要求。

5. 章乃器的《中国货币金融问题》(生活书店 1937 年版)

章乃器②等所著《中国货币金融问题》是一部有关金融学问题的学术论文集,其中有些文章如《工商业金融问题研究报告书》、《对于增加筹码问题之意见》等,为章乃器、杨荫溥、张肖梅等合著。该著虽是集中地研究金融问题,但并不迷信金融能够解决经济上的重要问题,相反,却认为金融问题的总解决,并不在金融范围之内,而是在于"民族解放"这个政治问题的解决。如该著说:"我还要重复的申言:解决中国金融问题,决不是就金融以言金融所能成功的。假如一旦我们到了碰壁的时候,究竟应该是积极的鼓动勇气,去解决更基本的民族解放问题呢,还是以小废大,迁就了目前而牺牲了前途? 这是我们必须要牢牢记着,而且刻刻不忘的一个问题呀!"③

章乃器从学理上说明金融在社会经济生活中的地位,并就"金融"一词的含义予以细致地辨析。在他看来,金融的地位如何,应该在"日常生活的范围"中加以考量。他指出:"金融问题是经济学上比较不易了解的问题,然而,也正和经济学上其他的问题一样,都逃不出人们日常生活底范围。人们对于自己生活条件底内容往往是忽略的;也并不是忽略,而实在因为那范围太大了——包括社会科学底全部和自然科学底一部,研究透彻并不是容易的事。但是,研究经济问

---

① 李达:《货币学概论》(1937 年),《李达文集》第 3 卷,人民出版社 1984 年版,第 601—602 页。

② 章乃器(1897—1977),原名埏,字金烽,浙江青田人。著有《章乃器论文选》、《中国货币论》等。

③ 章乃器:《币制改革后金融政策之重估》(1936 年 1 月 1 日),《中国货币金融问题》,生活书店 1937 年版,第 259 页。

题而能够由眼前的日常生活中的事例去体会,便可以容易得着门径。"①这里,章乃器高度重视金融在社会生活中的意义,并主张在社会的日常生活中来体验金融的重要地位,这就指出了研究金融问题的一条可行路径。对于金融的含义,章乃器是通过对"金融"一词的解读来说明的:

> 金融底意义,在"金融"一语中,可以得着很明白的解释。"金"是一种坚硬而固定的物质;而"融"是融化流通的意义。这坚硬固定的金,要使他变成融化的流通的状态,这就是金融底作用。……"金"何以能"融"? 这有赖于"信用之火"底燃烧。但有时"信用之火"烧得太猛烈了,融化的金腾沸洋溢,反而要浇灭了"信用之火";跟着,融化的金也冷却而结冻了。这就是信用过度膨胀成了恐慌底现象——就所谓资产的结冻。……所以"金融"底重要意义,是要金钱融化流通;而顶顶要不得的就是呆滞结冻。②

章乃器对于金融产生的历史予以考察,并在这种历史性的考察中分析金融对于国内工商业的支配地位及将"国家威力"延伸国外所起的巨大作用,从而说明金融与资本主义经济发展形态之间的密切关系。他指出:"在资本主义发展到最高形态的阶段,金融资本不单是在国内支配了工商百业,在国外也负着夺取市场,伸展国家威力和稳定殖民地和半殖民地治权的重大任务。它——金融资本——对外攻略的方案,一面要在国内树立起来一个国际金融市场,而别一面,要在国外取得许多殖民地和半殖民地国家底货币权,——甚至有许多后进的独立国家底货币权,也可以相对的给它一些控制,这样,一个金融帝国就可以建立起来,而使帝国主义进一步的完成它的发展。"③针对国际金融资本的威力,章乃器认为我们必须发展金融资本,从而发挥"金融的自卫力量"。这里,"说到金融的自卫力量,第一是要能够应付国际收支逆势的打击;第二是要能应付别国军事的攻袭。"④

章乃器认为中国金融业处于"病态"之中,主要的还是因为"信用筹码之不善运用",这固然事出有因,但所造成的影响极为巨大。他分析道:

---

①　章乃器:《怎样研究中国底金融问题》(1936 年 4 月 1 日),《中国货币金融问题》,生活书店1937 年版,第 360 页。

②　章乃器:《当前的金融问题》(1935 年 3 月),《中国货币金融问题》,生活书店 1937 年版,第281 页。

③　章乃器:《英美在华的货币战争》,《世界知识》1936 年 4 月 16 日。

④　章乃器:《金融恐慌中金融制度的演变》(1935 年 7 月 1 日),《中国货币金融问题》,生活书店 1937 年版,第 299 页。

吾国目下金融体系之病态,与其归咎于支付筹码之不敷周转,毋宁谓为信用筹码之不善运用。分析言之,则一为短期资金市场中信用筹码之缺乏,二为长期资金市场中信用筹码之畸形发展,三为金融制度之缺陷,未能运用现代信用筹码以造成资金有系统的循环。……因此种种病态之存在,致近十年来,信用迭次扩张,而所造成者,仅为证券及地产事业畸形投机之发展。其后信用紧缩,则工商业横受其祸。吾人回忆民国十八九年间,信用扩张,达于极度;而其显著之结果,仅为地价飞涨,房租腾贵;人民感生活高昂之压迫,而工商业之发展,则卑不足道焉。近之若去年五月间,沪埠存银,达空前之记录;而工商业资金窘迫,破产迭见,其形势与今日较,恐亦不过百步与五十步之差而已。凡诸事实,均足证明吾人如不于信用筹码上痛下工夫,则支付筹码,即令增加,工商业亦未见能受其利益也。①

章乃器高度重视金融体系中货币制度和信用制度的地位,认为"货币制度由紊乱而趋于统一,为民族进化必经之途径;信用制度由对人信用以进于对物信用,在进于票据及证券信用,为国民经济发展一定之程序"。正是缘于对货币制度和信用制度的高度重视,章乃器对于当时中国的金融状况给予了客观的评价,希望中国在信用制度建设上下功夫。他在与杨荫溥、张肖梅合著的《工商业金融问题研究报告书》中指出:"中国金融年来最大之进步,为废两改元以后,长江下游币制之统一。此种进步,必须加以保持。而中国金融目下之缺点,则为由对人信用进于对物信用之后,即成停滞不前之局;证券信用之发展,仅为偏向财政证券(公债库券)之畸形发展。此为无可讳言之事实。但此种因果,亦多为环境使然,殊不能认金融界应独负其责也。夫求本身事业之安全,为金融工商百业之所同。然金融业一面固须负扶持工商业之重任,而一面受存款人托付之重,亦应筹谋其安全。金融贵乎流通,而资金之贷放,则为金融界自身之利益。金融业只须安全得所保障,自身资金,无复呆滞之忧,固决无不乐于贷放之理。故创造信用工具,使银行得可以贷放资金之对象,使逗留于对物信用之金融制度,迅进于票据及证券信用:则不特一时的足以救济目前之恐慌,更可永久的树立国民经济的宏模。"②章乃器将信用制度视为金融制度中的重要环节,认为"金融制度之进步,于力量集中周转灵活中见之;而信用制度之进步,则端在化呆滞为流通。虽

① 金国宝、章乃器、骆清华等:《对于增加筹码问题之意见》(1936 年 8 月 1 日),《中国货币金融问题》,生活书店 1937 年版,第 366 页。

② 章乃器、杨荫溥、张肖梅:《工商业金融问题研究报告书》(1936 年 3 月 14 日),《中国货币金融问题》,生活书店 1937 年版,第 361—362 页。

然，所谓进步云者，仍须以国民经济之改进为前提。"①章乃器的看法是，信用制度对于金融业的发展有着极端的重要性，解决金融业中资金的流通问题，尤其需要有资金的"回流"，这当然以金融业的信用制度为前提，因而扩张信用为必要的条件，这对于金融业与工商业的共存与发展关系尤大。他在"研究报告书"中指出："然以目下经济危机而言，则能流通之外，更须其能回流。盖金融之于经济界，犹之血液之于人身；停血固为大患，流血亦可丧生。循是以言，则信用扩张之方向，更须加以必要之条件：即信用扩张之结果，消极的须能减少资金之外流，积极须能刺激资金之内溢。若是，则在目下情形之下，信用扩张之对象，必须为国货工业即运销土产之商人。外货能减少一分之需求，土产能增加一分之输出，则现银即可减少一分外流之危机。故国货工厂须求其因信用扩张而能增加生产，土产须求其因信用扩张而不至停滞。如是，则金融业放出资金，结果仍将回流于金融业；既不致金融基础之再现动摇，而反可以增加金融业之营业。金融业与工商业共存共荣之形势，于是告成。"②应该说明的是，章乃器强调信用制度的建设，就在于他认为当时中国的金融业力量不够强大，金融组织不健全，缺乏应有的实力，因而也就必须加强金融业的能力并发挥其作用，这对于应对经济危机是极为迫切的。他在与金国宝、骆清华等合著的《对于增加筹码问题之意见》中，表达了强化金融业实力的期待："就目下情形而论，倘金融业能一致提供其实力，市面恐慌，几可旦夕缓和。然金融业之所以不能概然出此，亦有其不得已之苦衷。其一、则金融业向工商业通融之后，孰能再为金融业通融？倘后盾不具，则金融业一旦自身缺乏资金，势成坐毙。其二、则金融业尽量通融之结果，市面弛缓，外货乘机大量输入。姑无论金融业有限之实力，决不足以应此无限资金之外流，抑亦甚非国家之福。吾人欲解决此二问题，则积极的必须健全金融组织，造成一伟大的金融中心势力，以为金融业之后盾与金融周转之枢纽，使金融组织之本身，先能系统的循环；消极的更须使此循环中之货币，不至因国际收支之不能适合而大量外流。必如是，金融业乃能完成其有机体的循环作用，而尽其在国民经济体系中应有之任务。"③章乃器将信用制度建设及信用扩张的手段作

---

①　金国宝、章乃器、骆清华等：《对于增加筹码问题之意见》(1936 年 8 月 1 日)，《中国货币金融问题》，生活书店 1937 年版，第 371 页。

②　章乃器、杨荫溥、张肖梅：《工商业金融问题研究报告书》(1936 年 3 月 14 日)，《中国货币金融问题》，生活书店 1937 年版，第 359—360 页。

③　金国宝、章乃器、骆清华等：《对于增加筹码问题之意见》(1936 年 8 月 1 日)，《中国货币金融问题》，生活书店 1937 年版，第 369—370 页。

为取得资金回流的重要根据,其目的在于谋求金融业与工商业之间的共存与协作的关系,发挥金融业在社会经济生活中的作用,从而克服业已出现的严峻的经济危机。

章乃器联系中国金融业当时的状况,阐明了信用制度建设需要解决的问题。在他看来,纠正金融业整个的信用制度,不仅需要改革金融业的放账制度,而且也需要研究现行的工商业财务制度,重点解决"工商业者资金之结冻"问题。他指出:"欲补救短期资金市场之缺陷,其问题不仅为金融业放款制度之如何改革,而为整个信用制度之如何纠正。盖就现况而言,金融业固尚逗留于原始的放账制度之下,工商业何独不然?且正因工商业不知利用票据以代替放账制度,金融业乃有欲贴现而无票可贴之苦,而短期资金市场中,乃至不知信用筹码为何物。此不良信用制度所造成之恶果,则为工商业者之资金,因放账制度而变成呆滞的账面债权。工商业者资金之结冻,转嫁于金融业而成为金融业账面债权之结冻。结冻之转嫁,既又深种恐慌之内因;一遇外来之诱因,恐慌自必急剧爆发。当其时也,金融业则因原有债权之结冻,而不愿更予工商业以通融;工商业一面受债权结冻之痛苦,一面复遭金融业拒绝通融之打击,实力薄弱者势惟出于倒闭,基础稳固者亦力难再事放账,而仅能收缩范围,以现买现卖政策维持营业。资金结冻与信用停息,辗转相寻,而恐慌遂成无法解救之局矣。"①章乃器还认为,应该以辩证法的观点及发展的眼光来看待金融信用制度问题,因而也就需要具有正确的理念,这特别需要加深对"票据信用"的理解,实现由对人的信用到对物的信用、再到票据信用的转变。他说:"由对人信用和对物信用到票据信用,这是辩证法的发展。票据包含人和物的因素,然而是在更进步的方式之下开展出来的。对人信用是钱庄所标榜的营业政策,然而,时代思潮已经把这种政策冲洗了——世界恐慌怒潮不断的攻袭,使工商业者财产发生急剧的变化——衰落,单纯的对人已经谈不到信用了。票据所以比较的可靠,是因为它是依交易而发生的,除了人的信用之外还有商品授受的事实做背景;银行不但是可以考察票据债务人的信用,还可以考察贴现人的营业。它要取原始的对人信用而代之,是没有疑问的。"②自然,章乃器也不是仅将信用制度建立在理念上,相反,他特别重视制度建设的极端重要性,要求基于金融业的事实及其实践活动,来建立稳固

① 金国宝、章乃器、骆清华等:《对于增加筹码问题之意见》(1936 年 8 月 1 日),《中国货币金融问题》,生活书店 1937 年版,第 366—367 页。
② 章乃器:《金融恐慌中金融制度的演变》(1935 年 7 月 1 日),《中国货币金融问题》,生活书店 1937 年版,第 308 页。

的现代信用制度。他说:"同一信用卖买也,循旧式放账制度,则呆滞立现;而一改为票据承兑,即可变呆滞为流通矣。此种技术的改进,表面上区别几微,而涵义则甚远大。……吾国金融业目下固亦有甚多之放款,徒以忽于技术的改进,呆滞者遂未能变为流通。同人之意,以为吾人欲建立现代的信用制度,惟有就下列三点,推行上述现代的信用筹码:甲、以承受公司债票方式代替目下之厂基押款;乙、以银行承兑汇票代替目下之动产押款;丙、以商业承兑汇票之贴现代替目下之信用放款。"①章乃器主张建设金融业的信用制度,需要在研究工商业状况、更新理念、制度建设等方面着力,这是很有见地的。

章乃器在银行管理方面提出了诸多建设性主张,主要表现在这样几个方面:一是主张发挥国家银行的示范和引领功能。在章乃器看来,银行业之所以能发挥作用并形成金融体系,就在于有着国家银行的存在,故而也就需要充分地发挥国家银行的特殊作用。关于国家银行的独特优势,章乃器指出:"国家银行之所以能成为银行之银行,不单是靠着伟大的资本,而更重要的靠着发行纸币和经理国库的特权,这种特权的行使,可以使它集中民间的现金;而普通银行准备金之集中,它除了行使特权以外,还要履行任务。倘使一个国家银行仅仅不过是运用特权,集中资金,以博取丰厚的利润,它就不配称银行之银行。换句话说,国家,就不应该赋给它以特权。特权赋给的条件,就是任务的负担——负担坚实金融组织和稳定金融市场的重大任务。"②二是反对"金融统制"。在当时,不少人主张"金融统制",并认为通过"金融统制"就可以解决严峻的财政问题。章乃器对于这种观点给予严肃的批评,认为所谓"金融统制"在本质上就是掠夺。他指出:"所谓金融统制,一面是表示资本主义是在作最后的挣扎,另一面是表示资本主义国际间矛盾的尖锐化。货币本来是物价的标准,它应该是很尊严的'综览中枢,万流景仰'。货币而要把自己膨胀或者收缩起来去迁就物价,那在我们的孔子看来,已经是在'王道式微'的时候了!货币之所以能为物价的标准,就是因为它的数量的稳定。货币的非分的膨胀或收缩,要扰乱物价的平定,那本来已经是现制度的病态。而目下的所谓金融统制,可说是病态的运用。身体小而衣服大,自然的方法只有把衣服改小,而目下的通货膨胀政策是要用吹气的方法使身体大起来,以求适合衣服。这刚刚是'削趾适履'的方法。这样的人为方法

<hr />

① 金国宝、章乃器、骆清华等:《对于增加筹码问题之意见》(1936 年 8 月 1 日),《中国货币金融问题》,生活书店 1937 年版,第 372 页。

② 章乃器:《金融恐慌中金融制度的演变》(1935 年 7 月 1 日),《中国货币金融问题》,生活书店 1937 年版,第 293 页。

能够收效吗？"①三是不同意"金融业的国营"。在章乃器看来，在中国当时的制度之下，中国的金融业还是应该采取私营的办法，因而他不同意"金融业的国营"主张。他指出："有人以为我们不妨实行金融业的国营：在我认为是有问题的。其一，就纪律方面讲，一个国家在未能废除私有财产制以前，产业国营往往是便于少数人的'上下其手'，而成为舞弊、营私、中饱的渊薮。这种情形，就在政治比较上轨道的先进国家，都要感到'形势日非'的苦闷。何况是我们呢？其二，就人才言，政治人物对于本身的行政组织和官署管理，都还是十分的落后，那里能有余力接办私人产业？假如收归国营之后，依然还是要邀请工业界人物去管理，那国家又何必负此重责，多此一举？所以我认为在保持现有社会制度的条件之下，普通银行业务，是只有让私人经营的。在严整的分工分级系统之下，尽量的利用现有的机构，是目前最适宜的办法。"②章乃器关于银行管理方面的论述，可以说集中地指向当时中国金融业的问题所在。

章乃器对于改革币制问题也给予了高度的关注，但他认为金融问题不能专就改革币制一方面着手，并且改革币制也是有相关条件的。当时，学术界有人对于币制改革抱有高度的热情，甚或认为币制改革即可解决经济上的所有问题。这是一种"货币迷"的态度，是货币万能论的重要表征。章乃器反对货币万能论，对这种"货币迷"的态度不以为然，他正告这些人："高估了货币的作用，或者提出货币问题来抹杀更根本的问题，我们自然应该反对。然而，我们也不是说货币的改革完全没有意义。为了农民和民族工业的利益，我们应该减低币价以提高物价，为了进出口贸易相对的平衡，我们也需要抑低汇价以限制输入刺激输出，在国防的意义上，我们也许还需要使上海的存银，变成海外的存款。不过，这种种的作用，都是一时的。倘使没有一个强有力的国策做中坚，把中国民族由侵略和剥削中间解放出来；那末，这一注强心针的作用，便成为'苟延残喘'的结果。"③章乃器不是一般地反对币制改革，他认为币制改革必须坚持民族本位的政治立场，不可"以货币的殖民地化换取改革的美名"，同时还要在经济关系中来看待币制改革问题，不可将货币视为经济中"唯一重要的因素"。他指出："倘

---

① 章乃器：《中国金融统制论》（1933年8月10日），《中国货币金融问题》，生活书店1937年版，第263页。

② 章乃器：《币制改革后金融政策之重估》（1936年1月1日），《中国货币金融问题》，生活书店1937年版，第258页。

③ 章乃器：《各派币制改革论之评价及批评》，章乃器、钱俊瑞等：《中国货币制度往那里去》，新知书店1936年版，第99页。

使对外国际上没有问题,对内有稳健的控制而不至一发不可收拾,我并不反对币制的改革。不过,改革币制而忽视了国际间对于中国货币权的争夺,甚至不明白目下虚金本位变了质的事实,而不惜以货币的殖民地化换取币制改革的美名,我是不敢赞同的。还有,货币固然是经济界中一个重要的因素,然而绝对不是唯一重要的因素。倘使只顾到货币问题,或者认为解决货币问题就可以解决一切,而把其他的经济的和政治的因素都忽略了,那就不是货币专家的态度,而成为'货币迷'的态度了。"①章乃器以"对外"及"对内"两个视域来看待币制改革,自然也就要求以这两个视域来看待货币改革问题。在章乃器看来,既然要进行改革币制,那就需要设计一个理想的货币,这个理想中的货币在对外方面应该具有独立性,而在对内方面则应该是统一的。他指出:"我以为我们理想中的货币,不但对外要有较高度的独立性,对内还要能够全国统一。但是,后一种任务,就甚难完成。中国币制的紊乱,固然是由于封建势力的存在;但是,近年来农村金融的枯窘,甚至货币几乎绝迹;这种现象实在要使封建方式的货币,格外无法扫除。人民缺乏了善良的货币做交换媒介的时候,不良的货币也可以迁就点行使了。"②章乃器认为,币制改革的目的应该是经济的而非财政的,假如仅从财政需要上来进行币制改革,就会造成积重难返的通货膨胀局面。对此主张的理由,他解释道:"我为什么说币制改革的目的,必须是经济的而不能是财政的呢? 因为,为财政而膨胀通货,必然不可能有标准,必然要成为滥发纸币。纸币发行愈多,则币值愈跌——即物价愈涨,国家支出,随而膨大;因此不能不再增发纸币,而成互为因果、积重难返之势。这对于币制和金融,固然是一种毁灭,而对于消费大众的剥削,尤其是残酷。"③章乃器是反对从财政角度进行币制改革,反对通过膨胀通货的办法来解决财政问题。他的这一主张在《中国货币制度往那里走》一书中,也有集中的表达:"币价抑低的程度,似不宜于过大;否则物价暴涨,要使人民生活,感受重大的压迫。而在改革币制的过程中间,财政上应该利用自然的善果,努力平衡预算,而不能以通货膨胀为财政膨胀的手段;否则财政膨胀要成'积重难返'之势,而国家信用动摇的结果,币制改革要

---

　　① 章乃器:《金融恐慌中金融制度的演变》(1935 年 7 月 1 日),《中国货币金融问题》,生活书店 1937 年版,第 313 页。

　　② 章乃器:《中国货币的前途》(1935 年 9 月 10 日),《中国货币金融问题》,生活书店 1937 年版,第 227 页。

　　③ 章乃器:《金融恐慌中金融制度的演变》(1935 年 7 月 1 日),《中国货币金融问题》,生活书店 1937 年版,第 292 页。

成为失败。"①章乃器对于货币金融问题发表了诸多的主张,他本人曾有如下的概括:

> 我近年来对于货币金融问题的意见,归纳起来,主要的大概不出下述的几点:

> 第一,货币问题是中国的一个重要问题,然而决不是中国的基本问题。中国的基本问题,是民族解放问题。中国民族如果能够取得解放,货币问题的解决,是不成问题的。在民族未取得解放以前,我们固然也应该对付货币问题;然而,一部分学者的"货币第一主义",和"货币中心主义",认为货币问题解决,民族就可以得着出路,或者甚至以为我们可以用零零碎碎解决枝节的方式,代替整个的民族革命,那是十分错误的。

> 第二,我们在目下要解决货币问题,如果是向着币制统一和货币权独立的方向努力,对于民族解放是有相当的意义的——至少,它能扫除一些民族革命的障碍物。譬如,废两改元运动,就已经把许多封建性的以地方行会势力为基础的计算货币消减;在历史上,是有相当的地位的。否则,假如反而使我们的货币进一步的依赖别人,甚至做了别人货币政策下的俘虏,那是万万要不得的。

> 第三,我们讨论改革币制的时候,还得顾虑到一个半殖民地的国家不完整的国权。象统制货币、统制兑汇、统制金融,以至整个的统制经济,在一个失去了政治和经济壁垒、门户洞开的中国,是不容易谈的。内部政权的割据,自然也要使一切统制不能收效。

> 第四,我们假如一定要改革币制,我们万不能马上投入任何的货币集团。否则,在这英美日三国权力从事争取中国货币权的时候,投入英镑集团,必然要使日美不满,而要引起外交上的重大纠纷。投入其他货币集团亦然。

> 第五,因为中国国权的低落,我们改革了币制之后,也不能希冀得到别国改革币制所能收得的利益。譬如,逃避资本之复归、市场利息的下降、经济上一时的昭苏、以至预算的平衡,在中国都不能存着过大的希望的。

> 第六,中国膨胀通货,如欲使工商业能受其利益,我们必须先把金融市场中的两大机构——短期资金市场和长期资金市场——健全起来。因此,

① 章乃器:《各派币制改革论之评价及批评》,章乃器、钱俊瑞等:《中国货币制度往那里去》,新知书店1936年版,第102页。

我主张推行票据承兑和贴现,使短期资金市场现代化;同时推行股票和公司债票,使长期资金市场——证券市场——国民经济化。否则金融市场中的机构不健全,通货膨胀的结果,就只有引起又一个公债和地产投机的高潮,造成又一个危害国民经济的虚伪繁荣:那是万万不能再有的。①

章乃器是现代中国的一位具有强烈的爱国主义思想的金融家,其爱国主义思想同样体现在他的学术研究成果和政论文章之中。譬如,章乃器对外资有这样的态度:"我们并不是笼统的反对外资,然而不能无条件的欢迎外资。接受外资的主要条件,便是帝国主义锁链的解脱。在帝国主义的政治、军事势力的支配下,借用外资来进行建设,或者让帝国主义用政治、军事的力量,来保护外人在华产业的经营,那都是殖民地化的一条死路;我们为了民族的生存,是不能不反对的。"②又譬如,章乃器将"抗敌救亡"的政治目标与财政金融问题联系起来,指出:"我们应该即刻取消'无限制买卖外币'的条文,我们应该管理汇兑,我们应该公然的提出抗敌救亡的口号,用战时全国人民总动员的手段,保证管理汇兑的成功。中国只有在抗敌救亡的意义之下,可能结合成功一个坚强的民族经济阵营,可能造成一个完整的民族经济壁垒;也只有坚强的民族经济阵营,可能保护一个民族经济壁垒,假如漠视民众的力量,不知道用民众的力量去组织一个民族经济阵营,我们即使把民族经济壁垒移到'堪察加'去,结果也免不了敌人的威胁。"③章乃器的这部《中国货币金融问题》的著作,同样是洋溢着爱国与民主的思想,始终坚持民族本位的政治立场,立足于中华民族的独立与解放,并将金融问题置于经济问题及整个的经济运行系统之中,凸显了金融与经济、政治及社会生活的关系。该著关于金融业的信用制度建设、银行管理、币制改革等问题的分析,是在现代金融学的视域之中,并有针对性地提出了诸多的创新性的见解。该著在中国现代金融学史上有着重要的地位,是现代中国经济学界一部重要的学术名著。

6. 朱斯煌的《银行经营论》(商务印书馆 1940 年版)

朱斯煌是我国著名的经济学家、金融学家,其所著《银行经营论》是一部很有分量的金融学专著,在现代中国的学术史上有着重要的地位。

朱斯煌的《银行经营论》主要研究银行经营问题,但对于钱庄的历史地位也

---

① 章乃器:《币制改革后金融政策之重估》(1936 年 1 月 1 日),《中国货币金融问题》,生活书店 1937 年版,第 243—245 页。

② 章乃器:《当前的财政金融问题》,《大众生活》1937 年 2 月 15 日。

③ 章乃器:《当前的财政金融问题》,《大众生活》1937 年 2 月 15 日。

给予了相当的重视,分析了钱庄在近代中国的演变,总结其经验教训。该著指出:"总之钱庄在我国金融史中,实占重要之位置,往昔庄票之信用,莫与比伦。半由当时钱庄势力之盛,半亦由于钱庄合伙人负连带无限责任为后盾。但近年以来,钱庄每因营业不慎,归于失败,合伙人真正尽连带无限责任者,百不得一。致人民对于钱庄信用,不如从前之坚。为钱庄之合伙人者,凛于责任之过重,或退股解散,或另谋改组。是以论者有谓钱庄已成强弩之末。恐将渐归于淘汰。良以现代金融事业,非应用新法,具有世界眼光者,难于成功。自银行崛起,进步奇速,钱业固步自封,望尘莫及。按之天演公理,钱庄自难立足于今日之世。然而银行之营业,失于过板,钱业通融较易,资助工商,匡补银行之不逮。在我国金融组织中,实不容此中坚分子之丧失。惟是钱业内部之组织,与业务经营之方法,诚不可不加以改进也。"①这里,朱斯煌从经营角度说明,一方面说明钱庄在当今的必然命运,但另一方面也承认钱庄在连带责任、信用及灵活性等方面的优势。

朱斯煌在《银行经营论》中开宗明义地揭示银行在社会经济生活中的地位,通过就银行产生历程的考察,阐明了银行在社会经济中的作用。在当时的学术界,有人因为重视银行在经济生活中的作用,所以就认为银行是"万能",但也有人认为银行的作用无足轻重,所以认为银行与社会经济相比只能处于"寄生"的位置。朱斯煌不同意这两种极端的看法。在朱斯煌看来,银行与社会经济之关系是密切的,但也不能因此就认为银行处于"寄生"的地位或"万能"的地位。事实上,银行与社会经济之间的关系,是一种"互相为用,互生因果"的关系。该著指出:

> 银行者,商业组织之一种,银行不能离其他农工商业而独立,农工商业不能无银行而繁荣,故银行与社会经济,必有密切之关系。当人类之初生,生活简单,……更无所谓银行也。其后交易开始,犹不过物物之交换,亦无所用于银行也。又其后有货币为交易之媒介,物物之交换,进而为货币之交易,于是需要妥善之处所,以贮藏此交易之媒介,及其他贵重之财物,于是银行之基,造端于此,然尚未臻于发达之域也。再进而欲望渐增,生产大进,交易愈繁而愈远,于是金融之周转调节,为生产事业所不可或缺之要素,而银行事业因以发达。由此可知银行之产生与发展,全随社会经济之进步而递进。社会经济有银行之需要,银行方得以产生。社会经济觉银行有重要之

---

① 朱斯煌:《银行经营论》,商务印书馆 1940 年版,第 17 页。

效用,银行方得以发展。故我曰银行事业,不能离其他农工商业而独立。然而银行一经发达,操金融之枢纽,执工商之命脉,农工商业之盛衰,虽不能全以银行为关键,然一部分亦视银行调度之得失。故我又谓农工商业,亦不能无银行而繁荣。银行与社会经济之关系,其密切如此。……然一般对于银行之观念,或曰银行完全为社会经济之附庸,或曰银行为社会经济之主宰。前者视银行为寄生,后者视银行为万能,实则两种皆误银行与社会经济之关系矣。要之银行与社会经济,互相为用,互生因果,银行固非寄生,银行亦何尝万能。银行之基础,必立在社会经济之上,而银行亦能推动社会经济之益加进步。明乎此,庶可知银行在社会经济之地位,及其与社会经济真正之关系。①

朱斯煌在《银行经营论》中对于银行经营的相关问题进行探讨,阐明了创新性的观点。譬如,朱斯煌认为银行是作为信用机关而存在的,既然是信用机关则必须有其信用的依据,这个依据就是银行的资本。换言之,所谓银行的信用乃是以其资本为前提的。他指出:"银行为信用机关,而信用以资本为后盾,故通常言银行信用之优劣,恒视其资本之大小为标准。虽非可以一概而论,然资本大小者,对于银行顾客之保障,自较确实。是以《银行法》、《储蓄银行法》关于资本数额,规定綦详。尤于银行股东董事监察人之责任,特别加重。《公司法》中对于股份之证券转让等事,亦均有明文规定,所以保股权而明责任也。"②又譬如,朱斯煌对于银行业务,提出了创新的"被动"说,认为银行业务虽有其自主性的一面,但在根本上并不能主动,并且这种被动"非谓不倒翁式之被动,乃为钟锤式之被动"。这一见解,在银行学上可谓独树一帜。他说:

　　作者以为银行之业务,皆为被动。夫受人信用,如存款发行及汇出汇款等事,全赖社会之信任,其为被动业务,固彰彰明矣。即就放款而言,虽银行可以自主,然必待社会有资金之需要,登银行之门而告贷,银行方能放款。银行之放款,必经种种之考虑,惟考虑之周密,始觉放款之不易。商人欲借款者,银行未必肯借与;银行肯借与者,商人未必欲告贷。试观年初开业,银行每派人员,分赴所识之殷实商家,递送透支凭折,……此银行与人以透支也,何其难若是哉?盖商家借用银行之款,当负担利息,借款而可用以生利,

① 朱斯煌:《银行经营论》,商务印书馆 1940 年版,第 1—2 页。
② 朱斯煌:《银行经营论》,商务印书馆 1940 年版,第 69 页。

则借款方称合算。而所借之款，能否生利，则视生产之情形如何。而生产之丰歉，又当视乎市面商情之盛衰。是以当市面兴盛之时，工商群谋发展，需用资金，而银行放款乃易，放款数额，因以增大。值市面衰落之秋，……银行之放款不易，放款数额，因以减缩。若谓银行放款，因可自主，即为主动，则当工商不景之时，凡营业失利，周转不灵，需款孔亟，告贷无门者，正不知多少，何以银行放款之难，抑至于此？岂非银行放款之难易增减，全以社会对于资金正当需要之有无多少为转移，虽允贷拒贷，银行自有主张；而放款途径之广狭，岂银行能自主哉？然则放款业务，非被动之业务而何？放款如此，押汇贴现，亦事出一例。然而所谓银行业务之被动，非谓不倒翁式之被动，乃为钟锤式之被动。……钟锤之动，固出于人之推动，是被动也，然一经推动，则自强不息，天下人事之动止，且视钟为司令矣。然则钟锤之被动，非绝对之被动，银行亦犹是也。银行放款之胀缩，固视市面境况之优劣，然值市面衰落之时，银行亦应行适当之政策，……藉以策励市面之复兴，使社会对于资金正当之要求，渐次增进。当市面兴盛之时，往前过急，回落亦速，银行又应为适当之政策，……藉以警告市面，……不致酿成恐慌，连带影响于银行之营业。惟银行又如此之机能，故银行非绝对之被动。然银行之所以实现此机能者，无非欲长保市面之平安，增进社会对于资金之需要，藉以维持及扩展银行放款贴现押汇等业务。总之银行之一切业务，无社会之需要，而不克发展，岂非银行之业务皆为被动之性质？惟社会之需要，银行当设法以促进之耳。[1]

朱斯煌的《银行经营论》是一部以创新观点研究银行问题的专著。该著以现代金融理论研究银行的经营问题，对于银行与社会经济的关系、银行信用问题、银行业务问题等皆作出创新性的说明，提出具有独特性的学术观点。朱斯煌本人曾留学美国，系统地接受现代金融学的知识，通晓现代金融学的发展趋势，有着现代知识学的基础和从事学术研究的素养，同时又注重中国长期以来钱庄在社会经济生活中的作用，故而立论既有理论思维的高度、又有着立足于我国金融业发展实际的特色。朱斯煌的《银行经营论》在中国现代金融学史上有着重要的学术地位。

---

[1]　朱斯煌：《银行经营论》，商务印书馆1940年版，第113—114页。

7. 沈雷春主编的《中国金融年鉴》(文海出版社 1939 年版)

沈雷春①主编的《中国金融年鉴》作为一部年鉴性质的著述,具有保存金融资料、推进金融研究的作用。姚庆三②在该著的"序"中说:"吾国古昔,狃于正其谊不谋其利之诫,士大夫不特以言利为讳,抑且以言利为耻,故专门之金融著述,可谓绝无仅有;惟自司马子长之《史记》出,历代史书类有食货一志,虽古人行文,多重简赅,编制体裁,未合时宜,但论其性质,实为金融年鉴之滥觞也。民国以来,阳羡贾士毅氏首著民国财政史,永嘉徐寄庼氏继著上海金融史,虽资料或不限于金融,或仅宥于一隅,而按其内容,实已具金融年鉴之规模矣。降至近年,国人治学治事渐知注重统计,故年鉴之辑,乃如雨后春笋,蓬勃蔚为奇观。金融为经济之命脉,其现象错综复杂,牵涉甚广,尤不可无年鉴加以爬梳剔理,俾得穷其真相,窥其趋势。"③这里,姚庆三高度评价了编制金融年鉴的意义,实际上也是对沈雷春工作的充分肯定。

沈雷春对于"金融"一词有着明确的界定:"金融一名词,虽素乏明确之说明,但吾人沿用日久,已成为一确定之经济上名词矣。盖就字义而论,当系指金属物之融通而言,与通货具有同样意义;因吾国自有货币史以来,均采铁铜银等为通用之货币,而上例各种,固均包含于五金之内也。因此,狭义的金融之定义,可直接解释为货币之动态;如货币之发行、储藏、积聚、分散、交换等行为是。而广义的金融定义,则应包括决定货币存在与价值之国家财政,以及附丽于财政而足以直接影响货币价值之国际贸易,并直接受货币价值影响之物价在内。"④

沈雷春在《中国金融年鉴》中对于保险事业有诸多的论述,不仅揭示了保险

①　沈雷春,浙江人,杭州之江大学文学专业毕业,曾任浙江《东南新闻》主笔。检索相关资料可知,沈雷春主编有《中国保险年鉴》(中国保险年鉴社 1937 年版)、《中国金融年鉴》(文海出版社1939 年版、中国金融年鉴社 1947 年版)、《中国战时经济法规汇编》(与陈禾章共同主编,世界书局1940 年版)等,著有《中国战时经济建设》(世界书局 1940 年版)、《中国战时经济志》(与陈禾章、张韵华合著)等。从沈雷春的著述来看,主要研究领域在经济学、金融学、保险学等学科,比较重视研究资料的积累和整理。

②　姚庆三(1911—1989),浙江宁波人。1929 年毕业于复旦大学,随后留学法国,毕业于巴黎大学最高政治经济系。归国以后曾任国民经济研究所研究员,后任上海金城银行总管处分行经理。主要著作有《财政学原论》、《金融论丛》、《现代货币思潮及世界币制趋势》等。

③　姚庆三:《中国金融年鉴·序》(1938 年 12 月),沈雷春主编:《中国金融年鉴》,文海出版社1939 年版。

④　沈雷春:《中国金融年鉴之意义及其内容·代序》,《中国金融年鉴》,文海出版社 1939 年版,第 1 页。

业在金融界的地位,而且对于保险业的经济事业性质及其运行机制给予了重要的说明。沈雷春对于保险业的经济事业性质予以说明,强调保险是事后的经济补偿。他说:"所谓保险者,非保证危险之必然发生,亦非保证危险之必不发生,盖危险之发生与否,如火灾等,无人能预先知之;即如各人之生命将于何时死亡或不死亡,亦无人能预知之。要知保险系一种经济事业,仅能保证投保人于投保之标的或标的物发生危险时,对其所遭受之经济损失,予以相当之赔偿而已。就个别之保险事件观之,保险公司之业务,殆似一种赌博。然公司之保险业务,并非以一人或一所房屋为限,其受保之数额往往极巨,因有多数之投保者,其情形遂与单平均律之支配,一之投保者绝然不同。宇宙间大数现象,有一定法则,即平均律是也。凡个体现象极不规则者,倘有多数个体存在,即得受而成一有规则之现象。而保险业之计算保险费,盖即以平均律为依据者也。"①自然,沈雷春也认为,保险业作为一项经济事业也具有投资性质,故而也就关顾到投资的效益性。他说:"保险公司乃积集保险人者之保险费,而代为执行之保管机关,……俾在此期间,保险业者得依其危险之所示,而将保险金逐渐支付,同时使其余之资金,有相当之固定,可作长期之运用。故保险业对于投资之确实性,应予重视,同时复须避免投资之集中,应用危险分散之法则,以零碎增加,难免失去确实性。财产保险危险发生,则保险金立须支付,所以投资为现金化,寿险为长期契约,故适宜于长期之投资。由此观之,保险业在金融界之地位,亦可窥见一斑矣。"②关于保险这一金融组织产生的经济缘由,沈雷春指出:"银行为调剂社会盈虚之经济组织,而信托事业,尤为适合时代需要之新兴产物,故在国民经济之基础上,均据有重大之威权。保险系包含银行与信托之成分而又别具一格之社会福利组织,与银行信托事业,自有其不可分离之关系在,在欧美各国之保险经营者,所以大都为金融家与企业家也。我国金融业有鉴于斯,乃集合其雄厚之资财,以之经营保险事业,因而我国金融业之基础,遂益形巩固,而保险事业,亦因之而有开展之望。"③关于保险这一金融组织的形式及其功能运作,沈雷春指出:"保险与信托,乃同以信用为要素之金融组织也。故信用之确立,实从事于此项事业者所不应忽略之事件。因要保人于投保人身或财产险于公司之后,其人身或财产之经济价值,已完全托赖于公司之手,公司之是否殷实,——即公司信用之是否稳固,

① 沈雷春:《中国金融年鉴》,文海出版社 1939 年版,第 131 页。
② 沈雷春:《中国金融年鉴》,文海出版社 1939 年版,第 131 页。
③ 沈雷春:《中国金融年鉴》,文海出版社 1939 年版,第 21—22 页。

当为要保人所极端注意者;所以保险者对于足能加强本身信用之措施,自须予以深切之认识。原公司加强信用之措施,不外节省营业费与健全投资方法两种,但节省营业费只为消极之行为,仅所以减轻被保险者对于浪费其利益之疑虑;而投资方法之稳健,始为使被保险者增加信赖之唯一方法。"①在沈雷春看来,中国保险业的发展有着人为的因素,故而他对于一年来的保险业发展有这样的评价:"我国保险业之在不断的进展中,确系事实,但所谓进展,决不是社会进程中之必然现象,而为经营者心力之报酬;是保险业在人事上之进展,所以远胜于数字之进展以上也。明乎此,则我侪可以获得一种概念,即一年来我国之保险业,乃在逆流行舟之状态中,苟非弩驭者之悉力以赴,必将有退而无进,故我保险之得有进展,我人决不能因其迟缓,而忽视其本身之努力,以及外界推进之功。"②沈雷春关于保险业的研究,有助于推进保险业的发展及研究工作的深化。

8. 马寅初的《通货新论》(1945年)

马寅初的这部《通货新论》出版于1945年,是一部创新性的金融学研究专著。

马寅初在《通货新论》中探讨了信用制度与货币的关系,为金融信用理论的研究提供了新的思路。一般人以为,是黄金维持着信用制度,尚未认识到信用本身的作用。马寅初则认为,除了黄金可以维持信用,信用也可以维持黄金的价值,这就体现了以"信用制度"为研究对象的理念。他指出:"吾人皆知黄金可以维持信用制度,鲜知信用制度亦足以维持黄金之价值。金本位时代,黄金之所以有价值,因黄金在信用制度上有大量之需要。假定纯粹信用制度一旦确立,使黄金在货币上之需要全然消失,仅有艺术上之用途,其价值吾知必为之大灭,其不低于白银之价值者几希。"③正是基于以信用制度为研究对象的理念,马寅初就信用与货币的关系进行学术的梳理,阐明两者的区别。他指出:"信用与货币(Credlt and Money)本属不同。最狭义之货币,指实值与面值相等之本位货币而言。金本位国家惟金币为货币,银本位国家则视银本位币为货币,辅币已略带信用成分。钞票与存款通货皆视为信用工具。在英美信用发达之社会,则钞票多视为货币,货币之意义较之前说已略为扩充。存款通货则仍视为信用范畴。惟

---

① 沈雷春:《中国金融年鉴》,文海出版社1939年版,第20—21页。

② 沈雷春:《中国金融年鉴》,文海出版社1939年版,第30页。

③ 《通货新论》(1945年9月),《马寅初经济论文选集》上册,北京大学出版社1981年版,第56页。

无论如何,货币与信用显然不同,固可得而言也。普通信用制度之下,必须有准备,如对钞票则有法定标准率,对存款大都均有习惯上之安全准备率。"①马寅初研究信用与货币的关系,就在于说明信用本身并不就是货币,信用有着自身的演进特点,从而凸显信用的自主性一面,这当然也就说明信用亦有其流弊之所在。对此,他举例说:"当工厂添雇工人时,工人之工资大多皆由工厂垫付。工厂则多借自银行,银行或给与钞票,或准用支票支用。通货日多,故足演成通货膨胀之结果。信用之扩大,可无限境,故通货之膨胀,亦无止境。反之,信用可以无限收缩,故通货亦可无限紧缩。此为信用之流弊。"②在马寅初看来,尽管信用本身亦有其流弊,但随着现代社会的发展,信用将不断扩张,并将出现各种"信用工具",这乃是一个必然的趋势。他指出:"现代经济进步,国家信用,均甚发达,金币仅为通货中之一小部分,其大部分则皆以信用工具代之。信用工具之最要者,为钞票与支票。德法等国盛行钞票,英美二国则盛行支票。有钞票者,无条件可以使用;用支票则必须先在银行有往来之存款,故往来存款亦为通货之一部分。无论钞票或存款,皆为银行之负债。银行为维持信用,无论对于钞票或存款,均须有相当之准备金,以备钞票之兑现,或存户之提现。各国对于钞票之准备率,法律皆有明文规定,多数国家均在百分之四十左右。……钞票所以必须规定准备率者,所以使钞票持有人较存户有更确实之保障,减少无辜受累之痛苦。就一般言,无论为钞票或存款,准备率之高低,须视一国信用发达之程度而定。信用程度高者,准备率可低,反之则高,无非为保全金本位之条件,不得不然也。"③马寅初关于信用制度的研究,确立了信用在金融体系中的独立性地位,这是对金融理论是一个重要的贡献。

马寅初对于货币本位问题进行创造性的研究,认为货币本位需要有其必需的条件,金本位是这样,银本位也是这样。关于金本位存在的条件,他指出:"实行金本位之条件,亦犹银本位之条件,最要者厥有三点,即:1. 金币之自由铸造与销毁;2. 金币之自由兑现;3. 金币之自由输出入。盖为维持金本位币之实值与面值相等,非具备此三个条件不可。倘金币不能自由铸造,则金币与生金之价

---

① 《通货新论》(1945 年 9 月),《马寅初经济论文选集》上册,北京大学出版社 1981 年版,第51 页。

② 《通货新论》(1945 年 9 月),《马寅初经济论文选集》上册,北京大学出版社 1981 年版,第53 页。

③ 《通货新论》(1945 年 9 月),《马寅初经济论文选集》上册,北京大学出版社 1981 年版,第40 页。

值,将生差别。金币不能自由兑现,则金币与纸币之价值,将生差别。金币不能自由输出入,则金币之国内价值与国外价值,将生差别。苟缺其一,均足使金本位之名实不相符也。"①在马寅初看来,世界上的货币本位已经变动的趋势,可谓是今昔异观:"欧战之前,各国竞相采用金本位。与其牺牲外价,不如牺牲内价。现在则竞相放弃金本位,管理通货。与其牺牲内价,不如牺牲外价。"②对于世界性的货币本位变动的这一趋势,马寅初从学理上给予了解释和说明:

> 金本位时代,钞票与存款皆须以黄金作准备,钞票直接兑取黄金,存款通货(Deposit Currency)则可间接兑取黄金。如存户先以支票支取钞票,再以钞票向中央银行兑取黄金,所以钞票之面值,始能与金币之实值相等。倘钞票停止兑现,钞票之价值立即下跌,存款之价值亦随之下跌。故钞票与存款之价值皆系于黄金,黄金之权威极大,故有比之为王(King)者。今日情形则大变。各国皆已放弃金本位,采用不兑换纸币与支票为流通工具。黄金则被摈斥于货币本位(Demonetized)范畴之外。黄金之地位与其他货物无异,一切货物之价值皆以通货决定之,黄金之价值亦为通货所决定,并无特异之地位,何昔尊而今卑,地位之相去一至于斯耶!在昔日人人皆视黄金有独立之价值,以其具有种种之美德,如值大体小,光彩夺目,硬度适中,品质均匀,分合自如等,经长期间之试验,而得最后之胜利,成为货币本位之本位,一若出于自然,独立发展,非人力所能左右。人类惟有坐视其支配,故爱之敬之,惟恐不及。现在人人对于黄金之思想,已大大改观。知黄金之价值非为独立固有者,实为人人需要之结果,其价值实由人类需要反射而来者(Derived)。人人皆欲使用黄金为货币,故黄金之价值日贵。苟人人皆能摈弃黄金而不用,则黄金未尝不可视为粪土。故黄金之价值可由人力左右。在纸本位之下,各国苟能操纵黄金之需要,欲多则多,欲少则少,盈亏消长,全在人为,则黄金昔日之权威,自然堕地矣。故黄金与通货之关系,今昔异观。昔日通货受黄金之支配,通货之价值视黄金准备之有无多寡为转移。今日则黄金受通货之支配,黄金之价值,可以人力操纵之,欲高则

---

① 《通货新论》(1945年9月),《马寅初经济论文选集》上册,北京大学出版社1981年版,第39页。

② 《通货新论》(1945年9月),《马寅初经济论文选集》上册,北京大学出版社1981年版,第51页。

高,欲低则低。①

马寅初认为,金本位地位的丧失,在根本上是源于其本身的缺点,这就是其"价值不稳固"。其结果就是,使得物价忽高忽低,从而影响社会生活。他说:"金本位制在货币历史上,虽较任何其他货币之本位为优,然仍有其缺点,即价值不稳固是也。忽高忽低,变动不已。黄金价值高,即物价跌,黄金价值低,即物价涨。物价跌之结果,企业家首蒙其害,其他如债务人,进口商人,政府等皆处不利地位。反之,物价涨之结果,则消费者首蒙其害,债权人,出口商等皆受不利影响。夫贵有货币者,以其能为交易之媒介与价值之尺度。为尺度者,其本身应有固定之价值,如尺斤升等各为长短轻重大小之尺度,其本身皆有一定之长短轻重与大小。今货币之价值如此,实有愧乎其使命。价值既不稳固,不但不能便利交易,反为交易之障碍,又何贵有交易之媒介乎?此所以不得不设法改变黄金之地位也。必使通货不为黄金所支配,且能易位而处,使通货能支配黄金,则可去其弊而得其利矣。"②正是源于黄金本身价值的不稳固,必然会有纸本位取代金本位。当然,这也不是无条件的。马寅初说:"金本位既有内在弱点,不得不放弃,纸本位既取而代之。纸币则可伸缩自由,不受金准备之牵掣。市场需要资金多时多发,少时少发,供需无时不可适合,则利率亦无忽涨忽跌之必要。惟其重要关键,须有健全之金融控制机关,务使通货之伸缩确能适合市场之需要。换言之,必须有适当之管理,方能有利无弊。故纸本位制亦称管理通货制。管理之最要机关为中央银行。中央银行管理通货之手段有二:1.贴现率之运用;2.公开市场之运用。"③马寅初从金本位的缺点和纸本位的优点的比较中,看到了纸本位取代金本位的必然性,同时也提出了在纸本位制下金融机关加强管理的极端重要性。

问题是,中国曾有用银本位制的 40 年历史。故而,一些研究者鉴于世界性的金本位制的取消,仍然想继续中国过去的银本位制。马寅初不同意这种看法。在他看来,在此情形之下,中国不仅需要放弃金本位制,而且也必须放弃银本位制,以适应世界货币本位变动的趋势。关于银本位制的缺点,马寅初指出银价存

---

① 《通货新论》(1945 年 9 月),《马寅初经济论文选集》上册,北京大学出版社 1981 年版,第120 页。

② 《通货新论》(1945 年 9 月),《马寅初经济论文选集》上册,北京大学出版社 1981 年版,第121 页。

③ 《通货新论》(1945 年 9 月),《马寅初经济论文选集》上册,北京大学出版社 1981 年版,第57 页。

在着不稳定的问题。他说:"银价之或贵或贱,各有利弊,未可一概而论。就货币之本质言,价值务以稳定为贵;币价稳定,即物价相对的稳定,不应有之利益,固不可想望;不必要之损失,亦或免去,务使投资者减少投机之风险为最佳。但欲银价稳定,势不可能,因金银之生产既不成比例,金银之用途亦各不相同,二者之关系势难固定。故欲求银价之稳定,势不可能。当世界各国多已用金,独中国用银,无论银价之或高或低,中国皆蒙其不利之影响。中国采行银本位制之四十年间之扰攘,其损失实不可胜计,终于取消,亦势所不得不然。"[1]马寅初不同意银本位制的主张,他从货币本位制的三要件(即自由铸造、自由兑现及自由输出入)出发,对于那些继续坚持银本位制的主张给予了如下的分析:

> 要知吾人不维持银本位则已,倘欲维持银本位,必须维持银本位之要件。银本位之要件若何,一曰自由铸造。即凡有生银者,需用银币时可自由按照法定标准送请国立之造币厂铸造,并非人人可以自由铸造银币也。若银币过多时,亦得自由销毁。如是银币与生银之价值常相等。若生银进口极旺之时,而银币不能自由铸造,则生银多而银币少,银币之价值必高于生银矣。欲使两者相等,非自由铸造不可。二曰自由兑现。银币每为钞票之准备金,钞票之价值,系于银币之价值。钞票可以自由兑现,即可维持钞票与银币之等价。三曰自由输出入。白银可以自由输出,亦可自由输入。外国银贱,中国银贵,世界白银必流进中国,至彼此价格相平而后止。反之,中国银贱,世界银贵,则中国白银必流往外国,终至于外国银价相平。如是即中国银价与世界银价相等;亦即中国钞票之价值与世界银价相等,方无亏于银本位之名实。中国货币法律名义上虽允许自由铸造,事实上多由各大银行包办。小银行与钱庄即个人之请求铸造者则绝鲜,已为识者所讥。惟法律既许金融界自由请求铸造,当币贵银贱时,仍得以银铸币,平衡其值,尚之失银本位之作用。今若禁银进口,中国银价将永与世界银价脱离关系,银本位之条件已缺其一,犹得称为银本位乎?[2]

马寅初对于如何应对国际金融的问题,提出了三点办法:一是实行外汇管制。马寅初说:"外汇管制,在战后的救济复兴工作中以及种种困乏的情形下,还必须继续存在。而且,在各种主要货币的比率问题未曾获得暂时的解决以前,

① 《通货新论》(1945年9月),《马寅初经济论文选集》上册,北京大学出版社1981年版,第31页。

② 《通货新论》(1945年9月),《马寅初经济论文选集》上册,北京大学出版社1981年版,第32页。

外汇管制还是必要的。战时所规定的外汇比率,并不能作为平时稳定外汇市场的根据,盖在战时所形成的稳定是强制的和人为的,中国隐藏着很大的差殊。若战后立即任其在自由市场中去找一个自然的水准,是徒然造成紊乱而已。"①二是设立汇兑平衡基金。马寅初说:"吾意汇兑平衡基金仍须设立,使借入之外资,均应放入此基金中。政府借款建设,有属于财政之范围,而信用准备金则属于金融范围之内。善于理财者必使财政与金融之限界划分清楚,否则纵能将汇兑平衡基金与信用准备金分别设立,徒具虚名,无补实际。英国金融之所以脍炙人口者,即在英兰银行之业务完全独立,其职掌在维持金融,与财政无涉焉。故在平时不受财政当局之干涉。中国财政与金融之不能纳入正轨,正因两者之界限划分不清,财政之需要,或以金融为挹注。"②三是借用外资。马寅初说:"故欲谈建设,非单靠自身之能力所能奏效,势非借用外资不可。环顾世界,其能大量投资于我国者,其惟美国乎! 英国自顾不暇,遑论投资。顾美国愿否投资,必视中国之通货稳定与否为衡。欲求通货之稳定,自以调整为当务之急,即政府欲举内债,亦必自调整始。"③马寅初的意思是,利用外资的条件是国内通货稳定,这就需要自加调整,造成外资引进的条件。当时也有人认为,在外汇不稳定的情况下,是难以利用外资的。对此,马寅初说:"鄙意以为在外汇不稳定状况之下,仍可大量利用外资,盖不稳定之害,有种种方法避免故也。"④马寅初这里提出的措施,不一定尽合当时中国的实际需要,但主要还是从当时中国抗战后社会经济的情形出发的。

马寅初的《通货新论》是在抗战后期写成的,有着战时金融的特点。该著尽管也有不少主张未必皆符合当时的实际,但该著所具有的世界眼光,及力图使自己的学术主张尽可能地切合中国金融状况的努力,还是应该加以充分肯定的。马寅初的《通货新论》在中国现代金融学史上有着重要的地位。

9. 彭迪先的《新货币学讲话》(生活书店 1947 年版)

1940 年彭迪先应生活书店之约,开始了《新货币学讲话》一书的写作,作为

---

① 《通货新论》(1945 年 9 月),《马寅初经济论文选集》上册,北京大学出版社 1981 年版,第119 页。

② 《通货新论》(1945 年 9 月),《马寅初经济论文选集》上册,北京大学出版社 1981 年版,第151 页。

③ 《通货新论》(1945 年 9 月),《马寅初经济论文选集》上册,北京大学出版社 1981 年版,第26 页。

④ 《通货新论》(1945 年 9 月),《马寅初经济论文选集》上册,北京大学出版社 1981 年版,第150 页。

生活书店《青年自学丛书》一种,后因故未能出版。1947年12月,生活书店将彭迪先修订的《新货币学讲话》出版。该书又于1949年作为《新中国青年文库》之一种,由生活·读书·新知上海联合发行所出版。该书共八章,分别为"货币的发生及其本质"、"货币的各种职能"、"纸币"、"银行券"、"世界货币与外汇"、"货币制度"、"各种货币学说述评"、"中国货币问题"等。从该书的内容来看,主要是运用马克思主义经济学理论系统概述货币问题,为人们认识货币的本质与功能、掌握货币学这门学科的历史与现状、正确认识当时中国的货币制度与货币问题提出基本的学术见解。

该书具有显著特点,在同类的经济学著作中有其独到之处。该书的第一个特点是,内容广泛,对货币的起源与变化历史、货币的性质与功能、货币的种类、货币制度、货币学说以及中国货币等问题作了较为全面的叙述,几乎将有关货币的问题囊括其内,成为解放前用马克思主义经济学观点写成的具有代表性货币学专著。该书的第二个特点是,用马克思主义的经济学观点对货币学理论作了通俗化的表述,将深奥的货币经济学理论如货币的本质与职能等问题进行深入浅出的叙述,可读性强,推进了马克思主义经济学的通俗化进程。该书的第三个特点是,能够对货币的历史与现实、货币学的历史与现实结合起来进行阐释,为提升人们的货币知识和对现实货币制度的认识作出了贡献。譬如,彭迪先在该书的"各种货币学说述评"一章中,对货币学的历史特别历史上的各种货币理论和学说作了较为详尽的介绍,这有助于人们对货币学作为一门学问的演变历程有一个系统的认识;又譬如,该书在"中国货币问题"一章中,专门探讨中国的货币制度及现实中的货币问题,对国民党政府的废两改元、法币政策进行了评价,对抗战时期及抗战以后中国严重的通货膨胀问题及给人民生活所到来的影响也有简要的分析和提示,表现了学术研究强烈的现实关怀。由于旧中国的货币金融理论极为落后,因此彭迪先的《新货币学讲话》对于普及货币金融知识、对于了解马克思主义金融理论有着重要的意义。彭迪先是马克思主义货币金融学理论的传播者,对于中国马克思主义货币金融学这一学科具有开创性的贡献。

(三) 产业经济学学科的发展

现代中国的产业经济学虽然处于起步阶段,但也出现了一些有影响的代表性著作,从而为产业经济学这门学科的发展奠定了坚实的基础。现代中国的产业经济学,主要是工业经济学研究、农业经济学研究及商业经济学研究这三个方面:

——工业经济学研究。发展工业、走工业化道路是当时许多进步学者的共识,有关工业经济学的著作纷纷出现。工业经济学的代表性著作有,漆树芬的《经济侵略下之中国》(独立青年杂志社 1925 年版)、李达的《中国产业革命概观》(昆仑书店 1929 年版)、马君武的《中国历代生计政策批评》(中华书局 1930 年版)、任曙的《中国的工业》(生活书店 1934 年版)、张克林的《中国生存论》(新新印刷社 1936 年版)、王达夫的《战时经济论》(黎明书局 1938 年版)、施建生的《中国工业化问题》(青年书店 1940 年版)、杨大金的《现代中国实业志》(商务印书馆 1940 年版)、简贯三的《工业化与社会建设》(中华书局 1944 年版)、张肖梅的《实业概论》(商务印书馆 1944 年版)、刘大均的《工业化与中国工业建设》(商务印书馆 1944 年版)、韩稼夫的《中国农村工业问题》(正中书局 1945 年版)、谷春帆的《中国工业化计划论》(商务印书馆 1946 年版)、郭大力的《生产建设论》(经济科学出版社 1947 年版)、谭熙鸿的《十年来之中国经济》(中华书局 1948 年版)、顾毓琇的《中国工业化之前途》(龙门联合书局 1949 年版)等。

——农业经济学研究。农业经济学的代表性著作有,吴尚鹰的《土地问题与土地法》(商务印书馆 1931 年版)、寿勉成与李士豪合著的《农村经济与合作》(正中书局 1936 年版、1946 年再版)、张则尧的《中国农业经济问题》(商务印书馆 1946 年版)、李朴的《中国土地问题浅说》(光华书局 1948 年版)等。《中国农民月刊》在 1944 年专门就"农村工业化"问题进行研究。

——商业经济学研究。现代中国的学术界对于商业经济学的研究是高度重视的,产生了许多重要的学术成果。如武堉干的《中国国际贸易史》(商务印书馆 1927 年版)、李权时的《商业政策》(商务印书馆 1931 年版)、孔工谔的《商业学概论》(商务印书馆 1934 年版)、王茞琪的《联营专卖研究与时间》(正中书局 1934 年版)、尤季华的《中国出口贸易》(商务印书馆 1934 年版)、王孝通的《中国商业史》(商务印书馆 1936 年版)、周凤镜等的《战时对外贸易》[①](独立出版社 1939 年版)、伍启元的《当前的物价问题》(商务印书馆 1943 年版)、杨瑞六的《工商组织与管理》(商务印书馆 1944 年版)、张友汉的《中国工业建设与对外贸易政策》(商务印书馆 1947 年版)、王育李的《商业史》(中华书局 1948 年版)、钱健夫的《中国物价发展史》(名山书局 1949 年版)等就很有特色。

以下,试就工业经济学研究、农业经济学研究及商业经济学研究的代表性著

---

① 该著属于论文集性质,收入朱羲农、周凤镜、刘大均、童蒙正、邹宗伊等人的文章。

作,选几部略作介绍:

1. 李达的《中国产业革命概观》(昆仑书店 1929 年版)

李达研究经济学不仅注重马克思主义经济原理的指导地位,而且尤其注重中国经济状况的深入研究。为了了解中国经济的具体情形,李达特别注重研究中国产业革命问题,他写作的《中国产业革命概观》一书(昆仑书店 1929 年印行),着重于中国的工业问题的系统研究,为中国共产党人在中国社会性质问题论战中提供学术的依据。李达的《中国产业革命概观》,通过对中国产业状况的细致研究,分析了中国的工业部门及其结构,考察了中国工业在国民经济中的地位和作用,从而使马克思主义的经济理论与中国经济实际的研究较深入地结合起来,这在中国当时的经济学界产生了重要的影响。

李达撰写《中国产业革命概观》,在于引导人们从经济变动的视角去研究当时的中国社会的基本情形,明白中国近代以来产业革命的进程及其对近代中国社会所构成的影响,认识到革命的发生与近代以来中国的产业化进程有着密切的联系,从而为构建新的革命理论奠定基础。关于该书的写作目的,李达指出:"要晓得现代的中国社会究竟是怎样的社会,只有从经济里去探求。现代中国的社会,已经踏入了产业革命的过程,渐渐脱去封建的衣裳,穿上近代社会的外套了,一切政治和社会的变动,都是随着产业革命进行的。在中国革命的过程中,凡是留心于国家改造的人们,必先依照这产业革命的经过,就中国经济发展的倾向作正确的分析,才能了解革命的理论,树立建设的计划。"[①]从李达这里的表述中,不难看出李达对中国产业革命的关注与他对中国革命关注的关系。因而,该书的学术探求和政治关怀是紧密联系在一起的,这也使得该书的政治斗争色彩非常突出。

李达对中国产业革命展开的历史背景进行分析,在考察近代中国产业革命的基础上,揭示中国产业革命的基本特点及推进产业革命的条件。在李达看来,中国产业革命有这样两个特点:

一是中国产业革命是在外力的压迫下开始的,由此决定了中国产业革命具有很大的被动性的特点。李达从中国进入产业革命的过程进行分析,并通过中国和西方资本主义国家产业革命的比较来说明。他指出:"数千年来的中国封建社会,自从前世纪中叶(指 19 世纪中叶,引者注)被国际帝国主义的政治力经济力侵入以后,就开始踏入产业革命的过程,渐次脱去封建的外衣,而向着近代

---

① 李达:《中国产业革命概观》,昆仑书店 1929 年版,第 1 页。

社会方面运动了。所以中国的产业革命,和欧洲的产业革命,就其原因和内容来说,颇不相同。在大体上说,欧洲的产业革命是自力的,是因自力的充实由国内而逐渐展开以及于世界,中国的产业革命是外力的,是因外力的压迫由世界而渗入于国内。"①李达的分析说明,中国产业革命一开始就带有外力压迫的特点,它不是资本主义生产方式自主地孕育成形的产物,因而中国的产业不是一种自主的资本主义形态。

二是中国的产业革命由于受到外国资本主义的压迫,中国的产业革命不仅处于"粗工业的阶段",而且产业发展处于停滞状态。关于中国产业受外来资本主义的压迫,李达指出:"还有一事要特别注意的,中国工业的经营者和资本,由外国来的非常之多,所以虽说是中国的工业,实际上却完全是资本主义最后阶段的帝国主义的投资。"②关于中国产业的基本状况及所处的阶段,李达指出:"中国的产业虽然踏入了初期资本主义的过程,但还是停顿在粗工业的阶段,中国的工业资本,处在国际帝国主义政治力经济力的宰割之下,要想努力挣扎起来,真是一件不容易的事情,而且从他方面说起来,中国的工业资本家,因为要和外国资本竞争起见,不能不把资本结合起来,显出资本集中的趋势(如华商纱厂联合会的组织即是新的嘉的雏形)。但是这种集中了的工业资本,在国际帝国主义所盘踞的中国市场里,只不过是沧海一粟,压倒国内小资本的力量是有的,若要和国际帝国主义竞争,力量却是渺乎其小。"③李达关于中国产业的落后状况的分析,突出了帝国主义侵略所带来的严重影响。

李达在对中国产业革命历史特点分析的基础上,认为中国产业革命要得以健康地进行,必须进行反帝反封建的民主革命以为发展产业提供前提条件,并在革命之后选择适合中国经济发展的"经济主义"来发展中国的产业。李达对帝国主义侵略下中国产业的可能性进行分析,指出:"处在国际经济侵略之下的中国,幼稚的新式产业,决没有顺利发展的余地,即使稍有发展的机会,也只限于国际经济侵略所不能及的时间或空间而已,然而发展的可能性却是很有限的。由此可知帝国主义的侵略不打破,中国的产业是没有发展的可能的。"④鉴于这样的分析,李达在又进一步分析中国发展产业前提条件的基础上,提请人们注意选择"何种经济主义"对中国发展产业的极端重要性。他指出:"打倒帝国主义的

---

① 李达:《中国产业革命概观》,昆仑书店 1929 年版,第 6—7 页。
② 李达:《中国产业革命概观》,昆仑书店 1929 年版,第 81 页。
③ 李达:《中国产业革命概观》,昆仑书店 1929 年版,第 173—174 页。
④ 李达:《中国产业革命概观》,昆仑书店 1929 年版,第 186—187 页。

侵略,廓清封建势力和封建制度,是中国革命的唯一对象,同时又是发展产业的唯一前提。我们可以说,中国革命的目的是在于解决大多数人民的生活问题,而解决大多数人民的生活问题的方法,就在于发展产业。所以帝国主义和封建势力是产业发展的两大障碍,又是中国革命的两大对象,这是不须多说的。所要说明的事情,就是那两大障碍物扫除以后,必须采用何种经济主义来发展中国的产业? 采用什么主义发展中国产业,这是半殖民地的中国革命的特殊性所命定的,也是半殖民地的中国社会问题的特殊性所命定的,用不着所讨论,即如国民党的领袖孙中山先生也早已把非资本主义的民生主义指示出来了。简捷的说,中国革命是为了解决那一部分人民的生活问题? 那一部分人民能为中国革命而奋斗? 我们只要了解这两点,就可以知道中国发展产业所必须采用的主义了。"[1]李达是在国统区研究学术的,不便直接提出人民革命的思想和社会主义道路的问题,但他在这里的结论是非常确定的。

李达对中国新式工业的由来及中国近代产业结构的变化予以描述,分析了近代中国社会经济在外部世界的影响下的变化历程,尤其注意突出帝国主义的侵略所带来的严重影响。关于近代中国产业的演变历程,李达有这样的概述:"中国近代工业的历史,不过五十年。这五十年中的发展,实循着下述的过程,直到现在。近代的机械生产工业,是开始于军用工业,其次再推行于一般的生产工业。就其经营的形式说,始于官业而成为官督民业,因由外国资本举办的外人企业之参加而显受压迫,于是本国工业,乃由民业保护政策而至于民业自立,但所谓民业自立,则因外国资本之市场支配和国民经济组织的不完全,前途却是很受限制。"[2]关于中国近代产业结构与变化,李达曾这样进行分析:"国际帝国主义者为开发殖民地或半殖民地以适合于它们销运商品、投出资本、采集原料的目的,而使殖民地半殖民地资本主义化,……这样一来,中国的商业资本便形成了,商业资产阶级便成立了。它们第三个目的是投出资本。投出资本的方式,首先是发展中国的交通,因为交通不发展,商品和原料的运送就大感不便,不宜普遍于内地。因此它们便利用不平等条约,利用中国的政府,替中国发展交通事业,而由它们供给借款。要发交通,必需要煤和铁,要取得煤和铁,必需从事开矿,于是它们就取得了路矿权,其取得的手段,也是供给借款。在供给借款一方面,又必有交涉借款的官僚,于是一班官僚便从中渔利,自肥私囊,形成官僚资本,如是

---

① 李达:《中国产业革命概观》,昆仑书店 1929 年版,第 203—204 页。
② 李达:《中国产业革命概观》,昆仑书店 1929 年版,第 58 页。

便产生官僚资本家阶级。封建的国家,向来注重保守,……以为防御外寇填塞漏厄的地步,就不得不先办军事工业。但军事工业非有新式的工业技术不易成就,……于是渐渐的知道新式工业的重要,所以也就渐渐的觉到兵战不如商战,而倡办起新式工业来了。"①李达的分析,目的在于说明中国近代的产业结构的变迁也有内在的规律,不仅帝国主义对近代中国社会所构成的影响是多方面的,而且这种外部的影响也是通过中国内部的因素在起作用的,这就导致和形成了中国近代产业分布的基本格局。

关于新式的交通运输业的发展情形,李达以铁路业进行了重点的考察,一方面说明铁路是中国产业革命的重要内容,对中国政治、经济和社会事业有重要的意义;另一方面又说明中国的铁路是在特殊的情形下产生的,服务于西方资本主义的经济体系。他指出:"中国的铁路问题,在政治上、经济上、外交上,都有很重大的意义。中国现有铁路运行哩数,约有千里,就人口和面积比较,实在是很贫弱的。……铁路是现代交通的根基,中国铁路交通的不发达,于现时混乱的局面有很重要的关系,这是人人都知道的事实。这铁路网的设立,于中国国家的建设,实在是先务之急。中国铁路营业的赢益很多,假使国内的治安能够维持,铁路的企业,可以断定它一定能够发展。"②但是,"中国的铁路,是因为受了资本主义成熟期的国际帝国主义者刺激,才通行于中国大陆的,其主要的任务,在运进外国的商品和输出中国的土产。以中国市场的广大和工钱劳动者的供给充分,乃是工场工业自然发生的条件。"③李达的研究表明,中国要发展交通运输业以推动产业革命的继续,就必须要大力兴办铁路事业;然而,这都是必须首先要完成产业革命的政治前提条件。

李达在对中国新式工业分析的基础上,对轻工业中的纺织业进行了重点考察,分析其发展所受到的各种制约性因素。关于现代中国新式工业具体的情形及不发达的原因,李达结合欧洲第一次世界大战的背景,进行了较为详细的说明。他指出:"就以往的经验说,中国新式产业所以能够有一点些少的发展,还是受了欧战之赐,即是在欧洲各帝国主义者暂时停顿了一部分经济侵略的时候所得的机会。而且我们仔细的把中国现有的新式产业检查一下,如纺织业、榨油业、制粉业、火柴业、烟草业、肥皂业等等,还只是一些粗工业的生产部门,就是这

① 李达:《中国产业革命概观》,昆仑书店 1929 年版,第 7—9 页。
② 李达:《中国产业革命概观》,昆仑书店 1929 年版,第 102—103 页。
③ 李达:《中国产业革命概观》,昆仑书店 1929 年版,第 117 页。

些部门以内集积起来的工业资本,为数也不过三万万元,实在有限得很。我们在这里大概可以下一个断语,中国的产业,虽然达到了初期工业资本主义的时代,但是新的生产力已明明受了障碍而不能顺利发展了。中国产业迟迟不能发展的原因在那里? 我们必得说明出来,然后才能决定怎样发展中国产业的方案。……中国产业迟迟不发展的原因,可分为主要的和附带的两大类。所谓附带的原因,如资本缺乏、企业者智识能力之缺乏等是;所谓主要的原因,如国际帝国主义之侵略、封建势力和封建制度的存在是。"[①]李达对中国现代新式工业的分析,是符合历史实际的。事实正是,帝国主义和封建势力是制约现代中国工业发展的主要因素。虽然,现代中国的新式工业存在着欧战期间的发展机遇,即所谓"黄金时期",但也只是昙花一现;"一战"结束后,中国的工业又再次陷入停滞的状态之中。李达在考察现代中国新式工业情形的基础上,对中国纺织业又进行了重点的分析。李达指出:

> 就中国纺织业的发展的趋势说,大概可以作下面的说明。纺织业的发达,要以一九一六年至一九二二年为最盛时期,其原因是由于欧战期中,输入棉货最多的英国牵入了大战的旋涡,国内资本家受了这个刺激,乘机大举兴办这种事业,更因五四运动之故,日本纱的输入颇受限制,所以能够发达起来。但是欧战终熄以后,欧洲的资本家又陆续到来,挟其大资本的势力来压迫中国的幼稚的纺织业,加以内乱不息之故,于是斯业的前途急转直下,大起恐慌,一时原有的工厂,或者消灭,或者改头换面,其减少的数目,且达二十余厂之多。至其原因,据华商纱厂联合会在民国十六年所发的宣言看起来,第一是因为外国资本家在中国境内享有经营工业权和采集原料的特别利益,如外国资本家在中国境内采买棉花,可以使用三联单,免征厘税,中国的资本家却不然;第二,棉花原料,中国虽能自给,但因内乱之故,交通停滞,内地的棉花,不能完全运出,而且质料较好的棉花,还是要仰给于美国和印度,中国资本家又不能直接购用外棉,结果不能不受外国资本家所操纵;第三,农村经济破产,购买力日趋薄弱,棉纱的销路不受限制。这都是中国纺织业前途的大问题。[②]

李达认为,中国产业发展受到多方面的制约,自然也有中国本身的原因;但中国本身的原因,特别是中国产业不能形成竞争力量的原因,也是与外国的政治

---

① 李达:《中国产业革命概观》,昆仑书店 1929 年版,第 181—182 页。
② 李达:《中国产业革命概观》,昆仑书店 1929 年版,第 126—127 页。

压迫、经济侵略密切联系在一起的。李达指出："中国方面的企业,因经营多不得法,以致不能利用欧战当时的机会以求充分的发展,犹幸当时土产输出的价格增高,银块行市暴腾,遂得以提高经济的地位,始有今日的发展。但工场经营和金融机关,颇多缺陷,仍未能和外国资本竞争,这也是帝国主义支配下的中国产业上必然的现象。"①李达对中国新式工业的分析,对轻工业中纺织业的考察,特别是关于中国新式企业的各种制约性因素的剖析,是很有学术见地的。

李达通过对近代中国产业演变历程的分析和研究,从经济的角度总结了帝国主义"工业投资权的侵夺"所带来的深刻影响。他指出："帝国主义者在中国夺得经营工业之权,实始于马关条约,以后其他各帝国主义者,都根据最惠国条款,要求利益均沾,夺得了工业投资权。工业投资权的侵夺,其影响于中国产业发展的约有七端。第一,生产上的工场位置的重要条件,被帝国主义者所均分;第二,帝国主义者利用了不平等条约,在中国采集原料,较之中国人尤为容易,而且耗费也较为低廉,单就采集原料一层说,中国资本家也不能和外国资本家相竞争;第三,国内市场既被舶来商品所侵占,又被中国境内的外国工业资本家的商品所侵占,而本国工业资本家的商品市场,就不得不缩小;第四,中国初期的工业资本,远不及国际资本之雄厚,国际资本家挟其雄厚的资本到中国境内来和中国的贫弱的资本相竞争,谁胜谁负,不言而喻;第五,中国劳动力的供给充分,价格低廉,是中国产业发展的一个很好条件,现在外国资本家亦可以利用;第六,企业的能力和技术,中国资本家远不及外国资本家;第七,中国政府对于本国工业制造品,虽曾有许多减税特典,但是外国资本家却可以凭借最惠国条款,要求和中国人受同样的待遇。这样看来,在生产的条件上,中国的工业资本家,已有许多比不上外国的工业资本家,中国的产业那能有发展的曙光呢?"②这里,李达从工业生产的各种必备条件如政治待遇、生产场地、原料来源、商品市场、工业资本、劳动力供给、技术条件等方面,进行较详细的对比和分析,说明中国工业发展已不存在任何有利的因素。

总的来看,李达的《中国产业革命概观》是以马克思主义的经济学原理为指导研究中国产业经济的开创性著作。该书注重对中国新式工业的由来及中国近代产业结构变化的描述,比较详细地考察了近代中国社会经济的外部影响因素和社会内部的变动过程,尤其注意突出帝国主义的侵略所带来的影响,由此梳理

---

① 李达:《中国产业革命概观》,昆仑书店 1929 年版,第 122—123 页。
② 李达:《中国产业革命概观》,昆仑书店 1929 年版,第 184—185 页。

了中国近代以来产业革命的进程及其对近代中国社会所构成的影响,揭示中国产业革命的基本特点及推进产业革命的条件。这是一部中国马克思主义学者运用马克思主义的经济理论探索中国经济变动尤其是产业变动的专门性著作,加速了马克思主义经济学中国化的进程。

2. 张肖梅的《实业概论》(商务印书馆 1944 年版)

张肖梅[①]在《实业概论》中,从世界工业化的历史进程出发,对于"工业化"的含义作出广义的解读,认为不仅实业建设的关键就在于工业化,而且所谓"实业革命"也是以广义的工业化为目标的。他指出:

> 现代实业建设之发展,有一最重要之关键,即所谓"工业化"是也。盖在物质文明日异日新,而经济竞争日趋剧烈之今日,古老之人力生产、手工生产方法,与零星散漫之生产组织,已渐失存在之可能。世界各国之所谓"实业革命",即由于手工生产或人力生产进而为机械生产,及由家庭零星生产进而为工厂集约生产之变革。此种改造之完成,是为"工业化"之实现,但"工业化"包含广、狭二义:狭义的工业化,单指工业本身而言:凡一国之工业,均已利用机械动力及工厂组织以从事大规模之生产者,称为以臻"工业化";广义的工业化,则包括全部实业而言:凡国内所有之生产事业,以及交通、运输等等,均已追随"工业化"的工业之后,而利用新式机械及大规模组织方式经营者,亦称为已臻"工业化"。……一国之实行"实业革命",当然以广义的工业化为目标;而广义的工业化之实现,则须以狭义的工业化为出发点。盖无论农业之改造,矿业之开发,以至于交通建设之推进,运输事业之发展,若非有大量新式机械为之利用,则无以达"工业化"之目的;而种种新式机械之供给,厥惟工业是赖。[②]

张肖梅在《实业概论》中,对近代中国的工业发展进程予以学术上的梳理,以比较客观的历史态度提出了各个阶段的成绩与缺点。他指出:"考中国工业发展之过程,约可分为两阶段:前一阶段,为李鸿章、左宗棠诸氏之兴办军火工业及重工业,以充实国防为目标,原则上殊不能谓错误;惜乎当时偏重于官僚资本

① 张肖梅(1908—?),字如冰,浙江镇海(宁波)人,早年毕业于南京金陵女子大学,后留学美国芝加哥大学及英国伦敦大学,相继获硕士、博士学位。归国后任职于中国银行经济研究室,抗战胜利后负责西南实业协会上海分会工作。新中国成立前夕,迁居国外,后定居香港。著有《实业概论》、《云南经济》、《贵州经济》、《四川经济参考资料》等。——参见肖可:《张肖梅经济思想研究》,贵州师范大学硕士学位论文,2014 年。
② 张肖梅:《实业概论·绪言》(1943 年 9 月),商务印书馆 1944 年版,第 2—3 页。

之发展,主理其事者,非政府大员之僚属,即当代显贵之亲故,经验学识,两俱缺乏,不但视工厂为衙门,以事业为儿戏,甚至上下蒙蔽,弊端百出;……后一阶段,为民营新工业之相继兴起,艰苦经营,确见进步。惟其缺点所在,一则私人资本专以赢利为目的,往往避重就轻,舍难取易,对于本轻利重之轻工业,则群相争逐;而于本重利薄之重工业,则置之不顾。再则所办工业之种类,大部在迎合都市人民之需要,而忽略大众生活之改善;故多种新工业之发展,仅足提高少数都市人口生活上之享受,反使大部分落后之农民生活,更觉相形见绌。由此两大缺憾之存在,过去中国新兴工业之作用,仅为仿制洋货,或从事于洋货原料改头换面之制造,实尚未能尽其'巩固国防'与'改善民生'之最大任务也。"①张肖梅对于近代中国工业发展进程的考察和评价,基于"以史为鉴"的研究理念,一方面指出其成绩之所在,另一方面又揭示其所留下的深刻教训,这对于中国工业的发展有着借鉴意义。

张肖梅在《实业概论》中对于我国实业不振的原因给予了客观的分析,不仅注意到外部因素的影响,而且也清醒地认识到自身的原因。在张肖梅看来,中国实业不发达的状况,固然有外在的原因,但国人对于实业"缺乏联系、研究、进取之精神",乃是极为重要的内因。该著指出:"过去中国实业之不振,论者常归咎于不平等条约之束缚;……但个人认为内在之原因,尤重于外来之威胁。试以外人在华设厂一点而论:彼固有雄厚之资力,高起之技术,合理之组织,与科学之管理,在在足予中国工业以打击;然试问中国工业家何以不能对集体之经营,以加厚其资力? 又何以不能提高其技术,改进其组织与管理,以增强其效能? 本身缺乏联系、研究、进取之精神;而动辄曰归咎于外力之压迫,此种不思振作而过于消沉之观念,殊有力加纠正之必要。如谓中国工业不受外来之阻碍,即可飞速进展,则在数千年之'闭关'时代,全国实业又缘何竟无丝毫进步? 其故实值得吾人之深思。"②由此,张肖梅对于中国实业落后状况的成因,专门就国人的思想意识方面,给予了深入的分析,并提出了"农业与工业并重,国防与民生合一"的主张。他说:

> 我国过去受数千年"农本主义"之影响,以致工业落后,贫弱不振;然以中国之自然环境而论,实为一宜于农业之国家,由是发生"以农立国"及"以工立国"之争辩。又以过去轻工业略具规模,而重工业未能建立,以致国防

---

① 张肖梅:《实业概论·绪言》(1943年9月),商务印书馆1944年版,第2页。

② 张肖梅:《实业概论·绪言》(1943年9月),商务印书馆1944年版,第3页。

空虚,外侮存至,由是发生"国防实业"与"民生实业"之论战,……此为今后
推进实业建设之两大原则问题,原则不予决定,则计划无从确立。个人认为
农业系民生衣食之所由赖,亦为工业原料之所自出,实不应轻于放弃。……
而欲侧身于诸强国之林,尤须同时求工业化之迅速完成。至于"国防"与
"民生"之界限,在理论上实无法加以详细分析;盖现代之战争,乃为全民族
之战争,集中一国民之力量,即为整个国家之力量,故欲谋国防之坚强,须先
求民生之安定。且许多工业,对于国防、民生,互有关系,划分深感困难。不
过狭义之国防工业如军火之制造,基本工业如钢铁、机械等重工业之建立,
自不能轻视其重要性。据此而论,则战后实业建设部门,似不宜偏重于任何
一面;而以采取农业与工业并重,国防与民生合一之政策,较为适当。①

张肖梅在工业发展的问题上,主张"集约经营"的工业化方式。在他看来,
中国当时由于受到日本侵略者的攻击,从工业安全的角度来考虑,不得不把工业
内迁,并实施了工业分散经营的方针。而在战争结束后,中国工业的发展还得采
取"集约经营"的办法,不过那时还应该有"分区发展"以为整个工业体系的支
撑。这应该说是中国工业发展的方向。对此,张肖梅根据当时战争的状况及未
来可能受到的战争威胁,提出了工业发展应该"经济条件与安全条件同时顾到"
及"分区发展"的看法。他指出:"战前我国工业,集中于沿海、沿江各大城市,抗
战既起,过去国人数十年艰苦缔造之事业,非被炮火所摧毁,即被敌人所操
纵,……国人鉴于此种残酷之教训,多有工业宜于分散之主张。夫以工业之安全
而论,自以分散于全国各内地为较佳;但按工业经济之理论而言,'集约经营'为
现代工业化之最大成功,大规模之组织,根本不易分散太过。今后我国实业建
设,应向工业化之途迈进,毫无疑问;则化整为零,似非最合理之办法。且现代战
争技术,日益进步,空军之威力,可达全国任何一地域;再则此次敌人自东北及沿
海进攻,故东北、东南为前线,而西南、西北为内地;若将来国际陆路交通开辟,敌
人又何尝无取道西南、西北向我进攻之可能?则西南、西北方面之安全,将反逊
于华北与东南。根据此种见解,个人认为战后工业区位之决定,经济条件与安全
条件同时顾到。各方多有分区发展,地理分工之建议,颇有可采之价值。"②应该
说,张肖梅提出的"集约经营"与"分区发展"的主张,对于工业内部组织体系建
设及工业化的合理布局是有借鉴意义的。

---

① 张肖梅:《实业概论·绪言》(1943年9月),商务印书馆1944年版,第4—5页。
② 张肖梅:《实业概论·绪言》(1943年9月),商务印书馆1944年版,第3—4页。

张肖梅的《实业概论》在"农业与工业并重"理念之下,高度重视农业对工业发展的支撑作用。他指出:"我国新兴之民族工业,虽乘第一次欧战之时机,蓬勃一时;但直至目前为止,中国国民经济之基础,仍建筑于农业之上。农业之盛衰不但影响农民之生活,抑亦关系全国工商业之荣瘁。盖我国农民,占全国人口四分之三;而农业所得,占全国所得五分之四,工业产品出路之钝畅,须视农民购买力之强弱为转移也。是故言中国实业者,决不能忽略农业之发展。考诸往史,历代国家之兴亡,恒以农民革命为导线。"①正是基于农业的极端重要性,张肖梅不仅主张工业对农业的有力支持,而且极力要求农业的工业化进程。他指出:"中国有广大之土地,温和之气候,以及无穷之人力,无论在天时、地利、人力方面,均为一适应于发展农业之国家。关于此点,极应加以重视。但在现代世界新潮流激荡之下,单赖落后之农业,既不足以强国;而单赖贫乏之生产,更不足以致富。目前中国之农业,尚停滞于古老的生产技术时代,生产力日见衰退,农业破产问题日趋严重,则系事实。如何挽回农业生产之颓势?如何拯救农业人口之贫困?而使中国由落后之农业国家,进为进步之农业国家,确为目前发展国民经济之主要问题。换言之:即谋中国国民经济之发展,其关键全在乎农业生产技术之如何改良?农业工业化之如何实现?以达到农业与工业统一之目的。于此可知,中国由于农业生产自然条件之优越,不但农业不应偏废,且须立求其发展,决无疑问。但发展农业必须应用现代之技术,而技术条件之提供,则又不能脱离工业之基础。"②张肖梅认为农业的发展"不能脱离工业之基础",并将农业的工业化视为农业发展的方向,这就在工业与农业的关系中指明了农业的前进道路。

张肖梅的《实业概论》是研究工业经济学的重要著作,在世界工业化的潮流中看待实业问题,并将实业革命置于工业化的目标上,提出了"农业与工业并重"、农业工业化等诸多主张。该著为推进工业经济学的研究作出了贡献,在中国现代经济学史上有着重要的学术地位。

3. 郭大力的《生产建设论》(经济科学出版社1947年版)

郭大力(1905—1976),江西南康人,马克思主义经济学家。主要从事《资本论》的翻译和研究,著有《生产建设论》等著作。

《生产建设论》是郭大力重要的经济学著作,该书于1947年由经济科学出版社出版,在经济学界有重要的影响。在《生产建设论》一书中,郭大力对社会

---

① 张肖梅:《实业概论·绪言》(1943年9月),商务印书馆1944年版,第57页。

② 张肖梅:《实业概论·绪言》(1943年9月),商务印书馆1944年版,第14页。

主义的经济建设进行研究,主张社会主义经济建设应该在国家的领导下进行,发挥国家在组织生产方面的领导地位。他指出:"在社会主义的生产建设上,国家的地位是再明白没有的。生产手段应为国家所有,生产的方向与比例,要由国家规定。在社会主义的生产建设上,国家必须成为各种重要生产手段的掌握者,并确立计划,去经营并且发展各种生产。"①郭大力强调社会主义经济建设的极端重要性,充分肯定社会主义国家在掌握生产资料与生产手段、制订社会发展计划、组织社会生产中的领导地位,这是对社会主义经济建设重要特征的科学揭示。郭大力的《生产建设论》这一经济学著作,对中国马克思主义经济学的发展具有重要的意义。

其一,对农业与工业关系及发展农村经济问题的探讨。《生产建设论》一书对农业与工业的关系进行了科学的分析,提出了"农业建设是工业建设前提"的重要观点。郭大力承认,在资本主义时代,工业的发展对农业经济产生巨大的冲击作用,并认为这是一个不可避免的现象。如他指出:"工业发展的趋势,不是增加农村副业,只是农村副业从农民手中被剥夺。运输发展的结果,负贩者没落;纺织业发达的结果,当作农村副业的纺织业会没落。并且,当农村副业的收入不过是农民的一种补助的收入时,我们宁可说,这种副业的存在,不过是前资本主义社会的最后的一重壁障,是工业发展的一个阻力,因为工业产品必须包含利润时,这种农村副业的产品是不计利润的。"②不过,在郭大力看来,工业与农业毕竟都是国民经济的重要部门,而两者又有不可脱离的"特殊的关系";这种关系之所以特殊是因为"农业建设是工业建设的前提,但在全局上,工业建设更应该说是农业建设的前提"。

值得注意的是,郭大力尽管十分强调工业对于农业的支持作用,但更看到了农业在国民经济中的基础性地位,确认"农业建设是工业的前提"。他指出:"把农业建设当作工业建设的前提看,我们的论述必须从两个方面进行:第一、农业生产物的一部分,是最重要的生活资料;第二、农业生产物的别部分,则是最重要的工业原料。"③郭大力在生产建设上提出农业的基础性地位的思想,这使他特别注重对有关农业的问题的细致研究。

郭大力在对农业问题的研究中,特别注意对农业资源的有效利用问题,极端

①　郭大力:《生产建设论》,经济科学出版社 1947 年版,第 49 页。
②　郭大力:《生产建设论》,经济科学出版社 1947 年版,第 234—235 页。
③　郭大力:《生产建设论》,经济科学出版社 1947 年版,第 215 页。

重视农业资源对发展农业生产的重要意义。如关于水资源的作用特别是水资源在农业发展中的作用,他指出:"我们必可断然答说,在任何社会发展阶段上,充分水源和水库的缺乏,将会使其他方面及其肥沃的土地,成为完全不适于耕作的。没有水,人和农作物是不能生活的。没有水的供给,甚至土地的自然品质和气候,也决不会成为适宜的。并且,没有水的贮藏地,水灾和旱灾又会成为农作物的经常的仇敌。"①郭大力对农业的其他资源也非常重视,要求在农业的发展过程中,要高度重视对农业资源的保护和开发。

郭大力强调发展农村副业对振兴农村经济的重要意义,认为应该从"发展生产的观点"对农村副业的存在予以积极的评价。他指出:"农村副业又无疑是今日农村经济一个重要的支柱。这种负担下农民的生活与生产仍能勉强维持下去,显明是因为有这种副业存在。还有,因为有这种副业存在,在农村,人口过剩现象只能在某种自然的原因或人为的原因造成大饥馑时,发生了。在大困厄后农村容易复苏,也就因为农民有这一个唯一的出路;他们的劳动将以全时间支出,不让一瞬间轻轻过去。……所以农村副业的破减,虽是生产发展上一种必然的趋势,但在生产力发展的阶段不变时,贤明的办法应是奖励农村副业,而不是相反。"②郭大力以生产力发展所处的阶段为基本依据,注重中国农村经济的实际情形,高度重视农村副业对于振兴农村经济、维持农民生活的特殊意义,并提出"奖励农村副业"的积极主张,这为发展农村经济、提高农村的社会生产力水平指明了方向。

其二,关于商业市场的研究。郭大力对商业市场进行研究,从生产力发展的角度分析市场出现历史必然性,并将市场的发达程度与社会生产力的水平联系起来分析。

关于市场的产生,郭大力指出:"在太古的社会内,生产是共同的,生产的结果也是共同享受的。在同一的共同社会内,我们很难看见交换的事情,除非我们把劳动的分割和协同,视为是交换的形态。所以,在古代,如果有交换,这种交换只在诸共同社会间存在。如果我们要在这种社会状态内寻找到市场,这种市场不过存于诸共同社会之间。"③在郭大力看来,市场既然是生产力发展的产物,那么,市场的具体情形就与经济发展的水平紧密联系在一起。

---

① 郭大力:《生产建设论》,经济科学出版社1947年版,第220页。
② 郭大力:《生产建设论》,经济科学出版社1947年版,第236页。
③ 郭大力:《生产建设论》,经济科学出版社1947年版,第31—32页。

郭大力还从我国当时农村的现状,来说明市场与生产之间的关系。郭大力指出:"再拿我们今日的农村情形来说。我们能够说,这些农民的生产,是为了市场么? 他们的生产的自给自足趋势还是浓厚的。当某种农产品或手工产品的市场扩大,引起这种农产品或手工业品的市场价格腾贵时,它的生产量可能会牺牲别种物品的生产而增加起来,但若认他们的生产物全部会被投到市场上来,没有市场,他们的生产就会停止,却是错误的。市场的闭塞诚然会使他们今年生产的某种物品有一个余额不能售出,但由此会引起什么结构呢? 不过是生产种类的改变而已。"①郭大力将市场与生产力水平、经济发展的状况联系起来,强调市场在社会经济中的特殊位置,这对研究生产建设问题是有学术价值的。

其三,对金融业的研究。郭大力对于银行这一金融机构进行了深入的探讨,分析了银行产生的历史及其在国家经济活动中的作用。关于银行产生问题,郭大力认为银行是与资本主义的发展历程密切联系在一起的,其功能也是与资本主义社会的经济活动相一致的,"所以在一个资本主义相当发展的国家,银行业会依比例发达起来。银行实际也是资本主义社会的产物,是我们应从资本主义社会接受的一种宝贵的遗产。大体说来,在一个资本主义刚有初步发展的国家,银行家的主要业务是代理收付和汇兑。进一步的发展,才使银行成为社会上一切暂时不需要使用的货币的蓄水池。"②银行作为金融机构是如何运作的呢? 郭大力认为,银行在社会经济活动中其实是"做无本生意",兼具社会全体的"债务人"和"债权人"的双重身份。他指出:"从某一种意义说,银行实际是在做一种无本生意。而它的业务所以仍然在近代世界被异常重视,且在事实上也居极端重要的地位的,毫无疑问,就因为它在做这样一种无本生意。明白的说,就因为银行一方面对于社会全体成了综合的债权人,另一方面对于社会全体又成了综合的债务人。社会上一切不需立即使用的物资的价值,会在货币形态上存入银行,反之,社会上一切需用的物资的价值,也会在货币形态上,从银行放出。在以前,一切必要的贮藏,是分别在实物形态上或货币形态上贮存在各个人手里;在近代资本主义社会,一切必要的贮藏,却在货币形态上存在银行手里了。银行成了社会的总金库。"③关于银行的经济功能,郭大力提出了"银行是全国货币的蓄水池"的一个总观点,并就银行经济功能的变化作了梳理,以揭示现代经济条件

---

① 郭大力:《生产建设论》,经济科学出版社 1947 年版,第 132 页。
② 郭大力:《生产建设论》,经济科学出版社 1947 年版,第 176 页。
③ 郭大力:《生产建设论》,经济科学出版社 1947 年版,第 171 页。

下银行对于产业发展的特殊作用。他指出："但当银行成为全国贮藏货币的蓄水池时,它就同时成为社会全部可用货币的总收发处了。银行实际是以其他一切人无需立即使用的货币,贷放于它认为妥当的任何人。当银行的利润是由放款利息高于存款利息构成时,它能在社会生产上提供它的服务,也就因为它曾经把许多本来闲着不用的货币,交到产业家手中,并由此化成可以使用的资本。这是银行家的魔术。"①又指出:"概括的说来,银行是社会上一切暂时不需使用的资材(不是资本)的蓄水池,用一句现代的话,便是社会上一切游资的蓄水池。银行就是利用它的这种功能,使这个由各方面汇集的资材,流入需要它的各个水道。使无用的变成有用的,使小的力量变成大的力量,这就是现代银行对于产业所以能发生伟大作用的原因。"②郭大力提出银行是社会游资的蓄水池的观点,注意到银行在运作货币的过程中而对现代经济的运行起到特殊的作用,这使得他特别注重发挥银行在经济建设中的作用。

郭大力在研究银行的贷款时,特别注意到银行家所贷出的是"货币"还是"资本"问题的剖析,认为区分两者应该凭借产业资本家在借入时是否"以任何可以直接转化为货币的东西交付银行家"作为主要依据。他指出:"从产业资本家的观点看,银行家所贷予的,或是资本,或是货币。产业家借入时如果他曾以可以直接转化为货币的东西(无论是商品资本,还是各种有价证券)交付给银行家,银行家所贷与的,就其实是货币。如果他借入时不曾以任何可以直接转化为货币的东西交付给银行家,银行家所贷予的,就应当说是资本。当然,如果我们说的是一个诚实的产业家,不是欺诈者,就无论银行家贷予的,是资本还是货币,那在货币形态上贷出的东西,都曾在他手中当作产业资本用。反过来,又无论银行家贷予的是资本还是货币,那在货币形态上贷出的东西,对于银行家,也都尽着资本的机能,因为这种货币经过一定的期间,就会连同一个追加的货币额流回来。但我们必须分别银行家所贷予的是资本还是货币,因为银行家在贷予时,在前一场合,不能同时取得可以直接转化为货币的东西,在后一场合,却是能够的。"③郭大力注重银行贷款所具有的基本属性的分析,主张对银行家贷出的是"货币"还是"资本"进行真确的区分,以便揭示银行对经济活动的参与所起的具体作用,这对于研究银行与经济活动的关系特别是对于认识银行贷款如何发挥

① 郭大力:《生产建设论》,经济科学出版社 1947 年版,第 176 页。
② 郭大力:《生产建设论》,经济科学出版社 1947 年版,第 176 页。
③ 郭大力:《生产建设论》,经济科学出版社 1947 年版,第 169—170 页。

"产业资本"作用问题是有重要的研究价值的。

郭大力从货币经营与商品经营相互联系的角度出发,来研究银行业与普通商业的关系,分析银行业与商业之间的异同,凸显货币在不同的经济领域中循环的情形。他指出:"我们这里说货币经营业,是要使银行业务,和一般商人的业务区分开来。从一方面说,银行业和普通的商业其实是相同的。它们都不参加实际的生产过程,而只分享生产过程的结果。但从另一方面说,银行业是和一般商业不同的,因为在商业以普通的商品为经营对象时,银行业却经营一种特殊的商品,即货币。所以,如果说普通的商业是商品经营业,银行业便是货币经营业。就银行而言,资本的循环,是由货币转化为货币,再由货币转化为货币。所以,在银行资本的循环上,起点是货币,终点也是货币。但就普通的商业而言,资本的循环,是由货币资本转化为商品资本,旋由商品资本转化为货币资本,再由货币资本转化为商品资本,并依此循环下去。"①郭大力的研究表明,银行业与普通商业虽然都表现了"资本循环"的特征,但却是两种不同类型的资本循环,即银行业的资本循环始终是以货币为主体的循环,而普通商业的资本循环是货币资本与商品资本交互作用的循环。正是如此,货币在银行业和普通商业中就起着不同的作用,对经济活动的影响也自然就有很大的不同。

就以上的介绍来看,郭大力的《生产建设论》涉及生产建设的方方面面,其关于经济部门的分析、商业问题的研究、金融业问题的剖析等都表现出很高的学术水平和深厚的经济学理论功底,为马克思主义经济学家进一步研究部门经济学打下了学术基础。由通论性经济学著作向部门经济学方向的发展,是中国马克思主义经济学走向成熟的表现。因此,郭大力的《生产建设论》一书也就成为中国马克思主义经济学走向成熟的重要代表作,为推进马克思主义经济学理论中国化作出了重要的贡献。

4. 顾毓琇的《中国工业化之前途》(龙门联合书局 1949 年版)

顾毓琇②在《中国工业化之前途》一书中,高度评价了中国开展工业化的重要意义,不仅对于抗战期间中国在西南、西北地区的工业建设予以充分的肯定,而且提出应在"新经济"理念之下推进工业化进程。在该著的"自序"中说:"在抗战期间,大家在被封锁的环境中努力建设西南区及西北区的工业,同时在瞭望

① 郭大力:《生产建设论》,经济科学出版社 1947 年版,第 163—164 页。

② 顾毓琇(1902—1998),江苏无锡人,留学美国获博士学位。著有《中国工业化之前途》(1949 年)等著作。

着抗战胜利后工业建国的远景。抗战是第一战场,建国是第二战场。第一战场获得的胜利战果要靠第二战场的胜利才能保住。这第二战场的斗争——工业建国,——是与自然斗争,是与'落后'斗争,是一个延长的战争。"①在顾毓瑔看来,日本侵略者发动的侵华战争对于中国的工业化进程是一个重大的打击,但如果我们能够从战争中观察我们工业建设的缺点,并深刻地总结中国的工业建设的教训,也可以为开辟工业化道路提供思路。他指出:"抗战期中,我们仅有的民族工业都被毁坏无余,我们工业建设的缺点完全暴露。不但'九一八'以来我们发展工业的努力受重大打击,遗留的许多缺点,包括物质的缺点与错误的观念,在这一次战争中亦完全反映出来。所以'新经济'的使命不但要解决战时的各项问题,不但要解决今后的政策,计划、组织及方法,还要从根本把甲午以来遗留下来的工业界观念与态度上的毒素澄清,才能发展适合新时代的精神及力量,达到我们的希望的工业化。"②顾毓瑔在工业建设的历史进程中总结教训,提出了"新经济"的发展理念,并认为在"新经济"理念之下的工业化有着特定的内涵。他指出:"'新经济'之下的工业化,其目的应该是'国防的'与'民生的'。国防与民生,俱是民族国家生存所依赖,互为表里,缺一不可。'国防的'不仅是指兵工厂,亦不仅指重工业中的钢铁厂等,而应包括一切足以充实国力的工业。'民生的'不仅是都市所需要的现代供应品的制造,而更重要的是供给全国人民衣食住行的必需品,以及足以增进平民经济生活的物品。"③这里,顾毓瑔将"国防"与"民生"视为"新经济"理念之下工业化的重点,将工业化与国家的根本利益与民众生活的实际需要紧密联系起来。

顾毓瑔在《中国工业化之前途》一书中,基于"新经济"的理念来研究工业化的具体路径,并提出几个重要主张:

一是调整民营与国营的关系,并使两者在工业化中发挥各自的作用。在顾毓瑔看来,在工业化进程中必须处理好民营与国营的关系,这不仅关系到工业能否在社会中全面推进,而且也关系到能否充分调动国营企业与民营企业的积极性。关于工业化过程中,何者应国营、何者又应民营的问题,顾毓瑔有如下的看法:

> 工业化既以国防与民生为中心,接着就应研究到底国营还是民营。国

---

① 顾毓瑔:《中国工业化之前途·自序》(1948年8月),龙门联合书局1949年7月版。
② 顾毓瑔:《中国工业化之前途》,龙门联合书局1949年7月版,第1页。
③ 顾毓瑔:《中国工业化之前途》,龙门联合书局1949年7月版,第1页。

营事业当然是达到我们原定工业计划的最重要方法,而民生主义既不否认私人资本的存在,当然工业之民营非但允许而且应该鼓励的。所以国营与民营问题,并不在原则问题,而在种类及方法问题。……我以为国营与民营,是一种分工的方法,这种分工,应以整个工业形成连环关系,以及制造技术来决定。凡是足以孳生新事业的工业,足使整个工业形成连环关系的工业,以及高度制造技术的工业,均可归国营,其余可归民营。工业化的推进,应有整个的计划。而整个工业是一串连环,每个环本身亦是一串小连环,凡在这大连环中及小连环中缺少的环,政府应负补足的责任。这一环或是新兴工业,或是已有的工业,无论这工业是基本工业或是一般人所谓轻工业,政府都应负责来兴办,以完成这小环或大环。世界制造技术的发达,叫我们不易赶上,许多制造技术方法,……非以国家力量不能获得,获得以后,亦是国家资源,应该归国营。在这种情形下,工业的一个连环中尚有若干小连环,脱节的环与特种的环,由政府补上,其余各环可归民营。工业既为连环,当然要绝对受统制,使能各有机体的选用。所以许多工业尽管民营,只要有指定的任务与规定的范围,则其效用等于国营。①

二是确定开展工业化的合理方式,加大科学化及技术改造的力度。顾毓琇是受到现代科学技术训练的学者,他研究工业化问题亦以科学化、技术化为其研究理念,高度重视科学在社会生活中的地位。在他看来,科学乃是"新的人生观社会观",因而也就不是仅仅靠提倡就能解决的问题,而是应该将科学切实地运用到社会生活之中,这自然就要求在工业化过程中贯彻科学的理念。他指出:"提倡科学而不使社会科学化,结果可以一面有高超的科学,一面有最落后的社会。印度就是一例。……创办许多工厂,而不使社会工业化,结果工厂全无基础,国力亦未增进。法国就是一例。……科学化与工业化不但提倡科学与工业,而是一种新的认识,新的人生观社会观。这新的认识与观念是找寻真理,是人力胜天,利用自然,创造革新,精确配合的集体成就。"②顾毓琇还认为,工业体系只有在科学和技术的引领下才能形成合理的结构,并进而在工业化中发挥其作用。他指出:"工业的大小当然决不能凭空决定,或照抄人家的成例。一定要根据交通、市场、技术、管理及经济来决定最合理的方式。……我始终认为小工业及手工业,如予以科学化,及加以技术之改进,应该可以作整个工业大连环中之小连

---

① 顾毓琇:《中国工业化之前途》,龙门联合书局 1949 年 7 月版,第 2—3 页。

② 顾毓琇:《中国工业化之前途》,龙门联合书局 1949 年 7 月版,第 34 页。

环的一环。工厂工业不肯提携小工业及手工业,自然除走自生自灭的途径外,别无办法。新经济下的工业化,一定要使小工业及手工业,参加整个工业生产,并由手工业扩充而成小工业,由小工业而成大工业。如此发展顺序,使工业接近广大的农村,始能达到增进民生的目的。"①顾毓瑔坚持"根据交通、市场、技术、管理及经济来决定最合理的方式",这之中是将科学化、技术化视为工业发展的关键,并主张通过科学和技术使小工业及手工业形成为整个工业体系中的一环,这对于工业的技术改造及提升科学性内涵有着指导性的意义。

三是将现代工业建设成为"机动体",提升工业体系的内在配合能力。顾毓瑔对于工业自身的生发力予以研究,认为良好的工业体系不仅具有组织力,而且具有作为"机动体"的自组织力量及内在体系的配合能力。故而,他希望工业化能够将工业本身建设成为"机动体",具有"生生不已"的能力。他指出:"现代工业非但是一个组织体,且是一个机动体。可以比作一部制造机器的机器;而且是自动式的母机。这机器的各部配合得宜,精确适度,故能复制母体,制造新品。若有自动式之机构,只要一面送入原料,另一面可得成品。现代工业还是一个复杂的机动体,可以比作一部发生动力的内燃机。动力机能运用天然的力量,发出可供利用之动力。因为是自动式的母机,所以能生生不已的生产。但是一个螺钉之缺,可使失去全部工作能力。因为是一部动力引擎,所以能利用天然力量,来充实国族的力量。但是一件之差,可以停止其全部动作。"②又指出:"在机动体的意义下,现代工业应该有配合的生产,正如制造机器的母机,集合多少不相同的机件,精确适度的配合,调节速率的运转,可以得到预期的生产结果。在机动体的另一意义下,现代工业应该有管制的功能。正如动力引擎燃料之送入,应受管制,引擎之速度,更应受管制,庶发出之动力,可成为有效之动力。"③顾毓瑔提出工业是"机动体"这一概念,就在于工业建设能够使工业体系形成良性的自发能力,从而使工业在整个的国民经济中处于引领性地位,并彰显出工业作为"自动式的母机"所具有的"发生动力"的巨大力量。

四是"重工业"为工业建设中的"经线",带动轻工业的发展与振兴。顾毓瑔高度重视重工业在整个的工业体系中的重要作用,认为开展工业化就必须将重工业作为重点,首先需要的就是从重工业着手。关于先行开展重工业建设的必

---

① 顾毓瑔:《中国工业化之前途》,龙门联合书局 1949 年 7 月版,第 3 页。
② 顾毓瑔:《中国工业化之前途》,龙门联合书局 1949 年 7 月版,第 6 页。
③ 顾毓瑔:《中国工业化之前途》,龙门联合书局 1949 年 7 月版,第 6 页。

要性,顾毓琇是以"连环体"的比喻、从重工业的极端重要性以及其在整个的工业体系中的地位来说明的。他指出:"现代工业若比作经纬交织的织品,那么重工业就是织物的经线。现代工业若是比作一个复杂的连环体,那么这重工业可以比作贯穿各环的主环,亦可以作撑支全体的基本连环。有这些主环及基环,这连环体才能不断的增加新环,其连环关系才能愈趋复杂,可不致影响其稳定性能。现代工业若比作一架产生机械自动母机,那么这些重工业可以比作转动全机的变速机构,及司工具进度的主要螺轴,只要这些机构灵活准确,复造的机器可以保证其准确,并且可以制造各种各式的机器。现代工业若比作一部原动力引擎,那么这些重工业可以比作引擎中生出动力的气缸与主轴,以及控制速度的机构。只要这些机件精确适度,管制得宜,动力可以高效率的发生,以及有效与平衡的利用。重工业在整个工业的体系中既有如此关系,很显明的,要推进一个国家的工业化,先应从推进重工业着手。同时要管制工业的功能,使达预期的目的,亦应从重工业来透过工业的全体。"①需要注意的是,顾毓琇重视重工业的独特地位,要求有计划地建设重工业,但也没有忽视轻工业在工业化进程中的重要作用,相反,他要求国家重视以民营工业为代表的轻工业,并采取积极的措施扶持其发展。他指出:"只要重工业有计划的建立,在整个计划中,若干轻工业不但可归民营,且可奖助民营。这是充分认识工业化的工作。政府领导之外,还应有全民智力财力的参加,工业化的目的才能达到。工业化不只是兴办多数的工厂,而是一种集体的新意识,与科学的新观念,透过社会的各层,工业化的目的才算达到。民营工业一部分是增进国力,另一部分是训练及传播上述的新意识与新观念。在这整个的连环体中,国家负责了这些主环与基环,民营工业就是连属在主环与基环的各环。主环与基环的重要是很显明的。这些连属各环,亦有其重要,因为亦能协助撑支这连环体,且因互相复杂牵连,即有脆弱的环节,亦不致影响整体之稳固。"②关于轻工业的地位问题,顾毓琇以民营工业主要是进行轻工业为例,说明轻工业对重工业的依赖关系。他说:"民营以轻工业为主,但是许多在轻工业中得到的技术经验,常常与重工业有关的。即在整个计划之中,若干民营工业可逐渐举办较重的工业,……民营工业的由轻及重,是促进民营工业的纵的与横的联系,亦是训练民营企业家在纯粹谋利目的之外,参加直接增加国力的工作,而增加企业的延续性与稳固性,这亦是民生主义下之民营企业所应享

---

① 顾毓琇:《中国工业化之前途》,龙门联合书局 1949 年 7 月版,第 9 页。

② 顾毓琇:《中国工业化之前途》,龙门联合书局 1949 年 7 月版,第 15 页。

的。所以在整个工业计划之下，重工业之互相结联，亦就是国营工业与民营工业之互相配合。"①不难看出，顾毓瑔关于重工业地位与作用的说明，关于轻工业发展所需要的重工业支撑的主张，其目的就在于使中国走上以重工业为主导的工业化道路。

五是建构全民的"工业化的根本观念"，铸就工业化的社会心理基础。顾毓瑔将工业化视为全体国人的事业，要求全民建立起"工业化的根本观念"，并形成全国性的工业化的社会心理，从而有效地发挥全民族的力量，使工业化有着持久推进的力量。对此，顾毓瑔从"工业化"与"工业"之间的关系，说明"工业化的根本观念"及"工业化的心理基础"，对于工业化的推进的极端重要性。他说：

> 中国工业化的成功，固需要国人对于工业建设具有最大的热忱，而单由热忱，还是不够。更需要的是工业化的根本观念，与工业化的心理基础。在此先应说明"工业"与"工业化"不完全是一事。一个社会要"工业化"自然一定要有"工业"，而有了"工业"，社会却不一定就是"工业化"的。"工业化"诚如大公报十一月二十六日社评"工业化的道德"中所说："不独是机器生产，而是要以机器生产工业组织的精神来同化，来改进政治社会等其他各方面的活动。"我想更加申说："工业化是人类进步过程中，一种新的文化形式。"这种新的文化形式，需要一个新的观念心理作其基础。一个社会尽管有很多的新式工厂，而社会大部分人民的心理，还可以停滞在农村社会的境界。……有了新式工业，固可导入社会树立"工业化"的文化。而具备了"工业化"的根本观念与心理基础，工业才能加速的滋长。现代工业所生产的良果，才真能造福于社会，并在互为因果作用下，这新型的文化亦更能跃腾前进。所以在推进工业化时，固然要有周密伟大的工业建设具体计划，同样重要的工作，是工业化的心理建设，直接参加工业建设的人员，固先应对于这种新型文化，有深切的认识。全体社会亦应受这种新型文化的洗礼，始能从接受这种新文化，乃至融成一体。②

顾毓瑔是一位在美国受到良好的科学技术训练的研究者，故而他在《中国工业化之前途》一书中，对于工业化问题的论述有着世界的眼光，并常以其"机械工程"的专业来解读工业体系的内涵。如他将现代工业视为"机动体"，期望工业形成"连环关系的工业"，就有着"机械工程"专业的意蕴。顾毓瑔在工业化

---

① 顾毓瑔：《中国工业化之前途》，龙门联合书局1949年7月版，第15页。
② 顾毓瑔：《中国工业化之前途》，龙门联合书局1949年7月版，第21—22页。

问题上,不仅主张中国走工业化的道路,而且高度重视重工业先行的战略意义,并对实现工业化的途径作出了创新性的探索。顾毓瑔的《中国工业化之前途》是当时工业经济学的代表性成果,在中国现代经济学史上有着重要的学术地位。

5. 寿勉成、李士豪合著的《农村经济与合作》(正中书局 1936 年 8 月版、1946 年 8 月再版)

寿勉成①与李士豪合著的这部《农村经济与合作》著作,依据对当时的社会调查资料的分析,对于中国农村经济所处的阶段作出科学的说明。该著指出:"在农村经济发展的阶段上说,我国农业,没有走上资本主义化的道路,还是依旧的停滞在前资本主义地方经济的状态中,这可以从下面的几点很明白的看得出来。一、从生产方法上观察,中国农业生产的方法与所应用的工具,是很原始的,土地的耕作,通常都用粗笨的锄头开掘,有时还用古代式的犁。……这些都可以表示我国农业生产方法的落后。虽然我国农业机器,有的地方,也在使用着,可是数量上实在是非常之小。……二、在就农家中雇农与家工的劳动分量即工资的支出比例上说,据金陵大学教授卜克博士调查,七省十七处共 2866 个农场中,每年平均雇工的支出,连伙食在内为 24. 18 元,家工不给工资者为 64. 22 元。这就是说在中国的农业生产中,农家自己的劳力,占了主要的地位,雇工的劳力,仅不过自己的劳力的三分之一稍强。三、在上面农家每个农场的雇工支出平均数量中,我们还要特别注意,就是在中国的农村情形,雇工的雇主,有时也为他人去做工而为一个被雇的雇工,雇工有时也雇用其他的工人而为雇主。广东四十八个农家调查(此中没有一个农民的田地,超出 14. 2 亩),100% 的农户,采用雇佣劳动,75% 的农民,又以'雇佣工人'的资格去为别人做工。"②正是基于农村中生产力与生产关系的研究,该著明白地说明当时的中国农村"依旧的停滞在前资本主义地方经济的状态中"的阶段。

寿勉成、李士豪合著的《农村经济与合作》一书,为了揭示农村的封建性的生产关系,对于佃租制度有以下的说明:

> 我国佃租制度的性质,……可以分为下列数种:一、契约制。佃农与地主双方先订立租佃契约。租价、年限及其他各种权利义务,均规定于契约之内,这可算是最进步的方式。二、口约制。不用正式的文字契约,只是佃农

---

① 寿勉成(1901—1966),字襄,号松园,浙江诸暨人。早年留学美国获经济学硕士。著有《社会经济基础》、《合作原理》、《合作经济学》、《三民主义与合作运动》、《中国当前合作经济问题之研究》、《中国合作经济政策研究》、《农村经济与合作》等。

② 寿勉成、李士豪:《农村经济与合作》,正中书局 1946 年版,第 56—57 页。

与地主口头约定，或凭一介绍人，这种口约制，在我国今日还是占大部分。三、包佃制。这种制度每盛行于大地主或公田所在的地方，因为大地主田多，不能直接租于一个个的农民，不得不有人承包转租；又氏族田、寺院田等，亦以由人包租为适宜。但这种包佃制，因为承包人不直接生产，仅是一个中间人性质，所以出租于农民的佃租，常比由地主出租的为高。四、永佃制。永佃制常发生在有田底田面的差别的地方，就是地主只有土地所有权，至于土地的使用权，则由佃户保有，所以佃农可以保有永远佃租的权利。这种佃租，因为地主对于土地实际上只有一半的权利，所以佃租较低，一般农民，常赖以维持生活。①

寿勉成、李士豪合著的《农村经济与合作》一书，还着重说明了以下几个重要问题：

其一，中国农村存在着"土地分配的不均"的严重问题。该著重视农村中的土地分配问题，对于土地问题的严重性给予了深刻的解释，认为正是因为"土地分配的不均"而带来了中国农村经济的诸多问题。该著指出："土地分配的不均，常引起社会重大的不安，因为（1）农民失去其唯一的生产手段，无法维持其生存，（2）促进社会贫富两阶级树立的尖锐化，（3）使农业生产趋于低落，（4）影响到其他各业的发展。所以土地分配的问题，是很严重的。中国历史上，凡是遇到了'富者田连阡陌，贫者无立锥之地，强凌弱，众暴寡'的时候，必然会发生社会的骚乱，这是有不少的事实可以证明的。"②该著将土地问题视为中国农村经济的重点问题，显示出作者对于生产资料问题的高度重视。

其二，中国农村劳动力有着特殊的情势，并发生了劳动力移动的局面。该著对于农村中劳动者这一生产力的最重要因素进行研究，不仅发现了其所具有的重要特点，而且也看到农村劳动力对农村经济的性质与状况产生了多方面影响。该著指出："我们对于中国农业劳动者的情势，可以明白：（1）农业生产上大部分还是实行着手工劳动的小农经济；（2）农业劳动者的雇佣关系上，雇主和雇工的对立，形式不十分尖锐；（3）无产农民的数量，日渐增多，而且小农经营不能吸收这种过剩劳动的情势很严重，这种农业劳动者在其性质上，是形成一种乡村的散工和苦力，为社会问题极重要的部分。"③该著为了具体地说明中国农村社会的

---

① 寿勉成、李士豪：《农村经济与合作》，正中书局1946年版，第33页。
② 寿勉成、李士豪：《农村经济与合作》，正中书局1946年版，第28页。
③ 寿勉成、李士豪：《农村经济与合作》，正中书局1946年版，第58页。

变化,还就农业劳动者的移动问题给予了如下的分析:

> 经济环境的改变和其最低的生活不能维持的时候,自然会向其他的地方移动。我国农业劳动者的移动方向,可以分为以下几种:第一,向都市方向奔流。自资本主义势力的侵入,我国沿海及内地若干重要都会,轻工业及资本主义化的各种建设,还有帝国主义者所移植的产业,当然均有相当的发展。农村的劳动者,一面羡慕都市的繁荣,一面又因都市的工资,比较农村要高,自然而然会大家都向着都市奔流。可是我国的都市产业,是受了帝国主义者的重重束缚,不能发展,无法大量地容纳这些离村的农业劳动者,尤其近年来的不景气,反而要把已经吸收了的工人,都赶回到乡村去。第二,我国华北各省如山东、河南、河北各省的农业劳动者,因为东三省地旷人稀,而且工资较高,所以曾成群结队到东三省去开垦,或者从事季节的劳动;可是自"九一八"以后,出关固然要受排斥,就是在关外的也大有欲归不得之概。第三,到外国去做工的,虽曾经有过相当的发展,每年这些华工的汇款额,亦相当的多;可是从世界的经济恐慌发生以后,华工便到处受了排挤,被送回国。所以我国农村的过剩劳动,在上述的三个方面,已经是此路不通,而且在急剧的逆转中,最后留给这些农业劳动者的一条出路,便是兵士和盗匪。[1]

其三,中国农村经济只有通过"农民大家联合起来"的途径,才能走上"合作"的道路。该著分析了我国农村经济所面临的问题,认为农民必须走合作的道路,才能推进农村社会的变革和农村经济的振兴。该著指出:"我国资本的贫乏,耕地的散碎,农场的建设和优良的设备,是非常困难。最好的一个出路,是农民大家联合起来,共同耕种土地,协同设备,合作利用,乃能易于见效。"[2]"合作"思想是寿勉成研究农村经济的一个重要的主张,这一主张是与他的"农村工业化"的主张相联系的。他发表的《到农村工业化的合作路线》文章中,指出:"我们主张农村工业化同时,我们必须予农民以组织,施以教育和技术训练,而使其成为工业生产的源源不绝的生力军,尤应注意到防止资本主义式的企业对劳工的剥削,所以到农村工业化的正确路线,无疑的,就是合作路线。"[3]又指出:"农村工业化,工业合作化,既可解决农民的'愚'、'弱'、'私',但农民一旦收益

---

①　寿勉成、李士豪:《农村经济与合作》,正中书局1946年版,第60—61页。

②　寿勉成、李士豪:《农村经济与合作》,正中书局1946年版,第44—45页。

③　寿勉成:《到农村工业化的合作路线》,《中国农民月刊》第4卷,中国农民经济研究会编印1944年版,第23页。

增多,又没有一种正当消费的指导或组织,会使农民增加许多恶习惯。我们利用合作的组织,除了教育设施外,对于其他的福利事业,更要积极的推行,如卫生设备、托儿所、消费合作社,戏剧、歌咏、电影、球类、阅读书报以及各种联谊、俱乐会等,能这样才能使农民过着一种新的集体生活。综合上述,所以我说到农村工业化的正确路线,无疑的就是合作路线。"①可见,寿勉成将"合作"与农村的工业化联系起来,并将"合作"视为解决农村问题的出路。这在当时的情况下,实际上是难以做到的。

寿勉成是著名的农业经济学家,对农村经济问题有着自己的主张。如他在给张则尧的《中国农业经济问题》一书所作的序中批评了当时"以农立国,以工建国"的主张,认为在"建国"问题上固然需要"完备之工业制度",否则"无以巩固国际,充实民生",但也必须确立"惟农业为工业之基础"的理念,这是因为"未有农业衰落而能建立完善之工业制度者,证之当世列强,益信而有证"②。尽管寿勉成、李士豪合著的《农村经济与合作》一书有着改良的色彩,但该著中有些关于农业经济学的观点还是值得重视的。

6. 李朴的《中国土地问题浅说》(光华书局 1948 年版)

李朴的《中国土地问题浅说》一书,1948 年光华书局出版。该著以马克思主义的观点研究中国的土地问题,阐明了土地问题的严重性和解决土地问题的迫切性,揭示了开展土地革命以完成反帝反封建历史任务的历史必然性。李朴指出:"土地问题是我国现阶段革命中的基本问题,因为我国还是一个被封建势力严重统治和剥削着的农业国家,农民占着全国人口的百分之八十以上,反对封建制度的压迫剥削与反对帝国主义的侵略,成为新民主主义革命的两大基本任务,加以我国革命的根据地是建立在广大的农村,所以说我国今日的革命,也可以说是农民革命。对于农民来说,最重要的问题就是土地问题。"③在李朴看来,中国的土地问题由来已久,可以追溯到中国的封建社会的土地政策。他指出:"土地问题在历史上所以这样严重,因为我国的土地制度太不合理,古话中形容贫富悬殊的情形说:'富者田连阡陌,贫者无立锥之地。'由于地主阶级和封建贵族对农民的残酷剥削,对于土地的残酷剥削,对于土地的残酷兼并,地主和贵族的土地多至数十万亩,甚至数百万亩,都不算稀罕,而贫苦农民的生活却毫无保障。加

① 寿勉成:《到农村工业化的合作路线》,《中国农民月刊》第4卷,中国农民经济研究会编印 1944 年版,第 24 页。

② 寿勉成:"序",载张则尧著《中国农业经济问题》,商务印书馆 1946 年版,第 1 页。

③ 李朴:《中国土地问题浅说》,光华书店 1948 年 11 月版,第 1 页。

以封建社会中对于天灾不能预防和补救,连年混战又加重农民负担,造成人祸,农民无法为生,自然只好铤而走险;遇到封建当局的压迫,农民更团结起来抵抗,这就是历史上的农民暴动或农民起义。规模扩大起来,时间延长下去,就成为农民的革命战争。"①李朴是在通过对现实中、历史上土地问题的分析中,提出了彻底解决土地问题具有极端的重要性。

李朴也注意到,历史上土地问题的严重性,制约了社会生产力的发展,人民大众有着强烈的、普遍的解决土地问题的愿望。然而,以孙中山先生为代表的先进人士虽然曾致力于土地问题的研究,并提出了解决的方案,但解决土地问题的努力并没有成功。李朴指出:

> 辛亥革命时期及其以前,农民都有土地要求。那时满清政府负担着巨大的外债和赔款,又要供给官僚机关挥霍,满清政府成为帝国主义压迫与剥削中国人民的工具,拼命残酷地榨取人民。农民受着苛重的地租剥削,又受着残酷的赋税榨取,求生不得,普遍要求解决土地问题,在反对满清政府的各种斗争中,农民都成为重要的革命力量。孙中山先生等革命党人,为吸引广大的农民群众参加革命运动,提出了解决土地问题的主张。同盟会宣言的口号中提出了"平均地权",公布的六条党纲中也提出"主张土地国有"。不过当时提出的"平均地权"主张还只是抽象的原理,缺乏解决的实际办法。同盟会宣言中只规定:"核定天下地价,其现有之地价,仍属原主;所有其革命后社会改良进步之增价,则归于国家。"对实现平均地权的办法,只提出了涨价归公。到一九一二年,发展为地主报价、按价抽税或收买。这并不能解决农民的土地要求。而且连这轻微改良的办法,也未能实行,许多上层党人都拒绝或反对实行这个办法。②

李朴立足于中国的半殖民地半封建社会的国情,以比较的视角分析了中国的地主、富农、贫农在土地使用方式上的具体特点,认为中国土地问题的解决有着独特性。关于中国的地主使用土地的方式,李朴指出:"由于各个国家历史条件和社会条件各不相同,地主对于土地使用的方式也就各有区别。……我国的地主,大多数都是这种半封建的收租地主,这是因为我国农村中资本主义的农业生产不能自由发展,所以资本主义的经营地主和收租地主都很少见。据一般统计,全国地主所有的土地中,留作自己经营的,不超过百分之十,其他百分之九十

① 李朴:《中国土地问题浅说》,光华书店 1948 年 11 月版,第 3 页。
② 李朴:《中国土地问题浅说》,光华书店 1948 年 11 月版,第 39—40 页。

以上的土地都是分割开来租给贫苦的佃农耕种,而征收苛重的地租。"①关于中国的富农使用土地的情况,李朴指出:"我国富农对于土地的使用,也和资本主义国家的富农不同。资本主义国家里的富农实际上就是农业资产阶级,他们向地主租来广大的土地,雇佣工资劳动者来大规模地经营;我国富农发展的方向和这种情形背道而驰,而是向着半封建的收租地主发展。我国富农一般地都是雇佣少数长工或短工,经营自己所有土地,自己同样参加农业劳作,他们不但不愿向地主租进土地来经营,而且很多把自己的土地租出一小部分,征收地租,把富农经济和收租地主经济绞缠在一起。"②关于贫农的经营方式,李朴指出:"我国贫农的经营方式,和资本主义社会里的情形也有本质上的差别。资本主义制度下的贫农是农业的半无产者,他们之中的多数主要靠工资收入来维持生活。我国贫农则不同,虽然他们也被称为农村的半无产者,兼作帮工的现象也很普遍,但是因为资本主义式的地主经营和富农经营不发达,他们出卖劳动力的机会很少,多数是向地主和富农租进少量土地来耕种,而缴纳苛重的佃租。"③李朴通过对中国的地主、富农、贫农等阶级使用土地情况的分析,就在于说明中国共产党制定的新民主主义土地政策所具有的针对性。

李朴研究土地问题是以对于中国农村中封建性生产关系的研究为基础的。在他看来,中国农村中的租佃关系有着特殊的形态,这使得高利贷剥削和地租剥削能够存在下去,并使得农村中的土地问题愈发严重。关于农村中租佃关系的半封建特征,李朴指出:"我国现代的租佃关系还是在从封建关系到资本主义关系的过渡阶段,是半封建性的:从现象上看,法律规定租佃关系根据契约;但从本质上看,因为工商业不发达,佃农缺少生路,不愿轻易放弃难租到手的小块土地,长久地、甚至也代代相传地作佃农,和地主之间保留着封建式的主奴关系。"④为了深刻揭示中国农村中封建性租佃关系存在的原因,李朴对于地租问题和高利贷问题作出专门的说明。

关于地租问题,李朴认为地租是农村中最为基本的剥削方式,虽然货币地租业已存在,但却是以实物地租为其主要形态而进行超经济的剥削,从而使得地租显示出"浓厚封建性"。李朴指出:"我国地租形式虽有谷租、分租、钱租、折租、帮工佃种分租、预租制等多种,实质上仍未超出实物地租和货币地租两种基本形

---

① 李朴:《中国土地问题浅说》,光华书店 1948 年 11 月版,第 11 页。

② 李朴:《中国土地问题浅说》,光华书店 1948 年 11 月版,第 11—12 页。

③ 李朴:《中国土地问题浅说》,光华书店 1948 年 11 月版,第 12—13 页。

④ 李朴:《中国土地问题浅说》,光华书店 1948 年 11 月版,第 14—15 页。

式。按地租性质说,实物地租是落后的,封建性的,货币地租是带资本主义性质的,我国农村中所流行的,主要仍是实物地租。……这普遍流行的实物地租制,就是我国社会生产力低下的标志,是我国半封建半殖民地买办经济的标志,同时也是农民极端贫穷化的标志。"①那么,中国农村中货币地租的情形到底怎样呢?在李朴看来,中国农村中的货币地租业已存在,但与资本主义国家的那种货币地租又有着很大的差别,它在中国是以钱租的形式出现的,从而带有半封建性的特征。李朴指出:"若是说货币地租是资本主义方式的地租,对农民的剥削较轻些,则我国钱租还带着浓重的半封建剥削性质。……按各地情形看,货币地租租率似乎比实物地租租率低些,但农民缴纳货币地租时,经常要同时受到另外一种剥削:在农产物收获后缴纳的,常由于新粮上市,粮价低落,农民为交钱租低价卖出粮食,在受货币地租剥削时伴随商业资本的残酷剥削;在收获前缴纳的,常由于缺少货币,出高利借贷,在受货币地租剥削时伴随着高利贷的剥削。缴纳钱租的佃农,实际上所受的地租剥削,远大于形式上的地租支出。若是把我国地租率和西欧资本主义国家地租率比较起来,更可看出我国地租所带的浓厚封建性。"②李朴鉴于对地租状况的研究,梳理出中国农村中地租的基本特征,并揭示其在抗战期间的国统区不断被强化的情形。他指出:

> 近代我国地租发展的特征是:第一,地主经济和买办经济联系在一起(近代中国商业资本以买办资本为主体,棉花、烟叶、大豆等许多商品农作物,是为输出而生产),土地垄断和市场垄断联系在一起,地主常兼作买办,所以,直接生产者受着这样联合的双重压迫:一方面成为地主土地的附属物,受着封建式的原始性质的压迫;另方面又成为买办市场的附属物,受着半殖民地式的投机性质的压迫。第二,这个联合的双重压迫,利用社会经济的发展而加紧剥削,将农民发展生产力而得的果实几乎全部夺取。第三,这个联合的双重压迫,主要表现为地租量不断增高,同时也以商业资本兼高利贷资本的形式向农民包种或收买农作物。第四,地主对于佃户经营商业的农业虽有些兴趣,但因为地租提高,并常强制土地经营更加分割,却又妨碍了生产的发展。第五,一九二七年国民党当权后,国民党统治区由于取消了大革命农民斗争的成果,地主经营和买办经营加强,把地租更加提高了。以上这些特征,在抗战时期,在国民党统治区又有了新的发展和新的补充,这

---

① 李朴:《中国土地问题浅说》,光华书店 1948 年 11 月版,第 15—16 页。
② 李朴:《中国土地问题浅说》,光华书店 1948 年 11 月版,第 18—19 页。

就是：第一，地主与买办资本家为了投机发财，要垄断粮食和价格，就以加紧掠夺地租为中心，更促进了土地投机与商业投机的结合。第二，大官僚们（他们是大地主大买办的代表者）依靠国民党军政机关，公开参加以掠夺地租为中心的土地投机和商业投机，来囤积粮食，并经过政治的和军事的法令，批准这种对于地租的无限制掠夺为合法，这就更鼓励了恢复原始的掠夺方法。第三，地租的掠夺方法，其原始、残酷、野蛮，超出农民所能忍受的最后程度，使生产更加缩小，极端阻碍了生产力的发展，在国民党统治区里，由于地租掠夺所形成的长期农业危机（其特点是生产萎缩），空前地扩大和深入了。①

关于高利贷问题，李朴认为高利贷与地租有着同一的社会性质，不仅与封建性的地租关系直接相联系，而且有着半封建性的土地关系的基础。他指出："高利贷和地租是同一社会性质的封建性剥削，这两种剥削的联系很密切，是农民身上的脚镣手铐。我国农村中高利贷的剥削非常残酷。按借贷形态说，粮食借贷比货币借贷落后，时间短，利息重，剥削更残酷些，我国农村中粮食借贷和货币借贷就占着几乎同样重要的地位。据一九三三年中央农业实验所的调查，借粮户数占借贷总户数的百分之四十八。因为借粮的剥削比借钱的剥削更重，若不是到了不得已的情况，农民不愿借粮，所以在农民的阶层中，越是贫苦的负债户借粮的百分数字越大。……高利贷的剥削不但极为苛重，而且极为普遍，这就更表现着高利贷者剥削农民大众情形的严重。"②李朴认为，高利贷剥削之所以与地租剥削具有同一的社会性质，高利贷剥削之所以更加普遍化，根本的原因就在于有着半封建的土地关系作为支撑。他指出："高利贷在我国农村中为什么能够发展得这样普遍呢？最根本的原因是我国土地关系是半封建的，生活的困难逼使贫苦的佃农和小自耕农去接受高利贷的剥削束缚；同时，商业资本控制农业生产，使高利贷更加猖獗。在农村中，高利贷者和地主、商人的联系非常密切，地主和商人是高利贷的最主要来源。"③李朴揭示了高利贷剥削与半封建性的土地关系的内在联系，说明了高利贷剥削的总根源就在于我国农村中存在着的半封建的土地关系。这实际上也为扫除高利贷剥削指明了努力的方向。

李朴以大量的事实说明，抗战时期仍然有着土地兼并与土地集中的趋势，封

---

① 李朴：《中国土地问题浅说》，光华书店 1948 年 11 月版，第 23—25 页。
② 李朴：《中国土地问题浅说》，光华书店 1948 年 11 月版，第 25—26 页。
③ 李朴：《中国土地问题浅说》，光华书店 1948 年 11 月版，第 29 页。

建性的土地关系还在中国的农村发展着。他对于抗战时期的土地问题,有如下的具体分析:

> 抗战期间,土地兼并和集中的趋势继续发展着。一九四二年出版的《中国农村》第八、九期,所载中国农民银行土地政策的报告书中,暴露了土地制度的不合理,说为着投机取巧而收买种籽和耕地是最不合理的,但却是很普遍的事实,这造成了农民的赤贫。地价飞涨和农产品价格的提高不相称;由于在农村经济中存在着很高的利润,土地集中的规模便日益扩大。战争期间,游资向农村的侵入,也大大地助长了土地集中的普遍化。报告书又指出:"特别是没有雇佣长工、或部分雇佣长工的自耕农卖掉土地,因为破产,他们再无力独立继续耕种。就是那些无法恢复自己作业的破产的小地主,也不得不出卖自己的土地。而土地的购买者,通常只是那些利用国难和乘农产品价格突飞猛涨之际而大发其财的地主和士绅们、巨商、军官和囤积居奇的下野官僚、政客,以及其他一些特权阶级的人们。"①

正是李朴注意到封建性的土地关系具有死灰复燃的趋势,他主张以人民革命的力量彻底地解决土地问题,解除农民长期以来所遭受的剥削与压迫。他指出:"到现代,在人民革命力量占优势的地区,土地问题曾暂时地得到解决,或减轻了严重的程度,还不是彻底解决;在人民革命力量受到打击与镇压之后,土地关系又恢复了原状,甚至农民受到比以前更残酷的压迫和剥削。至于反革命力量占优势的地区,土地问题的严重情形不但没有任何减轻,而且更加严重了。"②又指出:"不合理的土地制度乃是我们民族被侵略、被压迫、穷困和落后的根源,是我们国家民主化、工业化、独立、统一及富强的根本障碍。要建立一个独立、自由、民主、统一和富强的新民主主义的中国,没有广大农民政治上和经济上的彻底解放是不可能的。目前中共和广大农民以及各阶层民主人士所倡导、赞助与实行的土地改革运动,正是建设新中国这一伟大事业的重要步骤。"③可见,李朴关于土地问题的研究正是为了说明和论证中国共产党的新民主主义土地政策正确性,解决农民土地问题的政策在新民主主义革命历史进程中的地位。

李朴的《中国土地问题浅说》是一部研究中国农村中土地关系的学术专著,该著以马克思主义为指导剖析中国土地问题的严重性,揭示了当时中国农村中

---

① 李朴:《中国土地问题浅说》,光华书店 1948 年 11 月版,第 8—9 页。
② 李朴:《中国土地问题浅说》,光华书店 1948 年 11 月版,第 5 页。
③ 李朴:《中国土地问题浅说》,光华书店 1948 年 11 月版,第 34 页。

土地关系的半封建性的特征。该著立足于当时中国农村中土地关系的实际,不仅梳理了土地问题的由来,而且基于近代以来中国沦为半殖民地半封建社会的现实,对于封建性的租佃关系、地租剥削、高利贷剥削作出深入的研究,逻辑地论证了中国共产党领导新民主主义革命所采取的土地改革政策的正确性。李朴的《中国土地问题浅说》是对农业经济学研究的重要贡献,在中国现代学术史上有着重要的地位。

7. 王孝通的《中国商业史》(商务印书馆1936年版)

王孝通①所著《中国商业史》出版于1936年,是一部梳理中国商业发展进程的学术专著。该著共三编二十三章,以"上古商业"、"中古商业"、"近世商业及现代商业"框架,全面叙述中国商业自黄帝尧舜禹至民国二十四年之五千年历史。

王孝通以学术为社会服务的理念撰写商业史,力图为"振兴商业"提供历史的依据和学理的支撑。关于这部《中国商业史》的写作目的,王孝通指出:"我国开化四千年,为世界文明古国。今人所指欧美商政之最新者如'经济统制'、'法币政策'等,我国古代旧制已发其端。终以政教不修,失其故步,而缙绅先生咸茫昧而莫知其源,是亦辍学者之耻也。近年以来,苛捐杂税虽除,而商困未苏,显宦虽多商人,而商业不振,其故何哉? 盖商业以政治之治乱为盛衰,国势随商业之盈虚而隆替。我国今日外受强邻经济之侵略,人为刀俎,我为鱼肉,国势阽危,甚于畴昔;内则政刑未修,寇盗充斥,农村破产,市井萧条,及今不图振兴之术,转瞬之间,神州商业将绝于天壤。然欲振兴商业,必先研究我国商业史。"②在王孝通看来,中国的商业起源很早,只是因为"政教不修,失其故步",故而他对于中国商业不能兴盛的缘由作出这样的分析:

> 我国为世界文明古国,神农皇帝之间,商业规模已备。综计世界诸国,惟埃及开国较我为先,他若希伯莱、腓尼基、巴比伦等,世所称为商业发达最早者,犹俱在我国之后,至如近世著名商业之欧美诸邦,当时商业尚未萌芽,而我国今日反不能立足于商战舞台者,其原因有四:
>
> 一、物产之丰盈。我国地处温带气候,寒燠适宜,黄河扬子江流域,物产殷饶,人民无俟外求,力农足以自给,故中古以上,人民多老死不相往来,而

---

① 王孝通(1894—1946),浙江瑞安人。著有《中国商业史》(商务印书馆1936年版)、《商事法概要》(商务印书馆1938年版)等著作。

② 王孝通:《中国商业史》,商务印书馆1936年12月版,第1页。

竞争之念自绝。竞争为进步之母，无竞争则无进步，此为商业不发达之第一原因。

二、交通之阻梗。西哲有言："水性使人通，山性使人寒。"我国高山峻岭，道路阻梗，古中国仅中原片壤，交通既已不广；东南海岸线又复不长，故航海贸易之事业，未能振兴，此为商业不发达之第二原因。

三、历代之贱商。我国贱商之习，相沿已久，商业知识，殊甚幼稚，即有一二豪商富贾，亦皆市井马侩之徒，故有志之士，多鄙而不屑，此为商业不发达之第三原因。

四、资本之浅薄。我国历代营商者，多系个人之资本，鲜闻合力经营之事业，是以见小利则趋，遇小害则辍，无进取之毅力，乞冒险之精神。国家既无奖励，而反屡事挫抑之，此为商业不发达自第四原因。

综此四因，我国虽早入商业时期，而言进步，则甚迟滞。欧美东瀛，反以后起之秀，凌驾神州之上，内地商权，渐多外夺，故在今日而言中国商业之历史，殆亦一不完全之历史而已，一商战失败之历史而已，可概也夫。①

王孝通通过对相关历史文献的解读，说明中国商业的产生与发展有着一个清晰的演变轨迹。在他看来，中国商业的起源与演进，是与当时人口的繁衍、产品的丰富、需求的扩大、交通的开启等相联系的。他指出："我国北部为黄河流域，多丰沃之地，汉族自西北移居于是，人口渐次繁殖，建诸部落。人类既蕃，则需要愈多，知识渐开，则欲望愈奢，于是交易之途启。中国之地，易于农桑，其时男务耕耘，女勤蚕织，以为衣食之原，而用以互相交换。农有余粟，则以易布，女有余布，则以易粟，此交易之始也。既有交易，于是市因以立。《易·系辞》曰：'庖牺化没，神农化作，列廛于国，日中为市，致天下之民，聚天下之货，交易而退，各得其所。'是即市之起源也。市廛既立，交易益便，于是有贮藏以待人之需要者，是为商业。"②据王孝通考证，中国商业的活动在皇帝时期即已开启，这既与"皇帝治天下"所取得的成效有关，又与唐尧之时已有的"分业之制"有着密切的关系。关于"皇帝治天下"的成效，王孝通指出："皇帝治天下，田者不侵畔，渔者不争隈，市者不预贾，道不拾遗，城郭不关，邑无贼盗。商旅之人，相让以财，商人得以安心经营。又恐商贾辐辏之区，或有以外之警，使重门击柝，以御暴客，保

①　王孝通：《中国商业史》，商务印书馆 1936 年 12 月版，第 1 页。
②　王孝通：《中国商业史》，商务印书馆 1936 年 12 月版，第 4 页。

商场之安谧,佐商业之发达。"①关于当时"分业之制"的情形,王孝通指出:"《淮南子》曰:'尧之治天下,水处者渔,山处者木,谷处者牧,陆处者农,地宜其事,事宜其械,械宜其用,用宜其人,泽泉织网,陵阪耕田,得以所有,易其所无,以所工易所拙。'由是观之,则分业之制,已始于陶唐氏之时矣。盖唐尧之时,民业分而地力尽,远出羲农之上。《书》所谓'黎民于变时雍雍者',盖即指此。至于有无工拙,互相为用,则商业之盛,固兴农工渔牧诸业,相辅并进矣。"②正是因为商业的开启,王孝通认为中国的商业在夏禹时期业已达到兴盛的局面,成为"皇帝以降第一新时期"。他指出:"夏禹之时,本部九州之内,商业既已发达,而本部与外部之交通,亦渐次萌芽,商业之蒸蒸日上,实为皇帝以降第一新时期也。禹在位时,两会天下诸侯,其一会于涂山,其二会于会稽,执玉帛者万国。玉为王等之圭,而帛则为玄黑黄三色之币,观当时朝会之盛,则商业交易之繁荣可以知矣。"③又指出:"禹既平水土,奏庶艰食鲜食,即以懋迁有无化居为训,足见大禹治水之后,即以通商为要图。洪水既平,交通便利,因之各地商业一时勃兴,而时帝都在冀州,则冀州为商业之中心,八州之商旅,无不以冀州为归宿,故禹既平水,即将其疆域分为九州,而定其入贡之道路。"④其后,中国商业处于发展之中,尤其是"武王克殷之后,因殷积粟,大兴商业,以巨桥之粟,与缯帛黄金互易,粟入于民,而缯帛黄金入于天府,赡军足国,不恃征敛,其恤商裕库之政,深堪为后世取法也。"⑤王孝通关于中国商业起源历程的梳理,呈现了中国商业早期演进的图景,还原了中国商业演进的历史。这是对中国商业史研究的一个重要贡献。

王孝通对于中国商业史中的货币问题、农商分家问题、商与贾分道问题等进行研究,并提出了自己的看法。关于中国古代货币的起源,他指出:"我国古代人民多住河海之滨,故用贝为著。考说文见字注云:'贝海介虫也,居陆者尤在水者蜬,古者货贝而宝龟。周而有泉,至秦废贝用钱。'此说若确,则用金属为货币,实自周始,前此实皆用贝,即周代亦不过贝钱并用,贝之不为币,实自秦始耳。今考诸说文所示训诂,凡文字上与财富有相关者,皆从贝字,如负、财、贡、贷、贫、货、贪、贯、贮、赍、资、赂、赠、赊、购、买、卖等字无不从贝者,则古代以贝为货币其

① 王孝通:《中国商业史》,商务印书馆 1936 年 12 月版,第 6 页。
② 王孝通:《中国商业史》,商务印书馆 1936 年 12 月版,第 6 页。
③ 王孝通:《中国商业史》,商务印书馆 1936 年 12 月版,第 14 页。
④ 王孝通:《中国商业史》,商务印书馆 1936 年 12 月版,第 13 页。
⑤ 王孝通:《中国商业史》,商务印书馆 1936 年 12 月版,第 21 页。

事其明矣。"①关于农商分家问题,王孝通认为是在汉武帝时期,这对于商业的发展有重大的影响。王孝通指出:"武帝时令贾人有市籍及家属皆无得名田以便农,一人有市籍,则身及家内皆不得有田,犯令者没入田货(田货指田中所出),农商之分,实自此始。而算缗轺车之法,兴商者益少,病商者多,国用艰瞻,而商业不进,盖春秋战国以来,一大变革矣。桑孔诸人,皆以商贾致通显,而其立法未尝为商人计,是商贾致为耶贱,乃商人有以自致之,非学士大夫之咎也。汉初商人不得为吏,而商业反兴。武商时商贾得仕宦以至于大农丞,而商业反衰,然则商业之盛衰,初不系在上者之贵贱明矣。"②关于"商"与"贾"分道问题,王孝通认为这既是商业兴盛的标志,也进一步促进了商业发展。他指出:"唐代从事商业者,有商贾之别:后者曰坐贾,在市廛内住居,以经营商业;前者曰行商,即致四方之产物,或巡历各地之周市(定期市)以贩卖,或历访各地域之各户以呼卖。巡历商人之内,其最著者有由扬子江沿岸运茶而入北方者;有运淮南盐米而转卖西北者。……商业既盛,商人往来频繁,在商人与货物之聚散地,而邸店(居物之处为邸,沽卖之所为店)生焉。"③王孝通关于商业史相关问题的研究,具有很高的学术见解,这有助于中国商业史这门学科的建立。

　　王孝通的《中国商业史》是中国商业史领域中一部开拓性的学术专著,不仅对于中国商业史这门学科的创建有首创之功,而且也有助于为中国商业学体系的建构提供历史的依据和学理的基础。该著的特点:一是注重对中国商业史文献的解读,从而梳理出中国商业发展的线索,具有史学重视文献资料的研究路数;二是能够从中国商业演进的历程中总结商业发展的经验与教训,有着学以致用的治学追求。王孝通的《中国商业史》在中国现代经济学史上有着重要的地位。

　　8. 王育李的《商业史》(中华书局 1948 年版)

　　王育李的这部《商业史》著作于 1948 年 5 月由中华书局初版,在研究内容上以中国商业史为限,是一部关于中国商业演变历程的学术专著。该著认为,中国商业在神农氏至皇帝时代得以起源与发展。"神农氏时代之商业,仅以日中为市。其阻力之所在,由于交通之不便。皇帝之世,陆行既有车,则引重致远而无忧;水行既有舟,则汔江渡河而无所隔绝。又发明磁石之利用,创造指南车以

---

①　王孝通:《中国商业史》,商务印书馆 1936 年 12 月版,第 8 页。
②　王孝通:《中国商业史》,商务印书馆 1936 年 12 月版,第 57 页。
③　王孝通:《中国商业史》,商务印书馆 1936 年 12 月版,第 105 页。

示四方,于是远行者无论何地,皆无迷失道路之苦。交通既便,则商业以此发达矣。"①神农氏时代至黄帝时代商业的兴盛,还以"直接交易"到"间接交易"为显著标志,这又促进了货币的产生。对此,王育李指出:"中国商业在神农氏时代,仅以物易物。至黄帝时,商业进化,商品进化,商业加多,交易既繁,于是直接交易以外,又兴创间接交易制度。而间接交易之媒介物,即为货币。黄帝创订货币制度,铸金成币,以象刀形,后世钱谱家所谓刀币,实创于此时。"②王育李关于中国商业起源的论述,应该说是比较符合历史实际的。

王育李考察了中国商业自战国至秦汉时期的情形,分析了中国商业长期以来受到压制的原因。在他看来,在商鞅变法时由于以"商业为事末利",遂使中国商业受到严重打击。王育李指出:"商鞅立法,凡事末利及怠而贫者,举以为受孥。所谓事末利,指经营商业也。以商业为事末利,兴怠而贫者并列,没收其妻子为奴婢,则鞅之抑商,可谓至矣。惟其变法,影响于商业者,则废井田,开阡陌是也。"③王育李认为,商鞅变法开抑商之端绪,并直接影响着秦汉时期的商业政策,其结果就使得中国商业长期以来受到严重的抑制。他指出:"自秦商鞅执政,抑商重农,汉室继之,变本加厉,病态之政,屡见叠出,故汉之商业不若农业之盛。"④又指出:"我国古代学者之理想、政府之设施,莫不重农轻商。至汉益甚,名之为逐末,斥之为兼并,不独重税以困商贾,又下令以辱之。高祖下令禁止贾人衣绣锦操兵乘马,即其一例。其最酷者,则入市籍是也。商人一入市籍,即以严法绳之。……商人受罚独重,乖谬已极。"⑤王育李的论述说明,秦汉以来封建政府的重农抑商政策是导致中国商业不发达的最主要原因。

王育李在对中国商业史的研究中,阐明了进出口贸易在经济发展和商业振兴中的重要作用,认为应该将进出口贸易视为商业的重要内容,否则就会在商业的国际竞争中处于失败的地位。对此,王育李以元代及晚清的国际贸易的事实,给予了这样的说明。他指出:"中国商业在元代以前,有若干区域视为国外贸易者,但在元代视为国内贸易。其间如花剌子模(今阿富汗与伊朗)、木剌夷(今里海南岸地)、钦察(今里海与黑海北岸地)、唐里(今咸海北、里海东岸地)、西辽

① 王育李:《商业史》,中华书局1948年5月初版,第2页。
② 王育李:《商业史》,中华书局1948年5月初版,第3页。
③ 王育李:《商业史》,中华书局1948年5月初版,第10页。
④ 王育李:《商业史》,中华书局1948年5月初版,第13页。
⑤ 王育李:《商业史》,中华书局1948年5月初版,第14页。

（今俄属中亚细亚）、报达（今美索不达米亚），以及欧洲干罗斯（即前俄罗斯）皆为元代之属地。故当时中国本部与彼等所有之贸易关系，都可视为国内贸易之范围。惜元代立国不满百年而亡，于是此等中国之属地，亦土崩瓦解，而中国商业之形势，亦随政治之形势而变动矣。换言之，即昔日所视以为外国，而在元代所视为国内者，在元代以后，复为国外；因而昔日所视以为国外贸易，而在元代所视为国内贸易者，在元代以后，又属于国外贸易之范围矣。"[1]又指出："清代中叶海禁初开之时，输入输出之总数，因无海关册根，无可参考。惟当时外商初至中国，言语不通，且人地生疏，情形隔阂；加以华人使用洋货，未成习惯，洋货输入，必不甚多，输出输入，当可勉强相抵。盖中国国际贸易，尚在萌芽时代也。迨同治及光绪最初十余年间，外商来者日多；且欧美各国注全力于中国市场，每年输入总数，均数千万元，输出之数，亦大致相同，故国际贸易，常为出超。……盖中国国外贸易兴盛时代也。至光绪十六年，国外贸易总额加至二万一千四百余万两，以后逐年加增，二十一年加至三万一千四百余万两，二十六年加至三万七千余万两，三十一年加至六万七千四百余万两，至宣统时更加至九万万两矣。由此以观，国际贸易之发达，不可谓不大。惟就输出输入比例以观，则国外贸易之状况虽佳，且输出之数与输入之数，同时并增，而每年输出总数额不若输入之大。故不独年年入超，且入超之数，逐年递加。盖洋货通行中国，华人习用已久；且欧美各国因商约之缔结，设施之周密，在中国商业上之地位，根深蒂固，各国间莫不极力竞争，以期扩张在华之商务，中国国际贸易已入于竞争时代矣。清末商业既不能与之颉颃，国际贸易，遂不免处于劣败地位。"[2]王育李以开放的视域看待商业活动的地位，他对于国际贸易在中国商业中作用的分析，有助于总结商业的成败得失的经验与教训。

王育李在指明重农抑商政策严重危害的同时，还从总结历史教训的角度申明了发展商业的极端重要性及采取重商政策的必要性。他指出："商业之隆替，关系国之兴亡。如春秋之世，齐以富饶称霸，越以生计治吴，卫以通商惠工致中兴，郑以商人爱国弥兵祸，其明证也。当时商业之所以兴盛，其一因人群进化，兴商业极有关系，春秋战国，为我国古代竞争最激烈之时，亦我国古代文化最盛之际，商业之兴，半由于此。其二由于周初商法完善，所以保护商人，提倡商业，至

---

① 王育李：《商业史》，中华书局 1948 年 5 月初版，第 34—35 页。
② 王育李：《商业史》，中华书局 1948 年 5 月初版，第 62—63 页。

详且尽。故商业振兴,商人之地位甚高,非若秦汉之贱商业。"①又指出:"当满清末造,孙中山先生之提倡革命也,其经济来源,得力于华侨捐助者居多。厥后共和军起,我海外同胞之对于祖国,同抱协赞之真诚,就中富商大贾以财力相资助者,为数尤属不资。盖以身居海外,所受异国政府之压迫,故其爱国之心,油然而起,不能自己也。又辛亥革命,其端实启自商人。奕劻当国,受商办铁路为国有,商人起而反对;各界以公理所在,群起而为商人后盾,遂酿成莫大之风潮,军民乘之,遂首先发难于武昌,各省闻风,先后响应,商人及寓外侨商,慷慨输财,以供军饷。民国之建造,商人当在首功之利,此则研究历史者不可不知也。"②王育李不仅说明了商业对于国家的政治生活和经济生活的重要性,而且也强调了商人是社会变革中的一支重要力量,故而任何社会都需要采取积极的商业政策。

王育李的《商业史》虽然晚出于王孝通的《中国商业史》一书,但该著在论述方式、框架设计以及提出的学术观点方面亦有其特点,尤其是在总结商业史的经验教训方面有其突出之处。王育李的《商业史》有着经世致用的学术风格,为中国商业史这门学科体系的完善作出了积极的探索,在中国现代经济学史上有着重要的地位。

五、中国经济学的主要刊物与社团组织

学术研究的发展必然会出现相关的刊物和社团组织,而这些相关的刊物和社团组织亦可以说是学术研究共同体联系的纽带,在探讨共同学术话题、谋划学科发展、增进学术联系等方面发挥了很大的作用。现代中国的经济学研究及经济学的发展,是与其相关刊物及社团组织相联系的。以下,试就现代中国主要的经济学刊物及社团组织,作简单的介绍:

(一)经济学的主要刊物

创办刊物是现代中国经济学发展进程中的重要现象。五四时期各种社团的兴起,为经济学刊物的创办提供了良好的社会氛围。譬如,北京大学经济系学生

---

① 王育李:《商业史》,中华书局1948年5月初版,第8页。
② 王育李:《商业史》,中华书局1948年5月初版,第72页。

于 1922 年秋成立了经济学会,并于 1922 年 12 月 17 日出版了《北大经济学会半月刊》。该刊至 1925 年 5 月 17 日共出了 38 期,主要栏目有"论著"、"研究"、"时评"、"译丛"、"纪略"、"讲演"、"评论"和"调查"等。该刊选稿不拘门派,"无论研究何项主义,崇奉某种学派",皆"无不登录",故而该刊不仅刊登资产阶级经济学的文章,同时也刊登马克思主义经济学的文章,如发表了李大钊的《社会主义下的经济组织》、陈友琴的《马克斯年谱及其著作》和《马克斯小传》、张荣福的《马克斯的国家性质论》以及邵纯熙的《马克斯之重要学说》等宣传马克思主义经济思想的文章,表现出兼容并包、学术自由的特色。据初步估计,从 1919 年至 1949 年,中国人撰写、出版的经济学著作有 2000 余种,经济杂志 140 多种。就现代中国经济学发展的历程来看,出版时间较长,影响较大的重要刊物,主要有:《经济学季刊》、《新经济》、《中国农村》、《中国经济》、《经济周报》、《金融周刊》、《财政评论》、《食货》半月刊等。

在现代中国,《食货》半月刊曾产生过较大的影响。《食货》的主编是陶希圣,以北京大学法学院的名义创办,由上海新生命书局发行。该刊于 1934 年 12 月创刊,至 1937 年 7 月停刊,在两年半的时间内发文 345 篇。这是中国第一份关于社会经济史的专业刊物。陶希圣创办《食货》半月刊,与他参加中国社会史问题论战的经历有关,或者也可以说是论战之后通过反思所采取的行动。他在 1932 年 8 月发表于《读书杂志》上的《中国社会形式发达过程的新估定》文章中就说:"我还有两个希望,敢在这儿提出:一,唯物史观固然和经验一元论不同,但决不抹杀历史的事实。我希望论中国社会史的人不要为公式而牺牲材料。二,论战已有四年之久,现在应当是逐时代详加考察的时期。我希望有志于此者多多从事于详细的研究。我四年来犯了冒失的毛病,现已自悔。但我四年前冒失下手,是因为那是很少人注意这种研究。现在见解已多,如再以冒失的精神多提意见,反把理论战线混乱。我希望短篇论文减少,多来几部大书,把唯物史观的中国史在学术界打一个强固的根基。我自己决没有丝毫的自负,说自己业有如何的成绩。我希望自己能够继续研究,把四年来的见地一起清算。我希望大家于'破'中来'立'。只有'立'才可以把战线以外的多元论或虚无论者打翻。"正是因为有中国社会史问题论战的经历和感受,陶希圣在创刊号中的《编辑的话》中说:"中国社会史的理论争斗,总算热闹过了。但如果不经一番史料的搜求,特殊问题的提出和解决,局部历史的大翻修、大改造,那进一步的理论争斗,断断是不能出现的。"又说:"有些史料,非预先有正确的理论和方法,不能评定,不能活用;也有些理论和方法,非先得到充分的史料,不能证实,不能精致,甚至不能产生。"这就规定了《食货》半月刊搜集史料及诠释史料的任务。《食货》创刊后刊载中国经济史研究的论文,所关涉内容为社会经济形态、土地制度、阶级关系、财政赋役、寺院经济、农业、手工业、商业、市场、经济思想、家庭、人口等各个方面,所研究的时段主要集中在秦汉、魏晋南北朝、隋唐诸代①。据有的学者统计,《食货》在三年半的时间内,网罗了全国 150 名学者,发表了 345 篇文章②,在当时经济学界产生很大的影响。应该说,《食货》能够在此时产生并形成很大的学术影响,乃有 20 世纪 30 年代的时代造因,并且也是当时学术发展的必然反映。何兹全说,"《食货》的出版是应'运'而生的,这个'运',就是中国社会史论战陷入理论之争,参加争论的人中国书读的不多,争论半天也争不出个结果。读书、搜集材料成为需要,《食货》应运而生。"③在这种意义上说,《食货》的创刊也就是对中国社会史问题论战反思的结果。

(二) 经济学的社团组织

在现代中国学术界,从事经济研究的学术团体主要有:

1. 中国经济学社

中国经济学社是 1923 年 11 月由清华留美归国的经济学者刘大钧、陈长蘅、陈达等人与燕京大学的英籍教授戴乐仁(J. B. Taylor)共 12 人,在北京创立的经济学研究的学术组织。

1924 年马寅初等人加入中国经济学社后,学社得到较大的发展。经济学社于 1925 年通过了新社章,将学社宗旨确定为:(1)提倡经济学精深之研究;(2)讨论现代经济问题;(3)编译各种经济书籍;(4)赞助中国经济界之发展与改进。

经济学社在组织上处于不断的变动之中,其参加者亦有较大的变化。1923—1924 年,学社以刘大钧、戴乐仁为正副社长。1925—1927 年,学社以刘大钧、马寅初为正副社长,其组织在此期间得到很大的扩充。1927 年 11 月时,有社员 184 人。其中留美归国经济学者有何廉、唐庆增、董时进、顾翊群、潘序伦、王建祖等;留日者有贾士毅、孙拯、徐永祚、谢霖等;留欧者有刘秉麟、杨端六、陈翰笙等。此时,中国经济学社已成为团结全国经济学家的中心组织。

---

① 施岳群、袁恩桢、程恩富主编:《二十世纪中国社会科学·理论经济学卷》,上海人民出版社 2005 年版,第 176 页。

② 李根蟠:《二十世纪的中国古代经济史研究》,《历史研究》1999 年第 3 期。

③ 何兹全:《我所经历的 20 世纪中国社会史研究》,《史学理论研究》2003 年第 2 期。

1927 年 11 月,中国经济学社在上海举行了大规模的第四届年会,年会后理事部由北京迁移到上海。在 1933 年,中国经济学社已发展成为拥有以一流经济学者为主的近 600 余人的团体①。到 1936 年 6 月止,中国经济学社先后成立了上海、杭州、平津、长沙、南京、广州六个分社,经济学社的组织已遍及全国。中国经济学社创办有《经济学季刊》,这是当时经济学界有着很大影响经济学研究刊物,在全国的经济学者中有着很高的学术声誉。

2. 中国农村经济研究会

中国农村经济研究会,于 1933 年在上海成立。发起人以陈翰笙为首,除王寅生、钱俊瑞、薛暮桥、孙冶方、姜君辰、张锡昌、陈洪进、秦柳方、刘端生、瞿明宇等原来在中央研究院社会科学研究所工作过的人,还邀集了吴觉农、孙晓村、冯和法、勾适生、李紫翔、毕相辉等人②。

中国农村经济研究会成立后,由理事会领导,陈翰笙任理事会主席,吴觉农任常务理事,主要成员有陈翰笙、吴觉农、薛暮桥、钱俊瑞等。中国农村经济研究会通过各种关系,在国统区取得了合法的身份。据冯和法回忆:

> 为了可以公开活动,农研会必须取得合法地位。农研会通过各种人事关系,按照当局的规定向有关部门登记备案。在南京,秦柳方托人到南京政府有关部门领到了登记证;在上海,吴觉农认识上海市党部的潘公展,办理备案手续和以后办理有关交涉,都比较方便;到上海法国领事馆领取执照是陈翰笙亲自去的,他在接待室遇见国民党政府的外交界名人顾维钧,俩人谈笑甚欢,法国人以为农研会"来头不小",很爽快地给予了等级执照。在上海一段时期中,农研会有关的对外联系,一般是由党外人士出面的,党员则负责内部实际工作。后来,农研会也曾遭到会址被查抄、刊物遭查禁等打击和挫折,吴觉农、孙晓村等通过人事关系,予以疏通,都化险为夷,顺利解决。所以,在上海时期尽管白色恐怖非常严重,农研会还是比较顺利地开展了工作。③

中国农村经济研究会于 1933 年创办《中国农村》月刊,其后又创办"中国经济情报社"和"文化资料供应社",分别由姜君辰、骆耕漠主持,向各报刊提供经济论文和经济资料。不久,又成立新知书店,先后由徐雪寒、华应申、沈静之主

---

①　参见施岳群、袁恩桢、程恩富主编:《二十世纪中国社会科学·理论经济学卷》,上海人民出版社 2005 年版,第 114 页。

②　冯和法:《中国农村经济研究会的战斗历程》(上),《农业经济丛刊》1982 年第 4 期。

③　冯和法:《中国农村经济研究会的战斗历程》(上),《农业经济丛刊》1982 年第 4 期。

持,主要出版马克思主义著作,宣传中国共产党的方针政策。新知书店创办后,《中国农村》自第2卷起即改为新知书店出版发行,直到停刊为止。

《中国农村》杂志创办后,发表了大量的研究中国经济的文章,其关于中国农村经济状况的研究以及关于中国农业发展道路的研究,在当时的中国学术界可谓独树一帜。譬如,关于中国经济落后状况与帝国主义侵略的关系,《中国农村》上就有不少文章进行了多方面的研究和阐发,深刻说明了九一八事变后帝国主义国家尤其是日本帝国主义变中国为其殖民地的事实。徐雪寒在《中国农村》上发表了《东北农村经济底性质》文章,揭露了日本的殖民侵略而使东北变成殖民地的事实。该文指出:"东北从半殖民地转落而成为一个名实相符的殖民地,并不曾引起上述关系丝毫的变化。日本帝国主义者敏捷地代替了当地旧军阀而变成大地主;银行资本开始在农村中构筑下阵地;苛重的赋税,战胜者掠夺式的军事徭役,以及世界经济恐慌的袭击,都使窒息在旧的生产关系下的东北农村,更陷绝境。没落期的资本主义,决定了日本不但不敢稍一触动解决东北的土地问题,反而在维持乃至代替旧的农村剥削阶层的机能,来保证及实行宰割东北的农民大众。"[1]王寅生在《中国农村》上发表《高利贷资本论》文章,说明帝国主义对于中国经济生活中高利贷所起的支持作用。该文指出:"产业落后的殖民地半殖民地不断地供给原料市场,商品市场,资本市场,是资本主义经济顺利发展底最主要条件。宗主国的工商业资本、金融资本,与殖民地的土著的或外来的商业高利贷资本,缔结同盟,使后者受制于自己而自己联合着进行榨取工作。……帝国主义者对于殖民地半殖民地不仅输出商品,并输出资本,以追求额外利息和额外利润。对于殖民地半殖民地的政府借款大半不是用在提高债务国底生产力,只是增长债务国底内乱,或镇压债务国底革命,反破坏债务国底生产力,使从事小生产的债务国人民更依赖于高利贷资本。在殖民地半殖民地的外国银行,不仅接济对外贸易,接济工业,从事金融投机,交易所买卖等等,并且经过土著银行和土著商人,以供给他们借款的形式,去直接从事高利贷事业。帝国主义以廉价的商品淹没了这么多半殖民地底市场,夺取了殖民地半殖民地底交通、金融、对外贸易、航业和矿业底最高权,更在殖民地半殖民地自己直接组织工业企业,使幼稚的土著工业无法存在,使寡弱的殖民地半殖民地土著资本更加走向高利贷的道路。殖民地半殖民地的高利贷者底最有力的助手,而帝国主义者也是殖民地半殖民地的高利贷者底最有力的支持者,当然如果高利贷者底贪欲

---

[1]　徐雪寒:《东北农村经济底性质》(1934年12月),《中国农村》第1卷第3期,1934年12月。

太大以至不受帝国主义者节制时,帝国主义者也必须设法加以镇压的。"①骆耕漠在《中国农村》上发表《近年来中国农村金融中的新事态》,阐明了中国金融业业已被帝国主义控制的事实,认为中国整个的经济皆在帝国主义统治之下,中国农村成为帝国主义过剩商品的倾销市场。该文指出:"在这次世界经济总恐慌暴发以前,中国农村早已成为列强过剩商品的市场,因而农村中的现金对应着过剩商品的侵入而日益外流,也是一向就存在着的事实,但是自恐慌暴发以来,特别自一九三一年日本侵占东北以来,农村金融的外溢的确起了很显著的变化,列强过去所推销的过剩商品,主要只限于工业方面,而近数年来则不然了。因为这次经济恐慌的全面性,横跨工农两大部门,列强也需将其过剩农产品向中国抛售,美国的棉麦借款就是很好的实例。同时为了积极转嫁恐慌中所遭受的祸患,他们更猛烈地厉行倾销政策,打击中国的民族工业和原始农业。"②钱俊瑞在《中国农村》上发表《谈中日棉业合作》文章,揭露了"棉业合作"的侵略本质。该文指出:"日本帝国主义用'工业日本,农业中国'的口号,要在经济上把中国沦为它不折不扣的殖民地,这已经是明明白白的事情了。中日棉业合作就是实现这个口号的第一步。"③再譬如,关于中国经济性质的研究一直是《中国农村》杂志研究的重点,不少文章专门论述中国农村经济的半封建半殖民地的性质,极大地推进了中国农村经济性质问题的研究。钱俊瑞在《中国农村》上发表《中国农村社会性质与农业改造问题》文章,指出:"中国,正跟今日一般的殖民地和半殖民地一样,农业生产构成国民经济最重要的部门;换句话说,中国还是一个落后的农业国家。……中国的农业生产的确在日趋枯萎,譬如:中国农产品的输出在一天一天减少,而国外农产品的输入反在相对地增多。同时因为农业生产的破落,大批的农民都在离开本乡,走向都市或是脱离生产,流为土匪流氓。但是,这样我们就能说农业生产已经不是中国最主要的生产吗?不,决不能的,因为这种事实只够表现:中国的农业生产正跟着整个国民经济的衰落而在很快地崩坏,绝不是因为工业发达,农业循着资本主义的正常道路在作相对的萎缩。我们可以说,农业生产在相对的比例上,还是那样的'滞重'。"④李紫

① 王寅生:《高利贷资本论》(1934 年 10 月),《中国农村》第 1 卷第 1 期,1934 年 10 月。
② 骆耕漠:《近年来中国农村金融中的新事态》(1936 年 6 月),《中国农村》第 1 卷第 9 期,1935 年 6 月。
③ 钱俊瑞:《谈中日棉业合作》(1936 年 4 月),《中国农村》第 2 卷第 3 期,1936 年 3 月。
④ 陶直夫(钱俊瑞的笔名):《中国农村社会性质与农业改造问题》(1935 年 8 月),《中国农村》第 1 卷第 10 期,1935 年 8 月 18 日。

翔在《中国农村》上发表《农村建设运动应有的转变》文章,基于对中国农村经济性质的研究,提出了农村运动在挽救民族存亡中的使命。该文指出:"中国农村经济问题,不仅是整个国民经济的一部分,并且同国家民族的存亡问题密切地联系着。打算从整个国民经济危机中分离开来,独立地来解决农村问题,固然是不值一文钱的幻想;而打算从民族存亡问题分离开来,独立地从事农村建设,不管其有无远大计划,均将不可避免地成为助长外来侵略势力的清道夫,国家民族的罪人。反之,在民族存亡的奋斗时代,农村建设运动应该同民族的抵抗图存相一致,积极的从增强农民为生活而奋斗的思想的物质的武装,进而为抵抗外来军事的经济的文化的侵略势力之思想的物质的武装。"①《中国农村》上的文章,深入地分析了中国农村的经济状况及农村经济性质,在当时的经济学界有着重要的影响,体现了以马克思主义为指导研究中国农村经济的发展方向。

需要说明的是,中国农村经济研究会不仅出版《中国农村》杂志,还出版了《中国经济恐慌与经济改造》、《中国农村经济论》、《中国农村经济资料》等大量的研究经济问题的学术著作,在中国经济研究尤其是中国农村经济研究中发挥了重大作用。譬如,李紫翔在《中国经济恐慌与经济改造》一书中发表《中国经济恐慌之观察》文章,认为中国近百年经济半殖民地化的过程,乃是由于帝国主义的侵略之所致。该文指出:"中国经济是构成现代资本帝国主义世界经济之重要的和最密切的一环。一方面,中国整个的国民经济悠久地破坏和被统制于帝国主义者之手;另一方面,各帝国主义间的经济矛盾和冲突,最集中并最尖锐的表现于中国。所以,中国经济近百年来之被破坏和被'再组织的非常'态的发展——半殖民地化经济的发展,实际上已不是一个独立的完整的体系,帝国主义的经济不仅是居于外在的,同时又是中国经济之内在的一个决定的地位了。"②又譬如,漆琪生在《中国农村经济论》一书中发表《农业理论的诸问题》文章,提出了从理论上研究农村问题的极端重要性,强调生产关系的研究对于揭示农业问题的意义。该文从国家存亡的角度和政治的高度看待农业问题,指出:"现在的农业问题,成为各个农业国家一切问题所总合的国际问题,因之其内容之复杂,更加增加理论研究之重要。只有从事

① 李紫翔:《农村建设运动应有的转变》(1936年4月),《中国农村》第2卷第4期,1936年4月1日。

② 李紫翔:《中国经济恐慌之观察》(1934年),章乃器等:《中国经济恐慌与经济改造》,中华书局1935年版,第1页。

理论的研究,才能使我们对于各个国家的农业问题之复杂性,不致迷离恍惚不知所从。"①又指出:"农业问题,常常成为政治的中心问题,所以近来引起世人的科学的探讨。科学的探讨农业问题,当然是为社会变革的政治问题之解决的一分野。"②漆琪生的看法是,研究农业问题自然需要首先研究"前资本主义的农业关系",如此才能进而了解农业问题及农民运动的特征。对此,漆琪生在该文中指出:"殖民地和半殖民地国家之中,存在着各种样式的前资本主义的农业关系——亲族的、宗法的、封建的、奴隶的诸关系。……在此等国家中,农业问题虽然为其最重要的问题,然而却不曾普遍的注意到从事科学的研究。研究此等国家的农业问题,必须以单纯的半自然经济的而建筑在小农经济上的后期封建制度为首先的第一对象,必须如此,始能了解此等国家的农业问题和农业运动之特征。"③再譬如,徐雪寒在《中国农村经济资料》一书中发表《东北农村经济的特质》文章,揭示了土地占有关系研究的极端重要性,指出:"土地所有的集中,土地经营的分散,租佃制度的封建性,以及雇佣劳动的农奴性,这一系列东北农业生产中主要的关系,都是在表示着封建经济的暗影,还笼罩着东北三千万农民的悲惨生活。"④徐雪寒在此文中,对于东北的农村经济性质也有这样的论述:"最近四十年来,东北垦殖区域完成了飞跃的发展。随着这个垦殖过程的发展,大土地迅速地集中,地价暴腾与地租狂涨,高利贷者捉住了农业生产者的贫困,在农村异常猖獗,农业经营愈趋零细化;这等都表示半封建的生产关系,同样也成为东北农业经济的特质。这种特质更提示了东北农产物在国际原料市场作不等价交换的根据;同时这又使东北半封建的生产关系愈趋强化。"⑤中国农村经济研究会出版的相关著作,贯彻了马克思主义关于社会经济问题的主张,在马克思主义与中国社会经济状况研究的结合上迈出了重要的一步,有力地推进了中国农村社会性质和中国农村经济问题的研究,在当时的经济研究中有着重要的

①　漆琪生:《农业理论的诸问题》(1936年5月),冯和法编:《中国农村经济论》,黎明书局1936年5月版,第15页。
②　漆琪生:《农业理论的诸问题》(1936年5月),冯和法编:《中国农村经济论》,黎明书局1936年5月版,第3页。
③　漆琪生:《农业理论的诸问题》(1936年5月),冯和法编:《中国农村经济论》,上海黎明书局1936年5月版,第8页。
④　徐雪寒:《东北农村经济的特质》(1934年11月),冯和法编:《中国农村经济资料》,上海黎明书局1935年版,第382页。
⑤　徐雪寒:《东北农村经济的特质》(1934年11月),冯和法编:《中国农村经济资料》,上海黎明书局1935年版,第369页。

学术地位。

从 1937 年的《中国农村》第 3 卷起,编辑出版的代表人改为冯和法,继续了第 2 卷的办刊方针,宣传中国共产党建立抗日民族统一战线的方针和减租减息的农村政策。"八一三"抗战后,《中国农村》在出版第 3 卷第 8 期后转移到内地,改为《战时特刊》半月刊,以"研究战时乡村问题,讨论战时乡村工作"为基本内容,并标出"薛暮桥主编"字样。从 1938 年 11 月起,《中国农村》在桂林出版第 5 卷第 1 期,由千家驹主编。后来,千家驹赴香港,《中国农村》先后由秦柳方、姜君辰、张锡昌主编。半月刊共出了 4 卷,自第 6 卷起仍改为月刊。1943 年,国民党在桂林的图书杂志审查委员会将《中国农村》第 8 卷第 10 期的稿件扣留,刊物在出至第 8 卷第 11 期时被查封。于是,在桂林的中国农村研究会会员,恢复出版了内部刊物《中国农村经济研究会会报》。后来,在重庆的王寅生又在《商务日报》上主编《中国农村》副刊,抗战胜利后又在《文汇报》增辟同样的副刊,继续了《中国农村》所开创的研究中国农村的事业。

中国农村经济研究会强调运用马克思主义的观点来分析和研究中国社会的性质,其成员通过农村调查的实际材料,充分地论证了中国是一个半封建半殖民地的社会,需要在中国农村进行反帝、反封建的土地革命,从而为中国共产党领导的土地革命做了理论上的论证。1937 年该会迁往武汉、长沙、桂林等地。抗日战争胜利后,中国农村经济研究会迁回上海,参加了上海人民举行的反内战、反饥饿、反迫害的民主运动。

中国农村经济研究会及其主要成员在 20 世纪 30—40 年代的学术活动,尤其是对当时中国农村社会所做的广泛、深入的调查,对中国经济学、社会学等学科的发展起了积极的推动作用。

3. 中国地政学会

中国地政学会于 1933 年 1 月成立于南京,集中了国民党政府中研究土地问题的专家学者,是当时国民党官方专门研究土地问题与土地政策的学术组织。中国地政学会的主要工作:一是依靠行政力量大力发展团体会员,将各省市土地局等单位接纳为团体会员,扩大地政学会的社会影响力;二是创建地政学院,举办地政研究班,有计划地培训地政工作人员;三是创办《地政月刊》,推进地政问题的研究,宣传孙中山的民生主义土地政策;四是介绍各国土地政策,研究中国的土地占有状况,为国民党当局制定土地政策提供咨询。中国地政学会的主要负责人是萧铮①、万国鼎②等。

中国地政学会派的学者回避土地问题所关涉的土地占有关系,认为中国土地问题的症结是地未尽其力,解决土地问题的办法是推行土地改革运动,使人人有平等使用土地的权利,主张以政府行为来干涉地主对土地的滥用、恶用和垄断。他们声称坚持孙中山的"平均地权"的思想,大力介绍西方的土地国有理论,提倡"二五减租"、"扶植自耕农"等;主张实行地价税,土地增值税,建立土地银行,发行土地债券,大量收买私有土地等。

中国地政学会主要是从事理论的研究与宣传,但也力图介入实际的土地改革之中,因而于1947年4月成立了"中国土地改革协会",从事群众的活动与促进土地改革的实践。中国土地改革协会在"成立宣言"中指出:"中国的土地问题,比以往任何时代都严重,它已使我们的国家和民族走到一个前进或落后、兴隆或颓败的关头上;如果我们不能解决它,它便会解决我们。"鉴于中国土地问题的这种严峻形势,"宣言"提出了天然资源国有、市地市有、农地农有等具体主张。后来,中国土地改革协会还发行了《土地改革》月刊,试图通过刊物的力量宣传其主张,借以"策进土地改革运动"。1948年2月,该会公布了《土地改革方案》,提出"全国农耕土地,应自即日起,一律归现耕农民所有",具体办法是:"现在佃耕他人土地之农民,分年清偿地价,取得土地所有权,化佃农为自耕农。上项地价为现租额之七倍,分十四年交纳。但现租额以不超过正产物千分之三百七十五计算之。"该"方案"力图以核定地价、交纳"现租额之七倍"之地价的办

① 萧铮(1904—2002),字青萍,浙江永嘉县人。留学德国柏林大学,获硕士学位,韩国建国大学荣誉经济学博士。1932年创办中国地政学会,任理事长。1933年任国民政府导淮委员会土地处处长。1940年创设中国地政研究所,任董事长,兼任亚洲土地改革及农村发展中心董事长、土地改革纪念馆董事长、《土地改革》月刊发行人。1949年赴台湾。主要著作有《平均地权之理论体系》、《平均地权本义》、《土地与经济论文集》、《土地改革之理论与实际》(英文),编有大型资料集《民国二十年代中国大陆土地问题资料》等。大陆关于萧铮研究的成果,可参见李学桃:《经济发展与"政治需要":20世纪30年代萧铮对土地国有的诘难》,《贵州社会科学》2014年第12期;袁桔红:《萧铮的土地思想与土地改革实践(1927—1937)》,清华大学硕士学位论文,2007年;樊丽娟:《萧铮土地经济思想与实践(1931—1945)》,郑州大学硕士学位论文,2018年。

② 万国鼎(1897—1963),字孟周,生于江苏省武进县小新桥乡。1916—1920年曾就读于金陵大学,曾任金陵大学农林学会会长、《金陵光》编辑、学生自治会主席、五四运动议事部副主席、南京学生会金大学生代表等。1932—1948年,还担任南京(战时迁重庆)中央政治学校地政学院、地政专修科、地政系教授。1947年8月中央政治学校改为国立政治大学,任地政系教授及系主任期间,还担任中国地政学会理事、《地政月刊》总编辑、中国地政研究所导师兼研究主任等职务。中华人民共和国成立后,任河南农学院农学系教授。1954年4月,调回南京农学院(现南京农业大学)农业经济系任教授兼农业历史组主任。主持编写《中国农学史》等著作。

法,实施土地所有权由地主到佃农的转移,故而反对土地兼并,要求"凡非从事于自耕之任何人民,不得购买耕地",并要求"各地佃农应组织佃农协会,代为办理土地登记收缴地价"①。协会领导人萧铮,还写了《平均地权的真谛》等著作。其他一些人物,如高信、黄通、万国鼎、洪瑞坚诸人,或从事土地理论,或从事土地金融,或从事土地测量登记等专门研究,出版了大量的《地政丛书》。

---

① 转引自谈敏、厉无畏主编:《二十世纪中国社会科学·应用经济学卷》,上海人民出版社2005年版,第179页。

第八章　法　学

　　法学又称法律学或法律科学,是研究法的本质、法的现象以及与法相关问题的专门学问,同时也是关于法律问题的知识体系和理论体系。近代以来,世界上形成了两大法系,一是英美法系,以英国和美国为典型代表,国家立法的主要特点是实行案例法体例,没有公法与私法、民法与商法的区分,称民商合一体例;二是大陆法系,以法国和德国为典型代表,国家的立法一般采取民商分立的体例。于是,法学研究也就随着两大法系的不同,出现不同的研究取向。在中国,法学思想最早渊源于春秋战国时期的法家哲学思想。而"法学"一词,在中国先秦时被称为"刑名之学",自汉代开始有"律学"的名称。在西方,古罗马法学家乌尔比安(Ulpianus)对"法学"(古代拉丁语中的 Jurisprudentia)一词的定义是:人和神的事务的概念,正义和非正义之学。现代的法学作为一门专门的学问,是指研究法律的科学。但在学术界,关于法学与科学的关系还有不同的看法,这主要涉及价值论的研究是不是科学的问题。现代中国的法学作为一门专门的学问,承继了近代中国法学研究的相关成果,并且是在近代中国社会的变革中产生和发展起来的,同时也是与近代以来的中外文化交流及西方法学思想传入和影响有着不可分割的联系。

一、现代中国法学研究兴起的背景

　　现代中国的法学研究是在特定的背景下兴起的,与近现代中国社会的运行有着密切的关系。或者可以说,正是鸦片战争以来中国社会的急剧变革,使得包括法学在内的现代中国的学术得以发展起来。大致来说,现代中国的法学研究有以下的背景和条件:
　　第一,中华民国的建立为现代法学研究提供了所必需的政治条件。现代中国的法学研究尽管有着不同的发展趋向,但都是在民国建立这一特定的政治背景之下,与民国所确立的政治秩序是密切相连的。辛亥革命的成功乃是中国历史发展中具有里程碑的大事,不仅结束了中国两千多年的封建君主专制制度,而且建立了中国历史上第一个资产阶级共和政府,实现了生产关系的根本性变革和政治制度的根本变迁,促使中国社会在经济、政治、思想习惯和社会风俗等方面发生了新的变化。这为包括法学研究在内的人文社会科学的发展,创造了极为重要的政治条件和思想文化氛围。中国现代的法学正是在这样的前提下得以产生和发展起来的。需要特别说明的是,由于民国建立的是新型的政治体系和法制体系,社会的急速转型乃是表现为由废除专制而创设共和、由官治转向民治,这在国家治理中也就亟须大量的法学人才,同时也就需要法学研究的进一步开展,从而为政治秩序的建构与运行提供有力的支撑。故而,专门法政学校在当时呈现兴盛的局面。据统计,1912 年全国共有法政专门学校 64 所,占全国专门学校总数(115 所)的 55.65%,在校生为 30808 人,占专门以上学校在校生(40114 人)的 76.8%①。这说明,民国建立以后的政治需求,有力地促进了法学教育的兴起和法学人才的培养,这当然也有助于法学研究的开展和中国现代法学研究体系的建立。

第二,西方大量的法学著作的移译有力地推进了现代中国法学研究的开展。近代以来,西学东渐,以进化论为根基的西方人文社会科学迅速地传入中国,法学著作的移译是一个比较突出的现象。在晚清的 1904 年至 1909 年间,以沈家本、伍廷芳等为负责人的修订法律馆,翻译了十几个国家的几十种法律和法学著作。1905 年 3 月,沈家本曾对修订法律馆成立近一年来所翻译的外国法律和法学著作作出统计,已翻译出德国、日本和法国等国家的法律和法学著作有十余本,包括刑法、诉讼法、裁判所构成法、监狱法等一些部门法及刑法义解等法学著作。其中就有德国的刑法和裁判法,俄国的刑法,日本的现行刑法、改正刑法、陆军刑法、海军刑法、刑事诉讼法、监狱法、裁判所构成法、刑法义解,正在校对的有法国的刑法。两年后的 1907 年,合计过去的统计,此时翻译的西方法律与法学著作已达二十余种,翻译的著作中除德国、日本、法国外,还有荷兰、意大利等国的法律,涉及荷兰刑法、意大利刑法、德国刑法、德国民事诉讼法、法国印刷法、日本裁判所编制立法论,等等。1909 年,中国新翻译的外国法学著作更多,有奥地

---

① 沈国明、王立民主编:《二十世纪中国社会科学·法学卷》,上海人民出版社 2005 年版,第392 页。

利、西班牙、英国、葡萄牙、罗马尼亚等国家的法律,包括民法、商法、海商法、国籍法、公司法、裁判官惩戒法等新的种类①。民国建立后,适应中国政治制度的创制和新的法制秩序建设的需要,有关西方的法律及法学著作的翻译又有了很大的发展。西方法律及法学著作的翻译,打开了中国法学研究者的眼界,为中国法学研究提供了可资借鉴的学术资源。

第三,法学教育的全面展开推动了法学研究的深入和法学研究体系的建立。现代中国的法学研究是与当时法学教育的快速发展相联系的,并且法学研究与法学教育之间有着互动的关系。一方面,因为法学教育之急需而推动法学研究的开展及研究工作走向深入,这表现为法学界积极地关注法学教育的实际状况,努力适应法学教育之急需,并就法学教育中所遇到的重要法学问题加强研究,从而使得法学研究在很大的程度上是因为应付教学上的需要,其突出的表现就是当时有不少法学专著是在教学讲义的基础修订而成的;另一方面,法学研究的成果也在事实上不断地反哺到法学教育之中,当时有不少的法学教师本身就是法学研究者,注重将自己的研究心得及学术界研究成果及时地在课堂上讲授,有力地提升法学教育的质量,从而推动法学教育的快速发展和法学人才的培养。中国的法学教育自晚清业已开始,沈家本与伍廷芳在 1905 年 4 月上书清廷,请在京师设立法律学堂,这被认为是"晚清全国开办法政学堂的先声"。此后,全国又有 20 多个省或地区要求开办法律学堂。至 1907 年,全国共有法律学堂 27 所,在校学生达 5766 人②。这些法律学堂的"正科"班学制一般为三年,第一年的课程有大清律例、唐律、宪法、法学通论、经济通论、国际法学、刑法、民法、刑事诉讼法、外国语和体操;第二年开设宪法、刑法、民法、商法、民事诉讼法、刑事诉讼法、裁判所编制法、国际公法、行政法、监狱学、诉讼实习、外国语和体操;第三年开设民法、商法、大清公司律、民事诉讼法和大清新破产律③。民国建立后,大学的法学教育得到前所未有的发展。1912 年 10 月颁布的《大学令》及 1913 年 1 月颁布的《大学规程》,皆将法学教育作为重要的方面。《大学规程》规定大学分为文科、理科、法科、商科、医科、农科、工科等 7 科,法科为当时大学的 7 科之一;法科修业年限 4 年,又分为法律学、政治学、经济学 3 门。法律学门的必修课程有:宪法、行政法、刑法、民法、商法、破产法、刑事诉讼法、民事诉讼法、国际公法、

---

① 转引自武树臣等:《中国传统法律文化》,北京大学出版社 1994 年版,第 548—550 页。

② 参见孙屯正:《六十年来的中国教育》,台北正中书局 1976 年版,第 409 页。

③ 沈国明、王立民主编:《二十世纪中国社会科学·法学卷》,上海人民出版社 2005 年版,第 9 页。

国际私法、罗马法、法制史、法理学、经济学、外国法;选修课是,比较法制史、刑事政策、国法学、财政学。1912 年 11 月颁布的《法政专门学校规程》就明确规定,"法政专门学校以养成法政人才为宗旨",可设立法律科、政治科、经济科、政治经济科,修业 3 年;法律科的必修课为:宪法、行政法、罗马法、刑法、民法、商法、破产法、刑事诉讼法、民事诉讼法、国际公法、国际私法、外国语;选修课为:刑事政策、法制史、比较法制史、法理学、财政学①。当时,公立大学中的北京大学、北洋大学、山西大学,私立大学中的西北大学、北京中华大学、朝阳大学、民国大学,教会大学中的燕京大学、东吴大学都设有法科或与法科相关的专业。东吴大学法学院和朝阳大学的法学教育在当时最为出名,在课程体系上各具特色:前者强调法典体系的基础性地位,推行民法法系的教学模式,后者强调比较法课程的设置范式,注重学生的比较法的训练。当时民间有"北朝阳,南东吴"之谚,可以说"东吴大学法学院与朝阳大学是民国法学教育界并峙的双峰"②。整体来看,晚清至"五四"前夕的中国法学教育,因为国家法律体系变革的迫切需要及培养法学人才的迫切需要,法学教育在全国范围内得到了比较快速的发展,这也有力地促进了法学研究的开展及走向深入。

第四,近代中国的留学运动提供了大批的法学研究人才。法学是一门来自西方国家的新兴学科,法学研究不仅需要通晓外语,而且需要了解西方社会的法制、体制、文化与学术,并且需要有专门的法学专业的训练。近代中国为了推进社会现代化兴起了留学运动,先是因为要适应洋务运动的需要而向欧洲和美国选派大批留学生,甲午战争失败后中国兴起了巨大的留日浪潮,而在 20 世纪初年又有了庚款留学高潮。民国建立后,留学运动又有了进一步发展,为中国社会培养了大批的专业人才,其中就包括大量的法学类的人才。故而,当时中国的法学研究人才大多具有留学的背景,这些人才比较系统地接受了西学训练,具有相当高的法学专业技能。诚如有学者指出:"据统计,自 1905 年起,中国近代有案可稽的法学留学生人数大约有 4500 余人,其中许多人对后来的法制和法学事业都作出了巨大贡献。无疑,对中国近现代的法学发展而言,作为一个群体的法学留学生起到了中流砥柱的作用。……法律启蒙对中国历史而言始终是一个迟迟没有完成的课题,然而秉怀对法治信念的虔诚,一代又一代的法学留学生投入到

---

① 沈国明、王立民主编:《二十世纪中国社会科学·法学卷》,上海人民出版社 2005 年版,第 388 页。

② 沈国明、王立民主编:《二十世纪中国社会科学·法学卷》,上海人民出版社 2005 年版,第 23 页。

这项事业中去。无论是肇始于严复的那场思想革命,还是改变中国近代史进程的新文化运动,随处都可窥见法学留学生的身影。而 1929 年至 1931 年间的人权派对国民党政府专制制度的攻讦,更是将法学留学生的历史贡献推向一个新的高度。此外,30 年代关于中国政治出路的大讨论、马克思主义法学在中国的传播等历史事件中,法学留学生也都发挥了思想启蒙的作用。"①活跃在 20 世纪 20—40 年代的著名法学家如王宠惠(留学日本和美国)、吴经熊(留学美国)、蔡枢衡(留学日本)、胡长清(留学日本)、周鲠生(留学日本、英国和法国)、王世杰(留学英国和法国)、杨兆龙(留学美国和德国)、钱端升(留学美国)、梅汝璈(留学美国)、杨鸿烈(留学日本)、程树德(留学日本)、梅仲协(留学法国)、孙晓楼(留学美国)、史尚宽(留学日本、德国和法国)、江庸(留学日本)、张映南(留学日本)、何任清(留学法国)、丘汉平(留学美国)、李景禧(留学日本)、张知本(留学日本)、朱贞白(留学日本)等,都是在近代中国的留学运动中成长起来的。可以说,近代中国的留学运动为法学研究提供了高素质、高水准的专业化人才,使中国形成了数量可观的法学家队伍。这对于持续性开展法学研究与法学教育,不断地推进西方法学的本土化,提升中国的法学研究与国际法学界的对话能力,产生了极为重要的作用并有着巨大的影响。

　　第五,现代中国的政治变迁推动了法学研究的深入和法学思想的发展。法学研究是一门学理性很强的社会科学的新学科,同时也是一门应用性、现实性、政治性极强的应用学科,与现实社会中的法制观念更新、政治体制变革、法制体系建设等有着密切的关系。现代学科体系中的法学研究在于建立具有现代知识学基础的法学学科体系、学术体系和话语体系,使法学在诠释社会法律现象的基础上探索法的规律,并更好地为社会政治变革、法制秩序建设服务,积极推进社会的法治化进程和建立新型的政治秩序,故而与现实社会中的政治生活现状、发展的趋向与基本要求有着十分紧密的联系。不仅 1919 年至 1927 年间中国出现的两大法学体系与现代中国的政治演变有着紧密的联系,而且 1927 年至 1949 年间的法学演进三大路向也直接导源于现代中国的政治状况及其发展的需求。孙中山在苏俄和中国共产党人的帮助下,将旧三民主义发展为新三民主义,开创了新三民主义的法学研究方向,后起的中国自由主义法学思想家也大多承继这一方向,并在与中国政治变革的结合中而有所发展,同时又在其他相关学科的作

---

　　①　沈国明、王立民主编:《二十世纪中国社会科学·法学卷》,上海人民出版社 2005 年版,第 26 页。

用下有所提升,从而呈现出强劲的发展态势。1927年蒋介石建立南京国民政府以后,阉割了孙中山的三民主义法学思想中的积极方面,一些御用学者力图为蒋介石政权的"政治合法性"而寻找法理上的"根据",故而也就出现了代表官方的大地主大资产阶级的法学思想,并在一定程度上有较大的发展。然而,现代中国政治变迁的总方向在于建立新民主主义的政治秩序,并且有着中国共产党人所从事的政治实践的有力支撑,故而随着中国马克思主义学术队伍的发展和新民主主义革命的积极推进,有力地推动了新民主主义法学研究的开展和新民主主义法学思想体系的发展。因而,在与反动法学思想的激烈较量和坚决斗争中,以马克思主义为指导的法学研究在现代中国得以开展起来,并在新民主主义革命实践的基础上建立了中国马克思主义法学体系——"新民主主义法学体系"。可以说,现代中国法学研究的兴起以及各派法学思想、法学流派的斗争,乃是现代中国政治变迁在法学研究中的反映,并有着近代以来中国社会变迁的主因。

学术的重大发展、学科体系的架构及学术思想的演进,具有历史的继承性及学术上连续性的显著特点,后来的学术皆有着历史的、逻辑的、学术的前提,法学学科的发展也是这样。现代中国法学研究及法学体系的建立虽然是以1919年为起点的,但也是在近代中国法学研究的基础上发展起来的,近代中国的严复、梁启超、沈家本等一批先行者功不可没。

二、两大法学体系的产生

"五四"以后,在1919年至1927年间形成了中国马克思主义法学和中国资产阶级法学这两大法学体系。中国资产阶级法学虽在19世纪末20世纪初即已产生,但也只是在五四时期才构建其学术体系,并在"五四"后得到较大的发展。随着马克思主义在中国的广泛传播和中国共产党的产生,中国马克思主义法学体系得以产生和发展,并积极地配合中国共产党人领导的新民主主义革命,这标志着中国的法学理论与法律思想进入一个崭新的历史阶段。以下,试就现代中国的马克思主义法学体系与资产阶级法学体系的产生,作简要的介绍。

(一) 中国马克思主义法学体系的产生

中国马克思主义法学体系的创建,是与马克思主义在中国的引进与发展紧密联系在一起的,体现了中国早期的马克思主义者在理论上的创新和学术上的重大努力。马克思主义自 1919 年系统地传入中国以后,李大钊、陈独秀等中国早期的马克思主义者,就在传播唯物史观过程中积极地宣传马克思主义法学观,正确阐述法律作为上层建筑的一部分及其与经济基础的关系,并就法学理论的相关问题进行初步的探讨,从而使开创阶段的中国马克思主义法学具有良好的理论基础和学术基础。陈独秀认为法律具有阶级的强制性的特点,并从国家制度变迁的角度来看待法律的作用,指出:"至于人类基本生活的劳动,至少像那不洁的劳动,很苦的劳动,既然没有经济的刺激,又没有法律的强迫,说是人们自然会情愿去做,真是自欺欺人的话;凡有真诚的态度讨论社会问题的人,不应该说出这样没有征验的话来。制度变了,制度所造成的人类专己自私的野心,一时断然不易消灭。倘然没有法律裁制这种倾向,专制的帝王贵族就会发生在自由组织的社会里,若要预防他将来发生,抵抗他已经发生,都免不了利用政治的法律的强权了。"[①]李大钊运用唯物史观考察法律问题,认为法律等上层建筑一方面受制于社会的经济基础,亦即把"决定法律现象有力的部分归于经济现象";而在另一方面,"在经济构造上建立的一切表面构造,如法律等,不是绝对的不能加些影响于各个的经济现象,但是他们都是随着经济全进路的大势走的,都是辅助着经济内部变化的,就是有时可以抑制各个的经济现象,也不能反抗经济全进路的大势"[②]。

中国马克思主义法学体系产生后,就与学术界中各种错误的及反动的法学思潮进行斗争和较量,充分地彰显了马克思主义法学的批判精神和变革现实社会的目标,从而有力地推进了马克思主义法学观在中国的进一步传播。在反对无政府主义的斗争中,中国早期的马克思主义者进一步运用唯物史观来说明法律的起源、性质、作用等重要法学理论问题,指出法律是伴随阶级的分裂与国家的出现而出现的,法律具有突出的政治性并且是一种阶级的强力,在阶级社会中有其在社会上存在的必然性。陈独秀批判了无政府主义者不要国家、不要法律的论调,表示自己"不赞成绝对的废除法律"的主张,认为"过于铜板铁铸的法律不适应社会的需要,这种法律当然要修改,但不能拿这个做绝对废除法律的理由"[③]。他指出:"若无国家最高权力所制定统一的法律以为各个人各团体间契约底标准及监督,便必然会发生两个弊病:第一是没有监督无以制裁违背契约底

① 《谈政治》(1920 年),《陈独秀著作选》第 2 卷,上海人民出版社 1993 年版,第 160 页。

② 《我的马克思主义观》,《李大钊全集》第 3 卷,人民出版社 2006 年版,第 34 页。

③ 《讨论无政府主义》(1921 年),《陈独秀著作选》第 2 卷,上海人民出版社 1993 年版,第 296 页。

责任者;第二是没有标准无以制裁侵害甲种人权利的乙种人底契约发生。救济这第二个弊病,正是近代发达的国家制定进化的统一的法律之大功,这种法律进化的大功在我们人类进化历史的过程上是断然不应该蔑视的。"①陈独秀的论述不仅捍卫了马克思主义的法律观,而且在思想界和学术界很好地传播了马克思主义法学的基本理论,提升了马克思主义法学思想的学术影响力。

同时,中国早期马克思主义者还特别注重运用法律武器来维护民众的政治权益,将法学研究与现实的政治斗争紧密结合起来,揭露北洋军阀政府的法律所具有的反人民、反民主的专制本质,并在思想上和学理上对资产阶级的法律制度进行了批判,显示了中国马克思主义法学在开创阶段鲜明的政治特色和勇于斗争的精神。李大钊、陈独秀等是五四时期宣传马克思主义法学思想的先驱,当之无愧的中国马克思主义法学的奠基人,为推进马克思主义法学观在中国的发展及创建中国化的马克思主义法学理论体系做出了先驱者的贡献。

(二) 中国资产阶级法学体系的产生

中国现代的资产阶级法学体系是在中国近代资产阶级法学观点的基础上形成和发展起来的,根源于近代以来中国社会的变迁,对推进现代中国的资产阶级法学思想的发展有着重要的作用。清末民初,中国大量翻译西方法律和法学著作,积极推进西方法学在中国引进的进程。以沈家本、伍廷芳为负责人的修订法律馆,自光绪三十年(1904 年)四月开馆,至宣统元年(1909 年)为止,翻译了十几个国家的法律和法学著作,开始主要是翻译德国、日本和法国等国家的法律,包括刑法、诉讼法、裁判构成法、监狱法等部门法及相关的法学著作,而后来的翻译范围则不断扩大,涉及的国家又有奥地利、西班牙、英国、葡萄牙、罗马尼亚等,涉及新的法律种类又有民法、商法、海商法、国籍法、公司法、裁判官惩戒法等。

在西方法律制度和法学著作引进过程中,以沈家本、伍廷芳、梁启超、严复等为代表,集中批评中国传统法学的弊端,对中国传统法学中的诸法合一、重刑主义、司法与行政合一的理论予以猛烈抨击,并依据进化论提出了中国法学改革的思路。沈家本是这一时期推进中国法学进步的领军人物,他的法学理论及关于法学改革的诸多主张,对于晚清法律制度变革产生过重要的作用,成为 20 世纪初中国法理派的主要代表;梁启超在 1902 年发表的《论立法权》、《亚里士多德

---

① 《讨论无政府主义》(1921 年),《陈独秀著作选》第 2 卷,上海人民出版社 1993 年版,第 302—303 页。

的政治学说》、《法理学大家孟德斯鸠之学说》、《乐利主义泰斗边沁之学说》等文章及 1904 年出版的《中国法理学发达史》、《论中国成文法编制之沿革得失》等著作,在中国思想学术界有重要影响。与此同时,中国的法学教育与法学研究亦有较大的发展。1905 年 8 月清政府谕令在京师设立法律学堂,沈家本担任学堂事务大臣,此为中国第一所由中央政府主办的法律教育学校。其后,法律学堂在全国范围内创办起来,培养了不少法律专门人才。

辛亥革命推翻了封建帝制,建立了资产阶级共和国。中华民国南京临时政府在它存在的短短三个月里,制定和颁布了具有资产阶级共和国宪法性质的《临时约法》和一系列法律、法令。这些法令否定了在中国延续了两千多年的封建君主制度的法律依据,确定了资产阶级民主共和国的合法性,以及主权在民、自由平等等资产阶级的法律原则,并规定了人民应享有的基本权利。这为中国资产阶级法学的发展提供政治前提和法律保障。辛亥革命和早期新文化运动时期,反映在法律思想领域和法学研究领域的斗争,主要表现为是维护北洋军阀的反动法律制度及其法学观点,还是建立资产阶级法律制度与法学理论。这样,"中国法学开始形成类似西方法学的新格局,即学科分类的多元化格局。其中法理学研究一般的法律现象与规律;法律史学研究法律发展的历史及其规律;宪法学研究国家的根本制度;部门法学则研究每个部门的法律规范及其相关内容等等。它们各有分工,又各司其职,不再单一化,不再限于某个部门法,而是按照学科分类,不同的学科有不同的研究对象和方向,处于一种多元状况。"①中国近代资产阶级法学的产生,乃是中国现代资产阶级法学发展的学术前提。

1919—1927 年,资产阶级法学理论研究处于较为活跃的状态,西方资产阶级代表性的法学著作,如《法学精义》、《法律》、《宪法要览》等,被系统地介绍到中国,并引起中国法学界的高度关注。孙中山等人在对中国政治发展道路的探索中,形成了具有体系性的理论成果,这为三民主义法学体系的建立作出了重要的贡献。

孙中山在有关三民主义的阐释中,提出了一系列法制思想的基本主张。他强调,法律是一部机器,要求将这部机器交给人民来驾驭;法律在根本上必须始终体现人民的意志,而法律要发挥作用就必须"全恃民众之拥护";但在军阀横行、帝国主义侵略的情况下,不可能有代表民意的宪法,故而"宪法之成立,唯在

---

① 沈国明、王立民主编:《二十世纪中国社会科学·法学卷》,上海人民出版社 2005 年版,第 10 页。

列强及军阀之势力颠覆之后耳"。在孙中山的法学思想中,五权宪法思想是具有独创性的,且最富有特色。1921 年,孙中山在广东省教育会作了一次专题演讲,全面阐述了"五权宪法"思想。在他看来,西方的宪法是在三权分立中架构起来的,这存在着许多毛病。由于"各国宪法只有三权,还是很不完备",因而应加入中国古代的弹劾权和考试权而建立"五权宪法",形成立法、行政、司法、考试、监察的分立局面。他指出:"这个五权宪法,……把全国的宪法分作立法、司法、行政、弹劾、考试五个权,每个权都是独立的。从前君主时代,有句俗话叫做'造反'。造反的意思,就是把上头反到下头,或者是把下头反到上头。在君主时代,造反是一种很了不得的事情。这个五权宪法不过是上下反一反,去掉君权,把其中所包括的行政、立法、司法三权,提出来做三个独立的权,来施行政治。在行政人员一方面,另外立一个执行政务的大总统,立法机关就是国会,司法人员就是裁判官,和弹劾与考试两个机关,同是一样独立的。"①值得注意的是,孙中山提出的五权宪法思想是与"直接民权"的思想联系在一起的,主张在宪法之下推进县自治,具体地行使直接民权,而这个"直接民权共有四个:一个是选举权,二个是罢免权,三个是创制权,四个是复决权"。他说:"五权宪法好象是一架大机器,直接民权便是这架大机器中的掣扣。人民要有直接民权的选举权,更要有罢官权。行政的官吏,人民固然是要有权可以选举,如果不好的官吏,人民更要有权可以罢免。甚么是叫做创制权呢?人民要做一种事业,要有公意可以创订一种法律;或者是立法院立了一种法律,人民觉得不方便,也要有公意可以废除。这个创法废法的权,便是创制权。甚么是叫做复决权呢?立法院若是立了好法律,在立法院中的大多数议员通不过,人民可以用公意赞成来通过。这个通过权,不叫做创制权,是叫做复决权。因为这个法律是立法院立的,不过是要人民加以复决,这个法律才是能够通过罢了。"②第一次国共合作阶段,以孙中山为代表的资产阶级革命派,在政治思想上实现了重大的转变,将旧三民主义发展到新三民主义,其五权宪法思想亦走向完善。1924 年,孙中山指出:

> 要政府有很完全的机关,去做很好的工夫,便要用五权宪法。用五权宪法所组织的政府,才是完全政府,才是完全的政府机关。……在人民一方面的大权刚才已经讲过了,是要有四个权,这四个权是选举权、罢免权、创制

---

① 《在广东省教育会的演说》(1921 年),《孙中山全集》第 5 卷,中华书局 1985 年版,第 509—510 页。

② 《在广东省教育会的演说》(1921 年),《孙中山全集》第 5 卷,中华书局 1985 年版,第 513 页。

权、复决权。在政府一方面的,是要有五个权,这五个权是行政权、立法权、司法权、考试权、监察权。用人民的四个政权来管理政府的五个治权,那才算是一个完全的民权政治机关。……中国从前实行君权,考试权和监察权的分立,有了几千年。外国实行立法权、司法权和行政权的分立,有了一百多年。不过外国近来实行这种三权分立,还是不大完全。中国从前实行那种三权分立,更是有很大的流弊。我们现在要集合中外的精华,防止一切的流弊,便要采用外国的行政权、立法权、司法权,加入中国的考试权和监察权,连成一个很好的完璧,造成一个五权分立的政府。象这样的政府,才是世界上最完全、最善良的政府。国家有了这样的纯良政府,才可以做到民有、民治、民享的国家。①

可见,孙中山此时的"五权宪法"思想有重要的发展,其所设计的五权宪法在内容上特别强调民权为一般民众所共有,其目标是建设一个"世界上最完全、最善良的政府",从而使中国成为真正的"民有、民治、民享的国家"。孙中山的五权宪法思想,是新三民主义法律思想体系的核心部分,不仅对现代中国的法学体系建设产生过积极的引领作用,而且对现代中国的政治变迁也曾发生过重要的影响。

自孙中山的"五权宪法"提出之后,就引起不少学者的重视和研究。在南京国民政府存续期间,一些学者专门研究和阐发孙中山的"五权宪法"思想,并产生了一批研究性的著作。金鸣盛于1930年所著《五权宪法创作论及试拟案》一书,在宣传和研究孙中山五权宪法方面具有代表性,扩大了孙中山的法学思想在学术界的影响。在金鸣盛看来,孙中山的"五权宪法"其突出的地方,是在三权之外加入了考试和监察的内容,这一方面是基于对西方三权分立不足的认识,另一方面又是借鉴和汲取了中国古代的政治经验,将考试和监察从中分立而独立出来。考试权和监察权的独立,对于政府发挥作用并成为"贤能政府"有着重要的作用。"总理五权宪法之制,以权能之分离,确定民治理论之基础;以五权之并峙,建设贤能政府之实际,特具创造与团结之适应性,合中外之菁华,立民治之极则,要非欧美成例,所能望其项背。此后世界宪法史上必开一新纪元,而为各国作良模,其于人类文化上之贡献为何如!"②故而,金鸣盛高度评价了考试权、

---

① 《三民主义·民权主义》(1924年),《孙中山全集》第9卷,中华书局1986年版,第351—354页。

② 金鸣盛:《五权宪法创作论及试拟案》,美成印刷所1930年版,第42页。

监察权这两者的分立在宪法史上的意义,认为这是五权宪法的独特性之所在。

譬如,金鸣盛就专门对五权宪法中的"考试权",有这样的赞赏性评述:

> 总理鉴于西洋选任制度之流弊,及我国考试制度之良模,融合二者,特创一考试权独立之制。以考试之法,济选任之穷,而如何使政府善良化之问题,遂以解决矣。其制一方面规定无论何种官吏或议员,均应先行取得考试及格之资格,方得充任;一方面复保留人民之选任权,不限于特殊之人民,使治权公开于民众,故政党操纵阶级独占之弊可免,一也。考试权虽在于政府,而抉择权仍在于人民;非以考试代选任,乃以考试辅选任,仍不背全民政治之原则,二也。英美二国,对于下级官吏,亦有采考试制者,惟高级官吏及议员则一仍其旧;且考试权由行政部兼掌,自难脱免政潮之影响。本制则适用于一切服务公职人员,且考试权独立为治权之一种,不受他部之牵累,三也。是故考试权独立之制,实为全民政治下促成有能政府唯一之良法,且非此更不足以矫正现代虚伪的民主政治之流弊。①

又譬如,金鸣盛对于孙中山五权宪法中的"监察权"亦有很高的评价,认为这是五权宪法中最重要的特色之一,并且监察权本身也有其显著的特点。他说:

> 总理衡鉴诸制而调和之,以特设制为主,以其他各制为辅,创一监察权独立之制,而如何使政府不致恶化之问题,亦遂以解决矣。其制规定监察权独立为治权之一方面,与立法、行政、司法、考试等权互相并立;复保留议会弹劾,人民罢免及长官监督诸制,以为辅助,其特点有五:监察权既独立为治权之一方面,监察官之地位,乃受宪法之保障,故不致受人牵累,有所顾忌,一也;掌监察权之机关,亦为政府之一部,同受全民之托付及监临,不背全民政治之原则,二也;议会和人民仍有抗免核免之权,足以补监察权所未及,三也;官吏之勤惰,仍由长官随时监督,而考试院又有惩戒铨叙之权,与监察权得以并行不悖,四也;监察官得互相监察,又有议会及人民之监临,不致无所节制,五也。由是言之,此制乃能集诸制之所长而去其所短,其价值可知矣。②

金鸣盛对于孙中山创制的五权宪法的研究,是将考试权与监察权放在"五权宪法"体系中的极为突出的位置。诚如他说:"考试权之独立,足以致政府于有能;监察权之独立,足以防政府之无能。前者预计于事前,后者补救于事后,二

---

① 金鸣盛:《五权宪法创作论及试拟案》,美成印刷所 1930 年版,第 38—39 页。

② 金鸣盛:《五权宪法创作论及试拟案》,美成印刷所 1930 年版,第 40 页。

者备而后有能之政府立,而五权宪法之特征,除权能分离之一点外,尤在于此矣。"①金鸣盛对于孙中山的五权宪法的研究,一方面强调了五权宪法在整体上所表现出的"权能分离"的独特性,另一方面则是认为考试权与监察权这两者的独立也是五权宪法的独特之处,其地位仅次于"权能分离"这一特征。应该说,金鸣盛对于孙中山的"五权宪法"思想的研究,还是有着学术眼光的。

此外,当时宣传和研究孙中山五权宪法思想的,还有一些值得关注的重要著作:谢瀛洲的《五权宪法大纲》(1926 年),魏冰心的《五权宪法释义》(1929 年),汪波的《五权宪法研究》(1929 年),陈白虚的《五权宪法之原理及应用》(1929年),陈戴耘的《五权宪法浅说》,金鸣盛的《五权宪法论集》(1936 年),周青雁的《五权宪法通论》,萨孟武等的《五权宪法》(1930 年),徐照的《五权宪法之科学基础及其运用》(1931 年),叶含章的《五权宪法理论》(1933 年),王宠惠的《五权宪法》(1940 年),杨幼炯的《五权宪法之思想与制度》(1940 年),江海潮的《五权宪法要论》(1945 年),叶青的《五权宪法与中国宪法》(1948 年)等②。总体而言,这些著作皆以"五权宪法"为研究对象,其主要特征是具有思想上的宣传和诠释性质,但也有些著作是作者把自己的想法附加其中,有着"我注六经"的研究取向。

三、法学研究的三大走向

1927 年大革命失败之后至 1949 年的 22 年间,随着中国政治的演变和学术的变迁,中国的法学沿着三个方向发展,出现大地主大资产阶级的法学思想、资产阶级自由主义的法学思想、中国无产阶级的新民主主义法学理论三足鼎立的格局。

(一) 中国大地主大资产阶级的法学思想

蒋介石建立南京国民政府之后,遂开始加强国家机器建设,建立全国性的法制体系,以发挥法制在维护其统治秩序中的作用。1931 年国民党政府颁布《训

① 金鸣盛:《五权宪法创作论及试拟案》,美成印刷所 1930 年版,第 41 页。
② 沈国明、王立民主编:《二十世纪中国社会科学·法学卷》,上海人民出版社 2005 年版,第 99 页。

政时期约法》、《危害民国紧急治罪法》，1936 年颁布《五五宪草》，1947 年颁布《中华民国约法》以及《六法全书》，从而使国民党利用法制体系来维护蒋介石的集权统治，业已达到了登峰造极的地步。这部《中华民国约法》，其特点是蒋介石有权而人民无权、地方无权、议会无权，集中体现了蒋介石为代表的大地主大资产阶级的阶级本性和法西斯统治的反动实质，成为蒋介石剿灭革命思想、镇压人民反抗、发动反革命内战的依据。虽然，国民党政府在日本全面侵华期间对法制体制做过某些方面的调整，对于人民的民主权利也做过微小的让步，但其所代表的大地主大资产阶级利益的阶级统治的实质并没有丝毫改变。

官方的法学思想主宰着当时的法学教育。20 世纪 30 年代后，中国高校中的法学教育逐步形成了以《六法全书》为核心的课程体系，并出现了两种模式：一种是以朝阳大学、北京大学、武汉大学法学院为代表的以法律实务为重点的院系；另一种是以东吴大学、中央大学、湖南大学法学院为代表的以理论研究为重点的法学院系①。当然，这些大学的法学教育也各有特点，并且确实存在着不少学者在讲课中宣传自由主义法学观的情况，故而不可一概而论，需要作具体的分析。但总体来看，中国的大地主大资产阶级的法学思想统治着国统区高校的法学教育，法学教育也直接地为国民党的政治统治服务，并积极地宣传国民党官方的意识形态，这不仅不能促进法学研究的发展，相反还对法学研究起着严重的阻碍作用。

在现代中国的法学界，大地主大资产阶级的法学思想，一直受到马克思主义者和一些进步学者的批判。

全民抗战社在 1940 年出版的《我们对于五五宪草的意见》一书，收录了不少当时研究和批判"五五宪草"的文章，突出地表现出与国民党当局相对立的法学意识。该书收入的文章，代表性的有韩幽桐的《关于人民之权利义务》、张友渔的《关于国民大会》、沙千里的《关于中央政府》、钱俊瑞的《关于国民经济》、白桃的《关于教育》等。在这些文章中，集中地批评了"五五宪草"对人民自由权利的限制，认为"五五宪草"对于人民的民主权利采取的是"法律保障主义"而不是"直接保障主义"，这是有悖于现代民主政治原则的。如张友渔的夫人韩幽桐在文章指出："就宪法的本质和历史而言，保障人民的自由权利应该是它的最重要的任务。……'五五宪草'第二章'人民之权利义务'，关于人民的自由权利的规定，固然有些部分较临时约法为进步，……但大部分依然和临时约法犯着同样

---

① 李龙、邝少明：《中国法学教育百年回眸》，《现代法学》1999 年第 6 期。

的毛病,就是使立法机关得随时制定限制人民自由权利的法律,如第九条第一项及从第十一条至第十六条各条,这是需要修改的。人民的自由权利,固不是什么天赋人权,但至少是和民主政府的树立同时存在的东西。在民主政权之下它应该是以不可侵犯为原则的。……所以在宪法上必须采取宪法直接保障主义,而不可采取法律保障主义。因为所谓法律保障主义,同时也就是法律限制主义。如果人民的自由权利可为法律所限制,则未免有悖民主政治的原则了。……'五五宪草'是采取法律保障主义的。"①沙千里在文章中对于"五五宪草"将总统权力置于"五权"之上提出严肃的批评,认为总统的权力不能"凌驾五权,高于一切"。他指出:"宪法草案赋以发布紧急命令权一项,我们主张应该取消。因为所谓紧急命令,是变更法律或代替法律的命令,因而总是与宪法或法律抵触或违背的,这样就潜伏着一个危机,总统可以随便发布紧急命令以破坏宪法,蹂躏法律。……总统的权力虽然集中,但它在五权组织中的地位,仅是一个行政的首领,除在对外关系上代表整个国家外,和其他司法监察权等的地位,应该完全平等,这样,才是真正的五权分立。"②钱俊瑞在文章中指出,"五五宪草"关于"国民经济"的条文实在是"空洞含糊","民生主义的经济既有其特殊之点,所以必需把中山先生原有的主张,在宪法上具体规定出来,使以下各项均有所本,免得混淆,更免得任人歪曲。"③白桃在文章中提出在"五五宪草"中"教育"部分的修改意见:"一、宪法上所规定的教育部分,必须反映国家民族及多数人民的需要;二、宪法上应保障一切人民不分男女,有同等享受教育之权力与机会;三、为提高大多数国民文化水准,应在大中学校多设全部免费的优待名额,优待工农子弟;四、宪法上应规定对于抗战军人子弟,在教育上应予以特殊之优待;五、国民教育最好交给当地人民自治团体直接办理,受政府监督;六、为迅速扫除文盲,宪法上最好规定一笔巨大金额来做这件事,同时为使教育经费具有弹性起见,其最低百分数应规定为随国家预算之增加而增加;七、各族教育应规定'酌采本族形式,不碍各族团结'这一原则,来发展各民族的文化教育;八、宪法上应规定在促进学术文化进步之原则下,保障人民创办学校及研究学术、讲授学术之自由。"④

---

　　①　韩幽桐:《关于人民之权利义务》,《我们对于五五宪草的意见》,全民抗战社 1940 年版,第13—14 页。

　　②　沙千里:《关于中央政府》,《我们对于五五宪草的意见》,全民抗战社 1940 年版,第40—41 页。

　　③　钱俊瑞:《关于国民经济》,《我们对于五五宪草的意见》,全民抗战社 1940 年版,第58 页。

　　④　白桃:《关于教育》,《我们对于五五宪草的意见》,全民抗战社 1940 年版,第78 页。

《我们对于五五宪草的意见》一书,是法学界的进步法学家对"五五宪草"进行系统而又公开的批评,在当时的中国学术界、思想界有着重要的影响。

全民抗战社在 1940 年还出版了《宪政运动论文选集》,该书收录了马克思主义学者和其他进步学者对于宪政运动的具体看法,同时也集中地揭露了国民党政府玩弄宪政的阴谋。这部"论文选集"收录了董必武的《我们需要什么样的宪法》、吴玉章的《这次宪政运动的特点》、潘梓年的《宪政运动与抗战建国》、沈钧儒的《宪政是三民主义的实现》、储辅成的《"宪政"的意义》、章乃器的《我们需要什么样的宪政》、柳湜的《中国宪政运动的几个阶段》、萧敏颂的《宪政问题与宪政运动》、于毅夫的《我们对于宪政的意见》、罗隆基的《期成宪政的我见》、张志让的《当前的宪政运动》、邹韬奋的《宪政与民主》等文章。该著所收入的文章,主要有这样几个重要的观点:其一,宪政的根本性内容是"人民参政"。储辅成将"人民参政"视为宪政的根本性内容,认为宪政有着比宪法"更充实的内容",这就是"人民参政",而所谓"人民参政就是国家大事要由人民来决定",故而,即使"有了宪法,而人民仍不能得到实际的参政权,还不能算实施宪政"①。这就点明了宪政所应有的人民性特征。其二,宪政所要求的宪法是"新宪法"。董必武从"宪政运动—宪法—人民"的逻辑进路研究宪政问题,强调宪政必须有体现人民意志、反映人民生活的"新宪法"为主要表征,认为"实施宪政是中国革命以来所争取的目的",而"宪政运动最中心的问题是今日我们需要什么样的宪法的问题",故而在新民主主义革命视域来看,"今日我们需要的宪法是真正反映了中国现代人民的生活,中国人民的要求的新宪法,过去的宪法草案已不能适用,制宪机关要真正包含全国各方面人民的代表,过去国民大会召集法、选举法都不能适用。这是两个原则。"②董必武将宪政与中国新民主主义革命进程联系起来,揭示了宪政中的"新宪法"所必须有的人民本位的独特性内涵。其三,实施宪政是为了抗日,因而是抗日救国运动。沈钧儒强调宪政与抗战内在联系性,认为"宪政与抗战并非无关"。他指出:"宪法中规定着中华民国的领土,规定着国家的主权属于人民全体,若是领土的丧失,主权沦亡,宪法就要根本发生问题,而维护主权,收复失地,是我们抗战的、也是民族主义的目的。"③吴玉章认为,今

---

① 储辅成:《"宪政"的意义》,《宪政运动论文选集》,全民抗战社 1940 年版,第 312—313 页。

② 董必武:《我们需要什么样的宪法》,《宪政运动论文选集》,全民抗战社 1940 年版,第 307—308 页。

③ 沈钧儒:《宪政是三民主义的实现》,《宪政运动论文选集》,全民抗战社 1940 年版,第 315 页。

日中国的宪政运动"它不是对内,恰恰相反,它是为了加强抗战,帮助政府抗战,所以需要实施宪政,故今日之宪政运动就是一种救国运动"①。潘梓年也明确指出:"抗战需要宪政,因为抗战要能坚持,要能取得最后胜利,必须依靠民众,必须要能把全国的人力、物力、智力统统动员起来,来为抗战服务,来准备起足够的力量,对敌人进行战略上全线的反攻。……这就需要宪政,把政制更加健全起来。……实行宪政是使全国人民活跃起来,动员起来的政治条件,是在政制上使全国人民的各种力量真能为抗战服务而动员起来的一种保障。"②其四,中国的宪政运动必须有人民的广泛参加。柳湜认为,宪政运动如果"还不是真正具有广大人民群众基础的运动",那么,"一般说还不能不表现是少数人运动",这就成为"中国民主政治的致命伤",历来的"宪政运动之不成功,原因也在这里"。因此,"只有广大人民阶层参加,才有真正的进步的立宪运动的出现"③。萧敏颂也指出,"宪政运动该把它造成一个很广大的民众运动,使民众热心参预政治,积极抗战",因而也就"必须给人民以言论集会结社信仰的充分自由,给他们以第四届参政会所决定的'在法律上政治地位一律平等'的保证,使人民能够积极参预政治"④。其五,实施宪政必须具备相应的先决条件。不少学者对于宪政的先决条件作出研究,于毅夫的主张具有代表性:"哪些事情是宪政的先决条件呢? 第一,人民合法的民主权利,即在不妨碍抗战建国最高利益范围内之集会,结社,言论,出版,信仰,居住之一切自由,应当受到绝对的保障。第二,各级政治机构,应当进一步民主化,真正做到集中人才的地步。第三,应当加紧完成地方自治,马上成立县以下的各级民意机关,并着手实行县以下各级政权的民选,以培养并提高人民行使四权,参加政治的能力,'建立永久的真正的民主政治的基础'。第四,应当展开广泛的宣传教育工作,使全国人民都能了解宪政的重要及其自身幸福的关系,以提高政治的自觉和对国家于宪政的热情。第五,对于宪法之制定,应该广泛地征求各民众团体各种不同方面的意见,以集思广益。第六,为了群策群力,了解各方面的意见,政府应该赶快集中全国各方人才,加强中枢

---

① 吴玉章:《这次宪政运动的特点》,《宪政运动论文选集》,全民抗战社 1940 年版,第 307 页。

② 潘梓年:《宪政运动与抗战建国》,《宪政运动论文选集》,全民抗战社 1940 年版,第 10—11 页。

③ 柳湜:《中国宪政运动的几个阶段》,《宪政运动论文选集》,全民抗战社 1940 年版,第 203—204 页。

④ 萧敏颂:《宪政问题与宪政运动》,《宪政运动论文选集》,全民抗战社 1940 年版,第 130 页。

和各方面的连紧。"①《宪政运动论文选集》对国民党政府的专制独裁政治进行了有力的抨击,阐明了抗战时期积极地实施宪政的极端重要性,在当时的法学界和思想界有着重要的影响。

(二) 中国资产阶级自由主义的法学思想

资产阶级自由主义者一方面不满意国民党的专制独裁体制及其法律制度,另一方面又不赞同中国共产党的新民主主义法制,幻想建立游离于国共之外的以建立资产阶级共和国为目标的法制体系。

胡汉民(1879—1936)是国民党的元老,在政治上虽不是自由主义者,但他对于三民主义法学走向体系化作了重要努力。自 1927 年起,胡汉民担任南京国民党中央政治会议主席、立法院院长等职,主持了《中华民国民法》、《中华民国土地法》、《中华民国商法》等法典的制定,以三民主义作为立法的根据。他在《今后立法的严与速》等文章中,阐明了三民主义立法的性质、原则、方针、内容、特点等内容,突破了西方资本主义立法理论的框架,具有相对的体系性与创新性,为 20 世纪 30 年代相关法典的制定提供了理论基础。胡汉民在民法、土地法、工厂法等领域也提出了许多重要的法学观点,如他在领导制定《中华民国民法》时,提出了改进亲属分类、确立男女平等、奖励亲属独立、加重家长义务等一系列立法建议;在《土地法》的立法过程中,对孙中山的"平均地权"主张推崇备至,认为享受土地利益之权是人民所应有的,土地尽管在法律上属于全国人民所有,但在法律许可之下也可以承认土地私有;在制定《工厂法》时,认为工厂法是为了健全工厂组织,补助资本不足,调和厂主与工人的利益,促进生产力的发展②。胡汉民的法学思想主要在于将孙中山的三民主义法学思想贯彻到现实的政治生活中,这在实际的立法中也产生过某种作用,在一些知识分子中有较大的影响。

现代中国的一些著名法学家如王宠惠、王世杰、张知本等,受过比较严格的法学训练,在政治上是拥护国民党统治的,但在学术上也为三民主义法学理论体系的建构和发展作出了贡献。大致说来,一些代表民族资产阶级和上层小资产阶级的法学家,宣传的是具有改良主义色彩的自由主义法学思想。他们自 1928 年至 1949 年间出版了近百种法学理论著作,创办了一批具有影响的法学研究的

---

① 于毅夫:《我们对于宪政的意见》,《宪政运动论文选集》,全民抗战社 1940 年版,第 109—110 页。

② 沈国明、王立民主编:《二十世纪中国社会科学·法学卷》,上海人民出版社 2005 年版,第 34 页。

刊物,宣传其自由主义的资产阶级法律观。同时,他们对法学理论和法学实践予以分门别类的研究,在法学通论、宪法学、民法学、刑法学、商法学、行政法学、保险法学、土地法学、司法学、狱务学、比较法学、法律思想史等领域,都有其代表性著作。

　　——在宪法学方面,通论性著作居多,代表性的有沈钧儒、何基鸿①的《宪法要览》(京华印刷局 1922 年版),樊光俊的《革命的法学通论》(戊辰印刷社 1929 年版),张知本的《宪法论》(上海法学编译社 1933 年版),张映南②的《法学通论》(大东书局 1933 年版),邓充闾的《中国宪法论》(湘行社 1947 年版)等。除了宪法通论的著作外,比较宪法的研究受到学者们的高度重视,有王赦炜③的《比较宪法学》(1921 年)、王世杰与钱端升合著的《比较宪法》(1927 年)、郑毓秀④的《中国比较宪法论》(1927 年)等著作。

　　——行政法学方面,有白鹏飞⑤的《行政法总论》(1927 年)、政法学会编写的《省行政法》(1928 年)、徐仲白⑥的《中央行政法论》(1934 年)、范扬的《警察行政法》(1940 年)等著作。

---

　　①　何基鸿(1888—?),河北藁城人,抗日名将何基沣长兄。日本东京帝国大学法学士。1923 年 9 月又赴英、德等国留学,归国后任国立北京大学法律系主任、教务长兼第三院(社会科学学院)主任及政治系主任。与沈钧儒合著《宪法要览》等。

　　②　张映南(1892—1959),又名光焕,字映南,湖北荆州人。法学家。早年赴日本法政大学、早稻田大学攻读法律。1930 年后相继在北京大学、清华大学、广西大学等高校任教。新中国成立后,任广西大学校务委员会主任委员,代理广西大学法商学院院长。不久调任武汉大学教授,再调全国人大法制委员会法律室,并任全国人大法制委员会委员。主要著作有的《法学通论》、《行政法总论》、《行政法泛论》、《宪法的基础认识》等。

　　③　王赦炜(1887—1952),字龄希,湖北省黄冈市(今属新洲)人。日本早稻田大学、日本法政大学毕业。1911 年回国后历任南京大学中国同盟会本部理财部干事,南京临时政府司法部秘书长、参事。后在北京政府任中央司法会议议长、大总统府法制谘议、奉天财政司司长、内务次长、交通次长、蒙藏院副总裁。后离开政界,任北平大学法学院教授。1932 年 4 月任国民政府司法院院部参事。后又兼任司法院院部编译主任。1949 年 6 月免司法院院部参事,任行政院院长。后去台湾。著有《比较宪法学》、《中国财政论》、《社会政策》、《中国货币论》等。

　　④　郑毓秀(1891—1959),广东广州府新安县人。1924 年,获巴黎大学法学博士学位。著有《中国比较宪法论》(1927 年)等著作。

　　⑤　白鹏飞(1870—1948),字经天,号擎天,广西桂林人。著名的学者、民主人士,行政法学家。毕业于日本帝国大学,回国后相继任无锡国学专科学校教师、江苏民众教育馆教授、暨南大学校长。著作有《法学通论》、《行政法总论》、《劳动法大纲》、《比较劳动法大纲》、《行政法大纲》等 10 余种。

　　⑥　徐仲白(1895—1958),安徽宣城县五星乡人。北京大学政治系毕业。先从政,后在国立北京大学、北平大学、中央法学院、朝阳农学院任讲师、教授。抗战期间回乡抗日,组建宣城地方自卫队并任司令。新中国成立初期,应武汉大学校长李达之邀到武汉大学任教。著有《中央行政法论》等。

——民法方面，王宠惠的《比较民法导言》，史尚宽①的《民法总则释义》及《民法原论总则》，梅仲协②的《民法要义》，胡长清③的《中国民法总论》、《中国民法亲属论》、《中国民法继承论》、《中国婚姻法论》等，在当时的中国法学界皆有很大的影响。

——刑法学方面，有王觐的《中华刑律论》、《中华刑法论总则》、《刑法分则》，郗朝俊的《刑法原理》、《刑律原理》，陈瑾昆④的《刑法总则讲义》，赵琛⑤的《刑法总则》，蔡枢衡⑥的《刑法学》等⑦。

正是经过学者们的不断努力，进一步充实了法学的门类，使法学在现代中国成为一个门类较为齐全的学科，建立了比较完备的法学学科体系。

资产阶级自由主义的知识分子自 20 世纪的 30 年代开始至抗战的整个时

---

① 史尚宽（1898—1970），字旦生，安徽桐城南乡（今枞阳县会宫镇史家湾人）。早年留学日本，由京都第三高等学校而东京帝大法律系，获法学学士学位。1922 年秋赴德国入柏林大学研究法律，后转法国巴黎大学研究政治经济。1927 年返国，历任中山大学、中央及政治大学教授等职。1949 年前著有《民法总则释义》、《民法原论总则》等著作。

② 梅仲协（1900—1971），字祖芳，浙江永嘉人。法国巴黎大学法学硕士，1933 年后在国立中央大学（南京大学前身）和中央政治学校担任民法讲席，曾任中央政治学校法律学系主任。后去台湾。著有《民法要义》等著作。

③ 胡长清（1900—1988），字次威，四川省万县人，现代中国著名的民法学家。曾留学日本，归国后先后在朝阳大学、中央大学、中央政治学校大学部、燕京大学、华西大学等校任教授。1949 年去台湾。著有《中国民法总论》、《中国民法债编总论》、《中国民法亲属论》、《中国民法继承论》、《中国婚姻法论》等著作。

④ 陈瑾昆（1887—1959），字文辉，号克生，湖南常德人。著名法学家。1919 年至 1938 年间，任北京大学、朝阳大学等校教授。1946 年去延安并加入中国共产党，后曾就职于中共中央法律委员会，任华北人民政府委员兼华北人民法院院长。主要著作有：《刑法总则讲义》（1934）、《刑事诉讼法通义》（1930）、《民法通义总则》（1930）、《民法通义债权总论》（1930）、《民法通义债权各论》（1931）等。

⑤ 赵琛（1899—1969），字韵逸，浙江东阳人。早年留学日本，入明治学习法律。先后任安徽大学、复旦大学、政治大学、中央警官学校教授。1948 年底，任司法行政部政务次长、代理部长职务。1949 年去台湾。主要著作有《刑法分则实用》、《中国刑法总论》、《新刑法原理》、《刑法总则讲义》、《刑法总则》、《最新行政法各论》、《最新行政法总论》、《监狱学》、《法理学讲义》、《保险法纲要》等。

⑥ 蔡枢衡（1904—1983），字诱衷，江西省永修县人。中国当代刑法学家。早年留学日本，先后就读于日本中央大学法学部、东京帝国法学大学院。回国后，任北京大学、西南联合大学等校教授。新中国成立后，曾在中央人民政府法制委员会、国务院法制局、全国人民代表大会常务委员会办公厅工作，1958 年起担任全国人大常委会办公厅法律室顾问。著有《刑法学》、《刑事诉讼法教程》、《中国法律之批判》、《中国法理自觉的发展》书。

⑦ 沈国明、王立民主编：《二十世纪中国社会科学·法学卷》，上海人民出版社 2005 年版，第 199 页。

期,依据其法学理念开展了声势浩大的宪政运动,矛头直指国民党的"一党专政",其宪政宣传工作不仅有助于其法学思想的发展,而且在当时的社会上很有影响。甚至有学者就公开发表这样的言论:"自从国民党执政以来,完全不要宪政,改民国为党国;又是谁之过呢?从前的官僚政客,充其量不过是破坏宪政,现在的官僚政客,根本就不要宪政。"①这期间,他们出版了《现代宪政论》、《宪政与地方自治》、《中国宪政原理》、《宪政运动论文选集》等一批宪政理论著作。这之中,胡适、罗隆基以《新月》杂志为阵地发表的关于保障人权的主张,章渊若关于在宪法基础上推进法制的主张,褚辅成关于人民参政的主张,王造时、张克溪等关于反对一党独裁、建设民主政治的主张,等等,这在当时的宪政潮流中特别显目,并产生了较大的社会影响。

胡适在1929年是人权运动的主要领袖之一,他不满于国民党"以党治国"、"一党专政"的制度设计,提出"快快制定约法以确定法治基础"、"快快制定约法以保障人权"等口号,强调通过制定宪法来形成保障人权的制度体系。在他看来,"在今日如果真要保障人权,如果真要确立法治基础,第一件应该制定一个中华民国的宪法"。他说:"我们今日需要一个约法,需要中山先生说的'规定人民之权利义务与革命政府之统治权'的一个约法。我们要一个约法来规定政府的权限:过此权限,便是'非法行为'。我们要一个约法来规定人民的'身体,自由,及财产'的保障:有侵犯这法定的人权的,无论是一百五十二旅的连长或国民政府的主席,人民都可以控告,都得受法律的制裁。"②胡适认为,不能以人民参政能力不强、政治素养不高等"借口"来否定民主政治,而是应该认识到民主政治是引导民众来参与政治,民主制度本身也是一种政治教育、民主教育。他指出:"民治制度的本身便是一种教育。人民初参政的时期,错误总不能免的,但我们不可因人民程度不够便不许他们参政。人民参政并不须多大的专门知识,他们需要的是参政的经验。民治主义的根本观念是承认普通民众的常识是根本可信任的。'三个臭皮匠,赛过一个诸葛亮。'这便是民权主义的根据。治国是大事业,专门的问题需要专门的学识。但人民的参政不是专门的问题,并不需要专门的知识,所患的只是怕民众不肯出来参政,故民治国家的大问题总是怎样引导民众出来参政。只要他们肯出来参政,一回生,二回便熟了;一回上当,二回便

①　王造时:《对于训政与宪政的意见》(1932年),《荒谬集》,自由言论出版社1935年版,第40页。

②　胡适:《人权与约法》,《新月》月刊第2卷第2号,1929年4月。

学乖了。故民治制度本身便是最好的政治训练。这便是'行之则愈知之';这便是'越行越知,越知越行'。"①胡适提出的争取人权的言论,其实也在于抨击政府专权,说到底也是抨击国民党的"党治"行为,再深入一步说是抨击"军人治党"的实质。故而,他指出:"我们要一个'规定人民的权利义务与政府的统治权'的约法,不但政府的权限要受约法的制裁,党的权限也要受约法的制裁。如果党不受约法的制裁,那就是一国之中仍有特殊阶级超出法律的制裁之外,那还成'法治'吗?其实今日所谓'党治',说也可怜,那里是'党治'?只是'军人治党'而已。为国民党计,他们也应该觉悟宪法的必要。他们今日所争的,只是争某全会的非法,或某大会的非法,这都是他们关起门来姑娌口角之争,不关我们国民的事,也休想得着我们国民的同情。故为国民党计,他们也应该参加约法的运动。须知国民的自由没有保障,国民党也休想不受武人的摧残支配也。"②胡适以西方的民主思想看待国民党的政治制度设计,强调法治为民治主义的根本,主张通过宪法的制订和法治秩序的建构来保障人权,反对国民党的"一党专政"和"军人治党"体制,体现了中国自由主义者在政治上的基本要求。

罗隆基③也是国民党建立南京国民政府后国内人权运动的领袖,他在1929年发表的《论人权》等文章,猛烈批评国民党的"党治"实质,要求通过宪政来保障人权,这在当时的思想界和学术界有很大影响。罗隆基指出:"人权是做人的那些必须的条件。人权是衣,食,住的权利,是身体安全的保障。是个人'成我至善之我',享受个人生命上的幸福,因而达到人群完成人群可能的至善,达到最大多数享受最大幸福的目的上的必须的条件。"又指出:"彻底些说,人权的意义,我完全以功利(Function)二字为根据。凡对于下列三点有必要的功用的,都是做人必要的条件,都是人权:(一)维持生命;(二)发展个性,培养人格;(三)达到人群最大多数的最大幸福的目的。"④罗隆基把"人权"视为人之所以为人、人之所以能够做人的基本条件,强调最基本的人权乃是"维持生命",其次才谈到"发

---

① 胡适:《我们什么时候才可有宪法》,《新月》月刊第 2 卷第 4 号,1929 年 6 月。

② 胡适:《"人权与约法"的讨论》,《新月》月刊第 2 卷第 4 号,1929 年 6 月。

③ 罗隆基(1896—1965),字努生,江西省安福县车田人。著名政治活动家,民主人士,中国民主同盟创始人之一。1913 年,考入北京清华留美预备学校。1921 年赴美留学,先后入威斯康辛大学和哥伦比亚大学攻读政治学,后赴伦敦政治经济学院,获得政治学博士学位。1949 年后任民盟中央副主席、政务院委员、森林工业部部长、政协全国委员会常委、全国人大常委等职。主要著作有《人权论集》、《政治论文集》、《斥美帝国务卿艾奇逊》、《人权·法治·民主》等。

④ 罗隆基:《论人权》,《新月》月刊第 2 卷第 5 号,1929 年 7 月。

展个性,培养人格"的问题,而人权的最终理想就在于"达到人群最大多数的最大幸福的目的"。在他看来,既然生命是与生活分不开的,那么人权乃是生命上的必要条件,实际上也就是人的生活上的必要条件,故而需要国家通过法律和宪法对人权加以保障。其原因就在于,法律是为保障人权而产生的,而人权又是做人的必需条件,并且还是人生"必要的功用",因而争人权的人首先必须主张法治,就是说"争法治的人先争宪法"。罗隆基举例说,言论自由是人权,而言论自由之所以是人权,并不是因为它可以满足人的欲望,并不是因为它是天赋的;并不是因为它是法律所许可的,根本的原因就在于它的功用,因为它是"做人所必须的条件"。由此,罗隆基更进一步指出:"法律,用简便的话来说,可以分为两种:一为宪法,一为宪法以外的普通法。宪法是人民统治政府的法,普通法是政府统治人民的法。在一个法治的国家,政府统治人民,人民同时统治政府。所以法治的真义是全国之中,没有任何个人或任何团体处于超法律的地位,要达到政府统治人民,人民统治政府的地位,非宪法不可。……人权是先法律而存在的。只有人民自己制定的法律,人民才有服从的责任。这是人权的原则之一。法律的目的在谋最大多数的最大幸福,只有人民本身,才知道他们本身的幸福是什么,才肯为他们本身谋幸福。谋取本身的幸福,又是人权之一。所以说人民制定法律,就是人权。所以说法律是人权的产物。……人权与法律的关系,我的结论是法律保障人权,人权产生法律。"①罗隆基关于法律保障人权的主张、"人权是先法律而存在的"主张,体现了法律至上的理念;而他所说的"人民统治政府的地位"、"人民制定法律",则是强调人民在宪法中有着很高的地位,并且宪法、法律等起着对政府的制约作用,这就将斗争的矛头指向国民党的统治秩序,因而成为 20 世纪 20 年代末中国自由主义者宪政思想的主要代表。需要说明的是,罗隆基主张人权就在于在中国实现资产阶级的政党政治,亦即通过"人权"的倡导来推进资产阶级民主政治的实现,因而其所谓"人民统治政府的地位"并不能落到实处。至 1940 年,罗隆基在发表的《论公开政权》的文章中还说:"民主政治的运用有两个要素。一是选举,一是政党。由政党来组织选举;由选举来产生政府。谁是多数党,谁即掌握政权。此即所谓政权在民,此即所谓政权公开。然此亦不过守经处常之道而已矣。国家真到紧急危难关头,民主国家依然要成立举国一致的政府。当权在位的多数党,依然要邀集在野小党及无党派者参加政治。到此,则党派界限打销,而政府人选的标准,还是中国两句老话:'天下为

---

① 罗隆基:《论人权》,《新月》月刊第 2 卷第 5 号,1929 年 7 月。

公,选贤与能.'"①自然,罗隆基的主张是过于理想化的,在当时是根本行不通的。

章渊若②在 1934 年出版的《现代宪政论》就宪政问题尤其是宪法制定问题提出了积极性的建议,是 20 世纪 30 年代研究宪政问题的专著。该著认为,历史上所谓"礼治人治"皆非"群治上策",已经不能适应现代社会的需要,现代社会只有使用法治。在现代社会之中,"在社会生活之要求上,尤在社会演化客观之潮流上,终不能废法而图治。人类为社会的动物,社会为复杂的组织,而'法律则为社会生活之要件'。复杂的社会,必有赖于精密而善良的法制,始能存在、安全、和谐而演进。……吾人生当乱世,应悟今后拨乱反正之道,长治久安之方,唯有客观而科学的法治。……吾人诚欲救现状之混乱,图生产之发展,求民族之繁荣,当以奠定法治之基础,为当今之要图。"③在章渊若看来,制定宪法"既不能悖宪法之原理,又不得尽从既往之窠臼",至少在形式上应注意以下三点:

一曰详尽——近世宪法之内容,已由简单而日趋于详尽。诚以近代经济发展,社会复杂,政务日繁,宪法既随时代而变易,政治亦因民众需求而进展,故昔日政府不问者,今已成为应尽之职务;昔日宪文不及者,今已构成宪法重要之部分。即如民生问题一端,以前多为政府所忽略,宪法中亦不另设特别规定,至于今日,则已成为宪法上重要之问题。战后诸国之新宪,对此已有详尽之规定矣。此应注意之点一。

二曰切要——宪法范围,固应详尽,然其条文,仍贵简洁切要,切忌支离繁琐。执简驭繁,本为立法者应有技术的修养;宪法为一国根本大法,自应定其重者大者,普示民众。然何者为重,何者为大? 取舍之余,仍无挂漏,是在起草者之慎思明辨矣。此应注意之点二。

三曰浅显——吾国教育未普及,民智未开发,此为推行民治法治最大之障碍。宪法本含有政治教育的意味,自应力求条文之清澈,字意之浅显,俾一般民众,有彻底了解之可能。法律民众化,是为近代立法之重要精神;而在民智幼稚之中国,律文之浅显,尤为法律民众化之基本条件也。此应注意

---

① 罗隆基:《论公开政权》,《今日评论》第 3 卷第 21 期,1940 年 5 月。

② 章渊若(1904—1996),字哲公,号力生,江苏无锡人,现代中国宪法学家和政治思想家,晚年旅居美国。早年毕业于上海复旦大学,后留学法国巴黎大学。回国后曾任中央大学、东吴大学、法政学院教授。著有《现代宪政论》、《苏俄改建论》、《中国民族之改造与自救》、《中国土地问题》、《国际问题经济的观察》、《现代政治概观》等著作。

③ 章渊若:《现代宪政论》,中华书局 1934 年版,第 7 页。

之点三。①

中国自由主义者的"宪政"观，在思想根基上受到近代西方民主政治思想的深刻影响，同时也代表着中国民族资产阶级的政治愿望，故而也就体现出中国民族资产阶级力图变革现行政治秩序的理想。就中国自由主义者"宪政"观的内容来看，很显然地具有改良主义的政治基调及理想化的色彩，这可以说是一个极为显著的特征。譬如，刘静文在 20 世纪 40 年代初所著《中国宪政原理》中，就有这样一段充满着改良主义色彩、理想主义色彩的论述：

> 现在可以坚实的建立了一个原则，那就是健全的宪政基础，在法治精神的养成；而法治精神的养成，既须依赖着国民经济生活的均足舒适，尤其依赖国民对于本民族最高政治理想的一致信奉！诚能本着这个原则向前推进，那么在不久的将来，在民生主义已在逐渐实现与本民族最高政治理想已激起了全体人民的热烈信奉之时，我国的宪政基础，又必重新得着了一种强大的活力。全体人民，必定热烈的要求，要将经济生活法律化，政治理想硬性化，那就是，要将三民主义的理想，一一表现在法律之内。我国固有文化与三民主义理想，成为法律的制定与应用的最高动力渊源；而一切成文法规，又成为保持经济生活与贯彻政治理想之具有强制力的政治工具。如此，则理想因为法律的实施更加具体，坚实和有效；而法律亦因理想的推动而更加公平，合理和生动。到那时候，我们不但养成一种明确坚实的法治精神，且养成一种公正理想的法治社会，不过这种法治，是与资本主义社会的"法律的统治"异其性质的。人家是因财产的神圣不可侵犯而得到法律的尊严；我们则因优美理想的热烈信奉而得到法律的尊严。所以在我国，法治精神，应有精神基础与物质基础的。若不知注意及此，而徒高唱法治精神，其结果，或则仍陷入资本主义国家的旧道；或则由于见解错误，反碍人治精神的发扬，徒见其增加宪政运动的纷扰混乱而已。②

需要说明的是，中国自由主义者的法学思想尽管在思想源流上可以追溯到西方自由主义，但因为它是在中国特定的历史条件下产生和发展起来的，故而也就不能完全等同于欧美的自由主义法学思想。事实上，中国的自由主义者是力图将欧美思想与苏联的思想相"调和"，这在法学思想上也是有显著表现的。譬

---

① 章渊若：《现代宪政论》，中华书局 1934 年版，第 117 页。
② 刘静文：《中国宪法原理》，中正书局 1942 年版，第 75 页。

如,刘士笃①在其所著《新中国宪法论》中,有这样的一段言论:

> 我国将来的宪法,不只要建立民权主义,而且要建设民生主义,故必为政治经济建设性的宪政,那事毫无疑义的。但若与苏联的宪政比较,则又有些不同。即以经济制度而言,对于英美的经济制度,我们可以"自由"二字表之,因为自由竞争之结果而生兼并,于是贫富悬绝,自由则自由矣,可惜太不平等。我们对于苏联的经济制度可以"平等"二字表之,"苏联经济生活,受国家国民经济计划所规定与指导",实行"各尽所能,按劳取酬","不劳动者不得食"的原则,平等则平等矣,可惜太不自由了。作者认为我们中国的经济制度,应将自由与平等一并实现的,其办法在一面发展公营事业,一面提倡民营事业,使公营事业成为一种集体财产,既属国家的财富,也是公职人员生活的保障,使以服务为目的之人,与以营利为目的的人,在生活的享受上达到平等。民营事业虽有资本家与劳工之分,有大资本与小资本之分,但宪法中应实行节制资本保护劳动者,以调剂之使趋于平等。在民营事业方面,本可自由发展,在公营事业服务的人员,虽不能听其自由,其财产且应实行"籍产代管"。但服公务原基于各人自由意思,如不愿"籍产代管"而欲保有私产经营者,则退为庶民,接受政府法令的管制,此均归其自由选择,较诸苏联制度大不相同。吾国政治经济须从新建设,为政治经济建设性的宪政,且其所建设者,必将自由与平等同时实现哩。②

中国资产阶级自由主义的法学思想尽管对于法学这门学科的建设起过积极的作用,并且在当时的中国学术界也确实产生过比较重要的影响,但在当时的半殖民地半封建的中国却是无法实现其学术主张的。

(三)中国无产阶级的新民主主义法学理论体系

现代中国的历史于1919年进入新民主主义革命时期,反映在法律思想领域和法学领域的斗争,主要表现为是维护北洋军阀政权及其继承者国民党南京政权的反动的法律制度,还是消灭这一反动法律制度,建立新民主主义的法律制度和法学理论问题。中国共产党建立后,中国共产党人和马克思主义者所倡导的

---

① 刘士笃,生卒年不详,名芳科,号士笃,四川省潼南县双江镇人。法学家。曾任律师,监察院监察委员、立法院立法委员。1930年毕业于中央大学法律系,1931年回川后任潼南县立初级中学校长,后任四川高等法院第二分院检察官。1937年任北川县县长。抗日战争时,从事律师业务,1946年任国民政府监察院监察委员。著有《新中国宪法论》等著作。

② 刘士笃:《新中国宪法论》,读者之友社1945年版,第45—46页。

以马克思主义为指导思想的新民主主义法学理论、法制思想,是现代中国的法学理论发展的主流。中国马克思主义法学在 1927 年之后的演变,大体情形如下:

1927—1937 年的中国共产党人开展农村大革命的政治实践,当时的主要任务不是从学理上来研究法律问题,而是以武装的革命,推翻国民党的反动统治,建立革命的秩序。这一时期的中国马克思主义法学进入实践阶段,并在特殊的环境中取得重要的发展。中国共产党在根据地制定了《井冈山土地法》、《兴国土地法》等法律文献,苏维埃法制建设在《中华苏维埃共和国宪法大纲》的框架内开展起来,毛泽东对苏维埃法制建设作出了重要的贡献。中国马克思主义法学在 1927—1937 年的发展,不仅有力地支持了新民主主义革命的开展,而且为新民主主义社会秩序的建立提供了法学依据,同时也为中国新民主主义法学体系的构建打下了坚实的基础,在现代中国的学术史上有着极其重要的地位。

1937 年全国抗战以后,中国共产党有了稳固的抗日根据地,新民主主义法制建设在区域范围内得以进行。当时的抗日根据地对于新民主主义法律有这样的界定:"什么是新民主主义的法律? 我们的法(纲领、单行条例、法令等)是一切抗日人民意志的集中表现。什么叫做合法与非法? 凡是合乎广大人民意志的,就是合法的,凡是违背人民意志的,就是非法的。衡量合法与非法的标志是广大人民的意志。因此,法不是一个没有时间、地点、条件的东西,而是具体的东西。……我们的法是从人民中来到人民中去的,我们的行政、司法,也是从人民中来,再到人民中去的,是为一切抗日人民服务的,我们就通过这样的法,来建设抗日民主社会秩序。"①鲁佛民②在《我们对于边区司法几点意见》的文章中,对于新民主主义司法提出了具体的看法,反映了抗日根据地法制建设的特点和中国马克思主义法学的基本观点。鲁佛民指出:"现在是新民主主义的政治,所以司法就是民主主义的司法。新民主主义的司法是什么?(甲)巩固抗日民族统一战线,在这个政策下,要保护民族全面利益,除汉奸破坏分子外,地主资产阶级皆在保护之列,举例来说:地主与资本家应减租减息,但另一方面亦应交租交息。

① 《司法会议的结论》(1944 年),《中国新民主主义革命时期法制建设资料选编》第 4 册,西南政法学院 1982 年编印,第 99—100 页。

② 鲁佛民(1881—1944),名琛,字献卿,别号佛民,济南市北园沃家庄人。1914 年毕业于山东法政专门学校,1916 年参与创办民主报刊《公言报》。1924 年夏,中共青岛直属支部书记邓恩铭等组建国民党青岛党部,被介绍参加国民党,并在青岛党部任领导工作。1926 年 10 月,由中共山东区委书记吴芳介绍加入中国共产党。大革命失败后,与党组织失去联系。七七事变后,由北平转赴延安,不久任陕甘宁边区政府教育厅秘书。1938 年春,在边区政府秘书处工作。1943 年后任边区政府法制委员会委员,兼边区银行法律顾问。1944 年 5 月 18 日病逝于延安。

（乙）资产阶级旧民主主义的司法大部份适用，但关于与工农无产阶级的权益根本不相容的部分除外。（丙）社会主义的司法适合于中国现代国情的，某些部分亦可以采用。根据以上三点，新民主主义的司法，是保护各阶级利益的，同时吸取旧民主主义的及社会主义国家的司法，并保存过去十年苏维埃运动司法优良传统与特点，这是我的新民主主义的司法的一个概念。"[1]中国共产党领导的太行区在司法方面有着典型性，在刑事政策上执行宽大政策，但"宽大并不等于无原则释放"，而是惩罚与教育相结合，亦即"教育也不等于放弃刑罚，更须要与惩罚相结合"[2]；当时太行山区民主政权提出的具体要求是，"在量刑与执行中，掌握法令必须与群众路线结合起来。不能单顾法律条文，不顾群众意见，也不能只顾群众意见，放弃法令，二者是有机的结合，不是矛盾的对立。"[3]中国共产党领导的抗日根据地在司法建设方面有着显著的特点，司法也就成为民主政治中重要组成部分。实际的情况正是，"边区司法工作，也同其他工作一样，是抗日民主政治的一部分，它是在抗战的环境与民主政治的改革中建树起来的。它的特点是：（1）司法工作是政权工作的一部分，矫正以往所谓'司法独立'脱离政治领导之弊；（2）司法工作的中心任务是保证政府各种政策之执行，保护抗日各阶层人民的利益，对汉奸盗匪及违法令者予以制裁；（3）法官必须依靠民意依靠调查研究的材料进行审判，矫正以往法官在家里死啃条文的惯习；（4）对犯人用感化教育政策，反对报复主义。"[4]当时从事司法工作的习仲勋曾明确说明，新民主主义的司法是人民政权建设中的重要组成部分，必须体现为人民服务这个根本宗旨，坚持正确的政治方向，就是说"我们司法工作者，既是为老百姓服务，就应该站在老百姓中间，万不能站在老百姓头上"。他指出："司法工作是人民政权中的一项重要建设，和其他行政工作一样，是替老百姓服务的。这样，就要一心一意老老实实把屁股在老百姓这一方面坐得端端的。旧司法机关的屁股就不在老百姓这一方面坐，是坐在少数统治者的怀里，他们可以贪赃枉法，鱼肉人民，认熟人，认面子，认亲戚朋友，有钱有势的。囤积居奇，贩卖毒品，反逍遥法外；万千无

---

① 鲁佛民：《我们对于边区司法几点意见》，《解放日报》1941 年 11 月 15 日。

② 《太行区司法工作概况》（1946 年），《中国新民主主义革命时期法制建设资料选编》第 4 册，西南政法学院 1982 年编印，第 135 页。

③ 《太行区司法工作概况》（1946 年），《中国新民主主义革命时期法制建设资料选编》第 4 册，西南政法学院 1982 年编印，第 146 页。

④ 《晋察冀边区行政委员会工作报告》（1942 年），《中国新民主主义革命时期法制建设资料选编》第 4 册，西南政法学院 1982 年编印，第 44 页。

辜老百姓,却充满着监狱。与其说他们是解决纠纷,不如说他们是制造纠纷。这是旧司法的一套,这一套在我们这里吃不开。我们的司法方针是和政治任务配合的,是要团结人民,教育人民,保护人民的正当权益。越是能使老百姓邻里和睦,守望相助,少打官司,不花钱,不误工,安心生产,这个司法工作就越算做得好。过去检讨警区司法工作,曾有个别司法人员,硬搬六法全书,侵害过老百姓不少的利益,值得我们今后司法工作者大大的警惕!"①抗日根据地法制建设及其所取得的成就,为中国马克思主义法学理论的发展创造了实践条件。

中国共产党和中国的马克思主义者不仅在抗日根据地积极开展新民主主义法制建设,而且对于当时在国统区兴起的宪政运动采取有力的支持态度,并力图使当时的宪政运动向着新民主主义宪政方向发展。在国统区,著名的马克思主义学者潘梓年发表《宪政运动与抗战建国》文章,指出:"建国需要宪政,因为我们所要建立的是一个三民主义的民主共和国。要民族独立,就必须抗战到底,必须实行宪政改善政制来让全国人民活跃起来,动员起来,把各种力量都献给抗战,……要民权自由,不用说更要使全国人民在'政治上有一个平等地位',给人民以充分的言论,出版,结社,集会等一切民主权利,……要民生幸福,当然要使人民的生产努力是为着提高全国人民的经济(国民经济)的能力,增加全国人民的生活幸福,……这就需要在立法上,政制上有一定的典章来做个保障,使各经济部门与劳资双方的生产关系确能向着上述的方向发展。这就需要宪政。"②在延安,成立了"延安各界宪政促进会"并发表了宣言,指出:"全国应发起普遍深入之宪政,人民有讨论宪政与选举国大代表之自由,各抗日党派有合法存在权利与参加国大代表竞选之自由。宪政而无民众运动,民众而无言论、集会、结社之自由,各抗日党派而无合法存在与合法活动之权利,则一切所谓宪政,不过空谈一阵,毫无实际成效可言,有断言者。循此不变,则不论宪政条文如何完备,亦不过一堆毫无意义之黑字。不论宪政名辞如何夸张为自己亦早已提倡,亦不过一党一派独占政权之掩饰。而如有改弦更张之诚意,与民更始之决心,则必自允许人民及各抗日党派各抗日团体有自由讨论宪政,自由选举国大代表始。"③毛泽东在延安发表了《新民主主义的宪政》文章,指出:

① 习仲勋:《贯彻司法工作正确方向》(1944年),《中国新民主主义革命时期法制建设资料选编》第4册,西南政法学院1982年编印,第108—109页。
② 潘梓年:《宪政运动与抗战建国》,韬奋编:《宪政运动论文选集》,全民抗战社1940年版,第11—12页。
③ 《延安各界宪政促进会宣言》,《解放》周刊第101期,1940年。

宪政是什么呢？就是民主的政治。……我们现在要的民主政治，是什么民主政治呢？是新民主主义的政治，是新民主主义的宪政。它不是旧的、过了时的、欧美式的、资产阶级专政的所谓民主政治；同时，也还不是苏联式的、无产阶级专政的民主政治。……那种旧式的民主，在国外行过，现在已经没落，变成反动的东西了。这种反动的东西，我们万万不能要。中国的顽固派所说的宪政，就是外国的旧式的资产阶级的民主政治。他们口里说要这种宪政，并不是真正要这种宪政，而是借此欺骗人民。他们实际上要的是法西斯主义的一党专政。中国的民族资产阶级则确实想要这种宪政，想要在中国实行资产阶级的专政，但是他们是要不来的。因为中国人民大家不要这种东西，中国人民不欢迎资产阶级一个阶级来专政。中国的事情是一定要由中国的大多数人作主，资产阶级一个阶级来包办政治，是断乎不许可的。社会主义的民主怎么样呢？这自然是很好的，全世界将来都要实行社会主义的民主。但是这种民主，在现在的中国，还行不通，因此我们也只得暂时不要它。到了将来，有了一定的条件之后，才能实行社会主义的民主。现在，我们中国需要的民主政治，既非旧式的民主，又还非社会主义的民主，而是合乎现在中国国情的新民主主义。目前准备实行的宪政，应该是新民主主义的宪政。①

抗日根据地和解放区的法制建设坚持以马克思主义为指导，并且是在中国共产党的坚强领导下、以民主政治的建立与巩固为根本目的的，在于确立中国共产党领导下的民主政治的新秩序，因而与国民党的法制体系是根本对立的。中共领导下的根据地的法制建设，乃是一项以马克思主义法学理论为指导的创新性的实践活动，其突出之处是推进马克思主义法学思想中国化的进程，其主要作用是为中国马克思主义法学思想的丰富和发展提供了实践基础。随着人民解放战争的推进，在全国性的新民主主义革命即将取得全面胜利的条件下，中共中央发布《关于废除国民党〈六法全书〉和确定解放区司法原则的指示》，指出：

法律是统治阶级以武装强制执行的所谓国家意识形态，法律和国家一样，只是保护一定统治阶级利益的工具。国民党的《六法全书》和一般资产阶级法律一样，以掩盖阶级本质的形式出现。但是在实际上既然没有超阶级的国家，当然也不能有超阶级的法律。《六法全书》和一般资产阶级法律

---

① 《毛泽东选集》第二卷，人民出版社1991年版，第732—733页。

一样,以所谓人人在法律方面一律平等的面貌出现,但实际上在统治阶级与被统治阶级之间,剥削阶级与被剥削阶级之间,有产者与无产者之间,债权人与债务人之间,没有真正共同的利害,因而也不能有真正平等的法权。因此,国民党全部法律只能是保护地主与买办官僚资产阶级反动统治的工具,是镇压与束缚广大人民群众的武器。正因为如此,所以蒋介石在元旦救死求和哀鸣中,还要求保留伪宪法伪法统,也就是要求保留国民党《六法全书》依然继续有效。因此,《六法全书》绝不能是蒋管区与解放区均能适用的法律。①

在这一时期,以毛泽东、董必武、李达等为代表的政治家和学术思想家,从不同的侧面来探讨法学问题,为中国马克思主义法学体系的发展作出了重要贡献。毛泽东、董必武等的法学思想密切联系根据地的法制建设,将人民民主专政学说与根据地法制建设的实际结合起来,回答了什么是真正的新民主主义法制以及如何推进新民主主义法制建设的问题,在马克思主义法学思想中国化的道路上迈出了极为重要的一步。尤其是毛泽东关于新民主主义宪政、人民民主专政的论述,谢觉哉关于司法问题的论述,董必武关于宪政运动的论述,阐述了新民主主义法律的性质、地位与作用,是新民主主义法学思想的集中体现。李达在国统区特殊的环境中研究法理学,写成了《法理学大纲》(1947 年)一书,对法律的本质、法律与国家的关系、法律与道德的关系等问题,作出了马克思主义的回答,构建了以马克思主义为指导的法理学体系,从而使马克思主义法学思想在中国的传播与发展达到新的高度。这一阶段的中国马克思主义法学,其特点是:以马克思主义为指导,以中国共产党的革命纲领、政策为灵魂,以建设新民主主义的政治秩序与法制秩序为目标,集中体现和代表以工农群众为主体的人民大众的意志和利益。由此,中国马克思主义法学在思想上和体系上也走向初步成熟阶段。

中国马克思主义法学体系的建立和发展有着中国共产党领导的新民主主义法制建设的坚实基础,同时又推进了新民主主义法制体系的发展,巩固了新民主主义的法制秩序,并为新中国成立后中国马克思主义法学体系的进一步发展提供了本土化的学术资源。

---

① 《中共中央关于废除国民党〈六法全书〉和确定解放区司法原则的指示》(1949 年 2 月 22 日),《建党以来重要文献选编》第 26 册,中央文献出版社 2011 年版,第 153—156 页。

四、重要法学家及其著作

法学研究群体的出现和大批法学著作的出版,是现代中国法学发展的一个重要表征。这一时期涌现出一批法学家,为推进法学本土化和建立中国的法学研究体系作出了重要贡献。由于代表大地主大资产阶级的法学著作,不仅谈不上任何的学术性,而且其内容充满着论证国民党政权合法性的色彩,因而本著不予考察。兹将中国马克思主义的法学家及其著作、自由主义(或带有自由主义思想色彩)学者型法学家及其著作,作简要的叙述。

(一) 马克思主义法学家及其著作

中国马克思主义法学形成于中国共产党领导的新民主主义革命的历史进程中,与新民主主义的法制建设的实际密切相连,直接服务于新民主主义政治秩序的建立与巩固,同时亦表征出马克思主义法学观与中国新民主主义法制建设相结合的思想意蕴。在现代中国,对中国马克思主义法学的产生和发展作出贡献的,主要是两部分人:一是早期马克思主义者及马克思主义法学家,如李大钊、陈独秀、李达、张友渔等,他们在马克思主义唯物史观指导下探讨法与社会变革的关系,并结合中国的法制状况提出了争取人民民主权利的主张;二是中共领导人毛泽东、董必武、谢觉哉等,基于新民主主义革命实践的探索而提出的法学主张,在马克思主义法学思想中国化的进程中发挥了引领性作用,为建构新民主主义法学体系做出了重要贡献。

1. 李大钊的法学思想

李大钊在中国率先运用马克思主义唯物史观阐述法律的本质及其与经济基础的关系,指出法律只能是"经济现象"的产物,是由经济基础所决定的,在中国开创以马克思主义研究法律之先河。可以说,宣传马克思主义法学观,并用马克思主义的法律观来批判封建主义的法律观和资产阶级的法律观,建立无产阶级的法律思想体系,是李大钊对中国马克思主义法学的建立所作出的突出贡献。

李大钊在《我的马克思主义观》文章中,依据唯物史观原理来分析各种社会现象,特别注意揭示法律与经济基础的关系,认为法律是上层建筑的一部分;而法律作为上层建筑,也与上层建筑的其他部分如政治、伦理等一样,都要受经济基础的制约。他指出:"一切社会上政治的、法制的、伦理的、哲学的,简单说,凡是精神上的构造,都是随着经济的构造变化而变化。"①可见,李大钊认识到法律是建立在一定经济基础之上的上层建筑的重要组成部分,其性质是由产生它的经济基础的性质所决定的,亦即分析法律问题皆要立足于社会的经济基础。李大钊基于法律在社会变迁中的演进情形说明,有许多事实可以证明法律在经济现象面前"暴露出来他的无能",例如17—18世纪维护商业平准、奖励金块输入的商法,以及英国禁遏托拉斯(Trust)的法律"都归无效",还有些法律当初即没有力量与经济现象竞争,而后来其所适用的范围"却一点一点的减少,至于乌有"。李大钊还举例说,虽然有的法律如中世纪时禁抑暴利的法律在社会中仍然存在,但因为"最初就无力与那高利率的经济现象竞争",到后来"实际上久已无用,久已成为废物"。李大钊列举了这些法律在社会上变化的例证,在于说明社会的变动从根本上说"全是经济现象所自致的结果,无与于法律的影响";其原因就在于,"潜深的社会变动,惟依他自身可以产生,法律是无从与知的"。也就是说,"经济的构造,依他内部的势力自己进化,渐于适应的状态中,变更全社会的表面构造,此等表面构造,无论用何方法,不能影响到他这一方面,就是这表面构造中最重要的法律,也不能与他以丝毫的影响"②。李大钊所说的法律对"潜深的社会变动"不能产生"丝毫的影响",强调的是经济基础对整个社会变动所起的决定性支配作用,说明的是包括法律在内的整个上层建筑都是由经济基础所决定的。这就在法律本质和法律作用的说明中,坚持了马克思主义历史唯物主义的基本原理。

李大钊在肯定法律这种上层建筑受制于经济基础的前提下,也承认法律和经济之间可以有互相的影响,认为法律在运行中是能够影响经济现象的。他明确指出:"在经济构造上建立的一切表面构造,如法律等,不是绝对的不能加些影响于各个的经济现象,但是他们都是随着经济全进路的大势走的,都是辅助着经济内部变化的,就是有时可以抑制各个的经济现象,也不能反抗经济全进路的大势。"③由此看来,李大钊不是忽略法律对经济基础的反作用,恰恰相反,他是肯定法律对经济基础的反作用,只是他在唯物史观视域中把"法律遏抑经济趋势的结果"的现象纳入"经济本身变化的行程"④。从学术思想史的角度来看,《我的马克思主义观》是李大钊在中国第一次运用马克思主义唯物史观原理系

---

① 《我的马克思主义观》,《李大钊全集》第3卷,人民出版社2006年版,第27页。
② 《我的马克思主义观》,《李大钊全集》第3卷,人民出版社2006年版,第21页。
③ 《我的马克思主义观》,《李大钊全集》第3卷,人民出版社2006年版,第34页。
④ 《我的马克思主义观》,《李大钊全集》第3卷,人民出版社2006年版,第34页。

统阐述法律与经济基础辩证关系的著作,开启了以马克思主义法律思想研究法律问题之先河。

李大钊以马克思主义为指导研究法学是与当时中国的民主革命进程紧密联系在一起的,服务于中国共产党领导的新民主主义革命的伟大实践。他不仅号召民众为争取法律的权利而斗争,而且要求改革现行的法律体系,使法制注入民主政治的精神,成为人民争取自由的工具。1923年2月,李大钊在湖北女权运动同盟会演讲会上发表演讲,就妇女民主政治权利和妇女在社会上的地位所要求的法律保障问题,阐述了自己的十点改革要求。李大钊说:"从法律上归纳而言之,应改革者,如下数种:(一)宪法上之选举权及被选举权,应平等;(二)民法上之亲权、财产权、行为权及其他种种不平等之规定,俱应加以修正;(三)婚姻法也应该规定;(四)刑法上一方定有重婚罪,一方解释纳妾不为罪,大伤人道,极不平等,应修改;(五)买卖妇女在刑法上应厉禁;(六)同意年龄提高问题,在美、奥各国女权运动史上考察起来,极为注重,今中国刑法,尚付缺如,应要求国家增定之;(七)行政法上为官吏之权,女子应不受限制;(八)女子应有同受教育之机会;(九)职业平等,亦为极属重要之问题,女子苟脱离家庭之拘束,欲求有经济独立之权,其第一步则在有独立之职业,谋独立之生活。工作报酬之不平等,不仅中国然,美、奥两国,前亦均有此等事实,如在学校为教员者,男子多而女子独少,其适例也;(十)此外,一切男子之职业,女子可以参加者,均须有同等参加之权。"①李大钊研究法学始终与人民利益紧密联系在一起,将争取人民的民主权利作为推进法制建设的重点,故而他不仅主张根本地推翻旧的法律制度,而且根据新民主主义革命的需要提出变革现行法制的要求,因而是有助于社会的民主法制化和法制民主化。

李大钊在中国率先研究和宣传社会主义的美好理想,对社会主义法制也有比较深刻的认识,认为社会主义"照法律方面言,必须将旧的经济生活与秩序,废止之,扫除之,如私有权及遗产制,另规定一种新的经济生活与秩序,将资本财产法、私有者改为公有者之一种制度"②。李大钊研究十月革命后苏俄的政治秩序,对苏维埃社会主义制度下的法制建设表示高度的赞赏,称赞"苏俄劳农政治下妇女享有自由独立的量,比世界各国妇女都多";认为只有在社会主义的条件

---

① 《在湖北女权运动同盟会演讲会上的演讲》,《李大钊全集》第4卷,人民出版社2006年版,第150页。

② 《社会主义与社会运动》,《李大钊全集》第4卷,人民出版社2006年版,第195页。

下,妇女才能真正得到参政的机会,并且只有社会主义国家才能制定体现人民意志的各种法律,保护妇女各方面的民主权利,使妇女真正与男子平等。李大钊基于科学社会主义理论,对社会主义民主和法制的关系也作了积极的探索,认为在社会主义制度下民主和法制能够同步发展而形成有序的社会秩序,广大人民只有在社会主义国家之中才能得到充分的自由、真实的自由,故而社会主义社会乃是真正的法制社会。他指出,在未来的社会主义社会,全体公民"在国家法令下,自由以守其轨范,自进以尽其职分;以平均发展的机会,趋赴公共福利的目的"①。就是说,在社会主义社会之中,自由和秩序、民主与法制、权利与义务是统一的,公民借此而获得"平均发展的机会"。故而,李大钊又说:"我们所要求的自由,是秩序中的自由;我们所顾全的秩序,是自由间的秩序。"②李大钊在探索社会主义的过程中,对社会主义的民主与法制关系的论述是很有见地的。

李大钊研究法学有这样几个显著的特色:一是宣传马克思主义法学观点,将法律的本质及其与经济基础的关系作为研究的重点,使法学研究置于马克思主义唯物史观指导之下,在中国开创了运用马克思主义研究法律问题之先河;二是重视法学在新民主主义革命中现实作用的研究,并号召民众以法律为武器来捍卫自己的民主权利,为推进新民主主义法学体系的建构做出了开创性的探索;三是从唯物史观视域研究法律的发展趋势,将阶级斗争视为法制进步的基本动力,并对社会主义法制作了极为宝贵的探索。李大钊在中国率先宣传马克思主义法学理论,依据唯物史观对法律的本质及其相关问题进行开创性研究,在中国现代法学史上占有重要的地位。李大钊是中国唯物史观法学体系的创建者,中国新民主主义法学的奠基人,在中国现代法学史上有着先驱者的地位。

2.陈独秀的法学思想

陈独秀在宣传马克思主义的同时,积极宣传马克思主义法学观,并运用马克思主义理论来研究法律问题,一方面积极宣传无产阶级法制观,努力推进马克思主义法学中国化;另一方面猛烈抨击资产阶级法律观及各种形式的封建法律观,为中国马克思主义法学的开创作出了重要的贡献,成为中国马克思主义法学理论体系的重要开创者。

陈独秀在唯物史观指导下,认为法律是上层建筑的重要部分,受制于社会的经济基础,根源于社会生产力的变动。他指出:"社会生产关系之总和为构成社

---

① 《平民主义》,《李大钊全集》第4卷,人民出版社2006年版,第117页。
② 《自由与秩序》,《李大钊全集》第4卷,人民出版社2006年版,第254页。

会经济的基础,法律、政治都建筑在这基础上面。一切制度、文物、时代精神的构造都是跟着经济的构造变化而变化的,经济的构造是跟着生活资料之生产方法变化而变化的。"①在陈独秀看来,法律作为一种社会制度、作为社会上的一种上层建筑,固然是由生产力决定的,但法律亦能够对经济基础发生作用,然而,这种作用的大小及其程度都是在社会生产力所许可的范围之内,因而法律对于经济基础一开始尽管表现为"助长"作用,到后来就变成生产力的"障碍物"了。他指出:"一种生产力所造出的社会制度,当初虽然助长生产力发展,后来生产力发展到这社会制度(即法律、经济等制度)不能够容他更发展的程度,那时助长生产力的社会制度反变为生产力之障碍物"②。陈独秀依据唯物史观来说明法律的上层建筑地位,有力地推进了马克思主义法律观在中国的早期传播。

陈独秀阐述了法律与国家权力之间的关系,确认法律是统治阶级意志的表现、国家权力的表征。在陈独秀看来,法律作为上层建筑又依存于同为上层建筑的政治,国家的具体形态及国家权力的性质也就成为法律存在和发挥功能的主要依据。由此,陈独秀揭示了法律所具有的国家权力性特征,说明了法律依国家权力的变化而变化的事实。他指出:"国家、权力、法律,这三样本是异名同实。无论何时代的法律,都是一阶级一党派的权力造成国家的意志所表现,我们虽然应该承认他的威权,但未可把他看成神圣;因为他不是永远的真理,也不是全国民总意的表现,他的存废是自然跟着一阶级一党派能够造成国家的权力而变化的。换句话说,法律是强权底化身,若是没有强权,空言护法毁法,都是不懂得法律历史的见解。"③陈独秀指出法律的国家权力的特征,一方面在于使人们明白法律的背后有国家权力的支撑,只要国家存在就有国家权力的存在,也就有法律的存在;另一方面,也是要让人们明白法律随国家权力变迁的特点,没有永久不变的法律。因而,要树立正确的法律观,既不能"像无政府党排斥他",也不能"像法律家那样迷信他"。由此,陈独秀"希望法律随着阶级党派的新陈代谢,渐次进步",最终有"劳动者的国家出现的一日",而真正有代表劳动者国家权力的法律。

陈独秀主张无产阶级要充分利用法律这一武器,为获得和巩固本阶级的利益而奋斗。在陈独秀看来,无产阶级利用法律武器是极端必要的,这是因为资产

---

①　《马克思学说》(1922年4月23日),《陈独秀著作选》第2卷,上海人民出版社1993年版(下引《陈独秀著作选》版本同),第354页。

②　《马克思学说》(1922年4月23日),《陈独秀著作选》第2卷,第355页。

③　《对于时局的我见》(1920年9月1日),《陈独秀著作选》第2卷,第166页。

阶级不仅用国家、法律来压迫劳动阶级,而且"欢迎的"正是"劳动阶级不要国家政权法律"。在此情形之下,"若是不主张用强力,不主张阶级战争,天天不要国家、政治、法律,天天空想自由组织的社会出现;那班资产阶级仍旧天天站在国家地位,天天利用政治、法律。"陈独秀指出:"少数游惰的消费的资产阶级,利用国家、政治、法律等机关,把多数极苦的生产的劳动阶级压在资本势力底下,当做牛马机器还不如。要扫除这种不平这种痛苦,只有被压迫的生产的劳动阶级自己造成新的强力,自己站在国家地位,利用政治、法律等机关,把那压迫的资产阶级完全征服,然后才可望将财产私有、工银劳动等制度废去,将过于不平等的经济状况除去。"①陈独秀在对未来社会的设计中,主张要"用法律强迫劳动",为无产阶级的政治统治服务。他说:"我对于国家政治法律,只承认他们在现今及最近的将来这一个时代里可以做扫荡不劳动的资产阶级底工具"②。也就是说,为了征服被打倒的资产阶级,就必须使用强制劳动的手段。陈独秀提请人们注意,各国的资产阶级具有统治的经验,无产阶级"要想征服他们固然很难,征服后想永久制服他们,不至死灰复燃更是不易",由此决定了无产阶级必须"利用政治的强权,防止他们的阴谋活动;利用法律的强权,防止他们的懒惰、掠夺,矫正他们的习惯、思想"③。陈独秀强调的是,无产阶级首先要取得国家政权,之后就要充分利用法律的力量加强对资产阶级的改造,借以"完全征服资产阶级",建立和巩固无产阶级的政治统治与经济秩序。

陈独秀对于法学作为一门独立学科提出了诸多的主张,为法学的学科建设及法学研究置于马克思主义统领之下作出了积极探索。譬如,关于法学的学科性质,陈独秀认为法律学作为一门学科属于"社会科学"的范畴,是用科学的方法研究社会法律现象的一门科学。在陈独秀看来,科学有广义和狭义之分,狭义的科学是指自然科学,广义的科学之中含有社会科学,而法律学则包括在社会科学的学科体系之中。他指出:"社会科学是拿研究自然科学的方法,用在一切社会人事的学问上,象社会学、伦理学、历史学、法律学、经济学等,凡用自然科学方法来研究、说明的都算是科学;这乃是科学最大的效用。"④这里,陈独秀不仅肯定法律学在学科分类上属于社会科学,是研究社会中人事的学问,而且认为法律学在学科性质上属于科学,在研究方法上是用自然科学的方法进行研究。陈独

---

① 《谈政治》(1920 年 9 月 1 日),《陈独秀著作选》第 2 卷,第 158 页。
② 《答郑贤宗(国家、政治、法律)》(1920 年 11 月 1 日),《陈独秀著作选》第 2 卷,第 196 页。
③ 《谈政治》(1920 年 9 月 1 日),《陈独秀著作选》第 2 卷,第 159 页。
④ 《新文化运动是什么?》(1920 年 4 月 1 日),《陈独秀著作选》第 2 卷,第 123 页。

秀的这一主张显现了科学的研究视野,对于将法学建设成为科学的学问有重大的学术意义。又譬如,关于法律与言论自由的关系,陈独秀着重说明法律维护现实秩序、保守现行文明的特点,突出了言论自由对推进文明发展的特殊意义。他指出:"法律是为保守现在的文明,言论自由是为创造将来的文明;现在的文明现在的法律,也都是从前的言论自由,对于他同时的法律文明批评反抗创造出来的;言论自由是父母,法律文明是儿子,历代相传,好象祖孙父子一样"①。正因为重视言论自由在法理上至高无上的地位,所以陈独秀十分重视法律对于言论自由的态度,认为法律如果限制言论自由,那样的言论自由就不是真正的言论自由了,也就只能是保守现在的文明而已,而不能创造将来的文明。如此,就失去了言论自由的法律意义与价值意蕴。陈独秀指出:"政府一方面自己应该遵守法律,一方面不但要尊重人民法律以内的言论自由,并且不宜压迫人民'法律以外的言论自由'。法律只应拘束人民的行为,不应拘束人民的言论;因为言论要有逾越现行法律以外的绝对自由,才能够发见现在文明的弊端,现在法律的缺点。"②陈独秀关于法律与言论自由关系的探讨是很有特色的,不仅强调了言论自由、思想解放的极端重要性,而且申明了言论自由在法律体系中的核心地位。

陈独秀的马克思主义法学观是在宣传和运用马克思主义过程中展开的,并努力建构以马克思主义为指导的法学体系,为推进马克思主义法学观在中国的运用作出了贡献。陈独秀是宣传马克思主义法学思想的先驱,是中国马克思主义法学的创始人之一,在马克思主义法学思想中国化进程中有着先驱者的地位。

3. 李达的《法理学大纲》(1947年)

李达于1947年2月受聘湖南大学法律系讲授法理学。在此期间,李达广泛搜集国内外关于法理学的资料,运用唯物辩证法和唯物史观对法理学进行系统的学术研究,对法律的现象与本质、法律与国家及道德的关系进行探讨,并最终写成《法理学大纲》一书。该书于1947年脱稿,作为法律系教材由湖南大学分上下两册印行。这部著作,是中国学者运用马克思主义观点系统地研究法学理论所撰写的第一部学术专著。

李达在《法理学大纲》中提出了以马克思主义为指导来建设科学法理学的任务,主张法理学作为一门学问就应该以辩证唯物主义和历史唯物主义为理论基础。具体言之,"这科学的世界观在法律领域的应用和扩张,就构成科学的法

---

① 《法律与言论自由》(1919年12月1日),《陈独秀著作选》第2卷,第43页。

② 《法律与言论自由》(1919年12月1日),《陈独秀著作选》第2卷,第43页。

律观——这就是法理学"①。而法理学要以科学的世界观为指导,也就必须"使法律的理论从神秘的玄学的见解中解放出来,而构成科学的法律观"②。李达指出:"从世界观到社会观、到法律观的推移,是顺次由普遍到特殊的推移。法律观被包摄于社会观之中,直接由社会观所指导,间接由世界观所指导。"③这就是说,法理学接受世界观的指导是以接受一定的社会观为直接前提的,遵循着由世界观而演变为社会观、由社会观而演变为法律观的规律。

李达主张建立科学的法理学这门学科。他指出,"科学的法律观,与从前各派法理学相反,它是以暴露发展法则为对象的科学"④。所以,科学的法理学要求研究者"只有具有科学的世界观与社会观,才能跨出那法典与判例的洞天,旷观法律以外的社会与世界的原野,究明法律与世界、与中国现实社会的有机联系,建立法律的普遍性与特殊性的统一,才能使自己的研究可对时代作积极的贡献,而不至于与时代脱节;才能促进法律的改造,使适应于现实社会,促进社会之和平的顺利的发展,可以免除中国社会的混乱、纷争、流血等长期无益的消耗。"⑤这里,李达提出了建立科学法理学的严峻任务,要求科学法理学以探求法律的规律为使命,"建立法律的普遍性与特殊性的统一";要求科学的法理学面向时代,研究现实社会,"促进法律的改造"、"促进社会之和平的顺利的发展";要求科学的法理学积极关注中国的现实社会,研究法律"与中国现实社会的有机联系",达到"免除中国社会的混乱、纷争、流血等长期无益的消耗"之目的。

李达从社会关系的高度来研究法律的本质与现象问题。在李达看来,任何现象都是本质与现象的统一,法律作为一种对象也是这样。他指出:"所谓法律的现象,即是人类的社会关系在国家规范领域中的表现形态。简单点说,法律现象,即是法律关系的表现形态。所谓法律的本质,即是法律现象的各种形态中所潜藏的根本关系。"⑥这里李达所说的"根本关系"即是指马克思主义所阐明的"物质的生活关系"。因为马克思曾经这样指出:"法的关系正像国家的形式一样,既不能从它们本身来理解,也不能从所谓人类精神的一般发展来理解,相反,

---

① 李达:《法理学大纲》,法律出版社 1984 年版,第 3 页。
② 李达:《法理学大纲》,法律出版社 1984 年版,第 6 页。
③ 李达:《法理学大纲》,法律出版社 1984 年版,第 3 页。
④ 李达:《法理学大纲》,法律出版社 1984 年版,第 8—9 页。
⑤ 李达:《法理学大纲》,法律出版社 1984 年版,第 14 页。
⑥ 《李达文集》第 1 卷,人民出版社 1980 年版,第 723—724 页。

它们根源于物质的生活关系"①。为了剖析法律的本质及其表征，李达还从"法律关系"的角度进行具体的分析。他指出："法律关系，可以分为两个方面。第一个方面，是国家对人民、人民对国家的关系。这是公权上的关系。国家的公权，是立法权、行政权、司法权等等；人民的公权，是自由权、参政权、行为请求权等等。公权上的关系，是统治与被统治的关系，即是政治关系。第二个方面，是自然人与自然人、自然人与物的关系。这是私权上的关系。自然人与自然人的关系，是债权关系；自然人与物的关系，是物权关系。债权关系与物权关系，是基于财产权而发生的关系，是财产关系。公权上的关系，是基于私权上的关系而成立，并且保障私权上的关系的。公权关系的体系，即是国家形态。"由于法律本质的表现是通过"法律关系"来体现的，而"法律上的财产关系"又最能表露法律的本质，所以李达进而剖析"法律上的财产关系"，来寻求法律本质的真正内涵。他指出："法律上的财产关系，即是经济上的生产关系，并且是基于生产手段的私有而结成的生产关系。生产手段私有，是阶级社会的前提。基于生产手段私有而形成的生产关系体系，即是特定社会的阶级的经济结构。这样说来，法律上的财产关系体系，即是特定阶级的经济结构在法律术语上的别名了。因此，法律关系中最根本的关系是阶级关系。……国家的目的，是在于保障特定的阶级的经济结构，而法律是实现国家目的的手段。这便是说，法律是国家的统治者用以保障特定阶级的经济结构的许多规则之总和。因此，我们可以知道，法律的本质，即是阶级关系，即是阶级性。而法律的功用，是保障特定阶级的经济结构的。"②李达再次强调，"法律现象，即是法律关系的表现形态"，而"法律的本质，即是法律现象的各种形态中所潜存的根本关系"③。这就是说，法律现象作为法律关系的表现形态，实际上是社会关系的法律反映，因而法律从根本上说是反映社会关系的本质内容，亦即法律的本质在根本上就在于社会关系。他还指出："在社会的历史上，阶级的经济结构，经历了古代奴隶制、中世封建制、近代资本制的三种顺序发展的阶段。法律的本质，在古代是奴隶所有者与奴隶对立的阶级性，在中世是封建领主与人民对立的阶级性，在近代是资本与劳动对立的阶级性。那三种阶级性，分别的包含在奴隶制、封建制及资本制的三种经济形态之中。基于这三种经济结构的性质的差异，法律的现象形态也随而各不相同。"李

---

① 《马克思恩格斯选集》第 2 卷，人民出版社 1995 年版，第 32 页。
② 《李达文集》第 1 卷，人民出版社 1980 年版，第 726—727 页。
③ 李达：《法理学大纲》，法律出版社 1984 年版，第 99 页。

达梳理法律的本质与法律的现象的关系,指明法律的功用在于保障特定阶级的经济结构,既是从上层建筑与经济基础的关系这一历史唯物主义原理来解释作为上层建筑的法律的,又是依据马克思主义哲学关于本质与现象关系所得出的科学结论。

关于法律与国家的关系,李达指出:"国家是特殊阶级统治另一阶级的机关。所谓国家权力,即是公权力,即是统治权,也是近代所说的主权。所谓统治者,即是掌握公权力的特殊阶级(或其代表),即是所谓主权者。至于法律,是统治者为保障阶级经济结构而拟订的种种规则,是凭借公权力强制人民遵守的国家规范。法律本身是没有什么权力的。要说法律有权力,那是它背后的公权力。法律如果没有公权力做后盾,它只是一纸具文。所以说法律的拘束力(或者说法律的权力),是从公权力发生的。"[1]他又说,国家拟订种种规则"就成为人民行为的准则","人民的行为,如果逾越了那些规则的范围,国家又用另行拟订的许多规则来处置他们,其后盾就是公权力"[2]。这里,李达明示法律的权力在于国家"背后的公权力",是以"公权力做后盾",因而法律也就成为"凭借公权力强制人民遵守的国家规范",亦即法律与国家之间具有附属的关系,同时法律与国家之间具有不可分离的有机联系,法律成为统治阶级意志的表现。关于法律与国家之间的依存关系及法律服务于国家的实质,李达在《法理学大纲》有这样的表述:"法律是实现国家目的的工具,是发挥国家机能的手段。法律是附丽于国家而存在的。有国家必有法律,有法律必有国家。历史上没有无国家的法律,也没有无法律的国家。世界上有什么样的国家形态,必有与之相适应的法律制度。"[3]李达对此给予这样解释:私有制的形成及出现阶级对立以后产生了国家,而就国家的产生条件及产生过程而言,"历史上一切的国家,都是阶级统治的机关",因而"国家的目的,就在于保障特定的阶级的经济结构"[4]。但是,国家的阶级统治的实施就必须运用国家权力,而运用和发挥国家权力的作用,也就必须制定各种强制性的行为规则;这些强制性的行为规则所构成的"规则的总和,就是国家规范——法律。所以法律的功用,从根本说来,就是实现国家的目的。法律是附丽于国家而存在的。"[5]李达依据马克思主义的政治观和国家观来阐述法

---

① 《李达文集》第 1 卷,人民出版社 1980 年版,第 720 页。
② 《李达文集》第 1 卷,人民出版社 1980 年版,第 716 页。
③ 李达:《法理学大纲》,法律出版社 1984 年版,第 87 页。
④ 李达:《法理学大纲》,法律出版社 1984 年版,第 90 页。
⑤ 李达:《法理学大纲》,法律出版社 1984 年版,第 93 页。

律与国家的关系,揭示法律依存于国家及法律维护统治阶级国家利益的这一事实,这是对各种形形色色的超阶级的法律观的有力批判。

李达是著名的马克思主义哲学家,同时也是"我国少有的马克思主义法学家"①,其《法理学大纲》著作在中国马克思主义法学史上占有重要的地位。他以马克思主义为指导所提出的法理学的诸多主张,涉及法理学的理论指导、研究对象与研究任务等重大学理问题,并从马克思主义的政治观和法律观出发研究了法律与国家等问题,形成了一个较为完整的学术体系。李达为中国马克思主义法学理论形成较为成熟的体系作出了突出的贡献。

4. 毛泽东的新民主主义法学思想

毛泽东在民主革命时期创造性地发展了马克思主义的法律观,有力地推进了马克思主义法学中国化的进程,构建了"新民主主义法学体系",为新民主主义法制建设提供了理论基础。在新民主主义革命时期,毛泽东对马克思主义法学的贡献,大致包括以下几个方面:

第一,提出了新民主主义的宪政思想。毛泽东指明了新民主主义宪政的实质就是"民主的政治"。毛泽东指出:"宪政是什么呢? 就是民主的政治。……但是我们现在要的民主政治,是什么民主政治呢? 是新民主主义的政治,是新民主主义的宪政。它不是旧的、过了时的、欧美式的、资产阶级专政的所谓民主政治;同时,也还不是苏联式的、无产阶级专政的民主政治。"②毛泽东将"宪政"界定为"民主的政治",明确说明新民主主义的宪政既不是资产阶级专政,也不是苏联式的无产阶级专政,而是具有中国特色和时代要求的新民主主义政治,这充分表明了中国共产党人在新民主主义实践中,努力建设具有中国特色的民主政治的目标。毛泽东指明了新民主主义宪政的内容是几个阶级的联合专政。毛泽东指出:"什么是新民主主义的宪政呢? 就是几个革命阶级联合起来对于汉奸反动派的专政。……'为一般平民所共有,非少数人所得而私',就是我们所说的新民主主义宪政的具体内容,就是几个革命阶级联合起来对于汉奸反动派的民主专政,就是今天我们所要的宪政。这样的宪政也就是抗日统一战线的宪政。"③毛泽东提出通过新民主主义革命的途径来实行宪政,为新民主主义革命的宪政发展指明了努力的方向。

---

① 韩德培:《一位少有的马克思主义法学家》,《武汉大学学报》1981 年第 1 期。
② 《毛泽东选集》第二卷,人民出版社 1991 年版,第 732 页。
③ 《毛泽东选集》第二卷,人民出版社 1991 年版,第 733 页。

　　第二，从法与国家的联系中创立了人民民主专政理论。毛泽东在阐述"人民民主专政"的过程中，根据中国新民主主义革命的实践，贯彻并坚持了民主与专政的辩证关系，将人民民主专政作为我国的国体，使人民民主专政在民主与专政的关系上达到辩证统一，这就使得"人民民主专政"成为一个科学的概念，并赋予马克思主义的意义内涵。毛泽东指出："这两方面，对人民内部的民主方面和对反动派的专政方面，互相结合起来，就是人民民主专政。"①也就是说，人民民主专政是民主与专政的统一，但"民主"与"专政"的对象是不同的，"对人民内部，则实行民主制度，人民有言论集会结社等项的自由权"；与之相反，对于人民的敌人则"实行专政，实行独裁"，"只许他们规规矩矩，不许他们乱说乱动"。自然，"革命的专政和反革命的专政，性质是相反的"②。毛泽东主张以法制为重要手段来捍卫新民主主义国家秩序，使法制普及于全社会之中，用以教育人民和打击敌人。毛泽东强调对人民的民主，但他也认为人民也要遵守法制，"人民犯了法，也要受处罚，也要坐班房，也有死刑"③。这里，毛泽东提出了专政与刑罚的区别问题，认为专政不等于刑罚，刑罚只是专政一个方法而已；专政只适用于敌人而不适用于人民内部，但人民内部的人如触犯刑律，也要受到法律的制裁。在毛泽东看来，新民主主义国家是人民民主专政的国家，以人民民主专政来维护新民主主义国家的政治秩序，就必须强化人民的国家机器，就必须发挥新民主主义法制的力量，借以巩固人民革命的成果。

　　第三，提出了反腐败、反蜕化变质及加强廉政建设的基本主张。毛泽东一贯重视干部队伍的廉政建设以及政府机关的廉政法制建设，强调干部要严以律己，注重思想意识修养，约束自己的行为，自觉地同腐化变质现象进行斗争。在抗战时期，根据毛泽东和党中央的指示，《陕甘宁边区施政纲领》强调人民对公务员的监督，规定"人民则有用无论何种方式控告任何公务人员非法行为之权利"，并明确宣布："厉行廉洁政治，严惩公务人员之贪污行为，禁止任何公务人员假公济私之行为，共产党员有犯法者从重治罪。同时实行俸以养廉原则，保障一切公务人员及其家属必须的物质生活及充分的文化娱乐生活。"④毛泽东对于党内堕落变质的人，主张依据法律予以严肃处置，借以严明法纪、教育人民，彰显新民主主义法制的权威。1937 年 10 月，参加过井冈山斗争、参加过红军长征的黄克

①　《毛泽东选集》第四卷，人民出版社 1991 年版，第 1475 页。
②　《毛泽东选集》第四卷，人民出版社 1991 年版，第 1478 页。
③　《毛泽东选集》第四卷，人民出版社 1991 年版，第 1476 页。
④　《中共党史教学参考资料》（三），人民出版社 1959 年版，第 2 页。

功,在任抗日军政大学第六队队长时,因逼婚未成枪杀了陕北公学女学员刘茜,被陕甘宁边区高等法院判处死刑。毛泽东在致陕甘宁边区高等法院院长、审判黄克功案件的审判长雷经天的信中指出:"黄克功过去斗争历史是光荣的,今天处以极刑,我及党中央的同志都是为之惋惜的。但他犯了不容赦免的大罪,以一个共产党员红军干部而有如此卑鄙的,残忍的,失掉党的立场的,失掉革命立场的,失掉人的立场的行为,如为赦免,便无以教育党,无以教育红军,无以教育革命者,并无以教育做一个普通的人。因此中央与军委便不得不根据他的罪恶行为,根据党与红军的纪律,处他以极刑。正因为黄克功不同于一个普通人,正因为他是一个多年的共产党员,是一个多年的红军,所以不能不这样办。"①在新中国成立前夕的党的七届二中全会上,毛泽东对党内可能出现的腐败现象予以高度的关注,他说:"如果国家,主要的就是人民解放军和我们的党腐化下去,无产阶级不能掌握住这个国家政权,那还是有问题的。"②毛泽东提出了加强自律的两个"务必"的主张:"务必使同志们继续地保持谦虚、谨慎、不骄、不躁的作风,务必使同志们继续地保持艰苦奋斗的作风。"③毛泽东反腐败的法制思想不仅注重思想政治教育的重要性,强调保持和发扬艰苦奋斗作风的重大作用,而且特别强调通过整风、组织建设、制度建设以及党外监督等途径来加强廉政建设,体现了通过思想教育与法制建设相结合的途径而达到防腐、拒变目的的基本思路,这是对马克思主义法学理论的重大贡献。

第四,提出"极力避免多杀人"的主张,要求各级政府谨慎地对待杀人问题。毛泽东在新民主主义革命的实践中,根据当时的社会实际和敌我斗争严重化的情形,提出在对待反动者要根据具体情况采取宽大政策,要慎重地对待杀人的问题,认为一般不要多杀人,只有对于民愤极大的人要采取镇压政策,但即使这样也要经过法律的程序。1940年10月,毛泽东起草的《对待反共派俘虏的政策》指出:"关于对待反共派俘虏问题,任何国内反共派向我进攻被我捕获之俘虏官兵、侦探人员、特务人员及叛徒分子,不论如何反动与罪大恶极,原则上一概不准杀害。……其处置办法,凡反动分子及无用人员则优待释放之,凡可参加我军的士兵及有用人员则收留之,一律不准加以侮辱(如打骂及写悔过书等)或报复。如有关系紧要必须处决之个别分子,则须经过军中师以上及相当于师之机关,党

---

① 《毛泽东书信集》,人民出版社1983年版,第110页。
② 《毛泽东文集》第五卷,人民出版社1996年版,第262页。
③ 《毛泽东选集》第四卷,人民出版社1991年版,第1438—1439页。

内分局及区党委以上或各根据地最高政权机关之批准,旅以下、地委以下、专员以下没有批准杀人之权。"①毛泽东还指示各根据地执行正确的除奸政策,要求"除奸政策以镇压众人皆恶之少数最反动分子为原则,极力避免多杀人。除政府外各机关团体不得自由捕人罚人。"②毛泽东的这一主张在根据地得到贯彻执行,并成为根据地处置犯人的指导思想。经中共中央政治局批准的《陕甘宁边区施政纲领》就明确规定:"改进司法制度,坚决废止肉刑,重证据不重口供。毛泽东强调,杀人的问题是非常重大的问题,要严肃对待,谨慎处理。他指出:即使是在处理敌特问题时,如果"他不觉悟,不同我们合作,顽固得很,我们刀下还留不留人? 我们刀下还要留人。为什么要留? 为了稳定多数人,因为杀了他,其他有类似问题的人便要恐慌。你顽固十年,就让你劳动十年,你顽固二十年,就让你劳动二十年,你顽固,我们也顽固,就这样顽固下去。这叫做是则是,非则非。"③毛泽东还指出:"反特务斗争必须坚持少捉少杀及少捉不杀方针,才能保证彻底肃清特务及虽有弄错及诬陷(可能有大部被弄错,可能有一部被诬陷)亦留有最后挽救之余地。所以少捉,即除直接危害抗日之军事间谍及汉奸现行犯外,对一切特务嫌疑分子为着弄清线索而逮捕者,不得超过嫌疑分子总数百分之五。此点须通知下级注意,以免逮捕过多,难于处理。所谓少杀及不杀,即除直接危害抗日的军事间谍得经县以上机关批准处以死刑,及汉奸现行犯而有武装拒捕行为者得就地格杀外,一切特务分子虽已证据确实亦应不杀一人,争取转变为我所用。此即一个不杀、大部不捉方针。"④毛泽东提出执行宽大政策、慎重杀人的主张,是从我们党领导革命的大局出发的,体现了原则的坚定性和策略的灵活性的统一,既注意把握证据,弄清是非,教育和挽救人,又注意留有余地,避免错杀乱杀现象的发生。

　　第五,提出了对犯人进行思想改造和劳动改造的思想。毛泽东创造性地提出对罪犯的劳动改造与思想上的强迫教育的统一,从而使对罪犯的惩罚与对罪犯的改造互相联结起来,体现了思想的改造与人的改造相统一的基本思路。他指出:"只要不造反,不破坏,不捣乱,也给土地,给工作,让他们活下去,让他们在劳动中改造自己,成为新人。他们如果不愿意劳动,人民的国家就要强迫他们

　　① 《毛泽东文集》第二卷,人民出版社 1993 年版,第 304 页。
　　② 《毛泽东文集》第二卷,人民出版社 1993 年版,第 320—321 页。
　　③ 《毛泽东文集》第三卷,人民出版社 1996 年版,第 155 页。
　　④ 《毛泽东文集》第三卷,人民出版社 1996 年版,第 86 页。

劳动。也对他们做宣传教育工作,并且做得很用心,很充分"①。当然,这种教育是"强迫地施行的",与"我们对于革命人民内部的自我教育,不能相提并论"②。毛泽东关于惩罚犯罪、改造犯人的思想是一贯的,在马克思主义法学史上是具有独创性的。其基本的理论依据是,在人民民主专政的历史条件下,绝大多数罪犯是可以改造的,无产阶级不仅具有改造社会的力量,而且具有改造人的思想的能力。因而,毛泽东特别地强调对人的思想改造在无产阶级革命事业中的重大意义,突出了强制性的劳动改造在转变思想意识中的重要位置,闪耀着马克思主义辩证唯物主义的光辉。

毛泽东在新民主主义时期的法学思想,是毛泽东思想的重要组成部分,为新民主主义的政治秩序的建立和巩固,为中国共产党人革命斗争的开展和根据地法治体系的建构提供了理论指导;同时,毛泽东的新民主主义法学思想总结和提炼了中国新民主主义革命的历史经验,形成了具有中国特色和新民主主义实践基础的"新民主主义法学体系",成为马克思主义法学中国化的主要代表,丰富和发展了马克思主义法学理论宝库。

5. 董必武的新民主主义法学思想

董必武③民主革命时期的法学思想,体现了以下的内容:

第一,法律具有阶级性的特征,是统治阶级政权的一部分。董必武在《华北人民政府关于重大案件量刑标准的通报》中指出,法律具有鲜明的阶级性,是当权阶级用以保护本阶级的利益并统治敌对阶级的工具,所以法律是阶级社会的产物,不能脱离阶级统治而存在。同时,法律又是维护统治阶级利益的,体现了当权统治者的国家意志,并以当权阶级的变化而变化,因而新的当权阶级自然也要制定符合自己阶级利益的法律,以便法律更好地为统治阶级的国家服务。董必武在《旧司法工作人员的改造问题》一文中又指出,国家是阶级矛盾不可调和的产物,占统治地位的阶级掌握着国家政权,一切政权机关都是为统治阶级的国家服务的,法律也是这样。董必武强调法律的阶级性,坚持马克思主义法学的基本精神,主张要从根本上废除封建性的法律。他指出,阶级利益不同,则法律的本质就不同:"国民党的法律,是为了保护封建地主、买办、官僚资产阶级的统治与镇压广大人民的反抗;人民要的法律,则是为了保护人民大众的统治与镇压

---

① 《毛泽东选集》第四卷,人民出版社 1991 年版,第 1476—1477 页。

② 《毛泽东选集》第四卷,人民出版社 1991 年版,第 1477 页。

③ 董必武(1885—1975),湖北黄安人,长期从事中国共产党的政法工作,中共党内著名的法学家,主要著作收入《董必武选集》、《董必武政治法律文集》、《董必武诗选》等。

封建地主、买办、官僚资产阶级的反抗。"①董必武认为，由于法律的阶级性的本质，人民的法律是维护人民的利益和镇压封建地主买办阶级反抗的，因而人民的法律不能援引反映大资产阶级和大地主利益的《六法全书》。他签署的《华北人民政府训令》中规定，反动的法律和人民的法律是对立的，必须废除国民党的《六法全书》及其一切反动法律，各级人民政府的司法审判不得再援引其条文。

第二，人民政府的法律体现人民的意志。董必武指出，人民民主专政的新民主主义国家，在本质上是工人阶级领导的、以工农联盟为基础的四个阶级的联盟，在国家政体问题上采取以民主集中制为原则的人民代表大会制度，而不是西方资产阶级的三权分立，这样才能代表无产阶级和广大人民群众的利益和意志。董必武于1940年发表了《更好地领导政府》的讲话，以马克思主义法律观为指导，系统地阐述了法律的阶级本质，指出法律是统治阶级意志的体现，是维护政治权力的工具，而边区的法律则是边区人民意志的反映，党员和工作人员必须遵守。董必武指出："政府在党领导下所颁布的法令，所公布的布告，所提出的号召，我们的党组织和党员首先应当服从那些法令，遵照那些布告，响应那些号召，成为群众中爱护政府的模范。"②他又指出："边区政府是我们党领导群众建立起来的，政府也在党领导下工作。政府所颁布的法令，所定的秩序，我们党员应当无条件地服从和遵守。那些法令和秩序是我们公共生活所必须，而且法令是经过了一定的手续才制定出来的，秩序是经过一定的时间才形成起来的。在制定和形成时已经渗透了我们党和我们自己的意见和活动。我们如果违背了政府的法令，破坏了社会的秩序，我们自己必须负责，受到国家法律的制裁。"③这是因为，"边区政府的权源出于群众"，边区政府的负责人是群众代表选举出来的，体现了人民群众的意志，由此群众也"敢于监督政府"，"敢于撤换他们不满意的政府工作人员"，如此群众就"感觉到政权是他们自己手中的工具"④。董必武强调，人民政府的法律是体现人民意志的，是维护人民根本利益的，因而人民也要遵守法律。

第三，新的政权必须依法办事。在建立新民主主义政权的过程中，董必武强调法制建设的极端重要性，认为新政权必须树立法律的尊严，依法办事，以法律

---

① 《董必武政治法律文集》，法律出版社1986年版，第45页。
② 《董必武政治法律文集》，法律出版社1986年版，第3页。
③ 《董必武政治法律文集》，法律出版社1986年版，第5—6页。
④ 《董必武政治法律文集》，法律出版社1986年版，第3页。

来维护新政权的政治秩序。他指出:"建立新的政权,自然要创建法律、法令、规章、制度。……如果没有法律、法令、规章、制度,那新的秩序怎样维持呢? 因此新的建立后,就要求按照新的法律规章制度办事。"①他又指出,革命就是打破旧的统治秩序,就是彻底废除旧的法律,"就是彻底粉碎旧的政权机构,建立革命的政权机构"②。董必武强调的是,新政权建设必须以法制建设为重要内容,新民主主义社会秩序必须以法制来加以巩固,从而使新民主主义政权在法制的轨道上运行。

第四,党员犯法不能逃脱法律的惩罚。对于党员犯法问题,董必武主张应该按照法律来惩罚。他坚持法律面前人人平等的原则,严肃批评边区有的党员缺乏法律的观点,自以为党员高人一等,有法外之权。他指出:"边区有些党员同志犯了法,因为他自以为是党员,想不受政府的审判和处罚;而有些地方党组织也觉得党员犯法,是党内的事,让他逃避政府的审判和处罚。这都是不对的。"③在董必武看来,党员有党内的纪律要求和约束,但其行为不能触犯法律,党员同样是受法律约束的;对于故意违反法律的人,不管地位有多高、功劳有多大,都必须一律追究其法律责任。董必武提出一个重要的观点,即党员犯法必须"加等治罪"。他指出:"党员应自觉地遵守党所领导的政府的法令。如果违犯了这样的法令,除受到党纪制裁外,应比群众犯法加等治罪。为什么呢? 因为群众犯法有可能是出于无知,而我们党员是群众中的觉悟分子,觉悟分子犯罪是决不能宽恕的,是应当加重处罚的。不然的话,就不能服人。从前封建时代有'王子犯法,与庶民同罪'的传说,从这传说中很可以看出人民希望法律上平等的心理。难道说我们共产党不应当主张比封建时代传说下来的一点法律上的平等更前进一步吗?"④董必武请求陕甘宁边区能够通过一个决议,对党员提出更为严格的要求,警告我们的党员必须遵守边区政府的法令,明确"党员犯法,加等治罪","党决不容许在社会上有特权阶级","表示党所要求于党员的比起非党员的要严格得多"。

第五,法律起到保卫人民民主专政的作用。在新民主主义政权建设过程中,董必武强调法律是政治统治的工具,在巩固人民民主专政中具有特殊的作用,因而新政权的建立就必须创建法律、法令、制度。他指出,法庭是进行统治的工具,

① 《董必武政治法律文集》,法律出版社 1986 年版,第 41 页。
② 《董必武政治法律文集》,法律出版社 1986 年版,第 39 页。
③ 《董必武政治法律文集》,法律出版社 1986 年版,第 6 页。
④ 《董必武政治法律文集》,法律出版社 1986 年版,第 6 页。

"人民民主专政的最锐利的武器,如果说司法工作不是第一位的话,也是第二位。……司法工作和公安工作,就成为人民国家手中对付反革命,维持社会秩序最重要的工具"①。这是因为,从法律的实质讲,"法律是在国家占统治地位的阶级,为了维持它本阶级的利益所创立的工具,也就是阶级专政的工具"②。这里,董必武提出法律是阶级工具的观点,揭示了法律的阶级本质及其所具有的工具性价值,指明了法律在保卫人民民主专政中的突出地位。

董必武是无产阶级革命家和法学家,通晓中外法学,长期担负党的政法方面的领导工作,对马克思主义法律科学有精湛的研究。他的新民主主义法学思想,是在以马克思主义为指导,并在总结新民主主义根据地建设经验的基础上形成的,因而具有鲜明的实践性的特征,切合根据地民主政权建设的实际,逐步形成了以立法、司法、守法为主要内容的法学体系,为中国马克思主义法学的发展和新民主主义法学体系的建构作出了重要的贡献。新中国成立后,董必武继续研究和宣传马克思主义的无产阶级法律思想,并运用马克思主义法律观、国家观深入研究新中国的法制建设工作,加强对新中国政法干部的培养,同时还从事法律科学的研究,提出了许多独到的见解,成为中国共产党思想宝库的宝贵财富,为马克思主义法学思想中国化作出了历史性的贡献。

6. 谢觉哉的新民主主义法学思想

谢觉哉③是中共党内著名的法学家,人民司法制度的奠基者。在民主革命时期,谢觉哉在宪法、司法等领域有许多重要的论述,成为新民主主义法学体系的重要组成部分,为中国马克思主义法学体系的发展作出了重大贡献。

第一,阐述马克思主义关于法律的基本理论。谢觉哉认为,法律与国家是紧密联系在一起的,而国家的存在又是阶级矛盾不可调和的产物,由此法律具有鲜明的阶级性。他指出:"国家是阶级的产物,法律是国家表现权力的工具,法律自然也是阶级的产物了。奴隶社会的国家和法律,是替奴隶主服务的;封建社会的国家和法律,是替资本家服务的;社会主义社会的国家和法律,就是为保卫无

---

① 《董必武政治法律文集》,法律出版社 1986 年版,第 99 页。
② 《董必武政治法律文集》,法律出版社 1986 年版,第 87 页。
③ 谢觉哉(1884—1971),字焕南,别号觉哉,亦作觉斋,湖南宁乡人。著名的法学家和教育家、杰出的社会活动家、法学界的先导、人民司法制度的奠基者。1925 年加入中国共产党。1933年,他在中央苏区任内务部长时,主持和参加起草了中国红色革命政权最早的《劳动法》、《土地法》等法令和条例。1934 年参加长征。新中国成立后,曾任内务部长、最高人民法院院长、中国政法大学校长等职。主要著作收入《谢觉哉文集》。

产阶级的利益服务的。"①谢觉哉认为,正是由于法律的阶级性,无产阶级的法律体系与资产阶级的法律体系是根本不同的。"资产阶级的法庭,以达到镇压为目的,而我们的法庭,则以达到教育改造为目的。我们不是要把那一种人永远踏在我们的脚下,而是镇压和惩办为着教育,为着改造成为新人。"②正是由于法律的阶级性,谢觉哉认为要懂得法律就必须懂得政治,要进行新旧法律的比较就要进行新旧社会的比较。他指出:"我们的法律是服从于政治的,没有离开政治而独立的法律。政治要求什么,法律就规定什么。当法律还没有制成条文的时候,就依据政策行事。"③他又指出:"我们的司法工作者一定要懂得政治,不懂得政治决不会懂得法律,我们看资产阶级的法律书,要看破它的背景,它表面上说的很好,实质上是为了资产阶级利益。学过旧法律的人,要改变观点,只要把旧社会与新社会的政治对照一下,就可以知道旧法律为谁服务,新法律又应该为谁服务。"④谢觉哉宣传马克思主义的法律观,突出地说明了法律的阶级性及其与统治阶级政治的关系,这是有助于人们进一步认识和理解法律的本质。

第二,关于"三三制"政权原则的论述。谢觉哉是中国新民主主义宪政理论的主要创建者之一,对"三三制"的选举问题有许多重要的论述。他指出,选举是民主政治的重要一环,是人民当家作主的重要保证。这是因为,民主政治是人民出来议事和管事,但不是每个人都出来议事和管事,这就需要通过选举的办法选出一部分人作为代表。而对于选出的人,也需要检查他们议得好不好、管得好不好。谢觉哉在《论选举运动的重要》一文中写道:"四亿的人民不能个个都到政府里办事,只能选派代表,除最下层的村或街道可以经常开群众大会来议来管外,稍为地域广一点,就不能每个人都来议来管。不能每个人来议来管,于是想出个法子,由每个人共同派遣少数人来议来管,代理他们来议来管,这就叫选举。所以选举是组织民主政治的开始,没有选举,民主政治开不得张。"⑤在谢觉哉看来,选举对于劳动人民权利的维护有重要的意义,应该使劳动人民认识到:"劳动人民的选举权,是用鲜血和头颅换来的。每个劳动者应该不放弃自己的选举

① 《谢觉哉文集》,人民出版社 1989 年版,第 203 页。
② 《谢觉哉文集》,人民出版社 1989 年版,第 643 页。
③ 《谢觉哉文集》,人民出版社 1989 年版,第 644 页。
④ 《谢觉哉文集》,人民出版社 1989 年版,第 645 页。
⑤ 《谢觉哉文集》,人民出版社 1989 年版,第 474 页。

权,应该为选举运动的胜利而奋斗。"①谢觉哉认为,为了执行真正的民主,使人民群众对政府工作进行监督和检查,人民政府应将选举作为一项重要的工作,因而选举也是人民对政府工作的大检阅。谢觉哉指出:"人民派代表来议国事管国事,如果不管下文,那主权还只行使一半。真正的民主,在派出管的议的人以后,须按时来检查他们议得好不好管得好不好。……比如乡市各级政府同时把成绩的优劣摆出来,请求人民检阅,看人民还要你们不要。"②谢觉哉从理论和实践相结合的角度说明"三三制"的必要性,强调"三三制"在争取民主权利、争取民族独立中的重要意义。他认为,实行"三三制"是中国革命的需要,因为我们对外要争取民族独立,驱逐日本帝国主义出中国,对内要实行广大抗日人民的民主权利。他在《关于政权的三三制》中指出,"中国现阶段的革命任务,是争取民族独立,民权自由,即是说,对外解除帝国主义压迫,首先驱逐日本帝国主义出中国",如此就应该"对内必须消减阻扰进步的,做日本帝国主义统治的社会工具的落后势力,而实行民主自由"③。同时,实行"三三制"也是争取中间势力抗日的需要,这是由抗日民主政权的性质所决定的。

第三,关于司法独立和审判独立的论述。早在1937年,谢觉哉就在《新中华报》上撰文指出:"现行制度法院和行政对立,边区法院仍隶属(边区政府)主席团,因为时局进展,审判常受政治指导,与其设特别法庭或戒严法来调剂,不若使法院在主席团领导下保持其独立,这于保障人权,较为有利。"谢觉哉在1945年比较系统地提出加强司法独立建设的问题,认为法律应该独立,不能受别的力量干涉;同时,审判也需要独立,判前有检查,审判后政府有缓刑、赦免权以及救济某种例外的需要。他认为对于司法独立应该积极地"扶助",以便"从速做到真正独立,而不是批评他"。谢觉哉主持起草的《陕甘宁边区宪法原则》,是一部重要的法律文献,体现了司法独立的思想。其中规定:"各级司法机关独立行使职权,除服从法律外,不受任何干涉。"谢觉哉在1949年1月又进一步指出,我们的现行司法制度不是形式上的独立,而是审判只服从法律的独立;行政机关对于司法,只有帮助而没有干涉之权,帮助只是帮助办案而不是干涉判案④。谢觉哉强调依法进行司法的极端重要性,要求司法人员充分搜集证据,反对在证据不足的情况下轻率断案。他在1944年的一封司法指示信中批评有些司法人员"常有

① 《谢觉哉文集》,人民出版社1989年版,第210页。
② 《谢觉哉文集》,人民出版社1989年版,第476页。
③ 《谢觉哉文集》,人民出版社1989年版,第403页。
④ 《谢觉哉文集》,人民出版社1989年版,第645页。

不搜集证据,搜集了不研究。不要口供,有口供不研究而轻率断案"的现象,要求司法人员重视证据,不能轻率断案。谢觉哉提出的"司法独立"主张乃是在法制框架体系中的"司法独立",并且是与司法公正、注重证据紧密联系在一起的。

第四,关于人民调解工作的论述。谢觉哉特别强调调解在司法工作中的重要性,认为调解工作能解决人民内部的矛盾,解决人民内部的纠纷,促进社会关系的和谐。在农村,调解可以节省劳力而从事生产劳动,还可以增加邻里和睦,增进群众之间的相互信任,具有安定农村社会秩序的作用。他在任陕甘宁边区高等法院院长时曾指出,调解可使大事化小、小事化无,可使小事不闹成大事、无事不闹成有事。关于调解的方法,谢觉哉主张充分地发挥人民群众自己调解的积极性,认为群众对事情清楚,对情况熟悉,而且利害关系密切,易于切合实际;而政府的基层组织如县政府、区政府、乡政府等,一方面要接受人民的调解请求,了解人民的心理愿望,倾听群众的意见,掌握民情、民愿;另一方面要主动帮助调解,维护群众的利益,寻找合适的调解人。谢觉哉关于调解工作的主张,坚持法律与人民关系一致性的马克思主义主张,强调法律的人民性特征,要求司法工作必须坚持走群众路线。他指出:"法律是人民自己的,因此,司法一定要讲群众路线。一是办案时听听群众的意见,当一个案子弄不清楚的时候,可以到当地去问群众,或群众团体,他们的意见常常是正确的。一是法律是从群众中来的,把群众意见,加以洗炼,洗去不好的,炼出好的,用法律形式固定起来。司法工作者,做好一件事,对自己是教育,对群众也是教育。所以,司法工作者不要关起门来工作,应当经常同群众商量。"①谢觉哉关于人民调解工作的论述,是基于他对人民的法律具有人民性的认识联系在一起的,也是与他提出的司法工作群众路线的主张分不开的。

谢觉哉是中共党内著名的马克思主义法学家,人民司法制度的奠基者。他的法学思想是在新民主主义革命的实践中产生的,并随着根据地建设的发展而发展,对当时新民主主义法制建设产生了直接的指导作用,为马克思主义法学中国化和新民主主义社会建设作出了重要贡献。谢觉哉的法学思想是中国马克思主义法学文化中一份珍贵的财富,体现了中国新民主主义历史进程中的基本特点。

---

① 《谢觉哉文集》,人民出版社1989年版,第649页。

7. 张友渔的《中国宪政论》(1944 年)

张友渔①是马克思主义政治学家、法学家,所著《中国宪政论》(生生出版社 1944 年版)是一部专门研究宪政问题的学术专著。张友渔积极参加抗战后期兴起的宪政运动,努力宣传中国共产党的新民主主义宪政主张,他的《中国宪政论》一书正是在这种背景下写成的。该著宣传并阐发了马克思主义的宪政思想,在中国马克思主义法学史上有着重要的地位。

《中国宪政论》一书对于"宪政"有着明确的界定,认为宪政就是民主政治,而民主的宪法在宪政中起着主导作用。他指出:"宪政就是民主政治。因为所谓宪政就是拿宪法规定国家体制,政权组织以及政府和人民相互之间的权利义务关系,而使政府和人民都在这些规定之下,享受应享受的权利,负担应负担的义务,无论谁,都不许违反和超越这些规定而自由行动的这样一种政治形态。这无疑地,对于独裁的,专制的统治者,特别是封建的君主,是一种限制,是一种拘束。凡是宪政,就不是绝对专制政治,恰恰相反,它是专制政治的反对物。因而在它的本身,或多或少,总含着民主政治的成分。民主宪政,固然在它的形式和内容上,都被认为是民主政治的典型;君主立宪,在某一历史阶段,某一具体条件之下,也还不失为民主政治的一种。它们中间,主要的不同,在量而不在质。"②正是对"宪政"这样的界定,张友渔认为中国的宪政所追求的既不是资产阶级的专政,也不是苏联的无产阶级专政,而是承继孙中山新三民主义精神的新民主主义的新政。他指出:"我认为中国目前所需要的宪政,不是资本主义各国的旧式的宪政,也不是社会主义苏联的新式的宪政,更不是法西斯国家的只剩一纸宪法

---

① 张友渔(1898—1992),原名张象鼎,字友彝,山西灵石人。早年就读于山西省立第一师范学校、北京政法大学,1930、1932 和 1934 年曾三次东渡日本求学。中国马克思主义法学家、政治学家、新闻学家。20 世纪 20 年代从事新闻事业,曾任《世界日报》、《民国晚报》、《大同晚报》的总主笔。抗战期间,任北平《时事新报》、香港《华商报》总主笔,《新华日报》社论委员和代理总编辑、社长。1939 年春到重庆从事民主宪政工作,1943 年任生活书店总编辑、南方局文化工作委员会秘书长,1945 年 9 月代理《新华日报》总编辑,重庆谈判期间任中共代表团顾问,此后曾任中共四川省委副书记兼宣传部长、《新华日报》社社长、晋冀鲁豫边区政府副主席兼秘书长、中共中央华北局秘书长。新中国成立后,历任中共北京市委副书记、书记处书记、北京市人民政府常务副市长、中国科学院哲学社会科学部副主任兼法学研究所所长、中国社会科学院副院长、全国人大常务委员会法制委员会副主任,全国人大常务委员会委员兼法律委员会副主任等职。担任第一、二、三、六届全国人大代表,第六届全国人大常委,第一、二、三、四、五届全国政协委员。著有《中国宪政论》、《法学基础知识讲话》、《社会主义法制的若干问题》等。

② 张友渔:《中国宪政论》,生生出版社 1944 年版,第 25 页。

的假宪政,而是中山先生所倡导所争取的三民主义的宪政。"①由此,张友渔认为中国的宪政由于必须坚持孙中山的新三民主义,则必须将"国民大会"作为主要内容和关键性的环节。他指出:"国民大会这一机构是三民主义的中国宪政的主要内容。在宪政实施前,便须召集国民大会;在宪政实施后,更应设置国民大会。没有国民大会便没有三民主义的中国宪政;国民大会不健全,中国宪政也便不能健全。"②同时,张友渔认为宪政的实施还必须将"保障人民自由权利"作为重点内容,否则就不可能有真正的宪政。他指出:"实施宪政与保障人民自由权利,有着不可分的关系。后者,不仅是前者的基本内容,而且是前者的先决条件。不难保障人民的自由权利,则真正的宪政便不能有效地实施,而所实施的宪政,也决不是真正的宪政。"③张友渔关于"宪政"的界定,突出地表明了"民主政治"在宪政中极端重要的地位。

张友渔所主张的宪政是以宪法为重要保障的,并阐发了宪法在宪政运动中的作用。张友渔特别重视宪法的地位,他指出:"宪法是规定国家体制,政权组织,以及政府和人民相互之间的权利义务的国家的基本法。"④关于宪法与宪政的关系,特别是宪法在宪政中的地位,张友渔进一步指出:

宪法所规定的内容,就是事实上所实行的宪政,而事实上所实行的宪政,就是宪法所规定的内容;也就是说宪法是宪政的法律的表现,而宪政是宪法的实质的内容。自然,宪法和宪政的完全一致,只有在理论上可能,而在事实上,他们中间,却常存在着差异和隔离。有时,有良好的宪法,而没有良好的宪政;有时,进步的宪政会冲破了宪法的桎梏。在前一场合,宪法变成了具文;在后一场合,要求宪法的修改,因为宪法是死的条文,宪政是活的事实;死的东西是不变的,活的东西是常变的:二者之间,自不能完全一致了。但这决不是说,宪法完全无用;宪政可以不要宪法。第一,宪法是形式,宪政是内容。形式固不能创造内容,决定内容,但却能表现内容,影响内容;形式固不能离开内容,内容也不能没有形式,严格地说,形式不外是内容的一部分,我们不能想像会有无形式的内容存在。第二,死的条文固然不一定完全适应活的事实,但它却能成为活的事实的指标和堡垒,在某种限度内,指导活的事实,保障活的事实。因此,有良好的宪法,虽然未必就有良好的

---

① 张友渔:《中国宪政论》,生生出版社 1944 年版,第 4 页。
② 张友渔:《中国宪政论》,生生出版社 1944 年版,第 5 页。
③ 张友渔:《中国宪政论》,生生出版社 1944 年版,第 139 页。
④ 张友渔:《中国宪政论》,生生出版社 1944 年版,第 33 页。

宪政,而有良好的宪政,便常有良好的宪法。①

张友渔在《中国宪政论》中不仅界定了"宪政运动"的内涵,而且提出开展宪政运动的方法。关于宪政运动的内容,张友渔指出:"什么是宪政运动? 就是民主政治运动。狭义地说,它是争取民主政治的运动;广义地说,它不仅是争取,而且是巩固和发展民主政治的运动。即在没有获得民主政治时,要争取它;已经获得民主政治后,要巩固它;而民主政治已经获得和巩固以后,还要发展它,使它进到更广范围,更高阶段的民主政治。"②张友渔将宪政运动定义为"争取、巩固和发展民主政治的运动"有着极为重要的现实意义,对于当时的宪政运动有着积极的指导作用。这个定义不仅说明宪政乃是争取"民主政治"的性质,而且说明争取民主政治乃是一个不断前进、不断上升的过程,这个过程不仅需要"争取"民主政治的种种努力,而且需要将这个运动不断地"巩固"与"发展",从而将"民主政治"推进到一个更高的阶段。张友渔介绍了宪政运动的两种方式,他指出:"宪政运动……采取的方式,不外下述两种。第一种,是革命的,战斗的,有效的方式。即民主势力第一步,用暴力打倒反民主势力,把政权夺在自己手里,而拿宪法记录和巩固这种革命的,战斗的运动的成果;第二步用已拿在自己手里的政权,镇压反民主势力,以在事实上,巩固这种革命的,战斗的运动的成果;第二步,用更进一步的努力,把已经获得和巩固了的这种成果,发展到更高的阶段。第二种是改良的,妥协的,失败的方式。即民主势力第一步,要求或逼迫反民主势力,放弃一部分权力,而树立不彻底的,形式的宪政;第二步,在和反民主势力共同掌握政权或实际上,把政权仍交给反民主势力的形态之下,维持着这种不彻底的,形式的宪政;第三步,在不根本破坏乃至推翻现状的条件下,逐渐推进宪政的发展。"③张友渔在这里介绍两种争取宪政运动的方式,虽然没有明确地说明到底应该采取何种方式来争取宪政运动,但从他所说第一种方式是"革命的、战斗的、有效的"方式、第二种方式是"改良的、妥协的、失败的"方式,也就能看出他所坚持和主张的方式了。

张友渔从学理与现实相结合的视角阐发了宪政运动的规律,并梳理了中国宪政运动的历史进程。在张友渔看来,宪政运动有其客观的进程,有着"一般"的条件,但在事实上影响的因素也非常复杂,因而也就不能仅仅从学理出发,而

①　张友渔:《中国宪政论》,生生出版社 1944 年版,第 36—37 页。

②　张友渔:《中国宪政论》,生生出版社 1944 年版,第 28 页。

③　张友渔:《中国宪政论》,生生出版社 1944 年版,第 40 页。

是需要研究现实社会中的具体情形。他指出:"一般说来,宪政运动最初的产生,发展和成功,则以资产阶层的力量的强弱、大小,并它的斗争态度的坚决与否,以及在资产阶层领导之下,同时,又推动和影响资产阶层的工农民主势力的强弱,大小为条件。没有资本主义的存在和发展,宪政运动不会发生,纵然发生,也不会成功。但是这并不是说一个国家的内部变化,完全决定于它的内在的因素,丝毫不受外来势力的影响。……只要资本主义成分已经相当发展,则纵然还没有达到足以产生有效的宪政运动的程度,而受外来力量的刺激,也未尝不能产生宪政运动。"①这里,张友渔不仅注意到宪政运动的内在条件,而且也看到了外在影响因素的作用。需要说明的是,张友渔研究宪政运动立足于中国宪政运动的实际,他揭示了中国宪政运动的反帝反封建性质。他指出:"中国的宪政运动,自始便包含着反封建和反帝国主义的两重意义。……因为中国的宪政运动具有这样的特质,所以它的产生和发展,不仅以本身的资本主义的发展为条件,而且以帝国主义的侵略为条件。他的产生,严格地说,是在日俄战争前后。这虽是由于不满意腐败的封建政治,同时,也是由于感觉到帝国主义的威胁。"②张友渔将中国的宪政运动梳理出四个具体阶段。在他看来,日俄战争期间是中国宪政运动的第一阶段;"从辛亥革命到国民革命是第二阶段的宪政运动","这一阶段的运动是要保障和巩固辛亥革命所获得的成果";"自国民革命开始,中国的宪政运动走入了第三阶段","这一阶段的宪政运动是要使辛亥革命的成果,更加发展,更加扩大";"抗日战争加速了中国历史的进程,中国的宪政运动逐渐进到现在的第四阶段了"。张友渔高度重视抗日战争阶段的宪政运动,指出:"这一阶段(抗日战争阶段)的宪政运动具有如下的特征:第一,它是和反帝国主义的抗日战争分不开的,因为实行宪政可以帮助抗日战争,而巩固宪政又有赖于抗日胜利。也就是说,民主政治为打倒日本帝国主义的必要手段,而打倒日本帝国主义则又为民主政治的最后保障。第二,它是全国各阶层共同需要的全民性的运动。……正因为这样,所以和没有人反对抗战一样,也没有人敢反对宪政。"③张友渔对于中国的宪政运动保持高度的乐观态度。

张友渔的《中国的宪政论》是一部重要的马克思主义的法学著作。该著联系当时正在开展的宪政运动的实际,坚持以马克思主义指导研究和分析宪政运

---

① 张友渔:《中国宪政论》,生生出版社 1944 年版,第 44—45 页。
② 张友渔:《中国宪政论》,生生出版社 1944 年版,第 51 页。
③ 张友渔:《中国宪政论》,生生出版社 1944 年版,第 54 页。

动,对宪政运动的内涵、历程、特征、方法及其规律进行阐发,积极宣传了中国共产党关于民主宪政的主张,扩大了马克思主义宪政思想在思想学术界的影响,在中国现代学术史上有着重要的地位。

（二）自由主义法学家及其著作

1919 年至 1949 年间,中国涌现出一批具有自由主义思想的法学家,代表性的有林文琴、张慰慈、朱采真、张映南、胡长清、丘汉平、朱贞白、张知本、王世杰、李景禧、何任清等。以下,试就这些法学家的代表性法学著作,作简要的介绍。

1. 林文琴的《法学精义》(1920 年)

林文琴,生平不详。林文琴 1920 年在上海泰东图书局出版的《法学精义》一书,在五四时期的中国学术界有着一定的学术影响。他给法学的定义是,"法学者,钻研实际上社会反映之法律现象之原理,以阐明其实质形体及其静态动态之学问也"①。围绕这个定义,他从四个方面进行的阐述:

第一,法学是研究社会现象的学问,所谓法学实际上是社会的反映,故而研究法学就要探明社会现象的规律,这样才能使法学成为一门科学的学问。这里,林文琴是从社会现象的角度来说明法律现象,也就是说要将法律现象的研究,放在社会现象的研究之中。他指出:

> 法学者,钻研社会之反映者也。社会间森罗万象,滔滔乎若大海之无穷尽,浩浩乎若汪洋之无际涯。法律亦从此千变万化社会现象,而极其错综复杂。迄乎近代,社会愈进步,法律亦愈纷繁,是即所谓社会之反映。吾人欲一一记忆之,究为智力之所不及,故非综合各种之法律现象而探究其共通之原理原则不为功,所以有研摩法学之必要。而法学则为阐明此社会反映之法律现象者矣。②

第二,法学固然是研究社会现象的学问,但又不是一般地研究社会现象,而是专门研究"法律现象"的,这就要求法学必须以"实际上之事实"(法律现象)为研究对象,而研究其原理、阐发其学理、提示其趋向,这同时也决定了法学乃是面向社会实际的"实验之学问"。他说:

> 法学者,钻研实际上法律现象者也。大凡科学以观察实际上之事实而研求其原理为天职。法学亦以观察实际上之法律现象而究明原理为其天

---

① 林文琴:《法学精义》,泰东图书局 1920 年版,第 3 页。
② 林文琴:《法学精义》,泰东图书局 1920 年版,第 3 页。

职。故法学之基础,在乎事实,决不能凭藉空理想而妄为之立论者。所以学者间多谓法学为实验之学问,而非先天之学问者,良有以也。①

第三,法学虽是研究法律现象的,但又不是仅仅研究其"形体"问题,而是要进而探求其"实质"问题。在林文琴看来,研究法律现象的"形体"问题虽然重要,但这只是法学研究的一个初步的工作,必须在此基础上更进一步,推进到法学现象"实质"问题的研究,如此才有可能把握法律现象的根本。就此而言,法学如果仅仅止步于法律现象的"形体",那就不能说法学已尽其职分。他说:

> 法学者,钻研法律现象之实质及其形体者也。英国之法学家,虽有谓法学为究明法律现象之形体,并非究明法律现象之实质者,系则谓是说误也。顾法学之研究,单限于其形体,则仍有不满足之憾。故有进而就其实质精神等为钻摩之必要。譬如物品买卖之一法律现象,其形体不过为人与人之关系,苟止就其人与人关系之一点而研钻之,未足以尽法学之职责也。必也更进而就商品买卖之内容,即所谓权利义务等种种关系之根源而究明之,甫足以达法学之标的。②

第四,法学研究社会的法律现象,必须研究法律现象的各种状态,就是说,不仅要研究法律现象的"静态",还需研究法律现象的"动态",这样才能把握法律现象的全貌。林文琴指出:

> 法学者,钻研法律现象之静态及动态者也。宇宙间之无穷事物,既有动态也,则必有静态,法律之现象亦何独不然。故法学以研究其动态静态之原理为其天职。譬若为一债权之法律现象,苟徒就其为静态之实质,即所谓债权之内容而研究之,仍未足以尽法学之职责。必也更进而攻求其动态,即非就债权之取得、丧失、变更、移转及其他关于进化递嬗等种种之关系而究明之不可。③

林文琴的《法学精义》是五四时期一部关于法学理论的专著,不仅论述了法律的本质问题,对于法与国家之间的联系作了分析,而且对于"主法"与"助法"的关系亦有较多的说明。这对于现代中国的法学研究体系的建立有着积极的影响。

总的来看,林文琴的《法学精义》一书是在进化论指导下写成的,不仅将社

---

① 林文琴:《法学精义》,泰东图书局 1920 年版,第 4 页。
② 林文琴:《法学精义》,泰东图书局 1920 年版,第 4 页。
③ 林文琴:《法学精义》,泰东图书局 1920 年版,第 5 页。

会现象之一的法律现象作为法学的研究对象,而且认为法学是研究法律现象"原理"的学问,力图把法学建设成为一门具有"实验之学问"性质的科学。在研究内容上,确认关于法律现象的"实质"的研究,比法律现象的"形体"的研究的更为重要;在研究方法上,强调对法律现象进行动态考察的重要性,主张动态考察与静态考察的结合,力图揭示法律现象的各种形体。仅就林文琴《法学精义》一书中关于"法学"的界定及相关诠释来看,该著乃是现代中国法学开启阶段很有特色的著作。

2. 张慰慈的《宪法》(1930 年)

张慰慈作为现代中国著名的政治学家,在宪法学方面亦有积极的探索与努力,为宪法学这门学科的发展作出了重要贡献。1930 年张慰慈在安徽大学工作期间,乃是其学术研究的成熟期和总结期。这期间所著《宪法》一书,在其学术体系中有着重要的位置,在中国现代法学史上亦有较大的影响。

张慰慈撰写《宪法》这一专著的动机,与当时的现实政治尤其是所谓"训政"有着密切的关联,故而该著亦可以说是张慰慈"以学议政"的一种表达,或者说该著本身就有着资政之意。张慰慈以政治学研究为其专长,而那时的政治学也有着国家学的特色,故而受到严格政治学专业训练的张慰慈,对于宪法这个国家的"根本大法"乃是熟知的、关注的,但并不能就此就说明张慰慈一定能够从事宪法学理论的研究,并创建具有本土化的宪法理论研究体系。现实关怀可能是推动张慰慈将宪法研究推进到建构宪法学理论的重要原因。如果联系到当时国民政府的"训政"现实及其所关涉的问题,也就不难得到答案。1928 年 8 月,国民党在南京召开二届五中全会,宣布"军政时期"结束,"训政时期"开始。1928 年 10 月国民党常务委员会通过《训政纲领》,内容:(1)规定在"训政"时期,由中国国民党全国代表大会代表国民大会领导国民行使政权;(2)由国民党训练国民逐渐行使选举、罢免、创制、复决四种政权;(3)国民政府总揽行政、立法、司法、考试、监察五项治权,并由其"执行之";(4)国民政府重大国务的施行,要受国民党中央执行委员会政治会议的指导;(5)国民政府组织法之修正及解释,由中国国民党中央执行委员会政治会议"议决行之"[①]。国民党在颁布《训政时期纲领》的同时,又于 1928 年 10 月 8 日由国民党中央执行委员会常务委员会通过了试行五院制的《国民政府组织法》,规定国民政府由行政、立法、司法、考试、监察五院组成,并声称这个组织法在于"训练人民行使政权之能力,以期促进宪

---

① 彭明主编:《中国现代史资料选辑》第 3 册,中国人民大学出版社 1988 年版,第 34 页。

政,奉政权于国民"。这一组织法共计46条,其要点如下:(1)国民政府设主席1人,委员12—16人。主席兼任中华民国陆、海、空军总司令,其权力比初期国民政府的权力提高了。但此时整个国家事务仍然采取合议制,由国务会议处理。公布法律与命令,需由主席会同五院院长共同署名。(2)国民政府设置行政、立法、司法、考试、监察五院。各院长、副院长由中央执行委员会于国民政府委员中选任。各院彼此独立,凡院与院之间不能解决的事项,由国务会议议决之。(3)规定了行政、立法、司法、考试、监察各院在国民政府中的地位、职权及组织法要点①。国民政府各院正是依据这个《组织法》建立起来的,并且也是在这个《组织法》上运行的。故而,这个《组织法》奠定了国民政府五院制的基础。当时的张慰慈在政治上已经完全认同南京国民政府,不再担心苏俄政府对中国的影响,故而也寄希望于南京国民政府能够将"训政"推进到"宪政"阶段。在张慰慈的思想逻辑之中,既然现在是"训政"阶段,则将来必将走到"宪政"阶段,因而加强宪法研究乃是以后进行"宪政"的必要准备。这样看,张慰慈此时集中时间专门撰写《宪法》专著也就合情合理了。

张慰慈的《宪法》一书1930年由商务印书馆出版,收在"小百科系列丛书"之中。该著共分六章,第一章是"绪论——法治与人治",第二章是"宪法的性质",第三章是"宪法的种类",第四章是"宪法的产生",第五章是"宪法的内容",第六章是"宪法的修改"。该著篇幅虽不大,只有两万字的样子,但观点鲜明,且架构紧凑、自成体系,系统地表达了张慰慈在宪法学方面的学术主张。

张慰慈的《宪法》一书在比较全面解析宪法历史与现实的关系中,提出了诸多创新性的观点。譬如,一般政治学与法学著作皆认为现代的西方政府是法治性政府,而张慰慈的《宪法》一书则认为西方的政府既具有法治的性质又具有人治的性质,是两者兼而有之。该著在"绪论"中指出:"世界各国所有的政府都是人治的政府,同时又是法治的政府。所谓政府只是人类的一种组织,法律也是人造的。政府没有人执行,法律没有人解释,都是死的,不能自动的发生结果。我们有时候觉得法律比人重要,又有时候觉得人比法律重要;法律与人究竟哪一方面更重要,完全要看我们对于当时解释与应用法律的方法是同意或不同意为定的。假使法庭解释与应用法律的方法是与我们有利益的,我们就觉得法律的重要,并且又以为这是一种法治的政府,但同时其他的人民因同样的方法而受到损失就要觉得人是重要的,这是一种人治的政府。"故而,该著认为"法治政府与人

---

① 彭明主编:《中国现代史资料选辑》第3册,中国人民大学出版社1988年版,第35—39页。

治政府的区别只是数量上的区别,不是质地上的区别",而"这种数量上的区别却是一种很重要的区别"①。又譬如,一般的宪法学著作皆依据"成文法"与"不成文法"的区分,将宪法区分为刚性宪法与柔性宪法,并以此来判定宪法在运行中的特点。张慰慈不同意"成文"与"不成文"这样的分类,他指出:"把宪法分为成文的与不成文的,既没有科学上的价值,又很容易乱事实。例如意大利的宪法是认为成文的,但其中不成文的部份却很多很重要。依照成文与不成文宪法分类标准,意大利宪法是与美国宪法归入一类,但在事实上,其性质是与英国宪法很像的。"②张慰慈也不同意刚性与柔性的绝对界限,他指出:"柔性与刚性的区别并不在于成文的或不成文的。柔性的宪法也许是成文的,但其修改的手续却很简单,大致与普通法律的修改手续一样。刚性宪法是与普通法律的界限分得很清楚的,并且也不能像普通法律那样的容易修改。"学界一般认为刚性宪法的修改程序比较复杂,故而称其为"刚性"。而在张慰慈看来,所谓刚性宪法其实也是可以有简便的修改程序,否则就不能适应社会生活变动的需要。他指出:"刚性与柔性宪法的区别有时候也很难分别的。因为那种所谓刚性宪法,虽有法定的特别的修改手续,但除了这种特别的手续之外,却另有其他简便的修改方法,如法庭的解释,风俗与习惯的发生等类,都能在事实上,不在形式上,更变宪法的规定。依照刚性与柔性宪法的区别,美国宪法自然是刚性的,英国宪法自然是柔性的。假使美国宪法只能依照宪法内规定的手续修改,那么美国宪法的性质就极其刚性的,因为这是一种极繁杂的手续,宪法修改案是很不容易通过,正式成立的。但在美国,除了正式的修改手续之外,还有别种简单方法,也能更改宪法。美国宪法所以能应付现代社会上一切的需要,完全是因为这宪法是随时可由种种非正式的手续更变的。"③张慰慈在《宪法》中依据宪法在西方社会中实施的具体情形,提出了许多的创新性观点,这使得《宪法》这部著作有着较高的学术价值。

张慰慈的《宪法》著作在研究范式上将历史研究与理论研究结合起来,不仅有专门部分探讨宪法产生问题,而且在考察宪法的具体问题时亦十分注重其历史的演变,同时又在理论上给予重要的说明。譬如,张慰慈在《宪法》一书中论述宪法性质问题时,在考察中国及欧洲法制史中"宪法"语义的基础上,提出这

---

① 张慰慈:《政治学大纲》(外二种),安徽师范大学出版社 2017 年版,第 251—252 页。
② 张慰慈:《政治学大纲》(外二种),安徽师范大学出版社 2017 年版,第 261 页。
③ 张慰慈:《政治学大纲》(外二种),安徽师范大学出版社 2017 年版,第 261—262 页。

样的看法:"世界各国都有一种宪法,或类似宪法的法度与法典。但从其历史上的来源,形式,内容,固定性,与永久性方面着想,这许多宪法都是各不相同的。"也正是基于这样的看法,他对于宪法的性质有这样的论断:"各国宪法无论怎样的不同,这一点总是相同的,既称为宪法,那就是根本的法律,是一种基础,凡法律与政府其他的规定无论怎样的重要,只是基础上部的建筑物。"①又譬如,关于英国宪法的"柔性"与美国宪法的"刚性"问题,张慰慈主要是通过比较来说明"柔性中有刚性,刚性中有柔性"的主张,而这种比较乃是建立在对两国宪政历史考察的基础上。张慰慈指出:"假使我们把关于美国政府组织及其运用的一切根本法律及重要惯例都包括在'美国宪法'这名词以内,那末,这宪法的柔性也未必一定比不上英国宪法。我们可以举一个例来说明这一点。在这一百年之内,英国宪法的一种重要改革是一八三二年与一八六七年的选举改革,推广选举权的范围。全世界人民都知道这是英国宪法史上的重要时期,是英国宪法经过重要改革的纪念日。但在十九世纪的上半期,美国也经过同样的改革,选举权的范围也同样的推广;可是美国的选举改革不是修改宪法的结果,却是各邦制定新选举法的结果。在宪法初成立时期,美国各处的选举权是限制很严格的,现在却已全国实行普通选举制度。美国选举权的资格不是联邦宪法,却是各邦自行规定的,所以能够不经过修改宪法的手续,从根本上改革了。"②张慰慈的《宪法》是一部理论性的学术著作,但该著渗透着历史衍化的理念,体现了历史研究的底蕴,这是该著在研究范式上一个比较显著的特色。

此外,张慰慈的《宪法》一书还有不少突出的地方。譬如,该著以现代民治主义为其研究底线,将推进政治民主化和建立稳健的政治秩序作为法治的目标,渗透着建立民主宪法体系的学术追求。又譬如,该著视域开阔,举凡欧美各国的现行宪法皆有所涉及,但该著又以美国宪法为基本的分析案例,体现了以美国宪法为中心的研究思路。再譬如,该著在社会变动中看待宪法问题,体现出以进化论为指导的宪法观,故而该著不仅重视宪法与国家关系的考察,而且特别注重宪法对社会生活变革的影响,因而也就特别强调宪法要不断根据社会生活的变化而有所修改。又再譬如,该著不仅分析中能够寓理于事,而且文字亦比较简洁,深入浅出,通俗易懂,可读性较强,这在宪法理论大众化方面有着显著的贡献。

张慰慈的《宪法》一书在现在看来还比较浅显,篇幅也不大,有些理论也未

---

① 张慰慈:《政治学大纲》(外二种),安徽师范大学出版社 2017 年版,第 255 页。
② 张慰慈:《政治学大纲》(外二种),安徽师范大学出版社 2017 年版,第 262 页。

能得到进一步的展开,但在当时是具有开拓性的,对于宪法学在法学体系中成为一个比较成熟的分支学科有着重要的贡献。尽管张慰慈在中年以后因从政而离开学术界,没有能就宪法学问题再做进一步的研究,将业已形成的宪法学思想予以完善和发展,但张慰慈在20世纪20年代末30年代初所进行的宪法学研究,在中国现代法学史上仍然有着重要的学术地位。

3. 朱采真的《现代法学通论》(1931年)

朱采真①在《现代法学通论》中对于何为"法学"这个问题作出说明。他指出,"法学"这个名词只是在近世纪才作为专有名词而显著地存在的,而在中古以前则是"法学"与"法术"并存的状态,它们之间的分野"很不明瞭",看不出明确的界限。在中国古代,只有所谓刑名法术,并没有把"法"与"术"这两者分开。但是,"法"与"术"现在已经分为两途了,这就是:"学是纯理的,术是应用的;前者是有系统的研究,后者是对于片段的研究。"由此,朱采真认为,必须"要有一种科学的方法去研究法律才是法学"②。这里,朱采真强调法学本身既要有"学"的内涵,并且也要有"术"的研究,因而需要"系统的研究"与"片段的研究"的结合,亦即"法学"之所以成为"法学"必须有其独特的方法,只有对法律现象"用一种科学的方法去研究的"才能成为"法学"这门学科。

朱采真界定"法学"的含义,就在于使"法学通论"能成为一门关于原理研究的学问,从而构建关于"法学理论"的学科。在他看来,法学要重视其基本理论的研究,"以研究整个法律的基本观念和原理为目的,叫做法理学"。他指出:"法学既然是综合或分析法律上各种现象而求得其共通的原理;所以从研究的方法和目的方面说来,便有比较法学或系统法学等分别;从研究的范围和科目方面说来,便有宪法学和行政法学等分别了。至于法学通论呢,那就并不是对于法律现象里面提出某种法律加以理论上的推究,却是搜罗关于法律的多方现象,研求其共通原理上的纲要,换一句简易的话,法学通论就是法学的大意。法学通论

---

① 朱采真,生卒年不详,法学家、政治学家,著有《宪法新论》(世界书局1929年版)、《现代法学通论》(世界书局1931年版、1933年再版)、《法律学通论》(世界书局1933年版)、《土地法释义》(世界书局1931年版)、《国际法ABC》(ABC丛书社1929年版、世界书局1931年版)、《中国法律大辞典》(世界书局1931年版)、《中华民国刑法释义》(大东书局1930年版)、《民法亲属集解》(世界书局1931年版)、《民法总则新论》(世界书局1930年版)、《行政法新论》(世界书局1929年版、1932年版)、《工会法释义》(世界书局1930年版)、《工厂法释义》(世界书局1930年版)、《政治学通论》(世界书局1930年版)、《政治学ABC》(世界书局1931年版)、《中山政治ABC》(世界书局1929年版)、《政治学》(世界书局1930年版)、《中山政治ABC》(世界书局1929年版)等。

② 朱采真:《现代法学通论》,世界书局1935年版,第1—2页。

的性质既是如此,所以学者作成一部法学通论时,各人所采取的资料和理论程度的深浅,便各有主观上的不同见解。我们可以说得详细点,也可以说的简略点;我们可以说的具体点,也可以说的抽象点。不过呢,法学通论是法学的 ABC,为了便于初学法律的人研究起见,当然要适合现代一般人的需要,不能偏重著作者主观的见解了。"①这里,朱采真实际上是对于"法学通论"提出了几项基本的要求:一是"法学通论"主要是在整体上研求法律现象的"共通原理",而不是就某一具体法律现象的研究;二是"法学通论"作为"法学的 ABC",要便于"初学法律的人"的研究,因而在论述上也就不能"偏重著作者的主观的见解",这实际上是提出了法学著作通俗化的任务。

朱采真在《现代法学通论》中,对于法律的性质和渊源问题作了探讨。在他看来,法律就其性质而言有三个方面的特征,"第一,法律是抽象的,普遍的";第二,"法律是确定的,统一的";第三,"法律是硬性的,保守的"②。关于法律的渊源问题,朱采真主张"实质的渊源"与"形式的渊源"的两分法。他指出:

> 法律的渊源就是研究法律的所从来,还可分做实质的和形式的两种:实质的渊源是它的内容所从来,形式的渊源是把它制成有威权的法律的工具所从来。因为法律是制造出来的一种工具,但是在它被制造的时候,需要材料,同时也需要工具。制造法律的工具是什么呢?形式的渊源是什么呢?所谓制造法律的工具,我们所公认的是立法;不过英美法系中主张裁判产生法律的学者,就把立法当做材料,认为实质的法律渊源之一种。……现在且把通常认为法律的渊源,实质的渊源,罗列出来;就是(一)习惯,(二)学说,(三)判例,(四)条理,(五)外国法,(六)条约,(七)宗教。③

朱采真将法治作为法制建设的目标,在"人治"与"法治"的比较中说明了法治的特色,并就如何培养法治精神提出了自己的主张:

> 什么叫做法治呢?要晓得国家既然要达到他的最高目的,就制定各种法律,对于立法,行政,司法,各机关的组织分子,要他们遵守着严密的纪律,忠实地服务;对于民众就利用裁判制度,在社会中间建设系统和秩序,养成他们守法的情操。人民受治于国家法律之下,一切地位平等,权利和义务平等,裁判上的待遇平等,这就叫做法治。大凡法治所以胜于人治,就是因为

① 朱采真:《现代法学通论》,世界书局 1935 年版,第 3 页。
② 朱采真:《现代法学通论》,世界书局 1935 年版,第 10—13 页。
③ 朱采真:《现代法学通论》,世界书局 1935 年版,第 34—35 页。

人治是短促的,浮动的,任性的,没有持续性的;法治却没有这种缺陷。人治全靠着一个统治者的贤良和智慧,可是贤人却不能常有;至于法治依着一定程序,总是走到进化之路上去;虽则法律有保守性,它的变动常常跟在时代后面,并且法治精神是渐渐养成的,人治又有什么精神可说呢! 法治精神应该怎样养成呢? 要养成现代法治精神,须得顾到下列三种要素:第一,要有完备的法典。……第二,要法律民众化。……第三,要法律革命。①

朱采真的《现代法学通论》是当时诸多的"法学通论"著作中具有代表性的著作,该著侧重于法学原理的阐述和法学基础知识的介绍,提出"法学通论"乃是研究法学上"共通原理上的纲要",因而写出的著作必须"适合现代一般人的需要",这对于法理学的建设及通论性法学著作的撰写有着重要的贡献,在现代中国的法学学科发展进程中有着突出的地位。

4. 张映南的《法学通论》(1933 年)

张映南②所著《法学通论》是当时众多的法学通论著作中较有特色的一部著作。该著考察了法的观念之起源与演变,认为法律是国家生活的规范,与人们的观念迁移相关,因而是以权利与义务的关系作为主要内容,对社会成员的行为具有约束作用,从而维持社会的秩序和社会的运行。换言之,张映南是以"权利义务"为中心点来构建其法学的理论体系,这诚如他说:"法学云者,关于权利义务系统的普遍的合理的知识之谓也。所谓系统的,则非片段的,盖依于一定之方法研究之,其结果亦为有秩序之组织者也。所谓普遍者,求其一般事实之共通要素也。至合理云者,则非依于想象,实依于经验所得之材料,合于思维之法则,加以推理者也。"③因此,张映南最基本的主张是,所谓法实际上就是一种解决"权利义务"问题的规范。他指出:

法者,从外部以支配我之行为也。由此观念之进步,则法也者,实与在我之观念而迁移之者也。溯其最初之学说,则以法为神之意思,渐次而生君主之意思与命令之观念,再转而认为出于人民之意思,更转而以法为人民相互之契约。总之,法者,初从义务之本位而发,及其究也,遂渐次进于权利之本位,今则更进而以社会利益为本位。古代所谓法者,有自他的与以他部束缚观念之存在,以公法及命令为其主眼,含他主的分子。而私法之观念,亦

---

① 朱采真:《现代法学通论》,世界书局 1935 年版,第 29—31 页。
② 张映南(1892—1959),湖北荆州人,曾赴日本法政大学、早稻田大学攻读法律、著名法学家。著有《法学通论》等著作。
③ 张映南:《法学通论》,大东书局 1933 年版,第 232 页。

即此由而发其萌芽,实有关联之兴味者也。兹所谓法律者,国家所以国家的生活之规范也。①

张映南的这段论述,从观念起源的角度探讨了法的产生及其演变的过程,强调法律以权利与义务的关系作为关注的重点,认为无论是公法还是私法皆有人类思想变化的轨迹,但最终凝聚而成为国家的规范。张映南同时也指出,规范人们行为的各种法则并非就本然地成为法,而只有上升到国家层面而为国家所认可的法则,才能最终成为法律。他说:"规范吾人之行为,虽有种种之法则,但非国家所认者,即不得称之为法。……规范吾人行为之法则,虽不止一端,然而法律实为吾人国家的状态生活之必要,且以此规范为目的。换言之,苟非规范国家与组织分子间之关系,或组织分子相互间之关系,又国家相互间之关系者,即非所谓法也。……法者,规范的法则之一也。"②这就是说,法律只是众多规范中的一种独特性的规范,或者可以说,法律就是反映国家意志的一种特殊规范。

张映南还从中外法律文化方面考察了中外法律的不同特点,说明今日法律的广义及狭义皆有其渊源所在。他指出:"稽诸载籍,法者,事物之规矩准绳,有一定形象之意。如《礼记》所谓工依于法是。亦有时表示为制裁刑罚之意义者,如管子杀戮禁诛谓之法是。律者,原为音节调和之意,亦有用为标准尺度之义,与行为规范之义者,管子所谓律者所以止纷争之类是。至若以律用诸刑罚者,则隋唐明清之律是也。其在欧洲用法律为文字时,则多为权利之意义。盖法律与权利,不过主权与客观之差异,抽象与具体之关系耳。即谓之一般与各个之差异,亦不妨也。何以故?如法之禁止杀人,其命意在一般的抽象的,而其结果则吾人因而有具体的各个的生命权。又如法之禁止侵夺人之所有物,本为抽象的一般的规定,吾人当其具体的各个的之际,可以取反自己之所有物。……就今日所用法律之语意,又有广狭之差。所谓广义法律者,一切条例规则及其他习惯法等,皆包含之者。若就狭义而为言时,则非经制定法律手续而成者,不得谓之为法律。"③张映南从"法律"的语义起源上进行分析,不仅辨析中国古代的"法"与"律"的不同含义,而且还就西方法律在"权利"上的特征进行诠释,认为西方法律在于阐明"主权与客观之差异,抽象与具体之关系",这有助于学术界认识中外法律的差异及其原因。

---

① 张映南:《法学通论》,大东书局1933年版,第42页。
② 张映南:《法学通论》,大东书局1933年版,第43—44页。
③ 张映南:《法学通论》,大东书局1933年版,第8—9页。

　　张映南在《法学通论》中,对宪法、刑法、行政法、司法行政等都作了相关的分析。关于宪法,他指出:"规定国家组织及关于国家人民间权利义务等作用之基础法则者,是为宪法。……宪法之特性有二:一为最高性,即宪法为一切法律之基础,其效力优于一切普通法律,其他法律,凡与宪法抵触者,其他法律皆为无效。一为固定性,现在世界各国之宪法,多属刚性宪法,修改程序,均较修改普通法律为繁重困难。"①关于刑法,张映南指出:"刑法者,规定犯罪与刑罚之法律也,由实质的意义而言之,凡定有刑名之法律,皆为刑法。然在形式的意义上,则刑法乃专指刑法法典而言者也。"②关于行政法,张映南指出:"行政法者,规定行政国家之组织,及行政权主体的国家或公共团体,与其所属人民之关系者也。……其全体之中心观念,是为行政权,而此等行政权,实为国家作用之一部分。"③关于司法行政,张映南指出:"所谓司法行政者,乃附随于司法作用而生之行政也。例如法院之司法经费、组织权限、裁判执行等,皆属于司法行政。关于司法行政,则有法院编制法、各法院办事权限条例、律师章程、承办吏办事章程等等。"④张映南对于宪法的至上性、基础性有着很好的认识,同时在介绍宪法体系之中对于其他法律亦作了相关的论述。

　　张映南研究法学是在中外古今的法律文化中进行的,善于进行中外法律的比较和对法学的古今语义的梳理,为推进法学本土化作出了重要的贡献。张映南的《法学通论》是当时法学通论性著作中代表性的著作,在中国现代法学史上有着重要的地位。

　　5. 胡长清的《中国民法总论》(1933 年)

　　胡长清⑤是民法研究的学术大家,现代中国的民法学的主要奠基人,《中国民法总论》是其主要的代表作。胡长清对于"民法"进行定义,主张在"实质民法"意义上来使用"民法"的概念。在胡长清看来,只要是属于私法的,都属于民法的范畴。他说:

　　　　民法,又有形式民法与实质民法之别。凡属私法,均称民法,此实质之意义也。单称命名为民法法典之民法为民法者,此形式之意义也。我国往

①　张映南:《法学通论》,大东书局 1933 年版,第 106—108 页。
②　张映南:《法学通论》,大东书局 1933 年版,第 124 页。
③　张映南:《法学通论》,大东书局 1933 年版,第 113 页。
④　张映南:《法学通论》,大东书局 1933 年版,第 123 页。
⑤　胡长清(1900—1988),字次威,四川省万县人。中国近现代著名法学家。主要著作有《中国民法总论》、《中国民法亲属论》、《中国民法继承论》、《中国刑法总论》等。

昔,法与律有别,法为总称,律则单指成文法。故统称民法,乃指私法全体。称民法法典,则曰民律。今则不区别法之与律,即称民法法典,亦曰民法。此即形式意义上之民法。①

胡长清循着私法演变的历程来考察民法演进的过程,认为民法在当今虽有"广义"与"狭义"之别,但在不同法律文化及法制体系中亦有所不同,因而要分清民法的广义与狭义,也就必须联系到具体的国度及其文化传统。他指出:

> 民法,就其范围言之,原有广狭二义。广义民法,指私法全体而言,凡属于私法性质之成文法及不成文法,皆包括之。商法,亦即广义民法中之一部。狭义民法,则系与商法立于对待地位之称谓,即除商法以外之私法,谓之狭义民法焉。但此区别,惟在民商两法对立之国家有之,我国现因民商两法统一之结果,已无复此广义民法狭义民法之区别矣。②

胡长清在法律体系的多种关系中进一步考察民法的内涵,力图剖析民法的特点及其基本特征。他指出:

> 法律,有国际法与国内法之分。国际法指国际团体间之法律,即国际公法而言。国内法,则谓在一国主权之下所施行之法律。通常所谓法律,多指国内法。民法系在一国主权之下,规范一民族私生活关系之法律,故民法为国内法之一种。……
>
> 民法,乃规定私人与私人间之法律关系,无国家关系介于其间,故民法为私法之一种。然亦非无关于公法之规定。所谓民法为私法者,不过就其通性言之耳。……
>
> 民法,乃规定各人日常生活所发生之法律关系,故民法为普通法之一种。反是如公司法,票据法,保险法及海商法等,仅为关于特定事项之法律,则属民法之特别法。……
>
> 民法,乃规定人格者相互间权利义务关系之法律,故民法为实体法之一种。民法虽由实体法的规定而成,然亦非无关于程序之规定,所谓民法为实体法者,不过就其主要规定言之而已。③

以上,胡长清对于民法的内涵作出了多层面的分析,提出的观点主要是这样几个方面:第一,从国际法与国内法的界限来看,民法属于"国内法"。第二,在

---

① 胡长清:《中国民法总论》,商务印书馆 1933 年版,第 7 页。
② 胡长清:《中国民法总论》,商务印书馆 1933 年版,第 7 页。
③ 胡长清:《中国民法总论》,商务印书馆 1933 年版,第 7—9 页。

私法与公法关系上来看,民法显然属于"私法",但也不是与公法没有联系,在事实上也有涉及公法的相关规定。第三,民法在"国内法"的前提下,有普通法与特别法的区别。就是说,民法中关于一般意义的法律乃是属于普道法,但民法中亦有关于"特定事项之法律",那是属于民法中的"特别法"。第四,民法属于"实体法",但也不是没有"程序之规定"。

胡长清的《中国民法总论》除了关于民法的定义及内涵的分析外,还有诸多的创见。例如,该著认为,权利能力不仅包含享有权利能力这一层意义,还应统摄负担义务能力之义,因而主张将"权利能力"一词改为"权义能力",亦即既有"权利"的能力又有"义务"的能力;又如,该著在关涉法人设立的问题上,主张采特许主义和准则主义①。

胡长清的《中国民法总论》是现代中国关于民法研究的重要著作,是当时的"大学丛书"中的一种,出版后即多次再版,在法学专业教育中有着广泛的影响,不仅对当时的法学教育起了重要的推动作用,而且为建立中国民法研究体系作出了开创性的贡献,因而在中国现代学术史上有着重要的地位。

6. 丘汉平的《法学通论》(1935 年)

丘汉平②的《法学通论》在 1935 年由商务印书馆出版,该著对于法律的起源提出了自己的看法,认为法律最初为"无意识"之"习惯",后来为"有意识"之创制。丘汉平指出:"诸社会现象之中,以法律现象为最显明。就其广义言之,凡为人群所遵守不违者,皆为法律。法律之起源,论者不一。惟吾人兹可断言者,则在无论何种社会之法律,其发生皆缘于人类之集聚。其始也,人类行为全出乎无意识。古代法之所以充满习惯,即此之由。若近代之有意认立法者,彼时实未梦见。及后人智识渐启,经验日富,恍然人类之创制力,法律乃由习惯进至明文,由无意识进至有意识,法律遂为社会之经纬,而成今日鲜明法治世界。"③丘汉平的论述说明,法律的起源经过一个历史性的过程,最初之发生缘于人类的"集聚",于是有习惯之产生。也就是说,法律最初起源于人类生活的习惯,故而古

---

① 沈国明、王立民主编:《二十世纪中国社会科学·法学卷》,上海人民出版社 2005 年版,第20—21 页。

② 丘汉平(1903—1990),福建厦门人。现代中国著名的法学家。1924 年毕业于暨南大学商科,1925 年毕业后入东吴大学法学院。1928 年留学美国,入华盛顿大学,1929 年荻法学博士学位。1931 年,担任暨南大学、东吴大学、中国公学、交通大学商事法教授。1939 年任福建省政府委员兼省银行总经理,1945 年任福建省政府财政厅厅长。参与创办福建大学,后兼任校长。著有《历代刑法制》《国际汇总与贸易》《法学通论》等著作。

③ 丘汉平:《法学通论》,商务印书馆 1935 年版,第 3 页。

代法充满了习惯。但法律是随着人类生活的变动而演进的,因而"法律乃由习惯进至明文,由无意识进至有意识"。

丘汉平在《法学通论》中给出了"法律"的定义:"法律者,社会生活之规范,藉公力以强制实行者也。"①依据这个定义,丘汉平强调法律的最主要之点在四个方面:其一,"法律者规范也";其二,"法律者社会生活之表现也";其三,"法律者社会生活之强制规范也";其四,"法律者社会力也"。这里,丘汉平是以"规范"来界定法律,解释其具有生活性、强制性、社会力的特征。需要指出的是,丘汉平虽然也是以"规范"来界定法律,但与当时法学界比较通行的解读也有所不同,即他特别重视"社会生活"在其中的特殊意义,确认法律既是"社会生活之表现",又是"社会生活之强制规范",并且是通过"社会力"的途径来维持社会生活的秩序。他说:

> 法律之为用,在于规范社会之生活。社会生活云云,系指人类集居之互助生活而言。故吾人生于斯世,虽欲离群索居,不可得也。社会生活既为人类之必然性,则其外形及内容,不可不有一规则纳围之。非然者,社会中之个人,势必自由侵夺,无所限制。社会生活,必受其害。于是团体之组织尚焉,此最大之团体,则国家也。国家之中又有若干小团体,大团体与小团体之利益冲突时,大团体恒占胜利,以其利害之所及较众也。基此原因,近代法律之执行,皆由国家掌管之。而所谓"法律为国家(或主权者)之命令"之观念,遂流行于近代。然以此说未能概括法律之本质,顾吾人之定义,依人类进化之启示,改为社会生活之强制规范也。②

丘汉平在《法学通论》中探讨了法律的渊源问题,认为法律有多个来源,可以分为形式渊源、实质渊源、历史渊源、法定渊源等四类,并从总体上以"直接渊源"(即"法定渊源")和"间接渊源"(具体包括"形式渊源"、"实质渊源"、"历史渊源"这三类)加以区别。他在《法学通论》中指出:

> 何谓法律渊源?简言之,即产生法律之原因也。然以产生法律之原因非仅一种,故历来学者对于法律渊源之解释,每视其志趣而殊异。大体言之,得分为四:一曰形式渊源,乃指法规形成之原动力而言。换言之,即产生法律之机关也。近代法律之制定,均由国家主其事,故国家实为法律之唯一形式渊源也。二曰实质渊源,系指法律之构成材料而言。故凡习惯、宗教、

---

① 丘汉平:《法学通论》,商务印书馆1935年版,第16页。
② 丘汉平:《法学通论》,商务印书馆1935年版,第20—21页。

礼仪、道德、条理、学说、典章等皆得为法律之实质渊源也。三曰历史渊源，系指构成法律之历史材料而言。如吾国之继承法，婚姻法，其历史部分可溯至周代。法律既为社会生活之规范，则其内容当随社会之进化而变迁。法律之历史渊源，恒视为重要，以其可觇观社会生活之过程也。四曰法定渊源，系指法律明定其效力之来源而言。为统一法律适用之标准，各国常规定法律之效力程度。例如吾国民法第一条载："民事，法律所未规定者，依习惯；无习惯者，依法理。"依此条文，即法定渊源为条文、习惯、法理三者。此法定渊源又可称为直接渊源，前三者则为间接渊源。①

丘汉平的《法学通论》与当时张映南的《法学通论》（大东书局 1933 年版）、吴学义的《法学纲要》（中华书局 1935 年版）、朱采真的《现代法学通论》（世界书局 1931 年版）、欧阳豀的《法学通论》（上海法学编译社 1947 年版）、楼桐孙的《法学通论》（正中书局 1947 年版）等著作一样，皆为当时法理学研究的代表性成果，在现代中国法学史上有着重要的地位。值得注意的是，丘汉平在法学研究上比较注重法理用语的词源分析，如他在 1931 年的《法学杂志》第 5 卷第 2 期发表题为《法律之语源》的文章，对"法"在中国语源中的意义进行考证，阐述了"刑"、"律"、"典"、"则"、"范"等字的含义，然后以罗马法中的"Jus"一词为例，对"法"在外国语源中的意义作了论证说明②。总的来说，丘汉平的《法学通论》适应了当时法理学研究与教学的需要，为推动法理学的发展做出了贡献，在中国现代学术史上有着重要的地位。

7. 朱贞白的《最新法学通论》（1935 年）

朱贞白③在所著《最新法学通论》中认为，法律在内容上既有积极的方面又有其消极的方面，并以中国古代的法律文献来诠释法律中的"法"与"律"之间的不同，这是他研究法学的一个最为鲜明的特色。关于法律的基本含义，他在《最新法学通论》中指出：

> 何谓法律？据《尔雅》所载，"法常也"，"律法也常也"。是法律者，即

---

① 丘汉平：《法学通论》，商务印书馆 1935 年版，第 30—31 页。

② 沈国明、王立民主编：《二十世纪中国社会科学·法学卷》，上海人民出版社 2005 年版，第 83 页。

③ 朱贞白（1892—1953），常用名朱方，字学贤，上海浦东三林塘人。毕业于上海龙门师范，后留学日本大学法律系，曾在上海艺术大学等校教职，后为律师。著作有《中国法制史》、《最新国际公法》、《最新法学通论》、《刑法学总论》、《刑法学各论》、《票据法详解》、《保险法详解》、《现行妇女法律详解》、《现行法律丛书》等。

常道之义,盖即第一章所言准则之义也。其在积极方面,则为使人为善,处处以法为准则。法之所允许也,则努力以为之。法之所必禁也,则努力以避之。其在消极方面,则为禁人为恶。故古代先哲皆以政刑并举,礼法并行。政与礼则偏重于使人为善,而刑与法则偏重于禁人为恶。《尚书》言"作五虐之刑曰法",盖即重在消极方面矣。至法与律之区别,在今日已全泯灭。而在古代,则法与律似同而稍异,法则使人为准则,而律则专以诘奸禁暴,于相同之中,稍显其不同。故历代法律,大概不称法而称律。惟至最近,则以律之范围稍狭,凡一切法律,皆概称法而不称律。以律专在诘奸禁暴,而法则兼含积极意义,可以使人取为准则也。此即法律二字之字义也。①

朱贞白基于中国古代法律文献的解读来说明法律的起源问题,认为是因为"痛之而后畏"的需要而有法律的产生。在他看来,柳宗元《封建论》所说"告之以直而不改,必痛之而后畏",实际上已经陈明了法律的发生问题。他说:"既痛之而后畏,于是不得不有刑政,是即法律之所由来也。然不教而杀谓之虐,故又不得不定为准则,以使民晓然。凡法律所禁者,犯之则刑,是即法律之所由发生也。春秋时郑子产著刑书以诏国人,是其先例;而汉高祖入关,与秦民约法三章,亦即颁布法律之权舆。不过古代以君主专制为政体,大权悉操于一人之手,得以个人之意思,变更法律。所谓顺吾者生,逆吾者死。法律之神圣,不过一人之喜怒,甚之朝令而暮更者。因是法律等于虚文,而民莫知其所从。然如此者国必乱,故自战国以迄清季,言法者皆竭力思伸张其法律之权力,不使君主个人所能左右。而历代所播为美谈者,亦唯以奉公守法为尚,盖法律定而后人民有所准则,若者宜为,若者不宜为,秩序整而民心一,得以维持一国之团体生活,不致散漫无系统。……故法律之发生,可云与人类亦俱来。因人类各含有利己心,有利己心,不免即有损人心,有损人心即不能无争。使无一定之法以制限之,则弱肉强食,国家之安宁秩序,将一日不可保。故'告之以直而不改,必痛之而后畏',而法律于以发生也。"②这里是说,社会运行皆须有一定的秩序,因而为了整治社会秩序而有法的产生。

朱贞白认为权利是与义务对等的,但皆是必须由法律上所规定的,没有法律上的规定也就没有所谓的权利问题,故而先有法律后有权利。他指出:"权利者,法律之制造物也。无法律即无权利。凡自然之权利,如所谓天赋人权,所谓

① 朱贞白:《最新法学通论》,政法学社 1935 年版,第 2—3 页。
② 朱贞白:《最新法学通论》,政法学社 1935 年版,第 3—4 页。

男女平权,决非法律上之所谓权利。故权利必待法律承认后,始有效力可言。例如所有权,权利也。然其权利之来,则由于国家法律之承认,故能发生效力,行使其权利。苟法律上不为承认者,其权利即全然失其效力。义务亦然。凡为法律所规定者,始有义务之应负。苟不为法律所规定,其义务即不确定,无强人负担之可能。故权利与义务,相反而实相同。不过从主观的观察则为义务,从客观的观察则为权利,其实一而已矣。"①基于这个观点,朱贞白对于法学上各种权利说予以评价,并进而表达自己关于"权利"问题的基本看法:"古来关于权利之立说,计有三者:其一谓权利即自由。凡在自由范围内之行动,即为权利。其二谓权利即利益。谓法律所保护之利益,即为权利。其三谓权利即力。凡制限他人之力或排斥他人之暴力者,即为权利。此三说各有所偏,未能得权利之正解。然亦各一得之见,不可抹煞。盖权利者,因法律之保护,在其自由范围利益范围或力之范围内,对于自己以外之人或团体,得强制其行为或不行为是也。故其第一要义在法律之保护,第二要义为行为之强制,第三要义为对于自己以外之人或团体。缺此者即无权利之可言。"②朱贞白是在法律体系之中来界定权利的,故而他对于权利特征的分析也是在法律的范围之中。

朱贞白对于"义务"也有自己的解读。在他看来,在法制体系中的"义务"虽然与"权利"对待,但"义务"有其不可"抛弃"的方面,从而与"权利"相比有着不同的意义。他指出:"义务者,受法律之强制为一定之作为或不作为是也。原来权利必有义务,一方享受权利,一方必负担义务。使法律仅承认权利,而一方不规定义务,以强制其服从,则一方之权利亦必有名无实而不能保,故权利与义务相为对待。故权利除几种不可抛弃者外,皆可以自由意义抛弃之,而义务则不可抛弃。例如甲欠乙债务,乙为权利者,甲为义务者,乙之权利可以抛弃,而甲之义务则不可抛弃,此即义务在法律上所受之制裁也。"③这里是说,权利作为法律上的规定,个人可以依其"自由意义"而放弃其中的一部分,但义务却不能因个人的"自由意义"予以放弃。

朱贞白具有深厚的学问基础,不仅通晓中国古代的法律文化,而且熟悉西方的法学理论,其研究法学有着中西结合的特点。他有着律师从业的实际经验,其学术研究领域亦相当广泛,对于法学理论、刑法学、中国法制史、国际公法等皆有著述。朱贞白的《最新法学通论》为现代中国的法理学建设作出了贡献,在中国

---

① 朱贞白:《最新法学通论》,政法学社 1935 年版,第 51 页。
② 朱贞白:《最新法学通论》,政法学社 1935 年版,第 52 页。
③ 朱贞白:《最新法学通论》,政法学社 1935 年版,第 60—61 页。

现代法学史上有着重要的地位。

8. 张知本的《宪法论》(1933 年)等著作

张知本①是现代中国著名的法学家,其所著《宪法论》著作,在关于法律本质的问题上,赞同"社会改良主义"的观点。在他看来,关于法律本质问题,按通行的说法有"个人主义学说"、"改良主义学说"、"社会主义学说"这三种。他明确表示,自己赞同"改良主义学说"的观点,并认为法律是代表了社会利益而非阶级的利益。他指出:"社会改良主义学者,谓法律应一面防止个人之自由扩张私利,一面拥护社会之公益发展,以调和个人与社会间之利害冲突。换言之,法律不是保护个人,不是保护阶级,而是维护社会全体人类利益之规则也。此派学说,吾辈亦颇赞同。盖以一国之政权,虽一时属于某一政党或某一阶级所掌握,而法律之规定,却当保持其平等性,不能以政权所在为转移,专门拥护某一政党或某一阶级之利益。如果若斯,则未握政权而利益偏枯者,必将为本身利益计,以谋夺取其政权。结果,欲以法律拥护本身利益者,反足以贻未来之祸害。因此,法律若不为社会全体利益而规定,则并非某一部分人之不利,实是社会全体(各阶级)之不利也。"②应该说,法律确实有代表社会利益的一面,不同的阶级都会程度不等地顾及社会利益,但阶级社会中的法律在根本上乃是阶级的法律,是统治阶级意志的体现,亦即阶级社会中还不存在"全民法律"。张知本虽然看到了法律对于整个社会利益和社会秩序中起着维护的作用,但又据此否认了法律的阶级性,实际上是用"社会"来取代了"阶级",掩盖了法律的阶级实质及为统治阶级服务的阶级本质,这是"法制至上"观点的体现。

张知本对于宪法在整个的国家法治体系中的重要地位予以考察,认为宪法不仅有其实质的意义,而且也有其形式的意义,因而也就要求加强对宪法形式意义的分析与研究。他指出:"宪法就其实质的意义言之,即为规定国家组织及其活动范围之原则之法规也。……形式的意义之宪法,即宪法具备成文方式之特别法典之谓,今日各国之宪法法典即属于此。形式的意义之宪法,多具备下述两

① 张知本(1881—1976),号怀九,湖北省江陵人。现代中国著名的法学家。早年赴日本留学,初入宏文书院,后入日本法政大学攻法律。1911 年任武昌军政司法部长,1924 年任湖北法科大学校长(现武汉大学法学院),1924 年中国国民党改组为中央委员,1928 年任湖北省政府主席。1933 年当选国民党的立法委员,并主持《五五宪法草案》的起草工作。抗战爆发后赴重庆,任重庆行政法院院长,还兼任朝阳学院院长。著有《宪法论》、《宪政要论》、《法学通论》、《社会法律学》等专著,译著有《民事证据论》、《土地公有论》等。

② 张知本:《宪法论》,上海法学编译社 1933 年版,第 51—52 页。

种特征,(一)修改上之特征,……(二)效力上之特征。……所谓修改上之特征者,即修改之机关及程序,与普通法律不同也。普通法律之制定修改,系由通常机关或通常程序行之,而宪法法典,则多由特别机关或特别程序而为修改。所谓效力之特征者,即宪法具有最强之效力,而高于普通法律之谓。凡为宪法所规定者,而普通法律即应受其限制,不得与之相抵触,如有相抵触者,不能认为有效。"①张知本强调宪法的形式上的意义,是因为他看到宪法实质上的意义已为人们所重视,但宪法的形式上的意义尚未引起人们所关注,故而他所强调的宪法形式上的意义,主要落实在宪法的"修改上之特征"与"效力上之特征",希望借此引起法学界对宪法的至上地位加以新的认识。

张知本在抗战时期还著有《法治与抗战建国》等文章,主张法律是管理国家的工具,强调法治建设及其所具有的法治精神,对于"抗战建国"的重大意义。他指出:"政治不仅管理国家的事物,而且要管理国家的秩序,管理国家的工具是什么呢? 不消说当然是法律,因为行政方面固然有时有发布命令的力量,然而这种力量只是偶然的或暂时的,或对着特别事项的,而不是一个普通可遵守的准绳。所以,政治不系专指行政而言,是包括司法和其他在内的,因此,在建国的过程中,仅仅是行政的建设是不够的,而必须由司法来维护国家的组织,来制裁足以妨碍建国力量的人或事,并且由它产生出一种精神,支配着人民对政府的信仰,因而服从政府。这种精神我们叫做法治精神。"②张知本把法治看作是解决国内乃至国外问题的重要抓手,认为中国在面临外敌入侵的情况下,仍然要将法治精神的培养放在极为重要的位置上。因为"实行法治,不仅对内可由国内秩序的安定,而至从容建设以及和平团结,而对外尤可一振国际视听,提高国际地位,粉碎敌人虚伪的宣传,进而获得最后的胜利"③。应该说,张知本在抗战时期将法治精神建设作为一个重要的问题提出来,有着现实的政治诉求和鲜明的时代意义。

张知本具有深厚的现代法学研究的学术基础,系统地学习和借鉴了西方的法学理论,政治上恪守资本主义国家"三权分立"和"司法独立"的原则,主张在中国制定一系列包括刑事诉讼制度在内的新型司法制度,因而成为西方资产阶级司法制度在现代中国的倡导者和开创者。张知本是现代中国著名的法学家,他的《宪法论》等著作为推动法学建设作出了重要的贡献,在中国现代法学史上

---

① 张知本:《宪法论》,上海法学编译社1933年版,第54—56页。
② 张知本:《法治与抗战建国》,《抗战与司法》,独立出版社1939年版,第3—4页。
③ 张知本:《法治与抗战建国》,《抗战与司法》,独立出版社1939年版,第7页。

有着突出的地位。

9. 王世杰的法学思想

王世杰①是著名的宪法学家,通晓西方的法学理论,尤以宪法研究见长,其与钱端升合著的《比较宪法》,在现代中国的法学界享有盛誉。该著认为,"宪法的效力高于普通法律","这就是说宪法与普通法律有主臣之别;普通法律与宪法条文相抵触时,则普通法律失其效力"。故而,在修改程序上,"宪法的修改异于普通法律"②。关于宪法的实质及其内容,该著强调宪法的根本性在于规定"国家根本组织",亦即规定国家机关的职权以及各组织的关系。如该著指出:"就宪法的实质说,宪法的特性,在规定国家根本的组织。……就理论而言,宪法既为规定国家根本组织的法律,则宪法的内容,应以下列三项事件为范围:第一,个人的基本权利及义务。……第二,国家最重要机关的组织职权及其相互关系。……第三,宪法的修改。"③该著认为,分类对于宪法的研究有着极为重要的意义,分类标准不同也就有不同的结论。该著指出:"宪法的分类,亦与其他事务的分类一样可有种种分类的标准。分类的标准不同,分类的结果自异。如以宪法的形式为分类的标准,则各国宪法便有成文宪法与不成文宪法的区别。如以宪法修改的难易为分类的标准,则各国宪法便有刚性宪法与柔性宪法的分别。"④王世杰为构建具有本土化的宪法学研究体系作出了重要努力。

王世杰确认法是社会生活中的规范,但认为法不只是社会中一般性的规范,而是具有"强要性"的特征,因而对于社会成员来说就有着不可违背的约束力。他指出:"只说法是意思的规律,利益的规律,还不能说尽法的本质,此外,尚有加入法是强要的规律的必要。而所谓法是'强要的'云云,就是说人们必须服从法的规律的意思。这就是法和道德的惟一区别。……法所给予的力,则对于任

① 王世杰(1891—1981),字雪艇,湖北省武昌府崇阳县人。著名宪法学家、教育家。早年留学英、法,1917 年获英国伦敦大学政治经济学士,1920 年获法国巴黎大学法学研究所法学博士。回国后曾任教于北京大学,与胡适等创办《现代评论》周刊。后进入政界。历任国民政府法制局局长,湖北省政府委员兼教育厅长,海牙公断院公断员,武汉大学校长,教育部长,军事委员会参事室主任兼政治部指导员,中国国民党中央宣传部长,中央设计局秘书长。曾一度任国民参政会主席团主席。1945 年当选中国国民党中央监察委员,并出任外交部长。1948 年当选中央研究院院士,1949 年去台湾。主要著作有《宪法》(1924 年)、《比较宪法》(1929 年)、《国际形势概观》(1959 年)、《王世杰先生论著选集》(1978 年)等。

② 王世杰、钱端升:《比较宪法》,商务印书馆 1927 年版,第 3—4 页。

③ 王世杰、钱端升:《比较宪法》,商务印书馆 1927 年版,第 5—6 页。

④ 王世杰、钱端升:《比较宪法》,商务印书馆 1927 年版,第 10—11 页。

何人,都有不可侵的力量,不许有承认与否的自由——这就是其强要性之所在。……所谓法是强要的规律云云,并不是说,依着自外部而来的实力,强要遵从的意思,而是说,法在其本质上,已是不许违反的规律。"①王世杰关于法的"强要性"的论述,有助于法学界对于法律在规范性方面所具特性的认识。

王世杰认为法律既然作为社会的规范,那就其本质而言,就必然要具有"普遍性",故而他以是否具有"普遍性"作为法律成立的要件。他指出:"法律之为法律,初与其产生机关或产生程序无何关系。一个议会(或其他经宪法认为赋有立法权之机关)所成立的决定,不必皆为法律,因为那些决定,不必都具有以上所述的普遍性;而在另一方面,行政机关所颁布的命令,有时却也可构成一种法律,因为行政机关的命令,有时也是一种赋有普遍性的规则。但这不过是从法律的实质以释法律。法律这个名词,固尚有其形式的意义。从形式方面以释法律,则依宪法赋有立法权之机关,按照制定法律之程序所成立的一切决定,皆为法律。"②在王世杰看来,法律在本质上具有普遍性,在形式上是由宪法赋予立法机关所制定出的。因此,王世杰认为对于法律的认识,一方面要就其本质来解释,另一方面则是要就其形式来解释。

王世杰在法学研究上虽然主要是研究宪法问题,但他对国际法的研究亦有重要的贡献。他发表的多篇论文都涉及国际法的问题,如《万国联盟法评注》(《太平洋》第 2 卷第 10 期)、《撤废领事裁判权的程序问题》(《太平洋》第 4 卷第 6 期)、《国际和平主义的理论及运动》(《太平洋》第 3 卷第 4 期)、《国际移民问题》(《东方杂志》第 23 卷第 5 期)等。关于主权的限制性问题,王世杰认为主权在事实上与道义上都应该有所限制的,亦即"国家的国际行为,在道理上应该受国际公认的规则限制,在实际上,多少不能不受国际公法限制"③。关于主权是否可以分割问题,王世杰认为主权是不可分割的,尽管主权可以由两个或两个以上的个人或机关共同行使。在他看来,在事实上,主权既为"决定一切职权之职权",则联邦国家也是不能分割的。事实上,即使是在联邦国家之中,也绝无两个或两个以上之机关可以独立行使"决定一切职权之职权"④。王世杰主张裁撤列强在中国的领事裁判权,认为领事裁判权对于中国领土主权有着最大的不利:一是领事裁判官并非适当的审判机构,领事主要是保护本国人民之利益,与

---

① 王世杰:《法律与命令》,吴经熊辑:《法学文选》,会文堂新记书局 1935 年版,第 2—3 页。
② 王世杰:《法律与命令》,吴经熊辑:《法学文选》,会文堂新记书局 1935 年版,第 4 页。
③ 王世杰、钱端升:《比较宪法》,中国政法大学出版社 2004 年版,第 40 页。
④ 王世杰、钱端升:《比较宪法》,中国政法大学出版社 2004 年版,第 42 页。

审判职务根本上不便,因而由领事审判华洋诉讼及外国人与外国人之间的诉讼,很难保证案件得到公正的审理;二是适用的法律也不一致,致使两国人民的交涉不能俱以一种法律为标准,双方的争议必须看谁是被告也就适用谁的法律,因而必须完全废除领事裁判权制度①。王世杰提出了撤销外国人在中国的领事裁判权的程序问题,主张以中国代表在巴黎和会中所提议案为主,认为在该议案如果不能取得外国人同意时,可以将撤销领事裁判权分为两个阶段。第一阶段自条约成立之日起,一方面由中国编订法典与整顿法庭,另一方面中国须先行采取这样几个措施:(1)撤销中外互派陪审员制,凡外国人审理被告为华人之华洋案件,中国不派员陪审,而中国法庭审理被告为外国人之华洋案件,外国人也不派员陪审;(2)中国法庭之命令及判决可以不经外国领事署或其他外地官厅之审查,而直接在租界内或外国人房屋内执行;(3)中国在新式法庭成立的地域,即以该项法庭为审理华洋诉讼案件之机构,再限定以县知事署或外交特派员为审理机构。在第二阶段,亦即在中国各项法典颁布及各租界内外国人居留地域成立新式法庭后,即将一切华洋民刑案件(不问原告或被告之国籍)一概归中国法庭并依中国法律审理②。这样,外国在中国的领事裁判权制度将完全废止。

王世杰学贯中西,学术视域宽阔,研究兴趣十分广泛,涉及宪政、刑法、法制史、国际法、教育学等众多领域,学术思想丰富多彩,在现代中国法学界有较大的影响。他善于运用比较的方法介绍西方国家的一些法律制度,并主张通过引进西方资产阶级的政制与法律来改革中国的法律与制度,为推进法学本土化作出了贡献,在现代中国的法学界有着重要的影响。

10. 李景禧等的《法学通论》(1937 年)

李景禧③与刘子崧④合著的《法学通论》于 1937 年由商务印书馆出版,该著

①　王世杰:《撤废领事裁判权的程序问题》,《太平洋》1924 年第 4 卷第 6 期。
②　王世杰:《撤废领事裁判权的程序问题》,《太平洋》1924 年第 4 卷第 6 期。
③　李景禧(1912—1995),祖籍甘肃陇西,出生于福建省福州市。1933 年毕业于北平朝阳大学法律系,次年赴日入东京帝国大学攻读法学硕士。先后任中山文化教育馆副研究员,北平朝阳大学、金陵大学等校教授、系主任,厦门大学法律系和经济系教授。著作有《法学通论》(商务印书馆1934 年版)、《法学教程》(成都中央军校 1946 年印刷)、《中国法学论文索引》(中山文化教育馆1934 年版)、《封锁海岸与国际法》(中山文化教育馆 1937 年版)、《中国消费者权益保护法研究》(1992 年版)等。
④　刘子崧(1912—1988),福建省福州市闽清县坂东镇坂中村人。1929 年考入北京大学法学院经济系,1933 年赴日本东京帝国大学经济学部研究院进修。回国后,先后被聘为广州中山大学法学院经济系副教授、福建学院经济系教授、福建省银行经济研究室研究员、福建协和大学教授等职。著作有《法学通论》、《法学与经济论文索引》、《古代社会的经济、文化与法律》等。

是一部较为全面的法学理论著作。在李景禧等看来,所谓"法"是指"依据社会意思,受国家最终判定之人类生活上的规范也"。由此定义出发,则所谓"法"有这样四层意思:第一,"法为依据社会之意思";第二,"法为人类生活而存在";第三,"法为规范的法则之一";第四,"法为受国家最终的判定"①。在对法的本质的解析中,该著对于法学界公认的法具有强制性特征提出质疑,认为法固然体现强制性,但这并不是法的本质所在。该著指出:"吾人不可误会法律为国家强行之规则,惟英之霍布斯,德之康德、耶林等则多承认之。夫法之本质中,认有强制制裁之观念,显与吾人之法律意识相反。诚然,法之大部分,固与强制制裁相伴而生,但此并非法之本质,是不过欲达法之目的所用之一手段耳。以故法之本质问题,与强制制裁问题,实应加以严格区别。就实质上观之,法不问其制裁力之有无,吾人仍应遵守之者……。不宁惟是,即事实上无何等之强制力者,亦属不少,例如国际法、事物之定义、义务教育之规定等皆是,然其具备法之本质,固毫无疑义也。"②李景禧关于法的本质不含有"强制力"的论述,在法学界可备一说。

李景禧与刘子崧合著的《法学通论》对于法之渊源问题即"法源"问题,提出了自己的看法。在法学界关于法的渊源的研究,可谓各执一词,莫衷一是。李景禧、刘子崧合著的《法学通论》中,主张在探求法的渊源时,应依据法的不同层面加以溯源。该著认为,可以从三个层面加以溯源性的研究:一是"法之效力之渊源",二是"法之内容之渊源",三是"法之成立之渊源"。就"法之效力之渊源"而言,就是探讨"法所由来之基础",依据这样的认识,则"神或君主之意思、自然之法理、宇宙之本体、人民之总意及国家之权力等,皆为法之渊源也"。就"法之内容之渊源"来说,就是研究"构成法规内容之渊源","依此意义,则得为法源者,其数甚多,外国法、惯习、判例、法理等,固无论矣,即道德、宗教、学说,亦为发源也"。就"法之成立之渊源"而言,就是探讨"以法之成立原因的事实,为法之渊源",这样就会出现以"成文法之成立原因为立法"、以"惯习法之成立原因为惯习"等主张。在李景禧等看来,综合各个层面对"法源"的研究,与研究者的思想、国家所采行的"主义"相关。"关于法之效力之渊源,因政治思想之不同,而各异其趣。君权万能时代,以君主之意思为法之效力之渊源。民主政治时代,以国民总意为法之效力之渊源,不可一概而论也。至于外国法、惯

① 李景禧、刘子崧:《法学通论》,商务印书馆1937年版,第48—49页。
② 李景禧、刘子崧:《法学通论》,商务印书馆1937年版,第51—52页。

习、判例、法理、道德、宗教及学说等,为法之内容之渊源者,乃各国共通之现象也。惟法之成立之渊源,则各国所采之主义,未及尽同,学者解释亦异。"①应该说,李景禧、刘子崧提出研究"法之渊源"问题,注意到法的各个层面、学者政治思想及国家所采"主义"的多个方面,为探讨法的渊源问题提供了很好的思路。

李景禧曾留学日本,比较系统地研习西方的法学理论,又长期在高校担任法学教育工作,是当时较早开始经济法研究的学者之一,他曾著文指出:"自由主义极端发达的结果,社会上的财富集中到少数人的手里,使十九世纪的历史投进到独占欲生产,奢侈与贫穷,饱食与饥饿的恐慌对立之中。立法者有见于此,遂依据修正自由竞争的统制经济来制定法律,统制经济反映出的法律,就是社会法——劳动法,经济法——社会法。在这种意义上,可以说是'统制的法',社会法既是统制的法,那么它的机能,自也不外'统制'二字了。"李景禧研究了当时德国学者关于经济法性质的相关学说,继承了他们关于经济法是公法和私法的"中间领域"、"混合状态"的观点,确立了其作为中国研究经济法学先驱者之一的历史地位②。李景禧与刘子崧合著的《法学通论》虽是一部通论性的法学著作,但对于法学教育起了较大的作用,在推进西方法学理论本土化方面有着重要的地位。

11. 何任清的《法学通论》(1935 年)

何任清③在《法学通论》中以"规范"来诠释法律,他给法律所下的定义是:"法律者,社会生活之规范,依社会力即公权力而强制实行者也"。在他看来,法律首先是一种"规范",但不是一般性的规范,而是强制性的社会规范,并且这种强制性的规范乃是通过社会力来加以实行的,因而法律这种规范在执行上也就有着其显著的特色,实际上法律这种规范也就是运用"公权力执行之规范"。关于法律的特点,他指出:

　　　　法律之特点有下列数项:

---

① 李景禧、刘子崧:《法学通论》,商务印书馆 1937 年版,第 70—71 页。

② 沈国明、王立民主编:《二十世纪中国社会科学·法学卷》,上海人民出版社 2005 年版,第 180 页。

③ 何任清(1910—1989),字伯澄,广东兴宁人。早年就读于上海复旦大学、东吴大学。后留学法国,入都鲁士大学学习法学理论,获博士学位。1939 年起任重庆复旦大学教授,讲授刑法、国际公法、法学通论等课程。1949 年去台湾。著有《刑法概要》、《国际公法纲要》、《法学通论》等著作。其中,他 1935 年出版的《法学通论》在学术界有着较大的影响。

（一）法律者，规范也。所谓规范，即指示人类实现一定目的之法则也。规范可大别之为二：一为技术规范，一为社会规范，或称伦理规范。……

（二）法律者，社会生活之强制规范也。法律为社会规范之一，前已言之。惟社会规范之中有任意与强制的二种。道德规范属于前者之列，其遵从与否，全凭个人之选择，即有违反之时，亦只能于道德观点上责之。惟法律则为强制规范，有约束一般社会生活之能力，其有违反者，可依外部之力而压制之。

（三）法律者，依社会力或公权力执行之规范也。所谓社会力，即集社会全体之力量，强制各个人服从之意。社会因有机力之联合，以继续其共同生活状态，由是便发生统一之社会力量。原始社会之法律皆藉社会力以执行之。社会发达至完全之组织时，是为国家。现代执行法律之权，归于国家。惟国家为社会发达之一种形式，国家之公权力，亦即社会力之表现。故不论出于何种形式，凡依社会力或公权力强行之规范，皆为法律也。①

从上面这段论述来看，何任清虽然没有运用阶级的观点来研究法律问题，但他是以"规范"来诠释法律的，将法律与社会生活、国家公权力等方面相联系，揭示了法律所具有的规范性、强制性、权力性的特征，因而建立的是以规范为中心观点的法学思想体系。但需要指出的是，何任清虽然是以"规范"来解读法律，但并不认为法律只是体现"规范"，而是认为法律之成为法律乃是由于"公权力"的作用，因而法律之中也就始终贯穿着公权力这一根本的要素。他指出："要而言之，法律之形成乃基于社会力或公权力而发生发达者也。人类在其生理组织上，非营共同生活，不能存在，且人类所以有今日之繁荣者，亦正因其共同生活一点，较之其他动物具有特长故也。据今日学者所研究，当人类发生之始，既已营共同生活，即如野蛮人类亦无不有组成社会而生活者。原始社会组织之中心，或为血族团体，或为宗教团体，类皆有一定之规则，藉社会力以推行也。及社会进化而成为国家状态时，此种社会共同规则，更藉公权力而执行之，即所谓法律者是也。"②何任清提出的"法律之发生，基于社会力或公权力"的这一看法，这对于研究法律的起源及其所具有的特点，应该说也是有学术价值的。

何任清在《法学通论》中依据法制史，具体地考察了人类社会由"私力"到"公权力"的演变历程，借以说明法制的演变趋势。在他看来，"由私力制裁，私

---

① 何任清：《法学通论》，商务印书馆 1935 年版，第 47—48 页。

② 何任清：《法学通论》，商务印书馆 1935 年版，第 54—55 页。

力救济,渐进而为公权力制裁,公权力救济,乃世界各民族法律进化之普遍现象",其演进阶段"最初为公权力对于复仇及扣押之限制","其后因民族团体逐渐扩大,认谍判渎神以及违背婚姻法等为危害团体之犯罪,故以团体之公权力,直接处罚之"。至于"复仇"问题也是因为维护公共秩序的需要,而以法律的形式加以限制,这就使公权力得以进一步的伸张。具体而言,"复仇一事在原始社会时代固有维持秩序之效务,惟滥行复仇亦足以紊乱公共秩序,于是不得不用公权力加以压制,而法律之效用,渐形显著,后来复因国家状态渐次形成,法律乃成为国家统治人民之工具,于是国家一面绝对禁止私人间之复仇,一面则严厉处罚犯罪者,不因犯罪者之赔偿而免除刑事责任,以完成所谓法治国家之状态"①。这就是说,由"私力"到"公权力"的演变,固然有着维持公共秩序的要求,是法律进化的普遍现象,但实际上也是法律能够作为"国家统治人民之工具"之要件。

何任清是以进化的观点来研究法学的,因而在他的学术视野中,法律是变动的、演进的,且与社会演进有着密切的关系。在他看来,就人类社会的演进历程而言,法治演进有这样的顺序:第一期是"古代法时代",第二期是"严格法时代",第三期是"自然法及衡平法时代",第四期是"法律社会化时代"。特别是在"法律社会化时代","因法律社会化之结果,对于法律上之原则,颇有种种限制",大致有这样几个方面的"限制":"(1)契约自由之限制。缔结契约须不违反法律上之规定。(2)财产权行使之限制。财产权之行使须不背于社会之利益,否则禁止滥用。(3)处分权之限制。即处分权之行使须在法律所规定范围之内。(4)雇主对于被雇者之行为负其责任,被雇者不负过失损害赔偿责任。(5)从前之无主物变为公有物。"②何任清正是基于进化的观点来研究法学,他提出的有关现代社会中的种种法律问题特别是"法律原则"的限制性问题,应该说还是比较贴近现代社会中法律实际的。

何任清在《法学通论》中对于法律与政治的关系加以论述,力图将法律置于国家的政治体系之中,并分别法律与政治的不同点。在他看来,"法律与政治系对待名词,两者相互为用",但两者也有区别,不能等同看待。他指出:"法律之要为形式,政治之要则为实质。无论何国,有形式上之法律,必有实质上之政治。而政治之推行,有必藉法律为运用之准则。故法律可比之国家之骨骼,而政治乃为国家之精神。无骨骼则精神固无所依附,无精神则骨骼亦难以独存。二者辅

①　何任清:《法学通论》,商务印书馆 1935 年版,第 54 页。
②　何任清:《法学通论》,商务印书馆 1935 年版,第 55 页。

之相依,实为国家不可缺乏之要素。惟法律之形式有定,而政治之变化则无穷,故从法律之观点上区别国体易,而由政治区别国体难。君主国家常有共和国之精神,共和国家亦常有专制国之精神。例如英国是君主立宪国家,其所表现者则多为民主国家之精神。又如德国名义上系共和国家,而现在所实行者,则皆为独裁政治。故欲研究一国之真像,应于精神上求之,不宜太重形式上之名义也。"①何任清以"形式"与"实质"的关系来解读"法律"与"政治"的关系,主张要从实质上来进行认识法律问题,实际上也就是说要从政治来研究法律,这显然是基于法律对于政治的依附性及法律为政治服务的目标。

何任清的《法学通论》曾多次再版,在法学界及法学教育界有着较大的学术影响。自然,该著侧重于学理上的阐发,对当时的中国法学问题的论述,在分量上略显不够。但总的来看,该著在现代中国对推进西方法学的本土化有着积极的贡献,因而在中国现代学术史上占有重要的地位。

除了上面介绍的一些自由主义法学家的法学思想外,在现代中国还有不少法学著作也是需要提及的。如周鲠生的《法律》(商务印书馆 1923 年版)、胡度育的《法学通论》(太平洋书店 1929 年版)、陶希圣的《法律学之基础知识》(新生命书局 1929 年版)、樊光俊的《革命的法学通论》(戊辰印刷社 1929 年版)、郗朝俊的《刑法原理》(商务印书馆 1930 年版)、郑爱诹与朱鸿达合著的《保险法释义》(世界书局 1930 年版)、吴学义的《法学纲要》(中华书局 1935 年版)、王效文的《保险法释义》(法学编译社 1936 年版)、宣导东的《土地法》(国立北平大学 1937 年版)、丁元谱的《法律思想史》(上海法学编译社 1937 年版)、王孝通的《商事法概要》(商务印书馆 1938 年版)、潘公展的《宪政与地方自治》(正中书局 1941 年版)、高维濬的《法学通论》(国立编译馆 1944 年版)、李宜琛的《民法总则》(正中书局 1944 年版)、陈胜清的《五五宪草释论》(中国文化服务社 1944 年版)、刘士笃的《新中国宪政论》(读书之友社 1945 年版)、欧阳谿及郭卫修合著的《法学通论》(法学编译社 1946 年版)、邓充闾的《中国宪法论》(湘行社 1947 年版)、楼桐孙的《法学通论》(正中书局 1947 年版)、刘钟岳的《法院组织法》(中正书局 1947 年版)、李光复的《法院组织法论》(大东书局 1947 年版)等。这些法学著作尽管在指导思想、研究理念及学术体系上相差很大,但在当时的中国法学界也有一定的影响。限于篇幅,不一一介绍。

---

① 何任清:《法学通论》,商务印书馆 1935 年版,第 50 页。